근대를
다시
읽는다

근대를 다시 읽는다 ❶

1판 1쇄 발행 2006년 11월 15일
1판 3쇄 발행 2008년 10월 20일

이 책을 만든 사람들
엮은이 · 윤해동 천정환 허수 황병주 이용기 윤대석
책임기획편집 · 조원식
편집 · 진용주 김정한
디자인 · 이파얼

펴낸이 · 김백일
기획편집 · 조원식 엄귀영 정윤경 임자영
디자인 · 구화정
마케팅 · 정순구 황주영

출력 · 한국커뮤니케이션
용지 · 한서지업사
인쇄 · 한영문화사
제본 · 우진제책

펴낸곳 · 역사비평사 출판등록 제1-669호(1988. 2. 22)
주소 · 110-260 서울시 종로구 가회동 175-2
전화 · 02-741-6123~5 팩스 · 02-741-6126
홈페이지 · www.yukbi.com
전자우편 · yukbi@chol.com
ISBN 978-89-7696-523-3 94910
      978-89-7696-525-7 94910(세트)

ⓒ 윤해동 외 · 역사비평사, 2006

이 도서의 국립중앙도서관 출판시도서목록(CIP)은 e-CIP 홈페이지(http://www.nl.go.kr/cip.php)에서
이용하실 수 있습니다.(CIP제어번호:CIP2006002384)

책값은 표지 뒷면에 표시되어 있습니다.
잘못 만들어진 책은 구입하신 서점에서 바꾸어 드립니다.

근대를 다시 읽는다

:: 한국 근대 인식의 새로운 패러다임을 위하여 ::

윤해동·천정환·허 수·황병주·이용기·윤대석 엮음

1

역사비평사

| 차례 |

근대를 다시 읽는다 ❶

일러두기

1. 주석 가운데 '설명주'는 각주에, '출전주'는 미주로 각각 나누어 실었다.
2. 〈표〉는 뒷부분의 〈자료실〉에 따로 모았다. 대신 본문과 표에는 서로 실려 있는 쪽수를 밝혀두었다.
3. 이 책에 실린 일부 논문에는 원래 사진자료가 있었으나, 전체 편집상의 통일을 위해 생략했다.
4. 일부 논문의 제목이 바뀐 경우가 있는데, 모두 필자의 동의를 얻어 수정했다. 〈논문이 처음 실린 곳〉을
   참조하기 바란다.

머리말
— 한국 근대 인식의 새로운 패러다임을 위하여

1. 『인식』 대 『재인식』 – 낡은 진영 대립을 넘어서

2006년 2월 『해방 전후사의 재인식』(이하 『재인식』)이라는 책이 세상에 나왔습니다. 나오자마자 이 책은 예상을 넘는 큰 관심을 끌고 논란을 불러 일으켰고, 그와 함께 이 책의 논리와 사회적인 영향력에 대해 많은 이들의 우려가 쏟아졌습니다. 그러나 아직까지 『재인식』의 공과功過와 사회적 '관심'에 대한 정확한 진단이나 대안은 제출되지 않았습니다.

『재인식』이 큰 관심을 끌었던 것은 무엇보다 우선 책의 편집진이 표방한 '『해방 전후사의 인식』(이하 『인식』)을 넘어 한국 현대사를 재인식한다'는 의도가 현실성을 지녔기 때문일 것입니다.

『인식』은 1979년의 제1권을 시작으로 1989년의 제6권이 마지막으로 출간되었습니다. 이는 저 암울하고도 위대한 '80년대'라는 시대가 곧 『인식』의 자궁이자 터전이었음을 말해줍니다. 하지만 이제 『인식』의 세계 해석과 역사인식은 현실에 대한 설명력을 다했다고 봅니다. 그런 점에서 『재인식』의 영향력은 반사이익과 같은 것이고, 그것이 갖는 힘은 『인식』으로 대표되는 한국의 '진보학계'가 스스로 초래한 것일 수도 있다는 점에서 문제적입니다.

『인식』 제6권이 나온 지로부터 17년, 생각해보면 그 사이에 얼마나 큰 변화가 있었습니까? 현실사회주의 국가들이 몰락했고, 세계자본주의는 신자유주의라는 새로운 단계에 진입했습니다. 남한은 GDP 규모로 세계 10위권의 '강소국'이 되었고, 북한은 '벼랑 끝 전술'로 '자주성'을 겨우 유지하는 최빈국으로 전락했습니다. 게다가 날로 가속화되는 디지털 혁명은 개인들의 삶과 사회적 소통양식에 근원적인 변화를 가져왔습니다. 유감스럽게도 이 모든 변화들은 마침내 『인식』류의 민족주의나 민중주의의 관점을 '낡은 것(Out of date)'으로 만들어버렸습니다. 결국 우리는 현실의 변화를 따라잡지 못하는 역사학의 '서술'과 '지체'에 대해 다시 깊이 고민해야만 했습니다.

그 동안 한편으론 학수고대 기다리기도 했습니다. 인간해방과 민주주의에 대한 기본 관점을 지키면서 『인식』을 지양하고, 새로운 시선으로 한국의 근·현대사를 설명하는 '역사'를 말입니다. 그래서 『재인식』이 '개봉박두' 예고되었을 때, '이제야 나와야 할 것이 나왔다'라는 기대로 반가웠습니다. 그러나 책장을 펼치자 기대는 곧 큰 실망으로 바뀌고 말았습니다.

오늘날 『재인식』이 한국사회에 미치는 영향력은 명백히 부정적이고 '파괴적'입니다. 물론 『재인식』에 수록된 논문들 가운데에는 애초의 기대에 부응하는, 그리고 새로 열리고 있는 한국사 인식의 지평을 보여주는 좋은 글이 여러 편 있습니다. 하지만 전체적으로, 그리고 결과적으로 『재인식』은 한국 학계와 사회를 냉전적인 진영 논리로 채색하고 말았습니다. (통칭해서 『재인식』이라 부르게 된 것을 양해해주십시오. 『재인식』에 논문을 낸 분들 가운데에는 편집진의 생각이나 역사관과는 전혀 다른 생각을 갖고 있는 분이 많다는 것을 알고 있습니다. 그리고 그 가운데서 여러분이 억울하게 쓰게 된 '보수우익'이라는 누명에 분노와 당황스러움을 표명했다는 소식도 들었습니다.)

　이는 단지 보수와 기득권 세력이 『재인식』을 부당하게 전유하거나 고의로 '오독'해서만이 아닙니다. 『재인식』은 스스로 김대중 정권 이후에 의식화·행동화한 이른바 '보수우익'의 정치적 이해에 복무하면서 시대착오적인 좌우 대립에 편승하고자 하는 욕망을 숨기지 않았습니다. 이 책이 소위 '뉴 라이트'의 역사 교과서인 양 읽히고 있다는 것은 이런 사실을 잘 보여줍니다.

　물론 우리의 실망은 『재인식』이 가진 '정치성'과 그 퇴행성에만 있지는 않습니다. 『재인식』의 그런 퇴행성에는 논리적 빈곤과 역사 해석의 한계가 그대로 노출되고 있습니다. 따라서 『재인식』은 『인식』의 문제를 조금도 극복하지 못했을 뿐만 아니라, 도리어 『인식』을 다시 정당화하는 기능까지 하고 있습니다.

　우리가 굳이 이 책 『근대를 다시 읽는다 - 한국 근대 인식의 새로운 패러다임을 위하여』를 역사비평사와 함께 엮기로 한 것은, 역사인식에 대한 정치적 논란과 그에 상응하는 논리적 빈곤이 우리 학계에서 움트고 있는 새롭고도 다양한 흐름마저 모두 묻어버릴 위험을 걱정해서입니다. 『재인식』이 야기한 혐오감 때문에 그 책에 수록된 몇몇 좋은 논문이 이미 그런 피해를 보았듯이, 『인식』을 정당하게 극복해야 하는 우리의 과제 전체가 정치적 논란 속에 무화될 우려가 있는 것입니다.

　지금 우리의 과제는 개발지상주의와 국가주의로 요약되는 근대주의와, 제국주의의 쌍생아로서의 민족주의, 이 양자를 모두 넘어서 역사를 새롭게 인식해야 하는 일입니다. 그것은 곧 오늘날 우리가 발 딛고 있는 새로운 시간의 지평에서 다시 한국과 '민족'의 '역사'를 다시 바라보는 작업이기도 합니다. 그 지평을 다시 『인식』의 시간으로 되돌릴 수는 없습니다.

2. 차이점과 공통점 - 대립의 논리적 한계

『인식』과 『재인식』은 전혀 상반되는 역사인식을 보여주는 듯하지만, 기실 양자 사이에는 공통점도 있고 차이점도 있습니다. 뒤엉켜 있는 공통점과 차이점을 분별하여 정치적으로 윤색된 대립을 지양하는 것은 우리 학계 공동의 과제일 것이며, 이 점이 바로 우리가 이 책을 묶기로 한 이유입니다.

우선 『인식』과 『재인식』의 대립 중에서 허구적이라 느끼는 것은 민족주의와 국가주의(애국주의)의 문제입니다. 『재인식』은 『인식』의 민족지상주의에 맞서 배타적인 민족주의를 비판하고 '건전한 애국주의'를 함양해야 한다고 주장합니다. 애초에 민족주의와 애국주의가 명확하게 분리될 수 있는지부터 의문이지만, 『재인식』의 논리적 기저에는 도저히 이해하기 힘든 그리고 무척 낡은 사고방식, 즉 '(근대)국가는 문명의 상징'이고, '민족은 전근대적 야만의 상징'이라는 이분법이 깔려 있습니다.

더욱 곤혹스럽고 황당한 것은 이 논리가 '대한민국=문명, 조선민주주의인민공화국=야만'이라는 사고를 정치적 배후이자 '의도'로 삼고 있다는 점입니다. 『재인식』의 논리는 민족주의를 지양·극복하기는커녕 새로운 우익적 '대한민국 국가주의'를 강화할 뿐입니다. 이 애국주의가 '건전'하거나 '열린' 성질의 것이라는 가능성은 어디에도 없습니다. 지금의 형국은 변형된 국가주의가 통일을 절대시하며 북한체제를 무조건 긍정해온 구래의 민족주의와 대치전선을 형성하고 있는 꼴입니다. 그러나 이는 무의미한 거짓 대립입니다. 『인식』과 『재인식』은 민족과 국가를 나눠가진 채, 또는 공유한 채 근대를 특권화하는 지적 실천의 일환이었다고 보입니다. 그것은 역으로 근대를 공유한 채 국가와 민족을 선택적으로 특권화하는 것이기도 합니다.

또한 『인식』과 『재인식』 사이의 대립선은 '근대'와 '탈근대'를 두고 그어져 있습니다. 『재인식』에는 탈민족주의적이고 탈근대주의적인 지향을 담은 글이 여러 편 수록되어 있어서, 언뜻 보면 『재인식』에 실린 글 전체가 탈근대론을 지향하고 있는 것 같은 착시현상을 일으킬 정도입니다. 실상 이것이 『재인식』을 『인식』과 달리 보이게 하는 중요한 요인이지만, 그것은 어디까지나 겉모습에 지나지 않습니다. 전체적으로 보면 『재인식』의 논리는 변종 근대주의에 불과합니다. 이는 『재인식』이 논리적으로도 전혀 『인식』을 극복하지 못했음을 의미하며, 따라서 여기에도 '대립'은 없습니다.

『인식』이 근거하고 있는 민족주의와 구 마르크스주의가 왜 근대주의의 일부인지는 여기서 구구히 설명할 필요는 없다고 봅니다. 다만 우리는 근대 초기의 국가 상실과 식민지 경험, 그리고 전쟁, 이어진 '대한민국'의 일련의 정치사회적 위기를 경험하면서, 얼마나 절실하게 그런 이념을 요청할 수밖에 없었는지 이해하고 있습니다. 또한 제반 근대성의 논리가 강력한 탈근대론의 계기를 마련한다는 것도 잘 압니다. 그러나 그것이 끝내 현실에서는 '국가주의'로 전화되거나 '개발지상주의'의 속박에서 벗어나지 못했음도 잘 알고 있습니다.

『재인식』의 『인식』에 대한 반정립은 이러한 '틈새' 때문에 가능했다고 할 수 있습니다. 그러나 탈근대론으로서의 『재인식』의 기획은 실패했습니다. 특히 『재인식』의 편자가 운운하는 '문명론'은 근대주의를 극복하기는커녕 거기서 한 발도 못 나아간, 또는 그보다 훨씬 저열한 변종에 불과합니다. '문명'이라는 개념 자체가 어떠한 역사적 정황에서 어떻게 정초된 개념인지를 조금만 생각해보면, '문명'으로 역사를 설명하는 것이 왜 완전히 낡은 일인지 잘 알 수 있습니다. 문명론이 서구중심주의와 국가주의를 벗어났던 적은 한 번도 없었기 때문입니다.

이 밖에도 『인식』과 『재인식』 양자는 매우 중요한 공통점을 하나 갖고 있습니다. 그것은 실증으로써 '역사적 객관성'을 확보할 수 있다는 전통적인 실증주의입니다. 실증주의는 역사인식의 근대주의 그 자체입니다. 『재인식』 또한 발간의 가장 중요한 취지를 『인식』이 저지른 '사실의 오류'를 교정하는 데서 구하고 있습니다. 그런데 과연 『재인식』이 새로 발견한 그 사실들이 이 시점에서 한국 근·현대사에 대한 시야 전체를 바꾸어야 할 만큼 크고도 중요한 것일까요? 『재인식』의 일부 필자들은 마치 새로운 화석이라도 찾아낸 듯 이를 과장하고 있습니다.

역사란 하나의 해석체계이며 사가에 의해 '서술된 것'에 지나지 않는다는 명제는 두루 잘 알려진 상식입니다. 그럼에도 불구하고 우리 학계에는 근대적 실증주의와 이에 근거한 '역사'가 여전히 신화로 남아 있습니다. 적어도 이 대목에서는 『인식』과 『재인식』이 다른 생각을 하고 있다고 보이지 않습니다. 근대의 사고체계와 학문사상인 실증주의를 넘어서야만 새로운 역사인식의 길이 열릴 것입니다.

3. 한국 근대에 대한 새로운 시선

위와 같은 기본 인식을 바탕으로 우리는 한국의 근·현대사와 근대성을 규명하기 위한 새로운 시선을 내놓고자 합니다. 근대 인식의 새로운 패러다임은 오늘날 국가와 시장의 폭력에 의해 지배되는 근대적 삶에 대한 성찰을 바탕으로 한 것입니다.

근대는 동경의 대상이나 지향해야 할 목표가 아닙니다. 근대주의가 내포하는 폭력을 극복하고자 하는 시도는 오래 전부터 요청되고 있었습니다. 주지하듯이 근대라는 역사적 시간 속에서 인류는 거대한 발전과 진보를 목도했습니다. 하지만 그것은 더 큰 규모로 확대된 전쟁과 폭력을 경험하는 과정이자, '발전' 속에서 오히려 더 극심한 빈곤과 불평등을 체험하는 과정이었습니다. 이에 대한 비판적 인식은 '근대 비판·포스트모던·탈근대' 등의 관형어를 가진 논리와 기획을 낳았습니다. 이는 다른 시간의식을 바탕으로 하며, 억압과 폭력으로 얼룩진 현재로부터 탈주하고자 하는 의지의 표명이기도 합니다.

이를테면 '87년 체제'로부터 이어져온 변화의 시간들, 가깝게는 IMF 경제위기와 9·11 이후에 열린 이 새로운 국면을 어떻게 해석할 수 있을까요? 때로 어떤 용어들은 사변적인 논의와 쓸데없이 민감한 반응만을 불러일으킵니다. 예컨대 '포스트모던' 같은 용어는 1990년대 초의 '거품' 때문에 잔뜩 때가 묻었고, 민족주의자들에게는 알레르기 반응을 일으키는 것입니다. 그러나 이런 알레르기 때문에 낡은 연구방법이나 시간의식을 갱신하지 못한다거나, 그것으로 현실인식의 일보전진을 가로막는 핑계를 삼아서는 안 될 것입니다. 근대 자체가 내장하는 탈근대의 계기들 또는 근대의 지속력과 확장성을 인정함에도 불구하고, 1990년대 이후에 급격히 일어난 변화를 묘사하기 위해서는 '탈근대'든 '포스트모던'이든 그것을 실천적으로 활용하는 것을 거부할 이유가 있을까요?

그런 점에서 이 책 『근대를 다시 읽는다 ─ 한국 근대 인식의 새로운 패러다임을 위하여』는 1990년대 이후에 누적된 학계의 다양한 성과를 반영한 것입니다. 한국의 근대를 새롭게 규명하고자 하는 시도는 꽤 오랜 역사를 가진 것입니다. 시기가 무르익었는데도 새로운 인식이 정황을 결정적으로 바꾸지 못하는 것은, 한국사가 노정해온 '특수성'에 대한 깊은 자의식 때문일 것입니다. 아직도 민족주의는 대중의 이념으로서나 학문적 시각으로서나 지나친 특권을 가지고 있습니다. 한반도의 지정학적 운명 때문에, 혹은 제국주의가 강요한 앎과 삶의 식민성 때문일 것입니다. 한국의 학문도 이제까지 민족주의와 특수성을 강조할 수밖에 없었습니다. 근대 이후 구축되어온 국문학·국사학·한국철학은 모두 민족주의를 기반으로 발전해왔습니다. 그러나 이 특수성에 대한 천착이 오늘날 삶과 학문의 질곡이 되고 있지는 않습니까? 또는 '중심-주변부'의 악무한惡無限적 반복 속에서 결코 빠져나오지 못하는 논리적 함정이 되고 있지는 않습니까?

'전지구화'와 더불어 정치·경제 및 삶의 여러 영역은 더 이상 일국적으로 사고될 여지없이 그 상호성이 더욱 커졌습니다. 문화를 놓고 보아도 고유한 전통이나 기원은 사실 거의 의미가 없고, 문화란 그 자체로 다국적적인 것의 교호·간섭작용 혹은 그 결과물들입니다. 이는 문화와 경제에서 최근에 더욱 심화된 경향이지만, 기실 근대의 정치와 사회·문화 전체가 상호성과 혼종성의 작용과 그 힘들의 결과이지 않습니까?

물론 이와 같은 경향은 한편으로 강력한 반작용을 낳기도 합니다. 민족적이고 고유한 것에 대한 집착은 오늘날 모든 국민경제 단위에서 일어나는 불안의 표현일 것입니다. 구래의 민족주의는 갱신되지 못한 채 새로운 불안과 결합하고 있는 것입니다.

그러나 근대 민족주의가 한편으로는 제국주의에 저항하면서 또 다른 한편으로는 제국주의를 모방하면서 형성된 인위적인 구성물이라는 사실을 인정하게 되면, 식민지가 '근대 미달'이거나 '왜곡된 근대'가 아니라 근대 속에 포함된 근대의 작동기제라는 사실을 잘 알 수 있습니다. 그리고 한국의 근대사는 그런 '보편적' 작동기제 속에서 해명될 수 있는 전형적인 대상입니다. 이 과정을 '특수한' 민족사로만 이해하는 것은 사태의 전말을 호도하게 될 것입니다. 지금 우리에게 필요한 것은 보편-특수의 이원론이 가진 서구중심적인 성격을 극복하되, 민족중심적인 특수성에 대해서도 경계하는 자세를 갖는 일입니다. 이는 오늘날 한반도의 삶이 요청하는 것이며, '학문'이 '학문'으로서 발전하기 위해 가져야 할 요건이기도 합니다.

4. 무엇을 하고자 하는가 – 낡은 근대, 젊은 비판

그래서 우리는 저 '낡은 근대'에 대한 다양한 '젊은 비판'이 필요한 시점이라고 믿고 있습니다. 현재의 지적 지형에 대한 단순한 불만이나 위기의식, 그리고 낡은 진영 대립을 넘어서 적극적이고 대안적인 지향을 내보이고자 이 책을 꾸렸습니다. 물론 최근 학계에서 이루어지고 있는 다양한 노력들 모두가 이 책에 담긴 것은 아니며, 이 글들이 '대표'도 아닙니다. 다만 가급적 2000년 이후에 쓰인 젊고 적극적인 인문학·사회과학 연구자들의 글 가운데서 신선하고 새로운 시선으로 낡고 오래된 가치와 학문적 방법을 과감히 넘어서고자 한 글들을 찾아 싣고자 노력했습니다.

우리는 20세기 한국의 근대를 보는 새로운 시선을 '식민지 근대', '대일협력', '국민국가의 형성과 균열'이라는 세 가지 문제의식으로 나누어 보았습니다(1권). 그리고 '문화연구', '근대 담론 비판', '하위주체와 기억의 재현'이라는 방법적 시도를 행한 글들도 아울러 수록했습니다(2권). 1권은 관점과 문제의식에서, 2권은 역사 연구의 새로운 방법론적 시도란 관점에서, 근대 인식과 인문학의 새로운 구성에 기여하고자 한 글들을 모았습니다.

식민지 경험과 국민국가 형성에 대한 새로운 해석

20세기 한국의 근대는 크게 보면 식민지 경험과 국민국가(및 국민)의 형성과정으로 구성되어 있습니다. 우리는 식민지 경험을 해석하는 새로운 시선을 가지고 '식민지 근대'라는 개념과 일제에 대한 '협력'을 재해석하고자 합니다. 그리고 이를 바탕으로 식민지 경험과 해방 후 국민국가 형성과정이 어떻게 연동되어 있으며, 그 특수성이 무엇인지 살펴보고자 했습니다.

식민지는 근대 세계체제의 가장 중요한 축이었으며, '근대'의 고유하고 중요한 현상의 일부였습니다. 서구와 식민지는 동시적으로 발현한 근대성의 다양한 '굴절'을 표현하고 있을 뿐이며, '서구=보편'이나 '식민지=특수'라는 도식은 성립되지 않는다고 생각합니다. 근대는 특정한 지정학(서구)에만 결부시킬 수 있는 주제가 아닙니다. 그리하여 처음부터 모든 근대는 당연히 '식민지 근대'입니다. 이는 사회진화론이나 문명론의 발전단계론에 따라 식민지를 서구 근대의 하위 단계에 위치시키지 않는다는 것을 의미합니다. 근대가 해방의 측면과 억압의 측면을 동시에 갖는다는 것은 상식입니다만, 식민지 역시 수탈과 억압 그리고 문명화와 개발의 이중성을 갖습니다. 그런 점에서 '식민지 근대'는 근대의 양가성과 식민지의 양가성을 동시에 설명하기 위한 문제 틀입니다. 또한 '식민지 근대'는 제국과 식민지를 관통하는 공시성, 그리고 식민지와 후기-식민지(신식민지)를 연결시키는 통시성을 아울러 지니고 있습니다.

'식민지 근대'에 대한 이 같은 문제의식은 '친일'이라는 개념을 '협력' 담론에 대한 비판으로 바꿔 읽을 것을 제기합니다. 무릇 모든 지배에 저항과 협력이 수반되었듯이, 식민지 지배도 예외는 아니었습니다. 식민국가의 억압적이고 이데올로기적인 권력 장치는 식민지인의 반발과 저항을 초래하는 한편, 부분적인 동의를 통해 식민지인의 협력을 이끌어내기도 했습니다. 식민지 권력은 근대적 국가 장치를 이용해 식민지인을 협력의 주체로 구성하는 세밀한 메커니즘을 동원하고 있었습니다. 이에 대해 식민지민은 '민족'을 단위로 저항하거나 협력한 것이 아니라, 저항과 협력의 축을 계급·성·인종·문화·언어 등 다양한 축으로 확장했습니다. 개인에 따라서 혹은 그(녀)가 소속된 집단에 따라서 저항과 협력의 축은 달라졌던 것입니다. 이런 측면에서라면 친일을 더 이상 '민족정기의 타락', '민족에 대한 배신' 등과 같은 국민윤리적인 관점에서만 읽을 수는 없습니다. '협력'은 해방 전후 한국 근대사상의 일면을 읽을 수 있는 중요한 결절점의 역할을 차지하기도 합니다.

해방 후의 국민국가 및 국민의 형성과정이 자연스러운 것이 될 수는 없었습니다. 세계적으로 식민지화 때문에 국가 형성이 좌절된 역사 경험을 가진 지역과 민족의 경우, 국민국가는 무조건적으로 성취해야 하는 정언명령이 됩니다. 남북한도 예외가 아니었습니다. 해방 후의 역사를 건국과 발전의 영광으로 보든 '통일민족국가' 건설의 좌절과 그 실현을 위한 투쟁의 과정으로 간주하든, 국민국가를 절대지상명제로 상정한 역사학은 일종의 목적론처럼 기술됩니다. 그러나 절대화된 국민국가를 상대화하여 그 형성과정을 구체적으로 검토하는 것은, 근대화 과정을 '국가 외부'에서 바라보게 함으로써 그것이 내포한 새로운 사회적 적대와 갈등이 어떻게 국민국가를 매개로 '상상적으로' 해소되었는가를 강력하게 환기할 수 있습니다.

한편 국민국가 형성은 곧 국민 만들기였고, 그 과정은 근대화라는 더 넓은 맥락의 정치적 집중의 결과였습니다. 그러나 국민적 통합을 이루어 내는 일은 매우 힘들고 장기적인 과정일 수밖에 없습니다. 한국전쟁은 국민 형성 전쟁의 성격을 가지고 있었으며, 전쟁 전후에 본격적으로 국민 형성과정이 진행되었습니다. 1960년대 이후 산업화는 대중을 국민화하는 데에 더욱 효과적이었던 바, 이는 대중들의 동의의 수준을 높이고 규율화하는 과정이기도 했습니다. 그러나 해방 이후 형성된 국민국가는 사회적 적대와 갈등의 통합체이거나 그러한 통합을 지향하는 것으로만 이해될 수 없으며, 오히려 적대와 갈등의 현장 그 자체인 점을 분명히 해야 할 것입니다.

식민지 경험을 이어받아 새로운 국민을 만들어내야 했다는 점에서는 국민 형성과정이 식민 경험과 무관할 수 없는 것이었습니다. 식민지 근대와 국민 형성을 매개한 것은 협력의 경험과 사상이었습니다. 새로운 국민을 만들어내는 과정에서 전쟁과 산업화가 결정적인 역할을 수행했다는 점에도 이견이 있을 수 없습니다. 물론 이는 새로운 갈등과 적대를 생산하는 과정이기도 했습니다. 그런 점에서 '식민지 근대'가 국민 형성을 포괄하는 것이라 볼 수 있고, 또한 반대로 국민 형성의 방식을 통해서 '식민지 근대'로서의 한국의 근대성을 해명하는 것이 가능하다고 봅니다.

탈근대 역사학은 가능한가

탈근대 역사학은 이른바 '문화적 전환'과 '언어학적 전환'이라는 두 가지 전환에 의해 본격적으로 제기되었습니다. 문화연구와 담론 비판은 이를 대표한다고 할 수 있습니다. 문화연구와 담론 비판은 기본적으로 '아래로부터의 역사학' 곧 하위주체를 중심으로 하는 새로운 역사를 모색하는 과정일 뿐만 아니라, 근대 역사학의 '실증'과 대립하는 '기억'이라는 대상을 환기하는 과정이기도 했습니다. 『근대를 다시 읽는다』의 2권에서 '문화연구', '근대 담론 비판', '하위주체와 기억의 재현'이라는 세 가지 방법론적 문제의식을 내세운 것은 이런 이유 때문입니다.

식민지기 문화사 연구를 이끄는 새로운 흐름은 대중문화·풍속·일상·문화제도·표상체계·수용자·젠더 등에 대한 논의를 자신의 과제로 삼는 것입니다. 한국문학의 근대성을 다시 해명하려는 문학연구에 의해 촉발된 이 연구는 전통적인 의미의 '문학연구'와 의식적으로 절연하고, 문화사나 문화연구(cultural studies)의 방법론적 태도를 수용한 다분히 학제적인 연구들입니다. 이 연구는 원래의 출발점을 초월하여 식민지 시대와 근대성에 대한 다른 각도에서의 조망을 가능하게 했습니다. 서구에서 문화연구는 기본적으로 후기 산업사회에서 변화하고 있는 계급투쟁의 양상에 대한 관심에서 탄생하여, 노동자계급과 여성·청소년 등의 하위주체와 그 문화적 정체성에 대한 탐구로 젠더 연구와 포스트콜로니얼리즘에도 영향을 주었습니다. 한국의 문화연구 역시 기존의 비판적 연구를 갱신하는 효과를 낳을 것이라고 기대됩니다. 나아가 이런 '문화적 전환'의 효과는 새로운 역사학뿐 아니라 새로운 인문학을 위한 중요한 밑거름이 되리라 봅니다.

다음으로 역사학에서 '언어학적 전환'과 관련되어 있는 담론 비판에 관한 것입니다. 역사학의 '언어학적 전환'이란, 역사는 객관적인 사실을 복원하는 것이라는 근대 역사학의 기본적인 방법론을 넘어서, 서사와 담론 자체에 관심을 두는 것입니다. '언어학적 전환'은 텍스트를 통해 객관성과 과학성을 구현할 수 있다는 근대 역사학의 기본 전제를 넘어서고자 한다는 점에서 탈근대 역사학으로 간주되어 왔습니다. 그러나 '언어학적 전환'을 단순히 '텍스트의 외부에는 아무 것도 없다'라는 방식으로 수용함으로써 역사학의 존재조건 자체를 위협하는 것으로 이해할 필요는 없습니다. 담론 비판 역시 '언어학적 전환'을 훌륭하게 드러내는 방법론 중의 하나일 것입니다.

담론이란 언어로 매개되는 진리의 형성과정을 가리키는 개념으로서, 진리를 직접 파악하는 직관과 대립하는 것으로 이해할 수 있습니다. 담론 이해에 대한 패러다임의 전환은 담론을 구성하는 일련의 규칙을 분석하여 그 배후에 작용하는 권력관계를 밝히려는 시도로 나타났습니다. 이런 시도는 근대의 주체 및 의식 중심주의를 비판하고, 주체·의식에 의해 역사서술에서 억압되고 배제되는 부분을 해명하는 데 관심을 기울입니다. 이런 문제의식 위에서 담론 분석이라는 새로운 기법이 발달한 것입니다. 담론 분석은 담론과정을 중시하는 연구와, 담론의 지표성(indexicality)을 중시하는 연구로 크게 나눌 수 있습니다. 어느 것이든 간에 담론 분석은 개념

또는 텍스트와 '정치'의 상관관계에 주목함으로써 일제 식민지기의 시대상에 접근하는 데 유효한 방식이 될 수 있습니다. 여기에 수록된 논문들은 담론 비판의 방법론이 식민지 주민들의 욕망과 실천이 계급적·민족적·제국적 차원에서 주체화되는 기제, 그리고 그 과정에서 노정되는 균열과 무의식의 흔적을 추적하는 데 효과적이라는 점을 잘 보여주고 있습니다.

최근 기존의 '민중사'를 폐기하고 하위주체(subaltern)의 역사를 '아래로부터' 재구성하고자 하는 흐름이 생겨나고 있습니다. 하위주체란 하나의 고정된 주체를 의미하는 것이 아닙니다. 이는 기본적으로 사회적 약자이자 하층민으로서 광범한 피지배층을 가리키지만, 그 내부에는 다양한 차이와 균열이 존재하는, 그리하여 지배에 포섭되기도 하고 저항하기도 하며 때로는 지배를 자기방식으로 전유하기도 하는, 현실과 담론의 지형과 국면에 따라 끊임없이 새롭게 구성되는 존재입니다. 이 '역사'는 지배자와 엘리트의 거대 담론에 묻혀 있던 다양한 하위주체들의 목소리를 재현하여 '아래로부터의 역사'를 새로이 구성하고자 합니다.

그런데 문제가 되는 것은 하위주체들은 스스로 기록을 남기지 않는다는 점입니다. 자신의 손으로 자신의 목소리를 남길 수 없는 하위주체들의 역사를 재현하는 방식은 없는 것일까요? 그래서 '기억'이 중요한 역할을 하게 됩니다. 그러나 기억이란 다양한 방식으로 과거가 아니라 '현실'을 반영한 것일 수밖에 없습니다. 그리하여 역사와 기억은 기본적으로 대립적이고 상호투쟁적인 것처럼 보입니다. 객관성에 대한 근대 역사학의 믿음이 기억을 사료로 받아들이는 것을 방해하는 것입니다. 기억을 둘러싼 이런 논란은 하위주체의 역사를 아래로부터 재구성한다는 과제가 짊어진 험난한 여정을 잘 보여주는 듯합니다. 그럼에도 지배와 저항의 이분법에 가려 있던 우리 역사 속의 수많은 삶이 지닌 의미를 찾아가는 기나긴 여정은 이미 시작되었습니다.

5. 인문학의 근대를 넘어

　기존 연구에 대한 갱신의 요구는 단지 '역사'나 '근대 인식'에만 한정되지 않습니다. '인문학 위기' 담론이 제기된 지 꽤 오래 되었습니다만, 최근 또다시 각 대학의 인문대학 학장들에 의해 위기가 '선언'되었습니다. 한국의 대학에서 인문학의 위기가 주기적으로 환기되어야 할 무슨 필연적인 이유라도 있는 것일까요? 한국의 대학을 유령처럼 떠돌고 있는 위기 담론의 실체는 과연 무엇일까요? 최근 대부분의 인문대학은 대학원만이 아니라 학부조차 정원을 채우지 못하고 있습니다. 인문학을 공부하려는 학생들이 줄어드는 것만큼 연구자들의 존재조건을 위협하고 위기의식을 조장하는 것은 없다고 봅니다. 이런 점에서 과연 인문대학 또는 대학의 인문학 연구자들은 위기에 처해 있다고 볼 수 있습니다.

　이런 '인문대학의 위기'는 무한경쟁을 요구하는 지구화시대의 신자유주의적 시장경제가 내뿜는 광기로부터 대학도 자유로울 수 없게 되었음을 의미합니다. 인문학 위기 담론이 시장경제를 위기의 주범으로 지적하는 것은 이런 점에서 타당성이 없는 것은 아닙니다. 그러나 시장경제의 광포함을 통제하고 인간의 존엄성을 배려하는 사회로 전환하는 동력을 국가에서 찾을 수는 없습니다. 근대국가는 언제나 자본의 가장 든든한 지지자였고, 앞으로도 그럴 것이기 때문입니다. 시장을 적군으로, 국가를 우군으로 상정하는 위기 담론은 그런 점에서 위기의 실체를 호도하는 수세적인 수사에 지나지 않습니다. 더 이상 국가에 '어리광'을 부리는 위기 담론이 되어서는 안 될 것입니다.

　인간이 삶이 복잡해질수록 이를 해명하기 위한 노력, 곧 학문도 복잡해질 수밖에 없습니다. 근대 문명이 발전한 이후 인간의 삶은 더욱 복잡하게 변화해왔습니다. 근대 사회의 분화에 맞추어 성립한 분과학문이 바로 인문학과 사회과학입니다. 잘 알다시피, 근대 이후 인문학은 문·사·철 곧 문학·역사학·철학이라는 3대 분과학문을, 그리고 사회과학은 정치학·경제학·사회학이라는 3대 분과학문을 정립시킨 이래, 각각은 더욱 복잡한 분화를 수행해왔습니다. 그리하여 이제 혼란스러울 정도로 학문의 분화가 진행되고 있습니다.

인문학과 사회과학의 3대 하위 분과학문으로의 분화는 근대의 존재양식을 그대로 표현하고 있습니다. 근대는 정치·경제·사회라는 하위분야로 분화하여 자신을 표현해왔습니다. 근대 이후 인간의 삶은 문학·역사학·철학이라는 학문분야를 통해 가장 잘 해명될 수 있는 것으로 간주되어왔습니다. 근대 이후 대학에서 이런 학문의 분화가 제도화된 것은 당연한 일입니다. 인문학, 사회과학, 자연과학과 더불어 각종 응용·기술학이 각각 하나의 독립 대학으로 자리 잡은 것은 이런 이유 때문입니다. 대학은 분과학문이라는 제도를 통하여 시대를 반영하고 있는 근대의 축소판이라고 할 수 있습니다.

그런 점에서 인문학의 위기 담론은 현실의 중요한 변화를 반영하고 있습니다. 이제 문학·역사학·철학이라는 세 분과로 분화한 인문학으로는 아무것도 해석하거나 설명할 수 없는 그런 사회로 바뀌어버렸습니다. 이는 인문학과 사회과학 나아가 자연과학으로 분화한 근대 학문이 위기에 처했음을 의미합니다. 또한 분과학문으로 구획된 대학의 제도는 지구화시대의 변화하는 사회를 더 이상 감당할 수 없게 되었습니다. 인문학 나아가 근대 학문 그리고 대학은 분화의 덫(혹은 분과의 덫)에 사로잡혀 있는 것입니다. 그런 점에서 인문학의 위기 담론은 위기의 번지수를 잘못 찾은 셈입니다. 그렇다면 한낮의 유령처럼 떠돌고 있는 인문학의 위기 담론을 쓸어내지 않고서는 근대 학문과 그 제도가 처한 위기의 실상을 정확히 바라볼 수조차 없는 것 아닐까요?

복잡하게 분화된 분과학문은 오늘날의 삶과 사회를 설명하지 못하고 있습니다. '학제적 연구'나 '학문의 융합'이 과제로 설정되고, 그것이 인문학의 위기라는 난관을 돌파할 수 있는 효과적인 탈출구처럼 이야기되는 것은 이런 이유 때문이겠지요.

최근 한국사회에는 파편화된 분과학문이 얼마나 자신의 역할을 방기하고 있는 것인지, 나아가 '새로운 인문학' 또는 새로운 통합학문이 어떤 역할을 요구받고 있는지를 실증하는 생생한 사례들이 줄을 이어 나타나고 있습니다. 생명공학과 '포스트-휴먼' 문제와 관련되어 있는 '황우석 사태', 지구온난화와 관련된 것으로 추정되는 파괴적인 기후 변화, 그리고 한반도 나아가 동아시아 전체를 상호 대립과 불안정으로 몰아넣고 있는 북한의 핵 개발 등을 그 예로 들 수 있습니다. 이는 그와 관련한 전문가들만의 문제가 아닙니다. 이 문제들은 인간의 존재조건을 변화시켜 인간의 본질을 파괴할 수 있는 것으로서, 인문학의 근원과도 맞닿아 있습니다.

더욱 다양하게 분화하고 복잡하게 변화하고 있는 '근대적' 인간의 삶을 해명하기 위해서는 통합적인 사고와 학문이 필요합니다. 이제 '새로운 인문학'이 필요한 시점입니다. 새로운 인문학은 통합에서 그 시대정신을 발견합니다. 통합적인 시각은 더욱 복잡하게 변화하고 있는 근대적 인간의 삶으로부터 곧 근대 비판의 정신으로부터 그 필요성이 주어집니다. 오히려 인문학은 시장경제의 광포함을 제어하고 인간의 얼굴을 한 사회를 만들어나갈 수 있는 절호의 기회를 맞이했다고 봅니다. 이제 분화의 덫에 사로잡혀 사유의 본질을 상실한 인문학을 버리고 그 근원을 다시 물어야 할 때입니다.

우리는 이 책을 통하여 우리가 어디에 서 있는지를 되돌아보고자 했습니다. 이는 근대성에 대한 탐색과 비판으로 무장한 '새로운 인문학'을 만들어나가는 토대를 확인하기 위한 것이었습니다. 그리고 그 결과가 그리 비관적이지 않다는 것을 확인했습니다. 이제 우리는 새로운 인문학을 위한 출발선 위에 서 있는 것입니다. 논문 수록을 허락해준 필자들과 우리의 이런 모색에 동의하는 모든 연구자들의 열정이 활짝 꽃피울 수 있기를 기대해 마지않습니다.

2006년 11월 편집위원 일동
윤해동, 천정환, 허수, 황병주, 이용기, 윤대석

식민지 근대라는 문제의식

― 모든 근대는 식민지 근대이다

1부를 묶으며

| 윤해동 |

'식민지'는 제국주의 국가의 한 영역에 지나지 않았지만, 한국인들의 상상이나 분석 속에서 식민지는 언제나 독립적인 단위를 구성해왔다. '식민지'에 대한 강렬한 수사가 지금까지 한국 학계, 나아가 사회 전체를 지배해왔지만, 정작 그 안에 식민지는 없고 어딘가로 증발해버렸다는 역설을 어떻게 이해해야 할까? 이제 한국인들의 상상 속에서 식민지를 되살려내야 할 시점이다. 한국의 주류·반주류 역사학과 인문·사회과학은 식민지 내지 근대를 설명하는 데 실패했다. '수탈론'과 '식민지 근대화론'으로 대변되는 대립과 논쟁이 있었지만 지금은 상호 외면과 오만함만 남았다. 식민지를 읽는 핵심어는 수탈·저항 또는 개발이었고, 그것은 상호 대립의 중요한 무기가 되었다. 하지만 수탈·저항과 개발을 식민지의 핵심어로 삼을 때, 양자 사이에는 '근대 지상주의'라는 공통성이 더 큰 부분을 차지한다. 그리하여 상호 대립의 영역은 섞이고 흐려지면서 대립의 본질은 불분명해진다.

식민지는 근대의 가장 중요한 축이었으며, 근대의 고유하고 중요한 현상의 일부였다. 서구와 식민지는 동시적으로 발현한 근대성의 다양한 '굴절'을 표현하고 있을 뿐이다. 근대는 특정한 지정학적 위치(서구)에만 결부시킬 수 있는 주제는 더 이상 아니다. 그리하여 모든 근대는 당연히 식민지 근대이다. 이는 식민지를 사회진화론적 문명론의 발전단계론에 따라 하위에 위치시키지 않는다는 것을 의미한다. 근대가 해방적 측면과 도구적 측면을 아울러 갖는다는 것은 이제 상식이 되었다. 식민지 역시 수탈과 문명화·개발의 양면을 갖는다. 그런 점에서 식민지 근대라는 문제의식은 근대의 양가성과 식민지의 양가성이 만나는 어느 지점에 위치한다. 또한 식민지 근대는 제국과 식민지를 관통하는 공시성, 그리고 식민지와 후기 식민지를 연결시키는 통시성을 아울러 갖는다.

윤해동은 「식민지 인식의 '회색지대'」에서 수탈론이나 식민지근대화론으로는 파악할 수 없었던 식민지 '인식'에서의 회색지대가 존재한다고 지적한다. 식민지 인식에서의 회색지대란 저항과 협력 사이를 항상적으로 동요하는 식민지민의 '일상'을 지칭한다. 회색지대는 '일상적 저항'이라는 범주를 설정하여 식민 지배에 대한 저항의 의미를 확대하고, '친일' 개념을 '협력' 개념으로 전환함으로써 이를 파악할 수 있을 것이라는 기대를 표시한다. 곧 식민지민의 일상은 저항과 협력이라는 선명한 양 극단의 어느 지점이 아니라, '협력적 저항'과 '저항적 협력' 사이의 넓은 프리즘 위에 존재한다. 나아가 저항과 협력이 교차하는 지점, 즉 회색지대에는 '정치적인 것'으로서 '공적 영역'이 존재하기도 한다고 지적한다. 식민 지배에서도 공적 영역은 지속적으로 확대되고 있었지만, 그것은 식민권력의 자장을 벗어나지 못하는 것이기도 했다.

한편 그런 '식민지적 공공성'은 근대화의 진전과 맞물리면서 규율권력화한다. 끊임없이 정치적 영역을 확장하려고 시도하지만, 그런 노력을 통해 식민 질서를 유지·강화하는 권력으로 떨어질 위기에 처한 이율배반의 존재, 그것이 바로 식민지의 존재형식이다. 윤해동이 제기한 회색지대를 구성하는 개념들, 협력-식민지 공공성-규율권력 등은 모두 아직은 매우 논쟁적이다. 그럼에도 이런 문제제기는 식민지 근대라는 개념을 유연하게 확장하여 적용할 수 있는 가능성을 제시한다.

장석만은 「한국 의례 담론의 형성─유교 허례의식 비판과 근대성」에서 유교적 예禮개념과 전혀 다른 맥락을 지니는 '의례' 개념이 형성되는 과정을 검토함으로써 식민지 근대의 성격을 해명하고자 한다. 식민화하는 과정에서 유교적 예는 허례허식으로 비판받았으며, 이를 대체할 '문명적 의례'를 확립할 필요성이 한국의 지식인 및 조선총독부 양자로부터 제기되었다. 문명적 의례란 외면과 내면, 형식과 실질, 물질과 정신의 대립을 통합한 것으로 간주되었다. 1934년 조선총독부가 제정한 「의례준칙」에서는 근대적 의례 개념이 유교적 예 개념을 변형시켜 포섭함으로써 본격적으로 헤게모니를 장악했으며, 이는 해방 후 한국 정부에 의해 「가정의례준칙」으로 제정됨으로써 유지·강화되었다. 자신의 의례 개념이 보편성을 담지하고 있다고 믿는 자는 다른 모든 시대와 공간의 행위 일반을 의례가 아닌 것으로 '식민지화'하게 되는 바, 식민지기에 확립된 의례의 헤게모니는 식민지 근대의 현재성을 웅변한다.

푸코가 제시한 규율권력이라는 개념을 사용하여 식민지기를 해명할 수 있다는 발상은 김진균과 정근식이 공동으로 편집한 『근대주체와 식민지 규율권력』(문화과학사, 1997)에서 처음으로 제시되었다. 오성철은 이 문제의식을 학교 규율에 적용했고(『식민지 초등교육의 형성』, 교육과학사, 2000), 이 책에 실린 「조회의 내력—학교 규율과 내셔널리즘」은 학교 규율을 '조회'의 내력을 통해 해명하고자 한다. 오성철은 일본 근대교육의 형성과정에서 조회가 탄생하는 과정, 그리고 그것이 제국의 변화와 더불어 변모하는 과정을 추적한 다음, 이것이 식민지 조선에 이식되어 변화하는 과정을 검토함으로써, 학교 규율의 역사사회적 기원을 탐색하고 있다. 하지만 학교 규율은 식민화되기 이전 구한국의 학교에서도 실시되었으며 해방 이후에도 존속되었다는 점에서, 이를 제국주의 지배의 산물이라고만 규정하기에는 어려움이 있다. 이는 학교 규율이 내셔널리즘의 통합장치였다는 점에서 설명될 수 있는데, 규율권력화하는 장치를 비판하기 위해 내셔널리즘 자체와의 대결이 필요하다는 지적은 의미심장하다. 이는 또한 제국의 원본이 식민지의 그림자를 결코 뛰어넘을 수 없다는 점, 거꾸로 그림자가 원본을 넘어서고 있다는 점에서 시사적이다.

이타가키 류타의 「식민지의 우울—한 농촌 청년이 다시 발견한 세계」는 한 농촌 '중견청년'의 일기를 통해 식민지기 청년의 세계를 탐색한다. 이 연구는 '일기'라는 자료를 통해 식민지 '일상'을 탐색하고 있다는 점에서 주목할 만하다. 통상 일기에는 일상적인 것보다는 '일상이 아닌 것'이 자주 나타나는 것이 통례이고, 설령 일기를 통해서 '일상'을 읽어낼 수 있다고 하더라도 식민지의 일상 속에서 식민지 근대를 그려내는 일은 더욱 어려운 일일 터이다. 이 두 가지 측면에서 이 글은 상식의 허를 찌르는 시도를 하고 있는 셈인데, 필자는 이를 '징후적 독해'라는 방법을 통해 해결하고자 한다. 그리하여 한 농촌 청년이 앓고 있던 우울증은 식민지 근대의 불안한 존재방식을 대변하는 '식민지의 우울'이 된다. 또한 식민지의 우울은 그 불안함이라는 형식에서 '근대의 우울'과도 이어져 있다.

이상으로 대개 짐작할 수 있을 테지만, 식민지 근대라는 개념은 아직 확정된 방법론적 개념의 지위를 차지하지 못하고 있을 뿐만 아니라, 인식론적 내포도 튼실하게 채워져 있다고 하기 어렵다. 지금으로서는 식민지 근대를 "근대적 합리성의 발현 양상을 바탕으로 '근대가 동반하는 고유한 식민성'의 양상을 해명하려는 시도"라고 잠정적으로 정의할 수 있겠다. 식민지 근대라는 개념틀이 아직 확정되지 못한 유연성을 가진 개념인 만큼이나 그 확장 가능성은 열려있다고 볼 수도 있겠다.

식민지 근대란 개념은 미국 학계에서 사용하던 'Colonial modernity'라는 개념에서 연유하지만, 그것의 단순한 번역어라고 볼 수 없는 이유도 그 개념이 아직 확정되지 않았기 때문이다.

'식민지 근대'라는 개념에 참조할 자료들 :

〔미국학계의 식민지 근대에 관한 논의는 Tani E. Barlow ed., *Formation of Colonial Modernity in East Asia*, Duke University Press, 1997 ; Gi-Wook Shin and Michael Robinson, eds., *Colonial Modernity in Korea*, Harvard University Asia Center, 1999. (한글 번역본은 도면회 옮김, 『한국의 식민지 근대성』, 삼인, 2006 참조)를, 한국학계의 식민지 근대에 관한 논의로는 최근 간행된 다음 두 권의 편저서를 참조할 수 있다. 임지현·이성시 편, 『국사의 신화를 넘어서』, 휴머니스트, 2004 ; 공제욱·정근식 편, 『식민지의 일상, 지배와 균열』, 문화과학사, 2006〕

:: 윤해동

서울대 국사학과에서 학사·석사·박사학위를 취득하였다. 역사문제연구소에 간사, 사무국장, 연구원, 연구위원 등으로 참여하였으며, 서울대·서원대·외국어대 등에서 강의하였다. 일본 와세다대학에서 외국인연구원으로 있었으며, 현재 성균관대학교 동아시아학술원 연구교수로 있다.

한국 현대 사회의 구조적 형성과정을 역사적으로 추적하기 위하여 촌락사회의 성격 및 산림 입회권의 변화과정 등을 추적해왔다. 그와 아울러 식민지 근대성 및 탈식민주의 등과 관련한 문제에 관심을 가지고 있는데, 근대 계몽주의의 형성과 '협력'의 성격 변화를 통하여 이를 검토해왔으며, 이런 관심을 동아시아를 대상으로 확대해보고자 한다. 근대역사학의 메타역사학적 성격과 학문의 융합 및 인문학의 미래에 대해서도 관심을 가지고 있다.

주요 저서로 『식민지의 회색지대』(2003), 『지배와 자치』(2006) 등이 있고, 주요 논문으로 「국체와 국민의 거리」(2006), 「교차와 대립-박헌영 사상의 위상」(2005), 「식민지 근대와 대중사회의 등장」(2004), 「연대와 배제-동아시아 근대 민족주의와 지식인」(2003), 「친일과 반일의 폐쇄회로에서 벗어나기」(2003) 등이 있다.

식민지 인식의 '회색지대'

─ 일제하 '공공성'과 '규율권력'

윤해동

1. 문제제기 ─ 왜 회색지대인가

일본 제국주의의 악랄하고 무자비한 지배를 통한 수탈과 이에 대응한 한국인의 광범한 저항운동이라고 하는 두 개의 축을 중심으로 일제 지배 하의 한국 사회를 인식하고 서술하는 데 우리는 매우 익숙해 있다.* 이 두 개의 인식축은 하나의 역사상을 구성하기 위하여 상호보완적으로 작용 하는 개념이지만, 한 사회가 그런 방식의 양분법으로 구성될 수는 없을 것 이므로, 이는 어디까지나 일종의 '레토릭(수사修辭)'이자 '신화'로 기능하고 있다고 볼 수밖에 없다. 해방 후 분단국가의 민족주의와 열정적인 민족의

---

* 대표적인 한국 현대사 개설서인 강만길의 『고쳐 쓴 한국현대사』(개정판, 창작과비평사, 1994)를 통해서 도 우리는 이런 인식론적 양분법의 구도를 잘 확인할 수 있다. 1부 식민지기의 서술은 '식민 지배와 민족 해방운동의 추진'이라는 지배와 저항의 양 축으로 구성되어 있는데, 1장 식민통치, 2장 민족해방운동, 3장 식민지 수탈경제, 4장 식민지 문화정책과 저항운동으로 배열하여, 장별로도 지배와 수탈, 저항운동을 교 차시켜 구성하고 있다. 분단 극복의 통일시대 역사인식을 강조해온 저자의 이런 식민지 인식이 현재 한국 역사학계의 인식 수준을 대표한다는 데 이론은 없을 것이다.

식이 그런 신화의 '사실성'을 높이는 배경이 되었을 것이다. 민족주의적 열정은 민족주의적 인식을 통한 실천행위를 당위로 간주하고, 일종의 '규범으로서의 역사학'을 만들어나간다. 이를 이른바 '식민지수탈론'이라고 범칭할 수 있을 것이다. 이처럼 수탈론은 규범으로서의 역사학의 성격을 가지며, 그것은 특히 해방 후 민족주의의 성격에 의하여 규정된다. 전후 민족주의 역사학은 다양한 스펙트럼을 가지지만, 대부분 근대적인 민족국가의 수립을 향한 도정으로 한국 근대사를 해석하며, 이런 근대 민족국가의 수립과정으로서의 한국 근대사는 분단국가의 통일에 의해서 완성되는 것으로 간주한다.*

이와 관련하여 일제하 사회상의 구성에서도 두 개의 상반된 이미지, 즉 1919년 3·1운동을 전후하여 볼 수 있는 '전全 민족적 저항'의 이미지와 1937년을 전후한 전시체제 성립 이후 일상화되는 '전 민족적 협력'의 이미지가 공존하고 있기도 하다. 굳이 따지자면 식민지수탈론의 입장에서는 '전 민족적 협력'의 이미지는 허용되지 않을 것이지만, 전시체제기에 저항의 분위기가 잦아드는 것을 굳이 부정할 수 있는 근거도 없는 듯하다. 따라서 민중의 파편적인 저항을 내세워보지만, 전체적인 이미지를 돌려놓기에는 역부족이다. 저항과 협력의 경계를 어디에서 설정할 것인가를 심각하게 재고해야 한다.

이런 이분법적 인식을 비판하면서 등장한 식민지 인식의 방식이 이른바 '식민지근대화론'이다. 일제의 식민 지배 아래에서 이루어지긴 했지만, 한국 사회가 근대화하고 있었다는 점을 부정할 수 없다는 점에서 이런 주장은 일정한 타당성을 갖고 있다. 그러나 수탈론과 식민지근대화론이 첨예하게 대립하고 있으나 실은 인식론적 기반을 공유하고 있다는 지적도

---

* 해방 후 남한 민족주의 사학론의 다양한 논의 틀은 노태돈, 「해방 후 민족주의 사학론의 전개」, 『한국사를 통해본 우리와 세계에 대한 인식』, 풀빛, 1998 참조.

제기되고 있다. 식민지수탈론과 식민지근대화론은 민족주의와 근대화라는 인식기반을 공유하고 있다는 것이다.[1] 그런 점에서라면 수탈과 저항의 두 축을 중심으로 한 식민지 인식을 식민지근대화론이 근본적으로 변화시켰다고 볼 근거는 박약하다.

식민지수탈론과 식민지근대화론의 대립구도를 넘어서기 위해서는 민족주의와 근대화라는 두 가지 문제의식에 어떤 방식으로든 정면으로 대응하지 않으면 안 된다. 한편으로 수탈과 저항이라는 이분법적 틀이 가진 단순성을 넘어서기 위해서는 제국주의가 부과한 인식론을 식민지민이 어떻게 수용하고 있었는가를 이해할 필요가 있다. 제국주의의 식민지 지배는 수탈과 저항이라는 단순도식으로는 설명할 수 없는 부분이 너무나 많다. 그렇다고 제국주의의 지배와 그에 대한 저항의 논리를 근대화라는 단순도식 속에 감추어둘 수는 더욱 없는 일이다. 우리의 제국주의 인식에는 너무나 폭넓은 '회색지대'가 존재하는데, 이를 어떤 방식으로 이해할 것인가? 그러나 우리는 이 회색지대를 의식하지 못한 채, 우리에게 편리한 방식으로만 식민지 지배에 대한 저항이나 근대화의 문제만을 동원하여 식민지를 입맛에 맞게 재구성하고자 한 것은 아닌가? 민족주의라는 프리즘이나 근대화라는 프리즘만으로는 걸러지지 않는, 식민 지배기 대부분을 관통해왔던 광범위한 회색지대를 이해하기 위하여 우리는 새로운 프리즘을 사용할 필요가 있다. 그러나 새로운 프리즘이 또 다른 도식을 강요할 수도 있으므로, 우리는 그 프리즘을 상호작용의 틀 속에 위치 지움으로써 그 도식을 피해나가야 하는 의무를 지고 있기도 하다. 그리고 그 프리즘은 민족주의 또는 민족(국민)국가라는 틀과 근대화라는 틀을 의심하는 도구가 되어야 한다. 이처럼 우리의 식민지 인식에는 광범한 회색지대가 존재한다. 이 회색지대의 민을 저항이나 협력의 어느 한 쪽으로 끌어들이려는 노력은 인식의 폭력에 지나지 않는다. 협력과 규율권력이라는 개념을 통해서 식민지민의 세계를 재인식하는 일은 인식의 폭력에 대항하는 일이기도 하다.

제국주의의 식민 지배는 제국주의 지배자의 일방통행적 지배가 아니라, 식민지민과의 상호작용에 의해 유지된다. 따라서 제국주의 지배에 대한 '협력'의 문제가 제기되는 것이다. 이와 연관된 문제이기도 하지만 다른 한편으로는 식민지 근대화의 이면, 즉 베버적 합리성 또는 관료주의나 제도적 합리성의 증가가 초래하는 이성의 도구화가 문제가 된다. 이는 식민지 인식에서 한국의 '민중'을 '행위자'로서 회복하는 일과 관련되어 있다. 적극적 형태의 저항만이 아니라 사보타지나 협력을 중지하는 행위 등 무저항적 저항이나 내면적 저항 등 다양한 저항의 방식을 인정하고 이를 식민통치에 대한 '협력'과 대응시키고자 한다. 이런 방식은 협력과 저항이 식민지 근대적 합리성의 증가와 어떤 관련을 맺고 있는가 하는 문제에 접근할 수 있게 해준다. 우리는 이를 식민지 규율권력이 작동하는 방식과 관련하여 이해할 수 있을 것이다.

2. 저항과 협력의 변증법 – 식민지적 공공성의 의미

수탈과 저항의 이분법에서는 저항의 대립 개념으로 친일이라는 개념을 일반적으로 사용하고 있다. 식민 지배 당시에도 친일파, 배일파라는 이분법적 인식이 일반화되어 있었는데, 한국인이 내지인과 똑같은 일본인, 즉 예속된 일본인이 아니라 진짜 일본인이 될 수 있다는 목표로 나아가는 자가 친일파이고, 한국인이 진짜 일본인이 될 수는 없으므로 민족자결에 의한 독립을 도모하는 길밖에 없다고 하는 자를 배일파로 보았다. 또 하나는 양자를 다 의문시하여 친일파도 아니요 배일파도 아닌 소위 회색적 존재가 있는데, 회색분자는 점차 친일파로 변해가는 존재라고 했다.* 이분법적 분류방식은 식민 지배 시기부터 시작되어 지금까지도 지배적인 분류방식으로 이용되고 있다. 그러나 이런 분류방식은 평가의 잣대가 민족(또는 민족주의)으로만 되어 있어, 사회의 변화를 적극적으로 반영하기 어렵다. 국가 또는 민족이라는 잣대가 아니라 개인과 '사회의 분화'라는 잣대를 가지고 제국주의 통치에 대한 저항 행위를 평가한다면, 친일과 저항(배일)이라는 대응 방식은 상당한 문제를 가질 수밖에 없다.

그렇다면 식민지에서 저항이란 무엇을 의미하는가? 제국주의의 식민지 지배를 부정하고 제국주의 권력에 정면으로 대응하는 것을 저항이라고 한다면, 이익집단의 계급갈등이나 계급투쟁을 제국주의에 대한 저항의 한 형태로 규정하는 것은 저항운동의 외연을 확장하는 적극적인 인식이 될 것이다. 대체로 식민지하 계급운동이나 소수자운동을 모두 민족해방운동에 끌어들여 인식하는 것은 한편으로는 적극적으로 평가할 수 있을 터이지만, 민족주의의 잣대로만 평가함으로써 초래되는 부정적인 측면 역시 만만치 않다. 지금까지 노동운동이나 농민운동 등의 '계급운동'을 민족해방운동의 한 형태로 인식함으로써 노동운동과 농민운동 연구는 대단한 진전을 보였다. 그렇지만 노동운동이나 농민운동이 가진 반봉건적인 측면이나 계급적 집단운동으로서의 성격이 사회의 분화와 관련하여 독자적으로 평가되었다고 하기는 어렵다. 형평운동으로 대표되는 신분철폐운동이나 여성운동, 청년운동, 학생운동 등도 민족해방운동의 측면을 중심으로 평가되고 해석되었으며, 더욱이 식민 지배기에 족출했던 신흥종교도 대개는

---

* 조병상은 유명한 '친일분자'로서 회색분자의 존재를 인정하고 있지만, 회색분자는 친일파로 변해가고 있다고 하여 그 존재를 적극적으로 인정하지는 않는다. 여기서는 친일분자의 사례를 들었지만, 대부분의 민족운동가들도 이분법적 인식으로부터 예외는 아니었다. 타협운동이나 '친일운동'으로부터 대중이 유리되어 비타협적 저항운동에 가담할 것이라는 낙관적 인식이 저항언론의 주류를 형성하고 있었다. 조병상, 「지원병을 아들로 두어」, 『조선』, 1940년 3월.

민족주의적 평가의 대상이 되어왔을 뿐이다. 이런 경향은 여타 문화적인 부문에 대해서도 마찬가지로 관철되어왔다.*

그러나 민족주의라는 잣대만으로 식민 지배기 저항운동을 투시한다면, 각각의 운동이 근대 사회 이행의 과정을 통해서 마련해온 집단으로서의 정체성을 이해하기 어렵고, 정체성의 확인과정으로서의 운동의 의미를 제대로 파악하기도 매우 어렵다. 따라서 집단정체성의 확인과정이 어떤 기반에서 민족주의로 수렴되는지, 그리고 그 과정에서 배제되는 소수자의 정체성이 어떻게 억압되고 있었는지를 확인할 수는 없다. 노동운동이나 농민운동 등의 계급운동, 청년운동이나 학생운동 나아가 여성운동 등은 사회의 근대적인 분화 과정에서만 그 집단으로서의 정체성의 기반이 주어질 수 있다. 요컨대 모든 부문운동은 근대화의 산물이자 식민 지배기 사회 분화의 산물일 터인데, 이런 운동 발생의 근대적 측면을 민족주의로만 귀속시킬 때 고유한 운동성은 제대로 해명되기 어렵다.

나아가 민족주의라는 잣대로는 포착하기 어려운 일상적 저항의 범주가 있을 수 있다. 식민 지배하의 일상적 저항을 우리는 '범죄행위'를 통해 살펴볼 수 있지 않을까? 한 예로 1920년대 한국의 일반범죄 건수와 검거수를 보면 다음과 같다. 양자 모두 증가했는데, 1912년에는 범죄건수 43,297 건, 검거건수 32,782건이었지만, 1925년에는 범죄건수 133,330건, 검거건수 121,557건에 달하여, 범죄건수에서 약 3배, 검거건수에서 약 4배의 증가를 보인다. 검거인원을 민족별로 보면, 내지인과 외국인의 약 1.5배 증가에 대해 한국인은 약 4.5배 증가한다. 아직 인구수에 대한 범죄 비율에서는 일본인과 외국인에 비해 한국인의 범죄율이 훨씬 낮지만, 그 증가 경향은 현저하다.[2] 여기서 자세히 분석할 겨를은 없지만, 한국인 일반 범죄의 증가

* 1990년대 이전에 행해진 민족운동 연구의 이런 경향을 우리는 다음의 연구사 정리를 통해서 잘 확인할 수 있다. 역사문제연구소, 『쟁점과 과제 민족해방운동사』, 역사비평사, 1990.

경향을 통해 우리는 많은 것을 읽을 수 있다. 그것은 일차적으로 사회 분화 및 개인화의 현저한 진행에 수반되는 현상이지만, 제국주의 지배체제를 위협하는 하나의 요소이기도 할 것이다. 관료나 경찰을 중심으로 근대적 제도화의 수준이 높아지는 것은 바로 이런 범죄율의 증가와 상호 긴밀히 작용하고 있었을 것이다.

이와 관련하여 다른 하나의 예로 전시체제하 '경제범죄'의 증가를 들수 있다. 1937년 중일전쟁 발발 이래 1942년까지 전조선의 검사국에 수리된 경제사건은 총 38,320건, 88,645명에 달했다. 이를 연도별로 보면 1937~38년에는 사건 수가 미미한 수준이었으나, 1939년에는 수리건수가 1,168건, 2,583명에 달했고, 1940년이 되면 8,085건 21,858명으로 격증한다. 1941년에는 12,798건, 32,578명, 1942년에는 16,003건, 30,304명에 달해 경제범죄는 전시체제기에 지속적으로 증가했다.[3] 이는 산업경제에 대한 통제 범위가 확대되면서 그에 수반하여 범죄의 부면도 확대되었기 때문이다. 그런데 검사국에 수리되지 않고 경찰이 유시諭示·방면한 경제사범도 많았다. 1942년의 예를 보면, 검사국에 수리된 경제사범이 30,304명이었던 것에 비해 경찰이 유시·방면한 인원은 31,488명이었으므로, 전체 경제사범은 검사국에 수리된 인원의 2배 정도에 달한다고 볼 수 있다.[4] 경제범죄를 유형별로 보면, 1940년 이후 '가격 등 통제령' 위반이 압도적 수위를 차지하고 있었는데, 조선총독부에서는 그 이유를 식량이나 섬유 등 생활필수품의 말단 배급기구에서 위반이 보편적으로 범람하고 있었기 때문이라고 분석하고 있다. 이처럼 경제범죄가 폭증함에 따라 식민지권력에서는 중벌주의를 채택할 수밖에 없었는데, 계란 400여 개를 매점한 노동자에게 징역 6개월을 부과한다든지, 공정가격을 초과하여 오이 등의 채소를 판매한 행상에게 징역 4개월을 부과한 것 등을 그 사례로 들 수 있다.[5]

통제경제와 사회 분화에 수반되는 범죄행위의 경우, 전시체제 자체를 위협한다는 의미에서는 매우 반체제적인 의미를 가진다고 할 수 있는데, 그렇다면 이를 민족주의적 시각에서는 어떻게 평가해야 할 것인가? 이를 일제 경찰 관료는 다음과 같이 평가하고 있다.

경제통제의 고도화에 수반하여 통제법령의 위반이 점차 많아지고 있는 것은 비상시 일본을 위하여 매우 통탄스러운 일이다. 특히 최근에는 숫자적으로 매우 격증하고 있을 뿐만 아니라, 질적으로도 악성·교묘화하고 있다. 이는 통제법령의 범위 내용이 매우 광범·복잡·다기한데다 직접간접으로 일상생활에 중대하고 밀접한 관계를 가지기 때문에 부지불식간에 위반하는 자가 있을 것이다. 그러나 다수는 법령을 숙지하면서도 자기적 이윤추구만을 생각하고 법령의 망을 피하여 사복을 살찌우는 자로 보인다. 그러나 시국을 확실히 인식하면서 종래의 자유주의 경제의 감미ᴴ味를 잊지 못하여 모르게 이윤을 축적하려는 자가 상당한 것은 유감천만이다. 이리하여 악질 중대범은 비국민적 행위이고 일종의 이적행위라고 극언하여도 좋다고 생각한다.[6]

생활과 밀접한 일상적 경제범죄가 이적행위 될 수 있다는 것인데, 이는 민족주의적 평가기준을 들이대더라도 매우 중요한 행위이다. 하지만 이런 행위는 제국주의 지배에 협력하는 자만이 저지를 수 있는 저항행위임에 틀림없다.

전시체제하 경제범죄의 성격과 관련하여 우리는 다음과 같은 사례도 주목할 필요가 있다. 1939년 이후 한국에서는 일본인 중소상공업자가 감소하고 이에 반하여 한국인 중소상공업자가 증가하는 현상이 두드러지는데, 상공회의소의 회원수만 보더라도 1941년에는 한국인 회원이 58%에 달할 정도로, 중소상공업자의 경제력은 한국인이 우위를 차지하게 된다. 그런데 일본인 중소상공업자가 감소하고 한국인 중소상공업자가 '경이적'으로 증가한 것은 무슨 이유 때문인가? 통제경제가 강화된 때문이기도 하지만, '조선인은 조선인의 상점에서'라는 민족주의적 분위기가 양성되어 일본인의 상권을 잠식한 것도 중요한 원인이라고 식민지권력은 분석하고 있다.[7] 이 시기에 조선의 전시경제체제가 자기완결적인 생산구조로 전환하고 자급자족화하는 경향이 강화되면서, 일본제국주의 경제권으로부터 조선경제가 이탈하고 일본제국주의 경제권이 급격하게 해체되는 경향이 있었다는 지적도 있고 보면, 한국인의 경제범죄가 민족주의적 정서와 결합하여 조선인 중소상공업의 발전을 촉진하고 있었다고 보는 것이 아주 무리한 일은 아니다.

일상적 저항과 관련한 논의가 다소 장황하게 되어버렸지만, 이처럼 저항과 협력이 대립적인 개념이 되기는 어려운 일이 아닐까? 저항과 협력의 경계를 넘나드는 행위는 전시체제로 접어들면서 더욱 일상적으로 접할 수 있을 것이다. 저항행위의 한 형태로 주목받기도 하는 유언비어의 유포나 삐라 및 낙서 등과 같은 '낮은 수준의 저항' 역시 마찬가지다.[8]

우리가 저항의 범위를 민족주의적 잣대만을 사용함으로써 부당하게 좁혀왔다면, 이와 대응하는 개념으로 주로 사용하는 친일이라는 개념 역시 상당한 문제를 안고 있다고 볼 수밖에 없다. 수탈과 저항의 이분법적 구도에서 친일이란 대체로 다음과 같은 방식으로 사용되어왔다. 친일이란 주체성을 상실한 맹목적인 사대주의적 추종이고, 나아가 매국적인 의미까지를 함축하는 개념이라는 것이다.[9] 이런 방식으로 친일이라는 개념을 사용하면, 한말의 친미·친러·친청, 그리고 해방 후의 친미 등의 용어와 구별 없이 사용될 수도 있어서 그 역사성이 상실되어버린다. 마찬가지로 친일 개념을 사대주의와 관련시키는 발상은 일종의 피해망상증이나 콤플렉스 때문이겠지만, 역설적으로 한국 근대민족주의의 한 양상을 잘 드러내고 있기도 하다. 사대주의란 현실을 만들어나가는 관념이자 직접적 현실이기도 하기 때문이다.* 이처럼 친일은 민족주의적 발상에서 연유하는 개념이기 때문에, 감정적 분노에 기반을 두고 있을 뿐만 아니라 외연이 매우 불분명하다는 취약성을 갖고 있다. 민족반역이든 친일부역이든 부일협력이든 모두 모호하기는 마찬가지다.

이런 모호함을 피하기 위해서는 이제 친일 개념을 협력 개념으로 바꿔서 이해할 필요가 있다. 협력 개념은 지배체제 또는 지배전략과의 연관 속에서만 사고될 수 있는 개념이다. 하지만 동시에 협력은 지배체제를 변화시키기도 한다.** 예를 들어 1920년대 자치제를 실시하겠다는 총독부의 전략과 자치운동은 상호작용하면서 영향력을 행사하고 있었다. 식민 지배세력은 협력세력이 그 약효를 상실하면 협력의 파트너를 변화시키지 않으면 안 된다. 3·1운동 이후 친일파 육성정책과 지방제도 개정으로 도입되는 자문기관의 설치 그리고 1930년대 초반의 지방제도 개정 등은 협력체제의 파트너를 변화시키겠다는 정책의 변화과정이었다. 총독부에 의하여 일단 자치제의 실시가 철회되었음에도 한국인들 사이에서 자치제 발상은 1930년대 내내 지속적으로 유지되었다. 그럼에도 1930년대 자치운동을 추진하던 세력이 큰 영향력을 행사하지 못하고 소멸해가는 것은 협력정책의 변화 때문이다. 따라서 협력을 식민지 전통 사회의 기득권과 관련하여 개념

---

* 사대관계란 이른바 '조공—책봉체제'를 특징으로 하는 전근대 중국적 세계질서, 즉 중화질서의 한 부분으로 이해할 수 있다. 사대관계의 현실과 이념에 대해서는 김한규, 「전통시대 중국 중심의 동아시아 세계질서」, 『역사비평』 2000년 봄호 참조. 그러므로 역사적 개념인 사대관계를 사대주의로 규정하고 민족성 이론과 연계시킨 식민사학의 개념화 작업이 비판의 대상이 되는 것은 당연한 일이다. 그렇지만 약자가 자주성이 없이 세력이 강한 나라를 섬기면서 자기존립을 유지하려는 경향으로 사대주의를 규정하고, 이를 자본주의 세계체제의 지배—종속관계에까지 연장하여 초역사적 개념으로 사용하는 것 역시 탈역사적일 뿐만 아니라 개념 구사에서 자의성을 벗어나기 어렵다.
** 협력 개념에 대해서는 박지향, 『제국주의—신화와 현실』, 서울대출판부, 2000 참조. 협력 개념을 사용해 1920년대 정치사를 분석한 연구로는 김동명, 「1920년대 식민지조선에서의 정치운동 연구」, 『한국정치학회보』 32집 3호, 1998년 가을: 「1920년대 조선에서의 일본제국주의의 지배체제의 동요」, 『일본역사연구』 8집, 1998 참조.

화하는 방식 역시 문제를 안고 있는데, 이런 방식은 너무 광범위할 뿐만 아니라 제국주의가 기득권세력을 모두 적으로 돌릴 이유가 없기 때문에 현실성도 떨어진다.

이런 방식으로 저항과 협력의 구조를 간단히 그려본다면, 일제의 동화 정책이 추진되는 가운데서 일제는 한국인 협력체제의 구축을 다면적으로 시도하고 그에 따라 한국인의 협력이 구조화하고 일상화한다. 이를 구조 적 협력 또는 일상적 협력이라고 할 수 있지만, 역으로 협력체제가 구조화 하고 일상화한다는 것은, 어디까지나 완전한 의미에서의 동화체제가 구축 되지 않는다면 오히려 다양한 형식의 저항이 구조화하고 일상화한다는 것 을 의미하기도 한다. 지배체제에 동조하는 양태와 그 지배를 내면화하는 양태에는 차이가 있기 때문에, 구조화된 협력을 구조화된 저항과 완전히 단절시켜버릴 수는 없다. 즉 동화 또는 체제 내화가 겉으로는 협력의 양태 를 띠고 동조하는 모습을 보이지만, 이것이 지배를 내면화하는 것까지 의 미하지는 않기 때문이다. 이렇게 본다면 한국의 피지배 민중들은, 끊임없 이 동요하면서 협력하고 저항하는 양면적인 모습을 보이고 있었던 것은 아닐까? 여기가 바로 식민지 인식의 회색지대가 발원하는 지점이다.

요컨대 저항과 친일의 이분법은 한편으로 저항의 범위를 부당하게 축 소하고, 다른 한편으로 저항과 친일을 직접 대응시킴으로써, 식민지기 정 치사의 부재로도 운위될 수 있는 정치사의 빈약함을 초래한다. 이런 현상 은 어떤 의미에서 매우 역설적이라고 할 수밖에 없는데, 식민지민의 모든 행위가 매우 강한 정치적 의미를 띠는 것이 일반적인 현상이라고 한다면 이는 더욱 이해하기 어렵다. 민족주의적 시각에 의해 일제하 한국사회가 굴절되어 인식되는 현상의 전형적인 한 예가 될 것이다.

한국 역사에서 정치사의 구성 방식은 식민 지배기를 거치면서 상당히 큰 폭의 굴절을 경험하지 않으면 안 되었다. 앞서 살펴본 것처럼, 한국의 민족주의 역사학은 근대 민족국가 형성을 위한 과정으로 식민 지배 기간을 이해함으로써, 민족해방투쟁을 새로운 국가형성을 위한 운동으로 규정하는 압도적인 정치사 우위의 인식을 가지게 되었다. 그럼에도 그런 민족해방운동사 중심의 정치사 이해는 민족주의라는 프리즘으로만 정치적인 행위를 투사하여, 모든 정치적인 행위를 민족해방운동사로 집중시키는 역할에 충실했다. 다시 말하면 압도적인 정치사 우위의 인식 틀을 가지고 있었음에도, 정치사 구성에서 빈약함을 면하기 어려운 구조를 지니고 있었던 셈이다.

그러므로 저항행위를 새롭게 개념화하여 '정치사'를 복원할 필요가 있다. 식민 지배기의 정치사를 정당하게 복원하기 위하여 우리는 '정치적인 것'의 의미를 다시 음미해야 한다. 식민 지배기 '정치적인 것'이란 무엇인가? 식민 지배기 식민지민의 일상을 구성하는 모든 행위는 '정치적인 것'일 수 있다. 일상의 영역은 사적인 것과 공적인 것이 섞여 있는 영역이다. 사적인 영역과 공적인 영역은 둘 다 모두 인간의 욕구와 성향을 펼칠 수 있는 고유한 생활영역이다. 그러나 공적인 영역에서는 사적인 이해관계가 뒤로 물러나고 공동의 삶과 관련한 문제만이 전면에 나타난다. 일상의 영역 가운데 '정치적인 것'이란 바로 '공적인 것'이다.* 그러므로 '정치적인 것'의 의미구조를 통해서 일상으로부터 정치사를 복원하는 일은 '공적 영역'의 의미를 재해석하는 일과 관련되어 있다.

저항과 협력이 교차하는 지점에 '정치적인 것'으로서 공적 영역이 위치한다. 우리는 식민 지배하 공적 영역의 확대를 지방제도의 개정, 즉 지방선거에서의 참정권의 확대 과정을 통해 살펴볼 수 있다. 1920~1930년대에 걸쳐 일제는 지방제도를 개정하여 도 협의회, 부회, 읍회, 면 협의회

---

* 공적 영역과 사적 영역에 대한 문제의식은 한나 아렌트, 『인간의 조건』, 한길사, 1996, 제2장 참조.

등에서 일련의 자문기관을 설치하고 선거를 실시한다. 국세 납부를 기준으로 선거권과 피선거권을 제한했으므로 한국인의 참여는 매우 제한적이었다. 1931년의 상황을 보면 선거인명부에 등재한 한국인 선거권자는 부회, 읍회, 면 협의회를 합쳐 31만여 명으로 인구 백 명당 1.6명에 지나지 않았고, 한국인 당선자 1인은 한국인 839명을 대표하고 있었다. 기권자는 전체 유권자의 14%로 유권자의 참여는 매우 높은 편이었다.[10] 자문기관은 한국인의 자치 요구나 제국의회에의 참정권 요구에 대응하기 위하여 설치되었다. 그러나 자문기관의 설치를 계기로 아주 제한된 범위에서나마 지방선거를 통해 한국인에게 참정권이 부여되었으며, 이렇게 주어진 공간에서 공공의 문제제기를 통해 공적 영역이 확대되는 현상을 확인할 수 있다.

그 사례를 1930년대 초반에 일어난 경성지역의 전기사업 부영화府營化 운동을 통해 살펴보자. 1931년부터 본격화한 경성 전기사업 부영화운동은 전기를 둘러싼 일상의 지역적 이해관계를 기반으로 하여, 경성부의 재원 확보와 아울러 전기사업의 공공성 확대를 목표로 삼고 있었다. 공공사업인 전기사업을 민간기업이 독점하여 폭리를 취하는 것은 불합리할 뿐만 아니라 이익이 일본으로 유출되기 때문에 부영화해야 한다는 것이 운동을 추진하는 논리였다. 또한 운동의 주도층은 부회의원 일부와 정동町洞 총대總代였는데, 부회가 주요 활동 공간이었음은 물론이다.[11] 1934년 부산의 한국인 부회의원은 한국인이 집주하는 빈촌에 도로를 개설하고, 쓰레기와 분뇨도 일본인과 같은 수준으로 처리해줄 것을 요구하면서 투쟁하기도 했다.[12] 이처럼 부회를 통해 일상의 이해관계를 공공화하려는 시도는 지속적으로 이루어지고 있었다.

이와 조금 맥락을 달리하지만, 각종의 '민중대회'에서도 공공 영역의 확대를 확인할 수 있지 않을까? 1920~1930년대에 걸쳐 도, 부, 군, 면 등의 행정구역을 단위로 도민대회, 부민대회, 군민대회, 면민대회 등의 대회가 개최되는데, 대회는 시위로 연결되기도 했다. 이런 각종의 대회는 지방행정에 대한 여러 가지 불만이나 세금 부과의 공정성, 관청의 이전 등 지역의 이해가 걸린 문제를 중심으로, 식민권력이나 행정기관에 청원을 제출하는 형태를 띠었다.[13] 지방행정 자문기관만이 아니라, 민중의 자발적인 대회를 통해서도 일상의 이해관계는 공동의 문제로서 제기되고 있었다.

식민 지배라고 하더라도 참정권의 확대 또는 지역민의 자발적인 발의로 공적 영역은 확대되고 있었던 것이다. 그리고 일부나마 공적 영역의 확대를 통해 일상에서 필요한 공동의 문제를 제기할 수 있었고 일정한 영향을 유지할 수 있었다. 식민지 인식의 회색지대, 즉 저항과 협력이 교차하는 지점에 '정치적인 것=공공 영역'이 위치하고 있었던 것이다. 우리는 이를 '식민지적 공공성'이라고 부르고자 한다. 식민지적 공공성은 식민권력에 의해 지배되고 있었고 식민권력을 전복시킬 수 있는 능력을 갖고 있지는 않았지만, 식민권력과 대치선을 그릴 수는 있었고 일상에서 제기되는 공동의 문제를 통해서 정치의 영역을 확대하고 있었다.

이에 기초한다면, 자치운동은 일제하 정치사를 구성하는 하나의 시금석이 될 것이다. 자치운동은 저항운동인가 협력운동인가? 간디가 이끌던 인도의 국민의회는 자치를 중요한 운동의 목표로 내걸고 결국 성취한다. 또한 일본의 식민지 대만에서도 자치운동은 상당한 지지를 받으면서 추진되었다. 인도와 한국의 거리는 얼마 만큼인가? 해방 후 한국에서는 자치운동을 '민족개량주의'운동이라고 규정하는데, 이는 민족주의라는 겉꺼풀을 쓴 하나의 변종과 같은 모습으로 등장했지만 사실은 일본식민주의자의 정치적 도구로서 독립운동을 부정하는 이데올로기로 이용당했을 뿐이라고 평가했다.* 이처럼 자치운동은 민족개량주의로 규정됨으로써, 민족주의

---

* 강동진, 『일제의 한국침략정책사』, 한길사, 1980, 379~399쪽. 식민 지배에서도 자치운동을 주로 일제에 대한 비타협적 운동과 대비시켜 타협적 운동이라고 규정하고, 이를 개량주의적 성격이 강한 운동이라고

운동도 아니고 그렇다고 협력으로서의 의미도 명확하지 않은 어정쩡한 상황이 되어버렸다. 우리가 자치운동을 협력의 형태로 규정한다고 하더라도 그 의미가 시기에 따라 변한다는 점을 인정한다면, 굳이 민족개량주의라는 모호한 형태로 규정할 필요가 있을까?

3. 근대화와 규율권력

식민지기 정치사를 복원하고 공적 영역의 의미를 재해석하는 일은 바로 규율권력의 문제와 연결된다.* 이제 전소 민족적 저항과 전 민족적 협력이라는 두 가지 모순되는 이미지를 둘러싸고 전개되는 협력과 저항의 관계양상을 통해 이에 접근해보고자 한다. 3·1운동기 일제 경찰은 한국 민중의 인심이 예상외로 험악하고 귀천빈부 남녀노약의 구별 없이 모두 독립을 꿈꾸고 있다고 간주했다.[14] 가히 전 민족적 저항의 모습이다. 이런 방식으로 3·1운동을 인식하는 것은 일반화되어 있다고 할 수 있을 정도이지만, 이런 '전 민족적 저항'의 이미지와 3·1운동에 대한 관념은 특히 해방이전부터 이후까지 국가건설의 이데올로기를 선점하기 위하여 각 정치세력에 의해 강조된 측면이 강하다. 해방 이후 3·1절 기념식을 둘러싸고 좌

비난하고 있었다. 그러나 자치와 참정권 확대를 분명하게 구별하여 이해하지는 못하고 있었다. 자치운동이 확산되면 참정권 확대로 선출된 각종 협의원, 도 평의원, 기타 공직자급의 인물들이 대부분 그에 참여할 것이라고 예측함으로써 자치운동을 참정권의 확대와 관련하여 이해하기도 했다. 이들 공직자들은 상당한 부력을 이용하여 각 지방에 다소의 기반을 확보한 인물들로서, 지방적 이권을 활용하여 타협운동, 즉 자치운동의 중견세력이 될 것이라고 보았던 것이다. 안재홍, 「조선 금후의 정치적 추세」, 『조선일보』 1926년 12월 16일~19일 사설(『민세 안재홍 선집』 1, 지식산업사, 1978, 187~196쪽).

* 규율권력의 문제의식은 푸코로부터 차용한 것이다. 식민권력은 식민지의 피지배민을 통치대상으로 인식하면서도 피지배민 스스로가 식민지적 질서를 유지·재생산하는 주체로 만들려고 시도했던 것이다. 이 개념을 식민지 한국사회에 적용한 사례로는 김진균·정근식 편저, 『근대주체와 식민지 규율권력』, 문화과학사, 1997 참조.

우 이데올로기 투쟁이 심각하게 전개되었던 것도, 나아가 3·1절을 국경일로 정한 것도 같은 발상에서 유래한 것일 터이다.

그러나 다른 한편으로 전향한 사회주의자 인정식은 중일전쟁 이후 한국인은 '민족으로서의 전향'을 감행했다고 주장했다. "금일의 정치적 태세를 대정大正 8년(1919년 3·1운동 – 인용자) 당시의 그것과 비해 본다면 우리는 그의 천양과 같은 차이에 놀라지 않을 수 없을 것이다. 개개의 주의자가 전향한 것이 아니라 한 개의 '민족으로서의 조선인이 충실한 전향'을 표시한 것이다. 오직 제국의 대륙정책에 끝까지 협동하는 충실한 국민으로서만 개개의 조선인의 행복과 번영을 기대할 수가 있으며 따라서 금일의 조선인의 정치적 노선이란 이 길 이외에 아무것도 없다는 것을 그들은 사실 이번 사변에 있어서 직관적으로 깨달은 것이다. 그들에게 있어서 이런 직관적인 자각을 촉진한 것은 동아의 정세에 대한 그들의 정확한 관찰 내지 비판이 원인이 아니었다⋯⋯각자의 지위가 일보 일보 악화되는 것이 아니라 도리어 향상되고 있다는 것을 직각直覺하였다"라고 하여,[15] 식민 지배를 통한 일상생활의 향상이 '민족으로서의 전향'의 원인이라고 주장했다. 만주침략 이후 만주 붐에 대한 한국인 부르주아지들의 기대가 한국인들의 저항을 한껏 누그러뜨렸다면, 전시체제기 대륙침략과 관련하여 복리와 번영을 기대하는 한국 민중의 자발적인 의사가 내선일체의 중요한 계기가 되었다고 인정식은 주장하고 있는 것이다.

이런 인식의 차이는 해방 후 친일파 처단의 논리 차이를 낳는 모태가 되었다. 친일파 처단의 범위를 광범하게 할 것인가 아니면 협소하게 할 것인가 하는 점을 둘러싸고 논쟁이 일어난 것은 바로 이 문제와 관련이 있다. 조선의 모든 것, 정치적으로나 경제적으로나 문화적으로나 일제적이지 않은 것은 거의 없었다 해도 과언이 아니었고, 조선 사람의 대부분은 극히 소수의 혁명적인 분자를 제외하고는 정도의 차이는 있어도 일제에 의존하지 않을 수 없을 정도로 일제의 뿌리는 깊다고 느끼고 있었다.[16] 그러나 다른 한편에서는 남조선과도입법의원에 상정되었던 친일파 민족반역자 처리에 관한 법안 초안이 적용범위가 극히 넓고 제재는 3년간 공민권公民權 박탈에 그쳐 극히 관대하므로, 될 수 있으면 적용범위는 극히 좁게 하고 제재는 공민권 박탈을 20년 정도로 하여 하루바삐 일제 잔재를 영원히 말살시키지 않으면 안 된다고 주장하기도 했다.[17] 입법의원의 초안은 부일 협력자 규정에서 동장, 이장, 구장, 반회장, 정町이사장, 서기 등의 최말단 행정관리를 포함한 행정부문의 모든 관공리를 처벌 대상으로 규정하고 있으며, 심지어 일본인과 결혼한 자나 생활용어를 상용화한 자까지도 대상에 포함시키고 있다. 또 일본군에 자원종군한 자도 전범에 포함시켜 처벌 대상에 포함시켰다. 처벌규정으로는 이상주의以上主義를 채택하여 부일협력자는 3년 이상 10년 이하의 공민권 박탈을 규정했다. 물론 현실적으로 입법의원의 초안은 전혀 실현되지 못했지만, 적용범위를 넓게 하고 제재를 관대하게 하고자 하는 초안의 입장은 이른바 일제의 뿌리가 매우 깊다는 입장과 무관하지 않다.

그렇다면 제국주의 지배는 일방적인 수탈의 과정인가, 아니면 민중생활의 향상을 가져왔는가, 그도 저도 아니면 민중이 식민 지배를 통한 생활의 향상을 기대하고 있었던 것인가? 한국 민중의 실제 생활은 전체적으로 향상되었는가, 실제 생활수준의 향상이 개개 주의자가 아니라 한 개 '민족으로서의 전향'을 가능하게 할 정도였는가 하는 문제는 문제의 성격만큼이나 미묘한 지점에 서 있다.

그렇다면 식민지하 한국인들의 실제 생활은 어떠했고, 어떠하다고 느끼고 있었던가? 식민지 이전 시대 최저 수준에 머물러 있던 인구 대다수의 생활수준이 식민지 지배에서 근대적 경제가 가져다 준 것보다 높았다고 믿는 것은 '낭만적인 노스탤지어'임에 틀림없다는 것이 대부분 연구자의 결론이라고 박지향은 영국 제국주의 연구경향을 소개하고 있지만,[18] 한국의 경우에도 이런 문제제기가 매우 이데올로기적이라는 점에서는 공통적이다. 하지만 이른바 '맬더스적 상황'에 대해서는 주의를 기울일 필요가 있다. 산업화 이전 농업체제 속에서 농민의 일상적 삶이란 매우 높은 출생율과 50% 이상의 유아사망율, 40세 미만의 평균수명, 거의 매년 되풀이되는 기근과 주기적으로 반복되는 아사로 특징 지워진다.[19] 전근대 한국 사회도 여기에서 예외가 아니었다고 한다면, 위의 지적은 한국 사회에서도 타당성을 가질 수 있다.

현실적으로는 여러 점에서 식민지하 경제성장의 계량적 면은 타국가들이 경험한 것과 흡사하다고 할 수 있을 것이다. 한국에서도 다른 식민지와 마찬가지로 전체적 및 개인적 생산이 실질적으로 상승하는 일정한 경향이 있었고, 여기에 급속한 인구성장과 도시화가 따랐다는 것이다. 그러나 한국과 타국가 간의 성장형에는 상위점이 훨씬 많았는데, 그것은 바로 극단적인 이중구조가 창출되었다는 점이다. 생산과 소득분배에 있어서의 이중구조는 한인의 경제생활에 심각한 분열을 영구화했다.[20] 이처럼 식민지하 생활수준을 측정하는 것은 그 이중구조만큼이나 편차가 클 수 있고, 그만큼 이데올로기적일 수 있다.

당시 안재홍과 같은 민족주의자들은 조선의 발전이 일본인을 주인으로 한 발전이기 때문에 향토 주인인 조선인은 전연 지위가 전도된 처지에 있다고 생각하고 있었다. 일본인의 발전과 조선인의 쇠퇴라는 대립관계의 성장·발전은, 정치적으로 조선인 위에 군림하는 일본 관민의 존대적이거나 경멸적 태도와 함께 조선인으로 하여금 '표현되지 않는 원차怨嗟'와 절망적인 암흑한 심리를 가지게 한다는 것이다.[21] 일제의 물질적 고압정책高壓政策이 오히려 조선인을 더욱 곤궁하게 하고, 그리하여 조선인으로 하여금 민족운동에 백열적白熱的으로 쏠리게 할 것으로 낙관하기도 했다.[22] 민족주의자들은 한국인의 물질적 향상을 인정하지 않았지만, 식민지 경제의 총량적 성장을 부정하지도 않았다. 따라서 식민지하 경제성장 자체를 부정한다거나, 경제후퇴를 상정하는 것은 비사실적이다. 이 문제의 예민한 측면을 잘 보여주는 식민 관료의 회고를 인용해보자.

> 한국인 젊은 층 가운데 '진보파'라는 그룹이 있었는데 만나고 싶다는 말이 들어왔다. 경찰당국은 그들에 대해 상당히 색안경을 끼고 봤다. 나는 그런 것에 괘념치 않았다. 공직에 있던 젊은 일본인 동료 10여 명과 함께 그들을 만나보니 생각이 우리와 딴판이었다. 우리는 합방 전보다는 한국인의 생활과 교육이 상당히 나아져 보다 문화적으로 되지 않았느냐고 했다. 그러자 그들은 물질적인 행복은 제2 제3의 문제다, 마음의 행복을 희망한다. 생활이 힘들어도, 식량이 부족해도, 자기 나라는 자기 손으로 꾸려가고 싶다는 식으로 따지고 들었다.[23]

매우 일반적인 식민지 인식의 사례에 지나지 않을 것이지만, 흥미로운 것은 한국인 청년들이 식민 지배를 통해 한국인들의 생활과 교육이 진전되었음을 인정하고 있다는 점이다. 이처럼 식민주의가 불러일으킨 정신적 고통을 제외한다면, 식민 지배를 통한 경제적 생활의 향상이라는 문제는 매우 양면적이고 논쟁적일 수 있다. 제국주의는 식민지 경제를 세계경제에 강력하게 통합하면서 매우 불균등하고 복잡한 경제적 효과를 만들어낸다.

그러나 다른 한편으로 제국주의자들의 정책변화를 포함한 인식변화를 통해 한국인들의 제국주의 인식과 현실생활의 변화 사이의 거리를 작량할 수도 있을 것이다. 예를 들어, 유명한 '친일파'로 간주되었던 김덕기는 농촌진흥운동의 성과를 바탕으로 한국인들에게 내선일체를 강요할 수 있는 바탕이 마련되었다고 보고, 이를 토대로 한국에 대한 토지정책을 변화시켜야 한다는 과감한 주장을 하고 있다.[24] 말하자면 일제의 식민 지배가 상당한 성과를 거뒀기 때문에 지배정책의 변화를 도모할 수 있다고 생각하고 있었던 것이다.

이와 같은 식민 지배에 대한 인식 변화는 곧바로 근대화와 연계되어 있었고, 근대화의 진전은 규율권력의 문제를 제기한다. 식민지기 초등교육과 지원병-징병제도의 형성을 통해서 규율권력의 문제에 접근할 수 있다. 그러면 먼저 초등교육의 형성에 대해서 살펴보자. 근대국가는 19세기 이후 '비종교적인 무료 의무교육'을 실시한다. 근대국가는 초등교육을 통해 아동에게 시민이자 노동자가 될 수 있는 기본교양을 학습시키고 국가의 틀 안에서 사회화시킴으로써 궁극적으로 국가를 통합시키고자 했다. 일제 식민 지배하에서도 초등교육은 양적이고 지속적으로 확대되고 있었다. 식민권력은 1919년부터 3면1교제를 실시했고, 1930년대에는 세 차례에 걸쳐 초등교육 확대정책을 실시한다. 1929년부터 1936년까지 초등교육 확대를 위한 1면 1교제(제1차계획)를 실시했고, 1934년에는 간이학교제를 실시했으며, 1936년부터 1942년까지 제2차 초등교육 보급확충계획을 실시한다. 1942년에는 1946년부터 의무교육제를 실시한다고 발표했다. 1920년대 초부터 한국인들 사이에서 강하게 일어나기 시작한 향학열(교육열)은 초등학교 입학난을 심화시켰는데, 이런 한국인들의 근대교육에 대한 열망은 식민권력의 초등교육 확대정책과 맞물려 있었다.[25] 각종 지방행정 자문기관에서도 한국인 의무교육은 가장 중요한 의제 가운데 하나로 제기되고 있었다.* 각종 자문기관 회의를 통해 국가의 교육비 예산을 확충하여 초등

* 한 예를 들어 경기도회 1936년 회의록 가운데 제5일차 회의는 주로 교육에 대한 의제를 다루고 있는데, 한국인 의원들은 집요하게 의무교육과 관련한 문제를 추궁하고 있다. 「제4회 경기도회 회의록」, 『일제하 지배정책 자료집』, 고려서림, 167~201쪽 참조.

교육기관을 증설하고 수업료를 인하하여 교육기회를 확대함으로써, 궁극적으로는 단시일 안에 의무교육을 실시하라는 한국인 의원의 발언을 접하는 것은 어려운 일이 아니다. 그러나 식민지하 한국인의 초등교육에 대한 욕구는 교육에 대한 민족주의적 열망만으로는 설명할 수 없다. 식민지민들의 초등교육에 대한 욕구가 근대교육에 대한 것이라는 점을 감안한다면, 근대화의 진전 즉 전통적 사회관계의 해체과정과 무관하지 않다. 전통적인 사회적 연결망과 인간관계가 유지되고 있다면 근대교육에 대한 욕구는 생기지 않는다. 하지만 교육기회가 확대되면서 교육은 바로 규율권력화한다. 식민지기 근대적인 초등교육과 동화—황민화정책은 어떤 관련을 갖고 있었을까? 전시체제기 황민화정책은 조선 민족 집단의 전통적인 생활방식과 정체성, 즉 문화를 체계적으로 파괴함으로써 조선인을 제국의 신민으로 황민화시키는 데 목적이 있었다. 그러므로 황민화정책은 동화를 목적으로 하는 민족말살(ethnocide)정책인 것이다.* 그런데 초등교육의 확장은 바로 민족말살정책과 맞물려 있었다. 일제하 초등교육의 규율은 전체주의적 의식을 훈육하고, 권위주의적 위계의식을 함양하며, 천황제 권력에 대한 종교적 숭배의식을 강조하는 것이었다.[26] 그렇다면 한국인의 교육에 대한 욕구가 바로 식민지 규율권력과 이어지고 있었던 것이 아닌가?

이제 이른바 육군특별지원병제도를 살펴보자. 1938년부터 육군특별지원병령이 시행되자 많은 한국 청년들이 군대에 지원했다. 지원자 자격은 17세 이상의 남자로서, 국민학교 4년 수료 정도 이상의 학력을 가지고, 행장行狀이 방정하고 지조志操가 견고하며 가계가 곤궁하지 않은 자로 되어 있었으나, 지원자는 매년 격증했다. 1938년에는 2,964명이었으나, 1940년

---

* 식민지뿐만 아니라 원래 근대국가의 형성은 소수민족의 말살로 점철된 것이었다. 근대국가는 지방적 문화와 언어를 체계적으로 말살함으로써 민족을 통합하고자 했다. 장 피에르 바르니에(주형일 옮김), 앞의 책, 89~108쪽 참조.

에는 84,443명으로, 마지막 해인 1943년에는 일약 30만 명에 달했다.[27] 중류 이상의 가정이나 부자의 가정에서는 지원자가 전연 나오지 않고 있으며, 중등학교 졸업자도 매우 적다는 비판이 제기되고 있다. 그 대신에 자발적 지원자보다는 강제 또는 공리적 동기에 의하거나, 각종의 지원정책을 기대해 지원하는 자가 많았던 듯하다. 이를 보면 지원병제도는 단지 한국인 중·하층민의 신분 상승의 기회로 이용되고 있었다고 할 수 있을 것이다. 물론 이런 기회는 커다란 위험을 동반하기도 했다. 그러나 일반적인 협력 개념으로 볼 때, 일본군에 지원하는 행위는 중요한 협력의 의미를 지닌 것으로 간주하지 않을 수 없다. 왜냐하면 익히 알다시피 지원병제도는 징병제도 실시를 위한 전제 조치로 취해지고 있었기 때문이다. 1943년의 지원자 수는 1944년과 1945년의 징병대상자의 수자와 거의 차이가 없는데, 이런 점에서도 지원병제가 징병제를 위한 준비 과정이었다고 보는 것은 타당하다. 그렇다면 하층민의 신분상승을 위한 군대 지원을 협력이라는 지평에서는 어떻게 평가해야 할 것인가? 한국인 대중(하층민)은 신분상승을 위해서라면 일본 군대에 협조하는 행위에 대해서도 전혀 거리낌이 없었던 것이다. 일제가 징병제를 실시하면서 한국인에 대해 의무교육은 1946년부터 실시하고, 참정권은 1960년부터 부여할 것이라고 공언한 것은 일본인이 준 반대급부였다.

지원병-징병제는 진정한 일본인에 대한 요구, 즉 황국신민이 갖는 최고의 의무였으며, 최고이자 유일한 공공성의 현시자로서의 제국(국가)을 위한 '최고의 봉공奉公'이라는 의미를 가지고 있었다. 한국 민중에 대한 제국 통치의 헤게모니를 관철하는 것은 최고의 그리고 유일한 공공성을 체현하고 있는 제국에 대한 봉공이라는 메커니즘이지만, 이는 일상적 규율화를 강요하는 것이기도 했다. 근대적인 헤게모니는 황국신민, 즉 근대적 국민이라기보다는 봉건적인 신민이라는 메커니즘을 통한 규율권력을 강요

하는 것이었으므로 상호 충돌하는 가치를 내장하고 있었다. 그러나 식민
지권력은 이처럼 공공성을 매개로 공권력을 사생활의 영역에 광범하게 침
투시켰고, 이는 기술적 근대의 절정을 이루었다.

우리는 이를 국민총력연맹의 두 말단조직인 애국반愛國班과 사봉대仕奉
隊라는 두 차원의 조직을 통해서도 잘 확인할 수 있다. 애국주의와 국민임
을 강조하면서 애국반을 조직한 것은, 국민을 조직하는 방식의 문제를 제
기하고 있는데, 개인의 조직방식이 아니라 개인의 집합인 가家를 단위로
가家의 조직을 표방하고 있다는 점에서 의미하는 바가 크다. 가家를 단위로
한 것이 '국민'인 바, 여기에서 근대적 주체로서의 개인은 들어설 여지가
주어지지 않는다. 국민은 서구적 의미에서 개인이 주체가 되는 시민으로
구성되는 것이 아니라 가家의 집단으로 구성되는 것으로, 여기에서 개인은
가家의 한 구성원으로서 수동적인 존재이자 은폐되어 있는 존재에 지나지
않는다. 국민은 본래적 의미의 그것이 아니라, 천황 또는 국체의 대상으로
서 전근대적인 존재이며, 따라서 '황국신민'이 되는 것이다. 신민이 국가라
는 최고의 공공조직을 위하여 봉공할 것이 요구되고 이런 과정을 통해 모
든 국민은 규율화되지만, 여기에는 커다란 맹점이 동시에 존재하고 있었
다.

4. 결론에 대신하여

이제까지 우리는 수탈론이나 식민지근대화론이 인식하지 못하는 식민
지 인식의 회색지대가 가지는 의미를 탐구해왔다. 일상적 저항의 범주를
통해 식민체제에 대한 저항의 의미를 확대하고, 친일 개념을 협력 개념으
로 전환함으로써 항상적으로 동요하면서 저항과 협력의 양면적인 모습을

가지고 있던 회색지대의 모습을 확인하고자 했다. 저항과 협력이 교차하는 지점, 즉 회색지대는 '정치적인 것'으로서 공적 영역이 위치하는 지대이기도 하다. 식민 지배하에서도 공적 영역은 지속적으로 확대되고 있었지만, 한편으로 그것은 식민권력의 자장을 벗어나지 못하는 것이기도 했다. 한편 그런 '식민지적 공공성'은 근대화의 진전과 맞물리면서 규율권력화한다. 끊임없이 정치적 영역을 확장하려고 시도하지만, 그런 노력을 통해 바로 식민 질서를 유지·강화하는 권력으로 떨어질 위기에 처한 이율배반의 존재, 그것이 바로 식민지의 존재형식이 아닐까?

그러나 식민지 인식에 있어서 민족주의와 근대화라는 두 가지의 문제의식을 과연 우리는 넘어서고 있는가? 이 문제와 대결하기 위하여 앞으로 어떤 과제를 추구해야 할 것인가? '내부 식민지'의 존재와 '의식의 식민화'가 던지는 문제의식을 통해 앞으로의 과제를 제시해보고자 한다. 식민지하 헤게모니적 지배는 존재하는가? 헤게모니적 지배가 존재한다면 헤게모니를 구축하는 주체는 누구인가? 협력자인가, 제국주의자인가, 반제의 공간에서 활동하는 어떤 주체인가? 신기욱이 이를 중첩적 식민관계라고 표현하고, 내적 식민지를 분석의 대상으로 삼을 것을 제안한 것도 같은 논리적 맥락에서 이해할 수 있을 것이다.[28] 이는 중층적 헤게모니가 존재했음을 문제 삼는 것인데, 미시적이고 구체적인 지배의 과정을 들여다보지 않으면 제대로 파악하기 힘든 문제임이 틀림없다. 이 헤게모니적 지배와 중첩적 식민관계라는 문제의식을 추구해나가기 위해서는 식민 지배기 중간지배층의 존재에 주목해야만 한다. 일제는 한국에 대한 담론의 구사에서 한국 내부의 차이를 부정했다. 특히 한국인 중간지배층과 민중, 그리고 촌락과 개인, 동원과 저항 사이를 관철하는 헤게모니에 대해서는 무관심했던 것이다.

일본인의 한국인식은 민족성이 정체적이고 고착적이며 사대적이고, 한국을 문명화하는 것은 '일본인의 짐'이라고 주장했다. 또한 한국인의 민족적 특성으로 무기력과 여성성 등을 강조하기도 했다.[29] 이런 일본인의 한국 인식은 제국주의의 '동양' 인식 바로 그것이다. 서구에 대한 콤플렉스로 가득 차 있던 후진 제국주의 일본의 한국에 대한 이런 인식을 '이중적 오리엔탈리즘'이라고 부를 수 있겠다. 또한 이는 바로 의식의 식민화와 이어지는 문제가 아닌가? 지배적인 세력이 자신의 세계관, 자신의 문화적 규범과 가치를 (식민화된) 인민들에게 부과함으로써 그들이 외래적인 사유체계를 자신의 것으로 받아들이고 그 결과 토착적인 문화와 정체성을 무시하거나 경멸하게 되는 것으로 의식의 식민화를 규정할 수 있다면, 의식의 식민화는 문화적 종속과 식민지적 주체성을 지속시킨다. 또한 피억압자들에게 지배문화에 대한 동화의 정치를 부과한다.[30] 식민주의의 의식체계와 담론으로부터 탈식민화하고 탈중심화하는 일이 중요한 과제가 되는 이유는 여기에 있다. 하지만 제국주의적 지식과 권력의 일방적 통제가 아니라 식민지와 제국주의의 상호연관 속에서 식민지와 제국주의를 이해해야 한다. 식민지 주민의 정체성이 지배자들에 의해 형성된다면, 지배자들 역시 식민지 종속민이라는 타자를 통해 자신을 구성해간다. 지배자와 종속민은 서로를 타자로서 인식했지만 타자 없이는 자기를 인식할 수 없는 운명에 처하게 되는 것이다.

:: 장석만

서울대학교 인문대학 종교학과를 졸업하고, 서울대학교 대학원에서 석사 및 박사학위를 받았다. 한국종교
문화연구소 선임연구원과 충간문화연구소 소장으로 재직 중이다.

현재 한국인의 사고방식과 삶의 양식이 만들어진 과정에 관심을 갖고 있으며, 그 주요한 계기 가운데 하나
를 '개항기'에서 찾고 있다. 연구의 초점은 한편으로는 이 시기에 새롭게 등장하여 널리 사용되는 개념을,
다른 한편으로는 새로운 감수성의 기반으로 자리 잡은 '몸의 습관'에 두고 있다. 앞으로 연구 대상이 되는
시기를 조선시대로 확장하려는 기대를 갖고 있다.

주요 논문으로는 「민족과 인종의 경계선: 최남선의 자타인식」(2005)과 「한국 신화담론의 등장」(2004), 「수
염 깎기와 남성성의 흔동」(2002) 등이 있다.

한국 의례 담론의 형성

─ 유교 허례허식의 비판과 근대성

장석만

1. 문제제기 ─ 우리에게 의례란 무엇인가

지금 의례라는 말은 우리에게 낯설지 않다. 우리가 당연하게 여기면서
사용하는 일상어 중의 하나이다. 제의, 의식, 예식, 제례, 제사 등의 용어들
은 서로 연결되면서 의례 용어와 관계망을 구성하고 있다. 사람들에게 의
례라는 말이 무엇을 가리키느냐 하는 질문을 던진다면 우물쭈물할지는 몰
라도, 구체적인 경우를 놓고 묻는다면 어렵지 않게 의례인지 아닌지 판별
해줄 것이다. 이는 의례가 이미 일상의 용어로 자리 잡아 상식적인 차원에
서 식별할 수 있는 어느 정도의 고정된 의미가 만들어졌음을 나타낸다. 의
례 및 이와 연관된 용어가 갑자기 사라진다면, 아마도 말을 하다가 그에
해당하는 말을 찾으려고 굉장한 노력을 기울이면서 말을 잇지 못하게 될
것이 뻔하다.

이런 일은 일상적인 영역에 그치지 않을 것이다. 의례라는 용어가 없
어진다면 의례를 연구대상으로 삼는 종교학과 인류학 등의 학문 분야가

곤경에 처할 것이다. 의례 개념을 회전축으로 하여 만들어지던 담론들이 대상을 잃고 정처 없이 헤매게 될 것이기 때문이다. 그만큼 일상어와 학술어에서 의례라는 말이 이미 주요한 위치를 점유하고 있고, 어느 정도 서로 통용될 수 있는 고정된 의미를 지니고 있음을 보여준다. 하지만 지금 우리가 사용하고 있는 의례라는 용어를 이런 방식과 의미로 쓰는 것은 그리 오래된 일이 아니다. 고작해야 백년 남짓한 역사를 지니고 있을 뿐이다. 그때 왜 이런 말이 우리에게 필요했을까? 그리고 왜 그것은 없어지지 않고 계속 쓰여 지금까지 우리 곁에 있는 것일까?

의례와 의례 아닌 영역의 구분 기준을 분명하게 정하는 일은 흔히 생각하는 것보다 쉽지 않다. 보편적인 기준이 없기 때문이다. 그렇다면 우리는 어떻게 의례와 의례 아닌 것을 별 어려움 없이 구분하는가? 그것은 특정 상황에서 정해진 기준을 이미 채택하여 판단하고 있기 때문이다. 이런 특정 상황을 벗어나면 그 기준은 보편성을 상실한다. 그러나 자신의 보편성에 대해 의심하지 않는 습관을 가진 이라면 어떻게 할까? 그런 이는 자신의 의례 개념으로 모든 시대와 모든 공간의 행위를 '식민지화'하는 상황을 만들어 놓는다. 다름 아니라 바로 이 모습이 의례 개념의 보편성을 굳게 믿고 있는 우리들의 모습이다.

이런 상황에서 벗어나려면 우리가 지금 사용하고 있는 의례 개념이 어떻게 만들어져서 지금에 이르게 되었는지 살펴봐야 할 것이다. 그리고 어떻게 의례와 의례 아닌 것의 구별이 만들어지게 되었는가, 어떤 맥락에서 그런 구분 기준이 설정되었는가에 대해 물어야 한다. 이런 의례 개념의 검토는 역사적인 상황에 대한 예민한 감수성을 요구한다. 왜냐하면 당장 조선시대부터 있어온 예禮 개념과 의례 개념 사이에 어떤 연관성을 설정해야 할지에 대해 질문이 제기될 것이기 때문이다.

이 글에서 견지하고 있는 기본 입장 가운데 하나는 예禮 개념과 의례 개념이 전혀 다른 맥락을 지니고 있다는 점이다. 의례 개념은 서구 근대성이 한국에 수용되는 과정에서 등장한 특정한 관심의 지평을 보여주고 있으므로 이전의 예 개념과는 다른 성격을 띨 수밖에 없다. 한국에서 서구 근대성의 수용이 초기 개신교의 정착과정과 상당한 연관성이 있음을 볼 때, 의례개념의 형성과 한국 개신교의 성향 사이에도 일정한 관계가 있음을 상정할 수 있다.

이 글은 한국에서 서구의 근대성이 수용되면서 전통적인 예 담론 대신에 어떻게 의례 담론이 헤게모니를 장악해 가는지 살펴보려는 시도이다. 19세기 말과 일제 시대를 거치면서 의례 개념은 점차 세력을 장악하여, 마침내 한국의 문화적 담론영역에서 누구도 의심하지 못할 지배적 위치를 차지한다. 이 과정에서 유교의 허례허식에 대한 비판이 결정적인 기여를 한다.

우리의 개념과 그 개념을 낳도록 만든 문제 틀은 역사를 지니고 있다. 우리는 대상의 내용을 묻기는 해도 그 대상이 어떤 과정을 거쳐 형성되었으며, 형성 조건이 무엇이냐는 물음에 대해서는 인색하다. 의례는 종교학에서 질문이 집중되는 주요한 대상 영역이다. 질문을 던지고 답을 얻으려는 노력은 질문의 테두리에서 이루어진다. 그러나 질문 자체를 묻는 질문은 여태까지의 테두리를 넘어 새로운 질문을 가능케 한다. 그렇지 않으면 우리의 사고는 질문의 테두리에 갇히게 마련이다. 우리의 사고를 규정짓는 더 큰 맥락을 파악하려면, 우리로 하여금 동어반복적인 질문을 던지게 하고 질문의 테두리 안에 머물게 만드는 바를 추적해야 한다. 이런 관점에서 도대체 우리에게 의례라는 것이 무엇인가를 묻는 것, 즉 어째서 우리는 의례라는 지식의 영역을 만들 수밖에 없었는가를 묻는 것, 그것이 바로 이 글의 문제의식이다.

2. 유교 허례허식 비판

1905년 이후 조선이 외교적 자주권을 잃고 본격적으로 일본의 식민지화하는 과정을 밟으면서 왜 이렇게 조선이 쇠퇴하게 되었는가에 대해 활발한 논의가 전개되었다. 박은식, 장지연 등이 유교의 개혁을 주장하고 나선 것도 이때였다. 신채호도 당시 유교의 부패가 극에 달했음을 지적하면서 유교가 개혁되어야 한다고 주장했다.[1] 신채호는 한국의 쇠약이 유교를 신앙했기 때문이 아니라 제대로 된 유교를 믿지 않았기 때문이며, 보수를 고집하고 형식만을 중시하는 유교 신앙은 결국 유교를 파괴하는 것으로 귀결된다고 주장했다.[2] 그러나 1910년 일제가 조선을 병합한 후에는 이런 유교개혁론보다 조선의 멸망이 유교 때문에 초래되었다는 주장이 널리 퍼져나가게 되었다.

이런 '유교망국론儒敎亡國論'은 조선의 멸망에 대한 원인을 찾던 이에게 효과적인 설명을 제시해 주었다. 그리고 '유교망국론'에서 유교의 허례허식에 대한 내용은 거의 빠지지 않고 등장한다. 유명한 소설가 이광수(1892~1950)는 당시 '유교망국론'을 주장한 대표적인 인물 가운데 한 명이다. 그는 이조 500년의 처음과 끝이 모두 유교였으므로 조선이 번성하면 유교의 덕이고, 쇠퇴하면 그 역시 유교의 책임일 수밖에 없다고 했다.[3] 그리고 유교는 실제 생활에서 동떨어진 허례허문만 숭상했고 극단적인 형식적 교육에 치우쳤기 때문에 "조선을 망하게 한 것은 예禮"라는 주장이 맞는다고 말했다.[4] 1921년 당시 유림계의 거물인 김윤식(1835~1922)은 「유림계를 위하여」라는 글에서 "사실 조선의 유교는 번문욕례繁文縟禮*로 인해 쇠퇴했다"라고 주장한다.[5] 또한 시인 주요한(1900~1979)은 1930년 월간지 『조

---

* 번잡한 문장과 형식적 의례를 뜻한다.

선농민』이 마련한 「조선 사람에게 준 유교의 공죄와 특례」라는 제목의 특집호에서 "허위, 공상공론空想空論의 성행 — 이것이 유교국으로서의 양반 조선의 병폐의 하나"라고 보았다.[6] 같은 해에 양명학자 정인보(1892~?)도 "조선 수백 년간 학문으로는 오직 유학이요, 유학으로는 오직 정주程朱를 신봉했다……그 학은 허학뿐이요, 그 행은 가행假行뿐이었다"라고 조선의 유학을 비판한다.[7] 이광수와 함께 일제 시대의 계몽사상가로서 명성이 높았던 최남선(1890~1957)도 다음과 같이 유교의 문제점을 지적한다.

> 유교의 번문욕례가 우리의 생활을 번쇄하게 하고 생활의식을 형식화 방면으로 이끌어 가서 어느 틈에 비실제적, 비가치적 생활양식에 얽어매고, 특히 관혼상제 같은 순 형식적 예절이 질곡가쇄桎梏枷鎖처럼* 우리의 모든 것을 구속, 상해傷害하였다.[8]

이처럼 1920년대 이후, 형식에 치우친 조선 유교의 모습에 대해 매우 부정적인 태도가 널리 퍼져 있었다.** 그리고 형식화와 허례허식이라는 표현은 서로 바꿔 쓸 수 있을 정도로 긴밀하게 연관되어 있었으며, 바로 유교의 삼강오륜과 관혼상제는 허례허식의 대명사처럼 지목되었다. 김윤식과 주요한을 비롯한 유교비판자들은 모두 이런 시대의 분위기에 동조하면서, 유교 관혼상제가 지나치게 번잡하고 쓸모없이 형식화했다고 비판하고, 이런 유교의 성격으로 말미암아 조선이 쇠퇴하고, 결국 멸망할 수밖에 없

---

* 쇠스랑과 족쇄를 뜻한다.
** 물론 그 전부터 허례허식에 대한 비판은 활발하게 진행되었다. 『황성신문』, 1899년 10월 20일 논설 「거짓된 예의」; 같은 신문, 1900년 10월 24일 기사 「일상생활에서 허례허식하지 말고 음식을 절약하자」; 같은 신문, 1901년 8월 7일 기사 「허식이 만연함을 개탄」; 같은 신문, 1902년 2월 20일 기사 「허문虛文의 폐해」 등이 그 예이다. 또한 단재 신채호는 '통척痛斥할 사회의 양대 악마'라는 소제목 아래 "우리가 통렬히 배척할 바 중에 하나는 형식화이다"라고 주장한다. 「낭객의 신년 만필」(방랑객이 신년을 맞이하여 생각나는 대로 쓴 글), 『신채호』, 안병직 편, 한길사, 1979, 180쪽.

었다고 주장했다.

유교가 조선을 망하게 만들었다는 '유교망국론'은 여러 측면에서 유교의 폐해를 나열했다. 이 글에서는 한국사회에서 현재까지 상당한 영향력을 행사하고 있는 이런 유교망국론이 허례허식 비판을 통해 어떻게 지금 널리 통용되고 있는 의례개념을 형성시켰는지에 초점을 맞추고자 한다. 우선 '유교망국론'이 유교의 허례허식을 어떤 이유로 비판하는지 살펴보자.

진보적이지 못한 보수성

앞서 언급한 대로 이광수는 조선의 유교가 조선인의 모든 정신적 기능을 소모시키고 마비시킨 죄에서 벗어날 수 없다고 보았다.[9] 특히 유교는 과거의 모든 풍습을 무조건 지키는 것에 집착하여 변화는 악이라고 보았기 때문에 조선에는 진보가 있을 수 없게 되었다고 주장했다.[10] 이런 점은 유교적 예절에도 그대로 해당된다고 여겼다. 농촌계몽운동의 당위성을 주장하는 「농촌계발」에서, 그는 주인공의 입을 통해 유교적 예절과 서구적 예절의 차이를 다음과 같이 지적한다.

> 어른께서는 흔히 외국인은 예의가 없느니 도덕이 없느니 하십니다만, 그들에게 예의나 도덕이 없는 것이 아닙니다. 다만 그들의 예의도덕이 우리들의 그것과 다른 것입니다. 나도 우리나라가 예의의 나라라는 것을 자랑으로 압니다. 그러나 외국의 예의도덕은 날로 진보하는 것입니다. 전에는 우리보다 못했다 하더라도 지금은 우리보다 천백 배나 월등하게 진보되었습니다.[11]

즉 주요한 차이점은 유교적 예절은 보수적인데 반해 서구적 예절은 진보적이라는 것이다. 여기에서 보수보다 진보에 주된 가치를 부여한 까닭은 바로 변화하지 않으면 도태될 수밖에 없으며, 변화는 서구적 기준에 따라 지금보다 더 나은 방향으로 진행되게 마련이라는 생각이 당시 지배적이었기 때문이다. 유교망국론이 아니라 유교개혁론을 펼치던 초기의 신채호도 "존화尊華주의나 주장하며 완고頑固사상이나 고취코자 하여 유교확장을 하려는 자는 문명을 위협하는 도적이요, 유교를 파괴하는 도적"이라고 수구적 태도를 강하게 비난했다.[12] 이런 태도에는 진보적이지 않은 것은 곧 생존할 수 없다는 당시의 위기감이 잘 나타나 있다.

자연스런 감정을 억압하는 것

허례허식이라고 유교가 비난받는 또 다른 점은 유교의 예절이 자연스러운 인간의 감정을 억압했다는 것이다. 이 점에 관해서도 역시 이광수의 비판이 두드러진다.

> 아버지는 아들의 손을 잡고 등을 쓰다듬어 주고 싶으나, 아버지의 위엄을 지키기 위하여 억지로 견디며, 아들은 꿇고 있는 다리가 아프고 지루해서 빨리 자기 방으로 돌아가고 싶지만 아들이 지켜야 할 예절에 속박되어 죽어라 하고 참는다. 아버지의 위엄도 좋고 아들의 예절도 역시 좋지마는 자연스런 정애情愛를 구태여 억압하여 무한한 고통을 자초할 것이야 무엇인가?……이토록 죽어버린 옛 습관의 강인한 오랏줄로 자연스런 인정을 속박한다. 그래서 가장 다정하고 가장 친애해야 할 가족이 가장 무심하고 가장 먼 타인처럼 되게 하여 낙원이어야 할 가정이 지옥과 같이 고통스러운 곳이 된다.[13]

이광수는 유럽에서 종교의 허례를 파괴하고 인간성과 감정의 해방을 이룩한 것처럼 조선에서도 마찬가지로 감정의 해방이 필요하다고 주장한다. 그래서 슬프면 실컷 울고 가슴에 쌓인 바가 있으면 시원하게 표현하는 감정의 자유를 획득해야 한다는 것이다.[14] 그리고 그는 이렇듯 조선인이 자연스런 감정 표현의 자유를 얻게 되면 조선인들도 서구와 같이 새로운 문명의 의례를 갖게 될 수 있다고 본다.

> 조선의 가정도 우선 부자, 형제, 부부간을 떼어놓는 계급적이고, 고리타분한 예의를 타파하고, 친구와 친구 사이에서처럼 자연스런 인간의 애정을 드러내어 화기애애한 분위기가 집안에 돌게 되면 저절로 완전한 새롭고 합리적인 의례가 생겨날 것이다……이리하면 가정의 애정이 농밀하게 되고 가정의 화락이 증진하게 될 뿐더러, 적게는 한 집안이 번성하게 되고 크게는 한 사회가 번성하게 될 것이다. 이는 다만 나의 사사로운 생각이 아니라 실로 신문명의 핵심이다.[15]

여기에서 이광수는 감정의 표현을 억압하는 유교의 옛 의례와 감정 표현을 자유롭게 용납하는 서구의 새로운 의례를 서로 대립시키면서 새로운 의례의 필요성을 강조하고 있다. 이광수의 친구이자 소설가인 주요한도 "관혼상제의 어느 것을 막론하고 그 기원에 있어서 정감情感의 자연스런 발휘보다도 형식의 완만完滿을 강조했다"라고 하면서 유교 의례의 문제점를 지적한다.[16] 천도교 교리를 체계화하는 데 커다란 기여를 한 이돈화 (1884~?)도 유교의 결점을 지적한 글에서 "유교가 사람과 사람 사이의 정적情的 관계를 쓸쓸하게 끊어 버려 전 사회생활을 적막케 하고 건조케 했다"라고 비판한다.[17] 모두 유교의 예절이 내면의 감정을 억압하면서 외면적인 형식에 불과하게 되었음을 비난하고 있다. 이런 입장은 1889년 개신교 선교사로 내한하여 활동한 제임스 게일(James S. Gale, 1868~1937)이 "조선의 선비는 모든 자연적 충동을 억제하는 교육을 받으며, 그에게 가장 중요한 것은 예일 뿐"이라고 했던 관점과 다를 바 없다.[18] 바야흐로 여기에서 서구 선교사와 조선 지식인의 관점이 서로 수렴되는 모습을 볼 수 있다. 당시 조선사회에 커다란 반향을 가져왔던 자유연애의 주장도 이와 같이 외면적인 형식이 아니라 내면의 감정을 중시하는 관점과 긴밀하게 연관되어 있다.

내면의 진정성에 어긋나는 허위와 가식

바로 앞에서 언급한 유교 예절의 문제점이 감정을 표현하지 못하게 억압한 것이라면, 이번의 비판은 감정을 허위적이고 가식적으로 나타내는 것에 초점이 맞춰져 있다. 여기에서는 특히 상을 당했을 때 곡을 하는 전통적 관습에 대해 유교의 허례허식 비판자들이 어떤 부정적 반응을 보이는지 살펴보고자 한다.

이광수는 곡을 할 때 나오는 '아이고 아이고' 소리가 나라를 망하게 하는 흉한 소리라고 노골적인 비난을 퍼붓는다.[19] 사람들이 슬퍼도 유교의 예 때문에 슬픔을 표현하지 못한다고 비판했던 이광수가 이제는 진정한 감정이 아니라, 가식적으로 슬픔을 과장한다고 하여 비판하고 있다. 이처럼 내면의 진정성을 강조하는 입장은 당시 폭넓은 설득력을 얻어가고 있었다. 그래서 사람이란 무엇인가를 정의定義할 때도 예를 지키는 것이 사람의 특징이라는 이전의 입장에 대해 다음과 같은 반박이 제시된다.

어느 일파의 사람들, 특히 한학漢學한 사람들은 예절이 사람의 특색이라고 하고, 이 점이 있기 때문에 사람이 영물靈物이요, 만물의 어른이라고 합니다. 그러나 이 설은 매우 정확치 못 합니다……예절이란 것은 성실의 념念이 없으면 아무 가치가 없는 것입니다……사람은 예절을 안닦시고 도리어 남용하고 이용하여 세상을 속이는 것입니다. 이 점으로 생각하면 예절이 사람의 특장特長이라고 하는 것이 좋지 못합니다.[20]

이런 입장은 일본합병에 항거해 단식으로 자결한 박세화(1834~1910)의 관점과 날카롭게 대립한다. 박세화는 조선이 대대로 예를 지켜온 나라임을 강조하며, 중화는 곧 예의를 지키는가의 여부로 결정되고, 오랑캐란 바로 예의를 결여한 무리를 일컫는다고 주장했다. 그가 마지막 남긴 것은 다름 아닌 '예의조선'이라는 네 글자였다.[21]

하지만 이제 '예'라는 중화와 오랑캐를 나누던 기준은 허위적이고 가식적인 것으로 전락했다. 상례 때에 으레 해야 된다고 여겨지던 곡哭의 풍습은 죽은 이에 대한 진정한 슬픔과는 거리가 먼 꾸며낸 슬픔으로 간주되었다.*

이런 태도는 1934년 조선총독부에서 펴낸 『의례준칙』에 잘 표현되어 있다. 이에 따르면, 여태까지 상중喪中에는 "대곡代哭하여 울음소리를 끊이지 않게 한다"라는 주자가례의 구절을 지키느라고 사람을 고용하여 항상 곡성哭聲을 내도록 했으나 이제는 그것이 무의미한 가장허식假裝虛飾이 되었다.[22] 그래서 『의례준칙』은 "헛되이 방성통곡하여 시끄럽게 만드는 것을 자제하라고 규정하고, 조문객이 조위弔慰를 할 때 고성 통곡하는 것을 폐지시켰다.[23] 곡성을 그치지 않게 하는 것은 옛사람의 체면을 지키기 위한 풍습에 불과하고 마땅히 현재에 적합하지 않으므로 없어져야 한다는 것이다. 단지 참으로 애정哀情의 발로가 있는 부득이한 경우에만 곡할 것이며, 슬픔을 억제하는 일이 훨씬 더 침통한 태도이고, 또 정숙함이 더욱 죽은 이를 추모하는 일이라는 것이다.[24]

『의례준칙』은 위문객의 곡을 폐지했으나 어떤 경우에나 곡을 못하게

---

* 다음과 같은 강인택의 주장도 이렇듯 바뀐 분위기를 보여준다. "보라 현 우리 사회의 喪祭禮俗 첫이야말로 어떻게 煩虛만 숭상하게 되었는가? 일차 先靈의 상제만 당하고 보면 哀와 誠이야 어떻든지 간에……虛 一拜……혹은 假 一哭이다. 喪祭에는……성의만 곡진히 할 것이 당연치 아닌가?" 「나의 본 조선습속의 二三」, 『개벽』 제5호, 1920년 11월, 34쪽.

하지는 않았다. 죽은 이의 가족과 가까운 친지들이 슬픔에 못 이겨 곡하는 것은 허용했다. 하지만 슬픔을 참는 것이 보다 더 훌륭한 태도라고 말하며 감정의 억제를 주장한다. 그런데 이런 감정의 억제가 또 다른 허위라고 비난받지 않고 오히려 더욱 성숙한 감정의 표현이라고 여겨지는 이유는 무엇인가? 그것은 통치자에게는 감정의 해방이 항상 제어할 수 없는 위험성으로 여겨지기 때문이다.

그 밖의 이유 – 비경제성과 사대주의

유교의 예가 허례허식으로 비난받는 또 다른 이유는 여러 측면에서 경제적 낭비가 심하다는 것이다. 관혼상제에서 음식의 낭비를 포함하여 엄청난 금전적인 지출을 감당할 수 없는 점,[25] 돌이킬 수 없는 시간의 낭비,* 그리고 쓸모없는 정력의 낭비 등이 지적되고 있다. 이돈화는 이런 유교의 예절이 부자들의 고급유희에 지나지 않는 것이며 민중들은 아무 생각 없이 이를 모방하다가 참혹하게 파산하고 헐벗게 된다고 비판한다.[26] 예컨대 장례를 한번 치르고 나면 집안의 재산을 다 탕진해버려 마침내 유랑생활을 하게 되는 일이 적지 않다는 것이다.[27] 1934년 간행된 『의례준칙』의 조선총독부 실무책임자였던 와타나베 학무국장學務局長도 의례준칙이 바로 이와 같은 경제적 낭비를 막기 위해 필요하다고 주장한다.

풍속관습은 일국 문화의 소장消長을 재는 '계량기'이다. 조선은 예부터 예의 나라로……관혼상제의 의례를 중히 여기어 왔다……그러나 근래에 이르러 엄숙하여야 할 의례가 형식의 말절末節에만 사로 잡혀 부지不知 중에 주요한 정신을

---

* 이광수는 다음과 같이 지적한다. "부모가 죽으면 자식은 1년 동안 '아이고 아이고'의 흉음으로 소위 죄인의 징역생활을 하고, 그후에야 조금 자유를 얻지마는 벌써 인생의 황금시대는 다 가고 만다." 「신생활론」 (1918), 앞의 책, 332쪽.

망각하기에 이르렀다. 따라서 여러 가지 폐해弊害가 생겨나게 되었다. 민중은 그 번잡煩雜함을 감당하지 못할 뿐만 아니라, 이를 행하기 위해 자기 신분에 맞지 않은 비용費用과 무용無用의 시간을 헛되이 쓰게 되었고, 사회의 아래 위를 막론하고 그 부담에 고통 받아 한 번의 혼례와 장례를 치르고 가산家産을 탕진할 정도에 이른 예가 적지 않다.[28]

또한 유교의 예는 금전, 시간, 노력의 낭비를 가져오기 때문에 비난받는 것뿐만 아니라, 중국에 대한 사대주의를 조장한다고 하여 비난받았다. 이제 유교는 종이호랑이가 된 중국의 종교라고 여겨지게 되었으며, 유교의 예는 중국에 대한 복종을 나타내는 것이 되었다. 다음의 인용은 한족漢族의 중국과 유교를 일치시키고 있는 관점을 잘 보여준다.

> 유교 그것이 한족漢族을 중심으로 한 복종도덕이기 때문에 사대주의에 집착하는 동시에 자립자강의 무비武備를 하지 못하고……허례허식을 숭상하여 이전의……자강自强의 기풍은 없어지고 한족漢族의 노예노릇을 하려는 소중화小中華인이 되고 말았다.[29]

이와 같은 관점은 이전까지 지배하던 중화적 세계관 대신에 근대적 민족국가의 세계관이 이미 자리 잡았음을 보여준다. 이전에 중국이라고 하는 것은 하나의 민족국가가 아니라, 중화의 중심을 지칭하는 것이었다. 그런데 이제 중국은 인종적이고 지역적으로 한국과는 다른 국가를 뜻할 뿐이었다. 이런 관점에 따르면 유교의 예는 바로 중국을 추종하는 굴종적인 태도와 다르지 않은 것이다.

3. 개신교의 반反의례성 담론

앞에서 살펴본 유교적 예의 수구성, 형식성, 허위성, 낭비성, 그리고 사대주의성에 대한 비난은 점점 더 폭넓게 한국사회에 퍼져 나갔고, 유교의 예가 허례허식이라는 점은 당연한 것으로 간주되어졌다. 이런 맥락에서 유교의 특권적 위치를 대신 차지하려고 애쓰던 개신교가 처음부터 반反의례적인 태도를 강조하게 된 것은 이상스럽지 않다. 더구나 개신교는 이미 한국에 들어와 선교활동을 하고 있던 천주교와 경쟁하고 있던 형편이었으므로 개신교의 반의례성에 대한 주장은 천주교와의 차별성을 내세울 수 있는 좋은 자리를 마련해 주었다. 개신교의 주요 특징으로 강조되던 반의례적인 태도는 유교의 보수에 맞선 진보로서, 그리고 문명의 표시로서 부각되었고, 의례를 중시하는 천주교의 반反문명적 태도와도 확연히 구별되는 것으로 간주되었다. 다음은 유교식의 전통적 제사에 대해 초기 개신교인의 태도를 잘 보여주는 내용이다.

> 지금은 음력으로 옛 해를 보내고 새해를 당하매, 조선 사람들이 무론 상하하고 생각하기를 정조차례를 정성으로 지내며 궤연에 조상식을 효성으로 받들어 조상을 섬긴다 하나 근본을 섬길 줄 모르니 극히 한심하도다……제사의 근본 뜻이 신령을 존경하며 죄과를 속하려 하며 재앙을 면코자 하며 복을 구하는 것이로되, 성경에 말씀하기를 하나님 명을 좇는 것이 양羊의 기름으로 제사 드리는 것보다 낫다 하고 예수 씨의 이름으로 기도하면 이루지 못할 일이 없다 하셨으니. 그런고로 서양제국에서 구세주 강생降生하신 후로 옛적 제사법을 버리고 새로 약조하신 복음을 준행하는 고로 나라가 문명진보함을 얻었으니, 동양제국에서도 구례를 고치고 법을 행한 후에 하나님의 도움을 입을 듯하더라.[30]

이광수 역시 이런 입장에 동조하여 한국에서 개신교가 행한 여러 가지 은혜 가운데 하나로 유교의 예에서 해방시켜 준 점을 지적하고 있다. 유교의 예는 사람들의 개인의식을 자각하지 못하게 만들어 무조건 복종만을 요구하는 데 반해, 개신교는 각 개인이 '하나님'을 찾아 영생을 얻도록 하여 개인적이라는 것이다.[31]

또한 그는 개신교의 포교방법을 각각 '문명민족'과 '야만민족'을 대하는 두 가지 다른 방식으로 구분하면서 "문명이 없는 야매한 민족에게는……맹목적으로 세례, 예배, 기도 같은 의식儀式의 신비적 공덕에 의존하기를 권한다"라고 주장한다.[32] 비록 그가 여기에서 천주교를 직접 거론하고 있지는 않으나 천주교의 포교 방식이 개신교에 비해 야만적이라고 보고 있음은 분명하다. 1920년 『기독신보』에 실린 김창제의 다음과 같은 주장도 이광수와 전혀 다르지 않다.

> 고대 유치幼稚한 민족에게는 제사로써 도솔導率함이 적당하였을지라도 금일 정신계나 물질계를 물론하고 다 해방을 요하는 시대에는 여차한 예법으로써 구속할 것이 아니라 이성의 개발과 지식의 향상으로써 윤리도덕 발달될지니라.[33]

그래서 외면적 의례에 치중하는 종교는 앞날이 불투명할 수밖에 없다고 간주되기 마련이었다. 다음은 역시 같은 개신교 잡지에 실린 글로 의례의 앞날에 부정적이다.

> 이는 곧 종교적 의식意識이 외면外面에 발표한 의례이라……종교적 의식이 행동적으로 발표한 의례에 불과함이라……고로 의식儀式은 종래 종교상 중요한 지위를 점하여 불가피한 관계가 있었을지 모르나 장래 종교에도 필요할지는 일문제一問題에 속한 자이다.[34]

물론 이런 관점을 지닌 이들은 개신교가 의례적이지 않으므로 그 장래를 걱정할 필요는 없다고 여겼을 것이다. 개신교의 비非의례성을 주장하는 이런 담론에서 특징적인 것은 물질과 정신의 이분법을 유달리 강조한다는 점이다. 그리고 이 물질과 정신의 이분법은 다시 죽은 제사와 산 제사의 이분법, 그리고 형식과 실질의 이분법과 서로 연결되어 있다. 다음은 그 전형적인 내용이다.

> 제사는 원래 보본報本의 뜻과 복을 구하고 화를 피하며 감사의 마음을 표현하는 데에서 성립하였으나, 세상이 바뀐 이제 제사는 가중한 죄가 되고 화를 불러들이는 자료가 되었는데 그 이유는 다음과 같다. 첫째 번문욕례繁文縟禮에 불과함이다. (여기에는) 희생물이나 제수祭需는 있을지 모르지만 경건이나 효성이 없으며……둘째……이제는 희생의 물체를 써서 사제死祭를 지낼 필요가 없고 오직 우리의 정신을 이용하여 활제活祭를 지낼지라. 셋째 신은 영적이라 무형하여 음식물이 필요하지 않나니……넷째 경제 문제니 제사하기 위하여 하루에 천하 각국에서 소모하는 금액이 억만 계수라 인민의 생활이 곤란하리로다. (따라서) 물질적 제사는 폐지하고 정신적 봉사奉事를 함이 가하며, 조선祖先의 신神을 상제上帝보다 더 존경함은 불가하다.[35]

결국 개신교는 물질적이 아니라 정신적이고, 형식적이 아니라 실질적이며,[36] 죽음의 제사가 아니라 산 제사를 지낸다는 것이다. 여기에서 산 제사라 함은 유교의 예(혹은 천주교도 포함하여)처럼 형식적이고 허위적인 것이 아니라 인간의 정신 속에 내면화시켜 신을 섬기는 것을 말한다. 개신교에 따르면 신앙은 인간의 외면에 있는 것이 아니라 개개인의 깊숙한 내면에 자리 잡고 있는 것이어야 한다.

4. 문명적 의례의 필요성

유교적 허례허식에 대한 가차 없는 비판은 형식적인 예절 대신 내면적 진정성을 강조하는 방향으로 진행되었다. 예컨대 결혼식의 경우, 다음과 같은 형식 타파적인 견해는 그런 점을 잘 보여준다.

> 구식이나 신식을 막론하고 별별 형식으로 꾸미는 것은 찬성하지 않습니다……
> 아무 예식이 없더라도 두 사람이 충분히 결혼의 신성과 의의를 깨닫기만 하면
> 그만일 것입니다.[37]

하지만 곧 아무런 형식을 가지지 않고 영위되는 사회생활은 오히려 문명의 발전에 위협적이라는 관점이 제기되기 마련이었다. 그래서 허례허식을 비난한다는 것이 예절이나 예의를 모두 필요 없다고 하는 쪽으로 가서는 안 된다는 다음과 같은 견해가 나타났다.

> 예의라 하는 것이 너무 번잡스러워서 민생생활에 방해될 것이면 시세와 형편
> 을 따라서 그 골자 되는 것만 실행케 하고, 번란煩亂한 덤은 다 버리는 것이 지
> 혜요, 문명의 진보 덕이라 하겠지만, 번란하든지 간단하든지 상관없이 송두리
> 째 집어내어 버리고 아무 것도 없이 지내게 된다면 도리어 야만세계로 돌아가
> 는 첫 걸음이 아닌가?[38]

마찬가지로 유교의 예에 대해 통렬하게 비난을 퍼붓던 이광수 역시 낡은 허례를 대신할 수 있는 새로운 의례의 필요성을 다음의 글에서 암시하고 있다.

갑오경장의 칙어 중에 "편리함에 따라 행한다"〔從便爲之〕라는 말이 있습니다. 이 말은……허례에 대한 이전에는 볼 수 없었던 날카로운 비판이라고 생각합니다. 그러나 두루마기 소매가 좁아지고 개신교인들이 자유로 삭발을 하고 신식 군인〔開化軍〕들이 양복을 입게 된 것밖에 민간에는 별 개혁이 없고 말았습니다. 지금은 사회가 혼돈하여 소위 일본인, 조선인의 구별밖에는 거의 장유長幼, 상하上下, 존비尊卑의 구별도 모르는 조선인이 되고 말았습니다.[39]

이광수는 이런 혼란이 허례와 형식에 빠져 도덕적 양심이 마비된 까닭이라고 주장했지만,[40] 허례허식에 대한 비판이 예기치 못한 부작용을 낳을 수도 있음을 깨닫기 시작한 듯하다. 허례허식 비판이 예절에 대한 무조건적 거부로 이어져 사회생활의 모든 구분 자체를 혼란에 빠뜨릴 수도 있기 때문이다. 그래서 한편으로는 보다 진보적이라고 여겨진 서구적 예절이 소개되기 시작했고, 다른 한편에서는 전통적인 유교의 예를 '합리적'으로 바꾸려는 시도가 전개되었다. 앞에서 언급한 조선총독부 주관의 『의례준칙』 간행은 바로 기존의 유교적 예를 '문명'의 시세에 맞게 고치려는 대표적인 시도였다.

1934년 당시 조선총독이었던 우가키 가주시게宇垣一成는 기존의 예가 너무 번잡하고 형식의 폐단에 치우쳐서 본래의 정신을 망각하고 있으므로 "이런 점을 고치지 않으면 민중이 잃어버릴 바가 매우 많을 뿐만 아니라, 지방의 진흥과 국력의 신장을 저해하는 바 적지 않을 것"이라고 주장하면서 『의례준칙』의 간행이 필요하다고 말했다.[41] 와타나베 학무국장 역시 "조선의 생활개선 문제도, 자력갱생운동도 그 기조는 우선 의례의 개선에 있지 않으면 불가능하다"라고 역설하며 전통적 예의 변화가 시급함을 주장한다.[42] 변화의 방향은 "번잡한 의례를 교정하고, 형식의 합리화를 도모하고, 쓸모없는 비용을 없애고 또한 정신을 중히 하여 엄숙한 기분을 잃지

않도록" 하는 것이었다.[43]

『의례준칙』에 포함되어 있는 「의례해설」은 유교의 예를 전통적 맥락에서 벗어나게 해석하여 보편적 의미를 부여하고 있다는 점에서 주목할 만한 내용을 지니고 있다. 이에 따르면 예는 "사람의 사상과 감정을 발표하는 가장 보편적 선미善美한 형식"이다.[44] 그리고 그 형식은 다음과 같은 요건을 구비해야 한다.

첫째 예는 진정한 감정의 표현이어야 한다. 둘째 예는 도덕적 의의가 없어서는 안 된다. 아무리 진정의 표현이라 해도 사람의 행위는 모두 도덕에 합치되는 것은 아니다……셋째 예는 위생에 해로워서는 안 된다……넷째 예는 경제를 고려하지 않으면 안 된다. 다섯째 예는 보편적이고 또 선미성善美性이 없어서는 안 된다……상대방에게 오해를 일으키고 불쾌감을 주는 것은 아무리 자기의 성의誠意와 진정眞情을 다 했다 하더라도 예라고 할 수 없다. 여섯째 예는 시의時宜에 따라 바뀌어도 무방하다……예의 외형外形 말절末節은 예의 본질을 망각하지 않는 한에서 바꾸어도 좋다.[45]

여기에서 예는 인간의 본성에서 자연스럽게 나타나는 보편적인 것이며, 진정한 감정과 정신을 담는 형식으로 간주된다. 그리고 정신과 물질, 내면과 외형의 대립은 바로 예에서 통합되어야 한다.

내심에 하등 성의가 없고 정에 감격이 없이 다만 언어동작으로 예의 흉내를 내는 것만으로는 아직 진정한 예라고 할 수 없다……(그렇다고) 정신만 있으면 물질과 외형은 아무래도 상관없냐면 그럴 수는 없다……정신과 함께 물질과 외형을 마련할 필요가 있다. 영육합체靈肉合體 물심일여物心一如는 예의 절대조건이 아니면 안 된다.[46]

근대를 다시 읽는다

이 주장에 따르면, 바야흐로 외면과 내면, 형식과 실질, 물질과 정신의 대립은 조선총독부가 마련한 새로운 의례에 의해 발전적으로 통합된다. 비록 예의 기원이 인간의 본래적 본능에서 나온 것일지라도 세상이 진보함에 따라 예도 통일된 표준이 필요해졌기 때문에 시대의 요구에 가장 적합한 형식을 제정한 것이 바로 『의례준칙』이라는 것이다.[47]

1934년의 『의례준칙』은 유교적 예의 허례허식 비판에서 비롯된 일련의 논의가 일단 정리되는 모습을 보여주며, 이후의 허례허식 담론에 하나의 모델을 제시한다. 그리고 무엇보다도 『의례준칙』은 '예' 대신에 '의례'라는 개념이 한국사회에서 지배적으로 사용되는 기반을 마련했다. 『의례준칙』에 이르러 근대적 의례 개념이 전통적 예 개념을 포섭하고 변형시켜 본격적으로 지배력을 행사하게 된 것이다.

5. 결론

1969년 1월 16일 정부는 「가정의례준칙」을 제정했다. 처음에 이 준칙은 계몽적이고 권고적인 성격을 띠었기 때문에 위반한다 하더라도 처벌을 받지는 않았다. 그러나 1973년에 보다 강력하게 「가정의례에 관한 법률」로 개정하여 위반 시 처벌규정을 명문화했다. 그 법이 이후 몇 차례 개정을 거치기는 했으나 기본 골격은 계속 유지되었다. 그 법률의 목적은 다음과 같다.

이 법은 가정의례에 있어서 허례허식을 일소하고 그 의식절차를 합리화함으로써 낭비를 억제하고 건전한 사회기풍을 진작함을 목적으로 한다.[48]

1999년 2월 8일 비록 「가정의례에 관한 법률」을 폐지하고 「건전가정의례의 정착 및 지원에 관한 법률」로 대체하여 지금에 이르고 있지만, 그 기본 목적은 변함없이 허례허식을 일소하고 건전한 사회기풍을 진작하는 것이다.[49] 그리고 정부에 의한 일련의 가정의례에 대한 법률은 바로 1934년 조선총독부의 『의례준칙』에 바탕을 두고 있다.

전통적으로 유교의 예는 하늘과 땅의 운행 이치에 따라 사람의 모든 언행을 맞추려는 자세를 포괄적으로 나타내는 개념이었다. 그래서 관혼상제뿐만 아니라 일상생활의 모든 행동이 예와 관련될 수밖에 없었다. 보고 듣고 말하고 생각하는 것, 그리고 앉고 눕고 가고 머무는 모든 행위가 천리天理와 연관된 일정한 마음 자세와 방식대로 마땅히 움직여져야 했다.[50] 그러나 조선이 일제에 의해 망해 가고 있는 상황에서 조선망국의 원인을 찾던 사람들은 유교에 초점을 모으게 되었고 유교적 예의 허례허식이 비난의 주된 표적이 되었다. 유교의 허례허식은 주로 실질이 아닌 형식, 내면이 아닌 외면, 진정성이 아닌 허위성이라는 측면에서 비판되었다.

그러나 곧 유교의 허례허식 비판이 사회질서 유지와 통치를 위한 형식의 필요성마저 부인하게 될지 모른다는 의구심이 생겨나면서, 새로운 행위 형식의 필요성이 대두되었다. 이 새로운 행위 형식은 인간 본성에서 유래되는 보편성을 부여받았고, 외면과 내면, 형식과 실질, 물질과 정신의 대립을 '문명'적 방식으로 통합하고자 했다. 이 방식은 한편으로 내면의 진정성은 보존하면서, 다른 한편으로 사회질서 유지와 통치에 거슬리지 않아야 한다는 조건을 지니고 있었다. 즉 진정한 감정을 표현하는 것이어야 하되, 경제적, 위생적, 도덕적 문제를 일으켜서는 안 되었다. 그래서 통치행위에 저해되지 않아야 사적인 영역에서의 진정성도 확보될 수 있다는 점이 강조되었다. 또한 모든 행위에 적용되었던 전통적 예의 포괄적 범위를 축소시켜 종교적 의례와 일상적 사교예절로 구분했다.

조선총독부의 『의례준칙』은 관혼상제 중에서 성년식인 관冠의 경우만 제외하고 전통적 예를 근대적 의례 개념에 포섭한 것이다. 이후 한국사회에서 의례 담론은 유교의 허례허식 비판의 계보를 꾸준히 이어받아 왔으며, 최근에 개정된 「건전가정의례의 정착 및 지원에 관한 법률」에서도 이런 흐름을 확인할 수 있다. 그 결과 전통적인 예 개념과 근대에 들어와서 형성된 의례 개념은 자연스럽게 일치되었고, 그 차이성을 파악할 필요성조차 대두되지 않았다. 마침내 한국사회에 의례 개념의 헤게모니가 확립된 것이다.

:: 오성철

서울대학교 교육학과를 졸업하고 서울대학교 대학원에서 석사 및 박사학위를 받았다. 청주교육대학교 부교수를 거쳐 현재 서울교육대학교 초등교육학과 부교수로 재직 중이다.

현재 식민지 교육을 주된 연구 대상으로 하고 있다. 동아시아 근대 교육의 형성 과정에 관한 비교 연구를 시도할 계획이다. 근대 일본, 대만, 중국, 조선의 사회와 교육에 대한 비교 분석을 통해, 동아시아에서의 근대, 식민지, 식민지적 근대를 해명하는 단서를 찾는데 관심을 갖고 있다.

대표 저서로는 『식민지 초등교육의 형성』(2000)이 있다.

조회의 내력
— 학교 규율과 내셔널리즘

오성철

1. 서론

학교 교육은 교과서에 서술된 명문화된 지식 전달을 통해서만 이루어지는 것은 아니다. 교과 외 활동의 형식으로 교실 밖에서 전개되는 단체 훈련(조회, 집단체조, 소풍, 수학여행, 운동회 등), 단체 훈련과 흔히 결합되어 이루어지는 각종 의식과 그 이념적 상징물(국민의례, 국기, 국가, 각종 구호 제창, 각종 기념물 등), 일상적인 행동 규제 장치(예법, 행동 수칙, 반장제, 주번제, 각종 검사 등 검열 장치) 등은 학생들의 신체와 행동을 직접 통제하고 훈련하는 교육 방식이다. 이런 기제를 통해 특정한 행동 성향과 태도, 가치를 지닌 인간이 학교에서 길러진다. 주로 교과서나 교과교육 영역 밖에서 전개되는 학교 교육의 이런 여러 측면을 포착하기 위해 이 글에서는 학교 규율(school discipline)이라는 개념을 설정한다.* 여기서 학교 규율은 잠정

---

* 학교 규율과 '잠재적 교육과정(latent curriculum, hidden curriculum)'은 어떻게 다를까. 후자는 '명시적으로 의도하지는 않았으나 학교의 조직적 특성 또는 사회심리적 상황으로 인해 학생들이 갖게 되는 경험'으로

적으로 '특정한 규범과 태도를 내면화시키기 위해 학생의 신체와 행동에 가해지는 의도적이고 체계적인 교과 외 교육·훈련 관행'으로 정의한다.

이 글에서는 다양한 형식과 내용을 지닌 학교 규율 중에서도 특별히 '조회朝會'에 초점을 맞춘다. 조회란 단위 학교별로 학생과 교원 전체가 참여하는 집단 훈련으로서, 정기적으로 실시되며, 그 형식과 절차가 준準공식적으로 정해져 있다. 주로 하루의 수업 일정이 시작되기 전에 치러진다 하여 통상 '조회'라는 이름으로 불리며, 대부분 '국민의례'와 같은 국가의 식과 결합되어 진행된다.

우리나라에서 통상 '애국조회愛國朝會'라는 이름으로 행해지는 조회는 최근에는 학교 현장에서 점차 약화되고 있는 듯하다. 현재 한국교육에서 조회는 명시적인 법률적 근거를 갖지 못한 일종의 관행이다. 흔히 운동장이나 강당 등에 전교생과 교원이 대열을 이루어 집합하는 형식으로 진행되지만, 학교에 따라서는 교내 방송시설을 이용한 이른바 '방송 조회'의 형식으로 실내에서 진행하기도 한다. 조회의 형식은 시간에 따라 변화되어 왔다. 1968년 「국민교육헌장」이 제정된 이후, 조회의 필수적인 식순으로 자리 잡은 '국민교육헌장낭독'은 1994년 헌장이 사실상 폐지되면서 조회 식순에서도 사라졌다. 그리고 1972년 유신체제와 함께 등장하여 조회를 할 때 학생 및 교원이 한꺼번에 낭송하는 형식으로 실시되던 「국기에 대한 맹세」 암송도 이제는 국기에 대한 경례 시에 확성기를 통해 트럼펫

정의된다. 학교 규율은 '의도하지 않은 것'이 아니라 '의도한' 것이며, '숨겨진' 것이 아니라 '드러난' 것이라는 점에서 잠재적 교육과정과 다르다. 말하자면 그것은 명시적 교육과정의 일부분이다. 다만 학습자의 머리보다는 몸을 직접적인 대상으로 하고 있고, 개념적 지식체계보다는 행동성향과 규범 및 태도를 내용으로 하고 있으며, 교과 외 교육의 형태로 전개되는 교육과정이다. 그런데 머리와 몸, 지식과 행동성향, 교과와 교과 외의 구별은 실은 말처럼 선명하지는 않다. 국기는 교실 안에도 걸려 있고, 제식훈련은 체육교과 수업을 통해 이루어지기도 한다. 국민의례는 몸을 규제하여 머리를 조형하는 과정이며, '나는 한국인이다'라는 정체성은 지식이면서 동시에 행동성향이다. 다만 학교 규율이라는 개념은 종래 교과교육 또는 수업과 동일한 의미로 좁게 인식되어 온 명시적 교육과정 개념의 외연을 확장하여, 교육에 관한 분석의 시야를 교과서와 교실 밖에서 이루어지는 교육적 관행 쪽으로 넓힌다는 의미를 지닐 것이다.

연주와 함께 울려 퍼지는 남자 성우의 음성으로 대치되었다. 그러나 여전히 주 1회 운동장 애국조회를 실시하는 학교가 적지 않으며, 설사 방송조회라 할지라도 국기에 대한 경례와 애국가 제창이 한 묶음이 되어 이루어지는 '국민의례'는 빠짐없이 실시된다. 요컨대 의식과 집단훈련으로서의 조회는 사라지지 않았다.

대한민국에 태어나 학교를 다닌 사람이라면 누구나 숱하게 경험했을 이 '조회'라는 학교 규율은 대체 언제 어떤 목적으로 누구에 의해 구안되고 학교 안에 도입된 것일까? 막연하게 그것이 일제 식민지 시대부터 유래한다는 짐작은 대부분 하고 있지만, 정작 그 형식의 역사사회적인 기원에 관한 엄밀한 탐구는 충실하게 이루어져 있지 않다. 이 글에서는 조회의 역사적 내력을 추적한다. 먼저 다음 두 장면을 보자. 첫째는 1939년 조선인이 다니던 전주공립소학교의 조회 식순이다.[1]

1. 아침 인사
2. 궁성 요배(봉안전 예배)
3. 황국신민서사 제송
4. 전주신사 요배
5. 어제 낭영*
6. 건국 체조
7. 학교장 훈화
8. 간호당번 주의
9. 교실을 향한 행진(나팔고대 취주)

전교생이 운동장에 도열한 후, 먼저 학교장에 대한 경례가 실시된다. 다음으로 궁성요배(일본 천황이 있는 도쿄의 황궁에 대한 요배)를 대신하여 교내

---

* 교육칙어를 봉독하는 것을 의미한다.

에 설치된 봉안전奉安殿*에 대한 요배를 거행한다. 다음으로 학생과 교사 전원이 '황국신민서사'를 낭송한다. 다음으로는 해당 지역의 신사에 대해 요배를 거행한다. 그리고는 '어제낭영御製朗詠'이라는 이름으로 교장이 교육칙어를 봉독한다. 뒤이어 체조 훈련이 진행된 후에 학교장의 훈화가 이어진다. 훈화가 끝난 후 간호당번 교사(해방 이후에는 통상 주번교사로 불리었다)의 당해 주간 주의사항 전달이 이어지고, 마지막으로 취주악대의 반주에 맞추어 행진이 이어지는 순서로 조회가 거행되었다. 다음 장면은 1940년대 말 한국 교육을 관찰한 한 미국인의 기술이다.

> 1945년에 일본인이 물러간 다음 즉시 일본어 '미까도'(천황)의 초상화 및 천황 칙서는 학교에서 사라졌고 전국에 산재해 있던 신사도 없어졌다. 그러나 도덕 교육과 의식은 사라지지 않았으며 학교에서는 조회가 계속되었다. 학생들은 군대음악의 나팔소리에 맞추어 잔디 없는 운동장을 행진하고 똑바로 엄격하게 줄을 서서 교장에게 목례를 했으며 교회당에서처럼 매우 숙연한 자세로 아침의 도덕 강화를 들었다. 더욱이 대한민국 정부수립 이후 얼마 지나지 않아 이승만의 초상화를 모든 학교에 비치하도록 정식으로 지시되었다.[2]

1945년 해방을 사이에 둔 이 두 시점의 조회 광경 사이에 무엇이 달라졌고 무엇이 유지되었는가? 먼저 봉안전에 놓여 있던 천황과 황후의 초상화, 즉 어진영御眞影은 사라졌다. 그러나 동시에 천황의 초상화는 조만간 새로운 대통령 이승만의 초상화로 대치된다. 한편, '교육에 관한 칙어' 봉독 역시 사라졌다. 그런데 해방 후 약 20년이 경과하여 '국민교육헌장'이 새롭게 제정되고 그것을 조회 시에 봉독하는 방식이 도입된다. '국민교육

---

* 천황을 상징하는 '어진영御眞影'(천황과 황후의 초상화 사진)과 '교육칙어'를 보관하는 건조물이다.

헌장'이 학교에서 다루어지는 방식은 식민지 시기 교육칙어가 다루어지는 방식과 거의 유사했다. 히노마루를 대신하여 태극기가 펄럭이는 게양대 밑에서, 기미가요를 대신하여 애국가가 울려 퍼지는 잔디 없는 운동장에서 전교생과 교사들이 한 자리에 도열하여 경례하고, 낭송하고, 부동자세로 훈화를 듣고, 체조하고, 행진하는 조회는 유지된 것이다.

1945년 이후 조회의 역사는 차후의 탐구 과제로 하고, 이 글에서는 조회의 탄생에서 1945년 시점까지의 역사적 내력을 추적하고자 한다. 그런데 본문에서 구체적으로 밝히겠지만, 조회는 식민지 조선의 학교에서만 실시된 것은 아니었다. 조회를 위시한 식민지기 학교 규율의 대부분은 일본 근대교육에 그 기원을 둔 것이었다. 또한 후술하겠지만, 식민지 학교에서만 실시된 것도 아니었다. 1910년 이전의 소학교, 사립학교에서도 조회에 해당하는 집단의식이 실시되었다. 그렇기 때문에 조회의 내력을 더듬기 위해서는 단지 타임머신의 시침을 식민지 시기 조선의 식민지교육에만 맞추는 것만으로는 부족하다. 이른바 '현해탄'을 건너 근대 일본 교육의 형성 과정으로까지 그리고 조선의 초기 근대교육으로까지 탐사 대상을 시공간적으로 확장하지 않으면 안 된다.

오성철의 연구[3]와 김진균·정근식의 연구[4] 등을 통해 식민지기에 학교 규율에 관한 실증적 접근과 이론적 논의가 이루어진 바 있으며, 그 과정에서 조회의 실상이 부분적으로 해명되었다. 그러나 그들의 연구는 식민지 조선에만 시야가 한정되어 있어 조회의 역사사회적인 기원을 밝히지는 못했다. 최근에는 권경희의 연구[5]를 통해 식민지기 조선의 학교 규율과 일본의 학교 규율 간의 연속성에 관한 검토가 이루어졌다. 다만 다양한 학교 규율의 수평적인 유사성을 넘어서서 특정 규율의 역사사회적인 기원에 관한 치밀한 규명에까지 이르지 못한 아쉬움이 있다. 이 글에서는 이들 선행 연구를 토대로 하여 '조회'라는 구체적인 대상에 주목하여 학교 규율의 역사사회적인 기원을 추적하고자 한다. 이를 위해 일본 내에서 이루어진 학교 규율 관련 대표적인 연구들, 야마모토 노부요시山本信良와 이마노 도시히코今野敏彦의 연구[6] 그리고 데라사키 마사오寺崎昌男 등의 연구,[7] 사토 히데오佐藤秀夫의 어진영과 교육칙어에 관련된 사료 편찬[8] 등을 재검토한다.

먼저 조회가 일본 근대교육 형성 과정에서 어떻게 탄생했는지를 살펴보고 그것이 일본 제국의 변화와 더불어 어떻게 변모되는가를 추적한다. 다음으로 조회가 조선에 이식되고 동시에 식민지 지배정책의 변화와 더불어 변모되는 과정을 추적한다. 마지막으로 조회를 통해 확인할 수 있는 일본 근대교육과 조선의 식민지교육 간의 연속성, 식민지교육과 해방 이후 교육 간의 연속성에 대한 가설적 논의를 시도한다.

2. 일본 근대교육과 조회

조회의 탄생

메이지 유신 이후 일본 근대교육의 역사는 이른바 서구 교육의 '화혼양재和魂洋材'적 이식이면서, 동시에 천황제를 기축으로 하여 근대 국민국가에 요구되는 새로운 인간형, 즉 천황의 신민을 형성하기 위해 권력·교육 이데올로그들에 의해 국민 만들기 소프트웨어가 개발되는 역사이기도 했다. 서구적 교육학의 도입 적용이 전자의 예라면, 후자와 관련된 대표적인 소프트웨어는 '어진영御眞影'과 '교육칙어敎育勅語'라고 평가되고 있다. 사토오 히데오佐藤秀夫는 "일본 근현대사 교육의 본질에 가장 접근할 수 있는 시각이 요청되며, 그에 응할 수 있는 테마는 바로 '어진영'과 '교육칙어'이다"라고 단언하고 있다.[9] 그리고 야마모토 노부요시山本信良 등은 일본 근대교육을 국가주의 교육으로 성격 규정하고 그 실태를 학교 규율(그의 표현으로는 '학교행사')을 통해 실증적으로 파악했다. 그는 특별히 일본의 국가주의적 교육의 상징으로 '어진영', '기미가요', '교육칙어' 등의 삼자를 들고 있으며 이 세 가지 상징이 한 세트가 되어 학교 행사에 등장하게 된 결정적인 계기가 '소학교축일대제일의식小學校祝日大祭日儀式'이라고 지적하고 있다.[10) '소학교축일대제일의식'이란 말하자면 일본식 조회의 기원적 형식이다.

'어진영'이란 메이지 천황 이후의 천황 및 황후의 공식 초상 사진에 대한 존칭적인 관례적 통칭이다.* 1945년까지 '어진영'에는 크게 메이지 천황·황후의 것, 다이쇼 천황·황후의 것, 그리고 쇼와 천황·황후의 것 등 세 가지가 있었으며, 그 최초는 1872년 메이지 천황·황후의 것이다. 이 '어진영'이 학교 측의 열렬한 요구에 응해 천황이 이를 기쁘게 여겨 하사下賜한다는 형식으로 학교에 교부되기 시작한 것은 1886년부터이다. 이후 동일한 절차를 거쳐 일본 전국의 각 학교로 교부되었다. 한편 '교육칙어'는 1890년 10월 30일 황궁 내에서 수상 야마가타 아리토모山縣有朋 배석하에 메이지 천황으로부터 당시의 문부대신 요시카와 아키마사芳川顯正에게 하부下付된 칙어이다. 이미 일본제국 헌법이 시행되고 있던 당시 국무대신의 부서副書를 수반하지 않은 칙어였으며, 제도상으로는 통치권자인 천황의 사회적 의지 표명이었다.[11) 이는 이듬해인 1891년부터 곧바로 '위로부터 아래로' 학교에 '하부'하기 시작한다.

이는 일본에서 천황제 교육의 기본적인 틀이 성립하는 과정이었다. 1879년 9월에 천황의 시강侍講 모토다 나가자네元田永孚가 당시 이토 히로부

---

* 이는 공식 명칭은 아니며 오히려 공식적으로는 '어사진御寫眞'이라 불렸다. 그런데 그것이 '진영眞影'으로 불렸다는 것은 말하자면 일종의 우상숭배의 대상이 되었음을 의미한다. 왜냐하면 '진영'이란 불교계에서 특정 종파를 창시한 인물의 초상화가 특정 기념일에 특정한 자격을 가진 신자에게 특별히 공개되어 배례 대상이 되는 경우를 지칭하는 말로 사용되었기 때문이다. 그런 점에서 '어진영'은 서구 근대국가 군주들의 초상과는 달랐다. 사토 히데오, 앞의 책, 9쪽.

미 등 개명파 관료들이 준비하고 있던 다소간 자유주의적인 「교육령」에
대한 복고적 반대 의견으로 「교학대지敎學大旨」를 제출하면서부터 천황제
교육의 틀이 본격적으로 갖추어지기 시작한다. 이후 개명파 관료와 복고
파 관료 간의 각축 속에서 결국 1890년의 「교육에 관한 칙어」의 환발을
계기로 천황제 교육이 일본 국민교육의 대방침으로 확립된다. 같은 해에
「기미가요君が代」가 축제일 노래로 문부성에 의해 제정되었고, 그 이듬해
에 「소학교축일대제일의식규정」이 제정된 것이다.

　그 과정에서 결정적인 역할을 담당한 인물이 근대 일본 최초의 문부대
신, 모리 아리노리森有礼였다. 이른바 일본 '국민교육의 설계자'[12]로 평가되
는 모리는 1885년 새롭게 내각제가 공포되어 이토 히로부미 내각이 성립
할 때 문부대신의 지위에 올랐다. 그는 메이지 유신 초기에는 사무라이의
특권을 부정하는 '폐도론廢刀論', '일부일처제' 등을 주장하는 진보적 자유
주의자였으며, 영국·미국에서의 다년간의 유학 경험을 토대로 당시 일본
내에서 누구보다도 서구 교육 사정에 밝은 인물이었다. 그러나 그는 1880
년 특별전권공사로 영국으로 파견된 이후 국가주의자로 변신하여 귀국 후
문부대신이 되면서 천황제 교육의 기틀을 만든다.

　그가 구안한 정책들의 몇 가지 예를 들자면, 군대와 학교 교육을 유기
적으로 결합하기 위해 육군의 병식 체조를 사범학교와 소학교에 도입한다
거나, 군대의 주번제도를 학교 교육에 도입하고, 나아가 사범학교를 학생
전원이 내무반 생활을 하고 상급생이 하급생을 계급적으로 통제하는 군대
식 학교로 재편한 것 등을 들 수 있다.[*13] 무엇보다도 그는 엘리트를 위

---

* 「사범학교령」 및 「사범학교의 학과 및 그 정도」를 직접 기초하고 제정시킨 모리는 일본형 사범교육의
기초를 마련했다. 사범학교 입학자 결정은 학력보다는 인물에 의해 이루어져야 하며, 자유 지원 경쟁이
아니라 제삼자의 추천에 의해야 하고, 그 추천권은 "군장 이하에게 맡겨서는 안 된다"라고 했다. 교육
방침에서도 학력보다는 '기질'에 주력하도록 했다. 학과의 필두는 윤리였고, 남자는 농업, 수공, 병식체조,
여자에게는 가사를 부과하는 것으로 했다. 특히 병식체조는 매주 6시간으로 강조되었고 동시에 사범학교

한 고등교육과 신민을 위한 보통교육의 극단적인 이원론, 즉 '원리의 인간'을 위한 교육과 '실용의 인간'을 위한 교육으로 분리시키는 일본적 복선제를 성립시킴으로써 일본 근대교육의 방향을 둘러싼 개명파 관료와 복고파 관료의 대립을 해결했다. '어진영'을 학교에 하사하는 제도를 입안하고 추진한 사람이 바로 모리였으며, 국가축일에 교원과 학생이 모여 축일 창가를 제창하고 어진영에 배례하는 의식을 구안한 것도 역시 모리였다. '교육칙어'는 모리의 사후 공포되었지만 그 기초자인 이노우에 고와시井上毅는 모리의 충실한 후계자에 다름 아니었다.

「소학교축일대제일의식규정」은 어떤 내용으로 구성되었을까. 1890년 10월 칙령215호 개정교육령 제15조에 「소학교의 매주 교수시간 제한 및 축일대제일 의식에 관해서는 문부대신이 규정한다」고 명문화되었다. 이에 의거하여 1891년 6월 문부성령 제4호로 발포된 것이 「소학교에서의 축일대제일의 의식에 관한 규정」(이하 「의식규정」으로 약함)이었다. 조금 길지만 그 전문을 인용하면 다음과 같다.

「소학교축일대제일의식규정」

제1조 기원절紀元節, 천장절天長節 원시제元始祭, 신상제神嘗祭 및 신상제新嘗祭 날에는 학교장, 교원 및 생도 일동이 식장에 모여 다음 의식을 거행해야 한다.*

경영 방식이 군대식으로 일변했다. 학비는 전원 공비로 하고 전원 기숙사 제도를 채택함으로써, 총가銃架가 있는 숙사 안에서 하급생이 상급생의 명령에 복종하는 병영식으로 운영되었고, 실지로 사범학교 학생의 모든 생활을 지배하는 사감에는 하사관 이상의 군인이 임명되었다. 심지어 사범학교 교원의 복장도 모리의 등장 이후 군대식으로 변했고, 지위에 따른 계급 차이가 견장과 휘장에 반영되었다.

* 일본은 1872년, 초대 천황인 진무神武 천황 즉위일을 '기원절'로 설정하여 축일로 삼았다. 2월 11일이다. 1945년 이후 폐지되었으나 1966년 '건국기념일'로 다시 부활했다. '천장절'은 천황 탄생 축일이다. 1868년 제정되었고, 1945년 이후 천황탄생일로 개칭되었다. 이와 관련된 것으로 지구절地久節이 있는데, 이는 황후 탄생일을 말한다. '원시제'는 천손의 강림과 천황위의 시작을 축하하여 1월 3일 궁중에서 천황이 거행하는 제사이다. '신상제神嘗祭'는 당해 연도의 햇곡식을 아마테라스 오미가미天祖大神에게 봉하는 제사이

1. 학교장 교원 및 생도는 천황폐하 및 황후폐하의 어영에 대해 최경례를 행하고 다음으로 양 폐하의 만세를 봉축한다. 단 어영을 봉대하지 않는 학교에서는 이 식을 생략한다.

2. 학교장 또는 교원이 교육에 관한 칙어를 봉독한다.

3. 학교장 또는 교원은 공손히 교육에 관한 칙어에 기초하여 성의를 회고誨告하거나 또는 역대 천황의 성덕 홍업을 기리고 혹은 축일·대제일의 유래를 기리는 등 그 축일·대제일에 상응하는 연설을 행하여 충군애국의 지기를 함양하는 데 힘쓴다.

4. 학교장, 교원 및 생도는 그 축일·대제일에 상응하는 창가를 합창한다.

제2조 고메이천황제孝明天皇祭, 춘계황령제春季皇靈祭, 진무천황제神武天皇祭 및 추계황령제秋季皇靈祭의 날에는 학교장, 교원 및 생도 일동은 식장에 모여 제1조 제3항 및 제4항의 의식을 행해야 한다.*

제3조 1월 1일에는 학교장, 교원 및 생도 일동이 식장에 모여 제1조 제 1항 및 제4항의 의식을 행해야 한다.

제4조 제1조에 있는 축일·대제일에는 편의에 따라 학교장 및 교원이 생도를 인솔하여 체조장에 임하거나 또는 야외에 나가 유희체조를 행하는 등 생도의 심정을 쾌활하게 하는데 힘써야 한다.

제5조 시정촌장 기타 학사에 관계하는 시정촌 리원은 가능한 한 축일·대제일의 의식에 참가해야 한다.

제6조 식장의 사정에 따라 생도의 부형 친척 및 시정촌 주민을 축일·대제일의 의식에 참관시킬 수 있다.

다. 황궁에서 매년 10월 19일에 천황이 제사를 거행했다. '신상제新嘗祭'는 당해 연도의 햇곡식을 천황이 하늘과 땅의 신에게 바치고 친히 이를 먹는 제사로 11월 23일에 행해졌다.

* '고메이천황제'는 메이지천황 직전인 121대의 천황 사망일인 12월 25일에 행하는 제사이다. '춘계황령제'는 매년 춘분 천황이 황령전에서 행하는 대제이다. '진무천황제'는 일본 초대 천황인 진무천황 사망일인 4월 3일에 행하는 대제이다. '추계황령제'는 매년 추분 천황이 황령전에서 행하는 대제이다.

제7조 축일·대제일에는 생도에게 다과 또는 교육상 도움을 주는 회화 등을 주어도 무방하다.

제8조 축일·대제일의 의식에 관한 순서는 부·현 지사 등이 규정해야 한다.[14]

이데올로기적 상징물에 대한 종교적 경배, 문서 낭독, 훈화, 노래 제창 등이 필수적으로 포함되는 의식으로서 조회가 국가에 의해 제도화되는 것이다. 조회가 탄생하는 장면이라 할 수 있다.

그런데 왜 모리는 이와 같은 집단의식을 만들어내는데 주력했을까? 여기서 주목해야 하는 것은 축일대제일의식의 형식이 서구 기독교의 예배 의식과 매우 유사하다는 점이다. 사토의 지적에 따르면, 어진영은 그리스도 성상이나 십자가에, 칙어봉독은 성서 봉독에, 식가 제창은 찬송가 제창에 대응한다.[15] 이는 본래 모리가 기독교에 관심이 많았다는 우연적인 사정에 기인한다기보다는, 근대 일본에서의 국민국가 형성과정의 딜레마, 혹은 일본적 특질과 관련하여 해석되어야 한다.

즉, 서구의 국민국가 형성에는 기독교가 문화적인 통합 원리로 기능했으나, 그에 상응하는 종교적 통합의 기제를 찾기 어려웠던 일본에서는 그 상응물로서의 세속 종교, 교리, 교회, 의식이 새롭게 창안될 필요가 있었다는 것이다. 이때의 종교는 '천황제 이데올로기'이며 교리는 '교육칙어'이고, 이를 전파하는 교회는 곧 학교이며, 교회 내에서의 주된 의식이 곧 '축일대제일의식'이었다.*

「의식규정」 발포를 기점으로 일본 근대교육의 여러 영역에 걸쳐 천황

---

* 조회의 기원과 관련하여, 서구의 근대교육이 기독교로부터 독립해 국가기구가 되는 과정에서 '소학교축일대제일의식'에 상당하는 의식이 어떤 방식으로 존재하고 변모했는가를 밝힐 필요가 있을 것이다. 이는 일본 근대교육의 학교 규율에서 어떤 요소가 일본적인 특수성을 반영하고 있는가를 규명하는 데 필수적이지만, 이는 추후의 연구과제로 남겨둔다.

제 이데올로기가 침투한다. 특히 러일전쟁 이후는 우가키 가즈시게宇垣一成가 "군대는 국민의 학교"라 하여 군대교육과 국민교육의 연속을 강조하면서, 학교 규율에서 군국주의적 성격이 강화된다. 이와 함께, 교훈·급훈이 보급되는 한편 정신주의적 단련이나 훈련으로 학급 규율을 유지하는 경향이 두드러진다. 또한 군사적 훈련을 전교적 규모로 확대해 학교의 경영 관리를 군대적인 계급 조직으로 편성하는 학교까지 등장했다.[16)

야마모토 등은 「의식규정」 발포 이후 학교에서 거행된 의식의 종류를 다음과 같이 정리했다.

국가적 행사에 관한 의식

(1) 축일·대제일 의식 : 신년 축하식, 천장절 축하식, 기원절 축하식(이상을 삼대절 축하식이라 한다), 지구절(황후폐하어탄신축하식), 기타

(2) 황실 경조사일 의식 : 어대혼御大婚 축하식, 어흉사 애도식

(3) 역사상 저명한 사변 및 위인 기념 의식 : 야스쿠니신사제靖國神社祭, 육군기념일의식, 한국병합기념일, 마관馬關조약체결일, 원병대재부元兵大宰府의 날, 도쿠가와막부대정봉환일德川幕府大政奉還日, 요동반도 환부일, 구스노키 마사시게楠木正成의 날, 소가曾我형제의 날, 하시모토 사나이橋本左內의 날,* 아카호의사赤穗義士의 날(이상 인물에 관한 것), 구연성九連城점령일, 해군기념일, 대원수폐하어개선일, 황해해전일, 여순공략일, 일로전쟁발발일(이상 전쟁에 관한 것), 기타

(4) 봉독식 : 교육칙어 봉독식, 무신조서戊申詔書 봉독식

(5) 진수제식鎭守祭式

---

* 하시모토 사나이橋本左內는 막말의 지사로서 양학을 진흥시키고 번정藩政 개혁을 담당한 인물이다.

학교에 관한 의식

(1) 시업식, 종업식

(2) 입학식, 종업증서 수여식, 졸업증서 수여식

(3) 개교식

(4) 학교창립기념일

(5) 직원신임식, 직원고별식

(6) 직원사망조제식, 아동사망조제식

(7) 아동정표식兒童旌表式

(8) 기타[17]

국가 및 천황가와 관련된 각종 기념일의 의식 거행이 제도화된 것이다. 이때의 의식이 위의 의식규정에 따라 이루어졌음은 물론이다. 심지어 메이지기 후반에는 원족遠足이나 수학여행이 천황제 이데올로기와 결합되는 경우가 잦았다. 예컨대 수학여행의 목적지는 이세伊勢 신궁,* 니주바시二重橋,** 신사 불각이나 명승고적에 집중되었다. 한편, 천황제 교육 체제의 형성 이전에 취학 장려, 지육智育 장려를 목적으로 학교에서 실시된 '시험'을 대신하여 1900년대 무렵에는 운동회, 전람회, 학예회, 원족, 수학여행이 주요 행사로 보급되기 시작했다. 이는 이른바 지육 편중을 대신하는 덕육주의의 강조와 연결되는 것이며, 동시에 천황제 교육의 강화 과정을 의미했다. 운동회라 해도 그것은 통상, 기미가요 합창으로 시작하여, 황국 창가 및 천황·황후폐하 만세로 끝났다.[18]

이처럼 메이지기에 틀이 확립된 학교 규율은 이른바 '다이쇼 데모크라

---

* 일본 미에현에 있는 황실의 종묘 신궁이다. 일본의 시조신이라는 아마테라스 오미카미天照大神을 제신으로 하는 신사이다.
** 도쿄 황거에 있는 다리의 명칭으로, 천황가를 상징하는 건조물이다.

시' 시기를 거쳐 일본 제국주의가 파시즘화하면서 쇼와기로 접어들어 규율의 강도와 형식성이 급격히 강화된다. 야마모토 등의 지적에 따르면, "다이쇼에서 쇼와에 걸친 정치적·사회적·경제적인 변동 속에서 어진영과 교육칙어를 핵으로 하는 천황제 이데올로기는 한계에 봉착했지만, 그 한계를 타파하기 위하여 역으로 의례 방식의 강화·확대·심화가 전개된 것이다. 즉 어진영과 교육칙어는 그것의 의미를 파악시키지 않고도 곧바로 천황에 충성하고 맹목적으로 복종하는 마음을 생리적 반응을 통해 감각적으로 수용시키는 심벌(symbol) 작용으로 화했던 것이다."[19]

파시즘의 전개와 학교 규율

학교 규율에서 천황제 이데올로기 및 국가주의적인 요소는 쇼와기에 접어들어 한층 강화되었다. 1935년 무렵 일본 학교 규율의 실태를 당시 가와사키시 소학교의 예를 통해 살펴보자.[20]

(1) 조례 : 매일 아침 시업 전에 행한다. 어진영봉안전 봉배, 규율협동 훈육 및 훈련. 학교에 따라서는 궁성, 황대신궁의 방위가 표시되어 궁성 및 황대 신궁 요배를 매일 아침 행하는 예도 있었다.

(2) 위인상 설치 : 교정에 니노미야 긴타로二宮金次郎* 또는 도고 헤이하치로東鄕平八郎 원수상을 설치, 위인숭배의 풍을 진척시켰다. 니노미야 긴타로는 향토의 위인으로 그 근검역행의 소년시대를 닮도록 가장 널리 설치되었다.

(3) 위인초상 계액 : 위인의 초상액자를 각교실에 걸어 위인의 풍모를 경앙하게 하고, 특히 진충보국의 정신, 곤고결핍을 견디는 정신의 건양에 힘썼다.

---

* 니노미야 손토쿠二宮尊德라는 인물의 속칭이다. 에도 말기의 독농가篤農家로서, 신도·유교·불교를 통합한 보덕교報德教를 창시했고, 적선과 절약, 식산을 실천한 사람으로 존숭되었다. 그의 어린 시절 공부하는 모습을 형상화한 니노미야 긴타로의 동상이 학교에 널리 설치되었다.

위인초상으로서는 대개 니노미야 손토쿠二宮尊德·도고 헤이하치로東鄉平八郎·노기 마레스케乃木希典·요시다 쇼인吉田松陰 등이 시대의 풍에 합치되는 것으로서 가장 많이 걸렸다.

(4) 정좌, 응념凝念 교육 : 일당 일실에 정좌명목靜坐暝目시켜, 진검한 자성을 시킨다. 칙어, 심력가心力歌 등의 낭창, 선서, 훈화, 반성 등을 한다.

(5) 사대절의 의식 : 전술과 같다.

(6) 위인추모일 : 남공제楠公祭·존덕제尊德祭·의사제義士祭·내목제乃木祭·동향제東鄉會·관공제菅公祭·석가제釋迦祭 등 위인의 숭고한 인격을 경모케 하고 국민정신의 건양을 꾀한다.

(7) 축제일 : 신무천황제, 진수제鎭守祭, 춘추황령제, 신상제, 황대신궁제, 대정천황제 등에는 이른 아침 기상, 국기게양, 신사예배, 황성요배 등을 시킨다. 학교에 집합시켜 합동예배요배거식을 행하는 곳도 있고, 가정에서는 조상숭배의 실천을 시킨다.

(8) 국기게양 : 매일아침 조회에 국기를 게양하고, 국가의식의 양성에 힘쓰며 아울러, 명랑 쾌활한 학교생활의 상징으로 했다. 당시, 각 학교 교정에 국기게양탑이 설치되어, 장중한 게양식이 기미가요 제창 가운데 혹은 나팔 취주 가운데 행해졌다.

(9) 훈련요목 제정 : 아동의 학교생활에, 규율과 통제를 주기 위한 표준으로서, 훈련실시요목이 정해졌다.

(10) 훈련주간 : 훈련요목의 실행의 철저를 꾀하기 위해, 매월 정기적으로 이를 두어 실시한다.

(11) 학급자치회 : 상급학년 각 학급에서 학급자치회를 설치하여, 아동의 일상생활 자치반성의 기회를 주는 취지였다.

(12) 청소작업 : 학교원 작업을 정기적으로 실시, 청결정돈 및 근로애호의 습관, 정조 도야에 힘쓴다.

(13) 아동간호당번 : 매주 최고학년 남녀 수명으로 이루어진 간호당번을 배당하여, 당번직원의 보조와 아동을 돌보는 일을 하게 한다.

(14) 야영, 행군 : 검도한劍道の寒, 토용특별계고土用の特別稽古* 등에 의해, 질실강건의 정신단련을 행했다.

(15) 천장절, 지구절, 해군기념일, 육군기념일, 무신증서어하사기념일, 교육칙어어하사기념일, 국민정신작흥증서어하사기념일, 어대례기념일, 헌법발포기념일, 행행계行幸啓 기념일 등에 교육칙어증서의 봉독 훈화 강연 등에 의해 충군애국의 지정至情 육성에 힘쓴다.

천황제 이데올로기의 내면화를 위해 각종 집단의식, 체력 훈련을 포함한 각종 집단 훈련의 내용과 회수가 매우 다양해진다. 의식을 동반한 조회는 매일 거행되었으며, 국가 및 황실과 관련된 기념의식이 늘어났다. 학교 규율이 전반적으로 천황제 이데올로기 및 군국주의를 지향하여 총체적으로 재편되고 있음을 알 수 있다.

천황제 이데올로기 및 국가주의를 중심으로 한 학교 규율이 최절정에 이른 것은 1941년 국민학교 제도의 실시 이후이다. 이때에는 '교육'이라는 개념을 대신하는 이른바 '연성鍊成'이라는 신조어가 등장했다. 연성이란 "문부성에 의해, 종래의 교육에 대한 비판·'혁신' 원리를 안에 포함한 것으로서 창출된 조어이다. 1940년 단계의, 주로 학교 교육 수준을 염두에 둔 공식적 설명에 따르면, 연성이란 '연마육성이라는 뜻'으로, '황국의 도에 따라, 아동의 내면으로부터의 힘의 한계, 즉 전 능력을 올바른 목표에 집중시켜 국민적 성격을 육성 강화하는' 교육방법이다. 그러나 그것은 단지 교육방법이 아니라, '황국의 도'라는 목표를 불가분하게 내포하는 방법

---

* 겨울에 하는 검도 훈련 및 도요土用 즉 입추 전 18일 동안 행하는 체력 훈련을 말한다.

개념이며, 따라서 '황국민의 연성'이라는 숙어로서 완전한 표현을 이룬다. 요컨대 '연성이란 황국신민으로서의 자질을 연마 육성하는 것'에 다름 아니었다."[21] 이렇게 '교육' 개념을 대치한 '연성' 개념은 일본 근대교육의 천황제적 성격을 극명하게 상징한다. 그리고 이 '연성' 방법의 중추를 점하게 된 것이 바로 집단의식, 군사적 집단 훈련, 군국주의적 교과 외 활동, 즉 학교 규율이었다.

어느 정도로 학교 교육에서 천황제와 직접 관련을 갖는 기념일 의식이 강화되었을까? 예컨대 입학식이나 시업식과 같은 정기적인 학교 의식이나 매일 실시하는 조회를 제외하면, 기념일 의식은 1940년에는 25건, 1941년 26건, 1942~43년에는 30건에 달했다.[22] 1943년에 일본 도쿄에 있는 세이지誠之 국민학교에서 행해진 공식적인 집단 기념 의식의 예를 제시하면 아래와 같다.

진무천황제(4.3) 대조봉대일(4.8) 야스쿠니신사임시대제(4.24) 천장절(4.29) 고이노보리鯉のぼり*게양(5.1) 단오절(5.5) 대조봉대일(5.8) 칙어봉독식(5.22) 해군기념일(5.27) 대조봉대일(6.8) 시간時기념일(6.10) 대조봉대일(7.8) 도제시행봉고 및 기념식(7.10) 대조봉대일(8.8) 대조봉대일(9.8) 백산白山신사예제(9.21) 군인원호에 관한 칙어봉독식(10.3) 야스쿠니신사기원참배(10.3) 대조봉대일(10.8) 야스쿠니신사요배식(10.16) 충령탑참배(10.27) 창립기념일(10.30) 교육칙어하사기념일(10.30) 명치절(11.3) 대조봉대일(11.8) 다마어릉多摩御陵참배(11.25) 영령실참배(12.7) 대조봉대일(12.8) 야스쿠니신사참배(12.10) 황태자전하어탄생일(12.23) 신년배하식(1.1) 대조봉대일(1.8) 대조봉대일(2.8) 기원절(2.11) 대조봉대일(3.8) 육군기념일(3.10)[23]

---

* 단오일에 장대 높이 매다는 종이로 된 잉어모양 깃발.

그리고 위와 같이 양적으로 급증한 집단의식은 단지 일회적인 의례로 그친 것이 아니라 군국주의적인 교과 외 활동 등과 유기적으로 결합되었다. 즉 식을 거행한 후 뒤이어 신사 참배를 하거나 강당 훈화 행사 혹은 군대식 열병·분열 훈련을 하는 경우가 잦아지게 되고, 또한 '헌금 모금', '황군에 대한 위문문 작성'과 결합되었다. 예를 들어, 위에 나타난 대조봉대일大詔奉戴日* 의식을 구체적으로 살펴보자. 대조봉대일은 매월 8일마다 1년에 12회 정기적으로 실시되었다.

1. 국기게양(이른 아침, 주번)

1. 조회·요배식(운동장, 전원)

   (1) 궁성봉배, 야스쿠니신사 요배 기념祈念 (2) 조례, 어제봉창

1. 대조봉독식(4·5·6학년 강당)

   (1) 인사 (2) 대조봉독 (3) 학교장훈화 (4) 인사(1·2학년은 학급훈화)

1. 백산신사참배(4·5·6학년) 학년단위 단체참배(1·2·3학년은 강화회)

1. 기념강화회 제1회(저학년) 제2회(고학년)

   (1) 인사 (2) 학교장인사 (3) ○○○○씨 강연 (4) 창가 (5) 인사(강화종료 후 아동 하교)

1. 위령참배(오후1시 출발) 각반 직원 1명, 아동 2명, 18개 반(그 중 한 반은 유족 이사 때문에 중지)

1. 헌금, 육해군 각 금 85엔 60전, 직원 1명 아동 2명 출향헌금[24]

기념 의식 이후에 교과교육을 진행하는 것이 아니라, 신사 참배, 강화, 기념 강연회, 헌금 활동 등이 진행되었다. 그러나 1943년을 정점으로 하여

---

* 천황의 조칙詔勅을 받든다는 취지의 의식이다.

국민학교를 중심으로 한 이른바 '연성 체제', 그리고 그 핵심을 이루는 학교 규율 체제는 붕괴의 길을 밟는다. 즉 태평양전쟁 발발 이후 전국의 악화와 일본 국내의 여러 조건들의 궁핍화 속에서 정상적인 학교 교육 운영은 불가능해졌고, '학동 소개', '근로동원', '전시방공생활' 등의 비상사태가 빈번해졌으며, 그런 활동마저 '연성'이라는 이름으로 정당화됨으로써, 사실상 '연성'은 교육 개념으로서의 고유성을 잃게 되었다. 이는 천황제 이데올로기를 중심으로 하는 일본 근대교육의 안으로부터의 자기 붕괴 과정이기도 했다.

3. 식민지 조선 교육과 조회

조회의 도입

한국 사회에 조회를 하는 의식이 처음으로 도입된 것은 언제일까? 「의식규정」에 지정된 것과 같은 표준화되고 공식적으로 법제화된 조회 의식은 식민지기에 시작되었으나 조회 의식의 출발은 그 이전으로 소급된다.

1894년의 갑오교육개혁 이후 신설된 근대 학교의 교육 실태를 묘사하는 자료들 가운데에는 운동회 개최 상황에 관한 다음과 같은 자료가 있다. 1899년 훈련원(현 동대문운동장)에서 개최된 외국어학교 연합 대운동회의 모습이다.

시간이 당도하여 운동 예식을 행하는데……처음에는 군악을 베푸는데 청량한 곡조와 장쾌한 음률은 일장 흥취를 돕는지라. 이에 각 학원들이 운동장에 나아가 처음에 철구를 던지고……입격한 학도들을 차례로 불러 각기 등수대로 상을 주는데 기이한 물품이 많이 있더라. 상을 다 준 후에 다시 군악을 베풀며 모든 학원들이 애국가로 화답하고 그 다음에 대황제 폐하를 위하여 만세를 부르고 황혼이 됨에 각기 남은 홍을 이기지 못하고 돌아들 가더라.(「대운동」,『독립신문』, 1899년 5월 1일 논설.)[25]

갑오교육개혁 이후 발포된 교육법령 내에 조회나 의식에 관한 세부 규정은 없었다. 그러나 위의 자료를 보면 운동회가 단순한 체육 활동에 그치는 것이 아니라 군악 연주, 애국가 제창, 황제폐하를 위한 만세 등 이데올로기적 의식과 결합되어 진행되었음을 알 수 있다. 운동회 외에도 근대 학교에서는 대한제국 황실 관련 기념일이 지정되어 있었고 그와 관련된 행사가 진행되었음을 다음 자료를 통해 엿볼 수 있다.

소학생들은 개국기원절(조선 개국일로 음력 7월 16일), 만수성절(황제 탄신일로 음력 7월 25일), 계천기원절(황제 등극일로 음력 9월 17일) 등의 국경일에는 이 날을 기념하기 위해 태극기를 게양한 뒤 집에서 쉬거나 경축행사에 참석하여 만세를 부르기도 했다.[26]

한국 근대교육 체제는 대한제국의 출범과 함께 시작되었다. 그리고 그 과정에서 일본 근대교육의 틀을 도입, 원용하려는 시도가 전개되었다는 맥락에서 위의 현상을 이해할 필요가 있을 것이다. 고종의 1895년 '교육입국조서'의 논리 구조는 '교육칙어'와 매우 유사했다. 그 과정에서 일본 근대교육의 소프트웨어가 자발적으로 수용된 것이 아닐까?

비단 대한제국 정부가 전개한 공교육에서만이 아니라 1907년 이후 발흥한 사립학교 안에서도 이데올로기적 색채가 농후한 교육이 전개되었다. 다음 자료는 1900년대 후반 애국계몽운동의 일환으로 전개된 사립학교 교육의 정치적 성격에 대한 학부의 인식을 보여준다.

일반 사립학교의 불완전함이 이와 같으나, 설비의 불비, 유지의 무모함은 차라리 용서할 만한 것이라 할지라도, 그들은 여하한 학술을 가르치고 여하한 방법으로 훈련하여 교양의 본지를 이룰 수 있을 것인가에 뜻을 기울이지 않고 헛되이 학도를 모아 아침부터 저녁까지 유희 체조 또는 토론을 학교의 중요 과목으로 하여 병식체조, 나팔태고를 훈련의 방법으로 오해하며, 심지어는 그 사용하는 교과서를 보아도 시사를 분개하는 불온한 문자로 가득 차 있고, 그 노래하는 창가는 학생을 선동하는 위험한 어조로 충만해 있다. 이리하여 고래 유타속遊惰俗과 경박풍輕薄風을 좋아하고 시사를 횡의橫議하는 폐습은 더욱더 그 세가 왕성해지고, 혈기에 찬 청년이 서로 나서서 감화되어 근면하게 업業을 려勵하고 질실하게 산産을 치治하는 미풍은 애초부터 그 뇌리에 비치지 않으니 이처럼 국가의 전도를 위태롭게 하는 것은 없다.[27]

통감부는 사립학교가 국권 회복을 목적으로 정치적인 주제를 교육 내용으로 다루고, 교육의 방식에 있어서도 병식 체조와 창가 등을 통해 민족주의를 고양시키는 것에 대해 극히 예민한 반응을 보였다. 실지로 사립학교 교육은 그 자체가 민족주의적인 운동과 밀접한 관련을 맺고 있었다. 예컨대 1909년 평안남도와 황해도의 사립학교 연합대운동회는 참여 학교 수만 2백여 교에 달하고 7~8천 명을 상회하는 인원이 참가했다.[28] 이 운동회 이후, 군 단위를 넘어서는 연합운동회는 통감부에 의해 금지된다.

1910년 이후 일제는 이와 같은 고도로 정치적인 근대교육의 시도를 부정하면서 식민 교육을 이식하지 않을 수 없었다. 이 과정에서 일제가 취한 대응 논리는 사립학교의 '정치'에 '실용성'을 대립시키는 구조를 취하고 있었다. 통감부는 '실용'을 최대의 표어로 하여 사립학교를 부정하고, 일제가 실시하는 식민 교육의 '효용성'을 한국인에게 설득한다. 다음은 그 전형적인 논리이다.

무릇 교육의 요체는 개인의 품성을 도야하고 근면 소질의 미풍을 양성하며 치산 처세의 도를 가르쳐 선량한 인민을 양성하는 데 있으니 소위 수신하여 제가하고 제가한 후 치국하는 것이다. 각인이 빈곤한데 가국이 홀로 부강하게 될 수는 없는 것이다. 특히 유타遊惰한 습관을 갖고 노고를 싫어하며 곤폐한 생을 즐기는 자가 많은 한국의 현황에서는 자제에게 일상생활에 필수적인 사항을 회득시켜 참으로 몸을 힘쓰게 하고 자신을 바쳐 의식주의 안고安固를 추구하는 것이 초미의 급무이다. 그럼에도 세상의 교육을 논하는 자의 대다수는 그 본지와 완급의 순서를 오해하고 정치와 교육을 혼동한다. 이는 결코 자제를 교양하고 민생의 복지와 가국의 안녕을 증진하는 소이가 아니다.[29]

여기서 주목해야 할 것은 민족의 '정치'보다는 개인의 '의식주의 안고'를 추구하는 교육, 즉 정치와 치산을 이분법적으로 대비시키는 논리이다. 이처럼 개인의 '치산 처세'가 근대교육의 요체로 표방되는 선례는 일본의 경우에도 메이지 초기에는 존재했다. 그러나 교육의 의의를 개인적인 처세에서 찾는 움직임이 천황제 국가의 신민 만들기와 상충될 여지를 보이자마자, '개인적 치산'의 논리는 급속히 퇴조하고 천황제 이데올로기를 중심으로 일본 근대교육을 재편했다. 그 과정에서 등장한 것이 '어진영'과 '교육칙어' 그리고 「의식규정」이었음은 전술한 바와 같다. 그러나 조선에서 일제가 사립학교의 근대성을 부정하며 동원한 논리가 오히려 그 '치산'이었던 셈이다.

그렇다면 식민지교육 안에서 '조회'는 어떤 역사적 과정을 거쳐 이식되었을까? 전술한 대로 조회의 핵심적인 요소는 '교육칙어'와 '어진영'이라는 천황제 관련 이념적 상징물이다. 그것들이 최초로 한국 교육에 등장하는 것은 1909년이다. 1909년 통감부 시기에 '어진영' 및 '칙어' 관리에 관한 법률이 발포되었다. 이른바 '어영 및 칙어등본 봉치심득御影並勅語謄本

奉置心得'(메이지 42년 4월, 한국통감부 훈령 제14호)은 다음과 같은 내용으로 되어 있다.

제일조 어영은 학교 내에 특별한 봉치소를 두거나 또는 교사 내 최청정한 장소를 골라 일실 또는 일구역을 설치하여 당궤唐樻 등에 넣어 최존중하게 봉치해야 한다. 학교에 적절한 장소가 없을 때는 이사청, 민단 역소役所 등에서 전항에 준하여 봉치할 수 있다.

제이조 칙어등본은 어영과 함께 봉치소에 봉치해야 한다. 칙어등본만을 하부 받은 학교에서는 교사 내 최청정한 장소 또는 직원실 내의 높은 곳에 존중하여 봉치해야 한다.

제삼조 어영 및 칙어등본을 봉치시키는 학교에서는 직원이 숙직을 해야 한다. 칙어등본만 봉치시키는 학교에서도 역시 동일하다. 학교 내에 교원주택을 설치하여 관수管守를 게을리 하지 않는 곳은 특별히 숙직을 둘 필요는 없다.

제사조 비상 변재를 대비해 미리 봉천소奉遷所를 정해 두어야 한다.

제오조 어영 및 칙어등본은 의식을 거행하는 경우 외에 달리 가용假用시킬 수 없다.

제육조 어영 및 칙어등본을 봉치한 학교가 폐교하는 경우는 어영 및 칙어등본을 반납해야 한다.[30]

'어진영'과 '교육칙어'의 이른바 '봉치'에 관한 조처가 취해졌다는 것은 적어도 공식적으로는 식민지교육에 '어진영'과 '교육칙어'를 적용한다는 기본 방침을 보여주는 것으로 해석할 수 있다. 그런데 이에 근거하여 식민지 지배 초기부터 천황제 이데올로기가 본격적으로 조선의 식민지교육에 강제되었다고 단언하기는 어렵지 않을까?

고마고메는 1900년대 대만에서, 교육칙어가 식민지에서 식민지 교화 이념으로 적합한 것인가에 관한 논쟁이 전개되는 과정을 분석하면서, 실제로 당시의 식민지교육정책 이념은 '충량한 일본의 신민'보다는 '도덕적으로 순량한 인민', 다시 말하면 '생산에 힘쓰고 노동을 사양치 않으며 유순하게 복종하는 인민'을 기르는 것으로 귀결되었다고 했다.[31] 다만, 교육칙어 자체의 권위를 의심하는 일체의 시도가 금기시되어 적어도 표면적으로는 그것이 식민지에도 적용될 수 있는 보편적인 가치를 지닌 것으로 다루어지지 않을 수 없었고, 이런 맥락에서 대만에서 이른바 '제2의 교육칙어발포론'이 좌절되었다는 것이다. '어진영'과 '교육칙어'의 봉치에 관한 1909년의 법규는 이런 대만에서의 경험이 조선에 적용된 한 예라고 봐야 하지 않을까?

상기한 대로 조선에서 식민교육은 조선의 자발적인 근대교육의 시도를 부정하면서 이식되지 않을 수 없었다. 이 과정에서 일제는 정치 대 실용이라는 이분법적 논리를 갖고 교육의 정치성을 부정하는 방식으로 조선인의 근대교육 운동을 억압했다. 그것은 식민지교육기관인 보통학교의 정착을 위한 고육책이기도 했다. 무엇보다도 1910년대에 보통학교는 아직 조선 내에 정착하지 못했다. 보통학교는 '빈민학교'의 이미지를 벗어나지 못하고 있었고, 대다수 조선인은 서당 또는 사립학교를 지향하고 있었다. 보통학교의 존립과 확산 자체가 일차적 과제로 부각되지 않을 수 없었다. 그렇기 때문에 형식상의 '어진영'과 '교육칙어' 적용에도 불구하고 그것을 식민지 지배 초기에 전면적으로 강제하기 어려웠던 것이 아닐까?

즉 1910년대까지만 해도 '어진영'과 '교육칙어'는 아직 조회 의식의 일부로 제도화되지 않았다. 일본에서 이미 소학교 축일 의식규정이 법제화되어 있던 1910년대에 식민지 조선의 보통학교 교육에 적용된 법령에서는 축일·대제일을 단순히 휴업일로만 규정했었다. 그러나 1922년에 접어들면, 상기한 「보통학교규정」 안에 조회 의식이 법률적으로 제도화된다.

초등교육 법령인 「보통학교규정」(1922. 2) 제43조에는 "기원절, 천장절, 명치절明治節* 및 1월 1일에는 직원 및 아동은 학교에 집합하여 다음의 식을 행해야 한다. 1. 직원 및 아동은 '기미가요君が代'를 합창한다. 2. 학교장은 교육에 관한 칙어를 봉독한다. 3. 학교장은 교육에 관한 칙어에 기반하여 성지를 연설한다. 4. 직원 및 아동은 그 축일에 상당하는 창가를 합창한다"라고까지 규정되어 있었다.** 이 조항은 1910년대의 법령인 「보통학교규칙」(1911. 10)에는 보이지 않는다.

이전의 연구를 통해 밝혔듯이,[32] 1920년대에 들어서면 조선인의 교육적 지향이 서당에서 보통학교로 급선회하고, 이후 보통학교는 초등교육기관으로서 압도적으로 지배적인 위치를 차지한다. 이제 식민지 당국으로서는 보통학교의 정착이 문제시되는 것이 아니라 조선인의 교육 기회 확충 요구에 못 미치는 보통학교 시설 부족 공세에 직면하지 않을 수 없었다. 때마침 이른바 '내지연장주의'라는 식민지 통치 방침의 변화와도 연동하여 조선인을 대상으로 하는 식민지교육을 일본인 대상 교육과 교육 시기 및 내용 면에서 일치시키는 방침을 전개해 나가게 된다. 조회가 제도화되는 것도 이런 맥락에서이다.

그렇다면 1920년대 조선인 보통학교에서 조회는 어떤 모습으로 치러졌을까? 다음은 경성사범학교 부속보통학교의 조회에 관한 자료이다.

---

* 메이지 천황의 탄생일을 축일로 만든 것으로 1929년 제정되어 1948년 폐지되었다. 11월 3일이다.

** 여기서 눈에 띠는 것 한 가지를 들면, 일본과는 달리 조선의 경우에는 '기미가요' 합창과 '교육에 관한 칙어' 봉독은 포함되었으나 '어진영'에 관한 조항이 누락되어 있다. 이는 '어진영'과 '교육칙어'의 미묘한 성격 차이에 기인한 것으로 보인다. '교육칙어'는 천황으로부터 일괄적으로 모든 학교에 '하부下付'되는데 반하여, '어진영'은 해당 학교의 '열성적인' 요구를 전제로 하여 그 해당교의 '우등함'을 '가납'하여 기뻐한 천황이 그 학교에 특별하게 '하사下賜'한다는 형식으로 보급된다는 차이가 있었다(佐藤秀夫 編, 『續·現代史資料(8) 教育 御眞影と教育勅語 I』, みすず書房, 1994, 16~17쪽). 일본에서는 시간이 흐르면서 '하사' 요구로부터 자유로운 학교는 존재하지 않았기 때문에, 결과적으로는 거의 보편적으로 보급되었다고 할 수 있지만, 1920년대에만 해도 조선의 모든 학교에 어진영이 '하사'되지는 않았을 것이다.

조회 차례

첫째, 매일 아침 시업시각 15분 전에 조회 예령이 울리고 5분 후 본령이 울린
다. 예령으로 아동은 전부 참석하여 본령이 울리든 아니든 아무 말 없이
정열을 마친다. 6학년 급장의 호령으로 일제히 정돈한다.

둘째, 주번 선생이 등단하고 6학년 급장의 '센세오하요고자이마스'(선생님 안녕
하십니까)라는 말을 신호로 전 아동이 '센세오하요고자이마스'(선생님 안
녕하십니까)라고 선생에게 경례한다.

셋째, 전 직원과 아동이 함께 본교에 있는 어영봉안소에 대해 최경례를 하고
성수만세聖壽萬歲를 축봉한다. 이를 통해 국민정신의 수양, 충군의 지조를
새롭게 한다.

넷째, 감은봉사의 노래(경성사범학교부속보통학교의 교가)를 합창한다.

다섯째, 주번선생이 등단하여 그 주에 특히 노력해야 할 방면에 관해 훈사를
하거나 또는 학교 및 사회 국가에서 일어난 일 중에서 중요하여 아동에
게 알게 할 필요가 있는 것에 관해 아동에게 알린다. 또 아동의 풍기,
기타 필요한 사항에 관해 전교 아동에게 계고해야 할 것을 훈유하기도
한다.

여섯째, 간단한 체조를 한다.

일곱째, 권학가를 합창한다. 마지막으로 6학년 급장의 호령으로 일동 경례한다.

여덟째, 직원 이하의 순서로 퇴장하면 각 학급 아동은 급장이 선도하여 교실로
들어간다.[33]

조회는 매일 학과 수업 전에 실시되었고, 전교생과 교직원이 집합하여
운동장에서 치러졌다. 그리고 그 안에는 천황제 이데올로기 관련 의식이
포함되어 있었다. 다만, 위의 행사는 축일·대제일 관련 의식이 아니기 때
문이 기미가요 합창이나 교육칙어 봉독 등의 요소는 빠져 있다.

조회 의식의 제도화와 함께 진행된 것이 학교 안에서의 천황제 이데올로기 관련 상징물에 대한 우상숭배 의식이었다. 일본에서와 마찬가지로 학교 안에는 천황제 이데올로기와 관련된 다양한 상징물이 곳곳에 배치되었다. 예컨대 봉안전奉安殿과 그 안에 보관되어 있는 교육칙어 등본, 어진영, 가미다나神棚* 등의 상징물, 각 교실의 벽에 걸려 있는 이중교어사진二重橋御寫眞, 흥국 위인 초상 액자, 황국신민서사, 일장日章** 및 교장校章, 교훈 및 일장정신日章精神 10개조 등이 그것이다. 보통학교 학생의 일과는 이들 상징물에 대한 경례로 시작해서 경례로 끝났다. 보통학교에 등교하거나 퇴교할 때 다음과 같이 봉안전에 경례를 해야 했다.

> 황국신민의 의식을 적극적으로 높이기 위하여 학교에 봉안전을 지어 배례토록 하였다. 아마테라스 오미카미天照大御神을 모시고 천황의 사진과 교육칙어를 보관시켰다……예배 방법으로는 교문에서 5~10m정도 들어서서 부동자세를 취하고 가장 정중하게 몸을 굽혀 절하는 사이게이레이最敬禮라고 하는 경례를 하고, 손뼉을 두 번 친 후 '대일본제국과 황국신민을 위하여 열심히 공부하겠다'는 다짐을 하고 교실에 들어간다. 또한 하교 때는 '천조대신과 봉안전 덕분에 공부 잘하고 갑니다'라는 감사의 뜻으로 예배를 하였다.

봉안전에 대한 경례만이 아니라 조회가 시작되면 천황의 궁성이 있는 동쪽을 향해 요배腰拜를 하고, 신사가 있는 쪽을 향해서도 요배를 한다. 조회가 끝난 후 교실 안으로 들어가면, 또 다른 다양한 상징물을 만나게 된다. 가장 중요한 것은 교실 정면 흑판 위에 걸린 '이중교어사진'으로서 그

---

* '가미다나'라는 것은 이른바 일본의 시조라는 아마테라스 오미카미天照大御神를 모시고 있다는 10cm × 4cm × 30cm 크기의 상자이다.
** 히노마루日の丸를 말한다.

것은 곧 천황을 상징하는 것이었다.

황국신민화 정책과 학교 규율

중일전쟁 이후 집단의식은 그 내용에 있어서 보다 더 천황제 이데올로기의 요소를 포함하게 되고 빈도수에 있어서도 훨씬 더 강화된다. 먼저, 통상적인 조회에 새로운 요소들이 첨가되었다. 특별한 기념일이 아닌 날에 실시되는 조회의 경우, 1920년대에 비해 '황국신민서사' 제송과 '신사 요배', '어제낭영' 등과 같은 천황제 이데올로기의 내면화와 관련된 요소 그리고 '건국체조'와 같은 신체 훈련과 관련된 요소가 새롭게 첨가되었음을 알 수 있다. '황국신민서사'는 1937년 10월 총독부에 의해 강제된 구호로서 초등학생용과 중등 이상 성인용의 두 가지가 있었으며 초등학생용은 다음과 같았다.

황국신민서사

1. 나는 대일본제국의 신민입니다 (私共ハ 大日本帝國ノ 臣民デアリマス).
2. 나는 마음을 합해 천황폐하께 충의를 다합니다 (私共ハ 心ヲ合セテ 天皇陛下ニ 忠義ヲ 盡シマス).
3. 나는 인고단련하여 훌륭하고 강한 국민이 됩니다 (私共ハ 忍苦鍛錬シテ 立派ナ 强イ 國民トナリマス).

이 시기에는 학교에서 실시되는 기념일·제일의 종류와 회수도 「보통학교규정」이나 「소학교규정」에 지정된 사대절을 넘어서서 다양화한다. 그 구체적인 예를 살펴보자. 아래 자료는 1939년도 경성사범학교부속소학교(이전 보통학교)의 연중 행사표이다.

4월 : 5일 입학식, 6일 애국일·급훈결정·복장학용품결정, 중순 1년생 입학보
　　　고참배, 하순 신체검사, 26일 야스쿠니신사 임시대제, 29일 천장절 배하
　　　식, 30일 야스쿠니신사예제·초혼제, 하순 원족

5월 : 1일 대표아동 신궁참배, 5일 개교기념일·단오절·소체육회, 6일 애국일,
　　　중순 복장학용품검사·가정방문·가정조사, 15일 하복착용·보호자참관
　　　일, 27일 해군기념일·춘계운동회, 30일 도고제東鄕祭

6월 : 1일 대표아동신궁참배·국기게양식, 4일 충치예방일, 상순 방역주, 6일 애
　　　국일, 상순 복장학용품검사, 10일 시時 기념일, 중순 원족·보호자참관일,
　　　25일 황태후폐하어탄생일

7월 : 1일 대표아동신궁참배·국기게양식, 2일 수영교육개시·복장학용품검사,
　　　6일 애국일, 7일 칠석·지나사변기념일, 15일 맹란분회盂蘭盆會, 중순 임
　　　해교육·보호자참관일, 20일 종업식

8월 : 1일 대표아동신궁참배, 6일 애국일·아동소집, 15일 아동소집, 21일 제2학
　　　기시업식·국기게양식·대청소, 하순 복장학용품검사·과제장전람회, 30일
　　　일한병합기념일

9월 : 1일 신궁참배·국기게양식·진재기념일, 6일 애국일, 13일 내목제乃木祭,
　　　18일 만주사변기념일, 21일~23일 추계황령제, 하순 추석·추계운동회

10월 : 1일 대표아동 신궁참배·국기게양식·시정기념일·경성부체육일·동복착
　　　용·복장학용품검사, 6일 애국일, 13일 무신조서어환발기념일, 16~18일
　　　경성신사예제, 17일 신상제神嘗祭·조선신궁예제, 23일 야스쿠니신사예
　　　제, 24일 교육칙어어하부기념일, 30일 교육칙어어환발기념일, 하순 원족

11월 : 1일 대표자신궁참배·국기게양식, 3일 메이지절明治節, 6일 애국일, 상순
　　　복장학용품검사, 중순 학예회·원족, 23일 신상제新嘗祭

12월 : 1일 대표자신궁참배·국기게양식, 상순 복장학용품검사, 6일 애국일, 24
　　　일 종업식, 25일 다이쇼천황제大正天皇祭

1월 : 1일 대표자 신궁참배·국기계양식, 2일 신춘휘호, 3일 원시제元始祭, 5일
　　　신년연회, 6일 애국일·아동소집, 15일 제3학기시업식·국기계양식·복장
　　　학용품검사·과제장전람회, 하순 추위단련寒中鍛鍊
2월 : 1일 대표아동신궁참배·국기계양식, 상순 입춘, 6일 애국일, 상순 복장학
　　　용품검사, 11일 기원절배하식·건국제·헌법발포기념일
3월 : 1일 대표아동신궁참배·국기계양식, 3일 추제雛祭, 상순 복장학용품검사,
　　　6일 애국일·지구절地久節, 10일 육군기념일, 중순 학년말학예회, 21일 춘
　　　계황령제春季皇靈祭, 22일 종업식

　　1930년대 말에는 사대절 이외의 천황제 관련 제일祭日로는 지구절地久
節, 황태후탄생일, 춘계 및 추계 황령제皇靈祭, 초혼제初魂祭, 신상제神嘗祭, 신
상제新嘗祭, 원시제元始祭, 타이쇼오 천황제 등이 보통학교 연중 행사표에 포
함되었다. 그 외에도 식민지 통치 및 제국주의 지배와 관련된 기념일로 시
정기념일, 무신조서환발기념일, 일한합병기념일, 교육칙어하부기념일, 교
육칙어환발기념일, 헌법발포기념일, 육군기념일, 해군기념일, 만주사변기
념일, 지나사변기념일 등이 지정되어 있었다. 그 내용에 있어서 일본 내에
서 이루어지는 그것과 거의 다르지 않다.
　　조회를 중심으로 하는 집단의식 외에도 보통학교 규율에서 큰 비중을
차지하고 있었던 것은 다양한 교과 외 활동이다. 위에 제시된 보통학교의
교과 외 활동 중에서 특기할 만한 것으로는 원족, 운동회, 신궁참배, 임해
교육, 대청소, 복장학용품검사, 학예회, 과제장전람회 등이 있다. 이 중 신
궁참배를 제외한다면, 명칭만으로는 이데올로기적 행사라고 단언하기 어
려울 지도 모르지만, 그 내실을 들여다보면 사정이 달랐다. 예컨대 원족만
을 예로 들어 보더라도 대상지가 주로 천황제 이데올로기와 관련되어 있
음을 알 수 있다. 경사부속의 경우 1학년의 원족 대상지는 창경원, 장충단,

청량리, 한강신사, 경무정, 조선신궁 등으로 신사참배와의 관련성이 엿보인다. 운동회의 경우에도 조회와 결합되는 등 집단의식의 성격을 지닌다.

중일전쟁 이후 학교 규율에서 두드러지게 나타나는 특성 중의 하나는 군국주의적인 교과 외 활동의 강화이다. 보통학교에서의 군국주의 교육은 다양한 방식으로 전개되었다. '황국신민화' 교육 정책이 노골화되면서 보통학교는 군국주의의 전시장이 되었다. 보통학교 건물의 게시판과 복도의 벽면은 다음과 같은 게시물로 채워졌다. 시국 대처에 관한 통첩, 시국에 관한 신문 잡지, 시국에 관한 사진, 점령지도, 황군 장병의 편지, 황군 장병의 무용담(강화, 낭독, 사진), 총후 애국 미담, 시국 뉴스 영화, 국제 관계의 시사문제 주지(강화, 사진, 영화), 각국 군비의 비교 도표, 각종 비행기 비행선 등의 회화 사진, 폭탄의 모형 진열, 폭탄의 위력 명시도, 각종 총포 전차의 사진 회화, 각종 군함의 사진 회화 등이 게시되었다. 또한 보통학교 학생들에게 황군 장병을 위문하는 편지를 쓰게 하거나, 이른바 '센닌바리千人針'* 혹은 위문대를 만들게 했고, 정기적으로 폐품을 수집하여 돈을 만드는 방식으로 반강제적으로 '국방헌금'을 납부하게 했다.[34] 그 외에도 저금 활동, 봉사 활동 등이 국가주의적 기조하에서 강화된다.

학교 규율에서 군국주의적 색채가 강화되면서, 군사 훈련 및 체력 훈련을 주요 내용으로 하는 체계적인 집단 훈련이 빈번히 실시되었다. 특히 1930년대 후반 황국신민화 정책이 전개되면서 보통학교 집단 훈련에서 군사 훈련의 성격이 한층 두드러진다. 무엇보다도 보통학교에서 체력 훈련이 강화되었다. '황국신민체조'라는 이름의 목검을 이용한 검도 체조, 건강 체조, 건국 체조 등이 개발되어 보통학교 학생들에게 훈련되었다. 체조를 통한 체력 훈련은 조회뿐만 아니라, 이른바 주회畫會를 통해 실시되었다.

---

* '센닌바리'란 일본에서 군에 나가는 병사에게 천 명의 여자가 한 땀씩 수를 놓아주는 배두렁이로서 그것을 간직하면 살아 돌아올 수 있다는 미신에 근거하여 일종의 부적처럼 간주되었던 상징물을 말한다.

주회란 점심시간 이후에 실시되는 집단 훈련으로서, 그 구체적인 내용은 다음 전주공립보통학교 사례를 통해 알 수 있다.

월	열병분열(나팔고대 취주)	전교
화	건강체조(전교)	창가유희(1·2학년)
수	건강체조(전교)	황국신민체조(3년 이상)
목	건강체조(전교)	시국창가(전교)
금	건강체조(전교)	급기級技(3·4학년)
토	건강체조(전교)	집총교련(5·6학년)[35]

이른바 "조회는 훈련의 아버지, 주회는 훈련의 어머니"라고 할 정도로 조회와 주회는 보통학교 규율에서 핵심적인 비중을 차지하고 있었다.[36] 조회가 천황제 이데올로기 교화와 전체주의 훈련의 성격이 강하다면 주회는 체력 훈련과 군사 훈련의 성격이 강했다.

이상과 같이 천황제 이데올로기, 전체주의, 군국주의를 중심으로 재편된 학교 규율은 1945년 8월 15일까지 식민지교육에서 중핵적인 비중을 유지했다.

4. 일본 교육과 식민지 조선 교육의 연속성

식민지 조선에서 전개된 학교 규율은 일본 근대교육에서 개발되고 적용된 규율과 거의 다르지 않다. 그리고 식민지 지배 기간 동안 시간이 흐르면서 양자의 교육이 점차 수렴·통일되는 모습을 보인다. 이 점은 무엇보다도 조선인 교육과 조선 거주 일본인 교육, 그리고 일본 내의 교육에 적용되는 초등교육 관련 법령의 변화에 나타나있다. 다음 〈표 1-식민지기 초등교육 대상별 적용 법령 및 목적 조항 비교〉*는 시기별로 세 종류 법령의 차이점과 공통점을 초등교육의 목적 규정을 중심으로 정리한 것이다.

1910년대에 조선에 거주하는 일본인은 일본 본국과 동일한 교육법의 적용을 받았으며, 조선인을 위해서는 별도로 「조선교육령」(칙령)과 「보통학교규칙」(총령)이 있었다. 즉 「조선교육령」 및 하위 법령은 조선인에게만 적용되는 식민지교육법이었다. 초등교육 목적 조항에서는 '아동 신체의 발달에 유의'라는 대목이 빠져 있고, '국민된 성격'과 '국어의 보급'이 강조되는 등 식민지적 특성이 눈에 띤다. 그러나 1920년대 이후 양자는 점차 수렴되는 경향을 보인다. 이른바 내지연장주의를 지향한다는 명분으로 법령을 개정하여 조선 거주 일본인과 조선인이 모두 「조선교육령」의 적용을 받도록 했다. 조선인을 위해서는 「보통학교규정」, 일본인을 위해서는 「소학교규정」이라는 별개의 규정을 적용했고, 또한 일본 본국의 교육과 식민지 조선에서의 일본인 교육의 통일을 기하기 위하여 「조선교육령」 제2조에 "보통교육은 소학교령, 중학교령 및 고등여학교령에 의한다. 다만 이들의 칙령 중 문부대신의 직무는 조선총독이 이를 행한다. 전항의 경우에 있어 조선의 특수한 사정에 따라 특례를 둘 필요가 있는 것에 대해서는 조선총독이 별도의 규정을 할 수 있다"라는 단서 조항을 달았다. 이 점은 이후에도 지속된다. 이 시기 초등교육의 목적 조항에서도 「보통학교규정」에는 '덕육', '국민된 성격', '국어 습득' 등이 강조된 반면, 「소학교규정」은 「소학교령」과 동일했다.

1938년 이후 3차 조선교육령 시기에는 수렴 경향이 한층 강해진다. 즉 조선인과 조선 거주 일본인 대상 초등학교의 명칭이 '소학교'로 통일됨과

---

* 이 논문집에 쓰인 모든 〈표〉는 책 뒷부분의 자료실(549~563쪽)에 따로 묶었다.

동시에 규정 역시 「소학교규정」으로 통일된다. 따라서 목적 조항 역시 동일해졌다. 그러나 일본 본국과는 미묘한 차이를 보이고 있었다. 1938년에 개정된 「소학교규정」 제1조에는 이전의 「소학교규정」과는 달리 '충량한 황국신민'이라는 용어가 이전과는 달리 새롭게 포함되고, 국민도덕, 국민생활이라는 국가주의적인 교육 목적이 강조되는 변화를 보였다. 「소학교령」의 제1조는 이와는 달리 '국민도덕의 함양'이 아니라 '도덕교육 및 국민교육의 기초'라는 표현이 사용되고 있으며, '국민 생활'에 필수적인 지능이라는 표현 대신에 '아동 생활'에 필수적 지식과 기능이라는 표현이 사용되고 있고, '충량한 황국신민'의 육성이라는 목적은 아예 명시되어 있지 않다. 이 점에 비추어 본다면, 「소학교규정」은 기본적으로 조선인 교육을 위한 법률이었다고 할 수 있다. 조선 거주 일본인은 여전히 이전과 마찬가지로 「소학교규정」(총령)에 우선하여 「소학교령」의 적용을 받도록 되어 있었다. 법령상의 목적 조항에서 완전한 통일이 이루어진 것은 1941년 3월 「국민학교령」(칙령)과 「국민학교규정」(총령)이 동시에 발포된 이후이다. 공히 초등교육의 목적은 '황국의 도에 따라 충량한 황국신민을 연성'하는 것으로 설정된 것이다. 이렇게 식민지 지배 후반기로 들어설수록 법령상의 교육 목적 설정이 동일해진다는 것은 결국, 일본의 대륙 진출이 본격화하면서 조선인을 황국신민으로서 동원해야 할 필요성이 점차 강화된다는 것의 반영이라고 할 수 있다. 1940년대 초의 '조선인지원병제도'나 나아가 '징병제' 실시는 그에 부합하는 '황국신민 교육'과 서로 상응하지 않으면 안 되었던 것이다.

물론 학교 규율의 측면에서 일본인 교육과 조선인 교육이 완전히 동일했다고 보기는 어려운 측면이 있다. 앞의 교육법령 조항의 비교·검토에서도 드러났듯이 이민족을 지배해야 하는 식민지에서는 천황제 이데올로기 교화의 필요성이 더욱 더 강조되고, 그 결과 학교 규율이 본국에 비해 지나칠 정도로 강요되는 면이 없지 않았을 것이다. 식민지의 학교 규율은 그 역사·사회적인 기원이 식민 본국에 있으므로 양자는 근본적으로 동일하지만, 그것이 학교 교육에서 강제되는 정도에 있어서 본국과 식민지 간에는 차이가 있지 않았을까?

고마고메 다케시에 따르면, 일본 제국주의는 이른바 '혈족내셔널리즘'에 의한 '차별' 정책과 '언어내셔널리즘'에 의한 '동화' 정책, 혹은 국가통합에서의 분리와 문화통합에서의 통합이라는 이율배반적인 정책을 동시에 추구하는 식민지 지배정책을 견지했으며, 그 양자 간의 모순이 오히려 식민지에서 교육을 통한 '동화' 시도를 강화시키는 결과를 초래했다고 보고 있다.

> 끝까지 대만과 조선은 '외지'='식민지'였다. 물론, '외지'도 제국 일본의 영토로서 형식적으로는 제국헌법이 미치는 지역으로 되어, 대만인·조선인에게는 일본 국적이 부여되었다. 그러나 참정권을 중요한 표식으로 하는 한, (그들은) 국가통합의 틀 밖에 있는 존재로 간주된다. 그렇기 때문에 바로, 문화통합의 차원에서는 오히려 통합의 필요성이 소리 높이 외쳐지게 된 것이다.[37]

실제로 일본 본국보다도 식민지에서 문화적 통합을 위한 이데올로기 교화가 더욱 강조되었음은 다음의 자료를 통해서도 확인할 수 있다.

> 소학교령에서의 목적인 '도덕교육'은 넓은 의미의 도덕에 관한 교육이며, 국민도덕도 물론 그 중에 포함되어 있는데, 인류 상애의 정신, 사회봉사의 정신, 근로심, 책임감, 종교적 정조, 도덕적 정조 기타 사회인으로서 필수적인 일반적, 보편적인 도덕교육을 열거했다고 이해된다. 그런데 우리가 국가의 신민으로서 존중해야 할 도덕은 국민도덕의 범주를 이탈할 수 없는 것이며 따라서 이런

의미에서 조선에서 소학교 교육은 특히 국민도덕에 관한 교육을 농후하게 할 필요를 인식하여 위처럼 쓰였다고 해석할 수 있다.

위 글의 필자 오카 히사오岡久雄는 조선총독부학무국 관료로서 교육법령을 해설하면서, 일본 본국의 「소학교령」에 제시된 초등교육의 목적 조항에는 '도덕교육'이라고 표현되어 있으나 1938년 이후 식민지 조선인을 대상으로 한 「소학교규정」에는 '국민도덕'이라고 표현되어 있는 이유를 위와 같이 설명했다. 이와 같은 식민지에서의 '국민도덕'의 강조는 일선 학교 현장에서는 학교 규율의 강화로 이어졌을 것이다.

이상과 같은 식민지적 특수성이 작용했다는 점을 인정하면서도, 기본적으로 식민 본국과 식민지의 학교 규율은 그 내용과 형식에서 동일하다고 보는 편이 옳다. 이는 무엇을 의미하는가?

서구의 식민지교육정책을 분석한 켈리와 알트바흐는 "그것은 단지 중심부 교육의 희석판은 아니다. 그것은 다른 무엇이다(It was not merely a diluted version of metropolitan education ; it was something else)"라고 말했다.[38] 여기서 그들이 강조하는 것은 식민지교육이 피식민자로 하여금 중심부에 적응하는 인간으로 성장하는 것을 저지하면서, 동시에 그들을 피식민자의 사회로부터도 소외시키는 기능을 수행한다는 것이다. 이 경우 식민지교육의 식민지성(coloniality)은 그것이 중심부 교육과 다르다는 점, 즉 교육기회뿐만 아니라 교육 내용과 목적에서 차별성을 지닌다는 점에서 찾아진다. 그런데 이와 같은 입론은 일제의 식민지교육에 그대로 적용될 수 있을까?

물론 조선에서 전개된 일제의 식민지교육에서도 식민자와 피식민지인의 사회적 격차 유지를 위한 교육기회의 제한이 뚜렷했다는 점에서 그 식민지성을 확인할 수 있다. 일본 본국의 초등교육이 의무화되어 있었고, 조선 내의 일본인 교육도 사실상의 의무교육을 실현하고 있었는 데 반하여 식민지 조선인 대상 초등교육은 의무교육이 아니었다는 것이 그 분명한 예가 될 것이다. 그런데 교육 내용과 목적이라는 점에 비추어본다면 사태는 달라진다. 식민지교육의 목적은 '문화 차원에서의 동화', 즉 '일본제국의 충량한 신민' 만들기를 목적으로 하고 있었으며 바로 그런 점에서 일본 본국의 그것과 연속적이었다. 학교 규율에서도 마찬가지이다. 요컨대 조회로 대표되는 학교 규율의 연속성으로부터 교육, 나아가 식민지 지배정책 일반에 있어서 서구의 식민지주의와는 다른 일제 식민지주의의 특질이 존재한다는 가설을 추출할 수 있지 않을까?

5. 결론을 대신하여

마지막으로, 서론에서 제기한 문제, 즉 학교 규율에서 식민지교육과 해방 이후 교육 간의 연속성에 관하여 시론적으로 논의하는 것으로 이 글을 마무리하고자 한다.

흔히 해방 이후에도 오랫동안, 심지어 현재까지 유지되는 '애국조회' 등의 학교 규율이 식민지 시기에서 유래한 것이기 때문에 곧 식민지교육의 잔재이고 따라서 청산해야 한다는 발상이 있을 수 있다. 이런 발상은 친일파에 대한 도덕적 단죄와 같은 인적 차원의 청산 문제에만 주목하는 현재의 역사 인식의 지평을 보다 확대시키는 긍정적 의미를 가질 수 있다. 달리 말하여 해방 이후 한국 교육의 '형식' 안에 내재하는 식민지성에 대한 문제제기로 발전할 수 있다는 것이다. 그럼에도 불구하고 이런 발상이 자칫 '조회는 식민지 잔재다'라는 단순한 인식에 그친다면 오히려 사태의 복잡성을 호도할 위험성이 있다.

이런 인식은 예컨대 조회 등의 국가주의적 의식은 한국 근대교육에서도 한 때 시도되었다는 점을 설명하기 어렵다. 비록 국가에 의해 치밀하게 공식화되고 법제화되지는 않았다고 할지라도, 식민지 지배 이전에 대한제국이 설립한 근대 학교에서 혹은 민간 조선인이 설립한 사립학교에서도 근대 일본에서 구안된 학교 규율과 유사한 규율, 즉 운동회, 대한제국 황제 관련 기념일 행사, 병식 체조, 애국가 제창 등이 실시되었다. "애국가를 부르게 하는 조회는 민족주의 고취이고 기미가요를 부르게 하는 조회는 식민주의 강요이다"라는 단순한 이분법의 함정에 빠지지 않고 학교 규율을 비판할 수 있는 입각점을 찾지 않으면 안 된다.

이 글에서 밝힌 대로, 식민지 시기 조선의 학교에서 전개된 규율은 조선인에게만 강제된 것이 아니다. 그것의 기원은 일본 근대교육 전개 과정에서 찾아야 한다. 달리 말하자면 그것은 기본적으로 '국민 만들기'의 소프트웨어이자 국민통합 장치로 구안된 내셔널리즘의 장치이다. 이로부터 식민지 시기와 해방 이후 학교 규율의 연속성 문제를 이해할 수 있는 단서를 찾아야 하지 않을까?

베네딕트 앤더슨은 일종의 인조물로 창출된 내셔널리즘이 그것이 창출된 사회를 넘어서서 다른 사회로 이식, 복제, 합체될 수 있다고 말한다.

> 내셔널리티, 내셔널리즘이라는 인조물은 개개 역사적 여러 힘이 복잡하게 '교차'하는 가운데, 18세기 말에 이르러 스스로 증류되어 창출되었는데 그러나 일단 창출된 후에는 '모듈(규격화되고 독자적인 기능을 가진 교환 가능한 구성 요소)'이 되어 다소간 자각적으로, 극히 다양한 사회적 토양에 이식될 수 있었으며, 또한 이것이 극히 다양한 정치적 이데올로기적 패턴에 합체하고, 또한 이에 합체되었다는 것.[39]

내셔널리즘이 일종의 '모듈'이 되어 다른 사회에 이식되고 다양한 정치적 이데올로기적 패턴에 합체된다는 점이다. 조회와 같은 학교 규율에 비추어 말한다면, 그것은 근대 일본에서 창출된 내셔널리즘의 모듈의 일부라고도 말할 수 있을 것이다. 그것이 식민지 시기에는 조선인을 일본국민(황국신민)으로 만들기 위한 장치로 이식된 것이다.

그렇다면 1945년 이후는 어떠한가? 그 장치는 본래 식민지주의적이기보다는 내셔널리즘적이고, 바로 그렇기 때문에 식민지가 제국으로부터 해방된 이후에 다른 '정치적 이데올로기적 패턴'에 따라 국가를 형성하고자 할 때에도 그 사회에 이식·복제되고, 패턴에 '합체'될 수 있었다고 봐야 한다.

왜 식민지교육이 이식되기 이전에도 국가의례를 수반하는 의식이 소학교나 사립학교에서 실시되었는지, 또 해방 이후 우리 교육에서 왜 조회 자체를 없앤 것이 아니라 조회의 내용을 바꾸는 방식을 취했는지를 해명하기 위해서는 내셔널리즘, 국민국가 형성과 교육 간의 관계에 주목하지 않으면 안 된다.* 조회로 대표되는 학교 규율이 배타적인 국민국가의 형성 과정에서 창출된 국민화의 소프트웨어이고, 그 기원이 내셔널리즘적인 것이라고 한다면, 그것을 비판하기 위한 입지는 단순히 일본 내셔널리즘을 한국 내셔널리즘으로 대치하는 방식으로 실현되는 것이 아니라, 내셔널리즘 그 자체와의 대결, 국가와의 대결을 통해 실현되어야 하는 것이 아닐까?

---

* 덧붙여 말하자면 식민지 잔재를 청산했다고 자타가 공인하는 조선민주주의인민공화국의 1945년 이후 교육에서 학교 규율의 실태를 확인할 필요가 있을 것이다. 일본 내셔널리즘 교육의 모듈이 식민지교육의 모듈을 거쳐 북조선식 사회주의, 나아가 주체사상이라는 전혀 다른 정치적·이데올로기적 패턴과 합체했을 가능성은 과연 없을까?

:: 이타가키 류타 板垣龍太

도쿄대학에서 문화인류학을 전공하고, 같은 대학원의 총합문화연구과에서 석사 및 박사학위를 받았다. 도쿄대학 대학원 한국조선문화연구실 조수(2003~2004)를 거쳐, 현재 도시샤同志社대학 사회학부 교수(전임강사)로 재직 중이다.

지금은 20세기 한국 지방사회의 변화를 사회사적으로 해명하는 것에 관심을 갖고 있다. 1999년부터 2년 반 동안 한국에 유학해 서울대 인류학과에 적을 두면서, 경상북도 상주에서 필드 워크를 했고, 일제 시대를 중심으로 한 향촌사회사에 대한 연구를 진행했다. 그 결과로 박사학위논문 『조선의 지방사회에 있어서의 식민지 경험: 경북 상주의 역사민족지(朝鮮の地方社會における植民地経験: 慶北尙州の歴史民族誌)』(2005년)를 썼다. 요즘은 일제 시대의 술과 양조업을 중심으로 연구를 진행 중이다. 일본에서의 국기·국가 문제, 대중매체, 감시 사회, 인종주의, 역사교과서 등의 문제에 대해 본인 나름대로의 입장에서 비판적으로 개입하는 활동도 하고 있다.

한국어로 읽을 수 있는 최근 논문으로는 「〈혐한류〉의 해부학」(2006), 「조선과 일본을 둘러싼 기억의 장」(2005) 등이 있다. 사회비평에 관련된 편저로서는 『세계의 프라이버시권 운동과 감시사회(世界のプライバシー─權運動と監視社會)』(2003), 『그 프로는 왜 개찬됐는가? ─「NHK・ETV사건」의 심층(番組はなぜ改ざんされたか─「NHK・ETV事件」の深層)』(2006) 등이 있다.

식민지의 우울

— 한 농촌 청년이 다시 발견한 세계

이타가키 류타

1. 들어가는 말

식민지 사회를 산다는 것은 어떤 경험이었던가? 변해가는 조선사회의 한 구석에 몸을 두고서, 어떻게 세계를 바라보고, 무엇을 생각하고, 어떻게 행동했던 것일까? 이런 소박한 물음으로부터 이 글을 시작하고자 한다.

조선에서의 '식민지 근대'를 둘러싸고 최근 많은 논의가 이루어져 왔다.* 논의의 과정에서 '근대성'을 특정한 대표치代表値에 의하여 추출하고 평가하는 방식이 가지는 의의와 한계, 국가나 민족을 기본적인 주어로 삼아 역사를 서술할 때 많은 문제가 은폐되어버린다는 한계가 차츰 인식되어 왔다고 생각한다. 물론 거대한 통치 시스템으로서의 식민지주의에 대한 비판적 검토, 압도적인 힘을 가져온 자본주의로의 편입과 지주 소작제

---

* 이타가키 류타板垣龍太, 「〈植民地近代〉をめぐって: 朝鮮史研究における現状と課題」, 『歴史評論』 2004年10月 号에서, '식민지 근대론'의 최근 동향을 간결하게 소개하고 필자의 견해를 진술해두었다. 아울러 참조하기 바란다.

라는 경제시스템의 분석, 식민지 국가에 의한 무력 탄압, 고문, 강제연행, 전시 성폭력의 범죄성에 대한 진상 구명은 이후로도 계속될 필요가 있다. 그러나 식민지 근대의 관계성 가운데에 놓인 사람들, 바꿔 말하면 그런 시대를 이미 살아버린 사람들에게 도대체 그것은 어떤 시대 경험이었던가 하는 물음은, 그것과는 또 다른 시각으로부터의 사실에 대한 조명을 요구한다. 이런 '경험된 식민지'를 생각할 때 바로 떠오르는 근심은 그것이 거시적인 모순과 대립을 모호하게 한다든지 덮어 가린다든지 하지 않을까 하는 점이다.* 그런 식으로 문제를 회피하는 것이 아니라, 오히려 모순을 다른 방향에서 조명하는 방식으로 역사를 응시하기 위한 틀과 방법이 요구되고 있다. 그것을 '일상日常'이라는 문제에서 출발하여 생각해보자.

'일상' 내지 '일상생활'이라는 개념은 보통 많은 사물의 배제와 분리에 의하여 구성되어 있는 것처럼 생각되고 있다.** 예를 들어 노동자의 일상생활이라고 할 때는 노동하지 않을 때 노동자가 생활하는 방식을 상기하고, 전시하의 일상생활이라고 할 때는 전투를 하고 있는 것도 공중폭격에 쫓기는 것도 아닌 시간을 떠올리고, 식민지하의 일상생활로서는 수탈되어 빈곤에 허덕이고 있는 모습이나 적극적으로 사회운동에 참여하는 모습이 아닌, 어디까지나 목가적인 분위기를 가진 풍경을 이미지화하는 것 같은

---

* 예를 들어, 眞島一郎은 '아래로부터의 경험'과 구술사(oral history)에 중점을 둔 인류학이 "흡사 '식민지'가 익명의 역사적 絶對로서 現前하는 것 같은 역설이 記述의 가운데에 배태해버렸다"라고 비판하고 있다. 「植民地統治における差異化と個體化」, 栗本英世 井野瀨久美惠 編, 『植民地經驗: 人類學と歷史學からのアプローチ』, 人文書院, 1999.

** 그런 절단의 한 전형으로, 예를 들면 일본인과 조선인에 대한 구술조사와 저자의 견해로 구성된 吳善花, 『生活者の日本統治時代: なぜ「よき關係」のあったこと語らないのか』, 三交社, 2000이 있다. 여기서 오선화는 '정치적 제도적인 역사'와 '사회적 생활적인 역사'의 구별, '정부=국가=제도'와 '생활자=일본인=관습'을 구별할 것을 주장하고, 이를 구술 조사의 전제로 삼고 있다. 오선화는 '원元 재조일본인在朝日本人'은 이 분리를 바로 이해하고 찬동한 데 비하여 한국인은 그것을 '혼동'했다고 평가하고, 그것을 한일 지식인의 차이로 설명하고 있다. 과연 그런 일반적인 설명으로 끝내도 좋은 것인가? 왜 '혼동'할 수밖에 없었던가에 대한 사색이 결정적으로 빠져있다고 하지 않을 수 없다.

그런 배제와 분리가 존재한다. 이와 똑같이 '보통 사람들'을 둘러싼 언설도 아마 '보통이 아닌 사람들'을 제외함으로써 성립하는 것처럼 생각된다.

이런 부정에 의하여 성립하는 '일상'과 '보통'이 아니라, '일상이 아닌 것'과 '보통이 아닌 것'과의 연속성 위에서 식민지 사회의 '보통 사람들'의 '일상'을 다시 볼 수는 없을까? 그런 일상성에 있어서 '식민지 권력'과 '근대'라는 것이 어떻게 드러나고 또 경험되는 것인가라는 시각에서 볼 수는 없을까?

이 글은 이런 문제의식으로부터, 1930년대에 쓰인 일기*를 실마리로 삼아, 그 일기의 필자인 S씨가 '식민지 근대'에 어떻게 직면했던가 하는 것을 사유해보려는 시도이다.** 이것이 시도에 지나지 않는 이유는 일기라는 소재가 내 쪽에서 던진 질문에 직접 대답해주는 것은 아니기 때문이다. 식민지 근대의 흔적은 S씨 일기의 여러 곳에 남아있다고 생각되지만, 그것이 반드시 명시적으로 드러나는 것은 아니다. S씨 앞에 식민지 근대라고 하는 거대한 시스템은 전모를 드러내지 않는다. 그것은 지극히 '평범'한 일상 기술의 한 구석에 조금, 그러나 구체적인 모습으로 드러나는 것에 지나지 않는다. 그런 '평범함' 가운데서 스며 나오는 '근대' '식민지'를 부상시키는 작업을 함으로써 '일상생활'이 어떻게 해서 보다 큰 역사에 대해 열려졌던가를 구체적인 수준에서 확인해가는 일이 이 글의 목적이다.

---

* 여기에서 대상으로 삼은 일기는 1931~1933년, 1935~1938년에 걸쳐 쓰인 것으로 전부 7책이다. 1책을 제외하고 모두 도쿄의 라이온 치약 본점에서 발행하고 있던 『라이온 當用日記』(정가 50전, 46판)라는 일기장에 기입되어 있다. 자제분에 의하면, 이후에도 일기를 계속해서 썼다고 하고, 1931년 이전에도 썼던 조짐이 있지만, 유감스럽게도 아직 사료를 접할 수는 없다. 또 프라이버시 문제도 있고 해서 인명이나 구체적인 지명 등은 기호화했다.

** 이 일기에 대해서는 다른 각도에서 검토한 板垣龍太, 「新舊の間で―日記からみた1930年代農村青年の消費行動と社會認識」, 『韓國朝鮮の文化と社會』 2号, 2003, 風響社 참조. 이 글은 S씨의 소비행동에 초점을 맞춘 것으로, 이 글과 아울러 참조하기 바란다.

2. 일기와 그 배경

S씨의 궤적

이 글의 주인공인 S씨는 1914년 1월 경상북도 상주군(현 상주시)의 P리에서 태어났다. 1920년에는 P리로부터 2km 정도 떨어진 이웃마을에 보통학교가 개교하고, 1924년에는 철도가 개통되어 마을로부터 2.5km 정도 떨어진 지점에 역이 개설될 정도로, P리는 지리적으로 '신식' 문화에 비교적 접하기 쉬운 환경에 있었다.

1926년에 부친이 사망한 S씨 댁에서는 일기를 쓴 기간 동안 네 살 위의 형이 중심이 되어 농가를 경영하고 있었다. S씨에게는 처가 있고, 1930년에 아들도 태어났다. 가정에는 그밖에 형수, 조모, 모친, 여동생이 같이 살고 있었다. S씨 집은 토지소유 형태로 말하면 중간 규모의 자영지주에 속한다.

S씨는 1923년 근처의 보통학교에 입학했다. 이 시기에는 입학 전에 가정이나 서당에서 한문 교육을 받는 아동이 종종 있었으나, S씨에게는 그런 흔적은 일단 없는 듯하다.* 1929년에 무사히 보통학교를 졸업하고, 그 1년 후 S씨는 지방도시인 대구에 있는 사립 중등교육기관에 입학했다. 당시 상주에는 공립 농잠학교農蠶學校(현 상주대학교의 전신)가 있어 중등교육기관으로서의 역할을 수행하고는 있었으나 보통교육은 아니었으므로, 그런 관계로 일부러 대구로 갔는지도 모른다. 대구에서는 형의 송금으로 하숙생활을 하고 있었다. 일기는 이 대구에서의 학교생활 시대부터 시작한다.

---

* 학교가 소장하고 있는 학적부에는 '입학전 경력'이라는 항목이 있는데, '없음'이라고 기입되어 있는 것을 확인했다. 학적부의 '경력' 분석에 대해서는 板垣龍太, 「植民地下の普通學校と地域社會: 慶北尙州の一學校を中心に」, 『朝鮮史研究會論文集』 No. 40, 2002 참조. 단 "兄이 千字冊을 가주와 원문(諺文-인용자) 다라달나 길어 다라 주고"(1933년 3월 15일, 이하 「330315」(yymmdd)라는 형식으로 표기한다)라는 기술이 있는 것으로 보아, 천자문 정도의 한문 교육은 받았을 가능성이 있다.

그런데 입학 1년 뒤인 1931년 3월 말에 학교를 퇴학하고 고향으로 돌아와야 했다. 이유는 '금전의 곤란'이라고 기록되어 있다. P리에 돌아온 그는 집의 농사일을 거들게 된다. 그렇다고는 해도 자영 지주가의 차남이라는 점도 있어 기본적인 농사는 '고인雇人'이 하고 있었고, S씨가 거들고 있던 일은 소의 사료인 쇠죽 끓이기, 모내기 때의 줄잡기, 운반 거들기, 벼타작 등의 작업에 한정되어 있었다. 나머지 시간에는, 후술하는 바와 같이 책을 읽는다든지, 친구나 동사洞舍의 노인과 잡담한다든지 하면서, 그 자신의 표현을 빌면 '농촌에서 고등유민高等遊民'(311004)으로 지내고 있었다. 진학열도 이어져서 농잠학교에 시험을 치기도 하고(1932년), 학교 자료를 받아보기도 했으나, 결국 결실을 맺지 못하고 농촌에 남게 되었다. 결국 당시 '경성'의 지식인을 중심으로 유행하던 말로 하면 '룸펜' 생활을 보내게 되었다.

그러나 1935년경이 되면 S씨는 P리에서 몇 가지 일을 맡게 되는데, 당시 행정용어로 말하면 '중견인물中堅人物'로서의 역할을 수행한다. 그리고 취직 활동의 결과, 1936년 4월부터 군 농회의 잠업지도원으로 채용되어 정규직에 취직하게 되었다. 이후 일기가 끝날 때까지 큰 신분의 변동은 없다.

이상이 이 일기의 기간에 S씨가 그렸던 궤적이다. 거칠게 시기구분을 하면 1931년부터 1934년까지를 '귀향, 농사 거들기 시대', 1935년부터 1936년 4월까지를 '중견인물 시대', 그 이후를 '농업지도원 시대'라고 구분할 수 있다. S씨의 연령으로 치면 만17세부터 24세까지의 청년기에 해당한다.

일기의 특징

S씨는 이 기간에 거의 매일 빠짐없이 일기와 금전출납부를 기록해나갔다. 왜 기록했던가 하는 동기에 대해서는 아무런 기술도 없다. 간혹 일기를 다시 읽으면서 추억에 빠지는 일도 있었으나, 회상하는 것이 목적이었

다고 할 수도 없을 것이다. 1930년대 농촌진흥운동하에서 가계부와 농업일기를 적는 것이 장려되고 있었으나,* 단순히 정책에 호응한 것이라고 할 수도 없다. S씨의 일기와 금전출납부에서 특징적인 것은 '농가'를 단위로 한 기록이라기보다는, 어디까지나 개인적인 기록이라는 점이다. 특히 금전출납부는 S씨 개인의 금전 관리라는 색채가 농후한데, 아마 이것은 차남이라는 지위와도 관련되어 있을 것이다. 그런 의미에서 농촌진흥운동에서 요구했던 것과 겉으로는 비슷하지만 기본적으로는 다르다.

일기를 쓰는 의식의 문제로서 한 가지 흥미로운 것은 복자伏字의 존재이다. 일기에는 자주 '××'라는 복자가 등장한다. 은폐된 부분에는 일정한 특징이 있는데, 주로 개인의 이름 같은 부분과 금전출납부의 수입원에 집중되어 있다. 〈표 2-복자의 사용(1931년~1935년)〉[550쪽]은 월별 복자 사용의 변천이다. 복자는 귀향 후 1개월 째(1931년 5월)부터 시작되어 1935년 중간부터 없어진다는 점에서 흥미롭다. 복자를 사용한 것은, 대구에서 귀향하여 일기가 남에게 읽힐 가능성이 높았다는 것이 하나의 원인이라고 생각되는데, 일기 서술과 프라이버시 공간의 관계를 생각하는 데에 시사하는 바가 있다. 다른 한편 복자가 사라지는 것은, 확실하지는 않지만 1935년 이후 공적인 활동이 증가하는 것과도 어떤 관련이 있을 것이다. 그렇다고 하더라도 복자의 존재는, 일기의 '독자'를 자신 이외에도 상정하고 있었다고 보기보다는 오히려 철저하게 자신만을 독자로 만들기 위한 것이었다고 생각하는 편이 타당할 것이다.

일기는 한 쪽이 하루 분이고, 본문 기사, 특별 기사, 편지의 송수신, 날씨, 기온, 기상·취침시간을 써넣는 난이 미리 인쇄되어 있었다. 또 월초에 '예정', 월말에 '감상', 연말에 1년을 회상하는 '거래금去來今', 권말에는 금

---

* 가계부 등의 기장 장려에 대해서는 板垣龍太, 「農村振興運動におけル官僚制と村落―その文書主義に注目して」, 『朝鮮學報』 175, 2000 참조.

전출납부가 있다. S씨는 일기장의 공란을 혐오하기라도 하는 것처럼, 이 양식의 틀 안에서 만년필의 정중한 글자체로 매일 써넣고 있다. S씨의 자제가 자명종 옆에 일기장을 두고 자는 부친의 모습을 기억하고 있는 점을 볼 때도 기록하는 일이 일과처럼 자기 목적화하고 있었다고 생각된다.

어쨌든 이 일기장 덕분에 S씨의 세계는 다시 발견되었다.* S씨는 가족과 마을에 사는 나이든 사람들 사이에서는 아직까지 기억되고 있지만, 그것을 넘어선 범위에서는 기억으로서도 기록으로서도 거의 흔적을 남기고 있지 않다. 일기장이 남아 있지 않았다면, 아마 S씨는 농촌에 거주한 한 '평범'한 청년 남성으로서 이 시대 역사 서술의 등장인물이 될 수는 없었을 것이다. 하지만 이 글의 목표는 S씨라는 인물을 '발굴'하여 기존의 '정사'에 편입시키려는 것은 아니다. 그게 아니라 S씨 자신이 남긴 기록을 토대로 '경험된 식민지'의 양상을 조명하는 데에 있다.

3. 농촌의 우울과 '민족'

베네딕트 앤더슨의 상상된 공동체론을 빌릴 것도 없이, 만난 적도 없고 경우에 따라서는 그 이름조차 모르는 타자와의 관계성은 상상에 의하여 구성될 수밖에 없지만, 미디어는 이 상상의 구축을 매개하는 장치라고 할 수 있다.** 그런 의미에서 어떻게 미디어에 접했던가, 또는 접하지 않았던가 하는 점은 당시의 리얼리티가 어떻게 구성되고 있었던가를 아는 데

---

* 이 표현은 알란 코르반의 『루이=플란서와 피나고의 다시 발견된 세계―한 이름 없는 사람의 흔적을 추적하며』(『記錄を殘さなかった男の歷史―ある木靴職人の世界: 1798~1876』, 渡邊響子譯, 藤原書店)에서 시사를 받았다. 다만 S씨는 피나고와 달리 기록을 충분히 남기고 있다.

** 말할 나위도 없이 미디어로 인해서 생긴 상상의 관계성이 환상이라고 말하고 싶은 것이 아니다. 오히려 역으로 그 상상 자체가 리얼리티를 가지게 되는 현장에 주목하고 싶다.

에도 대단히 중요하다.

S씨의 행동범위는 마을, 면사무소 소재지, 읍내가 기본이고, 교우관계도 가족, 친족, 마을 사람들, 그리고 1936년 이후에는 직장 관계로 알게 된 사람들이 중심이다. 그러나 S씨의 사회에 대한 상상력은 그런 대면적인 인간관계로만 규정되고 있었던 것은 아니다. 특히 S씨는 당시의 농촌에서는 진기할 정도의 독서가였다. 상세한 것은 별고에 기록했으나, 『삼천리』, 『신동아』, 『신가정』, 『별건곤』, 『동광』 등 비교적 큰 잡지와 『비판』과 같은 비주류적인 잡지까지 2~4일에 한번 정도는 책을 접하고 있었고, 신문을 구독하던 때에는 매일 지면과 접하고 있었다.(〈표 3-S 씨의 잡지별 독서 빈도(1932년~1933년)〉〔550쪽〕 참조.)

이런 독서 실천을 통해 S씨는 농촌에 있으면서도 당시 서울을 중심으로 조선어에 의해 형성되고 있던 언설에 상당히 긴밀하게 접하고 있었다. 여기에서 주목되는 것은 스스로의 존재가 그런 언설에 의하여 명명되는 상황이다. 특히 1920년대부터 1930년대에 걸쳐 서울에서 발송되던 잡지 등의 출판물에서 농촌지역은 '농촌 문제'로 논의되는 대상이었고, 거기에 사는 사람들은 '농민'이라고 불리고 있었다.* 1930년대에는 이른바 '농민 문학'도 본격적으로 등장하고 있었다. 직접 그런 작품을 읽지 않았다고 해도 적어도 그런 작품이 존재한다는 언설을 접했던 S씨는, 도대체 농촌에 몸을 두고서 어떻게 '농촌'을 보고 있었을까? 일기의 기술을 보는 한, 그의 독서에 대한 느낌은 '재미있게 읽었다'라는 정도에 지나지 않고, 평가라고

---

* 소렌슨은 진전하는 식민지 근대의 상황에서 1920년대 이후 '농민' 개념이 민족 정체성과 관련하여 사용되었다고 분석한다. Clark Sorensen, "National Identity and the Creation of the Category 'Peasant' in Colonial Korea", Shin and Robinson eds, *Colonial Modernity in Korea*, Harvard Univ. Press, 1999〔클라크 소렌슨(도면회 옮김), 「식민지 한국의 '농민' 범주 형성과 민족 정체성」, 『한국의 식민지 근대성』, 삼인, 2006〕. 이런 언설 분석은 유용하지만, 그런 언설이 사회 속에서 어떤 위치를 차지하고 있었는가는 탐구의 대상이 되지 않는다. 이 글은 이런 언설과 접한 독자의 위치에서 이런 물음에 답하고자 한다.

할 만한 것은 없다. 그러나 그가 쓴 문장 자체에 당시 언설과의 동시대성
이 새겨져 있다. '농촌'에 대한 S씨의 그런 기술을 몇 개 인용해보자.

> 농촌에 사는 사람은 실로 기막힌다……하로 죽 한 그럭 못 먹어서 우는 우리
> 고향에는 참으로 번안하다 우리 고향뿐 아니라 삼천리강산에 사는 우리 민족
> 이 다 그렇겟치요.(310402)

> 날이 갈수록 대구大邱는 점점 그리다 아! 농촌! 농촌! 인생에 비참한 긋은 농촌!
> 인간사리에 고통을 주는 농촌! 사람이라 하는 것은 종일 노동하여 음식은 죽
> 한거륵 못 먹어서 에를 다는 비참한 농촌!(310507)

> 무선 구리究理를 하다가는 신문를 보기 시작하엿다……선내鮮內에만 일본인 자
> 본금이 선인鮮人에 십삼배나드 잇서니 무엿시라 할가요 과연 잠! 우리 동포는
> 어두로 갈가요 죽긋가요 세상에 나지말가요 우리만 좃갯섬니가? 가슴 답々합
> 니다 과연 눈물 남니다! 우리가 노력하여야지요 부모형제들이시여! 부듸 주정
> 酒汀 좀 가지마시요 우리도 지금부터 노력합시다.(310509)

> 잡지雜誌 갓든 긋설 보와도 농촌인간 야촉하다고 하더라 아! 그러면 ○○(자기
> 이름―인용자)도 농촌인간에 한사람인가!(310512)

> 아! 빨어다 단풍丹楓! 야원野原! 단풍닙은 붉어서 비단이 대고요 야국野菊는 히서
> 눈빗치 대엿다 도작稻作은 누르서 황금색이 대고요!……곡곡마다 연기 기차연
> 기와 같치 보인다 야원일대野原―帶는 황금색! 농부들의 풍년에 노래소리가 도
> 작전반稻作田畔에서은은히 들니고요 각씨들의 빨내 소리 들니는 시내는 맑는
> 물이 잔잔潺潺 헐어고 농가집집마다 추석이 온다고 무어슬 준비하느라고 야단
> 이다!(310922)

이 인용만으로도 S씨의 '농촌' 인식에 대한 흥미 깊은 논점이 몇 가지
떠오르는데, 여기에서는 세 가지만 지적하고자 한다.

먼저 대구와 같은 도시와 대비시켜 '농촌'을 기술하고 있다. 이것은 본의 아니게 대구를 떠날 수밖에 없었다는 점도 크게 작용하고 있었을 테지만, 활자를 통해 일상적으로 접하는 도시문화와 눈앞의 현실 사이의 간극도 관계되어 있다고 생각된다. 또 S씨는 대구 등에 있는 친구와 편지를 교환하고 있었기 때문에 그것도 작용하고 있었을 것이다. "우리도 금전金錢만 만히 잇스면 도회都會로 가자!"(310406)라고 쓰고 있는 것처럼 그것은 가능하면 나가고 싶다는 생각으로 이어졌다.

그러나 그것은 '대구'에 대한 '연모'로만 표출되고 실제로 도시로 진출한 것은 아니었다. 근처의 집주인이 "××집에 가주家主가 일본돈 벌노 깟다가 병病어로 인囚하야! 사망했다고 처妻가 변지를 밧고"(310803), 남만주에간 친지의 임금 상황을 듣고 탄식한다든지 하는 것에서(310804), 일본이나만주에 가도 좋은 것만은 아니라는 인식은 가지고 있었을 것이다. 농촌에있어도 기분이 나쁘고 그렇다고 해서 도시로 나갈 수도 없는 그런 상황에있었으므로, 도시에서 보내온 잡지에서 스스로가 '농촌 사람'이라고 불리는 것을 읽고 '그러면 나도 농촌 사람의 한 사람인가!'라는 동의가 아닌당혹스러움을 드러냈던 것은 아닐까 생각한다.*

다음으로 '농촌'의 비참함을 '민족'의 비참함으로 연결시켜 상상하면서 기술하고 있다. 그것은 당시 형성되고 있던 언설에 호응하는 모습으로이루어져 있다. 후술하는 바와 같이 S씨는 신문 등으로부터 '일본인'과의관계에서도 '조선인', '동포'의 비참함을 인식하고 있고, 그것과 현실 농촌의 비참함이 연속적으로 상상되고 있다. 그러나 그런 민족 모순의 존재를

---

* 1930년대 서울의 언설로부터 오늘날까지 이어지는 '현대성'을 독해하는 연구가 나와 있고 그것은 매우 깊은 시사를 주고 있지만(김진송, 『서울에 댄스홀을 許하라―현대성의 형성』, 현실문화연구, 1999), 그와 동시에 이런 '현대성'을 먼 시야로 보고 있었던, 또는 보는 것조차 불가능했던 사람들이 동시대적으로 존재하고 있었던 사실을 어떻게 생각할 것인가 하는 문제는 커다란 과제로 남아 있다.

느끼면서도, 그러면 어떻게 할 것인가라는 질문에 답변해주는 명확한 언어나 수단을 갖고 있지는 않았다. 그래서 술집에 가지 않는다든지, 노력한다든지 등의 실력양성론적인 인식에 멈출 수밖에 없었다. 그것이 일기에 연발되는 '아!'라는 탄식과 연결되어 있었다고 할 수 있을 것이다. 어떤 의미에서 S씨의 일기는 그런 위기의 상황에서 쓰였다고 할 수 있다.

마지막으로, 이와 관계되는 것이지만, '농촌', '농가', '농부'를 일반적으로 대상화하여 말하는 방식과 그 변용이다. 많은 경우에 비참한 농촌으로 기록되어 있으나, 때로는 농촌 풍경이 미화되어 묘사되는 경우도 있다. 이것은 언뜻 대립하는 것처럼 볼 수 있지만, '기차 굴뚝'까지 포함하여 농촌 풍경을 대상화하고 있다는 점에서 근대의 '풍경'에 대한 양면적인 상상력에 바탕을 둔 것이라고 할 수 있다.

그런데 이렇게 '농촌' 일반을 대상화하여 말한다든지, '민족'과 결부시킨다든지 하는 기술은 1931부터 1932년 사이에 많고, 그 뒤로는 차츰 적어지는 것을 읽어낼 수 있다. 그 대신에 그날 어떤 농업 지도를 했던가 하는 사실이 담담하게 나열된다.

그와 동시에, 농촌의 '비참'함을 탄식하는 일이 줄어듦에 따라 늘어나는 것은 '우울증'이라는 표현이다. S씨는 실로 다양한 표현을 사용하여 이런 초조한 생각을 기록하고 있다. '우울(증)', '음울(증)', '울울증鬱鬱症', '우우憂憂', '우울태산憂鬱泰山', '침울沈鬱', '울환鬱患', '울분鬱憤', '음침陰沈', '권태증倦怠症', '태만증怠慢症', '염증厭症', '혐막嫌莫', '개롭다', 또 '우울하다', '초조하다'라는 의미를 가진 '답답하다'라는 표현으로 '답답증'이라는 말까지 만들어 쓰고 있다. 종종 이런 생각은 자기의 '기분'이나 '마음' 만이 아니라 '우울한 방', '음침한 방'이라는 방식으로 자신의 집에 대해서도 말해지고, 밖에 있을 때보다는 자택에 있을 때 이런 표현이 더 많이 사용된다.

이런 증상을 가시화하기 위하여 〈표 4―일기에 나타난 '우울' 빈도〉 [551쪽]를 작성했다. 이것은 1932년, 1933년, 1935년, 1937년에 '우울(증)', '음울(증)', '울울증', '침울', '울환', '음침', '권태(증)', '태만증', '염증', '개롭다', '답답증'이라는 표현이 나온 회수를 헤아린 것이다. 같은 날 두 번 기록된 경우에는 두 번으로 헤아렸다. 물론 단어로 기록되어 있는가 아닌가로 증상의 강약을 알 수 있는 것은 아닐 것이고, 정말로 증상이 심할 때에는 기록하는 것조차 불가능할지도 모른다. 또는 '피곤하다', '고단하다', 곧 지쳤다는 의미의 말에도 같은 증상이 포함되어 있을지 모른다. 그렇다 하더라도 S씨 증후군의 일단을 슬쩍 엿볼 수는 있다.

우선 1931년에는 위와 같은 단어가 보이지 않는다. 물론 1932년이 되면, 공부하면서 "우울이 태산이다"(320222)라고 쓴다든지, "마음이 우울하다"(320317)라는 표현이 나오기는 한다. 그러나 이것은 지속되지 않는데, 6월의 기록에서도 "농촌은 한해 때문에 전적으로 우울 태산이다"라고 하는 것처럼 본인의 기분이라기보다는 농촌 상황을 묘사하는 장면에서 나오고 있다. 이런 기술에 변화가 보이는 것은 1932년 세모부터인데, 연달아서 "불쾌하고 우울하다"(321218), "수일 전부터 마음이 우울하고 불쾌하다"(321222), "소화 불량! 마음까지 우울하다"(321224)라고 기록된다. 이것은 1933년에도 이어져 그 이후에는 상당한 빈도를 보인다. 이후의 빈도를 보면, 봄에는 조금 '우울'이 감소하고 겨울이 되면 증가하는 경향이 나타난다.*

'중견인물 시대'인 1935년부터 다음 해 초에 걸쳐 이 증상은 악화되었다. 그래서 S씨는 병원에도 갔다. 김천도립병원의 의사는 우선 '화병'이라

---

* 실제로 "실로 봄은 자유와 생동의 때이다. 모든 침체, 음울은 사라지고, 광명의 활약이 우리 앞에 전개된다……침울한 실내에서 벗어나 자유와 생동의 춘광을 마음껏 호흡하자"(1933년 '3월의 감상' 란)라는 기술이 있고, '침울한 방'과 추위가 이어 말해지는 경우도 있다.

는 진단을 내렸다.(350615) 이것은 '울화병'이라고도 불리는 것으로, 분노를 지나치게 억눌러서 일어나는 병을 의미하는 용어이다. 이에 그는 한약을 마신다. 또 모친의 병과 죽음(351104)이 이 증상을 더 심하게 했고, 심한 피로감과 소화불량('체증'), 빈혈, 두통이라는 신체의 부조화를 초래했다. 그후 김천도립병원에 다시 한 번 가는데, 이번에는 '장중결막증臟中結膜症'이라고 한다든지(351117), '기관지염', '십이지장충' 등으로 진단이 내려지고(351123), 친척의 한약국에 가면 '산증疝症'(하복부·허리 등이 아픈 증상)이라고 했다.(351127) 또 다음해인 1936년에는 아는 사람의 소개로 대구 도립병원에까지 갔다. 그 의사는 S씨의 증상에 대해 '신경쇠약'이라는 병명을 붙였다.(360213) 단 이런 병명이 주어지고 한약을 마셔도, S씨의 증상은 완전히 없어지지 않았고 이후에도 빈번하게 '우울'이 말해진다.

일기에 나타난 이런 변화, 곧 '낭만주의로부터 리얼리즘으로'라고도 할 수 있는 서술상의 변화와 '우울'의 등장을 어떻게 생각하면 좋을까? 이것을 개인사적인 차원에서 해석할 수도 있을 것이다. S씨가 귀향하고부터 시간이 흘렀다는 점, 사회에서 일정한 지위를 얻었다는 점, 독서의 속도가 떨어졌다는 점, 조모와 모친의 죽음, 차남이라는 위치의 불안정함, 사춘기의 문제라는 요소는 당연히 영향을 주었을 것이다. 단, 농촌의 비참함을 탄식하는 듯한 기술이 감소함과 동시에 농업지도의 구체적인 기술이나 '우울증'과 같은 기술이 증가한다는 변화, 바꿔 말하면 사회모순을 기술하는 것에서 자기모순을 기술하는 것으로의 변화는 S씨가 놓여 있던 조선 농촌사회에서의 리얼리즘과도 관련되어 있다고 생각된다. 이 점을 염두에 두면서, 아래에서는 S씨에게 '일본'의 존재와 '중견인물'이 된다는 것은 무엇인가를 검토하고자 한다.

4. '일본'은 어디에 있는가

S씨의 일기에 '식민지'라는 말은 등장하지 않는다. '국가'도 '폭력'도 '차별'도 말로서 일기에 드러나는 일은 없다. 노골적인 폭력이 행사되는 장면도 없다면, 명백하게 수탈에 허덕이는 묘사도 없다. '일본' 일반이나 '일본인' 일반에게 특별한 증오를 드러내는 듯한 기술도 없다. 소지주 집안이라는 위치로부터 노골적인 억압성이 자각되지 않았을 가능성도 없지는 않다. 가령 그렇다고 해도, 그것은 그나 그의 주변에서 '식민지'라는 것이 경험되지 않았음을 의미하는 것일까? 그런 단순한 이야기는 아닐 것이다. 아래에서는 이 점을 일기에 의거하여 조금 더 파고들어가 보고 싶다.

'일본'이라는 존재

우선 S씨에게 '일본'은 도대체 어떤 것이었던가 하는 질문은 매우 마음에 걸리는 것인데, 여기에 대답하는 일도 의외로 어렵다. '일본'이나 그에 대한 소감이 일기에 명시적으로 기록되어 있는 것은 아니기 때문이다. 원래 일본인 인구가 희박한 지역에 살고 있고,* 직접 일본인과 접촉하는 기회가 적다는 점에서 읍내나 도시와는 다르다.** 그러나 '일본인', '일본어', '일본'에 대한 몇 개의 기술로부터 그 인식을 재구성하는 것이 불가능하지는 않다.

'일본인'에 대해 말하면 우선 실제로 얼굴을 맞대고 접하고 있던 사람

---

* 1935년 국세조사에 의하면 S씨가 거주하는 면은 호수 2,324호, 인구 12,274명이고, 그 가운데 일본인 18호, 89명으로 되어 있다(『昭和十年朝鮮國勢調査報告 道編 第六卷 慶尙北道』, 朝鮮總督府, 1938年). 또 상주의 일본인 조선인 인구에 대해서는 졸고, 「植民地朝鮮の地域社會における'有志'の動向—慶北尙州の支配構造の變容と持續」, 『東アジア近代史』 6号, 2003 참조.

** 예를 들어 그것은 서울을 중심으로 활동한 지식인인 윤치호의 일기에 빈번하게 일본인이 등장하는 것과 비교해보면 명확하다. 김상태, 『윤치호일기 1926~1943: 한 지식인의 내면세계를 통해본 식민지시기』, 역사비평사, 2001 참조.

이 몇 사람 있었다. 특히 농회에 취직한 뒤로는 오노小野 부장, 노다野田 주임, 우시지마牛島 기수라는 이름이 산견된다. 다만 상세한 서술은 없고, 말다툼을 하는 모습도 조금 보이기는 하지만, 인물평과 같은 것이 씌어 있는 것은 없다. 이처럼 일상적으로 얼굴을 맞대는 실명實名의 일본인이 있었던 한편에 더욱 일반적이고 익명적인 '일본인'이 존재하고 있었다. 즉 앞의 인용(330509)처럼 신문 등을 통해서 만난 '일본인'이다. 이런 '일본인'도 S씨의 리얼리티를 구성하는 일부였다. 바꿔 말하면 구체적이고 실명으로 접하는 '일본인'과 익명이고 추상적인 '일본인'이 어떤 때는 따로따로, 어떤 때는 혼연일체가 되어 있었다고 할 수 있지 않을까?*

다음으로 '일본어'이다. S씨는 보통학교를 졸업하고 고등교육까지 받았기 때문에 일본어 읽고 쓰기와 회화는 상당한 수준이었다고 생각해도 좋다.** S씨가 이동하는 공간에서 어느 정도로 일본어와 접할 필요가 있었는지는 확실하지 않다. 적어도 위에서 말한 일본인과 말할 때에는 일본어였을 것이고, 직장에 통달되는 문서도 일본어로 기재되어 있었을 것이다. 1937년에는 다음과 같은 기술이 있다. "군공문郡公文에 구장區長한대 공문도 일어로 소내所內에서도 일어로 대화하라고 면장이 나한대 부탁을 하다 곤란한 점이 만어나 하는 수 없다."(370405) 거꾸로 말하면 적어도 이 무렵까지는 면사무소에 송달되는 문서는 여전히 일본어였지만, 면사무소 내의 회화나 면에서 구장에게 보내는 통달은 조선어가 주였다고 할 수 있을 것이다. 그러나 서서히 '일본어'를 사용하는 공간은 이후에도 확대되고 있었

---

* 이과 함께 중요한 것은 "新聞 내보니 朝鮮사람 悲慘한 것설 보앗섰다. 우리 民은 지금 日本에 土地를 六割 三分나 바라타 하니 인재 엇지하며 사라갈가요"(340424)라고도 하는 것처럼 미디어를 통해 '일본인'과 '우리 民', '우리 동포'를 동시에 상상하고 있었다는 것이다. 즉 '민족'에서도 '일본인'과 마찬가지로 극히 실명적인 것과 익명적이고 일반적인 것이 혼재하고 있었다.

** 일기에서는 '일어'를 공부하고 있다는 기술 이외에 어떤 일본어 책을 읽고 있었는지 알 수는 없지만, 자제 분에 의하면 책시렁에 세계문학전집, 메이지문학전집과 나쓰메 소세키夏目漱石의 소설 등이 채워져 있었다고 한다.

다고 생각된다. 그리하여 일본어를 잘하는 S씨에게도 '곤란'함이 강요된 것이다.

한편 그것과는 조금 차원이 다른 '일본어'가 있었다. 일기가 국한문혼 용으로 쓰여 있는 것은 앞에서 말한 바이지만, '가나'나 일본어의 한글 표기가 섞인 것이 간혹 있다. 그 대부분이 물품의 명칭이다. 예를 들어 'ハブラシ'(치솔), 'スケ-ト'(스케이트), 'ペン'(펜), 'ベッチ'(베치)* 등 가타카나로 표기되는 것이 있었고, '호야(램프의 화옥火屋=호야)', '지카타비'는 일본어이지만 한글로 표기되어 있다. 이것들은 물건에 붙여진 명칭으로 그것이 일본어 출자出自인가 영어 출자인가는 그다지 관계없이 사용되고 있었다고 생각된다. 해방 후 '일본어'의 잔존 방식을 생각할 때 위와 같이 읽고 쓰기와 회화로 강요된 '일본어'와, 물건이나 기술에 부수附隨되어 일본어라고도 할 수 없는 '일본어' 사이의 차원의 차이는 고려해둘 필요가 있을 것이다.

또 '일본'이라는 용어는 지리적인 의미에서 사용되고 있다. '일본'은 친척이 도일했다든지, 돌아왔다든지, 편지를 주고받는다(또는 대필을 한다) 등의 기술에서 종종 등장한다.** 당시 행정용어로서 '일본'은 '내지'라고 불리고 있었지만, '내지'라는 용어는 일기에서는 발견되지 않는다. 1936년 각 동리에 일장기가 배포된 사실을 기록하고 있는데, S씨는 이것을 '일본기'라고 부르고 있다.*** 마찬가지로 '내지인'이나 '국어'라는 표현도 나오지 않는다. S씨는 '병합' 후에 태어났음에도, '일본'이라는 범주 가운데 '조선'을 포함시키고, 거기에 '내지'를 대치시키는 것과 같은 당시 관료의 개

---

* 베치(vetch)는 콩과 식물인 야생완두로 잡초의 생장을 억제하는 효과가 있다.
** 예를 들어 "八寸누가 親家 왓다고 와서 日本 잇는 自己夫한대 片紙 쓰달라 하길어 이야기을 하면 片紙 쓰고 나이 點心!"(330201) "(일본에서 돌아온) 兄과 日本이야기로 붙어 別別雜雜 이야기울 하다 歸家!"(350608)
*** "洞里集合所 놀어 같아 가니 日本旗을 洞里에 配布한다."(360205)

념 조작에는 순치되지 않았다고 할 수 있다.

이처럼 S씨의 '일본'에는 구체와 추상이 뒤섞여 있었다. 양자 사이에 어느 정도의 연결이 있었던가는 알 수 없다. 예를 들어 일기의 양식은 일본어로 쓰여 있고, 일본 달력이 기재되어 있으며, 다양한 일본의 역사적 사실에 대한 지식이 인쇄되어 있었으나, 그렇다고 해서 매일 접하는 이런 양식을 어느 정도로 '일본의 것'으로 생각하고 있었던가는 알 수 없다.

행정과의 거리

식민지 행정기관과의 거리는 어느 정도였을까? 지방의 행정기관이라면 우선 군청(및 그 주변기관), 그리고 1910년대를 전후하여 그 아래에 면사무소가 정비되어 있었다. 면사무소가 공식적으로는 최말단 행정기관이었으나 총독부는 1930년대가 되면 구래의 마을(구동리)을 '부락'이라고 불러 조직화를 진전시키고 농촌진흥운동을 비롯한 다양한 행정의 밑받침대로 삼았다.[1] 그 과정에서 '동사洞舍' 등으로 불리는 마을의 자치적인 건물도 행정 목적으로 사용되는 모습이 보인다.[2] 이상의 배경을 전제로 S씨가 '중견인물'로 활동하고 있을 무렵인 1935년에 한정하여, 군청-면사무소-동사에 간 회수를 그 목적 내지 그곳에서의 행동에 따라 〈표 5-행정 관련 시설 출입 상황(1935년 상반기)〉[551쪽]에 정리했다.

우선 가까운 곳부터. 동사洞舍(마을 회관)에서는 마을의 노인이 모이고, S씨와 같은 청년도 종종 들러 근황보고 등을 하고 있었다. 그런 의미에서 일기에 '놀러 갔다'라고 썼다고 해서 단순히 글자 그대로 '놀고 있었다'라고 해석해서는 안 되고, 마을의 사회관계에서 이루어진 소통이었다고 생각된다. '농업 기타'로 정리한 것은 양잠 등을 비롯한 농업 관련의 목적이 있어서 갔던 경우 등을 가리키고, 그 속에는 예를 들어 진흥조합, 동회洞會, 종자배포, 농사지도, 농사 강화講話라고 부르는 것도 포함된다. 곧 마을의 자치를 기초로 한 공간에 간혹 구장 등이 들르는 등의 형태로 행정적으로 이용하는 모습이 발견된다.*

다음으로 면사무소인데, 이것은 말단 행정기관이면서 S씨의 친지가 있었기 때문에 '놀러' 가는 일이 빈번했다. 이것은 정말로 심심파적의 '놀러 가기'였다고 생각된다. 또 이 해에는 농업지도 임시직으로 있었던 관계로 시기에 따라서 면사무소에 간다든지 하고 있다. 그러나 면사무소에 수속을 목적으로 간 것은 연간 몇 회에 지나지 않았고, 실제 그 전 해에는 그 정도로 빈번하게 들르지는 않았다.

그리고 읍내에 있는 군청이나 세무서의 경우 '놀러'라는 것은 완전히 없어지고, 강습을 받는다든지 세금을 납부한다든지 하는 목적에 한정된다. 즉 군청은 순수하게 '관청'이었던 것이다.

이상은 S씨 스스로 행정 관련 시설로 발을 옮긴 경우이지만, 거꾸로 행정 편에서 온 경우도 자주 있었다. 그 가운데서도 가장 마을을 소란스럽게 했던 것은 세무서의 '밀주'조사였다.** 1935년에는 S씨의 조모 대상大祥 (3주기에 해당하는 제사)을 위해 탁주를 자택에서 양조하고 있다가 세무서원에게 발각되어 벌금 90원, 주세 7원 14전이라는 큰 금액을 지불하고 있다.*** 순사도 여러 가지 경위로 나타났다. 동사洞舍에 '놀러' 온 S씨에게 '호적조사'(호구조사인가?-원문)를 돕게 한다든지(1), 마을 사람에게 한글을 가

---

* 예를 들어 "洞舍 놀어 같어니 區長께서 春蠶種申込을 바다 돌나 길어 점뜸만 받어 주고"(350401)라고 하여 구장이 일을 시킨다든지 하고 있었다.
** 예를 들어 "老人들과 雜談을 하드라니 密酒調査 왔다고 洞里가 야단!"(331120), "점심 후 세무서에서 7~8명이 밀주조사 와서 동리가 일시 소동! 송동댁에서는 누룩 세 개 때문에 오랫동안 고난을 당했다"(350129)라는 상황이었다. 또 '밀주'라고 해도 식민지하에서 도입된 주세법에 의하여 자가 양조조차 징세 대상으로 만들어버렸기 때문에 관습적인 양조가 '밀주'인 것처럼 되어버린 것은 말할 나위도 없다.
*** "十時頃에 尙州稅務署員이 密酒麯子 調査를 하로 不知中에 왔다 家庭과 隣家까지 徹底的으로 調査하야 洞舍 같아오니 結局은 署員께 發見대엿다 — 酒造場에사 祭祀 數日內라고 通知한 뜻!"(350215), "祖母任 大祥 대들긴 酒類罰金이 稅務署서 왔다 罰金九拾圓 酒稅 七圓拾四錢 百圓을 같아줄 生覺을 하니 앗득!"(350310)

르치는 야학에 갑자기 '허가가 없다'고 트집을 잡는다든지(2), 자전거에 전등이 없다고 하여 단속한다든지 하는 것이다(3).* 또 마을사람의 흰 옷 염색을 갑자기 면사무소에서 맡긴다든지 하는 적도 있었다.**

더욱이 1937년 7월의 노구교盧溝橋 사건 이후가 되면, 행정은 마을과 S 씨 주변에 더욱 빈번하게 접근하기 시작해서 적극적으로 '시국'에 관한 선전과 사업을 행한다. 일기에 등장하는 예를 보면, 출정군인축하식(371017), 시국간담회(371104), 면직원의 군용 견피犬皮 수집독려(380129), 농촌진흥위원회 후에 군대 전송(380207), 기원절紀元節 축하회(380211), 보통학교 강당에서 시국강연(380517), 보통학교에서 시국에 대한 활동사진이 상영되어 '전부락민이 총출동'(380523), 한구漢口 함락 축하식에서 기旗 행렬, 등화燈火 행렬(381028)이라는 모습이었다. 이처럼 차츰 '전쟁'이 먹구름처럼 덮쳐오는 조짐이 엿보이는데, 1939년 이후 이런 압력은 더욱 강해졌을 것이다.

이상이 S씨를 통해 본 '일본'과 식민지 행정의 존재방식이다. 여기에 거론한 것과 같은 다양한 경로를 통해서 '일본'과 관련한 경험이 이루어지고 이미지가 형성되고 있었다. 거기에는 명확히 외부로 존재하는 '일본'도 있고, '일본'이라고 부를 수 있을지 어떨지 알 수 없는 것도 혼재하고 있다. 이런 중층적인 경험을 하나의 범주로 정리할 수는 없는데, 이는 다음에 서술하는 '중견인물'을 둘러싼 논의에도 해당한다.

---

* (1) "前田 순사가 이 동네 구장은 보리 파종하러 갔다, 호적조사를 얼른 한꺼번에 하려고 한다고 해서, 동사에서 이것저것 모두 했다."(350309) (2) "洞舍가니 여재 巡査部長이 와 夜學을 許可 없다고 못하구로 한다고 한다."(351216) 그러나 그 바로 뒤에 "저녁에 夜學의 가서 가르끼고 왔다"라고 쓰고 있고, 실제로 중단된 흔적은 없다. (3) "밤의 燈없씨 自轉車 타다 駐在員에게 들끼드니 自轉車取締規則違反이라고 科料 壹圓이 나와 限없이 마음이 不愉快하다."(361029)
** "돌아와 보니 우리집에서 마을 사람들의 의복을 염색한다고 한다. 면사무소에서 우리집을 지정했단다. 아! 대분잡! 종일! 오후 6시까지 마을 사람들이 의복을 가져와서 염색! 나는 종일 실내에서 공상 그리고 잡지를 탐독! 7시에 염색 매수금을 합계!"(361217)

5. '중견인물'이 된다는 것

　마지막으로 고찰해두어야 할 미묘한 문제가 있다. 그것은 S씨가 이런 상황에서 '중견인물' 또는 농회 직원으로서 농업지도에 종사하게 된 경위와 그의 인식이다. S씨의 일기는 그 점에 대해서도 실마리가 되는 기술을 남기고 있는데, 그것은 친일과 항일·반일이라는 이분법으로는 볼 수 없는 광범한 '식민지의 회색지대'에 접근하기 위해서도 귀중한 시사를 주고 있다.[3]

　여기서 중요한 것은 S씨의 노동관이다. 농사 거들기 시대의 S씨는 아마 먹는 데는 어려움이 없었다고 생각되지만, 분가하여 독립하고자 하는 생각이 있었던 모양이다.* 꾸준히 저축하고 있었던 것도 그런 목적과 관계가 있었다고 생각된다. 그러나 농업경영에 관계되는 소득은 기본적으로 형에게 속하는 것이었고, 농사도 거드는 정도에 지나지 않았다. 그 결과 일은 하고 싶지만 할 수 있는 일이 없는 상황에 놓여 있었다고 생각된다.

　그 때문인가, '시간의 낭비'라는 말이 S씨의 일기에 자주 나타난다. 예를 들어, "매일과 같이 잡지! 잡지! 같은 글만 낭독하면 시일만 낭비!" (330113), "방에서 무엇! 무엇 명상을 하면 시간만 낭비!"(331121) 이처럼 독서를 하는 것도 경우에 따라서는 쓸데없는 일이라고 생각하고 있었던 모양이다. 이런 생각은 큰 틀에서 보면 1930년대에 극대화하고 있던 '농촌 과잉인구'의 일단을 반영하고 있을 것이다. 실제로 면의 사방소砂防所에서 시험을 치렀을 때, 지망자가 40여 명이나 쇄도했다는 기술이 있는데(350307), 이것도 그런 과잉인구의 한 예를 보여주고 있다.

---

* 적어도 1933년경에는 분가 이야기가 나오고 있고(330918), 1935년에는 신축新築이라는 이야기도 나오고 있다.(351014) 실제로 1940년 전후에는 집을 짓고, 그 집은 아직도 남아있는데, 일기에는 분가한 시점까지 기록되어 있지는 않다.

그런 때에 기회가 제공되었다. 1935년에 맡겨진 일만 해도 농촌진흥조합 간사(350110), 춘추잠종최청春秋蠶種催靑 교사(350419), 모대苗代 지도원(350507), 녹비재배 지도(350929), 야학 강사(1935~1936년 겨울) 등을 들 수 있다. S씨에게 이런 농촌에서의 다양한 일들은 '시간의 낭비'로부터의 탈출이라고 생각되고 있었다. 그렇기 때문에, 아래의 인용처럼, 임시적인 일이 끝나면 '쓸쓸하다'고 적고, 새로운 일이 결정되면 '고맙다'고 기록했다.

> 금일로 (추견秋繭의) 공동판매를 완료하다하니 대단 쓸쓸다 이십 일내 위안처慰安處드니 공동판매 완료하면 쓸쓸한 가정에서 끝없은 공상과 가족들에 눈초리 뿐일 긋을! 면사무소 보통계普通係에서 녹비재배지도綠肥栽培指導를 일주일간 하여 달나고 부탁한다 대단 고마운 일!(350929)

그리하여 이력서를 제출한다든지, 면장에게 신청한다든지 하는 등의 취직을 위한 '운동'을 한 결과, 1936년에 잠업지도원이 되었던 것이다.

그렇지만 S씨가 '중견인물'이나 '지도원'이 되었다고 해서 유쾌하게 일했다고 할 수는 없다. 예를 들어 농촌진흥조합 간사로서 도박금지와 주막에서의 음주금지를 결정하고 '도박금지 순회인'으로 선발되었는데, 겨우 3일 후에 친구와 주막에서 술을 마시고 있다.* 임시 지도원이라는 일도 그다지 이미지가 좋지 않다고 생각했던 듯하다.** 또 잠업지도원으로 부역을 인솔할 때 마을 사람이 반발하여 어려움에 빠진 적도 있었다.*** 결국 일을

---

* "洞會한다 하야 洞會 같어드니 賭博禁止로 因하야 酒幕에 술 사먹는 긋까지 禁止를 하기로 規約하야 振興組合에서 賭博禁止巡廻人까지 九人 選擇中 當選대엿다."(350206) "夕食後 — 兄과 妹君들과 酒幕에 가 술을 바다 먹어다 賭博巡廻人이 돌이여 술을 사먹고보니 돌이여 罪다."(350209)
** 퇴비지도원으로 채용되었을 때 "추하고 천한 指導員 노릇을 할나하니 他人이 모두 辱하는 긋 같아"라고 말하기도 한다.(350713)
*** "餘裕의 時間이 있기에 — 2區 가서 賦役을 일꿀나하니 部落民들이 反對하기에 마음이 傷하다."(370128)

하고 싶다는 동기와 실제 일의 내용이 일치하는 것은 아니었고, 그것이 일종의 딜레마로 존재하고 있었다. 혹시 그것이 '우울증'의 원인 중 하나였을지도 모른다.

6. 맺음말

'아래로부터의' 역사라고 할 때의 '아래'는 무엇인가? 지주의 가정이 아니라 소작, 읽고 쓸 수 있는 사람이 아니라 읽고 쓸 수 없는 사람, 남자가 아니라 여자, 라는 방식으로 가장 '하층'의, 가장 '주변'의, 가장 '억압' 받는 인간을 대상으로 하지 않으면 '아래'라고 할 수 없다는 사고방식도 있을 것이다. 그런 점에서 보면 S씨는 '아래'는 아니다. 하지만 그런 일정한 기준에 의하여 상/하와 중심/주연周緣을 구분하고 대상화하는 것이 아니라, 그 사회를 살았던 사람의 시각으로부터 본다는 의미에서 '아래'로부터의 역사라는 것도 생각할 수 있지 않을까? 기존 연구에서는 신/구라는 구분과 그에 대한 가치관이 S씨의 어떤 소비행동으로부터 생긴 것인가를 검토했으나, 이 글에서도 그런 시각을 이어받아 도시/농촌, 우울, 민족, 일본/조선이라는 범주를 주어진 것으로 삼아 대상을 분리시키지 않고, 오히려 S씨의 구체적인 서술로부터 범주의 생성과정과 경험의 여러 면모를 내재적으로 구성하고자 했다.*

경험이라는 것은 원래 개인적인 개념이므로, 그런 의미에서 타자의 경

---

* 문화인류학의 용어를 원용하면, 외재적·분석적이고 에틱(etic)한 시각이 아니라, 내재적인 이믹(emic)한 시각에서 역사적인 경험을 파악하는 것이라고 할 수 있을 것인데, 여기에서는 이믹한 단위를 문화인류학처럼 '문화', '사회', '부족', '민족'이라는 집단으로 파악하는 것이 아니라 일단 조선 농촌의 한 청년의 경험을 서술한다는 차원에서 다루고자 했다.

험을 내가 경험할 수는 없다. 타자의 경험을 상상할 수는 있어도 그것은 타자의 경험 그 자체는 아니다. 그런 의미에서 경험은 어디까지나 교환 불가능한 고유성을 가지고 있다. 다른 한편 인간이 고립되어 살아가지 않는 이상, 경험에는 항상 사회성이 있다. 문자나 증언 등에 의하여 개인적인 경험이 표출될 때, 그것이 일정한 사회성 내지 공공성을 갖는 것은 그 때문이다. 이 글은 S씨가 남긴 일기의 기술을 적극적으로 독해함으로써 1930년대 조선 농촌에서 식민지 근대가 어떤 경험이었는지를 끌어내고자 하는 시도이다.

다만 S씨에게 있어서 식민지 근대는 직접적으로 언어화되어 있지는 않다. 그것은 일기의 구절구절에서 드러나는 징후로 존재한다. 거꾸로 말하면, 일상생활의 굽이굽이에서 '근대'라는 것, '식민지'라는 것에 대해 구체적인 사물을 통해 직면하는 장이 존재하고 있었다는 의미이기도 하다. 그런 일상적인 장의 경험은 설령 자본주의가 초래한 모순과 식민지주의가 가진 이치에 닿지 않는 폭력성으로부터 멀리 떨어져 있었다고 해도, 결코 그와 단절되어 있는 것은 아니고 어떤 관계성 속에 놓여 있다. 일기의 서술로부터 농촌에 대한 양면적인 생각, 도시에 대한 동경, 분열된 '일본'의 존재, 일하는 것에 대한 생각 등 사회에 대한 S씨의 시선을 발견할 수 있지만, 그런 중층적인 경험의 영역 속에서 눈앞의 빈곤으로부터 '동포'를 상상한다든지, 면사무소에서 일본어가 강제되는 '곤란'을 느낀다든지, '우울증'으로 고통을 받는다든지 하는 등의 모순이나 폭력도 엿보였다. 그것은 개인적인 경험이면서 공유 가능한 경험이기도 하다고 할 수 있을 것이다. 그러나 그것은 일기라는 감추어진 텍스트로 존재하기 때문에, 실제 공유에 이르지는 못했다고도 할 수 있다. 단, 그런 구체적인 경험의 영역 또는 공유 가능한 상상력이 획득되는 장에서 잠재적인 공공성으로의 계기를 발견하는 일은 의미 있는 작업일 것이다.

마지막으로 가설적으로 말해서, S씨의 '우울증'도 단순히 개인적인 병이라기보다는 사회적인 것이라고 생각할 필요가 있지 않을까? 한방의가 주는 약도, 양의가 주는 약도, 독서도, 술도, 자주 탐닉했던 축음기도, 또는 바라고 있었던 일도 그의 '우울증'을 해소시켜주지는 못했다. 이런 불안정한 주체의 존재 방식에 조선 농촌에서 경험한 식민지 근대의 흔적이 새겨져 있다는 느낌이 든다.*

---

* 이 논문은 원래 일본어로 쓰인 것이다. 한글 번역은 윤해동이 맡았다.

| 2부 |

'친일'의 논리

— '협력'은 사상이다

2부를 묶으며

| 윤대석 |

협력 담론에 대한 연구는 '친일' 개념을 세 가지 차원으로 확장하고 해체함으로써 새로운 전기를 맞고 있다. 첫째, 식민지를 우리 민족의 고유한 경험이 아니라 세계사의 일환으로 파악하여 '친일'의 특권성을 해체하는 방향이다. 사실 근대에 들어와 지구 전체가 식민지로 분할되었고, 그로 인해 전 세계의 식민화는 다양한 스펙트럼을 갖기도 하지만, 여러 면에서 많은 공통점을 내포하고 있다. 우리가 경험한 식민지 체제도 세계사의 일환으로 인식할 때 여러 지역의 식민지 체험과 비교해볼 수 있다. '친일'이 아니라 '식민지 협력'으로 개념을 전환해야 하는 첫 번째 이유가 여기에 있다.

둘째, '친일'을 식민지 권력에 대한 협력이면서 동시에 근대 권력에 대한 협력으로 확장하는 연구 영역이다. 모든 지배에는 협력과 저항이 수반된다. 식민지 지배도 예외는 아니다. 식민지 권력은 지배를 유지하기 위해 경찰, 군대 등의 강제적이고 억압적인 국가장치와 더불어 학교, 가족, 매스미디어 등과 같은 사회통합장치를 만들어냈다. 이 두 이데올로기 장치는 식민지인의 반발과 저항을 초래하는 한편,

부분적인 동의를 획득하여 식민지인의 협력을 이끌어내면서 저항과 반발을 관리/배제했다. 이런 관점에서 보자면, 식민지 권력이 근대 장치를 이용해 식민지인을 협력적 주체로 구성하는 세밀한 지점을 파악할 수 있다. '친일'이 아니라 '식민지 협력'으로 문제를 인식해야 할 두 번째 필요성이 여기서 나온다.

마지막으로, '친일'이 '민족'에 고정시킨 협력과 저항의 축을 계급, 성, 인종, 문화, 언어 등으로 다양하게 확장하는 연구 영역이다. 민족만이 아니라, 계급이나 성의 차원에서도 타자화된 식민지인들은 어떤 측면에서는 협력하고, 어떤 측면에서는 저항하면서 식민지 권력과 공존해왔다. 개인에 따라서 혹은 소속된 집단에 따라서 저항과 협력의 축은 달라졌다. 기존의 '친일' 연구가 강변하듯이 '민족'만을 중심에 두고 저항과 협력의 축이 형성된 것은 아니었다. 물론 식민지 지배가 인종과 민족을 매개로 하고 있고, 그것이 식민지 지배의 약한 고리였음은 틀림없으나, 근대성/타자화의 모든 경험이 '민족'으로 흡수될 수는 없다. '친일'이 아니라 '식민지 협력'으로 인식을 전환해야 할 세 번째 필요성이 여기서 나온다.

최근의 협력 담론에 관한 연구가 착목하는 지점은 이 세 지점이며, 이렇게 협력과 저항의 층위를 다양화할 때 다채로운 연구가 가능해진다.

최근에 지배가 거대 담론으로만 이루어지지 않고, 성·인종·세대를 구획하는 일상적인 담론 소비를 통해 가능해진다는 점을 보여주는 연구들이 등장하고 있다. 그러나 이런 담론 효과로 발생하는 주체화가 과연 성공적이었는지에 대해서는 의문이 남는다. 지배권력이 작동하는 곳에서 협력이 발생하지만, 동시에 거기서 저항과 반발도 발생하기 때문이다. 윤대석의 「식민지 국민문학론」은 이런 의문에서 시작하여 협력 담론이 가진 분열을 보여준다. 이 글은 식민지인들이 식민지 담론을 소비·생산하면서 발생하는 차이와 틈을 드러내고 있는데, 이런 균열은 일본어 글쓰기(김사량), 대동아공영권(최재서, 김종한), 내선일체(이석훈) 담론이라는, 겉으로 보기에 가장 협력적인 담론 속에서도 생겨난다. 이것은 거꾸로 말하면, 식민지 지배가 균질적이지 못했음을, 더 나아가면 식민지 정체성의 구조화가 매끄럽지 못했음을 말하는 것이기도 하다.

이런 정체성의 균열은 식민지인만의 문제가 아니었다. 식민자는 식민지인과의 관계(차이)에서 자신의 정체성을 구성하는 입장에 있었기 때문에 스스로 균열을 만들어낸다. 이 글은 이런 균열을 식민지적 저항의 근거로 설정하고, 그런 균열의 원인을 '식민성'에 둔다. 이것은 임종국이 『친일문학론』에서 1940년대 전반기 문학을 '식민지 국민문학'으로 규정하면서 '식민성'을 타파하되 '국민문학'을 배워야 한다고 말한 것을 뒤집은 것이라 할 수 있다. 임종국이 강한 근대 지향성을 드러내고 있다면, 윤대석은 탈근대성을 내세우면서 차이의 생산이 '식민지=근대'의 초극이 될 수 있다고 말한다. 그러나 그가 기대고 있는 포스트구조주의, 포스트모더니즘 이론의 한계가 고스란히 남아 있다. 차이의 생산 자체가 지배 논리 속으로 흡수될 수 있는 가능성과 현실성을 더욱 고려할 필요가 있을 것이다.

권명아의 「여자 스파이단의 신화와 '좋은 일본인'되기」는 식민지 말기의 정체성 투쟁이 오직 민족이라는 거대 담론을 매개로 해서만 전개된 것이 아님을 보여준다. 이는 거꾸로 말하면, 식민지 지배권력이 성, 계급, 인종, 세대 등의 경계 구획을 통해 협력하는 식민지 주체를 구성했음을 의미한다. 식민지 협력 주체는 스파이 담론 같은 일상적인 차원에서 상시적으로 이루어진다. 이 글이 주목하는 사례는 스파이 담론이다. 당시 스파이 담론은 '괴상한 중국 미인 스파이' 이야기를 생산·소비함으로써 모호한 인종, 성, 신체에 자·타의 경계를 구획했다. 이런 모호한 것에 대한 공포심은 현실적인 근거를 가진 것이기도 했지만 그것만으로 주체를 구성할 수 있는 것은 아니었다. 오히려 이런 공포는 가상적일수록 더욱 극대화되며, 그렇게 가상적으로 생산된 담론이 일상에서 소비됨으로써 '좋은 일본인'이라는 정체성이 구축된다. 그러나 '좋은 일본인'이라는 정체성은 고정된 어떤 것이 아니라 그 자체가 모호하기 그지없는 것이다. 그렇기 때문에 더더욱 매일 매일의 담론소비와 실천이 필요해진다.

이승엽의 「조선인 내선일체론자의 전향과 동화의 논리」는 협력 담론이 균일한 것이 아니었음을 보여준다. 윤대석의 글이 협력 담론 내부의 균열을 보여준다면, 이 글은 협력 담론 사이의 균열을 보여준다. 그에 따르면 당시의 협력 담론인 '내선일체론'에는 크게 두 가지 조류가 있었는데, 하나가 평행제휴론이라면, 다른 하나는 동화일체론이다. 홍종욱의 글에서도 다룬 평행제휴론(협화적 내선일체론)은 조선 지식인 다수에 의해 지지되었고, 적극적인 조선자치론의 입장에서 소극적인 조선문화보존의 입장까지 여러 갈래를 포함하고 있었다. 이처럼 다양한 협력 담론들은 상호교섭하면서, 그리고 식민지 본국의 담론과도 연동하면서 자신의 논리를 구축해간다.

홍종욱이 말하는 '전시변혁'은 매력적인 주제이다. 그것은 협력 담론이 차이의 생산에 그치지 않고 주체 형성의 시도로 자리매김할 수 있는 가능성을 보여주는데, 「해방을 전후한 주체 형성의 기도」에서 그는 사회주의자들이 가졌던, 일본제국의 개편·확장이라는 외부적 계기에 의한 사회 내부의 변혁가능성을 '전시변혁'이라 부르고 있다. 사실 이 주제는 요네타니가 중일전쟁을 계기로 생겨난, 오자키 호쓰미를 중심으로 한 동아협동체론을 분석하면서 제기한 것인데, 홍종욱은 식민지 주체 형성의 한 시도로 그것을 전용하고 있다. 그에 따르면, 마르크스주의 경제학자 박극채와 윤행중은 사회주의적 통제경제의 가능성을 당시 고도국방국가=동아신질서=경제신체제 속에서 보았으며, 인정식 또한 전쟁수행이 농촌의 봉건 상태를 해소해줄 것이라고 생각했다는 것이다. 이런 기대는, 식민지와 식민지 본국 사이의 경계가 변화될 가능성을 암시하는 '협화적 내선일체론'이라는 식민지 지식인의 '공동전선' 구축으로 나아간다. 물론 그것은 식민지 지배체제에 의해 굴절된 민족통일전선·인민전선에 불과하고, 전향을 계기로 주체를 형성하려 한 사회주의자들의 시도 또한 실패했지만, 그런 시도 자체는 철저한 총력전체제의 건설을 지향한 기투로서 그 임계점을 넘는 것이었다. 이런 주체 형성의 시도에 대한 분석은 협력 담론을 하나의 사상으로 새롭게 바라볼 수 있게 한다는 점에서 그 자체로 중요하기도 하고, 그것이 해방 이후의 사상에 단속적으로 이어진다는 측면에서도 의미를 가진다.

사실 협력 담론이 사상이라는 점에 대해서는 의문이 제기될 수 있다. 이기주의, 지적 태만, 굴종 등으로 협력 담론을 표상하는 입장에서는 이런 문제제기가 이해되기 어렵다. 그러나 협력 담론에는 일제 말기의 지식인들이 식민지 체제에서 품어왔던 좌절과 불만을 어느 지점에서 어떤 방식으로 풀어내고 있는가 하는 점이 잘 드러나 있다. 이를 이해한다면, 오직 주권의 상실로만 설명되었던 한국사회의 근대적 모순을 여러 각도에서 파악할 수 있는 단초가 열릴 것이고, 그런 모순이 여전히 상존하는 해방 이후의 사상을 해명하는 실마리도 주어질 것이다. 이를테면, 일제 말기는 해방 이전과 이후의 사상을 이어주는 결절점이었다고 할 수 있다.

:: 윤대석

서울대학교 법과대학을 졸업하고, 전공을 바꾸어 국어국문학과(현대문학 전공)에서 석사·박사 학위를 받았다. 도쿄외국어대학교 외국인연구원, 성균관대학교 대동문화연구원 연구교수를 거쳐, 지금은 인하대학교 BK21사업단 박사후연구원으로 재직 중이다.

한국사회, 나아가 동아시아 사회에서 식민주의가 식민지인과 식민자에게 어떻게 작동하는가를 문학담론을 통해서 살펴보는 것이 연구과제이다. 일차 작업으로 1940년대 전반기 '국민문학'을 둘러싸고 벌어지는 식민주의 담론의 자기모순적인 성격에 대한 연구를 진행했고, 앞으로의 과제로 식민지의 지적 장치(제도) 가운데 가장 중요한 역할을 했던 경성제국대학의 근대적 지知가 식민지인 작가에 의해 어떻게 내면화되고, 또 어떻게 거부되고 있는가를 살펴보고자 한다.

저서로는 『식민지 국민문학론』(2006)이 있고, 주요 논문으로 「1940년대 전반기 '국민문학' 연구」, 「식민지인의 두 가지 모방양식」 등이 있다. 번역서로 『국민이라는 괴물』(2002) 등이 있다.

식민지 국민문학론

― 1940년대 전반기 '국민문학'의 논리와 심리

윤대석

1. '국민문학' 논의의 수위

1939년 말부터 1945년 8월에 걸쳐 조선인 문학자에 의해 전개된 문학을 보통 '친일문학' 혹은 '암흑기 문학'이라 부른다. 이 분야의 대가인 임종국에 의하면 '친일문학'이란 "주체적 조건을 몰각한 맹목적 사대주의적 일본의 예찬 추종을 내용으로 하는 문학"이며, "나아가서는 매국적 문학"이다(『친일문학론』). 즉 '친일문학'은 민족의 이익과는 관계없이, 오히려 민족의 이익에 반해서, 당시 일본 군국주의 파시즘의 논리를 주체성도 없이 '앵무새처럼' 반복했다는 것이다. 그러나 이 시기에는 다른 의미에서 민족이 담론의 표면에 떠올랐으며, 집단주체로서의 조선 혹은 조선 민족이 문제시되었다. 그러니까 그 이전까지 표면에 떠오르지 못했던 민족의 문제가 문학의 중요한 주제가 되었다. 이 문제는 두 가지로 나눠볼 수 있는데, 첫째는 조선 민족의 전체 진로가 문제시되었다는 점, 둘째는 이웃민족들과의 관계에서 조선 민족이 대동아공영권의 주체('2등 국민'으로 표현된다)로 설정되었다는 점이다. 역설적이게도, 결과적으로는 내선일체와 대동아공영권론을 통해 민족 단위의 동원 시스템과 타민족에 대한 민족적 자부심이 훨씬 강고하게 구축되어 갔다고 할 수 있다. 목적은 다르지만 문학이 국민·민족 동원에 이바지한다는 것은 임종국의 독특한 '식민지 국민문학론'에 잘 표출되어 있다.

> 그러나 이런 과오는 과오로 하고 우리는 몇 가지 주목할 만한 점을 발견할 수 있으니 그 하나가 국가주의 문학이론을 주장했다는 사실이었다……비록 그들이 섬긴 조국이 일본국이었지만, 문학에 국가관념을 도입했다는 사실만은 이론 자체로 볼 때 주목해야 할 점이다……앞으로 한국의 국민정신에 입각해서, 한국의 국민생활을 선양하는, 한국의 국민문학을 수립하려는 사람들을 위해서 그들의 식민지적 국민문학은 좋은 참고자료가 될 것이다.[1]

1940년대 전반기의 '식민지적 국민문학'이 대한민국의 '국민문학' 수립에 참고자료가 될 수 있다는 『친일문학론』의 결론을 읽다 보면 묘한 느낌이 떠오를 때가 있다. 1940년대 전반기에 최재서가 쓴 논문 한 편을 읽고 있는 듯한 느낌이 들기도 하고, 임종국 등의 '친일' 논의를 억압했던 1970년대 박정희 정권의 모습을 보고 있는 듯한 느낌이 들기도 하기 때문이다. 그렇지만 1940년대 전반기의 총동원체제가 1970년대의 국민총동원운동인 '조국 근대화운동'과 유사하다는 것을 생각하면 이는 조금도 이상할 것이 없다. 그러니까 '친일'과 '친일' 비판(민족주의, 반일)과 '근대화'가 공모하고 있다는 생각이 『친일문학론』의 결론을 읽으면서 드는 묘한 느낌의 원인일 것이다. '친일'과 '친일' 비판이 동시에 반대 방향에서 일본 군국주의 파시즘의 논리를 앵무새처럼 반복하고 있었던 것이다.

이런 공모관계는 이 시기 문학을 파시즘 개념을 축으로 분석한 연구에서 집중적으로 추궁된다.[2] 파시즘 문학론이라 부를 수 있는 이 관점은 민족주의와 국민국가(근대 주권)를 '친일문학' 비판의 정당성으로 설정함으로써, 제국주의의 논리 속으로 빠져든 '친일문학론'보다 이 시기 문학에 대해 훨씬 섬세한 분석을 가능하게 하여 권력이 행사되는 지점을 분절한다는 점에서 주목된다. 그들은 식민주의적 무의식이나 식민지적 지知의 구조화라는 분석틀을 통해 이 시대 문학 및 해방 이후의 지의 조건이 식민지로부터 벗어나는 것이 얼마나 힘든지를 강조한다. 이는 식민지가 외부 환경이 아니라 내부적 주체 형성의 조건이기 때문에 그러한데, 이때의 주체(Subject)는 곧 신민(subject)이기도 하다. 그러니까 주체는 구조에 종속(subject)됨으로써 주체(Subject)가 될 수 있다는 것인데, 그들은 그동안 '비협력적 저항'으로 이야기되던 김동리, 이효석, 이태준, 이기영 등이 식민지적 무의식이나 식민지적 지의 구조 속에 얼마나 깊이 침잠해 있었는지를 증명함으로써,[3] '저항/협력'의 이분법적 구도 속에서 만들어진 민족주의적 주체를 해체하려 한다. 그러나 그들은 민족적·근대적 주체를 삭제하기 위해 모든 주체를 삭제하거나 허위 주체로 명명함으로써 조금이나마 있을지 모르는, 제국주의·식민주의로부터 벗어나려는 욕망들조차 모두 제국주의로 환원시켜버린다.

일본의 담론을 통해 조선의 담론이 구조화되어 있다면, 그리고 그런 담론구조와 미세권력에 갇혀 식민지인이 혹은 문학이 꼼짝달싹할 수 없다면 식민지 문학을 공부하는 것이 어떤 의미를 갖는지 되묻고 싶다. 섣불리 저항의 지점을 고정시키지 않으려는 것에는 120% 공감할 수 있고 또 그 의의도 충분히 인정하지만, 오히려 나는 식민지 혹은 문학이 가진 새로운 질서 생성의 가능성에 더욱 주목하고 싶다.

이런 이유로 이 글에서는, 앞에서 말한 두 가지 관점이 범위와 방법론은 다를지라도 무리하게 동일시한 식민지 본국인과 식민지인의 틈과 차이에 주목하고자 한다. 이런 차이는 임종국이 애써 무시하고자 한 1940년대 조선의 국민문학이 가진 식민지적 성격을 해명해줄 것이다. 그리고 파시즘 문학론이 무시한 식민지와 문학의 가능성을 되묻는 것이기도 하다. 즉 일본 제국의 담론을 앵무새처럼 반복함으로써 빚어지는 차이는 조선의 '식민지' 성격에서 유래하는 것이며, 이것이 당대 문학담론을 형성하는 주요한 동력이 되었음을 지적하려고 한다. 여기서 쓰이는 '차이'와 '반복'이라는 개념은 들뢰즈 및 그의 이론을 적용한 호미 바바, 애쉬크로프트 등의 포스트콜로니얼 이론을 염두에 두고 있긴 하지만, 엄격하게 말하면 그와 꼭 일치하지는 않는다. 커다란 틀에서 '차이'는 민족이라는 동일자로 흡수되지 않는다는 점에서만 일치할 뿐이다. 이 글에서는 이런 개념들을 느슨하게 사용해서 '반복'과 '차이'의 네 가지 양상을 살펴보고, 마지막으로 식민지 본국인이 이 '차이'에 대해 반응하는 방식을 살펴보고자 한다. 또한 차이로 인해 발생하는 모순과 균열, 요동을 처리하는 방식을 통해 새로운 질서가 어떻게 생성될 수 있는지를 모색해보고자 한다.

2. 차이와 반복(0) - 뒤틀림(ひねくれ)

'국민문학'이 가장 먼저 문제시되기 시작한 것은 언어 문제를 둘러싼 좌담회에서부터였다.[4] 물론 이 시기에는 '국민문학'이라는 단어가 등장하지 않지만, 조선교육령 개정 등을 통해 조선어 문제가 현안으로 떠올랐기 때문에, 언어를 다루는 문학자들로서는 누구보다 이 문제에 민감하지 않을 수 없었다. 그러나 이 문제가 표면에 떠오르기 시작한 것은 다소 우연적인 사건에 의해서였다.

장혁주가 각본을 쓰고 무라야마 도모요시村山知義가 연출한 신쿄新協 극단의 〈춘향전〉이 도쿄·오사카·교토에서 공연한 뒤에 경성 공연을 감행한 것은 1938년 10월 25, 26, 27일(부민관)이었다. 이를 계기로 장혁주, 무라야마, 하야시 후사오林房雄, 아키타 우자크秋田雨雀 등이 조선 문인들과 좌담회를 가지게 되는데, 여기에서 가장 중요한 주제는 언어 문제였다. 가장 조선적이라는 〈춘향전〉을 일본어 각본에 따라 일본어로 상연하는 일은, 조선을 일본어로 표상(재현)할 수 있는가 하는 문제를 제기했기 때문이다. 10월 28일 부민관에서 열린 '춘향전비판좌담회'에서 공연의 당사자인 장혁주를 제외한 조선인 문인들의 대체적인 견해는, "이번 춘향전을 보고 느낀 것은 조선인의 생활감정을 담지 않았고 또 풍속, 습관을 무시하고 있다"라고 발언한 송석하의 비판의 연장선상에서,[5] 춘향전이 고유의 예술적 분위기를 살려내지 못하고 있고 그것의 원인이 언어에 있다는 것이었다. 따라서 논의는 용어 사용 일반의 문제로 확대되었고, 조선작가들은 일본어로 조선의 현실을 그려내고자 하면 반드시 딜레마에 빠지게 되므로 조선의 현실은 일본어로 표현할 수 없다고 주장했다. 그러나 반대로 일본인 작가들은 내선일체의 현실을 내세워 일본어 사용을 적극 권유했다. 이처럼 주장이 서로 엇갈리지만 『경성일보』지상에 실려 있는 내용만 살펴보면, 좌담회를 글로 정리하면서 가감이 있었음을 감안하더라도 두 견해가 격렬하게 대립했다고 보기는 어렵다. 그러나 문제는 그 이후에 벌어진 격렬한 논쟁에서 나타난다.

논쟁은 두 갈래로 나뉘어 벌어지는데, 하나는 『경성일보』지상에서 벌어진 용어사용을 둘러싼 한효, 김용제, 임화의 논전이다. 한효가 조선의 현실은 조선어로만 표현할 수 있다는 민족본질주의를 주장한데 반해(①), 김용제는 국가적 보편성의 입장에서 일본어의 우수성을 주장한다(②). 임화는 이 문제를 정치적으로 결정할 것이 아니라("언어는 국경표지가 아니다") 작가에게 가장 사용하기 쉬운 언어를 사용하면 그만이라고 함으로써 간접적으로 조선어 사용을 옹호한다(③).⑹ 이 세 갈래의 언어관은 1940년대에 들어서면서 일본어를 사용하지 않을 수 없는 상황이 되면, 붓을 꺾든가 (①), 일본어로 내선일체를 찬양하는 글을 쓰든가(②), 일본어로 어떻게든 조선의 현실을 재현하고자 하는 글을 쓰는 길(③)로 나눠진다. 이 가운데 세 번째 글쓰기를 이중어 글쓰기라고 부를 수 있을 것이다. 이중어 글쓰기란 단순히 일본어와 조선어 양쪽의 글쓰기를 시도하는 것을 가리키지는 않는다. 식민지 본국의 언어로 글을 쓰면서도 식민지의 기억과 현실 및 언어를 글 속에 새겨 넣을 때에야 이중어 글쓰기라 할 수 있을 것이다. 이는 다분히 의도적인 차이 만들기라고 할 수 있다.

이 문제는 잠시 접어두고, 두 번째 논쟁을 살펴보도록 하자. 두 번째 논쟁은 이 좌담회에 대한 일본인 작가 및 장혁주의 불만에서 시작된다. 이 좌담회는 다음해 1월 일본문예지인 『문학계』에 재수록되었는데, 장혁주에 따르면(「조선지식인에께 호소한다」), 동경문단에서 이 글을 읽은 작가들의 반응은 "조선인은 뒤틀려 있다"라는 것이었다. 이어서 장혁주는 "정의심이 없다", "질투심이 많다는 것"을 조선인의 민족성으로 들면서, 이는 내선일체를 통해 해소될 수 있을 것이라고 한다.

> 그런데 경성의 제군들은 예기치도 않게 각본에 대해 일제공격을 퍼부었다. 게다가 그 공격은 하등의 과학적 비판도 아니고, 다만 나쁘다, 좋지 않다는 말뿐이고 그게 왜 나쁜지, 그건 이렇게 이건 그렇게 했으면 좋겠다는 말도 하지 않았다……좌담회의 주지는 각본비판도 아니며 오로지 내선문화의 융화에 있다는 것을 충분히 알면서도 왜 그런 말을 할까 생각했기 때문이다……이 기사(위의 좌담회-인용자)를 제삼자가 읽고 뒤틀려 있다고 느끼는 것은 내가 제군들의 심정을 이해할 수밖에 없었던 것과 일치하는 것이다.(강조-장혁주)⁷⁾

장혁주의 이 말을 통해서 드러나는 것은, 위의 좌담회가 춘향전에 대해 논의하는 자리도 아니고, 문학 언어로 조선어를 써야 좋은가 아니면 일본어를 써야 좋은가를 논의하는 자리도 아니었다는 사실이다. 위 좌담회는 순전히 '내선문화의 융화'를 위해 마련된 것, 그러니까 조선 작가가 일본어로 글을 쓰도록 강요하는 자리였다는 것을 위의 인용문으로 알 수 있다. 이 점은 장혁주의 글에 대한 반박문으로 쓰인 유진오의 글에서도 확인된다.

> 실은 나는 그 참석자 가운데 한 사람이거니와 때마침 존경하는 동경 문화인과 무릎을 맞대고 이야기를 나눌 수 있다길래 대단한 기쁨과 기대를 가지고 만나러 갔지만, 기대와는 반대로 그 모임은 묘한 정치적 분위기에 젖어 오히려 이쪽이 불유쾌해질 정도였다. 그 가운데에도 조선어에 관한 문제는 너무 심했다.[8]

문학을 이야기하러 갔더니 정치적인 이야기만 들었으며 그것이 언어 사용 문제에 관한 것이었다는 것을 인용문에서 확인할 수 있다. 장혁주의 말과 더불어 위 좌담회를 재구성하면 문학적인 이유, 그러니까 앞에서 말한 '조선의 현실을 어떻게 재현할 것인가'라는 기준이 아니라 '내선문화의 융화'라는 정치적 기준에 의해 일본어 사용이 강요되었으며, 그 때문에 조선작가들은 불쾌감을 느꼈고, 그 불쾌감에 대해 일본인 작가 및 장혁주는 '조선인은 뒤틀려 있다(ひねくれている)'는 느낌을 가지게 되었다. 식민지 본국인을 대변하는 장혁주가 조선인의 '뒤틀림(ひねくれ)'을 부정적으로 파악하고, 따라서 내선일체라는 '민족부흥운동'을 통해 해소되어야 한다고 본다면, 유진오에게 이런 '뒤틀림'은 다소 다르게 파악된다.

그렇다, 우리들은 뒤틀려 있다. 예를 들면 춘향전이 동경에서 호평이라는 말을 들으면 솔직히 기뻐하기 전에 그것은 동경인의 엑조티즘일 거라고 일단 생각해 보는 습성을 가졌다. 그렇지만 이런 것은 정치적, 문화적으로 뒤져 있는 민족의 경우에는 공통적으로 나타나는 현상이 아닐까.

어쨌든 이민족에 대한 경우 경계와 시기심을 가지는 것은 인류에 공통된 본능이며 그것이 약소민족의 경우에는 더욱더 강렬한 것이다. 이것이 조선인의 성질 자체를 인상짓는 커다란 원인이 되어 있음은 의심할 수 없다. 결국 역설 같지만 조선인의 성정의 내부에 들어가 보면 밖에서 생각하고 있는 것만큼 나쁘지는 않은 것이다.[9]

유진오는 이런 뒤틀림이 식민지의 자기보호 본능이라고 판단하고 있는 듯하다. 즉 뒤틀림의 원인은 식민지 상황에 있기 때문에 조선이 식민지인 한 조선인은 식민지 본국에서 어떠한 담론이 들어오더라도 일단 한 번 비튼다는 것이다("동경인의 엑조티즘일 거라고"). 식민지인들이 식민지 본국의 담론을 곧이곧대로 받아들이지 않고, 식민지의 맥락에서 재구성한다는 것으로 이 말을 받아들여도 좋을 것이다.

미야타 세쓰코宮田節子가 『조선민중과 '황민화' 정책』에서 사례로 들고 있는 숱한 유언비어 사건은 조선의 식민지인들이 식민지 본국의 담론을 훌륭하게 비틀고 있음을 잘 보여준다. 이런 유언비어는 민족주의 혹은 공산주의 세력이 만들어서 유포한 것이 아니라, 신문, 방송, 관청의 홍보 등의 공식적 네트워크와는 다른 민중의 자율적인 네트워크 속에서 탄생한, 세계를 바라보는 하나의 시각이다. 이처럼 고유의 담론을 만들어낼 능력이 없는 식민지인들이 식민지 본국의 담론을 식민지 현실에 조응하여 변형해낼 때 '차이'가 발생한다. 이런 '차이'는 유언비어 사건처럼 식민지 본국의 담론에 정면으로 배치될 수도 있지만, 대부분의 경우는 사소한 것으로 간과되고 만다. 오히려 '차이'보다 '반복'이 강조되는 경우도 있을 수 있다. 그러나 '반복'은 항상이라고 해도 좋을 정도로 '차이'를 발생시킨다. 식민지인들은 식민지 본국의 담론을 반복하지만 똑같이 반복하지 않는다. 호미 바바식으로 말하면 '갈라진 혀로 말한다.' 유진오의 말처럼 '뒤틀림'으로까지 나아가는 이 차이는 "약소민족(나는 유진오가 이를 '식민지인'이라고 말하고 싶었을 거라고 생각한다)일수록 더욱 강렬하다." 반복과 차이라는 관점에서 본다면, 이 논전을 식민지 국민문학론의 원점이라고 볼 수 있다.

3. 반복과 차이(1) - 김사량

이런 '차이'를 언어 문제와 관련하여 의도적으로 확대하려 한 작가로 김사량을 들 수 있다. 다시 앞의 언어 문제로 돌아가자면, 이중어 글쓰기는 일본어를 통해서 조선을 재현하는 문제와 관계가 있다.

> 조선의 현실을 충실히 그리고 싶다. 어느 정도 정확하게 파악할 수 있을까. 힘껏 노력해보는 수밖에……써 나가면서 가장 약한 것은 언어이다. 오히려 글에서 일본어를 죽여 버릴까 하고도 생각해본다(―そのこと文章から日本語を殺さうか等さへ考へてみる). 모국어를 가나 문자로 생경한 직역으로 옮긴다면 과연 어떻게 될까.(「잡음」)[10]

> 내지어(일본어-인용자)로 쓰려고 하는 많은 작가들은 작가가 의식하고 있든 아니든 상관없이 일본적인 감각과 감정으로 옮겨 가버리는 위험을 느낀다. 나

아가서는 자신의 것임에도 불구하고, 엑조틱한 것에 눈이 현혹되기 쉽다. 이런 일을 나는 실지로 조선어 창작과 일본어 창작을 함께 시도하면서 통감하는 사람 가운데 하나이다.(「조선문화통신」)[11]

"조선문학은 조선어로 쓰여져야 하"지만 반드시 "일본어로 써야 할 필요가 있을" 경우에는 위와 같은 문제에 부딪힌다는 것이 김사량의 판단이다. 김사량의 경우 "일본어로 써야 할 필요"는 두 가지가 있었다. 첫째는 그가 조선의 현실을 널리 알린다는 뚜렷한 목적을 가지고 있었다는 것이고, 둘째는 김사량이 문학어로서의 조선어에 익숙하지 않았다는 것이다. 이외에도 일본어가 강제된 상황도 고려할 수 있는데, 어쨌든 일본어로 조선의 현실을 재현할 경우, 일본어의 감각을 고집하면 조선의 현실이 엑조틱해지기 때문에 "조선의 현실을 충실히 재현하기 위해", "모국어를 생경한 직역으로 옮기"거나 하는 방식으로 일본어를 비틀어서 사용할 수밖에 없다는 것이다. 위 인용문에서 말한 "일본어를 죽"인다는 말은 이를 의미하는 것일 터이다. 김사량의 소설에서 자주 나타나는 조선어 가나, 방언 사용 등은 이를 증명한다.[12]

김사량의 비틀기가 언어관에서만 나타나는 것은 아니다. 일본어 뒤틀기가 식민지 본국의 담론을 뒤트는 것은 그의 일본어 소설 「풀속깊이」에서 잘 나타난다. 산골 마을에서 이루어지는 '색의장려' 연설회를 묘사함으로써 시작되는 「풀속깊이」는 식민지에서의 권력 관계를 잘 그리고 있다. 소설의 배경이 되는 산골 마을은 식민지의 축소판인데, 여기서는 사용자의 언어 및 에스니시티에 따라 권력 관계가 형성되어 있다.

① 일본어를 상용하는 내지인 주임, ② 일본어와 조선어를 공유하고 있는 이중언어 사용자인 군수·코풀이 선생·박인식, ③ 조선어를 상용하는

식민지 민중인 화전민들은 ① 명령 - ② 명령의 중계(복종과 명령의 공유) - ③ 복종의 관계를 형성하고 있다. 이런 식민지 주민의 삼분화는 식민지 당국의 분할 통치 방식이 반영된 결과라 할 수 있지만, 동시에 이중언어 사용자의 양가성이 작용한 결과이기도 하다. 즉 군수나 코풀이 선생은 식민지 민중과의 차이를 통해 식민지 본국인과의 차이를 무화시키려 한다. 군수나 코풀이 선생은 끊임없이 일본인을 모방하려고 하지만, 그 모방이 완전할 수 없기 때문에 식민지 민중과의 차별화를 통해 모방의 불일치성을 상상적으로 해결하려고 하는 것이다. 이 때문에 식민지 속에는 또 다른 식민지, 즉 내부 식민지가 형성되어 식민지 체제가 식민지 내부에서 확대/재생산된다. 식민지 지배자–식민지 피지배자의 관계가 복제되어 이중언어 사용자–조선어 사용자 사이에 지배관계가 형성되는 것이다. 이처럼 동화–이화의 양가성을 상상적으로 해결하려는 욕망에 의해 식민지 본국의 분할 통치가 완성된다.

여기서 김사량이 주목하는 것은 사이에 놓인 존재인 이중어 사용자이다. 군수인 숙부, 화자의 중학교 은사인 코풀이 선생이 이에 해당한다. 이들은 모방을 통해 일본인에 대한 동화를 끊임없이 추구하면서 그것을 근거로 조선 민중에 대해 권력을 행사하려 한다. 이들의 모방은 안쓰럽기까지 할 정도이다. 군수인 숙부는 일본어를 모르는 아내에게까지 일본어로 이야기를 할 정도이다.

> 숙부는 한 군의 장으로서 조선어를 써서는 위신에 관계된다고 생각하기 때문에 코풀이 선생이 대신 그의 내지어를 조선어로 통역하는 것이다.[13]

일본어를 전혀 이해하지 못하는 무지한 산민들을 모아놓고 숙부는 일본어로만 연설을 하고 그것을 코풀이 선생이 번역하는데, 그 이유는 일본어가 권력의 언어이기 때문이다. 그 뿐만 아니라, 화자인 박인식과의 대화에서 숙부는 일본어로, 박인식은 조선어로 대화를 나누는 우스꽝스런 모습을 보이기도 한다. 숙부보다 낮은 위치에 있는 코풀이 선생의 동화에 대한 노력은 더욱 눈물겹다. 코풀이 선생은 색의장려 운동의 일환으로 산민들의 흰 옷에다 먹으로 표시를 해서 다시는 그 옷을 입지 못하도록 하는 역할을 맡고 있었는데, 그는 아내의 하나밖에 없는 흰 치마에까지 먹칠을 해댄다. 그러나 동화에 대한 그들의 처절한 노력에도 불구하고, 일본이나 일본인과의 완전한 일치는 불가능했다.

朝鮮人が貧(ぴん)乏になったのは白い着物を着用したがらである。經(げい)濟的にも時間(がん)的にも不經濟なのである。即ち白い着物は早ぐ汚れるから金が要り、洗ふのに時間ががかる
のである。(강조－인용자)14)

위의 인용문은 군수의 일본어 연설 가운데 한 대목인데, 강조한 부분처럼, 그의 일본어는 자신의 의도와는 반대로 항상 어긋난다. 그는 자신이 훌륭한 연설을 한다고 자부하고 있지만, 청음·탁음의 구분, つ의 발음 등 주로 조선인이 잘 틀리는 발음, 그래서 당시 집중적으로 교정 대상이 되었던 엉터리 일본어를 구사한다. 이런 엉터리 일본어는 군수가 조선인이기 때문에 발생하는 현상, 즉 조선어의 음운 체계가 일본어의 음운 체계에 간섭하여 영향을 주기 때문에 발생한다. 군수의 행위는 무의식인 것이었고, 그 때문에 자신의 연설을 자랑할 수 있었지만, 이런 어긋남은 작가에 의해 포착될 뿐만 아니라 확대된다. 위의 인용문에서 보듯이 작가는 그런 차이를 일본어의 루비를 통해 표나게 적어 두었다. 이 가운데 한자가 동일성을 나타낸다면, 옆에 부기된 루비는 차이를 나타낸다. 이런 어긋남은 모방이라는 반복 행위가 가져온 것이다. 바바의 말대로 군수는 "거의 똑같지만

아주 똑같지는 않은 차이의 주체로서", "끊임없이 미끄러지고 초과되는 차이"를 생산해낸다.

이런 차이 속에서 색의장려라는 식민지 본국의 담론은 조롱되고 더럽혀진다. 권위적이어야 할 연설은 이 엉터리 일본어로 인해 더럽혀지고 조롱된다. 그 언어가 더럽혀짐과 함께, '백의는 야만과 비문명, 그리고 더러움과 빈곤과 불경제의 표지'라고 하는, 문명과 가치를 담지하고 있는 식민지 본국의 담론도 더럽혀지고 조롱된다. 즉 식민지 본국의 담론은 식민지에서 한 번 더 반복되고 식민지인에 의해서 모방될 때, 그것은 언어가 뒤틀려 나타나듯이 뒤틀리고 더럽혀져서 나타날 수밖에 없다. 그것은 코홀쩍이 선생의 손수건이 더러운 코를 닦아내면 낼수록 더 더러워지는 것과 같다. 그런 차이에 대한 인식이 화자인 박인식으로 하여금 제국주의 언어를 상대화할 수 있도록 한다.

> 거기에는 흰 옷을 입은 사람은 한 사람도 없고 그들의 구깃구깃한 복장은 몇 년이나 입고 있는 듯한 죄수복처럼 황토색이 아닌가. 게다가 흰 옷이라고 하면, 연단 옆 의자에 단정히 앉아 있는 내무주임의 린네르 하복 정도였다.[15]

제국주의의 눈은 조선인의 백의와 일본인의 린네르가 똑같이 흰색임을 알지 못한다. 아니 조선인의 옷이 흰색이기 때문에 야만적이 아니라, 조선인을 야만적이라고 생각하기 때문에 흰색으로 보이는 것이다. 차이에 주목하는 화자는 식민지 본국의 담론이 가진 허점을 꿰뚫어 봄으로써 그것을 상대화할 수도 있었다. 다음과 같은 사례는 식민지 본국이 식민지인들을 자신의 모방물로 위치 지우려는 노력이 얼마나 어긋나고 조롱되는지를 잘 보여준다.

불쌍한 코홀쩍이 선생은 산속 폐사에 가서, 어떻게 해서든 화전민들을 모았을 지도 모른다. 그리고 혼자 기분이 좋아져 우선 그 이상한 내지어로 말하고, 그리고 또 스스로 그것을 의기양양하게 통역하던 순간, 뒤에서 그 두 사람이 덮쳐서 죽었을지도 모른다.[16]

이것은 화자인 박인식의 추측에 불과하지만, 스스로 내지어 연설자가 되었다가 또 통역자가 되었다가 하는 일을 반복하는 행위를 통해 선생이 꿈꾸었던 것은 결국 내지어로 연설함으로써 화전민 앞에 군림하는 것이었다. 그러나 이런 이상하고 우스꽝스러운 모방 행위는 식민지 당국의 의도와 어긋나면서 조롱된다.

또한 모방으로 빚어지는 차이 때문에 선생은 자신의 의도와는 반대로 결코 일본인과 동일화될 수 없었다. 선생은 자신의 더러운 코를 평생 동안 닦아야 했듯이, 자신이 더럽고 빈곤하며 야만적인 조선인이라는 사실을 평생 동안 닦아낼 수 없었던 것이다. 이처럼 화자는 모방이 항상 차이를 빚어낸다는 것을 과장된 상상력을 통해 드러냄으로써 식민주의를 상대화할 수 있었다.

그러나 화자 및 작가는 식민지 본국을 모방하고 자신을 그에 동일화시키려는 계층에 희망과 저항의 근거를 두지는 않는다. 또한 그렇다고 해서 그들을 완전히 타자로 배제하지도 않는다. 그들을 식민주의의 희생자로 감싸면서도 그런 동일화의 노력이 항상 어긋나는 것을 보여줌으로써, 식민지인이 가진 양가성을 포착하고 거기서 탈식민의 근거를 찾으려 했던 것이다.

4. 반복과 차이(2) - 최재서·김종한

김종한은 식민지 본국의 담론과는 다른, 즉 차이가 발생하는 국민문학론을 '신지방주의론'이라 이름 붙였다.* '신지방주의론'은 『국민문학』을 편집했던 최재서와 김종한의 초기의 지론이었으며 그들이 시국에 협조할 수 있는 최소한의 자존심이기도 했다. 이들은 내선일체를 주장하면서도 이와는 모순을 빚을 수 있는 '신지방주의론'을 주장했는데, 이것은 제국 일본에서 조선의 특수성을 부각시키는 일이었다. 조선은 일본이면서도 홋카이도나 큐슈와는 다른 의미에서 지방이라는 것, 조선어는 일본어의 방언인 동북지방 방언이나 규슈의 방언과는 다른 존재라는 것을 이들은 주장한다(최재서, 「조선문학의 현단계」).

그러나 이것은 로컬 컬러(local color)로 이야기되는 지방색이나, 향토색과는 조금 다른 것이다.

> 유(진오) : 단지 로컬 컬러를 중심으로 하여 일본문학의 장외에 서 있다는 지금까지의 생각은 지금부터는 도저히 허용되지 않습니다. 지금부터는 단순한 로컬 컬러의 지방문학이어서는 안 됩니다. 무언가 철학적인 새로움과 가치를 가진 것이어야 합니다.[17]

로컬 컬러나 지방문학이 중앙에 종속되는 것, 즉 일본의 순수성 안에서의 부분적 차별성으로서 소재나 제재의 문제, 나아가서는 제국주의 일

---

* 『국민문학』을 이끌었던 최재서와 김종한, 이 두 문학자의 사상을 '차이'라는 개념으로 포착한 것은 이 글이 처음이 아니다. 사에쿠사는 이미 석사논문에서 최재서가 일본인 문학자와는 다른 국민문학을 꿈꾸었음을 지적하고 있으며, 김윤식은 그것이 『녹기연맹』과의 대립에서 비롯되었음을 밝히고 있다. 이 글은 그 연장선상에서 그것을 개념화하고 있을 뿐이다.

본이 조선을 바라보는 엑조티즘에 그치고 있다면, 신지방주의는 중앙에서 생산해내는 가치를 그대로 이어받는 존재가 아니라 중앙과는 다른 가치를 생산해내는 주체로서 조선 및 조선문학을 위치 짓는다. 이처럼 새로운 가치를 생산해내는 조선 및 조선 문학을 상상하는 조선 지식인들에게 대동아 공영권은 자신을 주체로 세울 수 있는 적극적인 계기로 포착된다. 아직 그 모습을 드러내지 않고 형성 중에 있는 대동아 공영권에 적극적으로 참여하여 그것을 스스로 만들어낼 수 있다는 생각은 식민지 통치의 대상에서 식민지 지배의 주체로 자신을 변신시키려고 하는 욕망과 연결되어 있다. 어쨌건 이들이 상상한 대동아 공영권은 중심이 확장된 제국주의가 아니라, 권력이 편재遍在된 중심 없는 제국이었다.[18]

> 지방경제와 지방문화에 대한 관심이 높아진 것도 사변 이래의 일이지만 전체주의적인 사회 기구에 있어서는 동경도 하나의 지방이라고 생각하는 것이 옳을 것입니다……라기보다는 지방이나 중앙이란 말부터 정치적 친소를 부수해야 좋지 않은 듯합니다. 동경이나 경성이나 다 같은 전체에 있어서의 한 공간적 단위에 불과할 것입니다. 그 경과의 중앙이라든가 전체라든가 하는 것은 국가란 관념적인 것이 아닐까 생각합니다.[19]

'신지방주의'라는 말은 김종한의 용어인데, 최재서뿐만 아니라 당시의 조선 지식인들에게 상당히 많은 공감을 얻었다. 김종한이 말하는 '일지의 윤리'란 '대동아 공영권의 윤리' 혹은 그것의 정당성 및 원리로 해석할 수도 있는 것인데, 여기서는 누구의 목소리가 더 크거나 두드러져 보이는 특권성이 인정되지는 않는다. 김종한에 의하면, 오히려 "지정학적으로 본다면 대동아의 중심은 조선"이다.[20] 이 말은 한편으로는 중심이 특정한 곳에 있지 않다는 것을 주장하기 위한 전략적인 것으로도 볼 수 있고, 다른 한편으로는 대동아 공영권 건설의 대상이 아니라 주체로서의 조선을 강조하려는 것으로도 볼 수 있다.

일본과 차이를 지닌 조선을 상상하는 『국민문학』 편집인들의 주장은 권력이 편재된 제국에 대한 상상을 거쳐, 그것을 용인할 수 없는 지금의 일본과는 다른 일본을 상상하는 것으로 이어진다. 즉 동양의 여러 민족들을 포괄하기 위해서는 일본의 질서 자체가 바뀌어야 한다는 것이다.

> 외지 문학을 포용함으로써 일본 문학의 질서는 어느 정도의 재조정을 거치지 않으면 안 된다는 것도 생각해야 한다.[21]

> 조선의 문단을 지방문단으로 포용하기 위해서는 일본문학의 전질서가 어느 정도까지 편제를 바꿔야 할 필요가 있는 것은 아닐까.[22]

최재서가 말하는 일본 문학 질서의 변용이 어느 수준에서 이루어져 하는 것인지는 명확하지 않다. 우선 문학에만 국한되지 않는다는 것은 "이민족을 포용하면서도 일본 문화의 순수성을 지킬" 수 있는지가 관건이라고 보았다는 것에서도 알 수 있다. 그러나 이것이 일본의 질서에 대한 근본적인 변용을 요구한다고 보기는 힘들다. 일본은 "외래문화에 접해서 곧잘 그것을 소화하고, 또 소화함으로써 국체 관념을 점점 명징하게 해 왔기" 때문이다. 또한 순수성과 다양성의 모순도 '천황귀일'과 '팔굉일우'라는 일본 정신으로 모순 없이 해소될 수 있을 것이라고 한다.

그러나 이런 모순의 봉합(suture)도 성공적이지는 않았다. 이 봉합들은 수술에서의 봉합처럼 베인 상처들을 남긴다. 그 상처들은 상징계의 위태로움을 암시한다. 임종국의 말처럼, 이런 『국민문학』의 '신지방주의론'이나 조선의 특수성에 대한 주장은 결국 "국민문학의 이론에 불철저한 점이 있었다는" 것을 의미하고, "기실은 차마 그것까지를 버리고 일본화할 수 없었던 국민문학자들의 한 오락 남은 양심의 소치였다"라고도 할 수 있다. 그러나 그런 봉합에도 불구하고 여전히 남는 상처의 흔적들을 통해, 조선의 지식인들이 그린 '대동아 공영권'이나 '내선일체'가 일본인의 그것과는 다르지 않은가 하는 의심을 지울 수 없다. 그러한 의심은 신지방주의론에 대해 일본인 작가들이 보인 신경질적인 반응을 통해 한 번 더 확인할 수 있다.

> 가라시마 다케시辛島驍 : 독창성을 추구하기 이전에 나는 아까부터 반복하고 있듯이 새로운 감정을 발견하는 것, 그것에 매진해야 한다고 생각한다.
> 데라다 아키라寺田瑛 : 특수성이나 로컬컬러, 독자성이라는 말은 있습니다만, 일본문학의 일익으로서가 아니라, 솔직히 말하면 조선은 조선에만 갇혀 있다고 할까, 조선만을 너무 깊이 파고 내려간다는 느낌이 있습니다.
> 가라시마 다케시辛島驍 : 오늘날에 있어 조선적인 것을 일본문학에 특별하게 추가하려는 의식을 강조할 필요는 없다고 나는 생각한다. 그 점을 강조하는 것에는 어떤 오류가 있다고 생각한다.[23]

5. 반복과 차이(3) - 이석훈

'내선일체'라는 말은 그 자체로 모순을 포함하고 있다. 내지와 조선이 원래 같다면 '내선일체'가 필요 없으며, 그 둘이 원래 다른 것인데 하나로 만들려고 하는 것이라면 그 사이의 차이를 메울 길이 없기 때문이다. 더구나 그 둘의 관계가 식민지 본국과 식민지라면 더욱더 그러하다. '내선일체'를 진지하게 받아들이면 받아들일수록 이런 모순에 빠지게 되는데, 그

대표적인 경우가 이석훈이다.

> "이건 진정으로 하는 말인데, 나 일본인이 될 수 없을까?"
>
> "반드시 될 수 있어요. 단 일본 내지에서 상당 기간 살아야 하지요."
>
> "큰일이군요. 나 돈이 없어서 내지에서 상점을 열 수 없는데."
>
> "그렇지만 조선에 살아도 정말 당신이 일본인이 되고 싶으면 좋은 사람이 되세
> 요. 지금의 당신이 나쁜 사람이라는 게 아니라, 더욱더 훌륭한 사람이 되라는
> 의미지요."(이석훈, 「밤」)24)

이 인용문은 「고요한 폭풍」 3부작 가운데 2부에서 인용한 것이다. '내
선일체'로의 내면적 여행이라 부를 수 있는 시국강연 여행을 떠난 박태민
과 그의 친구인 러시아인이 나눈 대화이다. 당시 조선에는 국적법이 적용
되지 않았고, 그렇기 때문에 러시아인이 일본 국적을 취득하기 위해서는
일본 내지에서 상당 기간 살아야 했다. 즉 조선에서 상당 기간 살아서는
일본인이 될 수 없는 것이다. 그렇다면 내지에서 상당 기간 살지 않았던
조선인 박태민은 일본인인가 외국인인가. 일본인이면서 일본인이 아닌 존
재라 하지 않을 수 없다.

법적으로 이미 그런 존재, 그러니까 2등 국민으로 위치 지어져 있는
것이다. 그러나 박태민은 이런 모순을 깨닫지 못한다. 아니 깨달았기 때문
에 마지막 대사가 나오는지도 모르겠다. 법적으로 보장받지 못하더라도
일본인이 되기 위해서는 '좋은 사람', '훌륭한 사람'이 되어야 한다. '좋은
사람', '훌륭한 사람'이란 범인류적인 윤리 기준이 아니라 국민으로서의
윤리 기준이다.

일본인이란 2등 국민에게 있어 도달해야 할 목적지이면서도 결코 도달
할 수 없는 곳이기 때문에 '좋은 사람', '훌륭한 사람'이라는 애매한 기준

밖에 제시하지 못한다. 조선인 박태민은 이미 일본인이지만 일본인이 아니며 일본인이 될 수도 없고, 조선은 이미 일본이지만 일본이 아니며 일본이 될 수도 없다는 균열과 둘 사이의 요동을 이 인용문에서 볼 수 있다. "일본인이 되려면 내지에서 살아야 한다"라는 말은 순혈론에 대한 절망을, "일본인이 되려면 좋은 사람이 되어야 한다"라는 말은 일본인 자체가 본질적인 규정을 결여한 것, 따라서 다가가려 하지만 끝내 닿을 수 없는 상상 속의 존재임을 보여준다. 그렇기 때문에 이석훈이 말하는 일본인으로 새로 태어난다는 '결의의 문학'은 식민지 조선인의 열등감 속에서만 실재한다고 할 수 있다.

이석훈은 이런 모순을 해결하기 위해 녹기연맹에 가입하는 등, 일본인보다 더 일본인다워짐으로써 일본인이 되고자 하지만, 이런 노력은 실패로 끝난다. 「선령」은 바로 그런 이석훈의 절망감을 잘 보여준다. 「고요한 폭풍」의 소재가 되었던, 1940년 12월~1941년 1월의 조선문인협회 주최 전국 강연회를 마치고 난 후 이석훈은 녹기연맹에 가입한다. 그의 표현에 따르면 녹기연맹은 "일종의 어용단체로 지금 시대에는 대단히 유리한 입장에 있다는 식으로 세상에서는 해석되고 있는" 단체이며, "쇼와昭和의 근왕지사勤王志士들이 모인" 단체이다. 조선 문인들 사이에서는 이 단체에 가입하는 것을 일종의 변절로 생각할 정도였고, 그 때문에 그는 다른 조선인들의 시기·질투·배척을 받는다. 온갖 비난을 무릅쓰면서도 이석훈이 녹기연맹에 가입한 것은 차이를 메우려는 그의 노력이 얼마나 대단한 것이었는지를 보여준다. 그러나 소설 「선령」은 그 단체에 가입했던 주인공 박태민이 그 단체를 탈퇴해 만주로 가는 것으로 끝이 난다(이 과정은 실제 이석훈의 행적과 일치한다).

주인공 박태민이 녹기연맹을 탈퇴하는 계기는 사소한 사건이다. 일연종 계열인 녹기연맹은 일요일이면 항상 전원이 모여 신사참배를 하는데,

그 신사 참배에 늦게 도착한 박태민을 나카무라^{中村}라는 실업가이자 연맹의 간부인 일본인이 많은 사람 앞에서 모욕을 준 것이다. 그는 이 모욕을 통해 녹기연맹이 표방하고 있는 이념 전체를 회의하게 된다.

무엇을 위한 모욕일까? 이것이 규율이라는 것일까? 이것이 훈련이라는 것일까? 아무리 생각해도 그것은 결국 별 것 아닌 일이었다. 결국 그 순간에 박의 태도는 한계에 달했던 것이다.(이런 도량 좁은 늙은이가 간부 노릇하며 제멋대로 구는 단체 따위로부터 빨리 나가버려.)[25]

큰 단체 속에서 확실히 두 다리를 딛고 있어 그들 모두가 자신의 동지라는 확신이 있다면 고독하지는 않았을 터인데 그는 그것을 완전히 믿을 수 없었다.[26]

그는 녹기연맹에 가담했던 경험을 통해 은연중에 일본인이 군림하고 있다는 것을 깨달았고, 그처럼 오만한 일본인의 태도란 우생학에 근거한 일본 민족 우월론에 그 뿌리가 있다는 것, 따라서 자신과 일본인의 차이는 결코 메울 수 없는 것을 깨달았던 것이다. 스스로를 시대의 선구자이며 가장 자각적인 내선일체론자로 믿었던 박태민(이석훈)은 혈통적으로 이미 일본인이 자기보다 앞서 있으며 도저히 그것을 따라잡을 수 없다는 사실에 절망했음이 틀림없다.

그런 자신의 심정을 박태민은 예세닌의 시를 인용해 표현했고 당시의 평론가들은 혁명작가의 시를 인용한 이석훈에 대해 유감을 표명했다. 내선일체의 모순을 보아버린 내선일체론자 이석훈은 이후 더 이상 조선에 머물 수 없었다. 그런 그가 선택한 것은 만주행이었다. 1943년 8월의 일이다.

6. 반복과 차이(4) - 식민지 본국인 작가

　이석훈이 보여준 뒤틀림은 의도적이라기보다는 식민지 본국인이 설정한 차이에 근거한 것이다. 바바에 따르면, 식민지인이 양가성을 보이는 것은 식민지 본국인이 차이를 설정하고 양가성을 보이기 때문이다. 식민지 본국인은 식민지인으로 하여금 자신을 모방하도록 하지만 결코 동일화할 수 없는 차이들을 설정해둔다. 이 장에서는 식민지 본국인인 일본인 작가들이 어떠한 차이들을 설정해두고 있는지를 살펴보도록 한다. 대상 작가는 가장 양심적이라는 두 작가를 골랐다. 미야자키 세이타로宮崎淸太郞와 구보타 유키오久保田進男가 그들이다.

　우선 두 작가의 직업이 교사라는 점이 주목을 끈다. 미야자키는 경성의 사립 상업학교(대동학교), 기독교계 고보, 공립 경성 중학교를 전전하며 국어(일본어) 및 영어 교사로 재직했고, 구보타는 함경남도 영흥군 복흥 공립 국민학교 교장이었다. 이들의 소설이 사소설의 형태를 띠고 있기 때문에 작가의 처지를 반영하여 소설의 화자도 대개 교사로 설정되어 있다. 따라서 이들 소설은 가르치는 자의 시선으로 전개되고 있다. 교사의 시선으로 바라본다는 것은 이미 가르칠 내용을 화자가 갖고 있음을 전제한다. 이런 전제는, 그 시선이 조선인을 향할 때에는 '내선일체', 혹은 일본 민족의 본질을 스스로가 선험적으로 획득하고 있다는 무의식과 겹쳐진다.

　「그의 형」의 배경은 반도(조선) 최초의 학도 출정식이다. 화자인 '나'도 국민총력연맹의 파견으로 그 역사적 현장을 견학하고 보고하기 위해 집결지에서부터 반도 출신의 학생들 및 그 학부형들과 동행한다. 큰북부대, 깃발부대를 선두로 출정하는 학생들이 줄지어 가고, 그 뒤를 두루마기 입은 노인, 여학생, 소학생 등이 손에 손에 히노마루를 들고 따라간다. 중간 중간에 대오를 선도하고 있는 국민복을 입은 애국반 반장과 조장들이

"×××반자이萬歲"를 선창하고 있고, 사람들이 그에 따라 외치는 소리, 북소리, 군가, 합창 소리가 어지럽게 들린다. 그러나 화자가 보기에 이런 모습들은 내지에서는 흔히 볼 수 있는 모습으로 그리 신기할 것이 없다. 그렇지만 이런 모습이 '조선'에서 이루어지고 있다는 사실은 "역사적"이고 감격스럽기까지 하다. 따라서 조선에서의 학도 출정 광경은 화자에게 내지와의 변별점을 중심으로 인식된다. 그런 차별화는 다음과 같은 형태로 드러난다.

반도인다운 사투리 섞인 국어로 말한다.[27]

이 서장은 일찍이 신문에서 본 적이 있다. X서 서장으로 반도 출신자 가운데 임명된 것은 이 사람이 처음으로 상당한 수재라고 한다. "지금이야말로 미영 격멸의 가을이고, 지금이야말로 제군들이 진정한 황국신민이 될 천재일우의 기회이다."[28]

"이기고 돌아오겠다고 용감하게" 이런 말이 지금 정말 그들의 것이 되었다……조선도 여기까지 왔다. 처음 접한 이런 장면에 나는 감동하고 앙분하고, 나아가 나 자신도 처음으로 진정 출정하는 사람을 보내는 마음이 되어 절실한 마음으로 서있었다.[29]

여기서 '나'와 그들이 나누어져 있고, '나'는 그들의 바깥에서 그들을 바라보고 있다는 것을 알 수 있다. 그들은 국어(일본어)도 제대로 못하고, 그렇기 때문에 진정한 황국신민은 아직 아니다. 그러나 그들과 동떨어진 곳에 서서 바라보고 있는 '나'는 그런 황국신민의 지위를 이미 혈연적으로 획득하고 있다. 그 때문에 차이는 서로의 독자성을 말하는 것이 아니라,

'나'의 우월성을 입증하는 것이 된다. 세 번째 인용에서는 그들이 나의 지위에 오른 것이 마치 감격적인 양 말하고 있지만, 오히려 내가 감격한 것은 그들이 절대로 '나'의 위치에 오를 수 없다는 것, 아무리 수재라도 '나'의 위치에 오를 수 없다는 데 있다. 또한 그럼에도 불구하고 끊임없이 '나'를, 일본인을 모방하고 있다는 사실에 있다. '나'가 그들의 모습에 쉽게 감격하고 쉽게 실망하는 것은 그런 이유 때문이다. 그러나 이런 차별화의 감정이 어느 순간 불쾌감으로 바뀌는 장면이 등장한다.

아주 쉽게 감격한 '나'는 아주 쉽게 그들의 모습에 실망하게 되는데, 그들이 갑자기 몇 명의 출정자를 둘러싸고 '아리랑'을 부르며 윤무를 추고 있었던 것이다.

> 그들은 아직 이 정도밖에 안 된다. 불손하게도 처음부터 내 마음속에 예정되어 있던 것이 우연히 (안타깝게도) 형태를 띠고 나타났음에 지나지 않는 것일까. 잠깐 이런 불안과 적요함(마음이 진공관이 되어 버린 것처럼)을 느꼈지만, 나는 머리를 흔들며 예의 "역사적" "역사적"이라는 말을 제목처럼 입 속에서 웅얼거렸다.[30]

조선인들과의 차별성 속에서 자신의 정체성을 확보하고 자신의 우월성을 확인하던 화자는 거꾸로 동화될 수 없는 그들의 이질적인 면(아리랑을 부르며 조선 춤을 추는 것)을 본 순간 불안과 적요함, 불손함을 느낀다. '나'는 그들의 이질성을 인정할 수 없다. 그것을 인정한 순간 '나'의 우월성은 사라져버리기 때문이다. 식민지인들이 동질화를 주장할 때에는 차별화로 맞서고, 거꾸로 식민지인들이 차별화를 주장할 때에는 동질화로 맞서는 식민자의 양가감정을 여기서도 확인할 수 있는데, 이는 '대동아 공영권론'이 가진 양면적 성격이기도 했다.

「그의 형」의 화자인 '나'는, 그처럼 실재하며 '나'를 위협하는 이질성을 상상적인 동일화를 통해 해결하려 한다. 즉 '나'가 그 이질적인 것을 받아들이는 방법은 머리를 흔들며 그런 이질성을 망각해 버리는 것, 대신 그들에게 '역사적'이라는, '나'가 만들어낸 형상과 관념을 부여하는 것이었다. 타자와 자아의 차이에 대한 이런 양가감정은 또한 이미 "내 마음속에 예정되어 있던 것"이었다. 이런 이질적인 것과의 대면과 그에 따른 실망은 여러 번 반복되어 소설 속에 나타난다. 그러나 '나'는 그럴 때마다 '역사적'이라는 말을 되풀이하면서 자신의 모순을 은폐한다.

미야자키의 소설에서는 일본인으로서의 자아의 우월성이 조선인의 열등성을 토대로 구축되어 있으며, 그런 시점에서 소설의 화자는 조선인들의 이질성을 억압하고 상상 속에서 조선인의 상을 구축하고 있는데, 구보타의 「농촌으로부터」에서 화자의 시선은 기본적으로 이것과 동일하지만 중점은 반대쪽에 놓여 있다. 이 소설에서도 마찬가지로 화자는 교사(교장)이다. 인근의 조선인들을 황국신민으로 만들어내는 중대한 임무를 띠고 있다고 자부하는 화자는 「그의 형」의 화자와 기본적으로는 같은, 즉 자신의 선험적 우월성이라는 시선으로 조선인들을 바라보고 있다.

국민학교 교장인 '나'에게 어느 날 두루마기를 입은 조선 노인이 찾아온다. 말도 통하지 않는 노인이었기 때문에 그가 데리고 온 아이의 통역을 통해서 이야기를 들어보니, 자기 손자가 내년에 여덟 살이 되는데 국민학교에 꼭 넣어달라는 청탁을 하러 온 것이었다. 국민학교에서 수용할 수 있는 인원은 적고 교육열은 높기 때문에 벌어진 현상이었다. 더군다나 그 노인은 저고리 속에서 계란을 꺼내 뇌물로 주는 것이 아닌가. 「그의 형」에서 한 걸음 더 나아가 여기서 일본인은 시혜적 입장으로까지 높여져 있다. 그런데 한순간에 그 관계가 역전되는 사건이 일어난다.

아이의 이름을 쓴 쪽지를 놔두고 드디어 그는 돌아가려고 했는데, 갑자기 노인은 일어서서 황국신민서사皇國臣民誓詞를 외치기 시작하는 것이다. 그것은 정말 갑작스런 일이라 노인을 안내했던 아이의 엄마도 나의 아내도 얼굴을 가리고 웃었고, 통역하는 아이도 웃기 시작했다. 정말 그것은 너무 갑작스런 일이었다. 그러나 웬일인지 나는 웃을 수 없었고, 실제로는 나도 바로 웃음이 터져나올 것 같았으나 잠깐 웃고 자세를 바로잡지 않을 수 없었으며 노인의 더듬거리는 서사를 듣고 있었다.[31]

이 우스운 광경을 보고 모두 웃고 있는데 '나'는 웃을 수 없었다. 여기서의 웃음은 황국신민서사로 상징되는 식민 통치의 권위가 조롱되고 있다는 것, 그것이 재현적 권위를 잃어버리고 있다는 것, 즉 모방(mimicry)이 차이로 인해 조롱(mockery)으로 변질되고 있기 때문에 발생한다. 노인의 서사는 뇌물로 준 계란과 동일한 의미를 띠고 있는데, 그렇기 때문에, 그리고 그것이 더듬거리기 때문에 엄숙해야 할 원본과 차이를 발생시키며 황국신민서사의 권위를 조롱하고 웃음을 자아낸다.

그러나 화자인 '나'는 "잠깐 웃고 자세를 바로잡지 않을 수 없었"다. 그것은 식민자와 식민지인의 관계가 역전되었기 때문에, 즉 가르쳐야 하는 상황에서 거꾸로 가르침을 당하는 상황에 처해졌기 때문이다. 자신이 선취하고 있다고 간주한 일본적인 것을 식민지인인 조선인도 가지고 있다는 것, 조선인이 완전히 일본에 동화되어 버렸다는 점에 오히려 위기감을 느꼈기 때문이다. 이 점은 황국신민서사의 역사를 보면 이해할 수 있는데, 황국신민서사는 조선총독부의 조선인 관리가 만들어 조선에서 먼저 사용하던 것을 일본에서 거꾸로 수입한 경우이다. "총력전하의 식민지 조선에서 실시된 황국신민화가 조선으로부터 내지로 유입된 것처럼, 일본 민족의 본질을 도야해야 할 교육정책이 주변으로부터 중심으로 역류됨으로써" 일본인의 "본질이 새삼 자각되는 역전현상조차 일어나고 있었던" 것이다.[32]또한 창씨개명을 실시할 때에도 얼굴과 체격 조건이 같고, 게다가 일본어마저 완벽하게 구사하면 내지인과 조선인을 구별할 수 없다고 하여 일본인의 반발이 만만치 않았다. 「농촌으로부터」의 화자인 '나'는 「그의 형」의 화자와는 달리 그런 조선인의 동질화에 위협감을 느꼈던 것이다. 일본인보다 더욱 일본적인 조선인이 존재했으며, 이런 존재는 오히려 일본인을 불안하게 만들었다는 말은 이런 사실을 뒷받침해주고 있다.

7. 모순과 균열의 봉합

이상으로 '내선일체'라는 제국주의 일본의 논리와 조선인 문학자의 담론 간에 빚어지는 차이와 뒤틀림의 양상에 대해서 살펴보았다. '국민문학' 내지 '친일문학'은 일본의 주장을 그대로 반복하여, 완전히 그것과 일치된 주장을 했다고 생각되기 쉽지만, 위에서 본 것처럼 의식적이건 의식적이지 않건 간에 반복의 과정을 통해 틈과 차이를 발생시킨다. 그렇기 때문에 1940년대 전반기 문학은 국민문학이긴 하지만 일본의 국민문학과는 일치되지 않는 식민지적 국민문학인 것이고, 동일성으로 흡수되지 않는 차이로 표현되는 그런 식민성은 탈식민의 근거가 된다. 그러나 내가 이렇게 주장한다고 해서 당시의 '친일문학' 내지 '국민문학'을 전부 포스트콜로니얼한 실천으로 구제하고자 하는 것은 아니다. 이런 틈과 차이는 상상적으로 봉합될 수도 있고, 더욱 확대될 수도 있기 때문이다. 세 부류의 문학자들의 후일담이 사실 더 중요한 것도 이 때문이다.

이런 모순과 균열·요동의 해결방식에는 ① 상상적 봉합, ② 타자로의 전가, ③ 다른 동일성으로의 이탈이라는 세 가지가 있다.

상상적인 봉합(①)은 최재서에게서 볼 수 있다. 최재서의 창씨개명은 예상 외로 늦다. 그 이전에도 석전경인石田耕人이라는 이름을 써왔지만, 이는 석경우石耕牛와 마찬가지로 필명에 지나지 않는 것이었다.[33] 그가 이시다 고조石田耕造로 창씨개명하고 이를 고하기 위해 조선신궁을 참배한 것은 각각 1944년 1월 1일과 2일이었다.

> 여기서 내 자신의 체험을 말하고자 한다. 나는 작년 연말 무렵 여러 가지 자기를 처리하기 위해 깊이 결심하고 새해 아침 그 순서 밟기로 창씨를 했다. 그리하여 초이튿날 아침 이를 받들어 고하기 위해 조선신궁에 참배했다. 그 앞에 깊이 머리를 드리우는 순간, 나는 청청한 대기 속에 빨려 들어, 모든 의문에서 해방된 듯한 느낌이었다. 일본인이란 천황을 받드는 국민인 것이다.[34]

창씨개명을 늦게 했다는 사실, 그리고 1944년 1월의 시점에서야 비로소 "천황을 받드는 국민으로서의 일본인"이 핵심이라고 생각했다는 사실은, 거꾸로 최재서가 그 이전까지 조선인은 일본인이 될 수 있는가 하는 의문을 지녔고, 내면에서 그것과 싸워왔음을 실토하는 것이라 할 수 있다. 주지주의자 최재서는 이런 의문을 끝까지 논리와 지성에 의해 풀어 보려 했지만(그 결론이 1944년 이전까지는 '신지방주의론'으로 나타났다) 어떤 장벽에 부딪힐 수밖에 없었다는 것이다. 이처럼 논리에 의해 풀리지 않는 모순은 상상 속에서 해결될 수밖에 없다.

> 문제는 언제나 간단명료했다. 그대는 일본인이 될 자신이 있는가? 이 질문은 다시 아래와 같은 의문을 일으켰다. 일본인이란 무엇인가. 일본인이 되기 위해서는 어떻게 해야 하는가. 일본인다워지기 위해서는 조선인이라는 사실을 어떻

게 처리해야 좋은가. 이런 의문은 이미 지성적인 이해와 이론적 조작만으로는
아무 소용이 없는 최후의 장벽이었다.[35]

이처럼 상상적 봉합의 첫 번째 형태는 비논리의 영역으로, 그러니까
자신이 그토록 비난했던 순혈주의로 귀의하는 것이다. 조선인이면서도 일
본인인 이중적 입장을 버리고 오로지 스스로를 순혈 일본인으로 상상하는
것이 그것이다.

상상적 봉합의 두 번째 형태는 모순과 균열을 제3자에게 전가하는 것
(②)이다. 우선 이 제3자는 식민지 민중이 될 수 있다. 위에 나온 「풀속깊
이」의 군수나 코풀이 선생이 그에 해당하는데, 식민지 민중과의 차이를 통
해 식민지 본국인과의 차이를 무화시키는 방식이다. 이를 통해 식민지 민
중은 식민지 속의 또 다른 식민지, 즉 내부 식민지로 형성되어 식민지 체
제가 식민지 내부에서 확대·재생산된다. 또 다른 제3자는 다른 민족 혹은
부족인데, 조선에서는 만주 및 대동아 공영권 내의 타민족이 그 대상이었
다. 조선인이 만주인을 바라보는 눈은 일본인의 그것과 일치하는데, 이것
은 대동아 공영권 내에서의 2등 민족으로서 전쟁에 협력하자는 논리의 연
장선상에 있다. 이는 다른 민족과의 차별화를 통해서 일본인과의 차이를
무화시키는 방식이다. 이석훈의 만주행과 만주에 대한 이상화는 이 때문
에 가능하고, 이는 그 당시 지식인들이 만주에 대해 가진 생각을 대변하고
있다. 그에 따르면 만주국은 "권력 대신에 도의가 지배하는" 이상국이었고
"20세기의 위대한 창조"였으며 엄청난 생산력을 지닌 "제2의 미대륙 발
견"이었다.[36] 식민화의 타자가 그런 타자성을 또 다른 식민화의 주체를 꿈
꾸는 것으로 상쇄하려는 욕망을 고모리 요이치小森陽一는 '식민지적 무의
식'이라고 부르고 있는데,[37] 이는 자기 식민지화를 은폐하고 망각함으로써
발생한다. 이석훈은 1943년 8월 만주로 건너가 일본이 패전하고 타민족들

이 해방되고 만주국이 지상에서 사라질 때까지 만주에서 살았으며 해방이후 조선으로 돌아와 다음과 같은, 타인의 고통에 대해 무지하다고밖에 할수 없는 증언을 남기고 있다.

지금은 형용할 정신의 여유가 있어서 세기적 감격이니 하거니와, 그 때는 무지한 중국폭도의 동포 학살 선풍 속에서 얼떨떨하여 미처 바른 정신을 수습치못하고 있었습니다.[38]

그렇다면 해방 직전인 1945년 5월 연안으로 탈출한 김사량(③)의 경우는 어떠할까. 그가 정열적으로 생산해내던 차이와 뒤틀림의 문학은 과연민족주의라는 동일자로 흡수되어갔을까? 아니면 연구자들이 말하듯이(안우식, 김재용) 애초에 그 차이는 민족주의적인 것이었을까? 여기에 대한 결론은 김사량의 생애와 문학을 포괄적으로 검토함으로써 해결될 것이기에다음으로 미루기로 하고 그가 민족본질주의자에 맞서 내뱉은 다음과 같은말을 인용함으로써 개략적인 암시를 얻기로 하자. 그는 언어-민족을 연결시키는 이태준을 겨냥해 다음과 같은 말을 남긴다.

절망적인 구렁이에 빠졌으면서도 희망은 꼭 있다고 생각한 분들이 붓을 꺾은후 그나마 문화인적 양심과 작가적 정열을 어디다 쓰셨는가요? 여기에 문제는전개된다고 생각합니다. 쉽사리 갈라놓자면 문화를 사랑하고 지키는 문학자와또 그래도 싸우려고 한 문학자, 이 두 갈래. 그러나 일언으로 말하자면 문화인이란 최저의 저항선에서 이보퇴각, 일보전진하면서도 싸우는 것이 임무라고 생각합니다. 무엇을 어떻게 썼느냐가 논의될 문제이지 좀 힘들어지니까 또 옷밥이 나오는 일도 아니니까 쑥 들어가 팔짱을 끼고 앉았던 것이 드높은 문화인의정신이었다고 생각하는 데는 나는 반대입니다.[39]

1 빼기 2가 −1이라고 생각하는 사람에게는 도저히 "최저의 저항선에서 이보퇴각, 일보전진하면서도 싸우는 것"의 의미는 이해되지 않을 것이다. 우리가 식민지 국민문학론에서 볼 수 있는 이런 상상력이 그것을 가능하게 하는 것이 아닐까.

:: 권명아

연세대학교 불어불문학과를 졸업하고, 연세대학교 국어국문학과 대학원에서 석사 및 박사 학위를 받았다. 연세대학교 국학연구원 연구교수를 거쳐, 현재 한양대학교 비교역사문화연구소 연구교수로 재직 중이다.

그 동안 한국전쟁과 자기 서사 형식의 구축 과정에 대한 연구를 시작으로, 파시즘과 젠더 정치에 대한 연구에 본격적으로 진입하였다. 전쟁 경험과 역사적 파시즘 체제의 경험이 다양한 정체성 집단들에게 어떠한 자기 서사를 구축하게 만드는가에 대한 연구에 주력해왔다. 이런 연구를 토대로 전쟁 경험과 파시즘 체제가 구축한 역사적 서사로서 가족 로망스(family romance) 및 여성수난사 서사에 대한 일련의 연구 작업을 진행했다. 현재는 주로 경험, 기억, 기념과 내러티브의 역사적 관계에 대한 연구를 진행하고 있다.

대표 저서로는 『가족 이야기는 어떻게 만들어지는가』(2000), 『맞장 뜨는 여자들』(2001), 『문학의 광기』(2002), 『역사적 파시즘』(2005) 등이 있다.

여자 스파이단의 신화와 '좋은 일본인' 되기
― 황민화와 국민방첩의 상관관계를 중심으로

권명아

1. 스파이 담론, '좋은 일본인 되기'의 엔진

중일전쟁(1937)을 기점으로 총동원체제, 총력전체제, 태평양전쟁으로 이어지는 시기는 황민화로 상징되는 식민주의적 주체 구성(subjectification)의 강제적 작용이 극대화된 시기이다. 조선의 경우에 한정해서 보더라도 이런 주체 구성의 강제적 역학 속에서는 인종, 젠더, 세대, 계급 등 복합적인 지점이 상호 교차하고 있다. 또한 여기에는 특정 정체성을 긍정적 동일화의 대상으로, 여타의 정체성을 부정적 동일화, 혹은 말살과 배제의 대상으로 만드는 강력한 배제와 말살, 분리의 역학이 작용한다. 식민지의 주민들은 청년으로서, 총후부인으로서, 소국민으로서 자신이 부여받은 정체성 자질을 학습하고, 그것을 통해 자신의 존재 증명을 요구받아야 했다. 이 시기는 말 그대로의 정체성 위기와 '말살'의 시기였다. 그러나 위험과 말살의 위협 앞에 놓인 것은 '민족적' 정체성만은 아니었다.

이 문제는 황민화란 과연 무엇인가에 대한 질문을 내포하는 것이다.

황민화에 대한 새로운 관점을 제기한 연구자들이 논하고 있듯이, 황민화란 이미 구성된 하나의 정체성(일본인)과 이미 구성된 또 하나의 정체성(조선인이나 대만인과 같은) 사이의 갈등이나 이행이 아니다. 황민화의 역사적 특성을 규명함에 있어서 민족적 정체성 간의 이행과 투쟁으로 환원하는 것은 다양한 방식으로 비판되었지만, 황민화가 정체성 투쟁과 그 효과라는 점에 대해서는 대부분의 연구자들이 동의하는 점이다. 문제는 황민화와 정체성 투쟁이라는 문제를 어떤 지점에서 바라볼 것인가 하는 점이다.

최근에는 여성 정체성을 비롯한 일련의 연구에서 여성과 제국 주체의 차이, 피식민자 여성과 피식민자 남성의 차이 등 피식민자 정체성 내부의 다양성에 대한 논의가 이루어지고 있다. 그러나 정체성 투쟁의 복합성이라는 것이 피식민자 내부의 다양성의 문제와 동일화될 수 있는 것인가 하는 문제가 남는다.

실제로 조선의 경우 황민화는 젠더, 계급, 인종, 세대 간의 차이화된 정체성 구성을 통해 이루어졌으며, 이런 기제는 피식민자들로 하여금 피식민자의 정체성들 간의 투쟁을 내면화하도록 만들었다. 총후부인은 '신여성'에 대한 헤게모니 투쟁을 통해, 청년은 '부모층'과 '퇴폐하고 무기력한 근대적 지식인'에 대해, 도시 여성은 농촌 여성에 대해, '조선인'은 '남방인'과 '지나인'에 대해 내재적인 정체성 투쟁을 통해 '황민'이 되었다.* 대만의 사례를 통해 레오 칭은 이전의 식민주의 이데올로기인 동화와 달리

---

* 이 글은 정체성 투쟁의 복잡한 패러다임을 고찰하는 필자의 일련의 연구 작업의 연장선에 있다. 이런 정체 구성의 역학에 관한 개괄로는 권명아, 「전시 동원 체제하의 젠더 정치」, 『일제 말기 파시즘 지배정책과 민중생활상』, 혜안, 2004 참조. 또 황민화와 여성 정체성 간의 분리와 배제에 대해서는 「총후부인, 신여성, 스파이―전시 동원 체제하 부인 담론 연구」, 『상허학보』, 2004년 2월; 「총력전과 젠더」, 『성평등연구』, 2003년 12월 참조. 황민화와 조선인의 정체성이 '남방인'에 대한 타자화와 차이화를 통해 구성되는 과정에 대해서는 「대동아 공영의 이념과 가족 국가주의―전시동원 체제하 남방 담론 연구」, 『동방학지』, 2004년 3월; 「남방 종족지와 제국의 판타지」, 『일제하 지식인의 파시즘 체제 인식과 대응』, 국학연구원 심포지엄 자료집, 2004년 5월; 「英日 대역본의 세계와 네이티브의 위치―남방 종족지와 식민지 주민의 정체성」, 『동아시아의 근대성』, 성공회대학교 동아시아연구소 심포지엄 자료집, 2004년 10월 참조.

황민화는 객관적인 사회적 정체성 적대를 심리적인 개인적 존재론으로 전환하며, 이런 정체성 투쟁의 내면화와 존재론화가 황민화 이데올로기의 역사적 특성이라고 규정한다. 즉 황민화 이데올로기란 사회적·정치적 투쟁의 존재론화이며 정체성 투쟁의 내면화이다.[1] 또한 황민화라는 것은 이미 '일본인'이 된 대만과 조선의 경우에 대해서는 '모순적인' 구호이다. 이런 모순을 해결하는 제국의 논리는 '좋은 일본인 되기'라는 것이었다. 물론 '좋은 일본인 되기'란 식민지인에게는 '일본인으로 살기'에서 '일본인으로 죽기'로의 이행이기도 했다. 황민화는 바로 이런 단절적 이행의 문제이기도 하다.

이 글에서 '여자 스파이단의 신화'를 통해 다루고자 하는 바는 바로 이런 정체성 투쟁의 내면화로서 황민화와 좋은 일본인 되기의 역설, 그리고 좋은 일본인의 경계에 대한 문제이다. 중일전쟁 이후 스파이 담론은 좋은 일본인 되기라는 이데올로기와 상대가 되는 나쁜 '일본인들', 가면을 쓴 일본인들,* '문제적 정체성 그룹'을 구별해내면서 좋은 일본인의 경계를 구축하는 이데올로기이다.

스파이 담론은 스파이 색출과 첩보모략 범죄 예방 및 대처라는 실제적 요구를 담고 있는 동시에, '좋은 일본인'의 경계를 구축하기 위해 나쁜 일본인들이라는 범주를 창출하고 '문제적 정체성' 그룹을 호명해나가는 가상적(imaginary) 작업이다. 따라서 스파이 담론에서는 실제적 배제와 가상적 공포 및 호명의 기제가 동시에 작동한다. 또한 스파이 담론은 '문제적

---

* 大坂圭吉, 『假面の親日—防諜 探偵小說』, 大道書房, 소화 18년 8월. 이 작품은 스파이 소설의 하나로서 당시 스파이 담론의 지형을 보여준다. 여기서 '가면의 친일'이란 일본인, 혹은 일본의 '동맹'인 것처럼 보이지만 실제로는 가면을 쓴 위장이라는 것을 의미한다. 표제작 「가면의 친일」은 거리의 사진사와 일본방첩협회의 '애국탐정'을 주인공으로 하여 일본 동맹국인 독일 여성이 '일독협화작가회'의 회원을 가장하여 일본방첩협회 회장의 동태를 정찰하는 것을 거리의 사진사가 현명하게 발견한다는 내용이다. 탐정 소설의 형식을 통해 스파이에 대한 경계와 비국민 색출의 이야기를 '흥미진진한' 스릴러로 그려낸다. 이 작품에서도 스파이란 '금발의 미인', '정체불명의 여성'과 동일화된다.

정체성 그룹' 및 나쁜 일본인들에 대한 실제적이고 가상적인 공포를 통해 '좋은 일본인 되기'의 역학을 창출한다.

그러나 스파이 담론에서 확인할 수 있는 것은 '스파이'의 경계가 자가 증식하거나 무한 증대하는, 경계가 없는 모호하고 불투명한 것이라는 점 이다. 그러나 스파이 담론의 이데올로기적 효과는 바로 이런 모호성과 불 투명성에 있다. 즉 스파이의 경계는 유동적이고 불투명하다. 중요한 것은 '누가 스파이인가', '어떤 정체성 그룹이 스파이가 될 소지가 있는가', '스 파이 혐의를 받을 수 있는 행위란 무엇인가'라는 질문과 '색출'과 호명의 과정을 통해 좋은 일본인 되기가 역동적이고 수행적인 것이 된다는 점이 다. 또 스파이의 경계가 무한 확장된다는 것은 동시에 일본인 되기란 만인 대 만인의 투쟁이며, 동시에 무한경쟁의 정체성 투쟁, 언제나 미완인 정체 성 투쟁이 된다는 것을 의미한다. 즉 스파이 담론의 모호성과 불투명성과 가상성이 황민화, 좋은 일본인 되기를 역동적으로 가동하고 현실화하고 움직이게 하면서, 결코 달성될 수 없지만 바로 지금 이곳에서 작동 중인 그런 미완의 기획이 되게 한다.

2. 여자 스파이단의 신화 - '대동아'의 신체와 여성

조선에서 스파이 담론은 이미 1930년대 초반부터 '유행'되었다. '스파 이'는 1932년 한 잡지에 대표적 '유행어'로 등록된다.* 스파이는 유행어이 자 흥미로운 읽을거리이기도 했지만, 바로 이런 가상의 '소비'를 통해 가

---

* 「유행어 해석」, 『실생활』, 1932년 10월, 26쪽. "스파이(spy) 간첩間諜 또는 밀정密偵 형사를 '스파이'라고 하는 것이다"라고 해석했다. 이외에도 임화의 글 역시 스파이 이야기를 흥미로운 읽을거리로 접근하고 있다. 임화, 「우리들의 讀物: 국제 스파이 이야기」, 『신계단』, 1932년 11월, 61~65쪽 참조.

상의 적에 대한 공포를 현실화한다. 국제 스파이단이 흥미로운 읽을거리가 되고, 스파이가 유행어로 등록된 그 시점에 이미 가상의 적에 대한 공포는 현실적 효과를 발휘하고 있었다. 일례로 이미 1932년 '괴상스러운 중국 미인'이라고 명명된 여자 스파이에 대한 검거 소식이 신문 지상을 장식하는데, 이는 중일전쟁 이후 본격화된 스파이 담론의 예고편이라 할 만하다. 특히 스파이 담론의 대두가 이미 유행, 읽을거리, '검거소식'이라는 복합적 스펙트럼으로 형성되는 것은 스파이 담론이 차지하는 위치의 복합성을 상징적으로 보여준다. 그리고 이런 예고편의 '스토리'는 국민방첩 교육이 '스파이 담론'을 흥미로운 읽을거리로 삼으면서 동시에 계몽과 경계심을 각인하는, 흥미유발을 통한 내면화를 목표로 했다는 점에서 중요하다.* '괴상스러운 중국미인' 스파이에 대한 뉴스는 이후 등장하는 여자 스파이 담론의 전형적 원형을 보여준다.

학량學良의 여 스파이 열차에서 체포
— 편의대와 연락하고 잠입 도중 소지 탄환 2천 여발

7일 오후 8시 25분 봉천 착 열차에서 괴상스러운 중국 미인 한 명이 있는 것을 발견한 봉천서원은 즉시 취조를 명한 바 이는 북평 출생 황모로서 갖고 있는 큰 트렁크 속에 장총 탄환 일천 수백 발과 의복 속에 또한 팔백 발의 소총 탄환을 갖고 있는 것이 발각되었다. 취조의 결과 그녀는 산해관으로부터 승차하고 봉천 방면의 편의대와 연락을 취하고자 만주국에 잠입한 학량學良의 녀 '스파이'인 것이 되였는데 그 대담한 행동에는 취조 경관도 혀를 채였다고 한다.[2]

---

* 일본에서는 1942년 일본 내 5대 일간 신문을 통해 전국에 방첩극을 공모했고 이를 단행본으로 만들어서 널리 유포했다. 이 책의 서문에는 방첩극 공모와 유포의 목표가 "이 책을 편하게 사용하여 농, 산, 어촌 시읍 혹은 산업 방면에서 연극용으로서나 읽을거리로 이용하거나 본서를 **단지 흥미로운 읽을거리로서 보면서 부지불식간에 방첩 의식을 고양하도록 하는 것**"이라고 밝히고 있다.(강조-인용자) 내무성방첩협회 모집, 정보국 일본방송협회 選, 『防諜劇名作選』, 協榮出版社, 1942, 서문.

"트렁크에, 코트 속에 탄환을 감추고 있는 괴상스러운 중국 미인"이라는 여자 스파이에 대한 뉴스는 이른바 레드 우먼(공산주의 세력과 결합된 여성, 특히 로자 룩셈부르크로 상징되는 권력과 성적 해방을 동시에 내포하는 여성)에 대한 공포를 전형적으로 보여준다. 쯔벨라이트가 나치 전위부대 남성에 대한 연구에서 밝힌 바와 같이 '스커트 속에 총을 감춘 여성'으로 서사화되는 레드 우먼에 대한 공포는 파시즘 사회체에 대한 인식과 사회의 붕괴에 대한 공포가 결합된 것이다. 즉 '스커트 밑에 총을 감춘' 여자 스파이에 대한 공포는 외부 세력의 '밀려옴'을 통해 사회의 경계가 '문란'해지고 해체될 것에 대한 공포의 반영이다. 특히 이런 여자 스파이에 대한 담론, 특히 레드 우먼에 대한 공포를 반영하는 담론은 조선의 경우 중국인 및 소련인과 연계되어 인종화되고 젠더화된 서사로 드러나며 레드 우먼에 대한 공포는 인종 공포를 동반한다.

또한 '괴상스러운 중국 미인' 스파이에 대한 뉴스는 스파이 담론이 인종 공포와 여성 공포를 통해 가상의 적에 대한 실제적 공포를 극대화함과 동시에 실제 적에 대한 공포를 가상화하는 역할을 한다는 것을 알 수 있다. '중국인 스파이 국외 추방'[3]이나 '소련 연방 여자 스파이 북중국에서 활약'과 같은 뉴스들은 스파이 담론이 그 기저에서 레드 우먼에 대한 공포와 인종 공포를 동반하고 있다는 점을 보여준다.

레드 우먼에 대한 공포와 인종 공포를 내포하는 스파이 담론은 중일전쟁 이후 두 가지 형태로 증식·분열한다. 하나는 외국인(중국, 소련, 영미와 관련된) 여성 스파이에 대한 신화화와, 다른 하나는 스파이에 연루되기 쉬운 집단으로 '신여성'적 정체성 자질을 호명하는 방식이다. 이 두 종류의 담론이 동일한 이데올로기적 기반의 세포 분열로 보이는 이유는 외국인 여성 스파이의 정체성 자질은 스파이에 포섭되기 쉬운 집단의 자질, 특히 '신여성적' 정체성 자질과 정확하게 동질적인 것이기 때문이다.

여자 스파이란 여러 국가를 돌아다니며(inter-national), 외국어에 능하고 외국인과 친숙하게 지내는, 외국의 지식을 습득한 여성들이다. 또 그녀들은 미인이어서 세인의 주목을 받으며, 사교적이고, 성적 능력을 필두로 다양한 능력을 갖고 있다. 이것은 여자 스파이에 대한 담론이 근본적으로 인터내셔널하거나 트랜스내셔널한 경계 이동 집단으로서의 여성에 대한 공포이자, 근대적 지식과 권력을 지닌 여성에 대한 공포를 동반한다는 것을 보여준다.

마타하리의 상징에서도 드러나듯이, 여자 스파이란 성적 능력을 통해 남성을 유혹하고 파괴한다. 여기서 남성의 신체에 스며드는 상징은 사회체에 대한 이질적인 것의 침투와 등가를 이룬다. 즉 여자 스파이에 대한 공포는 침투 공포와 등가를 이룬다.* 그리고 이 침투는 단지 침투당한 신체를 파괴하는 것에 그치지 않고 '사회 전체로 퍼져나간다.' 여자 스파이에 대한 공포는 단지 팜므 파탈에 대한 공포에만 국한되지 않는다. 이는 오히려 여자 스파이가 침투 공포와 함께 사회의 부정적 재생산 가능성을 환기시키기 때문이다. 즉 여자 스파이들의 성적 개방성은 '아비를 알 수 없는' 자식의 생산에 대한 강박과도 관련된다. 이는 사회체를 '아비 없는 의붓자식'의 재생산으로 이끌어간다.** 여기서 '아비 없는 의붓자식'이란 '가면의 친일' 분자, 즉 천황의 '적자'가 아닌 기원을 알 수 없는 정체불명 집단의 동의어이다.

이는 스파이에 포섭되기 쉬운 집단으로서 여성이 문제시될 때 드러나는 정체성 자질과 정확히 등가적이다. 여자 스파이들은 화려한 생활을 바

---

* 파시즘 체제의 침투 공포의 강화와 여성 신체의 전유에 대해서는 권명아, 「여성 수난사 이야기와 파시즘의 젠더 정치」, 『문학 속의 파시즘』, 삼인, 2001 참조.
** 스파이 담론과 동시적으로 나오는 청년 담론에서 황민의 자격이 없는 퇴폐적이고 자유주의적인 '근대적 지식인들'은 의붓자식 근성으로 표현된다. 즉 '의붓자식'은 '스파이'와 동일한 이데올로기적 기반을 갖고 있다. 이에 대해서는 「전시 동원 체제의 젠더 정치」, 앞의 책 참조.

탕으로 국가 간의 경계를 초월해서 자유롭게 이동하면서 다양한 종류의 권력을 갖고 있지만, 결국은 처형되거나 학살당하거나 투옥되거나 자살한다.* 이런 여자 스파이의 신화와 스파이에 감염되기 쉬운 집단으로서 '신여성적 정체성'을 지정하는 방식은 근본적으로 근대적인 의미의 자유주의적 여성상을 부정하고 동시에 레드 우먼의 자질을 부정함으로써 그것과는 다른 '정체성'을 구획하려는 일본의 파시즘적 주체화의 역학과 관련된다.**

그러나 스파이 담론이 특정한 여성성을 전유하는 데에는 몇 가지 복합적인 문제가 얽혀 있다. 우선 스파이 담론은 '대동아'라는 새로운 제국의 신체를 구축하고 상상하는 과정에서 대동아 신체의 오염, 훼손, 경계의 무너짐에 대한 공포를 반영한다. 황민화로 구축되는 대동아의 신체는 전방을 '청년'의 남성성으로 후방은 '총후부인'의 여성성으로 구성한다. 이때 특히 스파이란 '총후'; 후방의 경계가 흐트러짐으로써 사회체 전체를 무너트리는 위험성과 관련된다.

---

* 이런 종류의 여자 스파이 담론은 곳곳에서 전형화되어 나타난다. 대표적으로 柳杏葉, 「군사기관의 스파이군」, 『조광』, 1937년 10월호; 최남수, 「암실의 영웅: 전장 비화 스파이 소설」, 『신세기』, 1938년 11월호(스페인 내전을 무대로 미모의 여성과 스페인 장교의 로맨스와 스파이전에 얽힌 멜로드라마); 최남수, 「미망인의 정체: 국제 여간첩 로맨스」, 『신세기』, 1940년 4월호; 박상만, 「밀수업자의 일기: 실화」, 『신세기』, 1940년 4월; 하소, 「스파이는 도량한다: 세계 간첩 종횡담」, 『신세기』, 1940년 11월(여자 스파이단 비화); 안일, 「세계적 여 스파이군」, 『조광』, 7월 8호; 등전실웅, 「그대 겨테 스파이가 있다—부인의 지위가 향상되면 국가 기밀을 접하기 쉬워」, 『여성』, 1940년 10월호; 「방첩특대호—총 2면 단독 특집」, 『매일신보』, 1940년 1월 5일; 「스파이는 호언한다」, 『매일신보』, 같은 날; 「전율, 세계의 스파이망 장군 뒤에 숨은 장군」, 『매일신보』, 같은 날(여성 스파이 열전); 「기차, 전차, 술자리 바닷가에서 조심할 일」, 『매일신보』, 같은 날; 「전운 속에 난무하는 요염, 여간첩 비화(마타하리 및 세계 여간첩 비화)」, 『매일신보』, 같은 날; 「상해서 목포에 온 미인 스파이?」, 『매일신보』, 1936년 5월 31일(알고 보니 헤로인 밀수); 「여 스파이로 사교명성총살」, 『조선중앙일보』, 1935년 3월 8일; 「독일 미인을 싸고도는 스파이」, 『조선중앙일보』, 1935년 3월 2일(독일 장군의 따님과 폴란드 장교의 로맨스와 스파이 '비화'); 「大都會 스파이물의 흥미」, 『매일신보』, 1941년 6월 17일(최근 유행하는 스파이 영화는 로맨스와 스릴이 결합된 멜로드라마라는 연예문화 기사); 「무서운 외국 스파이」, 『매일신보』, 1939년 5월 18일(총후의 가정부인들은 이야기를 삼할 것, 특히 가정부인들은 스파이의 첩보를 방지하기 위해 조심할 것).
** 이에 대해서는 「총후부인, 신여성, 스파이」 참조.

따라서 일차적으로 스파이 담론이 전유하는 여성성은 '후방'의 여성성이다. 그러나 본질적으로 스파이 담론이 여성성을 전유하는 것은 대동아 신체의 모순성과 좋은 일본인 되기의 모순과 관련된다. 좋은 일본인의 반대편에 놓여진 가면을 쓴 '협력자들', 정체불명인 집단들의 경계는 불확정적인 것이자 모호하게 증식하는 것이다. 이런 정체불명이자 무규정적인 것, 그리고 경계를 넘나드는 정체성의 모호함이 스파이 담론을 여성성과 결부시킨다. 즉 스파이 담론이 여성성을 전유하는 것은 '스파이'의 무한 증식하는, 동시에 모호하고 불투명한 확장과 스며듦이 여성성(특히 여성 신체의 의미)과 결합되기 때문이다. 역으로 말하자면 스파이 담론이 여성성을 전유하는 것은 무한 증식되는 내부의 적을 생산하는 대동아의 신체의 반영이다.

물론 스파이 담론이 여성성을 전유하는 것은 현실 정치 맥락에서 후방에 대한 방첩 교육과 후방을 담당하는 여성층에 대한 계도, 그리고 증가하는 여성들의 불온 범죄에 대한 방비라는 문제와도 결부된다.* 또한 스파이 담론이 여성성을 전유하는 것, 특히 여자 스파이단에 대한 신화는 국민방첩 및 불온사상 범죄에 대한 경계 담론에 대해 대중의 관심을 끌기 위한 흥미 유발 차원이 개입되어 있다. 실제로 당시 문화 선전의 많은 부분은 대중의 흥미를 끌어들이기 위한 다양한 기제를 개발하는 것이었다. 그런

---

* 특히 태평양전쟁 시기에 불온 범죄와 관련하여 여성 범죄의 증가율이 중요한 문제로 지적되고 있다. 「昭和 十九年に於ける 半島思想 情勢」, 『朝鮮檢察要報』, 13호, 高等法院檢事局, 1945년 3월. 여기서는 불온언론 범죄에 관하여 인종별, 성별 동향을 조사하고 대책을 제시하고 있다. 인종별 순위를 보면 1위 지나인, 2위 조선인, 3위 내지인 순으로 되어 있다. 범죄 발생률은 내지인 1인에 대해 지나인은 13, 조선인은 5이다. 또한 인종별 성별 통계에 따르면(내지인 남자 1인에 대해) 1위 지나인 남성(22인), 2위 조선인 남성(11), 3위 내지인 여성(1.3), 4위 조선인 여성(1.2), 5위 내지인 남성(1) 순으로 되어 있다. 여기서는 "이런 통계에 비추어볼 때 내지인 여성은 '수다스럽다'는 평도 그다지 근거 없는 浮說만은 아닌 것이다"라고 평가하고 있다. 이 점에 비추어볼 때 스파이 담론이 여성성을 전유하거나, 여성과 스파이의 관계에 대한 담론이 생산되는 기저에는 여성에 대한 '입단속' 및 불온 범죄 연루 가능성을 차단한다는 측면도 존재한다.

점에서 여자 스파이단의 신화는 방첩과 관련하여 대중의 관심을 끌기 위한 '어트랙슌'의 일환이라고도 볼 수 있다.*

3. 국민방첩과 스파이 담론 – 잠재된 적과 현실의 가상화

스파이 담론이 본격화된 것은 중일전쟁을 전후로 한 시기이다. 실제로 1936~37년을 기점으로 스파이 담론은 폭증한다. 이는 중일전쟁 이후 국민방첩의 문제가 중요 사안으로 대두한 것과 관련된다. 방첩 문제는 외국인의 첩보모략과 내부의 '민족해방 투쟁세력'의 연대와 관련해서도 중요한 문제였다.** 당시 조선의 사상 동향과 관련하여 "불경사건, 불온언론사건, 치안유지법위반사건, 첩보모략사건"이 중요한 4대 현안으로 제시되고 있다.[4] 특히 태평양전쟁 이후 첩보모략 범죄의 증가는 매우 주요한 사안으로 '주의를 요하는' 문제로 지적되고 있는데 중국인에 의한 첩보모략 범죄의 증가가 주요하게 강조되고 있다.*** 중일전쟁 이후 조선에서 첩보 모략

---

* '어트랙슌'은 '어트랙션attraction'의 당대 표기로서, 극장에서 연극이나 영화의 본편을 상영(상연)하기 전에 손님들을 모으고 손님들의 관심과 흥미를 끌거나, 때로는 본 공연의 내용에 대한 이해를 돕도록 하는 '쇼'의 일종이다.
** 외국의 첩보 활동과 민족해방 운동세력의 연계 및 영향 관계에 대해서는 변은진, 「일제 전시 파시즘기 (1937~1945) 조선 민중의 현실 인식과 저항」, 고려대학교 사학과 박사학위논문, 1998, 102~107쪽 참조.
*** 태평양전쟁 이후 조선에서 첩보모략 범죄의 중요한 부분은 외국인 사범, 특히 증가하는 중국인 범죄이다. 「昭和 十九年に於ける 半島思想 情勢」(『朝鮮檢察要報』, 13호)에서는 "在鮮 지나인의 주요 사상 범죄 중의 62%가 첩보모략 행위라는 점에 엄격한 주목을 요한다"라고 되어 있다. 또한 「소화 19년 제 86회 제국의회 설명자료」에서는 첩보모략 범죄를 중공계와 소련계와 영미계로 구분해서 조사하고, 중공계의 경우 재주 중국인의 대부분이 산동성 출신인 관계로 북지 산동성의 중공 팔로군의 지령을 받은 첩보가 발생한다고 보고 있다. 또한 영미계 첩보모략 범죄는 미영과 관련된 종교 신도가 온상이 되고 있다고 지적한다. 『朝鮮檢察要報』는 일제하 통제의 실상을 알 수 있는 중요한 자료이다. 이 자료의 성격과 의미에 대해서는 장신, 「『조선검찰요보』를 통해 본 태평양전쟁 말기(1943~45)」, 『역사문제연구』 6호, 역사문제연구소, 2001; 이상의, 「1930~40년대 일제의 조선인 노동력 동원 체제 연구」, 연세대학교 대학원 사학과 박사학위논문, 2002 참조.

범죄와 관련된 집단은 중국계, 소련계, 미영계이다.

　방첩 문제에는 이처럼 외국인의 첩보모략 범죄와 조선 내부의 민족해방 투쟁세력의 연계라는 문제가 중요하게 자리 잡고 있지만, 실제로 방첩 범죄의 범위는 매우 포괄적이다. 특히 국민방첩의 강화와 국민방첩 교육에서 방첩의 범위는 '스파이' 색출을 포함한 매우 폭넓은 영역을 포괄한다. 일례로 방첩 문제는 1941년 국방보안법이 시행되면서 총괄적인 형태를 갖추는데, 국방보안법의 포괄 범주는 첩보모략 범죄를 포함한 매우 광대한 지평에 걸쳐 있다. 국방보안법에는 기본적으로 형법, 조선형사령, 대정 15년 법률 제6조(폭력행위처벌에 관한 법률), 비도형벌령匪徒刑罰令, 폭발물 취체벌칙, 불온문서임시취체법, 통화증권 모조 취체규제, 명치 38년 법률 제16조(외국에 있어서 유통되는 화폐, 지폐 은행증권 위조, 변조, 모조에 관한 법률), 치안경찰법, 대정 8년 제령 제7호(정치에 관한 범죄 처벌에 관한 건), 외국 위체爲替 관리법, 관세법, 소화 12년 법률 제912호(수출입품 등에 관한 임시조치에 관한 법률) 등과 육해군 형법 관계, 군기보호법 관계, 군용자원 비밀보호법 관계, 요새지대법 및 군항 요항규칙 관계, 치안유지법, 국경취체법, 전신법, 무선전신법, 군용전기통신법, 선박법, 항공법, 외국인의 입국, 체제 및 퇴거에 관한 건 등이 망라된 법이다.* 국방보안법은 조선에서는 1941년 5월 10일 시행되었다.**

---

* 『방첩관계법령집』, 사법성 형사국 편찬, 동경 청수서점, 소화 16년 5월 발행. 이 책은 동일한 내용으로 『국방보안법』이라고도 출간되었으며, 실제 내용 역시 국방보안법 전문 및 관련 법령집이다.

** 『조선총독부 관보』, 4278호, 1941년 5월 12일. 국방보안법은 일본, 조선, 대만에서 동시에 시행되었다. 시행 전후로 신문에서는 국방보안법에 대한 소개, 개요 및 제정을 둘러싼 논의를 소개하고 있다. 「국방보안법내용」, 『매일신보』, 1941년 1월 31일; 「국방보안법 해설」, 『매일신보』, 1941년 2월 5일; 「국방보안법 실시 하등의 불안 전무」, 『매일신보』, 1941년 2월 8일; 「국방보안법 개관」, 『매일신보』, 1941년 3월 16, 18, 20일(연재); 「국방보안법 10일 실시」, 『매일신보』, 1941년 5월 3일; 「국방보안법 시행 전 국민의 협력 切望」, 『매일신보』, 1941년 5월 10일.

　조선에서 국방보안법 시행과 관련된 문제에 대해서는 기존 연구가 거의 없다고 할 수 있다. 기사에 따르면, 국방보안법의 조선에서의 시행 여부와 법규의 성격에 대한 논란이 있었으나 군부의 거부로 인해

방첩 문제의 포괄적 범위를 살펴보는 이유는, 첩보모략 범죄가 주로 외국인과 관련된 문제에 초점을 맞추고 있다면, '방첩' 및 스파이에 관한 '대국민선전'은 이런 방첩 범죄의 포괄적 범위와 관계하고 있기 때문이다. 국방보안법이 시행된 후 국민방첩 실시요강에서도 국민방첩에 대해 "흔히 들 그저 '비밀을 지키는 것'과 '외인을 경계하는 것'뿐인 줄 아는 모양이 나……방첩의 정의는 평시이건 전시이건 '외국의 비밀전에 대해 나라를 막아내는 일'이다"라고 정의하고 있다.[5]

「국민방첩이야기」에서는 스파이에 연루되기 쉬운 집단으로 "외국 숭배 관념이 심한 자"와 "외인과의 교제를 좋아하는 풍風"을 문제시하고 있다. 여기서는 영국인 콕스나 소화 16년의 피타스 사건, 1942년 군기보호법으로 처벌된 선교사 펠니에 등의 사례를 들어 '외인을 경계하는 것'의 중요성을 다시 한 번 강조하고 있다. 그러나 실제로 국민방첩은 '불조심, 문단속'에서 매점매석 암거래 단속, 유언비어에 속지 않을 일, 신고 정신 등 일상생활의 모든 문제에 '침투'된 광범위한 문제로 다뤄지고 있다. 즉 국민방첩이란 단지 '민족해방 투쟁세력'과의 연계를 끊기 위한 차원이 아니라, 잠재된 적에 대한 공포를 통해 '국민'의 일상생활 전체를 규율함으로써 일상적으로 끝없이 '좋은 일본인 되기'의 실천을 수행하도록 하는 주체

수정 논의가 묵살되었다. 국방보안법은 모든 법을 망라하면서 모든 법 위에 서있는 초법적 성격으로 해방 이후 국가보안법의 형성과 관련해서 주목이 필요한 문제를 내포하고 있다. 특히 국방보안법과 국민방첩은 그 근간에 있어서 중국과 소련으로 상징되는 공산주의에 대한 대항(반공)과 영미로 대변되는 서구세력의 근절(외국 숭배 관념 및 '퇴폐' 분자 색출)이라는 이중의 목표를 담고 있다.

또한 이 글의 논의와 관련해서 스파이 담론과 대칭적으로 놓여 있는 것은 풍속 사범(사치, 밀수, 퇴폐 등)에 대한 규제였는데, 이는 전시 물자동원 문제에 국한된 것이 아니라, 국방보안법의 구성에서도 나타나듯이 방첩이 밀수, 독과점, 매점매석 같은 문제와 결부되어 있기 때문이다. 즉 스파이 담론과 풍속사범 철폐에 대한 담론은 방첩 담론의 무한증식성을 반영하는 것이다.

그런 점에서 '반공'과 '퇴폐 근절'을 '국시'로 한 해방 이후 국가보안법의 골간과 일제하 국방보안법 체제의 연속성과 단절성을 향후 고민해볼 필요가 있다. 국방보안법 실시의 의미와 실제 규제에 관해서는 이 글의 논의 범위를 넘어선다. 이 문제는 차후 진전된 연구를 통해 보완하고자 한다.

화의 역학이었다.

첩보모략 범죄에 대해서는 국내 연구자로는 변은진이 유일하게 언급하고 있다. 특히 변은진의 논문은 외국의 첩보모략 범죄와 해외 민족해방 투쟁세력의 연계 가능성에 대해 지적하고 있다는 점에서 시사하는 바가 크다. 그러나 당시 첩보모략 범죄에 관한 건이나, 스파이 혐의 및 국민방첩에 관한 사안들이 단지 민족해방 투쟁세력과의 연계 문제에만 국한된 것은 아니다. 오히려 국민방첩의 문제는 좋은 일본인과 나쁜 일본인의 경계를 구축하고, 가면의 친일과 진짜 친일을 구분하면서 좋은 일본인 되기의 실천을 강박적으로 내면화하는 기제라고 할 수 있다. 또한 스파이 범죄의 경우도 표면적으로 드러나는 혐의 사실의 '사실성'은 아주 모호하다. 스파이 혐의에 있어서 사실 근거란 실상 언제나 모호하기 때문이다. 그런 점에서 스파이 문제와 국민방첩에 대한 연구는 사실 근거와 가상화 사이의 복잡한 교호작용을 문제로 삼아야 한다. 다음의 사례는 방첩 문제와 스파이 혐의가 지니는 문제를 전형적으로 보여준다.

스파이 담론이 '유행'하기 시작하는 초창기인 1935년 『조선중앙일보』에는 「신의주를 근거삼고 국제 스파이 암약」(1935년 12월 8일)이라는 제목의 기사가 실린다. 이 기사에 따르면, 신의주 천주당에서 비밀히 행해지던 국제 스파이의 행동이 발각되었고, 라디오로 군사기밀을 탐정하다 헌병대에 발견되어 체포되었다. 이런 기사는 여러 신문에서 대서특필되었다. 그런데 이 기사가 사실과 다르다고 지적하고 실상을 해명하고 정정을 요구하는 내용의 글이 『가톨릭 청년』에 실려서 흥미를 끈다.

> 지난 12월 8일경 조선중앙일보를 비롯하야 조선 내 여러 신문은 신의주 천주당에서 비밀히 행하여오던 '국제 스파이'의 행동이 발각되었다는 기사를 대서특필하야 일반의 신경을 극도로 긴장케 하였었다. 이제 그중 대표적으로 동 8일

부 석간 조선중앙일보 제2면의 기사를 소개하면 이러하다.

「신의주를 근거삼고 국제 스파이 암약 라디오로 군사 기밀을 정탐 헌병대에 발견 체포」라는 사단의 제목을 선두로 "최근에 여러 가지로 미묘하여 가는 국제정세에 비쳐서 조선에도 각지에서 국제 '스파이'가 암약하고 있다함은 루보한 바와 같거니와 신의주 헌병대에서는 수일 전부터 돌연히 활동을 개시하야 부내 천주교당을 습격하고 엄밀한 가택수사를 한 결과 라디오, 기계와 기타 여러 가지 비밀문서를 압수하는 동시에 동 천주교당에 있는 모국인 4명을 인치하고 방금 엄중한 취조를 계속 중이라는 바 그들은 벌서 전부터 경성에 있는 천주교와 전기 라디오를 가지고 비밀리에 연락을 취하여(기자=경성교회와 연락했다는 점만은 동일 조간 2면에 정정) 국제적으로 군사정탐을 한 사건이 탄로되어 방금 동 헌병대에서는 사건을 중대시하고 있다는데 더 취조에 따라서는 전 조선적으로 확대될 듯도 하야 사건의 추이는 자못 주목되고 있다."

이런 종류의 기사를 읽은 본사에서는 즉시 신의주 천주당에로 사건 여하를 조회했던 바 동 천주당에서는 12월 11일부로 아래와 같은 서신을 본사로 보냈다.

"일전에 모 신문에 게재된 소위 신의주 천주당 라디오 사건은 전연 사실과 반대되는 허무한 기사입니다. 얼마 전에 헌병대 특고과 형사가 신부댁을 방문한 일이 있었읍니다. 그것은 신부께서 이왕에 영유에서 사용하던 라디오가 있던 바 신의주로 오실 때 가지고 오셨으나 아마 영유에서 고장이 생겼던 것이므로 신의주로 온 후에는 한 번도 사용치 못하고 부내 어떤 시계점에 부탁하야 수선케 했으나 삼사 개월 후에야 그 같은 부속품을 구할 수 없다고 반환했는데 이 기계가 이상한 것으로 소문이 나서 헌병대에서도 어떠한 기계인가 알아보고저 왔던 것입니다. 그때 조사하여보고 이런 기계는 동경 대판 등 각지에 많이 있는 것이니 별반 다른 것이 없다고 말하여 또 절대로 발신은 못하는 것이라 하며 그것을 뵈어준 것을 감사하고 도라긴 일은 있었고 신문의 기사는 다 허무한 것입니다."6)

신문 지상에 대서특필된 국제 스파이단 검거에 관한 기사는 전혀 사실 무근이라는 진상 해명 요구의 글이다. 즉 스파이 검거에 관한 기사나 혹은 스파이 혐의로 체포된 경우 실제로 어떤 행위로 인한 것인가를 정확하게 판단하는 것은 매우 어렵다. 그나마 이런 종류의 진상 해명 글은 더 이상 찾아볼 수 없으며, 취조 기록 역시 완전히 믿을 수는 없기 때문이다. 즉 스파이에 관한 문제는 한편으로는 사실이지만, 다른 한편으로는 허구이거나 가상이기도 하다. 이는 스파이에 대한 공포가 근본적으로 가상의 적에 대한 공포라는 점에서 비롯되는 것이기도 하다. 위의 기사에서 전시체제 아래에서 스파이 담론에 내재된 현실과 가상의 문제를 몇 가지 살펴볼 수 있다.

먼저 스파이 혐의자가 천주교 신부라는 점은 당시 첩보모략 범죄에 대한 경계 집단이 주로 외국인, 특히 미국·영국과 관련된 종교 관계자들이 주로 관련된다는 점에서 '현실적 근거'를 갖는다.* 스파이 행위가 '라디오로 추정되지만 알 수 없는 기계를 소지하고 있었다는 점'에서도 당시 첩보모략 방지가 통신 검열 및 라디오 소지에 대한 제한과 관계된다는 점에서 '현실적 근거'를 갖는다.** 따라서 신의주 천주당의 신부가 '스파이 혐의'

---

* 미국·영국과 관련해 스파이 혐의에 연루된 이들은 주로 일본과 조선에 있던 미국인이나 영국인들이었다. 대표적으로 영국인 콕스는 스파이 혐의로 체포되었다가 자살했다. 「스파이는 두려운 것」,『매일신보』, 1940년 8월 4일(동경에서 스파이 혐의로 검거되었다가 자살한 영국인 '콕스'에 관한 기사). 관련 기사로는 「자살한 스파이에 당국의 온정」,『만선일보』, 1940년 8월 1일 참조. 이외에도 영국 스파이에 대해서는 「영 장교 스파이 사건」,『매일신보』, 1939년 6월 14일; 「종교의 미명하에 가공할 스파이 행위」,『만선일보』, 1940년 8월 5일(일본 전국에서 587명을 조사했다는 기사) 참조. 또한 부산에서 나병요양원을 운영 중이던 미국인 맥 씨가 스파이 혐의로 검거되었다는 소식을 담은 기사로는 「국제 스파이 혐의로 나병계의 권위자 체포」,『조선 중앙일보』, 1935년 1월 17일; 「나병요양원 맥 씨 스파이 혐의 체포」,『조선 중앙일보』, 1935년 1월 18일 참조. 또한 당시 상연된 연극의 경우, 지나 사변을 배경으로 영국인 간첩 윌슨과 그의 애첩 양귀인을 주인공으로 한 작품인 〈봄은 상해로〉(1943년 1월 고협)가 있다.

** 방첩 및 첩보모략 범죄 방지는 통신검열 문제를 포함한다. 「통신에 관한 사항」,『소화 18년 제84회 제국의회 설명자료(체신국)』. 이 가운데 〈1. 통신검열 실시 개황 및 장래〉에서 통신검열 사무는 전시 우편취체령 제3조와 통신법 제5조에 의거하며, 반도의 사상 동향이 날로 복잡하고 교묘해져서 본 사무의 강화확충을 철저히 기할 것과, 이미 설치된 검열국 외에 소화 18년 8월에는 광화문·대전·대구·평양·함흥 각지

를 받게 된 것은 당대의 방첩 맥락에서 현실적 근거를 갖는다. 그러나 그가 스파이라는 것은 가상의 공포인 것이다. 그리고 이처럼 근거 없는 '스파이 검거' 보도는 스파이에 대한 경계와 각성을 기하도록 하는 일종의 '어트랙슌'의 성격을 지닌다고 할 수 있다.

스파이 담론은 주요 일간지에 실리는 기사조차 사실 근거를 갖기도 하면서 동시에 방첩 강화와 스파이 공포를 극화(dramatize)하고 극대화하기 위한 '어트랙슌'으로 기능했다. 또한 대부분의 어트랙슌은 레뷔 걸들에 의한 '섹슈얼 어필'과 '외국인'을 통한 '외국숭배' 관념 타파라는 인종 공포와 젠더 공포의 역학을 통해 극화되었다.

4. 스파이 담론과 '좋은 일본인 되기' - 가상의 현실화

1937년의 중일전쟁을 기점으로 하고 1941년의 국방보안법 실시를 분기점으로 해서 조선 내에서도 국민방첩 교육이 강화된다. 국민방첩 교육은 다양한 기제를 통해 이루어졌다. 방첩 주간의 실시[7] 및 학교 교육을 통한 강화, 청년단·애국반을 통한 강연회, 라디오 방송, 드라마(국민연극), 영화, 소설 등 당시 모든 기제를 통해 총체적으로 이루어졌다.*

에서, 11월에는 용산·해주·원산·광주에서 우편 검열사무를 시행했다고 보고하고 있다. 또 〈2. 검열 요령 및 실시 상황〉에서는 첩보취체와 치안유지상 가장 중요한 경계를 요하는 것이 통신검열이라고 하면서 외국과 외국인의 발착 통신에 대한 검열을 실시 중이라고 소개한다. 그 실황(1개월간 실황)은 우편에 관한 검열조사 646,780통, 내용 검열수 8,120,515통, 통신내용 불허처분 78통, 전신전화검열에서는 전신 157,335통, 전화 10,150통, 불허처분은 전신 185통, 전화 112통이었다. 〈3. 장래의 방침〉에서는 조선의 특수 사정과 관련된 검열요원의 교육을 확충하고, 암호 등 비밀통신에 대한 조사연구가 필요하다고 지적한다. 〈4. 무선 통신 감시〉에서는 조선의 지리적 관계상 첩보자의 잠입을 경계할 필요가 있으며, 통신사고 방지를 위한 방첩 강화훈련을 소화 18년 1월 중에 주요사항으로 실시했다고 보고하고 있다.

* **강연회** ― 「스파이를 격멸하자」, 『매일신보』, 1943년 8월 6일(강원도에서 열린 방첩대강연회 개최에 대한 기사); 「일인의 우수한 스파이는 수만의 銳兵보다 낫다」, 『매일신보』, 1942년 7월 14일(방첩전선 총진

국민방첩의 내용은 '스파이에 주의하는 것'을 포괄하여 일상의 모든 영역과 개개인의 의식과 무의식 모두를 규제하는 '포괄적 법제'를 통한 규율이라 할 수 있다. 내무성 방첩협회에서 국민방첩 교육용으로 제작된 「국민방첩 이야기」에서는 국민방첩에서 실제로 국민 개개인이 '해야 할 일'(혹은 하지 말아야 할 일)이 무엇인지('개인방첩 심득心得')에 대해 상세하게 보여준다.* '방첩'의 스펙트럼과 이를 통한 좋은 일본인 되기의 '실행'의 기제를 살펴보기 위해 길게 인용하고자 한다. 여기서는 국민방첩이란 "외국의 비밀전에 대해 나라를 막어내는 일"이고, 비밀전이란 "첩보와 선전과

군에 관한 강화와 강원도에서 열린 방첩대회에 관한 기사);「편지, 전화 조심하라 그대들 앞뒤에는 '스파이'가 널려 있지 않은가」, 『매일신보』, 1943년 6월 27일(황해도민의 7월 한 달 지킬 일에 관한 국민방첩 강화 내용 및 통신검열에 관한 기사);「스파이란 어떤 것」, 『매일신보』, 1941년 5월 15일(5월 16일 청년회관에서 방첩강연이 있음을 알리는 기사);「스파이란 무엇」, 『매일신보』, 1941년 5월 12일(종로서 주최 헌병대 이등 대위의 '근대 스파이전과 방법' 강연에 관한 기사) 참조.

라디오 방송 —「교묘한 스파이 방법」, 『매일신보』, 1941년 5월 16일(안전한 방첩은 국민적 자각에서 나온다는 古川과장 라디오방송 강화 내용을 담은 기사);「무긴 안 가진 적은 무서운 '스파이'」, 『매일신보』, 1941년 12월 14일(작은 제목이 '유언비어에 헤매지 말자'라고 되어 있는, 食品 정보과장의 국민방첩에 관한 라디오 방송 강화를 담은 기사);「스파이는 跳梁한다!」, 『매일신보』, 1942년 7월 7일('국민방첩에 총력전'이라는 제목으로 라디오방송 강화를 통해 국민방첩에 관해 애국반에 강조했다는 기사).

영화 —「大都會 스파이물의 흥미」, 『매일신보』, 1941년 6월 17일(최근 유행하는 스파이 영화는 로맨스와 스릴이 결합된 멜로드라마라는 연예문화 기사). 당시 스파이 영화는 '붐'이었다. 〈붐은 상해로〉(고협)는 조선에서 제작된 스파이 영화이다. 연극 월평에서 채연근은 〈붐은 상해로〉가 "최근 유행하는 스파이 영화의 아류"라고 평하고 있다. 채연근, 「연극월평—기획의 윤리성」, 『조광』, 1943년 2월 참조. 일본의 스파이 영화에 대해서는 ピーター B. ハーイ 著, 『帝國の銀幕—15年 戰爭と日本映畵』, 名古屋 大學出版會, 1995 참조. 전시체제하 조선 영화에 대해서는 이화진, 「식민지 영화의 내셔널리티와 '향토색'—1930년대 후반 조선영화 담론 연구」, 『상허학보』 13집, 2004년 8월 참조.

「국민방첩 이야기」, 앞의 책. 이 글은 일본도를 든 군인이 스파이를 물리치는 다양한 '전술'을 삽화로 곁들이고 있다. 스파이는 하반신이 물고기인 여자의 아이콘으로 그려져 있는데, 머리는 모던 걸의 모양을 하고 있고, 짙은 화장에 목에는 십자가 목걸이를, 한 손에는 꽃다발을, 다른 한 손에는 여러 권의 책을 들고 있으며, 배경에는 문서, 산, 자동차가 그려져 있다. 꽃다발은 '사교전술'을, 책은 '문서첩보'를, 산과 자동차는 '시찰, 照會戰'을 도상화한 것이다. 십자가 목걸이와 단발(모던 걸의 상징이다. 당시 모던 걸은 毛斷 걸이라고 회화화되었다)과 짙은 화장은 스파이를 신여성 이미지로 도상화하는 전형적인 방식이다. 또 반인반수(인어) 여성은 겉과 속이 다른 스파이의 상징이다. 또한 「국민방첩 이야기」는 삽화와 여러 가지 사례를 통해 방첩을 재미있고 알기 쉽게 기술하고 있다. 이런 식의 흥미있고 재미있는 이야기로 방첩을 서사화하는 것이 당시 국민방첩 교육의 중요한 목표였다.

모략"으로 나눌 수 있으며, 비밀전에 대처하는 가장 중요한 방법은 "수수한 보통 인간"으로 국민 속에 잠재해있는 '스파이'를 색출하는 것이라고 규정하고 있다. 또한 "우리가 가장 경계해야 할 것은 사상 모략과 경제 모략의 두 가지"이며, 사상 모략은 "반국가 사상을 퍼트려서 독립운동을 사주하는 등의 방법으로 총후를 혼란시켜서 혹은 공산주의 혹은 자유주의 사상을 집어넣는" 일이고, 경제 모략의 중요한 방법은 "경제 봉쇄, 공장 파괴, 암취인, 매점매석, 독극물 및 세균 살포 등"이다. 그렇다면 "군과 취체 당국만의 일이 아니라 국민 전부가 협력해야 하는" 국민방첩의 실제는 무엇인가.

5. 국민방첩이란

■ 국민으로서의 결의

1. 비밀전에 대해 방위할 일과 2. 취체 당국의 방첩에 협력할 일. 첫째의 임무는 국민 각자가 자기와 자기가 관계하는 시설의 방첩에 힘쓰는 것인데 첩보, 선전 모략의 비밀전의 전부면에 대한 주의경계 내지 방지이다. **이것은 화재예방을 위하여 불의 조심과 도난 방지를 위한 문단속과 같은 형식이다.** 둘째의 임무는 각종의 취체에 힘써 협력하고 법령을 지킴은 물론, 비록 법령에 의하야잖는 것이라도 방첩상의 지시에는 좇고, 의심나는 유언을 들은 때는 당국과 연락할 일이다.

■ 국민방첩의 중요한 까닭

스파이가 노리는 바는 국민 각자가 일상생활 업무에서 가지고 있는 바이니 국민이 첩보자료를 내지 않는다면 스파이는 움칫도 못한다. 선전도 국민이 속지만 않으면 스파이의 책동은 효과가 없다. 또 모략에 대해서도 공장이면 공장, 창고면 창고의 직장을 잘 지켜서 방화 폭파를 경계한다. 패전사상, 또는 공산사상의 고취 등의 사상 모략이 있어도 여기에 걸리지 않고, 경제봉쇄가 있어도 곤란을 참으면 이기는 것이다. 그런고로 비밀전을 막고 싸우고 하는 것은 끝까지 국민이 아니고는 안 된다.

■ 국민방첩의 결심

첫째, 국민적 자각을 잃지 않은 것이니, **참된 일본인이 될 것**, 다시 말하면 무슨 일에나 굳굳한 일본정신을 갖고 처리할 것이니 이것만 있다면 아무 탈 없이 방첩해낼 것이다. 둘째, 무반성한 외국숭배사상을 청산할 일이니 외국을 숭배함은 방첩의 큰 적이다. 스파이 암약의 거점이다. 입때까지의 스파이 압잽이는 이런 무리들이었다.

■ 개인 방첩 심득心得 6개조

1. 일본의 지위. 일본인의 결의를 자각할 일
2. 각자의 직장을 엄수할 일
3. 말을 삼갈 일
4. 남의 말이나 기사에 넘어가지 말일
5. 행동을 삼가고 항상 조심하여 틈을 만드잖을 일
6. 방첩규정을 잘 지킬 일

6. **전시 국민방첩 실천의 구체적 심득心得의 일례**

1. 첩보 방지에 대하야

① 내지內地 전지戰地를 통하여 군의 행동과 전황은 당국 발표 외에 함부로 억측적憶惻的 언설을 절대로 안 할 일

② 소집 징발 등 군의 동원에 관한 일은 관계자 이외에는 토설치 말 것

③ 군용 열차, 수송선 등의 상황은 일절 누설 말 것

④ 귀환 군인, 출전 장병의 유가족과 그 관계자는 군에 관한 비밀, 또는 정보의 한 부분을 반드시 가지고 있는 것을 자각하여 특히 그 언동을 삼갈 일

⑤ 국내 물자의 상황, 또는 정치, 외교, 경제, 기타에 관하여 얻은 정보를 일절 누설치 말 것

⑥ 관공리官公吏, 군속 공장원 등은 일에 관해선 일절 함구할 일

⑦ 접객업자는 담화나 설명의 내용 등에 특히 조심할 일

⑧ 해외에 보내는 편지, 전신전화에는 특히 그 내용에 조심하며 부득이한 일밖에 안 쓸 일

⑨ 국가의 중요 시설에 근무하는 사람은 기밀도서물건의 보관과 취급을 특히 엄중할 일

⑩ 휴지, 짐표에 이르기까지 외국의 첩보모략 자료로 될 만한 것을 일절 내보내지 말 것

⑪ 외국이나 외국인 또는 외국 기관으로부터 오는 조회照會는 모두 당국과 연락할 일

⑫ 국내 상호의 조회에서도 좀 수상만 해도 당국과 연락하고 지시를 받을 일

⑬ 각종 출판물을 발행할 때는 당국과 연락하여 방첩상 지장이 없도록 할 일

⑭ 각 기관에서는 외래자의 출입에 주의할 일

⑮ 법령에서 촬영, 모사를 금지당한 시설, 장소는 물론 법규에 규정이 없드라도 적의 작전자료(공습목표 같은 것) 또는 선전이나 모략의 재료가 될 염려가 있는 것(첩보자료가 될 염려가 있는 것)은 측량, 촬영, 모사를 하지 말 일

2. 선전의 방지에 대하야

① 외국 공관, 상사, 발신인 불명의 자, 기타 외국의 선전도서를 받고 얻고 한 경우에는 곧 당국에 바칠 일

② 물자부족, 기타에 관해서 불평불만을 말하지 않을 일. 다시 말하면 외국의 역선전 자료를 제공치 않도록 각자 조심할 일

③ 조금이라도 제국에 불리한 일은 절대로 입 밖에 내지말 일

④ 흥미본위의 담화는 삼갈 일

⑤ 유언비어는 서로 조심해서 그 전파를 자기가 꺼버릴 일

3. 모략의 방지에 대해

① 사상 모략은 철저적으로 격퇴할 일. 일절의 사상 모략에 대해 일본 정신을 굳게 가지고 이것을 철저히 함으로 말미암아 물리쳐내고, 적이 사상 주입과 책동을 할 여지가 없도록 함이 가장 필요한 방지 대책이다.

　가. 반동, 반국가 사상은 거국일치 배제할 일

　나. 공산주의, 개인주의 등의 사상 주입은 동맹태업을 일으키는 적의 모략 상투 수단임으로 특히 조심할 일

　다. 자유주의, 향락주의 사상은 총후를 붕괴시키는 것이니 철저적으로 배제할 일

　라. 매석, 매점, 암취인은 전국민이 협력하여 절멸할 일

　마. 예금預金 취부取付, 공황 도래의 획책은 스파이의 모략 수단이니 이런 풍문을 들은 때에는 빨리 당국과 연락하여 경경히 넘어가잖도록 각자가 조심할 일

② 군관민은 중요 시설의 경계를 엄중히 해서 파괴, 폭파, 방화, 세균산포 등의 모략을 방지할 일

　가. 용의 인물 또는 위험인물을 발견했을 경우에는 때를 놓치지 않고 당국과 연락할 일

　나. 중요 시설에서는 특히 경비시설을 완비하여 경계를 엄중하게 할 일[8]

국방보안법이 모든 법의 경계를 넘나드는 초법적 영역으로 무한 증식되는 것과 마찬가지로, 국민방첩의 내용은 문단속과 불조심에서 세균전에 대한 대처에 이르기까지 전시체제의 일상과 삶 전체에 경계를 초월하여 스며들어서 규제되는 것이며, 입 조심에서 행동 조심까지 전시체제하의 인간의 의식과 무의식 모두를 통제하는 것이다. 이른바 '개인방첩'의 내용들은 아주 구체적인 내용을 담고 있지만, 실제로 그 포괄 범주는 끝도 없이 지연되고 무한 증식한다. 즉 국민방첩의 경계는 구체적이지만 무한 확산되며, 매일매일 매순간의 일상적인 구체적 실천을 통해 수행되어야 하지만 그 자체만으로는 결코 도달될 수 없다. 즉 국방보안법과 국민방첩의 존재 양식은 일상 속에 편재하지만 결국 무엇을 통해서도 달성될 수 없는 것이다. 이는 스파이가 일상 속에 편재하지만 스파이의 정체는 끝없이 모호하고 경계를 넘나들며, 모든 정체성에 대해 스파이 혐의를 둘 수 있는 그런 무규정성 및 모호성과 등가를 이룬다. 스파이 담론이 '여성성'을 전유하는 것은 이런 무규정성과 모호성이 여성성을 손쉽게 전유해내기 때문이다.

그러나 본질적으로 여자 스파이단의 신화라는 어트랙슌을 통해 구체화되는 국민방첩이란 실제로 좋은 일본인 되기라는 이른바 황민화의 작동 방식과 관련된다. 즉 위에서도 드러나는 바와 같이, 국민방첩의 가장 중요한 길은 '좋은 일본인(참된 일본인이라고 표현된)'이 되는 것이다. 그러나 국민방첩이 구체적이면서도 '끝이 없는', 일상 속에 스며든 일상적 실천을 통해 수행되지만 결코 그것으로 도달될 수 없는 것이라는 점은 황민화의 기제 그 자체를 보여준다. 즉 '좋은 일본인 되기'란 일상적 삶 속에서 반복되는 매일매일의 실천, 의식과 무의식의 조회, 만인 대 만인의 정체성 투쟁을 통해 현실화되지만, 그 어떤 것을 통해서도 결코 달성될 수 없는 것이기도 하다.

그러나 '스파이 담론'은 좋은 일본인 되기라는 황민화 이데올로기를 실현하는 엔진이다. 따라서 문단속, 불조심, 신고정신 등등의 '국민방첩의 심득'은 좋은 일본인 되기의 가상적 선택지의 다양성을 보여준다. 그리고 스파이 담론은 실제적으로 좋은 일본인 되기를 현실화시키기도 한다. 다음의 사례는 국민방첩이 좋은 일본인 되기에 대해 어떤 효과를 발생시키는지를 보여주는 경우이다.

(평안) 열세 살 난 어린 소년이 스파이 혐의자를 체포하여 학교의 담임선생님과 같이 도지사로부터 경찰상을 받게 되었다. 전시 아래 일 억 국민이 모다 감심할만한 아름다운 사실이 군도軍都 평양에서 일어났다.

군사 시설 촬영 중의 국적國敵을 경찰에

그 형안의 소년은 평양 성남 공립소학교 6학년생 영평병식永平炳植군이오 담임선생은 그 학교 훈도 굴일掘一씨로 병식군은 지난 15~6일경 수 시간 전에 전기 선생으로부터 강화를 들을 때 '스파이'에 관한 이야기를 듣고 '스파이'가 얼마나 미운 놈이오 또 국민의 대적이라는 것을 조고만 가슴 속에 명심하여 두었었는데 그 며칠 후 11월 18일 오후 4시경에 모란봉 공원을 산보하고 있을 때 청류벽의 청류정에서 어떤 자가 사진 기계를 들고 대안 비행장 및 기타 군사시설 등을 은밀히 사진 찍고 있는 것을 발견하고 "올타, 이런 것이 아마 스파이라는 겐가 보다" 하고 직각한 후 살금살금 그 자의 뒤꽁무니를 쫓다가 그 자가 신창리 파출소 앞을 지나갈 때에 얼른 파출소로 뛰어 들어가서 저자가 스파이임에 틀림없다고 사실을 고발했다. 그리하여 그 파출소원이 곧 그 자를 평양서로 데리고 가서 취조하여보니 이름은 경성 명시당 사무원 석천원일石川原一이라고 하여보니 과연 찍은 필름에는 여러 가지 군사시설 등이 분명하게 밝혀있음으로 그 서 고등계에서는 크게 놀라 그동안 그 자를 엄중 취조하고 있던 바 수일 전 군기보호법 제8조와 제12조에 저촉되는 행위라 하여 기소처분이 됨으로 평양지방법원 검사국에 송치했다.

그와 동시에 또 평양서에서는 전기 생도의 평소 주의와 그 정신이야말로 총후 일반 국민에 대해 귀감이 되기에 족할 만한 것인 동시 그런 생도를 내인 선생의 공로도 실로 위대한 바 있다 하고 경찰상을 주기를 평남 도지사에게 상신하여 표창을 받기로 된 것이다.[9)]

학교 강화를 통해 스파이의 위험성에 대해 교육을 받은 소학교 학생이 스파이 용의자를 색출하여 도지사에게 표창을 받았다는 위의 기사는 스파이 담론이 다양한 기제를 통해 어떻게 '좋은 일본인 되기'를 작동시키는가를 보여준다. 여자 스파이단의 신화와 어트랙슌은 이렇게 긴 우회로를 거쳐서 모범적인 '좋은 일본인 되기'의 사례를 제공한다.

5. 좋은 일본인 되기
– 좋은 일본인으로 죽거나 나쁜 일본인으로 죽거나

전시체제하에서 개개인에게 주어진 선택지는 근원적으로 제한적이다. 일제 말기 전시체제나 한국전쟁기, 혹은 한국의 경우가 아니더라도 전시체제라는 특정 체제는 근원적으로 모든 가능성을 봉쇄하고 '죽음'을 둘러싼 선택지만을 남겨둔다. 그러나 이렇게 말하는 것은 온당하지 않다. 잘 알려져 있듯이, 전시체제라고 해서 모든 이들에게 제한적인 선택지만이 주어진 것은 아니기 때문이다. 전시경제란 이전과는 다른 방식으로 헤게모니를 재구성하며, 따라서 전시체제를 통해 헤게모니를 장악하는 집단 역시 생겨난다. 전시체제, 특히 식민지 전시체제의 억압적이고 물 샐 틈 없는 봉쇄구조가 뜻하는 것은, 모든 이들에게 그런 제한적인 선택지가 적용되었다는 것이 아니다. 또한 전시체제에서 헤게모니를 쟁탈하고, 이해관계를 극대화한 집단이 존재한다고 해서 역으로 이 체제의 억압성을 부정하는 반증이 될 수는 없다.

이를 전제할 때, 식민지 전시체제에서 황민화 이데올로기는 억압받는 집단으로서 피식민자들에게 좋은 일본인 되기라는 가능성을 제시하고 있지만, 실제로 억압받는 자로서 피식민자들에게 주어진 선택지는 궁극적으로는 '좋은 일본인으로 죽거나 나쁜 일본인으로 죽거나'라는 양자택일뿐이었다고 말할 수 있다.

최근 일제 말기 파시즘화의 역사적 성격과 그 유산에 대해 학계의 논란이 뜨겁게 가열되고 있다. 특히 민족주의적 역사 인식에 대한 비판이 전면화되면서 한편에서는 '친일의 경계'에 대한 논란이 일고 있다. 또 이런 비판에 대해 '친일'이 '민족'에 대한 범죄가 아니라 인류 전체에 대한 범죄라는 입장도 새로운 논의틀로 제기되고 있다. 그러나 실상 최근 학계의 논란은 파시즘을 인류에 대한 죄라는 식으로 규정하는 오래된 문법을 넘어서지 못하고 있다. 파시즘에 대한 논의들은 파시즘이 근대 체제가 만들어 놓은 정체성의 정치를 전유하면서도 동시에 이를 특정 정체성을 배제, 말살하는 문제를 규명하는 데 집중되어 있다. 즉 이는 단지 인류 전체와 파시즘이라는 새로운 이분법으로는 규명될 수 없다. 파시즘의 정체성 정치는 지속적으로 사회적 적대를 갱신함으로써 사회를 혁신하는 것을 그 특징으로 한다. 따라서 파시즘 정치에서 사회, '국가', '민족'이라는 범주는 기본적으로 세분화되고 지속적으로 세포 분열하는 적대를 통해서만 구성된다. 그런 점에서 '대중 독재'나 '일상적 파시즘'의 범주를 통해 현실적인 적대 관계의 '반사상' 구조를 규명하려는 시도는 파시즘이 근본적으로 사회적 적대를 통해, 혹은 사회적 적대의 확대 재생산을 통해 재생산된다는 점을 간과하게 만든다.

이 글에서 고찰한 일제 말기 스파이 담론은 파시즘이 사회적 적대의 무한 재생산을 통해 '국가'와 '민족'의 경계를 어떻게 재구성하는지를 보여주는 중요한 사례이다. 특히 조선의 경우 스파이 담론은 만보산 사태 이후 급격하게 진행되는 중국인에 대한 인종적 반감과 근대적 지식과 권력을 획득한 신여성 정체성 그룹에 대한 적대감을 통해 공고화된다. 일본의 경우 스파이 담론이 '금발의 미녀'라는 상징적 코드를 통해 재생산되는 것과 달리, 조선의 경우 스파이 담론이 '괴상한 중국 여인'이나 재생산을 거부하는 한갓된 유한부인의 상징을 더욱 중요하게 전유하는 것은, 스파이 담론이 조선 내의 인종적, 젠더적, 계급적 적대감의 구조를 반영하고 있다는 점을 보여준다. 그런 점에서 스파이 담론은 신여성적 정체성을 부정하면서 혁신된 정체성으로서 총후 부인의 정체성을 제시하는 총후부인 담론과 쌍을 이룬다. 동시에 스파이 담론은 남방에 있어서의 조선의 위치를 모색하면서 '화교'와의 주도권 싸움을 벌여야 한다는 강박에 사로잡혀 있던 일제 말기 조선인들의 내면을 상징적으로 드러내는 것이기도 하다.

그런 점에서 스파이 담론을 통해 이 글에서 고찰하는 것은, 일제의 파시즘 논리에 조선인들이 어떻게 동화되어 갔는가 하는 데 국한되지 않는다. 오히려 파시즘의 역사적 경험은 사회적 적대를 정체성 구성의 준거로 삼게 만드는 폭력적 경험에 대해 사유하도록 이끄는 것이어야 한다. 즉 일제 말기 파시즘에 대한 역사적 성찰은 제국과 식민지 주민 사이의 현실적인 비대칭적 관계를 사상하는 것이 될 수는 없다. 동시에 식민지 주민들에게 내재된 제국에 대한 선망 역시 이런 사회적 적대의 내면화라는 기제로서 논의되어야만 한다. 그런 점에서 스파이 담론은 사회적 적대(인종주의적이고, 젠더 분리적이며, 배타적인 절멸의 기획을 내포하는)를 내면화함으로써 자기 정체성을 보증하고 구성하도록 강제하는 파시즘의 경험을 역사적으로 성찰하도록 하는 중요한 사례이다. 또한 이는 해방 이후 이른바 '내란'에 대

한 국가 방어를 근거로 삼아 국가보안법 체제로 다시 부활한다는 점에서
여전히 한국 사회를 지배하고 있는 식민지의 유산이다.

:: 이승엽

고려대학교 역사교육과를 졸업하고, 한국정신문화연구원 한국학대학원 및 교토대학 문학연구과(현대사학·
현대일본론전수)에서 수학했다. 현재 교토대학 인문과학연구소 조수助手로 재직 중이다.

현재의 연구 방향은 통치권력의 지배와 조선민중의 저항이라는 양축 사이에서, 재조일본인 및 조선인 상층
부에 의해 전개되었던 대립과 협력, 정치활동 및 정책결정 과정에의 개입 등을 통해 식민지의 '정치공간'을
규명하는 실마리를 찾는 데 있다. 향후에는 일본제국 본국('내지')의 각 정치세력과 식민지통치의 문제,
식민지 재주자와의 관계 등에 대해 연구를 진전시켜 나가려고 한다.

주요 논문은 「全鮮公職者大會: 1924~1930」(2003), 「三·一運動期における朝鮮在住日本人社會の對應と動向」
(2005) 등이 있다.

조선인 내선일체론자의 전향과 동화의 논리
― 녹기연맹의 조선인 이데올로그 현영섭을 중심으로

이승엽

1. 머리말*

중일전쟁의 발발을 계기로 식민지 조선은 전시체제로의 급격한 재편에 휩쓸렸다. 물적·인적 동원과 쌍을 이루어, 동원의 효율성을 높이기 위해 사상·문화적 동화책으로서의 '황민화'정책이 전면에 등장했다. 조선사회의 전시체제, 특히 '내선일체內鮮一體'의 구호 아래 진행된 사상·문화적 방면의 재편은 본질적으로 통치권력에 의한 관변운동의 성격을 가지지만, 동시에 그 근저에는 '민간' 및 조선인의 움직임이 존재하고 있었던 것이 사실이다. 즉, 식민지 시기의 '황민화' 운동에서 조선인의 자발적인 협력·동화의 움직임은 간과하기 어려운 하나의 측면이다. 그 중에서도 민족운

* 이 글은 「朝鮮人內鮮一體論者の轉向と同化の論理」, 『二十世紀研究』 2(2001년 12월)를 우리말로 옮긴 것이다. 이 글을 발표한 후 수년 동안 전향 및 대일협력에 관한 연구 성과가 다수 발표되었다. 이를 고려해 시간의 흐름 속에서 이미 낡은 논의가 되어 버린 이 글을 전면적으로 고쳐 쓰기에는 힘이 미치지 못하여, 각주에서 새로운 성과를 반영하는 정도에 그치고 말았다. 이 점에 대해 양해를 구한다.

동으로부터의 이탈과 전향, 그리고 적극적인 대일협력 활동으로 변신한 조선인 전향자들의 움직임은 주목할 필요가 있다. 그들의 논리와 행동에는 1930년대 중반 이후의 정세에서 이루어진 모색의 결과로서 '자발적인 정치운동'이라는 측면이 나타난다.[1] 조선인 전향자에 관한 최근의 연구는 이런 측면에 착목한 것이 적지 않다.*

이 글에서는 조선인 가운데 가장 급진적인 내선일체론을 피력한 녹기연맹의 조선인 이데올로그의 전향과 동화의 논리를 검토하고자 한다. 중일전쟁 발발 직후에는 내선일체의 슬로건이 당위 명제로서 부르짖어졌으나, 그 구체적 내용에 대해서는 실로 백가쟁명의 양상이 노정되고 있었다. 그 가운데 일찍이 특유의 논의를 전개하여 마침내 조선에서 내선일체론의 '정통'의 지위를 점유하고 전시체제하 내선일체운동의 '두뇌'가 된 것이 녹기연맹이었다.** 게다가 녹기연맹의 이론 형성에서 조선인 이데올로그는, 조선인의 생활감각과 경험을 바탕으로 그 논의를 보다 조선인의 생활

---

* 松田利彦, 앞의 논문; 池昇峻, 「1930년대 사회주의진영의 '轉向'과 大東民友會」, 『史學硏究』 55·56, 1998; 池昇峻, 「1930년대 日帝의 '思想犯' 대책과 사회주의자들의 전향논리」, 『中央史論』 10·11, 1998; 이경훈, 『이광수의 친일문학 연구』, 태학사, 1998; 李秀日, 「일제 말기 社會主義者의 轉向論: 印貞植을 중심으로」, 『國史館論叢』 96, 1998; 홍종욱, 「중일전쟁기(1937~1941) 사회주의자들의 전향과 그 논리」, 『한국사론』 44, 2000; 張龍經, 「일제 식민지기 印貞植의 轉向論: 內鮮一體論을 통한 식민지 관계의 형성과 농업재편성론」, 『한국사론』 49, 2003; 전상숙, 「전향, 사회주의자들의 현실적 선택」, 방기중 편, 『일제하 지식인의 파시즘체제 인식과 대응』, 혜안, 2005 참조. 한편 2000년대 이후 일본에서의 연구는 동아협동체론을 중심으로 한 '평행제휴론'에 주목한 성과가 다수 발표되고 있다. 崔鎭碩, 「朴致祐における暴力の豫感: 〈東亞共同體論の一省察〉を中心に」, 『現代思想』 31-3, 2003; 趙寬子, 「植民地帝國日本と〈東亞協同體〉: 自己防衛的な思想連鎖の中で世界史を問う」, 『朝鮮史研究會論文集』 41, 2003; 趙寬子, 「徐寅植の歷史哲學: 世界史の不可能性と〈私の運命〉」, 『思想』 957, 2003; 洪宗郁, 「一九三〇年代における植民地朝鮮人の思想的摸索: 金明植の現實認識と〈轉向〉を中心に」, 『朝鮮史研究會論文集』 42, 2004 참조. 한편 이 같은 연구경향에 대한 비판적 시각의 논고로는 다음과 같은 연구가 있다. 이준식, 「파시즘기 국제 정세의 변화와 전쟁 인식」, 『일제하 지식인의 파시즘체제 인식과 대응』; 윤건차, 「지식인의 '친일의식'을 어떻게 생각하는가?: '친일파'에 대한 고찰을 중심으로」, 공제욱·정근식 편, 『식민지의 일상 지배와 균열』, 문화과학사, 2006.

** 녹기연맹의 활동에 관한 연구로는 鄭惠瓊·李昇燁, 「일제하 綠旗聯盟의 활동」, 한국근현대사연구회 편, 『한국근현대사연구』 10, 한울, 1999; 朴成鎭, 「일제 말 綠旗聯盟의 內鮮一體論」, 같은 책; 이승엽, 「내선일체운동과 녹기연맹」, 『역사비평』 50, 2000; 永島廣紀, 「昭和戰前期の朝鮮における〈右派〉學生運動試論: 津田榮と京城帝大豫科立正會·綠旗連盟の設立過程をめぐる基礎的考察」, 『九州史學』 135, 2003 참조.

에 밀착되도록 구성하는 무시할 수 없는 역할을 수행했다.

여기서 고찰하는 대상은 녹기연맹의 '이론적 두뇌'로 활약한 녹기일본 문화연구소의 조선인 이데올로그들이다. 다만 그들이 최대 3천 명에 이르는 녹기연맹의 조선인 회원들[2]의 사고를 가장 적절하게 대표했는가 하는 점에 대해서는 의문의 여지가 있다. 또한 조선인 이데올로그 중에서도 체계적인 논리를 지닌 인물은 많지 않으며, 여기서 다루는 현영섭玄永燮 정도에 불과하다. 이 글의 논의는 이런 한계를 전제하고 있음을 밝혀둔다.

2. 정세 인식과 전망

조선독립의 가능성

그들은 조선독립의 가능성을 어떻게 인식하고 있었을까. 현영섭은, 조선의 독립은 "불합리하며 불가능"하다고 여겼고, 조선의 민족독립운동에 대해 "몰락할 필연성"을 가지고 있다고 생각했다.[3] 수천 년의 타락을 물려받은 구舊 한국정부는 무능하고 부패했기에, 일본에 의한 병합은 "조선에 있어서 '메이지 유신'이었으며, 조선은 이 병합에 의해 구래舊來의 누습陋習을 전부 혁신하고, 생명에 넘치는 신조선新朝鮮으로 다시 태어나게 된 것"이라 했다.[4]

또한 조선은 일본제국의 일부로서 이미 일본의 정치·경제에 깊이 포섭되어 있고,[5] 조선 경제의 90%나 일본경제에 의존하고 있는 현실이므로,[6] 이미 조선의 존립 자체는 일본과 긴밀히 연결되어 있다고 생각했다. 따라서 일본으로부터의 분리란 사실상 기대하기 어려운 것으로, "조선인이 일본으로부터 떨어지는 것은 죽음을 의미"한다고 했다.[7] 특히 그가 주목한 것은 근대문명의 수입 경로로서의 일본이었다. 조선에 존재하는 근대문명이란 모두가 일본의 영향을 받아 성립한 것으로서, 현 체제에 반대하는 사회주의운동조차 일본 사회주의운동의 영향을 받았으며, 일본어로 번역된 서적을 통해 이론화되고 성장했다고 지적한다.[8]

이영근李泳根의 경우에도 조선독립의 가능성에 대해 극히 부정적인 전망을 갖고 있었다. 그는 1938년 미국 유학시절 캘리포니아의 한인농장에서 일하는 와중에, 중일전쟁의 추이와 조선의 독립가능성에 관해 미주 한인들과 의견충돌을 일으켰다. 일본의 패전과 조선독립이라는 극히 낙관적인 전망을 피력하는 미주 한인들의 입장에 대해 반박을 가하다가 그들의 반발에 직면했던 것이다.[9] 이후 그는 조지아 주州의 에모리대학에 입학하여 중일전쟁에서 일본의 입장을 대변하는 강연활동을 하다가, 미주 한인들이 가하는 생명의 위협을 피해 로스엔젤레스 일본영사관의 도움으로 일본으로 돌아오기에 이른다.[10]

조선 민족운동에 대한 인식

그들은 이상과 같은 정세판단에 근거하여 당시의 민족운동에 대해서도 부정적 평가를 내리고 있었다. 반일 민족운동이란 "지나支那의 항일구국운동抗日救國運動이나 소비에트 러시아가 강대해지는 것을 그저 관망觀望하며 그것에 의뢰하고자 하는 사대적 근성·노예근성"에 젖어 있어서,[11] 결국은 몰락할 운명에 처해 있다고 보았다.

현영섭은 민족주의 진영에 대해 "저 민족주의자의 지배를 받을 정도라면 죽음을 택하는 편이 좋을 지도 모르겠"다는 극단적인 언사를 쓰며 강한 불신감을 나타냈다. 또한 운동의 현상적 측면에서, 민족주의운동은 끊임없는 파벌싸움을 통해 스스로 세력을 약화시켜 결국에는 사회주의운동에 지도권을 빼앗기게 되었다고 했다.[12] 민족주의 사상이란 "하등의 과학적 배경을 가지지 않은 제멋대로의 감정으로 조선에 있어서는 민중의 무지에 호소"하는 것일 뿐이니,[13] "가정부假政府를 만들어 정쟁政爭에 빠져 정치노름을 한 그들 저주받을 민족주의자들"은 결국 "옛날의 조선의 지배계급이 멋대로 마음껏 했던 것과 같이, 자유롭게 설치고 싶은" 권력욕 때문에 "타도 제국주의의 미명에 의해, 조선의 민중을 유혹하는 것"이라 비판했다.[14]

사회주의운동에 대한 현영섭의 비판은 한층 더 매섭다. 마르크스주의 이론의 원론적 비판으로부터 현실사회주의의 실상에 대한 고발, 그리고 조선 사회주의운동의 과거행태에 대한 비판까지 다각적 측면에서 비판하고 있다. 그는 당시 세계적으로 관심을 모았던 앙드레 지드의 소비에트 러시아 비판을 인용하면서, 소비에트 러시아는 "마르크스주의 국가도 아니며, 공산주의 신봉자의 국가도 이미 아니다"라고 결론을 내린다.[15]

조선 사회주의운동에 대해서는 조선의 사회경제적 상태, 특히 빈농과 도시빈민의 생활상태의 비참함과 조선인에 대한 차별이 사람들을 사회주의로 경도시켰다고 하여 다소간 동정적이다. 그러나 조선 사회주의운동의 파벌성(섹트주의, 지역적 분파)을 혹독하게 비판하고 있다.[16]

한편 아나키즘에 대해서는 "무정부주의라고 하는 것은, 하나의 항의로는 될 수 있지만, 정치를 실제로 움직이는 것은 불가능"하다고 평가했다. 아나키즘이 조선사회에서 개인의 개성과 독립심을 강조하고 공산주의의 인간통제를 비판한다는 점에 대해서는 긍정적으로 평가하고 있지만, 결국 "인격에만 집중해서, 국가, 사회를 무시하는 부분에 그들의 치명상이 있다"라고 보았으며, 특히 민족주의에 경도되어 폭력수단을 통해 일본으로부터의 이탈을 꾀한 점은 큰 결점이라고 비판한다.[17]

국제정세에 대한 인식

국제정세의 흐름에 관해 어떻게 파악하고 있었으며, 향후의 세계질서에 대해 어떻게 전망하고 있었을까. 현영섭은 만주사변과 중일전쟁으로 이어지는 국제정세의 변화가 조선의 민족운동 진영에 미친 영향에 대해 언급한다.

> 내지內地에 있어서 만주사변이 사상계에 분수령을 그었다고 한다면, 그런 것을 반도에 대해서도 이야기할 수 있다. 만주사변 발발 이래 전향한 민족 내지 사회주의자들은 사회에 그 전향을 표명할 기회를 노리고 있었지만, 지나사변支那事變을 계기로 하여 완전히 전향을 증명한 것이다. 이 의미에 있어서 만주사변이 조선민중에게 미친 정신적 영향은 지나사변의 그것에 비하면 비교가 되지 않을 정도로 작은 것이었다고 해도 좋다. 전자는 반도 인텔리에게 반성을 요청했고, 후자는 일반대중에게 그 생활감정이나 태도를 일변시켰을 정도로 심각한 영향을 미쳤고, 또 미치고 있는 것이다.[18]

주지의 사실이지만, 1930년대 중반을 전후해 이루어진 민족운동의 쇠퇴와 운동가들의 대량 전향이란 현상은, 단순히 권력의 탄압에 의한 것만이 아니라, 만주사변과 중일전쟁을 통해 드러난 일본의 강대함에 대한 실감과 운동의 전망에 대한 절망에 근거하고 있었다. 중일전쟁 직후의 조선인 민족운동의 현상에 대해, 조선총독부 검사국은 "제국의 의연한 태도와 황군의 압도적 전승에 의해 현저히 시국에 대한 인식을 깊게 하고, 자기의 미력微力 내지 타국력他國力의 박약함에 의존하기 어려움을 통감"하여 "불온사상을 개조함에 이르게 되었다"라고 분석했다.[19] 녹기연맹의 이데올로그 중에서는 배상하裵相河가 이에 해당한다. 그의 정세인식을 정확히 파악하기는 어렵지만, 중일전쟁을 계기로 마르크스주의에 경도되었던 자신의 입장을 정리하고, 내선일체론의 이데올로그로 변모했음을 엿볼 수 있다.[20]

그들이 단기적으로 조선독립의 가능성에 대해 부정적인 결론을 내리고 중일전쟁에서의 일본의 승리를 낙관하고 있었다면, 보다 장기적으로는 어떤 전망을 갖고 있었을까. 이들은 당시 세계적으로 대두하고 있던 블록화 경향에 주목했다. 1930년을 계기로 종래 다수의 국가가 난립했던 국제관계에서 수개 국이 한 집단으로 연합하여 블록을 구성하는 경향이 필연적인 역사의 흐름이라 보고, 가까운 장래에 세계는 몇 개의 블록으로 구획될 것이라 전망했다.[21] 논자에 따라 블록의 구획에서 다소간의 차이는 있지만, 공통적으로 동아시아블록의 형성은 필연적이라고 전망하고 있었다.

현영섭에 의하면, 역사는 소국가의 연합체(고대 그리스)에서 대국가(로마제국)로, 다시 소국가의 난립(중세)을 거쳐, 국가연합과 병합(근대)의 경로를 걸어왔다고 한다. 제1차 세계대전 후 일시적으로 "민족자결주의民族自決主義라는 거짓투성이의 원리"(인위적 소국가주의)가 등장했지만, "대독일국가, 대로마제국의 형성운동에 의해 이 원칙은 파괴"되고, 결론적으로 "현대의 경향은 대국가주의"라고 파악했다.[22]

대국가주의적 경향이 거역할 수 없는 세계사적 흐름이라는 인식, 이것은 결국 내선일체의 방향은 역사적 필연이라는 사고로 이어짐으로써, 스스로의 논리에 역사적 정당성을 부여하는 중요한 배경이 되었다. 이와 함께, 내선일체는 동양의 일체화, 나아가 세계의 일체화로 전진하는 첫걸음이며, 이것이 곧 인류의 평화로 나아간다는 논리로 이어지면서, 내선일체에 대한 적극적 의미부여가 이루진 것이기도 했다.[23]

3. 자기부정과 제국으로의 동화

자기부정의 출발점 - '조선적朝鮮籍의 개인'

조선인 이데올로그들의 내선일체론은 조선인으로서의 자기 존재를 부정하는 것에서 시작된다. 그 출발점은 '개인'으로서의 존재였다. 이것이야말로 그들과 다른 입장, 즉 조선 민족운동은 물론, 대일협력을 수행한 이른바 '평행제휴론'(후술)과도 확실히 구별되는 분기점이었다. 조선의 독립이나 사회혁명은 도저히 기대하기 어려운 상황에서 현실에 뿌리 깊게 존재하는 조선인에 대한 차별과 식민통치의 문제점을 어떻게 해결해 갈 것인가 하는 문제제기에 대해, 상이한 출발점에서 상이한 결론을 도출해낸 것이다. 바꿔 말하면, 녹기연맹의 '동화일체론'은 민족공동체의 상위에 '개인' 존재를 위치시키는 데서 출발했다. 즉 그들이 주목한 것은 차별받는 '조선 민족'보다는, 차별당하는 '조선적朝鮮籍의 개인'이었던 것이다.*

이런 특징은 그들의 세대적 특성과도 밀접히 연관되어 있다. 녹기연맹의 이데올로그인 현영섭, 이영근, 배상하, 김용제金龍濟, 이석훈李石薰을 비롯하여, 녹기연맹과 깊은 관련을 가지고 활동했던 안용백安龍伯, 최재서崔載瑞 등은 모두 식민지 조선의 '신세대 지식인'에 속하는 인물들이었다. 이들은 1910년 일본의 한국병합을 전후해 출생해서, 1920년대의 경성 등 대도시에서 청소년기와 청년기를 보낸 세대이다. 식민지 조선에 본격적으로 근대가 정착하기 시작한 1920년대를 배경으로, "근대적인 각종의 담론이 만들어 내는 근대적 주체"로서 형성된 세대였다.[24]

그러나 민족공동체로부터 완전히 떠난 '개인'의 존재란 허용될 수 없는 것이었으며, 원하든 원하지 않든 '개인' 역시 '조선적朝鮮籍'에 속해 있는 자로서 정치·사회적 불평등에 직면할 수밖에 없었다. 구세대 지식인들

---

* 특히 현영섭에게서 '개인'의 관념이 두드러지는 것을 발견할 수 있다. 아나키즘에 경도된 것도 자유와 개성의 중시라는 사상 때문이었고(玄永燮, 「眞の日本を知る迄: 個人より國家へ」, 『朝鮮人の進むべき道』, 189~190쪽), 전향이 이루어진 1935~36년 사이에 발표한 논설 등에서도 개인 및 개성을 중시하는 자세를 확인할 수 있다. 「個性擁護論―그것의 現代的 意義에 대하야」, 『朝鮮日報』, 1935년 11월 19일~29일(연재); 「政治論一齣: 朝鮮語をどうするか」, 『朝鮮及滿洲』 346, 1936년 9월 참조. 특히 후자의 논설에서는 "내가 매일 같이 고뇌하는 것은, 내가 조선인이라는 특수 관념에서 脫却할 수 없다는 것이다. 나는 조선인이라는 것을 염두에 두지 않고서 생활하고 싶다"(46쪽)라고 하며, 완전한 일본인으로의 동화를 위해 조선어 전폐를 주장하고 있다.

이 자신의 존재를 민족공동체와 동일시하고, 독립국가 수립이나 사회혁명과 같은 방식을 통해 민족 문제의 해결을 모색했지만, 이들 신세대의 지식분자들은 전혀 다른 출발점에서 전혀 다른 해결방식을 도출해냈다. 개인을 자유로운 개인으로 용인해주지 않는 것은 민족공동체의 존재였으며, 이 민족공동체의 해체를 통해 민족공동체에 소속되어 질곡당하는 개인의 해방을 꾀했던 것이다.

일찍이 미야타 세쓰코宮田節子는 내선일체론에 내포되어 있는 조선인의 '차별로부터의 탈출' 논리를 지적한 바 있다.[25] '차별로부터의 탈출'의 첫 걸음은 조선인으로서의 자기존재의 부정으로부터 시작된다. 미야타는 이런 자기부정에 대해, "도대체 '완전히 일본인화한 조선 사람'을 어떻게 조선 사람이라고 할 수 있겠는가? 이것이 현씨(현영섭-인용자)의 논리의 급소"라고 평가했지만, 이것은 급소라기보다 오히려 '핵심'으로 파악되어야 한다. 이들에게 질곡 받고 있는 주체란 조선의 '민족공동체'라기보다는 '조선적朝鮮籍의 개인'이었으며, 따라서 '개인'의 관점에서 문제를 풀어 나가는 것은 너무나 당연한 일이었다.

현실의 모순에서 탈출하기 위한 방책인 자기부정, 이것은 조선인이 스스로의 마음가짐을 변화시키는 데에서 시작된다. 구세대가 겪었던 고통은 '조선 민족'으로서의 정체성에 기인하고 있었다. 이 정체성이 계승된다면 또한 동일한 고통이 계승될 것이라는 인식이 그들의 출발점이었다.[26]

자기부정 – 역사 전통과 조선인 사회의 부정

그러나 조선 민족으로서의 정체성 부정은 역시 인식의 대전환을 요구하는 것임에 틀림없었다. 따라서 더욱 면밀한 자기부정의 근거를 마련할 필요가 있었다. 조선의 역사와 문화, 민족성에 대한 총체적 부정이 수반되어야 하는 것이다.

병합 전의 조선은 지옥이었다고 해도 좋다. 오랜 동안 지나支那의 지배와, 우열
愚劣하고 탐욕스러운 지배계급에 의해 민중의 생활은 극도로 짓밟히고, 민중은
삶을 저주했던 것이다. 러시아제국은 조선에까지 그 동방침략의 마수를 뻗쳐
왔다. 일노전쟁日露戰爭에 의해 일본의 서구인의 동양침략에 대한 제지가 없었
더라면, 조선인은 전부 백인의 노예가 되어 멸망했을 것이다.

과거의 조선! 근대과학의 세례를 받은 우리들의 눈에 비친 조선의 역사는 전부
암흑의 역사였고, 우리가 오늘날 생존해 있는 것이 불가사의할 정도로, 과거와
현대는 완전히 면목面目을 달리하고 있다.[27]

    단군조선檀君朝鮮은 신화로, 기자조선箕子朝鮮은 사대주의의 역사왜곡으
로 치부하고, 과학적으로 검증된 조선사의 시작은 위만조선衞滿朝鮮과 낙랑
樂浪이지만 한민족漢民族의 식민지 통치에 불과하며, 순수한 조선사의 시작
은 삼국시대三國時代라고 보았다. 삼국시대에는 순수한 조선문화의 제상諸相
을 발견할 수 있지만, 신라의 삼국통일을 계기로 다시 '지나支那'의 속방屬
邦이 되어 천 년을 괴로워했으며, 내부적으로는 탐욕한 지배계급의 압박과
착취가 지속된 암흑의 역사였다고 했다. '지나'의 지배는 문화적으로 조선
에 독특한 것을 발달시키지 못하도록 막았으며, 결국 조선문화에서 지나
적支那的인 것을 제외하면 아무것도 남지 않는 상황이 되었고, 불교와 유교
도 약간의 공헌을 제외하면 결국 타락과 형식주의에 빠져 국가쇠망의 원
인이 되고 말았다고 지적했다.[28]

    그러나 이와 같은 역사 및 문화전통에 대한 전면부정은 자칫하면 향후
의 가능성까지도 부정하는 결과가 될 위험성이 있다. 현영섭 자신의 표현
을 빌면, "만약 우리들의 역사가 일체 악과 죄과로 가득 찬 것이었다고 한
다면, 우리들은 도저히 구제받을 수 없었을지도 모르겠다"라는 상황이 되
기 때문에, 다소간 비판의 강도를 낮추어, "암흑의 역사, 문화에도 불구하

고, 우리들 조선인의 선조에게도 예외는 있었다. 왕성한 생활력, 창조력을 가지고 있었던 시대도 있었다"라고 하며 일말의 여지를 남겨두고 있다.*

그의 비판은 당시 조선인 사회로 이어진다. 개인과 사회의 발전을 가로막는 가족주의, 사회에 만연되어 있는 허위와 관료주의, 그리고 개인의 각성이 지체된 상황 등이 한데 어우러져 총체적으로 조선인 사회의 부패와 타락상을 만들어내고 있다고 했다. 역사와 문화, 그리고 당대 조선인 생활에 대한 극단적 부정은 조선인이란 존재 그 자체를 죄악에 가까운 것으로 몰아감으로써 총체적 자기부정의 근거를 완성한다.

> 조선에서 영화감독을 했던 이경손李慶孫이란 사람과 상하이에서 만났을 때, 그는 조선인을 극렬하게 욕했었다. '조선인은 인간으로 치지 않는다'는 것이다. 나의 학생시절에 조선인 학생 친구들과 모여 함께 조선 문제를 논했을 때, 어느 학생이 "조선인이 전부 죽는다면 함께 기쁘게 죽을 것이다"라고 극히 절망적인 말을 토했던 적이 있었다. 정말로 양심이 있는 자라면 이 말을 극단적인 말이라고만 생각할 수 있을까.29)

제국으로의 동화

기존의 정체성이 완전히 부정될 때는 그것을 대체할 새로운 정체성의 형성이 요구된다. 그들이 선택한 새로운 대체물은 말할 것도 없이, 제국 일본에 동화하여 일본인과의 동일시를 경험하는 것, 곧 "일본인으로서 새롭게 태어나는 것"이었다.

---

* 玄永燮,『朝鮮人の進むべき道』, 15쪽. 역사에 대한 검토를 통해 민족성에 대해 부정하면서도, 다시금 역사 속에서 발전적 가능성을 도출하는 이런 논리는 이광수의 『민족개조론』과 몹시 유사하다. 또한 조선인의 생활에 대한 비판의 요지도 이광수의 논지와 많은 유사점을 가지고 있어, 이광수에게 영향을 받은 것이 아닌가 하는 추측을 자아낸다.

만약 민족주의, 공산주의, 무정부주의의 이상을 추구하는 이외에 살 길을 알지
못한다면, 일본국토 내지 동양에서는 살아서는 안 된다. 자살하든가, 반항하여
형무소에서 살든가, 외국으로 도망가지 않으면 안 된다. 결국 자살이다. 참으로
일본 국가를 사랑하지 않고서, 가면을 쓰고 살고 있는 약간의 위선자가 되기보
다도, 자살해 주었으면 하고 생각한다.

자살을 원하지 않는다면, 일본 국가를 사랑하도록 노력하지 않으면 안 된다.[30]

요컨대 새로운 자아정체성의 형성이란, 조선인으로서의 자아를 버리고
의식적인 '노력'을 기울여 제국 일본과 동일시하는 것을 의미했다. 역사적
근거로는 '식민사학'의 성과인 '동조동근론同祖同根論'이 원용되고, 문화적·
정서적 일체감을 형성하기 위해서는 일본문화에 대한 연구와 조선인 생활
일반에 일본문화를 수용할 것이 요구되었다.[31] 엄연한 이민족인 일본 민
족에 완전히 자신을 동일시하는 것, 즉 "본능적으로 일본인이 되는 것"에
이르기까지 자율적·의지적으로 스스로를 속여가는 과정이었다.[32] 이런 과
정을 극명하게 보여주는 것이 이영근의 경우였다. 그는 자발적으로 일본
청년단日本青年團과 국민정신문화연구소國民精神文化研究所를 찾아 훈련과 이
론학습을 받았고, 이를 통해 "초속도로 제작된 일본인이 되어버렸다."[33]

'일본 국가를 사랑하려는 의식적 노력'이 지적·정서적 차원에서의 동
화를 위한 노력이라고 한다면, 실천적 차원에서의 동화를 위한 '노력', 이
른바 '내선일체의 실천'은 그 쌍을 이루는 것이었다. 그것은 지적 차원에
서의 동일시를 더욱 촉진시키는 동시에, 이념을 사실로서 기정사실화하는
효과를 갖고 있었다. 지적 영역에서 동일시의 노력이 조선인 스스로를 속
이기 위한 것이었다면, 실천적 영역에서 동일시를 위한 노력은 조선인 자
신만이 아니라 '내지인'까지 속이기 위한 것이었다.

당연한 말이지만, '차별로부터의 탈출'은 차별당하는 측의 자기부정이

아니라 차별하는 측의 태도에 달려 있다. 곧 조선인이 차별의 근원이 되는 조선인으로서의 존재를 스스로 부정하는 것과 맞물려, 차별하는 측에서 이들 '일본인으로 다시 태어난 조선인'을 동질적 민족공동체의 구성원으로 인정하고 수용해주지 않으면 안 되는 것이다.

그렇다면 조선인 내선일체론자들은 어떻게 일본인에게 같은 민족공동체의 구성원으로 인정받을 수 있다고 생각했을까? 단기적으로는 선전을 통한 설득으로 그들의 온정에 호소하여 양해를 구하는 한편, 일본인의 현실적 이해에 봉사함으로써 양보를 얻어내는 것이었으며, 장기적으로는 조선인의 흔적 자체를 소멸시킴으로써 차별의 근원을 제거하는 것이었다.

단기적 차원에서는, '일시동인一視同仁'이나 '팔굉일우八紘一宇' 등의 국체론國體論에 바탕한 언설이나 '동조동근론同祖同根論' 등의 논리를 가지고 조선인 차별에 대한 비판의 근거를 마련해서 일본인의 시각변화를 촉구했다. 혹은 "조선은 식민지가 아니다. 조선을 식민지시하는 자가 있으면 두들겨패 버리라는 것은 우리들의 총독 미나미 각하가 반도의 대표적 인텔리에게 하신 말씀이다"라고 하듯이,[34] 통치권력의 권위를 빌어 차별에 대항하는 논리를 구하는 경우도 있었다. 이와 함께 지원병이나 징병, 노무동원 등의 인적동원, 그리고 공출이나 국방헌금 등의 물적동원에 적극 협력함으로써, 함께 전쟁을 수행하는 '일본인'으로서 스스로의 존재를 인정받고자 했다.

지나사변에 즈음한 조선인의 총후열성銃後熱誠은 아직 충분치 않지만, 이와 같은 행동은 〔일본에 반항했던 역사적 죄과를—인용자〕 갚음이 되고, 명실공히 황국신민이 되는 길을 앞당기는 일이 될 것이다. 아직 우리는 조건부 일본인이다. 선거권도 없고, 의무교육도 없고, 병역에 나갈 의무도 주어지지 않은 것이다. 노골적으로 말하면 우리의 생활 정도는 낮고, 또 애국심에 있어서 내지인보다 아직 특별히 차이가 있기 때문에 어쩔 수가 없는 것이다. 남의 집에 양자로 들어간 사람이, 바로 금고의 열쇠를 건네받을 리가 없는 것이다. 참으로 그 남의 집 사람이 완전히 되어 버릴 필요가 있을 것이다."[35]

이후 지원병제도 실시에 즈음해서는 동등한 권리를 얻기 위한 대가로서 '조선인의 피'를 직접적으로 요구하기도 했다. "내지인이 칠만 명 나라를 위하여 죽었다면, 우리들도 3만 명이 죽어야만" 비로소 내선무차별평등에 도달할 기본조건이 이루어진다고 절규했던 것이다.*[36]

더 장기적인 차원에서는, 창씨개명, '국어'상용, 내선결혼(內鮮結婚) 등을 통해, 차별의 근거가 되는 조선인으로서의 존재 자체를 말살하려 했다. 이것은 두 가지 차원의 경로, 즉 내적으로 조선인이 스스로 조선인이라는 것을 완전히 망각하는 것과, 외적으로 일본인이 더 이상 조선인을 구별할 수 없게 되는 상태를 목표로 하고 있다.

현영섭은 1938년 여름 총독과 회견한 자리에서 예의 '조선어 전폐론'을 피력했는데, 조선인의 '무의식적인 융합', 즉 정체성의 완벽한 재구성을 위해 '조선어전폐'와 '신도(神道)의 수양'을 제안하고 있다.** 조선어의 전폐라든가, 창씨개명의 원형적 사고로서 조선인 이름의 일본어 훈독***과 같은 것이 조선인 현영섭의 입을 통해 처음으로 터져 나왔다는 사실은, 조선인 스스로의 혼적을 말소하는 방안으로서 주목된다. 민족차별의 숙명에서 벗어나기 위한 그들의 지향은 철저히 급진적이었다.

---

* 여기서부터 인용되는 저작에 등장하는 天野道夫란 이름은 현영섭의 창씨명이다.
** 「國語普及은 조흐나 朝鮮語排斥은 不可」: 第十一回面會日 南總督意見披瀝」, 『每日申報』, 1938년 7월 9일, 조간 2면. 현영섭의 이 같은 제안은 총독에게 즉석에서 거절당했다.
*** "金靜子를 킨세이시라고 읽지 않고, 카네 시즈코라고 읽는 것이 필요하다. 조선인의 이름을 내지인과 같이 고칠 필요는 없으나, 일부러 구별해서 읽는 것은 이해하기 어려운 바이다." 玄永燮, 「政治論一齣: 朝鮮語をどうするか」, 70쪽. 1936년 8월에 집필된 이 글에서 창씨개명의 원형이 드러나고 있다.

만약 끝내 조선인이 독특의 생활감정이나 언어를 고수한다면, 조선의 풍속습관을 견지한다면, 배타적 정치적 감정으로까지 발전할 것이라 단언하며, 우리의 자손이 불행한 날을 맞을 것을 '예언'한다. 그 불행을 나는 거의 병적으로 느끼기에, 끝내 급진적 입장을 고수하는 것이다.[37]

이런 과정을 통해 도달하는 최종 목표는 '신일본민족', 즉 확대된 복합민족의 형성이었다. 조선인의 흔적을 완전히 지우고 동등한 권리를 획득한 조선인의 모습을 현영섭은 다음과 같이 그리고 있다. 그것은 제국에 동화함으로써 차별에서 벗어나는 계기일 뿐 아니라, 지금껏 억눌려왔던 조선인의 가능성을 더욱 확대된 형태로 실현시킬 수 있는 기회이기도 했다.

나는 꿈꾼다. 반도半島의 청년이 대다수 임금과 나라를 위해 기쁘게 죽는 날을! 완전히 일본화한 조선인 중에서 재상宰相이 나오는 그 찬란한 날을! 백 년 후일까 수백 년 후일까.*

여기서 이야기되는 일본은 동아시아의 조그만 섬나라가 아니었다. 바야흐로 동아시아를 석권하며 국제질서를 뒤바꾸는 아시아의 맹주, 나아가 서양의 백인 제국주의에 대항하는 세계의 중심으로서의 일본이었다. "조선인 중에서 일본의 재상이 나온다"라는 말이, 그저 조그만 섬나라 일본의 총리를 가리키는 것이 아님은 물론이다. 따라서 제국 일본에 동화된다는

---

* 玄永燮, 『新生朝鮮の出發』, 13쪽. 현영섭의 내선일체론을 극명하게 표현해 유명해진 이 말은, 사실은 백퍼센트 현영섭의 창작품은 아니었다. 1919년의 3·1운동 시기에 그는 淑明女學校에 다니는 누이를 찾아갔다가 학감 후치자와 노오에淵澤能惠를 만나게 된다. 이 자리에서 그녀는 현영섭에게 "조선인도 장래에 총리대신이 될 수 있어요!"라는 말을 던진다. 그녀의 이 말은 12세 소년이었던 현영섭에게 깊은 인상으로 남았으며, 후일 그의 전향과 내선일체론을 선택하는 순간에 적지 않은 영향을 미쳤을 것이다. 玄永燮, 「故淵澤女史の銅像反對論」, 『新生朝鮮の出發』, 352쪽.

것은 단순히 피지배자의 위치에서 벗어난다는 소극적 의미를 넘어, 한 순간에 세계를 지배하는 민족의 일원이 된다는 극적 전환의 가능성을 내포하고 있었다. "약소민족으로서가 아니라, 웅대한 세계통일자世界統一者의 한 패"가 될 수 있으며, "노력하기에 따라서 일본인의 자격을 얻어 세계에 웅비"할 수 있다는 것이다.[38] 대민족주의大民族主義의 미래상은 거역하기 힘든 매력이었으며, 그들이 꿈꾸었던 최종 목표였다. 이것은 동시에 조선인 사회의 비난에도 불구하고 스스로의 사고를 정당화하는 근거가 되기도 했다. 비록 지금은 "조선인은 물론 내지인으로부터도 이상한 놈 취급을 받"고 있지만, 결국에는 "시인적詩人的 직관력에 의해 미래를 통찰했음에 틀림없다는 것이 명확해"지리라 꿈꾸었던 것이다.[39]

4. '평행제휴론'과의 대립 및 내선평등의 촉구

'평행제휴론'과의 대립

이상과 같은 내선일체론자들의 논리가 그 나름의 체계와 근거를 갖추고 있다고 해도, 여전히 일반적인 조선인의 정서로서는 받아들이기 어려운 것이었다. 대다수 조선인들이 현영섭의 논리에서 가장 참을 수 없었던 것은, 무엇보다도 '조선어의 전폐'로 상징되는 조선문화의 폐기와 이를 통해 초래될 민족성의 상실, 민족의 해체라는 상황이었다.

여기에 대해서는, "아일랜드인이 영어로써 자신의 독특한 문화와 정서를 표현하듯이 조선의 문화와 정서도 일본어를 통해 능히 표현될 수 있으며, 조선어도 역사연구를 위한 고전 언어로서는 존속할 것"이며,[40] 동아시아의 공통어인 일본어를 사용할 때만 조선문화가 더 세계적 보편성을 획득할 수 있다는 논리를 펼치기도 했다.[41] 그러나 이것은 결국 궁색한 변명이었으며, 조선인들의 저항적 정서를 잠재울 만한 설득력을 갖기에는 역부족이었다.

조선어 전폐와 조선문화 말살에 대한 저항 심리는, 반일적·민족주의적 경향의 인물들에게만 국한된 것은 아니었다. 적극적으로 일본의 전쟁수행에 협력하고 나선 이른바 '친일파' 일반에게서조차 순순히 받아들여지기 어려웠다. 이로부터 '평행제휴론'과 '동화일체론'의 대립이 나타난다. 이 대립구도를 간략히 정리하면 다음과 같다.(〈표 6-조선인의 대일협력 유형〉〔551쪽〕 참조)

한마디로 뭉뚱그려 '평행제휴론'이라 해도, 그 내부에는 다양한 편차가 있었다. 동아협동체론東亞協同體論·동아연맹론東亞聯盟論 등의 이념에 자극받아 조선자치의 입장을 주장하는 적극적인 부류가 있는가 하면, 내외지의 일원화를 지지하면서도 문화적 측면에서의 '조선적인 것'을 보존하고자 하는 소극적 입장도 존재했다. 그러나 조선 민족의 해체를 통해 현존하는 차별의 근원을 근본적으로 해소하려는 '동화일체론'의 입장에서 볼 때, 어떤 형태로든 '조선적인 것'을 지키려 하는 입장은 '차별의 씨앗'을 존속시키는 것, 나아가 '지배민족으로의 웅비'를 좌절시키는 것에 다름 아니었기에, 구체적인 주장의 편차에 관계없이 철저하게 배척되어야 할 대상에 불과했다.

그러나 현실로서 '평행제휴론'은, 현영섭 스스로가 인정하고 있듯이, 훨씬 큰 세력을 형성하고 있었다.[42] 1938년 12월에 '전시하의 시국에 있어서 총후국민의 할 일'을 논의하기 위해 삼천리사 주최로 개최된 '시국유지원탁회의時局有志圓卓會議'는 이 두 가지 입장의 첨예한 대립을 보여주는 사례였다. 참가자 전원이 조선인 전향자들로 이루어진 이 회의에서, 인정식, 이각종, 이광수 등이 현영섭의 '조선어전폐', '완전동화론'을 비판했고, 사회를 맡은 차재정까지도 교묘한 의사진행으로 현영섭에 대한 비판을 유도

했다.* 그 중에서도 인정식印貞植은 "내선일체라 하면 곧 조선어의 폐지 조선의복의 금용禁用 등을 의미하는 것으로 생각하는 그런 무지한 도배徒輩 야말로 가이없는 인간들"이라 하여,[43] 현영섭을 겨냥한 격렬한 비판을 쏟아놓았다. 인정식의 현영섭 비판은 동회의 이후에도 이어져, 직접적으로 이름을 들어가며 그의 조선어 전폐론 주장에 대해 원색적인 비판을 가하기도 했다.**

> 현영섭씨의 소론所論이 씨자신氏自身의 말로는 리상주의라 하지만 사실은 리상
> 주의도 아무것도 아니다. 확실히 사고하는 방법에 있어서는 옛날의『아나―키
> 즘』의 무체계적인 잔재를 많이 엿볼 수가 있다. 개인의 감정과 주관적 편견에
> 서 출발하여 무엇이든지 되는대로 객관세계를 일률적으로 규정하려는 것이 과
> 연 하나의 사상이라 할 수가 있을가. 이것은 무의미한『로―만티시즘』의 수음
> 手淫이 아니면 치인痴人의 꿈에 떠러지기가 쉽다.***

이와 같은 사방으로부터의 비판에도 불구하고, 녹기연맹의 조선인 내선일체론자들이 '동화일체론'을 견지했던 배경에는 통치권력이 언명한 '내

---

* 「時局有志圓卓會議」, 42쪽. 車載貞은 '조선인의 개성 견지가 내선일체에 장해'가 될 수 있다는 현영섭의 문제제기에 대해, 단어의 순서를 살짝 바꾸어 "조선문화를 위해 내선일체란 것이 장해가 되는 일이 없겠는가 하는 문제"에 대해 논의해 줄 것을 청하여 부정적인 결론을 유도하는 듯한 의사진행을 했다. 전자의 명제는 '내선일체를 위해 조선문화가 장해가 된다'라는 문제설정으로서, 절대 가치인 내선일체를 인정하는 바탕 위에서 조선문화가 긍정 혹은 부정될 수 있다. 하지만 후자는 '조선문화를 위해 내선일체가 장해가 된다'라는 문제설정으로 바뀌어, 절대 가치인 내선일체가 부정될 수는 없기 때문에 이에 대한 대답은 '아니오'일 수밖에 없다.
** 이외에도 「內鮮一體와 言語」, 『三千里』, 1939년 3월호 ; 「農民과 言語」, 『文章』 1-10, 1939년 11월 등에서 현영섭의 '조선어 폐지' 주장을 비판하고 있다.
*** 印貞植, 「內鮮一體의 文化的理念」, 『人文評論』 2-1, 1940년 1월, 6쪽. 여기서 한 가지 흥미로운 사실은, 인정식의 비판대로 현영섭의 전향 논리가 아나키즘의 그림자를 드리우고 있는 것과 마찬가지로, 그 자신의 이론 또한 여전히 마르크스주의 경제학에 바탕하고 있다는 점이다. 이것은 사상운동가들의 전향에 일종의 '사고의 연속성'이 존재하고 있음을 보여주는 것으로서, 전향행위가 단순히 '사상의 포기'나 '국체 사상의 수용'이란 차원을 넘어, 사상사적 연속성 위에서 파악되어야 하는 것임을 시사한다.

선일체'의 정의가 있었다. 즉, "내선일체는 상호간에 손을 잡는다든가 모양이 융합한다든가 하는 그런 미지근한 것이 아니다……모양도 마음도 피도 살도 모두가 일체가 되지 않으면 안 된다……내선은 융합이 아니며, 악수도 아니며, 심신 모두 정말로 일체가 되지 않으면 안 된다"라고 한 미나미 총독의 언명은,[44] 그동안의 내선일체에 대한 논의 끝에 마침내 녹기연맹의 '동화일체론'이 '정통'으로서 승인되었음을 의미한다고 해석할 수 있다.

그러나 1938년 말부터 1940년에 걸쳐 벌어진 상황 변화는 이들 '동화일체론'자들에게 불안요인으로 다가왔다. 동아연맹론이 영향력을 확대하는 것과 함께 '평행제휴론'의 경향이 고조되기에 이른 것이다. '조선자치론' 등은 '내선일체' 정책을 무리하게 추진하는 조선통치를 비판하고 조선문화의 존속을 인정하는 입장을 취함으로써, 상당수 조선인의 관심을 불러 일으켰고 총독정치에 대한 조선인의 저항의 근거로 작용하기도 했다.[45]

나아가 동아연맹론은 정세에 힘을 얻어, 1938년의 고노에 후미마로近衛文麿의 '동아신질서' 성명과, 1940년의 지나파견군총사령부支那派遣軍總司令部(참모장: 이타가키 세이시로板垣征四郎)의 「지나파견군에게 고함」이라는 성명을 통해 한층 공식화된 듯이 보였다. '동화일체론'에서 보자면, "지금까지 동아연맹론은 민간단체와 개인의 언론에 불과했으나 이타가키板垣 성명에 의하여 이 동아연맹론이 한 개의 국론으로 등장하기 시작"했다는 불안을 느끼지 않을 수 없었다.[46] 식민지 통치권력의 권위에 기대어 '동화일체론'을 부르짖어왔던 이들로서는, 보다 상위의 강력한 권력이 동아연맹론을 공식화함으로써 초래될지도 모르는 조선 통치정책상의 변화를 두려워할 수밖에 없었다.

이런 불리한 상황을 맞아 이들은 두 가지 논법으로 동아연맹론에 대항했다. 첫 번째는 동아연맹론의 국론화를 인정하면서도, 이것을 조선에 적용하는 것에 반대한다는 수세적 대응이었다. "일만지日滿支 3국의 연맹에는 찬성하지만, 이미 일본의 일부가 되어 협화나 융화 단계를 넘어 완전한 일체의 단계로 나아가고 있는 조선에 연맹론을 적용하여 일선협화日鮮協和나 일선융화日鮮融和를 주장하는 것은 반동에 불과"하다는 것이다. '동아연맹론이 활발히 대두됨에 따라 내선일체운동도 다소 변화할 가능성이 있음'을 인정하면서도, 내선일체의 근본방침은 변할 수 없다는 입장이었다.[47]

두 번째는 동아연맹론의 '조선자치론'에 경도된 조선지식인들에 대한 비판으로 이어졌다. 조선 민족을 몽상하는 자는 "남편을 품에 안으면서 연인을 떠올리는 바람둥이 여자 같은 존재"로서, 이들은 "반도 민중 위에 군림하려는 정치적 야심에서 이를 주장"하는 것이며,[48] "국법의 합법적 측면을 이용해 몰래 민족운동을 전개하려는 몽유병자"라고 비난했다.[49] 그에 비해 내선일체론자인 자신들은 "반도인 전부가 지위가 올라가든, 가난해지든, 일본 민족으로서의 자랑을 가지고 살아가는 것"만을 바라는 것이라 했다. 즉, 조선인 흔적의 소멸을 통해 평등을 지향하는 이들의 근본적 문제의식에서 보자면, 동아연맹의 협화론에 공감하는 것은 결국 "조선을 영원히 피지도자로 떨어뜨리려 하는" 잘못된 선택에 불과했다.[50]

내선 평등의 촉구

1940년 조선총독부 학무국 소속으로 근무하며 한해 남짓 녹기연맹의 회원으로서 활동했던 이항녕李恒寧은 현영섭의 내선일체운동에 대해 다음과 같이 회고한다.

> 일본 사람이 소위 내선일체란 걸 얘기하는데, 내선일체란 것은 일본 사람들이 한국 사람보고 일본사람 되라는 거거든. 그러면 이쪽에서는 뭐고 하니, 그걸 거꾸로 이용해 가지고서, "우리가 일본 사람이 되기 위해서는 우선 차별을 전

폐해 줘야 할 것 아니냐. 모든 차별을 없애야 할 것 아니냐." 그러니 이쪽에서는 일본 사람은 "황국신민이 돼라" 그러는 것이고, 이쪽에서는 "황국신민이 될테니까, 되기 위해서 차별을 철폐해줘야 할 것이 아니냐." 그 차별철폐 운동에 현영섭이다, 이런 사람들이 섰다고 볼 수 있다 그 말이야.[51]

증언자의 가치부여가 개입되었을 가능성이 있는 사후적 회고이기는 하지만, 적어도 이상의 진술에서 당시의 내선일체론자들이 가지고 있던 심성(mentality)의 일단을 엿볼 수 있다. 앞서 살펴본 바와 같이, 일본 민족으로의 동화를 위해 내선일체론자들은 단기적으로 국체론에 입각한 설득과 전쟁수행의 협력을 통해 일본인의 태도변화를 촉구했지만, 현실적으로 차별은 여전히 뿌리 깊게 남아 있었다.

대부분의 조선민중이 일상적으로 차별을 체감하고 있는 현실에서, 조선인 내선일체론자들의 논리는 과연 얼마나 설득력을 얻을 수 있었을까? 어떤 의미에서는 이들 조선인 이데올로그들 자신이 차별의 피해자이기도 했다. 그토록 철저한 자기부정을 통해 제국에의 동화를 염원했건만, 제국은 여전히 그들을 이민족으로 위치시키고 그들의 신뢰를 배반하고 있었다. 이런 상황에서 조선인 내선일체론자들은 한편으로는 동일한 일본인으로 인정받기 위해 더 한층 협력의 강도를 높이며 조선민중에게 황민화를 재촉했고, 다른 한편으로는 완곡한 방식으로, 그러나 끊임없이 내선차별의 철폐를 요구했다.

1940년 오사카大阪 재일조선인이 겪은 취업상의 민족차별에 관한 보도에 접한 현영섭은 뿌리 깊은 민족차별에 대해 항의의 소리를 높였다. "우리가 내선일체를 외치는 것은, 민족적 감정도 없이 국어만으로 생활하고, 일본국민으로서 일체의 수행을 쌓고, 전장戰場에서 비굴한 짓을 하지 않고, 일본의 풍습을 모방하고, 자신의 것으로 삼는 사람들이, 조선인이라는 이유로 불행해 지는 것을 막기 위함"이라고 하면서, 일본인의 각성을 촉구했다. "반도에서 태어났어도 그 능력에 따라, 그 성실에 따라, 그 근면에 따라 내지인과 같이 보답받지 않으면 안 된다. 반도인이 내지인을 사랑해도, 반도인이라는 이유로 고뇌하지 않도록 할 필요가 있다. 이것은 국책이며 인도적 문제이다."[52] 또한 그는 "너무나도 빈곤한 까닭에, 일본적 생활을 영위할 수 없다"라고 하며, 내선일체의 기초 조건으로서, 조선인에게 "먼저 풍요로운 생활을 주지 않으면 안 된다"라고 주장했다. 그 자신은 일본적 생활을 실천하기 위해 일본식 가옥을 빌려 생활하고 있지만, 비싼 집세에 견디지 못해 조만간 다시금 조선인 빈민가로 들어가지 않을 수 없다는 불평을 토로하고 있기도 하다.*

이영근의 경우에도, "일본인으로서 황화皇化의 열매를 거두고 있는 조선인을 만주·지나나 남방 여러 민족과 동일시하여 영구히 별개의 존재로서 피지도자적 지위에 만족시키려 하는" 것에 대해 항의하고, "비록 신부新附의 백성일지라도 황실에 충성을 다하며 연성鍊成을 계속하는 자는 결국 동일한 민족으로 혼연융합渾然融合되어 온 것이 일본의 역사적 경험"이었다는 논리로 조선인 차별의 시정을 요구했다.[53]

민족차별은 취업이나 입학, 임금, 배급 등에서만 존재하는 것은 아니었다. 오히려 그것은 상호간에 형성된 일종의 '감각'으로서 존재하고 있는 것이었으며, 그기에 더욱 체감적이었다. 다음과 같은 서춘徐椿의 항의는 당시 조선민중이 느끼고 있었던 체감적 차별과 그에 대한 반발의 정서를 잘 보여주고 있다.

---

* 玄永燮,「革新創造の時代に於ける半島在住內鮮同胞の重大責務」,『綠旗』4-4, 1939년 4월, 31~33쪽. 이 시점에서 그는 내선간의 불평등 문제에 관심을 집중하고 있었던 것으로 보인다. 그는 이 글에서 새로운 저서 『革新日本に訴ふ』를 준비하고 있으며, '이 같은 고통스런 현실'의 문제를 주로 다룰 것임을 밝히고 있다. 그러나 이 책의 출간 사실은 아직 확인되지 않고 있다.

모멸 당했다고 하는 점은 사람의 감정을 자극하는 것으로, 우편국의 창구라든가 역의 출찰구出札口에서 매일같이 조선인이라는 이유로 모멸 당한다는 일이 일어나고 있습니다. 거스름돈이 있다, 없다 하는 조그마한 일로 싸움이 일어날 경우 자신이 조선인이기 때문에 모멸당하는 것이려니 하고 생각하는 것입니다……조선인과 내지인이 정말로 일체가 되어 만세일계萬世一系의 천황을 모시고 있다는 느낌을 가지기 위해서는, 차별당하거나, 한편이 우월감을 가지거나, 다른 편이 편견을 가지고 마찰하는 것 같은 일은 피하지 않으면 안 됩니다. 조선에 있는 내지인은 그 점에 특히 주의를 기울일 것을 언제나 염두에 두고서 생활하지 않으면, 입이나 붓으로 이것저것을 강조해도 아무런 도움도 되지 않습니다.[54]

그들의 차별철폐론은 본질적으로 '체제 내적'이기에, 권력의 지배이데올로기를 그대로 이용하는 형태로 전개되었다. 전시체제하의 동원이데올로기로서 제창된 '내외지의 일원화'나 '국체론', '일시동인'의 이념 등이, 역으로 식민지 피지배민족에 의해 차별철폐의 이론적 근거로 전환·활용되기도 했던 것이다.

그러나 이런 '체제 내적'인 차별철폐 논리가 갖는 한계는 명확하다. 평등의 요구는 언제나 조선인 스스로의 '제국으로의 동화'나 전쟁협력을 전제로 하고 있었다. 게다가 권력의 이데올로기를 기반으로 하고 있는 이상, '권리의 요구'라는 형태보다는 '시혜를 청원'하는 형태로 이루어지기 마련이었다. 무엇보다도 '유권해석'의 권한을 통치권력이 장악하고 있었기 때문에, 몇 마디 말로, 예를 들어 '민도民度의 차이'라든가 '황민화의 정도' 등의 이유로 간단하게 부정될 수 있는 한계를 안고 있기도 했다.[55]

호적법 개정 문제 - 내선일체 실현의 최종 단계

모든 조선인이 완벽한 일본어를 구사하고, 일본식의 씨명을 사용하며, 일본식의 생활습관을 몸에 갖추는 것만으로 조선인이 완전한 일본인이 되는 것일까? 조선인 스스로가 완전히 일본문화를 내면화했을지라도, 아니 스스로 조선인이라는 사실을 망각한 단계에 이를지라도 조선인이라는 '꼬리표'는 남는다. 이 '꼬리표' 역할을 하는 것이 호적이었다.

1890년「대일본제국헌법」시행을 기준으로 하여, 이전 영유지역은 내지, 이후 편입지역은 외지로 구분되어, 각자 별도의 법역으로 편제되어 있었다. 호적의 경우에도 지역적地域籍의 규정에 의해, 내지에 본적을 가진 경우 내지인, 외지에 본적을 가진 경우 외지인으로 불렸으며, 조선인은 외지인 가운데 조선에 본적을 가진 자를 가리켰다. 법제상의 '본적전속금지本籍轉屬禁止' 조항에 의해 혼인이나 양자와 같은 신분행위를 제외하곤 지역적地域籍의 이동은 원천적으로 봉쇄되었다.* 따라서 이런 호적법 체계가 변하지 않는 이상, 내지인의 자손은 영원히 내지인, 외지인의 자손은 영원히 외지인이라는 법적 규정에서 벗어날 수 없었다.

일찍이 1924년에도 조선민족 동화의 근본책으로서 조선인의 성명을 일본식으로 개명하고, 조선인의 원적原籍을 한 번 전부 내지로 옮긴 다음, 조선에 기류寄留하는 것처럼 고쳐 조선인이라는 증거를 전부 인멸키자는 나카야마 케이中山啓의 주장이 있었는데,[56] 조선인 내선일체론자들도 바로 이 부분에 주목했다.

'호적법 개정'이란 문제는 조선인 내선일체론자들이 염원했던 '차별로부터의 탈출'의 법적 확인이자 조선인 흔적을 지우는 마지막 과정으로서, 내선일체 실현의 최종 단계에 해당하는 것이었다. 물론 호적법의 개정은

---

* 내외지 법역 구분 및 轉籍 문제에 대한 최근의 상세한 연구로는 이승일,「조선총독부의 법제정책에 대한 연구: 朝鮮民事令 第11條 '慣習'의 成文法化를 중심으로」, 한양대학교 박사학위논문, 2003 참조.

기존에 내지와 외지를 구분해온 법체계 전체의 개정과도 연관되는 문제이다. 작게는 호적법의 개정, 크게는 법역法域 구별 철폐를 통해 동등한 법적 신분을 얻고자 했던 것이다.

실제로 창씨개명 실시 이후에는 이름이나 용모만으로 조선인과 일본인을 구별할 수 없는 경우가 많아졌다고 한다. 그렇다고 해서 민족적 차별이 온존하는 상황에서 민족을 구별하지 않을 리가 없었다. 이때 민족 구별에 유용하게 사용되는 것이 원적原籍이었다. 이렇게 함으로써 '조선인', '일본인'의 차별을 적어도 표면적으로는 드러내지 않으면서도 민족을 구별할 수 있었다. 결국 '내선일체'의 이념이 표면적으로는 관철되는 듯한 분위기 아래, 민족차별은 보다 은밀한 형태로 여전히 상존하고 있었다. 현영섭은 이런 현상을 지적하면서, 그 근본적인 해결책으로 호적법의 개정, 구체적으로는 전적轉籍의 허가를 주장했다.

> 이력서의 원적에는 조선출신임이 밝혀져 있다. 내지에 적을 가진 타이피스트만을 찾는 상점이 많다. 호적법은 희망자에 따라 내지로 적을 옮기는 것도, 또는 조선으로 옮기는 것도 가능하게 되지 않으면 안 될 것이다. 이것은 후일 해결될 문제이지만, 무엇보다도 창씨는 그 첫 출발이다.[57]

조선인 내선일체론자들이 호적법의 문제를 제기한 것은 영원히 차별이 지속될지도 모른다는 미래에 대한 불안감 때문만은 아니었다. 현실적으로 호적상의 구별은, 내선일체로 나아가는 구체적 방도의 하나인 내선결혼內鮮結婚에 장애물로 작용하고 있다고 보았다. 조선인 남성이 일본인 여성과 결혼할 경우, 그 자식은 당연히 조선적朝鮮籍에 편입되어 조선인으로서 살아갈 수밖에 없다. 이것이 현실적으로 내선결혼을 가로막을 뿐만 아니라, 일본인 어머니에 의해 일본식 생활양식에 의해 자라난 2세의 사

회·정치적 존재는 여전히 조선인으로 묶여 있기 때문에 많은 곤란을 겪어야 한다.[58]

사실상 전적轉籍 허가와 호적법의 외지시행이란 "'일본인'의 경계에 관한 정책의 근본적 변경"을 의미하는 것으로서,[59] 이런 측면에서 조선인 내선일체론자들은 정확하게 핵심을 파악하고 있었다. 따라서 호적 문제란 대단히 민감한 문제였으며, 현실적 해결책에 있어서도 매우 조심스런 방안을 제시하고 있었다. 예컨대, "내선결혼에 의해 태어난 아이는 모두 내지인이 될 자격"을 부여한다거나,[60] 내지 재주 조선인 중 일본에 완전히 동화된 이들에게서부터 내지로의 전적을 허용한다거나 하는 등의 점진적인 방법을 제시하고 있었다.[61] 이것은 후일, 내각 및 조선총독부가 조선인의 전적 기준을 마련하는 과정에서, 그 일차적인 대상으로 '내지에 재주하는 조선인으로서 일본으로의 동화 정도가 높은 이들'을 상정했던 것과도 일맥상통하는 것이었다.[62]

5. 맺음말

녹기연맹의 조선인 이데올로그들은, 식민지 말기의 조선 지식인의 전향 논리의 한 단면을 보여주고 있다. 그들은 단기적으로는 만주사변·중일전쟁을 통해 드러난 일본의 힘을, 그리고 장기적으로는 세계적 차원에서 진행되는 블록형성의 경향을 바라보며, 조선의 독립은 불가능하다고 결론내렸다. 이런 정세 판단 아래서 그들이 선택한 길은, 조선인으로서의 자기 존재의 철저한 부정, 그리고 제국에의 동화를 통해 일본 민족에 편입되는 것이었으며, 이에 통해 민족 차별로부터 영구히 벗어나고자 했다.

이를 위해 지적·정서적 차원에서는 조선인의 민족성에 대한 철저한 부정과 일본문화·일본정신의 체득이 요구되었으며, 실천적인 차원에서는 일본인으로부터 동일한 민족공동체의 일원으로서 인정받기 위한 노력이 필요했다. 보다 장기적인 차원에서는 창씨개명이나 '국어'상용, 내선결혼 등을 통해 차별의 근거가 되는 조선인의 자기존재 그 자체를 말살하고자 했다. 이런 과정을 거쳐 최종적으로는 새로운 민족공동체, 즉 '신일본민족'의 형성을 지향했지만, 이것은 '차별로부터의 탈출'에 그치지 않고, 아시아를 무대로 팽창해가는 일본의 힘에 편승해 스스로를 지배민족의 일원으로 편입하려는 목표를 지니고 있었다.

그러나 이런 '동화일체론'의 입장은, 조선인 사회 일반은 물론 이른바 대일협력(친일)의 흐름에서도 소수파에 지나지 않았으며, 오히려 전쟁수행에 협력하면서도 조선 민족공동체를 보전하거나 자치를 꾀하는 '평행제휴론'의 입장이 다수를 점하고 있었다. 결국 양자의 충돌은 피할 수 없었다. '평행제휴론'의 입장에서 보자면, '동화일체론'은 현실을 무시한 급진주의였으며, 무엇보다도 민족감정상 수용할 수 없는 것이었다. 반면에 '동화일체론'의 입장에서는, 민족성의 유지를 주장하는 '평행제휴론'이야말로 차별의 근거를 존속시키는 어리석은 주장이었다. 현영섭과 인정식의 논쟁, 그리고 녹기연맹과 동아연맹의 긴장관계는 양자의 대립과 긴장을 드러내는 실례이다.

그러나 녹기연맹의 조선인 이데올로그들의 바람에도 불구하고, 현실의 민족차별은 변함없이 존재하고 있었다. 그들은 조선민중에 대해서는 일본인으로 인정받기 위한 가일층의 협력을 요구했고, 식민지 통치권력에 대해서는 완곡하지만 집요하게 민족차별의 철폐를 요구했다. 물론 그들의 차별철폐의 요구는 어디까지나 통치권력의 이데올로기에 바탕하고 있었기 때문에, 말할 것도 없이 근본적인 한계를 안고 있었다.

:: 홍종욱

서울대학교 국사학과를 졸업하고 현재 도쿄대학 박사과정에서 공부하고 있다.

현재 해방을 전후한 시기에 초점을 맞춰 사회주의자의 전향을 주제로 박사논문을 준비하고 있다. 박사논문은 전향을 일탈과 변절로 치부하던 전통적인 시각을 넘어, 전향 논리의 꼼꼼한 분석을 통해 전향에 대한 내재적 비판이해를 지향한다. 앞으로는 좌파 지식인의 사상적 실천에 초점을 맞춰, 이를 제1차 세계대전 이후 현재에 이르는 동아시아 국제질서의 변동 속에서 고찰함으로써, 그 속에 담겨 있는 주변부 지식인의 고유한 사상의 결을 드러내는 작업을 하고자 한다.

주요 논문으로는 「중일전쟁기(1937~1941) 조선 사회주의자들의 전향과 그 논리」(2000), 「1930年代における 植民地朝鮮人の思想的模索──金明植の現實認識と'轉向'を中心に」(2004) 등이 있다.

해방을 전후한 주체 형성의 기도

─ 좌파 지식인의 '전향'을 중심으로

홍종욱

1. 들어가며

　해방 전후의 역사를 돌이켜 볼 때 시기순에 따른 세 개의 사상 공간을 상정할 수 있다. 1930년대 중반, 중일전쟁 발발 이후의 전시기戰時期, 그리고 해방 이후가 그것으로, '전쟁'과 '해방'이 각 시기를 나누는 전환점을 이루고 있다. 남한에서는 1930년대 중반까지의 민족해방운동과 해방 이후의 민족국가건설운동을 연결 지어 근현대사를 서술하는 것이 일반적이고, 북한의 경우는 전시기에 주목하고 있지만 만주 지역의 항일빨치산운동을 유일전통으로 삼고 있다. 결국 시공간적으로 가운데에 끼인 전시기 식민지 조선에서 벌어진 모색과 갈등은 남북 모두에 의해 민족국가 건설 도상으로부터의 일탈로 간주되고 있는 형편이다.

　사상, 혹은 지식인들의 존재양태에 초점을 맞추어 생각한다면 식민지 조선의 전시기를 드러내는 키워드는 '전향轉向'일 것이다. 이 글에서는 전시기 사상 공간의 성격을 밝힘으로써 그 이전 시기로부터 해방 이후로 이어지는 근현대사의 사상사적 맥락을 복원해보고자 한다. 특히 좌파 지식인으로서 전시기에 직접 전향을 표명하거나 혹은 전향이라 불릴만한 태도를 취한 김명식金明植, 인정식印貞植, 박극채朴克采, 윤행중尹行重 네 사람을 씨줄로 삼아,* 그들의 실천을 주변 정세의 움직임과 교차시키면서 그들이 살아낸 시대상을 그려보고자 한다.

전시기를 있는 그대로 직시한다는 것은, 민족국가 건설을 위해 바쳐진 분투의 역사에, '친일' 혹은 '전향'이라는 불순함과 불온함을 섞어 넣는 견디기 어려운 작업이 될 것이다. 그러나 이런 고통어린 과정을 통해서만 식민지기를 거쳐 오늘날에 이르기까지 한반도의 사람들이 온몸으로 감당해온 주체의 굴절과 변용의 과정을 비로소 이해할 수 있다고 믿는다.

2. 1930년대 중반 — 식민지하 주체 형성의 곤란

사회운동의 쇠퇴와 '비식민지화'

1927년 창립된 신간회는 조선공산당 중심의 사회주의자와 좌파 민족주의자 사이의 좌우합작운동의 결과였다. '기회주의를 일체 부인함'을 3대 활동 강령의 하나로 내걸고 있는 데서 알 수 있듯이, 갖은 어려움을 뚫고 신간회가 창립된 데에는 당시 조선사회 일각에서 벌어지고 있던 자치운동에 대한 강한 반대가 그 원동력으로 작용했다. 그러나 한편에서 신간회는 최초의 보통선거 실시를 앞두고 일본에서 고조되고 있던 합법무산정당의

---

* 방기중은 전시기 조선인의 경제론을 분석한 논문에서 金明植, 尹行重, 朴克采를 '전향한 사회주의자나 사회주의 계열의 경제학자'의 대표적인 예로 들고 있고, 印貞植도 '이 부류에 포함시킬 수 있다'고 분석했다. 방기중, 「조선 지식인의 경제통제론과 '신체제' 인식」, 방기중 편, 『일제하 지식인의 파시즘체제 인식과 대응』, 혜안, 2005, 47쪽.

설립 움직임과 직간접적으로 연동하는 측면을 갖고 있었던 바,[1] 식민지에서 합법적인 정치운동이 가능한가라는 근본적인 물음 앞에 그 스스로가 자치론의 망령으로부터 자유로울 수 없는 한계 또한 내포하고 있었다.

초기 사회주의 운동에 뚜렷한 족적을 남긴 바 있는 김명식은 신간회가 '무원칙한 상층연합'이라고 비판했다.* 김명식은 제1차 세계대전 이후 뚜렷해진 식민지에서의 공업의 일정한 발전과 그에 따른 민족부르주아지의 개량화를 '비식민지화'로 개념화하고, 그 대표적인 사례로서 인도의 스와라지 운동을 들어 비판했다. 여기서 사용하는 '비식민지화'는 인도의 공산주의자 로이 등이 제1차 세계대전 이후의 식민지 상황을 설명하기 위해 구사했던 'Entkolonisierung=Decolonization(식민지탈화植民地脱化)'와 같은 내용이었다. 이런 맥락에서 인도의 스와라지 운동이 가진 이미지가 신간회에 겹쳐지면서 비판이 가해졌던 것이다. 김명식은 대중조직=소비에트에 기반해 민족부르주아지를 견인할 것을 대안으로 주장했다. 이에 반해 조선공산당의 주류는 신간회의 창립을 주도했고, 당시 동경에서 비합법 공산주의 활동을 벌이던 인정식 또한 신간회를 지지하는 글을 남기고 있다.** 그러나 1928년 코민테른 제6차대회에서 민족부르주아지와의 연대를 끊고 즉각적으로 소비에트를 건설하라는 새로운 식민지 정책이 채택됨에 따라, 신간회는 창립 후 얼마 되지 않아 힘을 잃고, 결국 1931년에 해체된다.

식민지에서의 즉각적인 소비에트 건설이라는 슬로건은 이전부터의 김명식의 주장과 통하는 것이었지만, 코민테른의 새로운 정세판단은 '식민지탈화론'에 대한 비판으로서, 식민지에서 자본주의의 발전가능성을 부인하

---

* 김명식에 대해서는 홍종욱, 「1930年における植民地朝鮮人の思想的模索—金明植の現實認識と'轉向'を中心に」, 『朝鮮史研究會論文集』 42, 2004년 10월 참조.
** 인정식에 대해서 홍종욱, 「轉向から考える植民地·近代·アジア—1930~40年代における印貞植の實踐を中心に」, 『歷史學研究』, 근간 참조.

고 소련의 지원을 전제로 한 비자본주의적 발전의 길을 제시한 것이다. 이 같은 노선 전환은 소련사회 내부의 경직화와 맞물리면서 일체의 반제국주의적 과제가 소련 옹호로 환원되고 마는 문제점을 드러냈는데,[2] 실제 인정식의 경우도 소련, 그리고 전쟁에 대한 기대감을 나타내고 있었다. 민족주의자와의 일체의 연대를 거부하는 이와 같은 주장은 민족부르주아지와의 무원칙한 연대를 경계하면서도 그들을 견인하여 조선의 독자적인 산업과 문화를 건설하고자 했던 김명식의 주장과는 다른 것이었다.

지식인 중심의 조선공산당을 해체하고 대중운동을 강화하라는 코민테른의 지시와 대공황의 어려움에 처해있던 노동자·농민의 상황이 맞물리면서, 1930년을 전후로 조선의 사회운동은 급격한 고양되지만, 1932년을 정점으로 운동은 서서히 쇠퇴기에 접어든다.[3] 이후 사회주의자들의 전향도 눈에 띠기 시작하는데, 그 원인으로는 관헌의 철저한 탄압, '만주국'의 성립으로 대표되는 정세의 변화, 총독부가 추진하는 농촌진흥운동 등에 의한 일정한 사회안정 등이 거론되었다.[4] 1930년대 중반에 접어들면서 식민지 지배가 나름의 안정을 찾은 것은 사실이었고, 이런 상황의 변화가 사회주의자의 전향을 낳은 것이라고 할 수 있다. 최근 식민지 조선사회를 분석하는 틀로서 주목을 받고 있는 '식민지근대론'이 주로 1930년대에 초점을 맞추고 있는 것도 같은 맥락에서 이해할 수 있을 것이다.

제국 일본과 식민지 조선에서 일어난 일련의 변화는 영국의 인도 지배 등과 단순 비교될 수 있는 성질의 것은 아니었다. 이는 국제질서 속에서 일본의 이른바 '현상타파' 노선을 어떻게 볼 것인가 하는 문제와도 관련이 있다. 만주국의 수립에서 보이듯 일본이 반자본, 탈식민의 과제를 의사혁명擬似革命적으로 수행하는 측면, 즉 그 같은 과제를 어느 정도 체제 내화하는 측면을 갖고 있었다는 점을 인정하지 않으면 안 될 것이다. 그렇지 않고서는 코민테른 중심의 운동을 비판하면서 천황제 사회주의를 내걸고 벌어진 1933년 일본 공산주의자들의 대량 전향을 설명할 수 없다. 조선에서도 이 같은 움직임의 영향으로 사회주의자들의 전향이 발생했고, 사상계에서는 1935년 카프가 해산하기에 이른다. 그러나 또 하나 놓쳐서 안 될 사실은 조선의 전향은 아직 일본과 비교할 때 수에서도 적고, 내용에서도 사상과 신념을 바꾸는 적극적 전향이라기보다 '동요와 모색'이라는 형태가 주류를 이루고 있었다는 점이다. 이는 '민족'이라는 넘기 어려운 벽이 여전히 존재했기 때문이었다.[5]

조선연구·반제민족통일전선의 아포리아

사회운동의 열기가 잦아드는 가운데 민족주의자를 중심으로 '조선학운동'이 전개되었다. 사회주의자들은 일부 민족주의자들의 조선연구가 보이고 있던 국수주의, 신비주의적 경향을 경계했지만, 단순히 비판에 머물지 않고 스스로 '과학적' 조선연구에 뛰어든 경우도 눈에 띈다. 대표적인 예로 백남운白南雲의 『조선사회경제사』(1933)를 들 수 있다.* 백남운은 조선에도 노예제의 단계가 존재했다고 주장하는 등, 아시아적 정체성론을 극복하고 세계사의 보편적인 발전법칙이 조선사에도 적용되고 있음을 증명하고자 했다. 김명식도 조선의 역사와 문화를 논한 일련의 글을 통해, 단군신화를 과학적으로 재해석하고 민족이 근대의 산물임을 밝히는 등 과학적인 조선 인식의 확립에 힘썼다.

사회주의자의 조선연구는 국제주의·보편주의에 기반한 운동의 좌절에 대한 반성에서 비롯되었다. 즉 국제주의와 민족주의를 조화시키고자 하는 노력으로서, 조선이라는 주체를 정체와 퇴보의 이미지로부터 구해 이를 새로운 저항의 근거로 삼고자 하는 시도였다고 할 수 있다. 이는 조선이

---

* 백남운의 조선연구에 대해서는 방기중, 「한국근현대사상사연구―1930·40년대 백남운의 학문과 정치경제사상」, 역사비평사, 1992 참조.

놓여있는 식민지라는 현실을 정확히 인식하고 극복 가능성을 모색했다는 면에서, 반제국주의의 과제를 이론적으로 정립하는 과정이기도 했다. 사회주의자들의 조선연구는 반제민족통일전선의 사상적 근거로 작용할 수 있는 성격을 지닌 것으로, 반파시즘인민전선의 결성이라는 세계적인 움직임과 연결을 지어 이해할 필요가 있다.

강화되고 있던 파시즘의 위협에 맞서고자 하는 정치적인 인민전선의 움직임과 맞물리면서 작가들이 중심이 되어 전개하고 있던 유럽의 지성옹호·문화옹호의 운동은 식민지 조선에도 큰 시차 없이 소개되었다. 카프 해산으로 상징되는 운동의 좌절을 딛고 주체를 재건해야 한다는 과제를 안고 있던 조선 문단에서도, 유럽 그리고 일본 문화계의 영향 아래 휴머니즘을 필두로 지성론, 교양론, 모랄론 등 다양한 모색이 이루어졌다. 이런 흐름은 계급성을 강조하던 카프식 문학의 극복을 지향한 것으로 백철白鐵, 최재서崔載瑞 등에 의해·주도되었다.

한편 카프 서기장 출신인 임화林和는 이전 시기 문학의 경직성을 비판하면서도, '당파성'과 비판정신을 견지하고자 했다. 나아가 '조선의 특수성', '조선 현실의 독자성'에 관심을 기울이는 것 자체를 '개량주의'라고 비판했다.[6] 임화의 이런 입장은 당시 비합법 공산주의의 이재유李載裕 그룹과 연결되어 있던 경성제대의 미야케 시카노스케三宅鹿之助 교수가 '사회민주주의', '민족개량주의'와 더불어 백남운의 『조선사회경제사』를 들어 조선인 사이에 '이상한 충동을 야기'하고 있다고 비판한 사실과도 상통하는 것으로,[7] 인민전선적 사고와는 결을 달리했다. 당시 조선의 비합법 공산주의 그룹도 인민전선론을 검토하여 수용한 흔적이 눈에 띠나 실천활동에서 구체화한 예는 많지 않다. 원산그룹 사건으로 수감 중이던 최용달崔容達은 "다만 국제적 경향이라는 이유로 그것이 바로 조선에 구체화될 것이라고 추측할 수는 없다"라는 말로,[8] 인민전선론이 조선의 현실과 어긋나는 면을 지적했다.

인민전선 혹은 민족통일전선의 현실성을 문제 삼고자 할 때 그 핵심은 식민지에서 건전한 민족주의·민족부르주아지의 존재가 가능한가에 있었다. 최용달은 민족부르주아지의 '타락'을 고발하고 있다. 민족통일전선 결성의 필요성은 인정하지만, 그 한 축을 이뤄야 할 민족주의의 약체라는 현실에 실망하고 있었던 것이다. 민족부르주아지와의 연대에 부정적이면서도, 그들을 견인하여 조선 독자의 산업과 문화를 건설해야 한다는 김명식의 일견 모순적인 주장도 이런 딜레마를 드러내고 있다. 이는 주체 없는 민족통일전선 혹은 인민전선에 다름 아니었으며, 그 배후에는 안이하게 자유주의자·민족주의자를 주체로 상정할 수 없었던 식민지 현실이 존재했다. 조선연구 혹은 문단의 다양한 모색과 연결 지어 생각한다면, 이는 결국 식민지에서 지성, 교양, 전통이 있을 수 있는가, 식민지에서 휴머니즘이 과연 가능한가의 문제였다.

식민지 조선의 상황은 반식민지인 중국과도 달랐다. 그것은 주로 민족부르주아지 혹은 민족주의의 존재 양태의 차이였다.[9] 이런 차이가 중일전쟁이라는 위기를 앞에 두고 조선사회가 중국처럼 국공합작이라는 반제민족통일전선의 결성으로 나아가지 못했던 원인일 것이다. 저항 주체의 부재라는 현실이야말로 바로 식민지적이었다. 이는 식민지에서 저항은 가능한가라는 다소 절망적인 회의로 이어질 수 있는 성질의 것이었다. 최용달이 보인 인민전선의 가능성에 대한 회의, 김명식이 보인 식민지 현실에 대한 깊은 체념은 바로 이 같은 딜레마에서 유래했다.

사회성격 논쟁과 식민지 문제

1930년대 중반 벌어진 사회성격 논쟁에서도 가장 근본적인 대립은 식민지성을 어떻게 볼 것인가에 있었다. 논쟁의 당사자인 인정식은 먼저 당시의 논의 지형을 '민족주의 혹은 나로드니즘의 학파'와 '엄밀하게 과학적인 입장에 입각한 학파'로 나눈 뒤, 전자의 대표적인 논자로서 이훈구李勳求, 노동규盧東圭 등을 들어 강하게 비판하고 있다.[10] 실제 이들에 의해 대표되는 소농론小農論 혹은 농본주의적 입장에 바탕을 둔 흐름은, 1933년부터 시작된 총독부의 농촌진흥운동에 상당 부분 흡수되면서 체제 내화되어 갔다.[11]

본격적인 사회성격 논쟁은 후자, 즉 '과학적인 입장에 입각한 학파' 사이에서 벌어졌는데, 자본주의적 관계의 규정성에 주목하는 박문규朴文圭·박문병朴文秉과 이를 부정하고 '봉건'적 유제를 강조하는 인정식 사이의 논쟁이 그것이다. 인정식은 박문규·박문병에 대해 자본주의가 확립되었다는 잘못된 인식에 바탕하여 민주주의적 과제를 말살하고 있다면서 사회민주주의자라고 비판했다. 즉 '반봉건' 혁명의 관점이 없다는 뜻이었다. 한편 박문규·박문병은 인정식처럼 반자본주의의 관점을 갖지 않으면 반제국주의의 과제를 생각할 수 없다고 비판했다.

하지만 이 논쟁은 하나의 사실을 서로 다른 관점에서 표현하고 있었을 뿐이었다. 민족부르주아지 혹은 부농의 성장이 미약하고 영세과소농零細過小農이 퇴적되어 있는 조선의 현실은 누가 봐도 정체와 후진의 전형이었다. 문제는 이것이 아시아적 정체성의 결과인가, 아니면 식민지 지배의 결과인가 하는 데 있었다. 수천 년간 정체된 사회였기에 식민지로 전락했다는 설명도 가능하지만, 제국주의의 침략이 초래한 비참한 현실을 숙명론으로 덮어씌우고자 하는 것이 아시아적 정체론이라는 비판도 가능했다. 이는 소농사회론*을 비롯하여 동아시아의 전통사회에 대한 심도 깊은 분석을 요하는 문제로서 쉽게 답을 낼 수 있는 성질의 것은 아니다.

---

* 소농사회론에 대해서는 宮嶋博史, 「アジア小農社會の形成」, 溝口雄三 他編, 『アジアから考える 6, 長期社會変動』, 東京大學出版會, 1994 참조.

다만 이 글의 관심은 이 같은 식민지 조선의 현실을 당시 지식인들이 어떻게 인식했고, 또 그 극복을 위해 어떠한 주체의 구성을 기획하고 있었는가에 있다. 이와 관련해서 '금일의 조선을 집중적이고 핵심적으로 표현하는 조선에 대한 정의'는 '조선은 식민지라는 사실'이라는 박문병의 언급에 주목하고자 한다.[12] 인정식이 아시아적 정체성론의 영향으로 반제국주의의 과제를 놓치면서 식민지 인식에 불철저함을 보이고 있던 것과 달리, 박문규·박문병은 조선사회의 정체와 후진의 원인을 제국─식민지 관계 속에서 찾고자 했다는 면에서 '반봉건'의 과제를 반자본·반제의 과제와 통일적으로 이해하고 있었다고 평가할 수 있다.

3. 전시기 ─ 주체 형성 기도로서의 전향

중일전쟁과 대량 전향

중일전쟁의 발발은 조선사회에도 커다란 변화를 가져왔다. 개전 직후에는 소일개전蘇日開戰에 대한 기대로 인해 일시적이나마 사회운동의 기운이 되살아나기도 했다. 그러나 소련과 서구 열강이 소극적인 태도를 취하는 가운데 일본은 빠른 속도로 중국대륙을 장악해 갔고, 국제정세의 변동에 대한 기대를 잃은 조선의 사회주의자들 사이에서는 '대량 전향'이 일어났다. 전향자들이 밝힌 전향 동기도 1930년대 중반까지 '가족애', '구금에 의한 후회' 등이 주를 이루었던 데에 비해, 중일전쟁 이후는 '시국인식', '국민적 자각' 등 정치적·사회적 성격이 대부분을 차지한다.[13]

중일전쟁을 계기로 대량 전향이 발생한 배경에는 일본의 국력이나 군사력을 보고 느낀 좌절 외에 더욱 중요한 원인이 작용하고 있었다. 그것은 바로 전쟁이라는 외부적 계기가 사회 내부의 변혁을 추동하게 될 가능성,

즉 '전시변혁戰時變革'에 대한 기대였다.* 이는 최근의 이른바 '총력전체제론'이 딛고 있는 문제의식이기도 하다.** 실제 중일전쟁 발발 직후 일본에서는 사회대중당社會大衆黨이 돌연 정책전환을 이루어 '거국일치擧國一致'에의 참가를 선언한 바 있다. 1930년대 중반 일본 지식계의 반파시즘 흐름을 상징하는 토사카 준戶坂潤이 중일전쟁이라는 '소여所與의 사실'을 이용해야 한다며 사회대중당의 정책전환을 지지한 것도 같은 맥락에서 이해할 수 있을 것이다.

조선의 좌파 지식인들의 논조에도 변화가 확인된다. 경도제대京都帝大 경제학부를 졸업하고 조선에서 활동 중이던 대표적인 마르크스주의 경제학자 박극채와 윤행중은 일본의 경제통제 정책을 지지하는 글을 잇달아 발표했다.*** 박극채는 통제경제가 총력전인 제1차 세계대전의 산물이라고 분석하고, '고도국방국가高度國防國家'를 중핵으로 하는 '신체제'의 건설에 의해 보다 고차적인 ·계획경제로의 진일보가 이루어질 것으로 전망했다. 윤행중도 '신체제'가 아직 국가적 통제경제에서 벗어나지 못하고 있지만 주요산업의 국유화 등을 통해 계획경제로 이행해갈 것이라는 기대를 드러냈다.

박극채와 윤행중이 말하는 계획경제는 바로 사회주의 경제를 의미했다. 두 사람의 주장은, 총력전의 수행과정에서 단순한 통제경제로부터 더욱 고차원의 계획경제, 즉 사회주의 경제로의 일종의 평화적 이행이 가능하게 될 것이라는 전망을 담고 있었다. 여기서 필연적으로 강조되는 것이 '경제윤리'의 문제였다. 윤행중은 생산수단 소유자에게 큰 마찰 없이 역사

---

* '전시변혁'에 대해서는 米谷匡史, 「戰時期日本の社會思想—現代化と戰時変革」, 『思想』 882, 1997. 12 참조.
** '총력전체제론'에 대해서는 山之內靖·빅터 코슈만·成田龍一 編, 『總力戰と現代化』, 柏書房, 1995 참조.
*** 박극채와 윤행중에 대해서는 홍종욱의 「해빙을 진후한 경제통제론의 전개—朴克采·尹行重을 중심으로」, 『역사와 현실』, 근간 참조.

발전을 추진하기 위한 협력을 요청하기 위해서도 '공익우선의 원리'가 필요함을 주장했다. 김명식 또한 '공정가격제公定價格制'의 실시와 관련하여 경제의 윤리성을 강조했다. 한편 박극채는 '고도국방국가=동아신질서=경제신체제'의 '삼위일체론'에 바탕하여, 선진국에 의한 후진국의 착취에 불과한 자유무역에 대신하여, 고도국방국가가 역내 교환을 조정하는 새로운 질서로서의 광역경제 형성의 당위성과 필연성을 주장했다.

일본의 '혁신'정책에 대한 기대는 인정식의 실천을 통해 가장 극적으로 확인된다. 인정식은 효율적인 전쟁수행을 위해서라도 농촌에서의 '반봉건' 정책이 가속화될 것으로 기대했다. 전형적인 '전시변혁론'의 사고라고 할 수 있다. 인정식의 주장의 핵심은 농업의 희생 없는 공업의 발전, 즉 '농공병진農工竝進'이었다. 인정식은 '농공병진'은 세계사상 유례가 없는 '우리 제국'만의 현상이라고 주장하고, 이를 아시아 사회에 대한 마르크스주의 이론의 '부적응성'을 보여주는 증거로 받아들였다.[14] 이전 시기에 인정식이 아시아적 정체성론에 가까운 입장을 취하고 있었음에 비추어 볼 때, 전향을 계기로 아시아적 특수성의 부負의 측면에서 정正의 측면으로 강조점의 변화가 일어났다고 평가할 수 있다. 아시아적 특수성의 악순환에 빠져있는 중국과 조선을 해방시켜 선순환으로 전화시켜줄 외부적 힘으로서 제국 일본이 자리매김된 것이다.

'협화적 내선일체론'이라는 기투

조선인의 전향에 있어 가장 핵심적인 부분은 '내선일체'를 어떻게 받아들일 것인가의 문제였다. 민족이라는 넘기 어려운 벽이 존재하는 상황에서 '식민지 근대화론' 류의 논리만으로 총력전에 조선인의 주체적 참가를 이끌어내는 데는 한계가 있었다. 이는 1930년대 중반 일본의 대량 전향이 조선에 큰 영향을 주지 못한 이유이기도 했다. 역으로 중일전쟁 이후 조선에서 대량 전향이 일어났다는 것은 어떤 식으로든 민족 문제의 해결이나 우회가 가능했음을 의미한다. 여기서 전시기 조선의 담론 공간을 지배한 '내선일체'라는 구호에 주목하고자 한다. '내선일체'는 말 그대로 조선 민족 자체의 부정으로 이어질 수 있는 심대한 위협이었지만, 동시에 조선인의 지위 향상을 낳고 나아가 제국—식민지 관계에 변화를 가져올 수 있을 무언가로 해석될 여지를 안고 있었다.

'내선일체'와 관련해서는 조선인에게 있어 '차별로부터의 탈출'이라는 측면을 갖고 있었다는 점에 주목하여 새로운 해석의 가능성이 열린 바 있다.[15] 이는 전시체제가 갖는 '강제적 균질화(Gleichschaltung)'의 측면에 주목하는 총력전체제론의 문제의식과도 통하는 것이다. 그러나 차별의 완벽한 철폐란 불가능했고, 결국 내선일체를 둘러싼 논의는 '내지'와 '조선'의 차이를 어떻게 관리·배치하여 제국의 통합성을 이루어낼 것인가 하는 문제로 드러났다. 이와 관련해서는 당시 조선에서 벌어졌던 이른바 '협화적 내선일체론'과 '철저일체론'의 대립이 주목된다. 전자는 '내선일체'를 재해석하여 조선의 독자성을 주장하는 논리로 삼고자 했으며, 김명식, 인정식 등이 대표적인 논자였다. 이에 반해 후자는 말 그대로 완전동화를 지향한 것으로 현영섭이 대표적인 논자였다. 대다수의 전향자들은 적극적이든 소극적이든 '협화적 내선일체론'의 입장을 취하고 있었다.

'내선일체'의 해석을 둘러싼 논쟁을 가능케 한 것은 중일전쟁기라는 독특한 시기적 공간의 존재였다. 중일전쟁이 장기화되는 가운데 일본에서는 동아협동체론, 동아연맹론 등이 현실의 정치 흐름으로 구체화되면서 독특한 사상 공간이 형성되었다. 동아협동체론은 대외적으로는 중국과의 화해를 통한 전쟁 종결을, 대내적으로는 반자본주의적 혁신 정책의 실시를 내용으로 하고 있었다. 오자키 호쓰미尾崎秀實, 미키 기요시三木清 등의 혁신좌파가 주도했으며, 중국의 타자성을 인정하는 것이 그 핵심 내용이었다. 김명식, 인정식 등의 '협화적 내선일체론'자는 직접 동아협동체론에 대한 기대를 표명하면서, 중국과의 관계를 설명하기 위해 제출된 협동체의 원리를 조선과의 관계에도 도입할 것을 주장했다. 동아연맹론 또한 각 민족의 '정치적 독립'을 인정하고 있었다는 점에서, 조선의 전향자들에게 직간접적으로 영향을 미치고 있었다.*

김명식은 '팔굉일우八紘一宇'는 '협화만방協和萬邦'을 뜻하며, 이는 각 '방邦'의 독자성이 존중되는 것을 의미한다고 주장했다. 경제정책에 있어서도 '내외지內外地'를 망라한 일원적 경제통제의 강화를 주장하면서도, 이것이 결코 조선 경제의 독자성과 배치되지 않는다고 보았다. 조선의 산업과 문화의 독자적 발전이 필요하다는 주장에서는 1930년대 중반, 즉 전향 이전의 논리와의 연속성이 확인된다. 김명식의 주장은 조선을 동아협동체의 한 주체인 '특수(경제) 단위'로 세워야 한다는 것으로 요약할 수 있는데, 이는 일종의 자치론적 성격을 띠고 있었다. 인정식은 조선어 폐지를 주장하는 현영섭을 강하게 비판하고, 조선 고유의 언어, 문화, 전통, 민족정신을 새롭게 형성될 '신일본민족新日本民族'의 일부면一部面으로 유지·발전시켜야한다고 주장했다. 이전 시기 조선이라는 주체에 대한 인식이 부재했던 인정식의 이 같은 논조의 변화는, '내선일체'라는 위기적 상황에서 오히려 조선이라는 주체에 대한 관심이 폭발했던 전시기 조선의 독특한 상황을 상징적으로 보여주고 있다.

굴절된 '공동전선'으로서의 전향

카프 해산 이후에도 비평정신의 옹호를 주장하던 임화에게도 변화가

---

* 조선인의 동아연맹론 수용에 대해서는 변은진, 「日帝 戰時파시즘期(1937~45) 朝鮮民衆의 現實認識과 抵抗」, 고려대학교 박사학위논문, 1998, 297쪽; 松田利彦, 「植民地末期におけるある朝鮮轉向者の運動と日本國體學·東亞連盟運動」, 『人文學報』 79, 1997년 3월 참조.

나타났다. 『조광朝光』 1941년 3월호에 실린 국민총력연맹 문화부장과의 대담은 전시기 임화가 취하고 있던 입장을 상징적으로 드러내준다. 대담에서 임화는 국책문학의 필요성을 인정하면서도, 일본과 다른 조선 나름의 문학을 보존할 필요가 있다고 주장한다. 일찍이 임화는 조선연구에 대해 부정적 입장을 밝힌 바 있으나, 전시기에 들어선 뒤 1930년대의 조선연구를 '이식성移植性과 국제주의에 대한 반성'으로 재평가한다.16) 스스로도 출판사를 세워 '조선문고朝鮮文庫'를 기획, 조선의 전통과 문화를 정리하는데 힘썼다. 해방 후 임화는 전시기의 문학에 대해, 조선인 사이에 '조선어', '예술성', '합리정신'을 지키기 위한 '공동전선'이 존재했다고 회고한 바 있다.17)

임화가 말한 '공동전선'의 무대가 된 것은 최재서가 주간으로 있던 잡지 『인문평론人文評論』이었다. 최재서는 『인문평론』 창간호의 「모던문예사전」이라는 용어·개념 설명란에서 『크라이티리언Criterion』에 대해 언급하고 있다.* 『크라이티리언』은 T. S. 엘리어트에 의해 발간된 잡지로, 전간기戰間期 유럽의 지식계를 대표하는 잡지의 하나였다. 1939년 1월 엘리어트는 임박한 전쟁에 대한 예감 속에서 『크라이티리언』을 폐간시키는데, 이것은 유럽에서의 문화옹호·인민전선의 한계점을 보여주는 상징적 사건이었다. 최재서는 『크라이티리언』의 폐간이 '문학적 표준의 붕괴'라고 안타까워하면서, 『인문평론』 창간호의 권두언을 통해 '문학의 건설적 역할'을 다할 것을 다짐했다. 그리고 『인문평론』은 1930년대 엇갈린 입장을 보였던 임화와 최재서가 함께 활동하는 '공동전선'의 장으로서 기능한다.

1939년 식민지 조선이라는 전간기 시공간의 한쪽 끄트머리에서 지연되고 굴절된 형태로 인민전선이 실현되기에 이르렀다. 그러나 그것은 이

---

* 최재서의 T. S. 엘리어트 수용에 대해서는 미하라 요시아키三原芳秋씨에게 귀중한 가르침을 받았다.

미 반파시즘 인민전선은 아니었다. '전향'이라는 형식을 취함으로써 비로소 모습을 갖추게 된 식민지 조선 내의 '민족통일전선'은, 국제적인 반파시즘 인민전선의 일환이 아니라 오히려 제국 일본을 무대로 전개된 국민전선의 일각을 이루는 한에서 '허용'된 셈이다. 이런 전도顚倒를 가능하게 한 것은 일본의 국민전선이 갖고 있던 의사혁명적 성격이었고, 보다 본질적으로는 '제국주의 대 식민지' 구도와 '국민전선 대 인민전선' 구도 사이의 미묘하고도 복잡한 일치와 불일치 관계였다. 이런 측면은 파시즘을 비판하면서도 제국 정부의 반모더니즘, 반자유주의 문예정책을 지지했던 김명식의 모순적 태도에서도 확인된다.

한편 국내에는 끈질기게 비합법 공산주의 운동의 맥을 잇는 그룹들이 존재했다.[18] 그리고 중국대륙에서는 국공합작의 항일전선과 행동을 같이 한 김원봉金元鳳의 민족혁명당民族革命黨 등의 반제민족통일전선의 움직임이 존재했다. 그러나 '전향'을 통해 '조선어'나 '합리적 정신'을 지키고자 한 지식인들과 이들 세력을 이어주는 연결의 흔적은 쉽게 찾아지지 않는다. 운동과 사상이 만나지 못하고 또 지역적으로도 이산되어 있는 조건이야말로 식민지적 특징에 다름 아니었다.

중일전쟁기 중국에서는 반제민족통일전선으로서의 국공합작이 형성되었다. 이 또한 일본 제국 붕괴 후의 국공내전을 통해 확실히 드러나듯이 그 안에 많은 모순을 안고 있었지만, 제2차 세계대전의 전개와 맞물리면서 국제적인 반파시즘 인민전선의 성격을 명확히 했다는 점에서, 조선의 상황과 비교해 볼 때 식민지와 반식민지의 차이를 다시금 느끼게 한다. 한편 제국 일본의 중심에서는 중일전쟁 개전 직후 두 차례에 걸친 검거사건으로 인민전선운동은 큰 타격을 입는다. 그러나 일본의 인민전선운동은 애초부터 지식인 중심의 움직임이었기에 대중의 지지는 빈약했다는 지적이 있다. 이에 대해 구노 오사무久野收는 "내셔널리즘의 이름으로 인민의 자주, 자립의 운동이 만약 거기서 가능했다고 하면 사태는 매우 달라지지 않았을까"라고 회고한 바 있다.[19] 어쩌면 전시기 일본의 혁신좌파의 실천이야말로 구노가 말한 방향성을 의식하고 있었을지도 모른다. 인민전선=국민전선은 제국의 중심, 식민지, 반식민지에서 각각 서로 다른 형태로 나타났지만, '국가 대 인민의 도식으로는 현실에 개입할 방법이 없다'는 구노의 지적에 기대어 생각한다면, 서로 공통점을 갖고 있었다고 할 수 있다.

1940년을 지나면서 일본 내 혁신의 기운은 쇠퇴한다. 이와 연동하여 조선에서도 '내선일체'나 혁신을 둘러싼 논의 공간은 닫히게 되고, 다양한 가능성을 모색해오던 전향 좌파들은 잇달아 붓을 꺾는다. 전향을 통한 주체 형성이라는 좌파 지식인의 기획은 좌절로 끝을 맺었다. '내선일체'가 식민지 조선의 주체성을 끌어내기 위한 총력전의 논리였다면, '협화적 내선일체론'은 더욱 철저한 총력전체제의 건설을 지향한 기투企投로서 그 임계점을 넘나드는 것이었다. '협화적 내선일체론'이라는 이름의 '전시변혁'의 좌절은 제국 일본의 총력전체제의 불철저성 혹은 불가능성을 드러냈다. 즉 조선이라는 주체의 부정은 제국이라는 주체의 부정이기도 했던 것이다. 1943년 김명식의 병사病死는 전향 좌파에게 닥친 사상적·육체적 한계를 상징한다.

이후 전쟁에 대한 일방적 동원만이 강요되고 조선어의 사용 또한 극히 제한받는 상황에서, 최재서는 잡지 『국민문학』을 통해 일본어로 쓰인 조선문학의 가능성을 제기한다. 이는 '국민' 안에 복합성·다양성을 집어넣으려는 최후의 시도였다. 인정식의 '농업재편성론'도 같은 맥락에서 이해할 수 있을 것이다. 인정식은 조선 나름의 '국토계획'을 통한 '농공병진'의 추진을 주장함으로써, 제국 질서 속에서 조선의 지위를 확보하려는 노력을 전개했다. 그러나 총독부의 농업정책은 인정식의 주장과는 거리가 먼 식민지 지주제를 온존시키는 방향으로 귀착되고 만다. 농업재편성론을 둘러싼 논의의 경과는 총력전체제, 나아가 식민지 근대의 극한과 그 파탄을 여실히 보여준다.

4. 해방 이후 ― 주체의 굴절과 변용

해방을 전후한 연속과 단절

해방 직후 민족국가 건설을 위한 실천은 식민지 지배의 성격을 규명하는 데에서 시작되었다. 박극채와 인정식은 식민지 지배에 대해 조선을 순수한 식량생산기지, 농업국으로 삼고자 한 것이라고 비판했다. 윤행중도 식민지 지배의 결과 농공업간의 불균형이 초래되었다고 분석했다. 즉 이들은 식민지 지배하의 조선사회를 '식민지반봉건사회'로 규정했고, 따라서 '반제반봉건' 과제 수행의 필요성을 도출했다. 그 구체적인 슬로건은 '평민적 토지개혁'과 '자주경제의 확립'이었다. 특히 토지개혁이 가장 시급한 과제로 제기되었다.

민족국가의 건설은 국제인민전선의 원조를 통해 가능하다고 설명되었다. 국제민주주의 진영을 주도하고 있는 미·소와의 협조가 중시되었으며, 구체적으로는 신탁통치안과 그에 따른 미소공동위원회의 원만한 진행에 기대가 모아졌다. 박극채는 '근대민족'과 달리 '현대민족'의 형성은 '세계적 인민전선의 결성과정'과 불가분의 관계를 갖고 있다고 분석했다.[20] 1920년대식의 '민족자결주의'와는 다른 1930년대 이후의 역사적 경험이 담겨있는 주장이라고 할 수 있다. 국내적으로도 민족통일전선의 형성이 중시되었다. 무엇보다 식민지라는 조건 속에서 만날 수 없었던 사상과 운동, 그리고 해외세력의 결합이 이루어짐으로써 정치의 공간이 활짝 열렸다. 박극채와 윤행중이 아카데미즘의 벽을 넘어 좌파 지도자로서 활발한

활동을 벌인 것이 좋은 예라고 하겠다. 경제 강령에 있어서도 급격한 사회
주의화가 아니라 인민전선 단계를 유지할 필요성이 제기되었다. 토지개혁
의 경우를 보더라도 초기의 집단화, 국유화 주장이 사라지고 소농경영의
장기적 지속을 긍정하는 입장이 주류를 형성해갔다.[21]

경제통제의 필요성에 대한 주장에서는 전시기와의 연속성이 확인된다.
윤행중은 미군정이 초기의 자유시장경제 정책을 철회하고 경제통제 정책
으로 전환한 것을 긍정적으로 평가했다. 한편 통제경제에서 주요 산업의
국유화를 통해 계획경제로 나아가는 데 있어, 일본인 소유의 주요 산업시
설과 광대한 토지가 주인 없이 남겨진 상황이 이행의 유리한 조건을 이루
고 있다고 평가했다. 전시기에 '경제윤리'만이 강조된 것과 달리 '정치혁
명'의 필요성도 주장되었으나, 윤행중은 당시 조선이 이미 '사회주의의 단
초 형태'에 진입했다고 분석했다. 전시기 '전쟁'이라는 외부적 조건을 매
개로 평화적 이행이 전망되었듯이, '해방'이라는 또 다른 외부적 요인 역
시 평화적 이행의 유리한 조건으로 고려되었던 것이다.

냉전체제의 형성과 주체의 변용

분단이 고착화되고 남과 북에 이질적인 사회체제가 형성됨에 따라 좌
파 지식인들의 행보도 엇갈렸다. 인정식이 갖고 있던 청사진은, 토지개혁
을 통해 소농경제를 안정시키고, 증진된 농촌 구매력을 바탕으로 공업의
자주적 발전을 달성한다는 것이었다. 그러나 인정식은 1949년 11월 보안
법 위반으로 검거된 뒤 다시 전향을 밝히고 출옥하는 우여곡절을 겪는다.
인정식은 '평민적 토지개혁'을 주장했으나 소농 경영의 긍정성을 인정했
다는 면에서 당시 남한 정부가 검토하고 있던 유상매수 유상분배의 농지
개혁과 화해의 여지가 있었다. 또한 미국에 대한 경제적 종속이 우려되었
으나, 이미 정부가 수립된 이상 종속적이나마 조선의 주체성이 인정되는

경제발전은 충분히 예상될 수 있었다. 인정식의 재전향은 해방 이후 남한이 걸을 길을 예고하는 것이었다. 전시기 파탄으로 끝난 '농공병진'의 기획은 해방 후 한국에서 굴절을 겪으면서도 현실화되었던 셈이고, 이것이야말로 해방이 갖는 가장 큰 의미가 아닌가 생각한다. 인정식은 전향자 단체인 '국민보도연맹國民補導聯盟'에서 활동하지만 한국전쟁 이후의 행적은 확실치 않다.

해방 직후 박극채, 윤행중은 경성제대의 후신인 경성대학으로 옮겨 대학 재건에 참여했으나 '국립대학설립안'을 둘러싼 갈등, 일명 '국대안 파동'으로 대학을 떠나게 된다. 박극채는 북으로 올라가 이제 막 설립된 김일성종합대학의 문학부장에 취임한다. 그후 경제학부가 생긴 뒤에는 경제학부장으로 자리를 옮기기도 하나, 한국전쟁을 전후해서 사망한 것으로 보인다. 윤행중 또한 1948년 정부수립에 즈음하여 북으로 올라가 국가계획위원회 위원 등으로 활약하면서 신생국가의 경제건설에 참가한다. 여기서 우리는 제국대학 출신으로서 마르크스주의 경제론을 전개하다가 전시기 경제통제 정책에 대한 지지를 거쳐 전후 민족국가 건설에 참가하는, 전쟁과 해방을 꿰뚫는 지知의 흐름을 확인할 수 있다.

건국 직후 그리고 한국전쟁을 거치고 난 뒤에도 북한사회에는 어느 분야를 막론하고 상당한 유동성이 존재했다.[22] 건국에 참여한 다양한 정치세력들의 균형관계가 유지되는 가운데, 경제적으로는 소농경영 및 부르주아지의 활동이 보장되는 다多우클라드체제가 유지되었다. 국제관계에 있어서도 민족주의와 국제주의를 조화시키려는 노력이 시도되었다는 것이 당시 '정치교양사업' 등을 통해 확인된다.[23] 윤행중도 중공업 우선의 발전전략이 필요함을 인정하면서도 경공업과 농업을 동시적으로 발전시킬 것을 역설하고, '자본주의적 기업가 및 상인, 부농 등 부르주아지'에 대해서도 '일정한 조건하에서 보호·발전시킬' 필요성이 있다고 주장하는 논문을 남기고 있다.* 당시의 시대상을 반영하고 있는 것으로 해석할 수 있다.

1950년대 중반을 지나면 상황에 변화가 생긴다. 김일성이 이끄는 빨치산파에 권력이 집중되면서, 국제적으로는 '주체'를 강조하는 자립노선을 내걸게 되었고, 경제적으로는 급격한 농업집단화와 중공업 위주의 발전을 내용으로 하는 사회주의로의 급속한 이행이 시도되었다. 이 과정에서 인민전선 단계의 유지나 국제주의와 민족주의의 조화를 주장하는 세력은 사대주의·수정주의로 몰려 대대적인 숙청을 당한다. 윤행중 역시 1959년 자유주의 반당분자라는 혐의로 숙청되었다고 알려져 있다.[24] 이후 북한은 '민주기지론' 및 '평화통일론'을 내걸고 사회 내부의 건설에 주력한다. 이는 남한의 반공독재체제의 공고화, 샌프란시코 강화조약에 의한 일본의 독립, 일본 '공산당의 국민화',[25] 재일조선인에 의한 '총련總聯'의 건설과 기존의 '조련朝聯'의 참정권 획득 운동 비판 등 동아시아의 상황과 연동하는 것으로서, 제국의 해체와 복수의 국민국가에 기반한 냉전체제의 일환을 이루었다.

5. 나오며

제1차 세계대전은 근대의 모순이 극렬하게 발현된 사건이었다. 엄청난 폭력과 희생 앞에 그때까지 근대사회를 지탱해온 여러 규범은 크게 흔들릴 수밖에 없었다. 기존의 세계체제, 즉 제국─식민지 체제 또한 그 한계를 노정했다. 근대의 모순에 직면하여 그것을 극복하고자 하는 움직임이 '개

---

* 尹行重,「過渡期における北朝鮮経済の諸特徵」,『國際政経事情』22, 愛知大學國際問題研究所, 1957. 이 논문은 원래 북한의 과학원이 발행한 『8·15해방기념 경제논문집』에 수록되어 있으며, 내용을 볼 때 1955년에 쓰인 것으로 추정된다.

조'의 기운으로 드러났다면, 그것을 관리하고 다시 체제 내화하고자 하는 노력은 '총력전체제'의 수립을 낳았다. 1920년대 일정한 안정기가 도래하지만 1929년 대공황을 계기로 모순은 다시 폭발한다. 식민지 조선에서 일어난 급격한 사회운동의 고양 또한 이런 거시적인 맥락에서 이해할 필요가 있다. 그러나 유럽의 파시즘이 그러했듯이, 일본의 '현상타파'정책은 의사혁명적 성격을 띠고 민중의 에너지를 흡수하면서 성장해갔다. '만주국'의 성립은 이런 상황을 상징한다.

식민지 조선의 사회운동이 잦아드는 가운데, 일부 사회주의자들도 참가하는 형태로 조선연구의 유행이 찾아왔다. 이는 국제주의, 보편주의 일변도의 운동에 대한 반성에서 나온 것으로서, 국제주의와 민족주의를 조화시키고자 하는 노력이었다. 즉 조선이라는 주체를 퇴보와 정체의 이미지로부터 건져내어 새로운 저항의 근거로 삼고자 하는 것으로, 유럽이나 일본의 인민전선의 움직임과도 연동하는 반제민족통일전선 수립의 사상적 근거라고 평가할 수 있을 것이다. 그러나 이에 대한 사회주의운동 주류의 평가는 부정적이었다. 건전한 민족부르주아지, 혹은 교양과 전통을 옹호하는 자유주의자가 존재할 수 없는 식민지 상황에서, 민족통일전선·인민전선의 수립은 곤란한 일이었다. 이는 식민지에서 주체의 부재, 즉 해방의 불가능성을 의미하는 것이기도 했다. 다가오는 전쟁의 위협 속에 반제민족통일전선이 성숙해가고 있던 중국의 상황과 비교한다면, 식민지와 반식민지의 차이는 뚜렷하게 드러난다. 식민지 조선에는 깊은 침체와 좌절이 찾아왔다.

중일전쟁의 발발에 의한 총력전체제의 본격적 형성은 식민지 조선사회에도 커다란 변화를 가져왔다. 일본 본국에서 혁신세력이 대두하자 국가가 주도하는 사회변혁에 대한 기대를 불러일으켰다. 식민지 조선인의 주체성을 끌어내기 위해 내세운 '내선일체'는, 민족 말살의 위협으로 받아들여져 조선의 주체성에 대한 관심이 폭발하는 계기로 작용하는 동시에, 전쟁 협력의 대가로 조선의 독자적 발전을 보장받겠다는 일종의 '전시변혁론'의 제기로 이어졌다. 대량 전향으로 드러난 좌파 지식인의 사상적 전회는, 민족통일전선·인민전선에 대한 열망을 지연되고 굴절된 형태로 반영하고 있다고 볼 수 있다. 그러나 이 같은 주체 형성의 기획은 제국 일본의 질서에 수용되지 못하고 압살되고 말았다.

해방으로 조선사회에 비로소 '민족통일전선=반파시즘 인민전선'의 조건이 갖추어졌다. 전쟁이 그랬던 것처럼 해방 또한 외부로부터 주어졌지만, 그것을 받아들여 '반제반봉건' 과제를 수행하기 위한 계기로 삼고자 하는 좌파 지식인들의 노력이 이어졌다. 여기서 전쟁과 해방을 관통하는 주체 형성의 기도를 확인할 수 있다. 냉전체제의 형성과 그로 인한 분단과 전쟁을 거치면서 주체는 더욱 심한과 변용과 굴절을 경험한다. 자주와 종속 사이에서 갈등과 모색을 계속해온 이남과, 주체를 중시한 이북이 처해 있는 곤란은 이를 웅변한다.

2006년 여름 남한에서는 정부가 추진하는 한미 FTA협정을 놓고 제2의 식민지화라고 규탄하는 목소리가 높다. 한편 북한과 중국의 급속한 경제적 접근은 북한의 동북 제4성화를 초래하는 것이 아니냐는 우려와 함께, 지금까지와는 다른 유연하고 복합적인 새로운 주체로의 전환을 동반할 것이라는 낙관적인 전망도 낳고 있다. 한반도의 근현대사를 최종심급에서 규정해온 자주와 종속 사이의 흔들림은 지금도 계속되고 있다. 이는 어쩌면 한반도의 지정학적 위치에서 유래하는 숙명일지도 모른다.

'대한민국'과 국민만들기

─ 태초에 전쟁이 있었다

3부를 묶으며

| 황병주 |

국민국가는 그 구성원인 국민/민족(nation)이 자유·평등의 자율적 주체로서 자발적으로 국가에 참여한다는 정치적 가정, 즉 인민 주권에 근거한다. 다시 말해 국가성립의 핵심인 주권 문제를 국민/민족에서 도출함으로써, 국민국가가 치자와 피치자의 동질성에 입각한 독특한 정치공동체임을 상정한다. 따라서 국민국가는 다른 국가와 달리 중앙권력의 선포로 그 성립 과정이 완결될 수 없고, 반드시 주권의 근원인 국민/민족이 구성되어야 한다.

그러나 다양한 사회세력과 계급 사이에 존재하는 차이와 적대로 인해 통합적 국민/민족을 만들어내기는 매우 힘들다. 그것은 정복과 피정복의 문제이기 때문에 불가피하게 '정초적 폭력'으로서의 전쟁을 유발한다(거의 모든 국민국가의 창세기마다 전쟁[내전]이 등장하는 것은 결코 우연이 아니다). 또한 능동적으로 충성하는 생산적인 국민/민족을 만들기 위한 규율화가 필요하고, 정상적인 국민/민족임을 확인시켜주는 타자의 구성도 요구하는 매우 복잡하고 장기지속적인 과정이다. 요컨대 국민국가 형성은 곧 국민/민족 만들기이며, 그 과정은 근대(화)라는 더 넓은 맥락의 정치적 집중의 결과이다.

국민국가 수립의 문제는 근대(화) 과정에서 필연적으로 제기되는 것인데, 한국의 경우에는 그것이 식민화로 인해 '사산된 국가'를 통해 경험됨으로써, 무엇인지 진지하게 따져보기도 전에 무조건적으로 먼저 성취해야 될 정언명령이 되고 말았다. 이 때문에 해방 이후 한국 현대사 연구의 주류는 국가에 초점을 맞췄지만, 그 관심은 주로 국가 수립 과정의 정치나 이념에 집중되었다. 결국 일부 상층 엘리트를 중심으로 하는 협소한 정치사는, 광범위한 대중의 동원과 탈동원의 경험이 만들어내는 국민국가와 그 주체로 상정된 '국민/민족'의 역사적 형성이란 문제를 담아낼 수 없었다.

해방 이후를 건국과 발전의 영광스러운 과정으로 정리하든지, 아니면 '통일민족국가' 건설의 좌절과 실현을 위한 투쟁의 역사로 보든지 간에, 국민국가를 절대목표로 상정한 역사(학)에서 그것은 당위이지 의문의 대상이 되지 않는다. 이는 무엇보다 국민국가를 근대(화)의 필연적 결과 또는 목표로 상정하는 것이므로, 근대를 절대시하는 문제 설정에서 벗어나지 못한다. 절대화된 국민국가를 다시 상대화해서 그 형성 과정을 구체적으로 검토하는 것은 한국의 근대(화) 과정을 국가 외부에서 바라보게 함으로써, 그것이 내포한 새로운 사회적 적대와 갈등의 문제가 국민국가를 매개로 어떻게 '상상의 공동체'를 통해 해소되었는지를 강력하게 환기할 수 있다. 요컨대 국민국가라는 문제 설정은 근대 자체를 문제 삼는 것이고, 그것의 핵심은 근대적 지배-피지배 관계를 역사적으로 확인하고 비판하는 것이다.

임종명의 「여순반란 재현을 통한 대한민국의 형상화」는 여순사건을 재현한 신문·잡지 등의 텍스트 분석을 통해 '반란 참가자를 인류와 민족의 적으로 타자화시키고, 동시에 대한민국을 민족과 인류의 이름으로 정당화하려는 노력'들을 보여준다. 임종명은 그것이 국가의 문화사업(cultural state project)이었다고 규정한다. 즉 국가의 존립이 '지배와 권위의 정통성'을 획득했는지 여부와, 그것이 결국에는 지배에 대한 피지배자의 인식에 의해 결정된다는 문제의식이다. 그러나 국가의 문화사업은 내부적 충돌과 상충을 내포한다. 즉 '휴머니즘의 대한민국'은 '비인간적이고 전근대적인 대한민국'의 모습과 충돌했고, 이를 해소하기 위한 전략을 만들 수밖에 없었다. 그래서 반란군을 '인면수심'의 '역천逆天의 무리'로 배제하는 전략이 요구되었지만, 이는 결국 종족주의적 민족주의와 역행할 수밖에 없었기에, 충돌의 봉합은 미봉일 수밖에 없었다. 이런 충돌은 대한민국의 폭력성과 규율권력화 간의 모순과 연결된다. 그러나 임종명은 양자 간의 단순 대립구도를 비판하면서 '규율화와 이를 위한 물리력의 동원 요구'는 '외견상 상충된' 것이며, 양자의 '동시적 충족 과정'에서 초기 대한민국이 형성되었다고 주장한다.

임종명의 연구는 방법론적으로 새로운 텍스트 분석을 시도한다. 즉 텍스트 이면의 의미, 그리고 진실성보다는 '기술된 것의 외면성'에 초점을 맞춤으로써, 텍스트의 대중적 효과와 규율화를 중요한 검토 대상으로 삼는다. 그의 연구는 국가의 폭력성과 규율화를 전근대/근대의 단순 대립으로 보는 위험을 지적하고 대한민국이 형성되는 과정의 역사적 복합성을 드러냄으로써, 국민국가 인식의 수준을 한 단계 끌어올리고 있다.

국가폭력과 규율화를 통해 국가와 국민의 형성을 분석하는 일은 곧 그 직접적 대상인 대중의 역사적 경험과 연결되어야 한다. 김영미의 「해방 직후 정회를 통해 본 도시 기층사회의 변화」는 그 동안 정치·운동사에 집중된 현대사 연구를 넘어, 해방 직후 정회의 변화를 통해 식민 경험의 흔적이 어떻게 해방 후까지 영향을 미치고 있었는지를 '대중의 경험'이라는 차원에서 분석한다. 일제시기 정회는 기층 지배조직이자 저항의 공간이기도 했으며, 해방 후에도 기층 단위에서 지배와 저항이 상호작용하는 곳이었다. 정회제의 이런 모습은 대중의 역동성을 보여주는 것이자, 동시에 지배체제의 생존력을 보여주는 것이기도 하다. 해방 직후 좌우 정치세력도 일제가 만들어 놓은 동원체제 자체를 부정하는 데까지 나아가지 못했고, 그것을 오히려 국가건설에 유용한 것으로 파악했다. 이에 따라 정회-애국반은 1946년 중반까지 좌익의 계몽조직이자 동원조직으로 활용되었고, 좌익의 퇴조와 함께 우익의 동원기구로 이용되었으며, 1947년 후반부터는 중앙행정을 보조하는 말단 지배조직으로 재편되었다.

이 연구는 식민지와 해방의 단절적 이해를 넘어 국가 지배체제의 연속성과 그 함의를 드러내면서, 동시에 지배-저항을 단순 대립구도로 보지 않고 그 중첩과 복합성을 강조한다는 점에서 기존 연구와 구별된다. 즉 대중의 경험이란 차원에서 '해방공간'은 탈식민화의 비가역적 일방통행이 아니라 식민 질서의 연장 내지는 변형의 시공간일 수 있었으며, 해방이 곧 지배-피지배 질서의 해체를 의미하는 것만은 아니었다. 정치적 독립의 완성으로서의 민족국가가 식민 지배 질서의 토대 위에서 가능했다는 역설은, 식민과 탈식민을 관통하는 국민국가에 대한 새로운 이해의 필요성을 제기한다.

강인철의 「한국전쟁과 사회의식 및 문화의 변화」는 '근대적 국가형성(state-building)'의 맥락에서, 한국전쟁 이후 1950년대를 '국민형

성과 국민통합'이라는 근대적 사회통합의 핵심적 경험으로 간주하면
서 정치·사회·문화적으로 방대한 영역을 분석한다. 해방공간의 계급
적 시민사회는 전쟁을 거치면서 완전히 해체되고, 강제적인 탈계급화
및 전통적 규제력의 약화가 이루어졌으며, 이를 통해 '개별화된' 시민
사회의 성원들은 '국민'으로 호명되었고, 시민 대중이 그것을 수용함
으로써 사회적 재통합이 진행되었다. 요컨대 한국전쟁은 '국민을 창
출하는' 가장 중요한 역사적 시기였다. 강인철은 그 결과를 세 가지로
정리하고 있다. 첫째, '근대적인 국민 형성과 통합'이라는 관점에서
볼 때, 한국전쟁을 거치면서 국민개병제, 의무교육제, 지방자치제 등
의 사회적 기초가 구축되었고, 문화적 토대로서 '냉전적인 반공·친
미·자유민주주의라는 이데올로기 복합체'로 구성된 신념체계가 형성
되었으며, 이와 결합된 유사종교적 의례·성소·성인의 체계로 이해될
수 있는 일종의 '시민종교'가 마련되었다. 둘째, 1950년대는 독특한
유형의 근대성이 원형적으로 형성된 시기였으며, 그 과정은 '가족주
의'의 근대적 재편, 근대적 자원의 도시집중, 미국적 대중문화의 형
성, 농촌의 재전통화 등을 포함하는 복합적이고 역동적인 것이었다.
이런 면에서 1950년대는 1960년대 이후의 본격적인 산업화를 위한
필수적인 역사적 전제였다. 셋째, 강한 국민적 정체성, 냉전적 반공주
의와 자유민주주의·근대화 열망의 결합, 숭미적·반전통적 태도를 수
반하는 오리엔탈리즘적 친미주의 등을 주요 내용으로 하는 독특한 청
년문화의 형성과 발전이 4·19의 '청년·도시·지식인·친미' 혁명적 성
격을 규정했다.

　　이런 분석은 전쟁피해, 독재 등의 암흑시기로 이해되었던 1950년
대를 국민국가 형성의 중요한 시기로 이해한다는 점에서 기존 연구와

뚜렷하게 구별된다. 징병제, 의무교육제 등 국가의 제도적 실천을 국민통합으로 파악할 뿐만 아니라 반공주의를 '시민종교'라는 통합적 장치로 분석함으로써, 1950년대를 국민국가의 국민적 통합력이 발휘되는 '독특한 근대성의 형성' 과정으로 설명한다. 이런 인식은 1950년대의 결산으로서의 4·19와 이후의 역사를 '근대(화)'라는 맥락에서 이해할 수 있게 해주는 중요한 공헌이라고 할 수 있다.

그러나 국민적 통합기제는 가부장적 남성을 중심으로 작동했을 뿐만 아니라 내부적으로 새로운 타자를 구성하기도 했다. 이임하의 「한국전쟁이 여성 생활에 미친 영향」은 한국전쟁 이후 전쟁의 직접적 피해자임에도 또 다른 통제와 규율의 대상이 된 전쟁 '미망인'을 분석함으로써 전후 '대한민국'의 가부장성과 남성성을 가감 없이 드러낸다. 전쟁을 통해 공고화된 국민국가 '대한민국'은 남성에 의한, 남성을 위한, 남성의 국가였다. 전쟁으로 인한 남편(성)의 부재, 이 단 한 가지 조건이 한 여성의 모든 것을 규정했다. '미망인'이란 호명 기호 자체가 이미 남성성에 의해 구성된 여성성이었고, 그것도 죽음을 담보로 한 잔인한 명명법이었다. 전쟁미망인은 전후 흔들리고 있던 기존 사회의 윤리와 통합력을 강화하기 위한 통제의 대상이 되었다. 이들의 생존을 위한 경제생활, 성매매 등은 남성 지배공간의 기본 단위인 '가정'을 일탈한 비정상으로 매도되었고, 정상적 대한민국의 통합을 위해 타자화되어야 할 행위로 취급받았다. 전쟁미망인은 결국 국가 방어를 위한 전쟁의 희생자이면서도, 전후 국민통합이라는 또 다른 내부전쟁의 주요한 표적이었다.

이런 인식은 국민국가의 통합이 배제와 짝을 이루어 진행되는 과정임을 시사할 뿐만 아니라, 배제의 대상이 사회적 약자인 여성 중에서도 주변적인 존재였던 전쟁미망인이었다는 점에서 '대한민국'의 형성과정 또한 잔인한 젠더화를 수반했음을 강렬하게 환기시킨다.

　1950년대가 식민과 전쟁을 계기로 해서 주로 위로부터의 동원과 탈동원을 통한 국가/국민 형성이었다면, 박정희 체제는 토대적 수준에서 근대(화)의 결정적 국면이었고, 이는 지배체제의 양상과 작동방식에도 커다란 변화를 초래했다. 황병주의 「박정희 체제의 지배담론과 대중의 국민화」는 일방적 폭력과 억압성만으로는 박정희 체제를 설명할 수 없다고 지적한다. 박정희 체제는 개항 이후 한국사회의 거대한 콤플렉스였던 근대화의 압력에 따라, 발전주의와 민족주의의 결합으로서 '민족중흥'이라는 근대화 담론을 제시했고, 이는 대중의 '잘 살고 싶다'는 욕망과 결합되어 '잘 살아 보세'라는 합창을 가능하게 했다. 특히 박정희 체제의 지배담론 가운데 주목할 만한 요소는 '평등주의'였다. 스스로 빈농의 아들임을 강조했던 박정희는 치자-피치자의 동등성에 근거한 근대 대중정치를 구사했다. 그 결과 대중의 국민화는 박정희 시기에 괄목할만한 성과를 올렸지만, 그것은 지배-저항의 긴장과 갈등을 또 다른 방식으로 생산하는 것이기도 했다. 요컨대 지배는 저항을 포섭하지만, 그것을 넘어서는 일종의 '초과된 저항'은 역사의 흔한 양상이었고, 이는 박정희 체제에서도 예외는 아니었다.

　박정희 체제에서 새로운 지배-저항 구도가 형성되었다고 할 때, 그 저항의 일선을 자임했던 세력은 과연 어떤 인식지평에 서 있었는지가 문제시될 것이다. 김보현의 「박정희 정권기 저항엘리트의 이중성과 역설」은 박정희 정권에 대한 주요 반대세력이었던 저항엘리트들의 인식과 지향을 분석해, 그것이 박정희 정권과 그리 적대적이지만은 않았음을 밝히고 있다. 박정희 정권기 저항엘리트들은 대체로

'민족주의'와 '개발주의' 등 권력블록과 공유하고 있는 패러다임들 안에서, 주로 '절차윤리의 부재'와 '저발전의 실상'을 문제 삼는 방식으로 행위했기 때문에, 비판 대상의 사회-정치적 존립기반을 약화·균열시키면서도, 그 속도를 지연시키고 또 그 균열의 폭을 제한하는 모순적 역할을 수행했다. 따라서 저항엘리트들의 애초 진단과 달리, 박정희 정권기 경제개발이 부정부패를 지속시키고 심각한 공황국면을 경과했음에도 불구하고 '저발전=종속의 심화'가 아니라 '발전=자립의 진전'으로 귀결되면서, 그들 가운데 일부는 대립 상대와의 공통성을 자각하는 가운데 점차 권력블록 측으로 편입해 들어갔다.

이 연구는 박정희 체제기 저항엘리트들 또한 국가발전, 근대(화)라는 맥락에서 동일한 지평에 서 있었음을 논증함으로써 박정희 체제의 성격에 대한 새로운 인식의 가능성을 열어준다. 특히 이들이 주도한 민주 대 독재라는 대립구도가 결국은 국가 발전, 근대(화)의 테두리 내에 머물러 있었음을 고려할 경우, 지배-저항에 대한 새로운 인식은 필수적일 것이다.

이상에서 살펴본 글들은 애초 단일한 주제를 설정하고 작성된 것이 아니기 때문에 상당한 편차를 보여주지만, 국민국가 '대한민국' 형성과정에 대한 중요한 발언들을 포함하고 있다. 즉 국가를 절대 목적으로 설정하거나 그 정치적 성격을 둘러싼 대립구도에 국한된 인식틀을 넘어서 국가탄생과 발전의 선형적 역사화에 균열을 낼 수 있는 가능성을 보여주고 있다. 요컨대 국민국가는 사회적 적대와 갈등의 통합체이거나 그런 통합을 지향하는 것으로만 이해될 수 없으며, 오히려 적대와 갈등의 현장 그 자체일 수도 있기에 전쟁이라는 창세기의 신화는 언제든지 재현될 수 있는 것일지도 모른다.

:: 임종명

고려대학교 사학과를 졸업하고, 고려대학교 대학원에서 석사 및 박사과정을 수료한 다음, 시카고대학 대학
원에서 석사 및 박사학위를 받았다. 고려대학교 민족문화연구원 연구교수를 거쳐, 현재 전남대학교 사학과
교수로 재직 중이다.

주로 대한민국사를 문화적 측면에서 접근하되, 특히 대한민국의 국가성과 국민(성) 및 한민족(성)의 형성
과 변화 및 그것들의 균열·내파에 관한 연구를 진행하고 있다. 더불어 국가와 민족(사회)의 관계와, 규율지
배의 수립·가동을 중심으로 대한민국의 국가성을 규명하고, 정치·규율주체의 생산과 성(gender)정치라는
관점에서 국민(성)과 한민족(성) 및 국민·민족주의를 구성주의적으로 설명하는 데 주력하고 있다.

주요 논문으로는 「일민주의와 대한민국의 근대민족국가화」(2005), 「제1공화국 초기 대한민국의 가족국가
화와 내파」(2005) 등이 있다.

여순 '반란'의 재현을 통한
대한민국의 형상화

임종명

1. 재현再現, 국가/텍스트(text)*

　신생 대한민국의 기본틀은 내외의 위협에 필사적으로 대응하는 과정
에서 이미 초창기에 형성되었다. 기본틀의 형성을 촉진한 내외의 위협 가
운데 가장 가공할 만한 것은 군인들의 '병란兵亂'에 의해 촉발된 여순麗順
'반란反亂'(1948. 10. 19~25)이었다. 그것은 당시 형성되고 있던 남한 질서
전체에 대한 자신의 반대[反]를 난亂이라는 형태를 통해 보여주면서 7일
동안 남한을 뒤흔들었다.** 하지만 그 영향은 반란의 일주일로 한정되지

---

* 이 글은 『역사비평』 64호(2003년)에 게재했던 논문을 일부 수정하여 전재한 것이다. 특히 '1. 재현, 국가/
　텍스트'와 주註의 경우 당시 지면 부족으로 축소·삭제했던 것을 원래대로 복구했으며, 2003년 이후의
　연구 성과를 반영하여 몇몇 주에서 참고문헌을 추가했다.
** 이런 의미에서 여순 사건은 '반란反亂'이라고 표현하는 것이 적절하다. 병란과 반란에 대해서는 강만길,
　『고쳐 쓴 한국현대사』, 창작과비평사, 1994, 216~217쪽: Bruce Cumings, *The Origin of the Korean War* vol.
　2, Princeton: Princeton University Press, 1990(Seoul: Yuksabipyungsa, 2003), pp. 259~267 참조. 이를 반란으
　로 이해할 때, 그것이 이후 대한민국에, 그리고 남한(South Korea)과 한국(Korea)에 끼친 심대한 영향력을
　파악할 수 있으며, 또한 라클라우와 무폐(Laclau and Mouffe)가 주장하는 '우발성으로서의 역사(historical
　contingency)'로서, 그리고 스월(Sewell Jr.)이 이야기하는 '역사적 사건(historical event)'으로서 자리매김할

않았다. 즉 여순반란은 사건 그 자체로서보다 그후의 연쇄적 반응 속에서 남한 역사의 진로에 커다란 영향을 끼쳤다.

그 사건이 준 충격 속에서 대한민국은 자신의 생존을 최우선시하고 그에 따라 경제를 포함한 국가의 제반 활동을 사고하고 조직하는 '국방국가'로 급속히 전화되어갔다.* 이런 과정에서 국가보안법, 학도호국단, 일민주의와 기타 여러 형태의 법적, 제도적 기구와 국가이데올로기가 마련되었다. 이런 가시적 축조물과 더불어 문자와 시각자료를 이용하여 여순'반란'을 대중에게 설명 또는 재현再現(representation)하는 과정에서 여순반란

수 있다고 믿는다. 따라서 이것은 언어 조작을 통해 여순사건의 도덕적 훼손을 의도하는 여순반란叛亂과는 물론 다르다. 오히려 이 글에서 의미하는 '반란反亂'은 시인 김남주가 「한자풀이」에서 전개한 '언어의 전투' 및 '어의語義 탈환' 노력과 동일한 맥락 위에 서 있다. 김남주, 「한자풀이」, 『사랑의 무기』, 창작과비평사, 1989, 89쪽; Laclau, Ernest and Chantall Mouffe, *Hegemony and Socialist Strategy*, 1985, London: Verso; Sewell Jr., William H., "Historical Events as Transformations of Structures: Inventing Revolution at the Bastille," *Theory and Society*, 25, 1996, p. 6.

* 당시 지배엘리트에게 '국방국가'는 단순히 '국가자원을 국방수요에 최우선으로 배분하는 국가'를 의미하지 않았다. 즉, 그들은 '국방국가'를 '문화국가', '도의국가'와 함께 '탈근대국가'로 이해하고 제시했다(임종명, 「여순사건의 재현과 폭력」, 『한국근현대사연구』 32집, 2005, 104쪽, 주4; 「제1공화국 초기 대한민국의 가족국가화와 내파」, 『한국사연구』 130호, 2005, 303, 306~307쪽). 당시 지배엘리트의 국가론과는 별개로, '국방국가' 또는 '안보국가'는 대한민국사 연구의 중요 고리이다. 기존의 연구, 예컨대 최장집 등은 대한민국을 설명하는 용어로 '안보국가'를 사용한 적이 있지만, 기존의 논의는 '묘사'에 머무르면서 '설명'까지 나아가지는 못했다(최장집, 『한국민주주의 이론』, 한길사, 1993, 306쪽; 김석준, 『미군정시대의 국가와 행정』, 이화여자대학교출판부, 1996). 그러나 '안보에 대한 관심(security interest)'이 제2차 세계대전 후 미국의 제국주의화에 주된 추동력을 제공했다는 슈만(Schurmann)의 주장에 유의한다면, 안보에 대한 관심은 개별국가의 관심사의 수준을 넘어서 세계사적 의미를 갖는, 따라서 개별국가사와 전후 세계사를 연결시키는 중요한 주제이다(Franz Schurmann, *The Logic of World Power*, New York: Pantheon Books, 1974). 이런 맥락에서 볼 때, 초창기, 특히 여순반란 전후의 대한민국을 국방국가 또는 안보국가로서 접근하는 것은 당시는 물론 한국전쟁 이후 경제까지 "국방경제의 건설"이라는 관점에서 추진하고 있었던 대한민국의 동향을 설명할 수 있는 유력한 통로가 될 수 있다(대한민국 국방부, 『국방의 당면과제』, 국방부, 1955). 나아가 그것은 대한민국의 전후 세계사적 지평을 획득하는 유의미한 통로가 될 수 있다. 또한, 1940년 전후의 일본제국주의 및 그 지배하의 동북아지역이 "高度國防國家" 건설로 매진했던 것을 상기한다면, 국방국가·안보국가는 대한민국과 그 이전 시대를 역사적으로 연결시킴과 동시에 대한민국의 역사적 맥락을 파악할 수 있는 중요한 고리가 될 수 있다(橋川文三 著, 筒井淸忠 編·解說, 「國防國家の理念」, 『昭和ナショナリズムの諸相』, 名古屋大學出版會, 1994; Michael Barnhart, *Japan Prepares for Total War*, Ithaca: Cornell University Press, 1987).

反亂을 여순반란叛亂으로 유폐幽閉시켜 그 역사성을 탈각시키고, 반란참가자를 인류와 민족의 적으로 타자화他者化시키는 한편 대한민국을 민족과 인류의 이름으로 정당화하려는 노력들이 있었다. 이런 가시적, 비가시적 사업으로 인해 여순 '반란'은 대한민국(the Republic of Korea)과 한국(Korea) 그리고 남한(South Korea)의 역사에 깊은 족적을 남겼다.*

여순반란의 계기성에 유념하면서 이 글은 일반적으로는 대한민국의 문화적 작업(cultural project)을, 구체적으로는 여순반란의 재현 속에 나타난 대한민국의 모습을 다루려고 한다. 이런 접근이 필요한 이유는 여순반란과 대한민국에 관한 기존 연구의 한계 때문이다. 여순반란에 관한 기존 연구들은 한편으로 여순반란의 전국적, 지역적, 정치적, 사회경제적, 역사적 배경이나, 참여자들과 그들 내부의 상호관계 및 사건의 전개과정에 대한 기술과 분석적 설명에 초점을 맞춰 역사적 의미를 논구하고 있다. 다른 한편의 연구들은 여순반란의 역사적 영향에 주목하면서 그것을 정치적·제도적 차원에서 접근하여 법제화 및 사회적·정치적 조직화 등에 초점을 맞추고, 이를 통해 여순반란을 한국현대사와 대한민국사에 위치시키고 있다. 그러나 선행 연구들은 여러 가지 학문적 기여에도 불구하고 여순반란을 전용轉用함으로써 대한민국이 내외의 도전을 극복하고 자신을 근대 민족국가로 형상화하려는 노력을 추적하고 있지 않다.

문화적 작업에 대한 관심 부족과 접근의 결여는 여순반란의 연구에만 한정되지 않는다. 대한민국 제1공화국에 대한 관련 연구도 마찬가지 한계이다. 제1공화국에 대한 기존 연구, 예컨대 역사학 연구에서는 초점이 대

---

* 역사·사회·지리적 공간과, 그 공간의 역사적 산물인 국가라는 정치체政治體(polity)는 상호 구별되는 실체이기 때문에, 본문에서 '한국', '남한'과 '대한민국'을 병치했다. 이런 맥락에서 특히 '한국'이 현現 남한지역 정치체의 정식 국명인 '대한민국'의 약칭으로 이해되는 것을 방지하고, 개념적으로 별개의 실체임을 표현하고자 각각에 영문을 병기했다.

한민국의 '건국'에 두어지면서 그 작동방식에 대한 연구는 부족했다. 반면 정치학 연구에서는 대한민국의 작동방식에 대해 상대적으로 많은 연구성과를 생산했지만, 그 초점은 주로 거시권력의 향배와 그를 둘러싼 정치투쟁, 국가기구 ― 이것도 주로 국회와 같은 정치기구와 군軍·경警 등 알튀세르(Althusser)가 말한 '억압적 국가기구' ― 의 형성과 운영, 대한민국의 억압정책, 경제정책에 두어졌다.[1] 이 과정에서 교육학 등에서 이루어진 일부 연구를 제외하고는 국가의 문화사업(cultural state project)은 시야에서 사라지게 되었다.

이는 식민지와 미소 양군의 진주, '분단국가' 수립에서 보이듯 주로 억압적 물리력 중심으로 전개되어온 근대 한국사의 반영의 결과인 동시에, 권력을 기구와 제도 등 '거대권력'을 중심으로, 그것도 '억압'을 중심으로 이해해온 권력관과, 문화를 권력구조 내지 '하부구조'의 일방적 표현물 내지 치레거리 또는 정당화의 수단으로 이해한 문화관 등 제반 인식 틀의 반영의 결과라 할 수 있다. 그런데, 만일 한 국가의 존립이 "지배와 권위의 정통성" 획득 여부에 달려있다는 루기(Ruggie)의 주장을 떠올린다면,* 또 그것의 획득이 종국적으로 지배에 대한 피지배자의 인식에 의해 결정된다면, 기구·제도 중심의 기존 연구는 대중의 인식을 주조하려는 대한민국의 문화사업에 관한 연구에 의해 보충·심화될 필요가 있을 것이다.

여순반란과 제1공화국에 대한 기존 연구의 한계를 인식하면서, 이 글은 양자에 대한 문화적 접근의 일환으로서 여순반란을 설명한 각종 재현물 속에서 대한민국이, 특히 민족과의 관계에서 어떻게 형상화되는가를 추적하고자 한다.** 어떤 조직체가 물리적이거나 정신적인 힘을 행사하여

---

* '대한민국사연구에서 문화적 접근'의 필요성에 대해서는 필자의 「대한민국의 근대민족국가성 획득과 국가변증법」(발표준비논문) 참조. 루기의 진술은 Robert Latham, *The liberal moment : Modernity, Security, and the Making of Postwar International Order*, New York : Columbia University Press, 1997, p. 12에서 재인용.

일정 지역에서 타인에게 자신의 의사를 강제할 수 있다 하더라도, 그런 조직체가 모두 국가일 수는 없다(극단적인 예로 조직폭력단이나 열렬종교단체)는 것을 이해한다면, 스스로 국가라고 주장하는 어떤 조직체가 있다 하더라도 그것이 곧바로 국가가 될 수 없음은 자명하다. 마찬가지로 1948년 8월 15일 서울에서 '정식으로 출범'한 대한민국도 그날로부터 국가가 될 수 있는 것은 아니었다. 오히려 그때부터 자신을 국가로 만들어야 하는 숙제가 그 앞에 놓여 있었다고 할 수 있다. 이를 위해 유엔과 같은 국제적 정치체나 타국의 승인을 받아야 했을 뿐만 아니라 자신의 영토라고 주장하는 한반도 지역의 거주민, 즉 한국인들에 대해 주권을 행사해야 하고, 또 행사된 권력이 거주민들에 의해 주권적 행위로 인정받아야 했다.

그러나 대한민국은 출범 초기부터 주권이 제한적으로 행사되었고, 또한 민족적 대표성도 의심받는 상황에 처해 있었다. 즉 헌법조문상의 위세와 달리 애초부터 대한민국은 그 실질적 주권성이 한반도 남부에만 ─ 그것도 한라산이나 지리산의 '산간오지'를 제외하고 ─, 또 남한사람에게만 ─ 마찬가지로 '남반부 해방구' 주민들을 제외하고 ─ 유효한 '분단국가의 천형天刑'을 짊어져야만 했다. 뿐만 아니라, 그 '반쪽 국가'는 '남북협상'의 노력과 여순반란에서 보이듯 자신의 민족적 대표성이 끊임없이 의심받으면서 한반도 남부지역에서조차 대표성을 획득하지 못했고, 단지 경쟁하는 사회·정치세력의 한 당사자 ─ 국가를 '참칭'하면서 '국군' 등과 같은 물리

** 기존 연구 가운데 김득중의 논문(「여순사건과 이승만 반공체제의 구축」, 성균관대 박사학위논문, 2004, 199~259쪽)은 여순반란에 대한 대한민국정부의 인식을 추적하면서 필자가 명명한 '공식 기술記述과 뉴스보도의 정치학'에 주의를 기울이고 있다는 점에서 주목할 만하다. 그러나 이런 성과에도 불구하고, 이 논문은 자신의 시야를 이승만정부의 여순반란 책임회피와 정권 강화 도모 등의 직접적인 정치적 효과에 한정하여 근대 민족국가로서의 대한민국 형상화와 남한사람들에 대한 규율화 시도를 다루고 있지 않다. 또한 필자의 「여순사건의 재현과 폭력」(2005)과 「여순사건의 재현과 공간」(『한국사학보』 19호, 2005)도 여순반란의 재현물에서 나타난 폭력과 파괴 문제를 다루면서 재현전략과 그것의 정치성을 추적하고 있다는 점에서 주목할 만하다. 하지만 그것들 역시 이 글에서 다루려고 하는 '여순반란의 재현물 속에 나타난 대한민국의 이미지'는 논의하지 않았다.

력과 '관료'조직 등이 있고, 또 미국 등의 국가로부터 '승인'을 받았다는 점이 다른 당사자들과 차이이기는 해도 ─ 에 불과했다. 이런 상황에서 대한민국이 관념상으로 한반도 전역에서, 실질적으로 남한에서 국가로 행세하기 위해서는 또는 국가가 되기 위해서는 무엇보다 사회 이해당사자의 하나가 아니라 민족사회 상위에서 민족을 대표하고 민족의 이익을 옹호하는 민족국가로 자신을 현현顯現해야 했다. 따라서 여순'반란' 재현물에서 대한민국과 민족의 관계가 어떻게 나타나고 있는가를 추적하는 작업은 곧바로 대한민국의 국가성 획득과정을 추적하는 것이라고 할 수 있다.* 이런 의의를 염두에 두면서 이 글에서는 여순'반란' 재현에 나타난 대한민국과 민족의 관계 등을 중점적으로 추적하고자 한다.

이를 위해 이 글에서는 여순반란 직후에 생산·유포된 신문 등 활자자료와 사진 등 시각자료를 하나의 텍스트로 하여, 그 텍스트에 나타난 대한민국을 형상화할 것이다.** 신문 등을 주된 텍스트로 삼은 것은 이 글이

---

* 민족국가로서의 자기 현현의 필요성'에 유념한다면, 우리는 제1공화국 초기 연구의 많은 과제들 ─ 예컨데, 38선 충돌 등 ─ 을 대한민국의 국가 만들기/되기(making/becoming)와 관련해 새롭게 이해할 수 있을 것이다. 그리고 앞의 '필요성'에 관해서 본문에서 다소 서술적으로 이야기했는데, 보다 원활한 소통을 희망하면서 본문 서술의 이론적 맥락을 간단히 매거枚擧하면 다음과 같다. 첫째, 국가형성에 관한 논의, 둘째, 주권과 국가성의 상관성, 셋째, 국가와 사회의 관계에서 국가효과(state effect), 넷째, 근대국가의 핵심원리로서의 민족국가성, 다섯째, 민족 헤게모니론.

** 여기서 간단히 텍스트의 의미를 살펴보자면, 우선 텍스트는 문자 등의 단순한 집적물은 아니다. 즉 사이드(Said)와 류(Liu)가 주장하듯이, 그것은 인간의 사고와 행위 양식을, 나아가 사회와 역사를 규정·창조하고 또 그것들 내부의 권력관계를 (재)생산하는 주조판鑄造板(template)이다. 이런 의미에서 텍스트는 단순한 권력관계의 표현이 아니라, 구체적 시·공간에서 권력 관계를 창출하는 '하나의 참된 역사적 사건(event)'이다. Edward Said, *Orientalism*, New York: Random House, 1994, p. 94; Lydia Liu, "The Question of Meaning-Value in the Political Economy of the Sign", in Lydia Liu ed., *Tokens of Exchange*, Durham: Duke University Press, 1999, pp. 33, 35 참조. 그리고 스퍼(Spurr) 등이 주장하는 바와 같이, 사진 등 시각자료는 "결코 중립적이거나 순수할 수 없"으며, 자료생산자의 "계서적階序的인 관심과 가치 체계를 반영"하면서, 생산자의 정치적 동기와 전략을 담고 있다. 이런 점에서 이 글은 시각자료를 활자자료와 함께 하나의 텍스트로 분석한다. David Spurr, *The Rhetoric of Empire*, Durham: Duke University Press, 1993, pp. 15, 27; Esther Parada, "C/Overt Ideology, Two Images of Revolution", *Afterimage* 11:8, 1984, p. 7 참조. 또한 필자의 텍스트관觀에 관한 추가적 설명과 신문자료에 대한 필자의 입장에 대해서는 「여순사건의 재현과 폭력」, 107~110쪽 참조.

'여순 반란에 대한 재현물이 대중의 인상, 지식, 기억 속에서 대한민국을 어떻게 형상화하려 했는가'를 추적하고자 하기 때문이다. 이런 문제의식에서 이 글은 사이드(Said)가 『오리엔탈리즘(*Orientalism*)』에서 시도한 바와 같이, '서술된 것들의 외면성' 분석에 초점을 맞출 것이다.[2] 즉 텍스트의 이면에 숨어있는 것에 초점을 맞추기보다는, 또 텍스트 속에서 재현된 것들의 실제성 여부에 관심을 두기보다는 텍스트의 표면, 즉 텍스트가 재현한 것 자체를 분석할 것이다. 이런 과정에서 재현과 형상화 작업물들의 주제와 동기(motif), 서술전략 그리고 이것들 사이의 내적 관계를 확인하고자 한다.

그런데 이 글에서 다루어질 자료들이 셀 수 없을 정도로 많다는 사실 때문에, '무수히 많은 자료들로부터 재현과 형상화의 일관된 전략을 도출하는 것이 과연 가능할까' 하는 의문이 제기될 수도 있을 것이다. 실제로 수많은 '정보기사'들과 그보다 작은 수의 현지르포기사, 그리고 소수의 시각자료들은 구체적인 설명에서 상호 충돌하여, 마치 그것들이 서로를 부인하고 있는 듯이 보일 수도 있다. 즉, 그것들은 한편에서는 '여순반란叛亂'의 재현에서 일련의 데마고기(demagogy)를 생산하고 있는 반면에 설국환과 같은 '실사구시적實事求是的'인 기자의 글은 데마고기의 '뻔한 거짓말'을 공중公衆에게 드러내고〔暴露〕 있다.* 하지만 좀 더 면밀히 검토한다면, 구체적인 설명에서 상호 충돌을 일으키고 있다 하더라도 상호 내적으로 연결된 하나의 텍스트로 기능하고 있음을 알 수 있다. 즉, 설국환의 실사구시성에도 불구하고, 그의 「반란국토를 보고 와서, 반란지구 답사기」 역시

---

* 설국환, 「반란국토를 보고 와서, 반란지구 답사기」, 『신천지』, 1948년 11월호; 임종명, 「여순사건의 재현과 폭력」, 107쪽 주 12 참조. 설국환의 글은 '여순반란叛亂' 재현물이 갖는 균열龜裂과 충돌衝突을 드러내면서 텍스트의 현실(reality)을 보여주는 동시에, 그것에 내재한 대안의 가능성을 여실히 확인시켜 주고 있다.

구성에 있어 '반란의 발생과 종식'이라는 틀을 벗어나지 않으면서 '종내終乃는 진압되고 말 반란의 운명'을 보여주고 있다. 이것은 스퍼(Spurr)가 이야기한 "언론의 이야기 방식의 재현에 존재하는 구조적 요소," 즉 신문은 자신의 "특정한 기술 형태" 속에서 "역동적이고 주기적인 무질서의 폭발"과 "다시 통제 속에서" 무질서가 정돈되는 과정을 제시한다는 것을 확인시켜 준다.[3] 뿐만 아니라, 설국환 글의 최종적 결론은 본문에서 이야기할 '운명의 주관자로서의 대한민국'에 이바지하면서, 여순반란의 재현물들이 최상위의 요구사항, 즉 대한민국의 안전 확보에 이바지하고 있음을 보여준다.[4] 실제로 그의 '우상파괴(iconoclast)적' 보도에도 불구하고, 복자複字(○○와 같은)가 없는 것에서 잘 나타나듯이, 그의 글에는 검열과정에서 지워진 글자가 없다. 이것은 그 글이 설사 '비판적인 외양'을 띠고 있더라도 대한민국의 아젠다(agenda)에서 이탈된 것이 아니었음을 반증하는 것이라 할 수 있다. 이것은 여순반란에 관한 보도의 범위 내지 기자의 비판적, 실사구시적 보도의 의미에 관해서 흥미로운 시사를 제공해준다. 동시에 그것은 당시의 남한신문들이 '보국報國언론 본연의 기본적 사명', 즉 '여순반란反亂을 공식적으로 정의된 여순반란叛亂으로 유폐幽閉시켜 그 역사성을 탈각시킬 것, 그리고 대한민국을 인간과 문명, 그리고 민족의 삶을 수호하는 주체로 재현하고 이를 통해 대한민국의 정당성(legitimacy)을 생산할 것'에 헌신하면서, '뉴스보도의 정치학'에 충실히 복무했음을 보여준다.＊

이런 헌신성은 대한민국의 공식 출범 전후의 역사과정의 산물이다. 즉, 당시 주한 미군정과 대한민국은 『동아일보』등과 같이 대한민국의 출범을

＊ 필자가 명명한 '언론보도의 정치'는, 파라다(Parada)의 진술을 빌려 표현하면, "진위 여부에 상관없이 또는 의식적이건 무의식적이건 간에 무수한 세계적, 민족적, 그리고 지역적 사건들로부터 사실들을 선택하는 과정에서 자신이 선호하는 이데올로기를 분명히 하고 또 유포"시키는 보도행태를 지칭한다. Esther Parada, op. cit, p. 7.

찬성, 지원하거나 최소한 묵인했던 신문들을 제외하고 '단정반대'를 고취하던 모든 신문들을 폐쇄했다(또는 그런 신문사 중에 일부는 스스로 문을 닫았다). "극단적인 그러나 가장 효율적"이라 커밍스(Cumings)가 평했던 이런 언론사 폐쇄 조치가 개별 언론인들의 정치적 성향에 상관없이 제도화된 신문들로 하여금 대한민국을 절대적으로 지지하고, 또 그것에 충심으로 복무토록 했다.* 더욱이 여순반란 당시의 보도와 취재들은 계엄하에서 정부와 군의 '협조와 주선' 또는 감시와 통제에 의해, 또 정부에 의해 마련된 취재원取材源에 의존하거나 또는 정부관리와 군경의 발언을 전재(어떤 때는 전재轉載, 또 다른 때는 전재全載)하는 식이었다. 극단적으로는 국가의 공개적, 비공개적인 명령과 일상적인 "더러운 걸레조각 같은 검열"이 시행되는 와중에 신문기사가 생산되어졌다. 바로 이런 신문생산의 역사적 상황은 당시 기구화된 언론계로 하여금 개별 자료의 상호 부조화에도 불구하고, 그것들 전체가 재현과 형상화 작업의 주요 목표, 즉 여순반란(참여자)의 오손汚損과 대한민국 존재의 정당성 부여를 통한 대한민국의 수호에 진력하도록 했다. 이 글에서 수많은 신문기사들을 하나의 텍스트로 취급하여 그 속에서 여순반란(참가자)과 대한민국의 모습 및 그 형상화 전략을 추적하려는 이유도 여기에 있다.**

---

* 1945년 8월 해방 이후 여순반란 시기까지의 언론계의 전체적 상황에 대해서는 문종대, 「미군정기 신문의 이데올로기 구조화 과정에 관한 연구」, 서강대 석사학위논문, 1988; Bruce Cumings, op. cit., pp. 266~267; 송건호, 「미군정하의 언론」, 「이승만 정권 하의 언론」, 송건호 외, 『한국언론 바로 보기 백년』, 다섯수레, 2000.

** 그렇지만 필자가 '환원주의적' 입장에서 여순반란의 각종 재현물을 독해하지는 않을 것이다. 오히려 필자는 여순반란 재현 담론에서 보이는 균열에 충분히 주의를 기울이면서도 담론상의 충돌과 그 의미를 추적할 것이다. 그리고 서론적 논의를 마치기 전에 한가지 부기附記한다면, 이 글의 실증작업은 여수지역 사회연구소의 『여순사건 자료집』(1999년, 이하 『자료집』)에 실린 신문자료 등에 주로 의존하고 있다. 이 점에서 『자료집』을 발간한 여수지역사회연구소와 김득중에게 특별한 감사를 표하고 싶다.

2. 대한민국 – 민족 삶의 수호자

정치적 영역에서든 철학적 영역에서든 근대적 사유와 실천의 가장 중심적 의제는 개인적이든 계급적이든 민족적이든 주체의 형성과 관련되어 있다. 그런데 이런 주체가 타자의 존재를 전제로 한 상대적 내지는 관계적 존재라 했을 때, 주체 형성과 관련하여 가장 필수적인 요구는 타자의 형성 내지 생산이다. 역사적으로 볼 때 타자는 서구에게는 동양(Orient)일 수도 있고, 일본에게는 조선일 수도 있고, 프롤레타리아트에게는 부르주아지일 수 있지만, 구체적인 타자의 모습과는 상관없이 근대적 주체는 항시 타자의 존재를 전제로 해왔다. 그렇다고 한다면, 근대적 정치체인 대한민국 역시 스스로를 하나의 주권적 주체(Sovereign Subject)로 정립하고자 하는 데는 마찬가지로 타자의 존재 내지는 그 생산이 필수적으로 요구되었을 것임을 쉽게 추론할 수 있다. 이는 여순반란 재현물이 대한민국을 형상화하는 과정에서도 마찬가지여서, 여순반란 참여자들은 인간과 문명, 민족과 대한민국의 적敵으로 타자화되고 있었다. 이런 타자의 대립항으로서 아我, 즉 인류와 민족, 문명의 옹호자로서 대한민국이 생산되었다.*

아我의 생산과정에서 첫 번째 작업 목표는 휴머니즘 관점에서 인간의 옹호자로서 대한민국을 형상화하는 것이었다. 여순반란 재현물에서 대한민국은, 구체적으로 '관군'은 '동족애', '이성의 힘', '동양 도덕의 미례美禮'

---

* 임종명, 「여순사건의 재현과 공간」, 2005, 176~182쪽. 아我와 타他의 관계성 및 그것의 행위규정력과 연관해서 박명림의 '대쌍對雙적 관계의 동학動學(interface dynamics)'은 매우 시사적이다. 왜냐하면 그것은 대한민국과 조선민주주의인민공화국의 움직임을, 나아가 한국현대사를 아·타의 상호 관계성 속에서 해석할 방법론을 제공하고 있기 때문이다(박명림, 『한국전쟁의 발발과 기원』 1·2권, 나남, 1996). 하지만, 그의 연구와 방법론은 대쌍적 관계에 있는 양 주체의 형성과 연관해서 타자가 생산되는 문화적 과정에 대한 그리고 이에 연동되어 이루어지는 주체 형성과정에 대한 주도면밀한 추적에 의해 보강될 필요가 있다. 이와 관련해서 필자의 「해방·분단과 북한의 민족적 실지화失地化(1945. 8~1950. 6)」(2006, 제49회 전국역사학대회 발표문)는 대한민국수립 전후의 타자생산 작업과 이런 과정에서 구축된 타자상像의 일단을 보여주고 있다.

를 준수하며 '역천逆天의 놈들에게'도 '온정'을 발휘하는 존재로서 투사되고 있다. 이런 모습을 시간대별로 추적한다면, 한 신문기사는 "여수반도의 반군을 소탕"하기 전에 "국군"이 "반군에게 세 시간의 여유를 주어 항복하라는 권고문을 살포"하는 "관군"의 모습을 보여주고 있다. 이런 모습의 주조鑄造는 여수 시내에 진입한 군경의 묘사에서도 이어지는데, 이것은 예컨대 "과거를 반성하"고 "자수로서 죄상을 자백하는 자에는 당국에서도 관대한 처분을 할 것"이라는 군과 경찰의 「경고문」을 전재하는 데서, 심지어 여수 시내에서 "스커트 밑에 감추었던 권총을 쏘아서 그 병사를 죽인" 여학생도 "총살은 않겠다고 언명하"는 "관군 고급장교의 말"을 소개하는 데서 확인될 수 있다. 이런 '관대함'은 다시 한 번 "순천 제2차 고등군법회의 결과 발표"에서도 확인되는 바, "특히 노령 또는 연소자 부녀 등에 대해서는 동양 도덕의 미례를 밟아 극형을 금하고 온정적 판례가 있었다"라고 소개하고 있다. 여기서 "온정적 판례"가 "동양 도덕"과 연결되면서 "고등군법회의"와 "국방부"는 "동양 도덕의 미례"를 지키는 존재로 형상화된다. 이렇게 군을 도덕화한 여순반란 재현물들은 이제 그 억압기구를 이성적 존재로 현현顯現시킨다. 즉 "정부군 지휘관의 명령으로 이는 〔좌익분자에 가해진 살상은〕 정지되었다"라는 미 국무성 대변인의 발언을 전함으로써 "냉정하게 인간만이 가진 이성의 힘으로써 모든 사태를 엄정히 직시," 처리하는 "국방군"의 모습을 보여주고 있다. 이로써 "관군"은 온정적이고 이성적인 동양도덕의 화신으로써 재현되고 있었다.[5]

   "역천의 놈들"에게 보여준 군·경의 '관대함'은 이제 본래의 대상인 "양민"에게로 돌려져서 "정부군"은 각종 재현물에서 "동족애"로 그들의 "피해를 방지하"고 "인명을 보호"하는 존재로서 투사된다. 즉 신문기사들은 처음에는 "양민의 피해를 방지하기 위"해 "적극적인 작전" 대신 "소극적인 작전"도 마다 않았던 "관군"이 시내에 돌입해서는 "먼저 식량창고를 탈취하여 시민의 식량을 확보"하고 "서西국민학교나 여수국민학교에 수용"된 "피난민에게는 주먹밥을 나누어주"는 "인간적인 너무나 인간적인" "국군"의 모습을 재현해주고 있었다. 나아가 "본인들에게서 직접 들은 아슬아슬한 구사일생의 비화"를 거듭 소개하는 것에서 인간생명의 보호자로서 "국군"의 모습이 극적으로 형상화된다. 예컨대 "큰소리로 유치장 안에 있는 놈들을 모조리 죽여라는 호령과 더불어 반란군이 기관총을 발사하려는 순간 국방군이 물밀리듯이 들어와 반란군들은 뒷문으로 도주하고 여경관들은 무사히 구출된 것"에서처럼 "국방군"은 "살아났다는 환희!"를, "소생의 길"을 가져오는 존재로서 재현되고 있었다. 이와 같이 여순반란 현장에서 "국군"은 "인명을 보호"하는 수호천사守護天使로서 등장하는데, 이는 군경軍警이라는 "억압적인 국가기구"를 "인간적인, 너무나 인간적인" 모습으로 분식粉飾하고자 한 것만은 아니었다.* 즉 재현물들은 양민보호의 주체를 "국군," "관군," "정부군"(강조-인용자)이라고 표현하는 속에서 "국," "관," "정부"를 양민보호의 궁극적인 주체로 상상하고 있었다. 하지만 '억압기구'인 군대를 통해 그 정반대의 것인 "소생蘇生"(강조-인용자)을, 그것도 군이라는 매개를 통해 간접적으로 국가를 인간보호의 궁극적 주체로 상상하는 것은 애초부터 제한이 있을 수밖에 없었다.[6] 그렇기 때문에 이제 '국군'이라는 매체를 통해서가 아니라 대한민국이 현장의 수호천사로 직접 등장해야 할 차례이다. 이와 관련해 군이라는 일개 기구 대신 다음과 같이 '중앙정부'의 고관들이 신문지면 위에 등장하는 것에 주목할 수 있다.

---

* 알튀세르는 국가기구를 '억압적 국가기구'와 '이데올로기적 국가기구'로 분류하고, 군대를 전자로 분류한다. Louis Althusser, "Ideology and Ideological State Apparatuses," in *Lenin and Philosophy and Other Essays*, New York: Monthly Review Press, 1971, pp. 127~186. 기본적으로 필자는 알튀세르의 '피상적인' 분류법에 동의하지 않는다. 왜냐하면 군대는 '전시'나 '평시' 모두 그 자체가 특정 가치를 생산하고 그것을 군의 구성원과 일반인에게 '주입'할 뿐만 아니라 국가를 표상하는, 그의 용어를 빌린다면 '이데올로기적 국가기구'이기 때문이다. 예컨대 국방부 보도부, 「전국 동포에게 고함(벽보)」, 『평화일보』, 1948년 11월 5일, 『자료집』, 312쪽 참조. 이 글에서는 이런 개념적 차이를 전제로 수사적 필요에 따라 알튀세르의 용어를 차용한다.

이국방장관 윤내무장관 일행은 26일 전남 반란사건을 실지로 조사하고 긴급대책을 세우기 위해 현지로 급행했는데……윤내무장관으로부터 순직경관과 이재동포의 구호에 대하여 만전의 시책을 진행 중이라고 발표했다. 27일……일행은 오후 1시 반 숙사를 떠나 제5여단사령부에 수용한 금번 사건의 부상자를 방문하고 한 사람 한 사람씩 위문과 격려의 말을 한 후 총리로부터 개인자격으로 금 5만 원을 병원에 기부하여 상병자傷病者에게 국 한 그릇이라도 따뜻이 먹이도록 하라고 하여 일동을 감격케 했다. 전진환 사회부장관, 광주를 방문하고 여순사건과 수해복구 등에 대해 기자 간담……중앙에서는 구호반과 의료반 50여 명을 현지에 파견한 바 있었는데 그것은 긴급조치에 불과했고, 이번에는 반란사건에 의하여 발생된 피해상황의 종합적이요 정확한 숫자를 조사하여 그에 대한 근본적 대책을 수립하러 온 것이다.

여기에서 재현작업물의 소비자들은 "긴급대책을 세우기 위해 현지로 급행"한 국무총리와 장관들을 만난다. 이로써 "중앙"이 "상병자"들을 직접 위문하여 "일동을 감격케" 하는, 즉 생명옹호의 주체로서 등장한다. 그것도 "중앙"이라는 이름에 걸맞게 산하에 의료진, 종교·사회단체, 지방행정 관서를 대동하고 지휘하는 모습으로.[7] 또 "종합적이요 정확한 숫자를 조사하여 그에 대한 근본적 대책을 수립하려"는 주체의 모습으로. 뿐만 아니라 산자에 대해서뿐만 아니라 망자亡者에 대해서도 예를 다하는 모습으로.* 이로써 대한민국은 산자든 죽은 자든 인간이라 칭해지는 모든 것들을 살피는 주체로서 당당하게 등장한다.[8]

그러나 각종 재현물에 나타난 대한민국의 주체성(agency)이 인간과 관

---

* 망자에 대한 예를 갖추는 대한민국의 모습은 "폭도에 짓밟힌 시체"와 "임자 없는 시체를 운반하기에 분주"한 국군, 적십자, 소방대원을 등장시키고, 또 "희생된 군경민 동지들의 영전에 경건한 묵도를 올"리는 내무장관의 모습을 포착하는 것 등으로 형상화된다.

계된 것에 한정되지는 않았다. 즉 인간존재의 물질적 기반을 복구하고 가동시키는 주체로서 대한민국의 주체성이 확장된다. "국군의 불면불휴不眠不休의 노력"으로 열차운행을 재가동시키고, "체신부에서는 현지 조사복구건설대를 조직"하여 "파괴된 시설을 복구"하는 주체로서. 뿐만 아니라 "관계당국에서는 국민경제활동에 있어서 불가결한 이들(막대한 피해를 입은) 금융기관의 복구에 전력을 기울"이는 대한민국으로서. 그리하여 다음과 같은 여수의 풍경을 낳은 주체로 나타난다.

> 한때 반란으로 인하여 참경에 빠졌던 여수, 순천 등지는 그후도 일시 불안이 사라지지 않아 민심은 그리 명랑치 못했으나 국경대國警隊는 반란군을 진압한 후 피해동포 구제에 관민이 총력을 기울여 다시 평화로 완전히 돌아섰다. 그리하여 공장, 상점 각 직장에는 생업에 활기를 띄고 있는데……그런 가운데 한동안 종적을 감추었던 식료품, 의료품, 시탄柴炭 등 생활필수품은 자유시장에도 속속 나타나고 있고…….

이로써 대한민국은 여순반란으로 인해 '위협'받았던 인간생명과 그 삶의 기반을 복구하고, "민심은 안도와 평화로운 분위기"를 창출하는 주체로 현현되었다. 그런데 여기서 나타나는 인간과 물질자료가 민족을 구성하고 민족의 삶을 뒷받침하는 것이라면, 우리가 지금까지 보아온 재현과정은 대한민국을 민족의 삶을 보장하는 존재로서 현시顯示하는 과정이라고 할수 있다. 그러나 앞의 현시과정이 민족의 삶을 보장하는 존재로서 대한민국을 형상화하는 핵심과정이라 하더라도, 그것을 최종적으로 완성하는 데는 아직 마감작업, 즉 "호국영령"의 생산이 남아있었다.[9]
"호국영령"의 도움을 받아 여순반란의 재현작업물은 대한민국을 민족의 삶을 보장하는 존재로 최종적으로 완성시킨다. 이 과정을 추적하기 위해 대한민국의 인적 표현물인 군인과 경찰의 활동으로 눈을 돌려보자. 그러면 우리는 "곤란한 통신과 미숙한 지역에서 제한된 기구 등의 악조건을 극복"하면서 "잠도 자지 않고 휴식도 취하지 않는" 군인들을 쉽게 만날 수 있다. 이들은 "심야의 월색月色을 이용하여 길 아닌 길을 만들어가며 울울창창한 고산지대의 잡목을 헤치며 그야말로 불면불휴로……수색하"다, "반군"을 만나 "선봉대가 쓰러지면 전우의 시체를 뛰어넘어가며 진격하"는 모습을 신문지상을 통해 보여준다. 나아가 이들은 "국가의 융창隆昌과 민족의 자주회복을 염원한다"라는 유언을 남기거나 "잊을 수 없는 사람아! 나는 그대를 사랑했노라. 그러나 그대보담 조국과 민족을 더욱 사랑했노라"라고 애인에게 마지막 편지를 쓰면서 최후를 맞는 모습으로 자기를 드러낸다. 이에 대해 재현 작업자들은 그들에게 "합동위령제"를 베풀어주고 또 그들을 "순국용사," "호국영령"으로 시성諡聖하고 있었다. 이런 "호국영령" 생산과정에서 우리는 가족, 애인, 심지어 자기자신조차, 한 마디로 자신의 '사적私的' 이익 — 생명이 사적 이익의 궁극적 대상이라 한다면 — 을 돌보지 않고 "국가"와 "민족"을 위해 희생하는 군인과 경찰을, 추상적으로는 대한민국을 볼 수 있다. 이로써 여순반란 재현물에서 대한민국은 자신의 사적 이익까지 희생하면서 민족과 민족의 삶을 보장하는 존재로 전화된다.*10)

이것은 대한민국의 '비인간적'이고 '파괴적'인 행위를 정당화할, 즉 "역천의 놈들"에 대해 "천리"의 이름으로, 민족의 이름으로 포살砲殺할 수 있는 관념적 권한을 부여했다. 또한 그것은 대한민국에게 민족의 삶을 지켜준 보호자의 자격으로, 또 보호의 대가로 민족 구성원에게 대한민국을 위해 희생할 것을 주장·요구할 수 있는 권리를 제공했다. 그러나 이런 전

---

* 흥미로운 것은 관련 재현물이 '장렬한 죽음'을 한층 더 성화聖化하기 위해, 유언의 현장에 "나라를 위하여 죽었으니 조금도 유감이 없다"라고 말하는 어머니까지 동원하고 있었다는 점이다.

술적 효과들 못지않게, 아니 더 중요한 것은 앞의 재현이 대한민국에게 자신의 민족적 성격을 과시할 관념적 기반을 제공했다는 점이다. 이것은 출범 전후부터 대한민국을 괴롭혔던 "대한민국은 반민족적 단독정권"이라는 탄핵을 상쇄시킬 '반선전反宣傳'의 자료를 제공했다. 이는 반민족적 타자로부터 민족을 수호하는 존재로, 나아가 스스로 '배달민족倍達民族의 아我'로서 주장할 자료를 대한민국이 확보했음을 의미한다. 이런 자료들은 대한민국이 스스로 민족의 이익을 대변하고 실현할 민족국가(nation-state)이고, 따라서 근대 국가라고 주장할 관념적 자료로 기능했다. 이런 관점에서 볼 때 민족의 삶을 보장하는 주체로서 대한민국을 재현하는 것은 전술적 효과를 넘어서 스스로 근대 민족국가라고 주장할 근거를 제공하는 것이었다.

3. 대한민국 - 운명의 주재자

우리는 앞에서 여순반란 재현물 속에서 대한민국이 '민족 삶의 수호자'로서 탄생되는 과정을 목격했다. 이것은 대한민국의 민족국가성을, 근대국가성을 주장할 관념적 근거와 자료를 제공했다. 그러나 대한민국은 단순히 민족사회의 수호자일 수만은 없었다. 왜냐하면, 그것은 국가라는 '공'적 영역을 '사적私的 이해'의 집합체로 상상된 사회의 보호수단으로, 더군다나 '개조改造'의 대상일 정도로 많은 문제점을 지녔다고 생각되던 '한韓민족'의 일개 수단으로 대한민국을 전락시킬 수도 있기 때문이다. 이런 위험성 앞에서 대한민국은 스스로 사회라는 사적 영역의 상위에, 민족사회의 상위에 있음을 보여주어야 했다.* 지금부터는 '대한민국의 초월성

---

* 이념형(sollen)으로서가 아니라 현실태(sein)로서의 한민족과 민족사회는 당시 엘리트들로부터 여러 면에서 '의심'받으면서, '새생활운동'에서처럼 '개조'의 대상으로서 존재했다. 덧붙이자면, 당시 일종의 시대적

과시'라는 측면에서 텍스트를 읽어보도록 하자.

　여순반란의 기록물들은 "천인공로"의 "역군"逆軍과 "역천逆天의 놈들"에게 "공분公憤을 설雪하며 국법國法을 밝"히기 위해 "정형시위正刑視威"하는 대한민국을 끊임없이 독자의 심상心象에 투사하고 있다. '정형시위하는 대한민국'은 "반란에 가담했던 사람들이 예민한 군경의 손에 묶여 혹은 열 혹은 스물 혹은 마흔 열을 지어 저벅저벅 사령부로 걸어 들어가고 있"는 장면에서 시작되었다. 여기에 등장하는 인물은 "반란에 가담했던 사람"뿐만 아니라 "일단 의심받은 사람들"도 있었는데, 이들은 "곧 옷을 벗기우고 학교 운동장으로 끌려 갔"다. "순천농림학교 넓은 교정에" "나와 있는" "순천의 전全인구"를 대상으로 "아군我軍"은 "준엄한 문초"를 통해 "양민과 반군" 내지 "양민과 반민"으로 "구별"하여 "양민은 속속 석방"하는 반면, "일시 무기를 감추고 항복을 가장한 남녀 중학생 민애청원 등 다수"를 끄집어내고〔摘發〕 있었다. 이런 작업이 진행되는 동안, "〔여수〕 동편에 있는 종산鍾山국민학교 뜰 안과 교실에는 문초를 받을 사람들 천여 명이 서리가 내리는 밤에 뜰 안에 꿇어앉아 자기 앞에 가로놓인 운명의 흑백에 불안한 밤을 새고 있다." 여기서 '적발'된 이들은 "군사에 관계있는 범죄는 군민을 막론하고 군법에 준거하여 처단"하기 위한 "고등군법회의"나 "특설된 법정"에 마련된 "최고군법회의"에서 "사형언도를 받"고 "모처에서 (사형이) 집행"되거나, 그도 아니라면 "군기대와 경찰사령부"에서 "죄상에 따라서는 무죄와 사형이 그때그때로 즉결"되어, "길가에" 그 시신이 버려지기도

관용어구가 된 "새……"나 "신新……"의 '범람'도 현실태의 한민족과 민족사회에 대한 '의심'과 긴밀히 연결되었다고 판단된다. 이런 한민족의 모습 앞에서 개조의 주체로서 국가 등장은, 나아가 '국가지상至上'의 주장은 지배엘리트들에게 있어서는 필지必至의 것이었다. 지배엘리트의 국가와 민족사회에 관한 인식에 대해서는 필자의 「일민주의와 대한민국의 근대민족국가화」, 『한국민족운동사연구』 44호, 2005 참조. 그런데 이런 지배엘리트의 인식틀은 헤겔과 매우 유사하다. Schlomo Avineri, *Hegel's Theory of the Modern State*, Cambridge: Cambridge University Press, 1972 참조.

했다.[11]

이런 '집합/연행 - 문초 - 즉결/기소 - 재판 - 집행,' 즉 '정형定刑'이 '정형시위正刑視威하는 대한민국'의 전편이라면, '정형시위하는 대한민국'의 후편은 '시위示威'이다. 속편은 "여수로 진격"하는 "해상국군"과 "육상관군"의 무력과시로 시작된다. 즉 관련 재현물은 먼저 "함포," "기관총," "박격포"로 무장한 "관군의 압도적 공격력"이 "반란군 측의 반격"을 일거에 제압하고, "공격 개시 두 시간 만에 여수항으로 돌입하여 무혈상륙을 개시하고 즉시 부두뒷산을 탈환, 반란군의 저항 없이 일로 여수로 진군 중에 있는" 여수상륙작전의 스펙터클을 펼쳐 보인다. 이어서 "이 나라 수호신아! 기리 영광 있으라!"라는 나레이터의 감격어린 축도祝禱를 배경으로 "악대를 선두로 한 장갑차 등등 제12연대의 시가행진"의 "장관"이 화면을 가득 채웠다. 카메라는 거리에서 다시 "김포육군특별부대 수색부대"의 "앞마당"으로 옮겨져 "아직도 탄흔이 새로운 장갑차 등 참전기기參戰器機의 진열을 배후에 진을 쳐놓고 앞마당에는 전투 당시를 방불하게 하는 피비린내가……군장軍裝을 한 참전부대의 장정"을 화면에 담아냈다. 이런 스틸 사진은 곧바로 활동사진에 의해 대체된다. 즉 화면 상단부에는 "우리 항공대"의 "정찰" 모습이, 또 화면 중앙에는 "환영군의 장사진"과 "절규하는 만세소리"에 "감격에 사로잡혀" "군가소리도 우렁"차게 광주 시내를 "행진"하는 "철족산악토벌부대"의 모습이 비쳐지면서 '시위'는 클라이맥스에 달한다.[12]

그런데 부대 "귀대"와 함께 종영된 '시위하는 대한민국'은, 아니 '정형시위하는 대한민국'은 무엇을 말하는가? 이것은 쉽사리 알 수 있듯이 물리력의 소유자로서, 그 행사자로서 대한민국을 형상화하는 것이다. 각종 재현물에 따르면 이 물리력은 "다른 외국의 군대에 비하여 추호도 손색이 없"어 "미군의 손을 빌리지 않고" "반란군 측의 반격"도 일거에 무력화시

키는 "장관"을 연출하면서, "일주일 이내에 진압"하여 "양민의 구제보호에
도 혁혁한 업적을 남"길 수 있는 당당한 것이다. 이런 재현은 무엇보다
"우리 국군에 대한 반신반의 혹은 신뢰를 하지 않는" 남한사람들로 하여
금 "공산분자의 악랄한 모략선전에 이끌"린 "무사려無思慮한 언행" 대신
"국군"을, 나아가 "우리 새 정부" "대한정부의 실력"을 "신뢰하"게끔 하고
자 한 것이다. 아니 간단히 말해서 '힘이 세니까, 나한테 붙어'라는 '조폭組
暴(mafia)'류의 메시지를 전달하고자 하는 것이다. 이런 메시지는「반란지
구 답사기」에서 극명하게 전달되고 있는데, 그것은 "종군특파원들"과 그
들이 "여수어구의 한 토막집"에서 만난 "농부아내"와 나눈 다음의 대화를
소개하고 있다.

> "당신은 어느 편이 좋으시오" 하고 기자들이 물어보니 그 여인은 "양반네 편이
> 좋아요"라고 주저 없이 대답했다. 양반네 편이라는 것은 우리 편 즉 국군 편을
> 말하는 것이었다……"왜 우리 편이 좋아요?" 하고 재차 물은즉 "양반네 편이
> 더 세지 않으라우"라며 오히려 우문愚問이란 듯이 빙그레 웃는다. 이제 그 집
> 천장은 두 군데나 총알로 뚫리고 이날 아침 수십 대의 장갑차 무장 '트럭,' '찝'
> 에 실린 수백 명의 국군들이 박격포, 중기관총들을 가지고 이집 앞을 지나가는
> 것을 그 여인은 보았던 것이다.

「답사기」는 '삶의 지혜'를 체득한 필녀匹女의 입을 빌려 일반대중에 대
해서뿐만 아니라, 그 지혜존자智慧存者에게 "우문"이나 해대는, 그래서 그에
게 "빙그레" 일소당하는 남한 '지식인'들에 대해서도 '힘센 쪽에 붙어'라고
분명히 말하고 있다.[13]
    그러나 당당함의 과시는 단순한 반反선전과 설유說諭의 자료만은 아니
어서 곧바로 '협박'에 동원된다. 그리하여 협박은 위풍당당의 주제(theme),

즉 '정형定刑하는 대한민국'의 동기부動機部(motif)를 구성한다. 그 대한민국은 "일단 의심받은 사람"까지 "서리가 내리는 뜰 안에 꿇어앉"혀 놓고 "자기 앞에 가로놓인 운명의 흑백에 불안한 밤을 새"우게 하고, "죄상에 따라" "그때그때로 즉결"하고 있었다. 뿐만 아니라 대한민국은 공포의 이입移入·확산을 위해 수시로 '꿇어앉힌 이들'의 "부인네들"까지 재현의 현장에 동원했다. 예컨대 "남편과 아들이 곤봉과 총대와 쇠투구로 매 맞는 것을 바라보고 있었"던 "어린애들을 업은 부인네들"을 재현의 현장에 서있게 했다. 뿐만 아니라 그 현장에는 〈군기대軍紀隊에 붙들려 가는 사람들〉[14]에서 보듯이 "아비, 할아비"까지 동원되었다. 이렇게 가족들까지 운명의 갈림길 위에 세워놓고 공포의 전국적 이입·확산을 꾀한 대한민국은 남한 사람들 눈앞에서 "24명의 남자가 가까운 소학교로 끌려가는 것을 보"이고, "뒤이어" 귓가에 "(그들을) 죽이는 '라이플'총의 일제사격의 총성을 들"리게 했다. 그리고 또 수시로 "모처에서 형의 집행이 있었"음을 알리는 섬뜩섬뜩한 핏빛 소식지를 전국에 뿌려댔다. 이런 것들이 '협박'의 간접적인 장치라면, 때로는 이를 친절히 '해설'하려는 듯 직접적으로 '협박'을 언명하기도 했다. 이런 공포의 이입·확산은 물론 "반역도배를 공동방위, 적안잔멸摘案殘滅하도록 계신매진戒愼邁進하려는 사기를 배양 진기振起할 것을 요청"하는 것이었다. 이런 "요청"과 함께 공포의 이입·확산은 '너희들의 운명은 대한민국이, 그의 힘이 주관하고 있다'는 메시지를, 운명의 주관자로서 재현되는 "강력强力" 대한민국의 상을 전달하고 있다.*[15]

그런데 '운명의 주관자로서 강력 대한민국'의 재현은 '정형시위하는

---

* 〈군기대에 붙들려 가는 사람들〉과 같은 시각자료의 동원은 라디오방송과 함께 재현작업물의 수용자를 확대한다. 뿐만 아니라 그것은 직접 독자의 시각에 호소하면서 재현의 구상성具象性 내지 가시성可視性을 증대해 재현작업을 일층 고도화할 수 있다(이것을 필자는 구상적 재현이라 명명했다). 이런 고도화는 재현작업(물)의 수용성收容性을 강화하고 동시에 그것의 진실성을 실증하는 데 이바지한다. 임종명, 「여순사건의 재현과 폭력」, 2005, 113~121쪽.

대한민국'에서 그친 것은 아니었다. 앞의 '정형시위'가 단속적이고, 또한 특정 신체, 즉 "불순분자"와 "의심받는 사람"과 그 가족을 둘러싼 것이라면, 그것은 일상적이고 전반적인 것으로 확대되어야 했고, 실지로 그러했다. 이런 확대는 대한민국을 교통과 통신, 통행의 주관자로, 즉 여순과 지리산을 포함한 그 인근 지역을 외부세계로부터 차단하는 주체로 재현하는 과정에서 나타난다.

> "군사령부"는 "여행허가증"과 "통행증"을 소지하지 아니한 일반인의 "남원이남以南" 지역으로의 기차 여행과 지리산 위요圍繞지역의 "통행"을 금지했다. "호남방면 작전군사령관"은 전남북도 일원에 "통신기관 제한 계엄령"을 발효시켰다.

이런 '금지'와 '발효' 속에서 대한민국은 교통과 통신, 통행의 주관자로 재현되었다. 주관자의 위용은 바깥세상과 전남북도 및 지리산 주변지역의 경계선에서만 나타난 것이 아니었다. 일반인의 이리−순천 간 기차탑승 금지 보도와 지역 간 이동시 "삼엄한 군기병 속에 몇 번인지 조사를 받"는 문인조사단 일행의 여행기를 통해 주관자는 게토(ghetto) 내 구역 간 대로변에서도 자신을 드러냈다. 뿐만 아니라 심지어 "통행증이 없으면 함부로 다니기도 어려운 여수 시내"를 보여줌으로써 구역 내의 소로小路에서도. 이제 교통·통신을 매개로 대한민국은 '운명'의 관장영역을 특정 신체로부터 공간 일반에까지, 대중생활 일반에까지 확장하면서 자신을 '대중생활과 그들 운명의 주재자'로 재현했다.*16)

---

* 교통·통신 차단이 경제생활 등 일상생활에 끼치는 바를 잠시라도 상상해 보면, '일반 운명의 주재자'로 대한민국을 서품敍品하는 것이 무리는 아닐 것이다. 실제 당시 관련 재현물은 "야간 운행 중지로 통학생 등교 불능"의 사태를 보도함으로써, "신원증명 여행증명 등등의 남의 손을 빌려야 하는 수속이 많"아 "다

'대중생활 일반의 주재자로서 대한민국'의 직접적인 주제는 물론, 힘의 과시와 협박을 통한 남한대중의 획득이고 그들의 동원이다. 그러나 이것은 '획득과 동원'에 머물지 않고 대중의 삶의 공간인 사회에 대해 국가가 그것의 운명을 좌우할 수 있다는, 달리 말해 대한민국은 사회의 상위에 존재하는 초월적 존재라는 것을 암시하는 것이었다. 이런 위계화는 국가가 민족사회의 일 기관화機關化 내지 사회의 수단화 또는 대상화될 수 있는 인식론적 위험을 방지하고, 사회와 구별되는 자신의 고유한 공간을 확보하면서 스스로 주체화하고 목적화할 수 있는 인식론적 토대를 대한민국에게 제공할 수 있다. 그런데 이런 의미를 지닌 위계화는 다시 한 번 '관념과 실천의 조직자로서 대한민국'에 의해 강화된다. 그러나 '조직자로서 대한민국'은 단순히 위계화의 의미만 지닌 것은 아니었다. 즉 그것은 대한민국의 근대국가성 확보와 긴밀히 연결되었다.

4. 대한민국 – 관념과 실천의 조직자

근대적 권력이 권력행사의 대상 외부에서 그것의 외적 행위를 규제하는 억압권력이 아니라면, 즉 대상 내부에서 그것의 인식과 행위(practice)를 조직하고 생산하는 권력 또는 규율적 권력이라 한다면, 자신의 권력을 근대적 권력으로 변모시키고자 하는 정체政體(polity)는 그 구성원에게 인식의 자료를 제공하는 동시에 그 행위의 틀을 주조해내야 한다.[17] 이런 요구는 대한민국의 경우에도 마찬가지였다. 당시 대한민국은 한편으로 해방 후 정치·사회적 주체로서 남한사람들이 등장하고, 반란 가능성이 상존하

만 대서소만은 모두 분주한" 여수의 근황을 전함으로써, 교통·통신 차단이 일상생활에 어떠한 영향을 끼치는지 예시하고 있다.

는 속에서도 대중의 주권을 헌법상으로 승인하고 천명했다. 이런 상황은 대한민국에게 '국가사업'에 남한사람을 동원하기 위해서도 정체 자체를 단순한 억압권력에서 생산하는 권력 내지 규율권력으로 변모시킬 것을 요구했다. 다시 말해, 당시 대한민국은 국가안정화와 발전을 위해 남한대중의 수동성을 강화시키는 한편, 다른 한편으로 국가사업에 대한 자발적 참여 내지는 능동성을 제고시켜야 했다. 이런 상호 모순되는 동시적 요구는 대중의 규율화를, 또 대한민국의 규율권력화를 요구했다. 바로 이런 점에서 남한대중의 규율화와 대한민국의 규율권력화는 대한민국의 존립과 국가사업에 대한 대중동원의 전제조건이라고 할 수 있다.

그러나 남한 대중에 대한 규율적 지배의 수립은 단순히 '동원'을 위한 '전술적 요구'만은 아니었다. 오히려 그것은 근대국가로서 대한민국의 확립·유지의 전제조건이다. 즉 근대국가가 대중의 주권을 전제로 한다면, 한편으로 대중의 주권성을 인정하면서도 다른 한편으로 그 대중의 주권성과 주권자인 대중을 지배체제 내로 순치시켜야 했다. 이런 순치는 대중의 규율화와 국가권력의 규율권력화 그리고 지배체제의 규율적 지배체제로의 변전에서만 가능하다. 그렇다면 우리는 규율권력으로의 변모가 '전술적 요구'를 넘어 대한민국의 근대국가성 확보를 가능케 하는 '전략적 성격'의 요구임을 이해할 수 있을 것이다. 이런 요구를 염두에 두면서, 여기서는 여순반란의 재현물에서 인식과 행위의 생산과 관련하여 대한민국이 어떠한 모습으로 등장하는가를 추적하도록 하겠다. 그러면, 먼저 인식과 행위의 관념적 자료인 지식의 생산 과정에서 나타나는 대한민국의 모습을 살펴보도록 하자.

여순반란의 각종 보도물은 지식생산의 주체로서 대한민국을 재현하고 있었다. 이런 모습은 앞에서 보았던 각종 재현물을 상기하면 쉽게 이해될 수 있다. 즉 우리는 이미 앞에서 수없이 등장하는 대통령과 국무총리, 내무장관, 국방부, 공보처, 작전사령부 등의 모습을 검토했다. 그들은 '기자회견'과 '포고', '국방부 발표' 등의 형식으로 여순반란의 원인과 동기, 전개과정과 그 귀결에 대한 '정보'를 제공해주고 있었다. 예컨대 여순반란이 개시된 바로 다음날 국무총리 이범석은 기자단 회견에서 "여순사건의 주모자와 인민재판 등의 경과를 발표"했다. 여기서 주목할 것은 회견 당시 여수와 순천은 "반란군"의 수중에 있었기에 그 정확한 "진상"을 알 수 없는 상태에서 생산된 여순반란에 관한 '지식'이 그후 근 반세기에 걸쳐 재생산되었다는 점이다. 즉 "주모자"에 대한 부분은 후에 '정정'되었지만, "학살"과 "방화"의 "반란叛亂"이라는 여순반란反亂에 관한 지식의 기본틀은 그대로 유지되면서, 단지 더 정교하게, 또 생생하게 재생산되고 전달되었다는 점이다. 이런 예에서 보이듯이, 대한민국은 여순반란에 관한 지식의 주생산자로서 자신을 현현하고 있었다. 그렇지만 자본주의에서 노동은 생산의 주 담당자이기는 해도 생산과정의 조직자가 아니듯, 단순한 주 생산자로서의 모습은 대한민국에게 만족스럽지 못한 것이었다.[18]

그리하여 대한민국은 단순한 주 생산자가 아니라 생산과정 자체의 조직자로서 재현된다. 지식생산 과정의 조직자로서의 모습은 "문인조사반"에서 단적으로 나타난다. 문교부는 박종화, 정비석 같은 저명 문인과 화가 등 10명을 두 개의 반으로 조직 파견하여 "현지조사"하게 하고, 그 결과를 「현지조사반 보고」, 기행보고문과 시, 또 사진과 그림 등으로 신문지상에 발표하고, 또 전시회에 출품하도록 했다. 이외에도 여러 곳에서 조직자로서의 모습이 목격되었다. 예컨대 "여순반란사건 진상조사 11개 종교단체 대표"도 그 하나일 수 있는데, 이들 "대표" 역시 "여순반란사건의 진상"과 "잔악무도한 공산당의 정책"에 관한 지식과 기억을 (재)생산했다. 이렇듯이 대한민국은 이제 노동과정의 한 요소가 아니라 노동과정 자체의 조직자로서 자신의 모습을 드러냈다. 그러나 이 조직화는 상시적이지 않은, 즉 일시적이고 단속적인 노동조직화에 불과했기에, 생산과정의 항상적 조직자로서 대한민국의 재현에는 이르지 못했다.[*19]

여기서 다시 대한민국은 지식생산의 상시적 조직자로서 자기를 재현하게 되는데, 이런 모습은 '신문보도의 통제자로서 대한민국'에서 잘 나타난다. 신문매체들은 「전라남도사건 기재記載 유보留保 해제에 관한 건件」을 발표하면서 "단기 4281년 10월 20일 부付 표제기사 보류 요청 건은 단기 4281년 10월 21일 정오 이후 정부발표에 한하여 이를 해제함. 따라서 외전外電 입보入報는 당분간 발표를 보류하기를 요망"하는 공보처의 모습을, 또 "군관계 기사는 사전에 당국의 검열을 받아야 한다"라는 국방부의 모습을 보여주고 있다. 이는 단속적이 아니라 상시적으로 지식의 생산과 유통과정을 통제, 조직하고 있는 대한민국을 보여준다. 또한 "국제상 중대 문제에 대해 허무한 언론을 조작하여 문제를 만들게 한 것은 어디로 보든지 방임할 수 없는 형편이니 민국과 신문계의 체면을 위해서라도 징벌되어야 할 것"이라고 언론기관의 "폐쇄"의 정당성을 강변하는 대통령의 모습을 통해, 생산과정의 조직자 겸 감독자로서 '사보타지(sabotage)'를 징치懲治하는 대한민국의 모습을 보여주고 있었다. 이런 것들이 지식생산 과정에서 나타나는 대한민국을 다루었다면, 기사 말미에 압인押印된 "계엄사령관 검열제檢閱濟"라는 낙관落款은 최종 생산품이 '누구 제품인가'를 다시 한 번 소비자에게 환기시켜준다. 이를 통해 대한민국은 지식상품 소비자에게 생산과 유통과정의 주체 내지 주재자로 재현된다.[**20]

---

* 문인조사단의 보고문과 사진, 그림은 『반란과 민족의 각오』에 총괄 수록되어 여순반란에 대한 재현과 기억의 재생산과정에 투입되었다.

** 물론 신문기사들은 엄한 공장 감독의 모습뿐만 아니라 자상한 감독의 모습 역시 놓치지 않고 형상화해내고 있었다. 즉, "결사종군을 감행"하고 있는 특파원에게 "군보도반원"으로서 "종군"을 허용케 하여 "반란군의 생생한 소탕공격전의 편모"를 보도할 수 있게 배려하는 한편, "순천·여수의 제1선을 가보고 싶은 마음이 간절해서 이리 뒤척 저리 뒤척 날 밝기를 고대"하는 문인조사반원에게는 "군부에서……트럭"과 무장군인을, 나아가 "작전사령관" 등 '지식의 원자료'까지 제공해주는, 사려 깊은 감독의 모습을 재현해

그런데 지식은 도덕률과 달리 가치중립적이어서 특정 행위를 요구·촉구하는 '선동煽動'과 상관없는 듯한 외양을 띠고, 또 통상적으로 그렇게 받아들여지고 있지만, 그것은 담론(discourse)의 자료를 제공하면서 지식소비자의 인식 및 행위의 정향整向을 주조해낼 수 있다. 예컨대 반란反亂을 "학살" 및 "파괴"로서 등치시키는 지식은 반란에 대한 지식소비자의 부정적 관념과 의식, 태도를 주조하여, 종국적으로 지식소비자가 "반란叛亂"이라 명명되었거나 그렇게 명명될 사상事像(event)으로부터 자신을 분리하도록 할 수 있다.* 이런 점에서 지식의 생산과 유통은 지식 소비자로 상정된 대한민국 국민이 자신의 행위를 스스로 규율하도록 할 수 있다. 따라서 지식생산을 장악하는 것은, 또 지식생산의 주재자로서 대한민국을 재현하는 것은 남한사람들의 규율화라는 대한민국의 근본적 요구에 부응할 수 있다. 그러나 대중의 규율화가 종국적으로 대중의 행위의 규율화에 있다면, 그것을 위해서 대중에게 지식을 제공하는 것과 더불어 그들의 사회적 행위를 조직할 필요가 있다. 이에 유념하면서 지금부터는 남한사람들의 행위 조직과 관련하여 대한민국이 어떻게 형상화되는가를 추적하도록 하자.

먼저 여순반란의 재현물 속에서 대한민국은 국민에게 무엇인가를 요

주고 있었다. 그런데 '검열제'와 마찬가지로, 복자複字 또한 지식의 생산이 어떤 환경에서 이루어지고 있는가를 보여주는 생생한 증거이다. 즉, "순천을 탈환한 국군은 처음 몇 시간 동안 공산당이 한만큼 ○○ 했다"(「미국 타임지 기자가 본 반란사건」, 앞의 책, 343쪽)에서 보이는 ○○은 지식 생산이 일상적이고 주도면밀한 감시의 시선에서 이루어지고 있음을 보여준다. 그런데, 흥미로운 것은 복자가 '미제美製 지식' 에서만 발견된다는 것이다. 만일 대한민국의 시선이 여순반란에 관해 생산된 모든 지식에 베풀어지고 있었다는 것을 상기하면, 미제 지식과는 달리 '국산國産 지식'에서 복자가 발견되지 않는다는 사실은 이미 당시에 신문사나 기자의 내부검열이 이미 작동하고 있음을 보여 준다. 뿐만 아니라 그 사실은 소위 '공공 영역'에서 생산된 지식이 설사 '비판적인 외양'을 띠더라도 그것이 대한민국의 아젠다(agenda) — 그것이 유형화되고 항목화되어 있지 않았다 하더라도 — 에서 벗어나지 않고 있었음을 웅변하는 것이라 할 수 있다.

* '사상으로부터의 지식소비자의 분리'는 신문기사가 "독자에게 영향을 끼칠 수 있는 사건을 독자로부터 고립시켜 사건이 가지고 있는 잠재적 영향력을 제거한다"라는 벤야민의 진술에서 시사받았다. Walter Benjamin, Hannah Arendt, ed, Harry Zohn, trans, *Illuminations*, New York: Schocken Books, 1988, pp. 158~159.

구하고 또 국민에 대해 판단하는, 요컨대 국민과의 관계에서 하나의 주체적 존재로서 형상화된다. 그리고 관련 기사들은 그런 주체성의 대유帶有가 대한민국 자신의 "집단적 이해(corporate interest)"에서 비롯된 것이 아니라 "민족과 국가"의 요구에서 비롯된 것으로서 재현하고 있었다. 예컨대 하버마스(Habermas)가 주장하는 대표적인 '공론장公論場(public sphere)'인 신문의 한 사설은 대한민국에게 "민족과 국가"의 요구를 다음과 같이 전하고 있다.

> 정부와 국회는 국가 최고기관의 책임으로써 국민의 깊은 이해와 협력을 구하여 최선 최신속한 적절한 시책을 다하여 할 것이니, 먼저 이번 사태의 동기와 발단 이래의 전모를 남김없이 알려주어 국민의 건전한 양심으로써 명확한 판단을 내리도록 모든 자료를 제시할 것이 극히 필요하다고 본다……민족과 국가의 숭고한 목적에 입각하여 국민의 이해와 비판에서 더 큰 협력을 얻어야 할 것이다.

여기서 『조선일보』는 대한민국에게 "전모를 남김없이 알려주"는 지식 생산의 주체일 것을, 그리고 "국민"의 "명확한 판단"을 낳고 또 "깊은 이해와 협력", "비판"을 "얻"는 주체이자 "적절한 시책" 강구의 주체일 것을, "민족과 국가의 숭고한 목적에 입각"한 "국가 최고기관"일 것을 요구하고 있다. 이런 재현 속에서 대한민국은 '민간'에 의해 또는 '시민사회'의 '공론장'에 의해 "국가 최고기관"으로서 "민족"의 "목적" 아래 '사회'에 대해 주체이어야 할 것을 요구받는다. 이로써 민간에 대한 대한민국의 주체성 확보는 단지 자신의 '집단적 이익'에 의해서가 아니라 '민족'의 요구에 의한 것으로서 재현되었다.*

이와 같은 요구를 배경으로 대한민국은 국민에게 그들의 행동방식과 마음가짐을 지정·요구하는 존재로서 재현된다. 먼저 여순반란의 재현물은 수시로 도처에서 "현 정부"와 "군경[을] 절대 신뢰"할 것, "관민일심官民一心"을 요구하는 대한민국을 포착하고 있었다. 나아가 대한민국은 '마음[心]'뿐만 아니라 행동까지 요구하는 주체로 재현되고 있었다. 즉 "국민은 정부의 공식 발표 외의 이런 풍설에 속지 말" 것이며, 또 "일반양민은 절대로 여기[공산계열의 선전전]에 속아서는 안 된다," "좌익계열의 감언이설"과 "여하한……선동에도 속지 마라. 여하한 사태에도 망동妄動하지 마라," "군사행동을 추호라도 방해하지 말 것" 등을 요구하는 대한민국의 모습이 수시로 형상화되고 있었다. 이런 소극적 행위의 요구자로서뿐만 아니라, 대한민국은 적극적 행동의 요구자로서도 재현되었다. 즉 대한민국은 각종 재현물에서 "일반양민"에게 "민족과 국가를 위하여" "민주주의 원칙에 의하여 수립된 정부를 옹호"하고, "군과 경찰에 협력"할 것과 "각 지방 남녀노소는 질서와 인명을 해하는 자가 없도록 조직적 행동"을 할 것, 나아가 "어떠한 법령이 혹 발포되더라도 전 민중이 절대복종"을 요구하는 한편, 포괄적으로 "조국건설에 일로 매진"하여 "각자 맡은 바 사명에 충성을 다하여 국운의 신장을 기하며 민생을 안정시키기에 전지전능을 다 합시다"라고 요구하고 있었다. 또한 대민對民명령의 주체로서, 즉 "정부의 지시"와 "지방치안 당국의 지시"를 "철저히 준수 여행勵行할 것을 명령"하는 주체로서, 더 중요하게는 "대한민국기旗를 제식制式대로 작성하여 게양하며 불규남루不規襤褸한 국기를 게양하는 경우에는 국가민족에 대한 충실이 부족하다고 인정"(강조-인용자)하는 판단의 주체로서 재현된다. 이로써 대

---

* '집단적인 이해'는 그람시의 언어이다. Antonio Gramsci, Quintin Hoare & Geoffrey Smith ed. & trans., *Selections from the Prison Notebooks of Antonio Gramsci*, New York: International Publishers, 1999, pp. 77~78; Jurgen Habermas, Thomas Burger trans., *The Structural Transformation of the Public Sphere*, Cambridge: The MIT Press, 1991, pp. 14~26; 「사설: 반란사건의 수습대책과 진상규명」, 앞의 책, 283쪽.

한민국은 "민족과 국가"의 이름 아래 "일반양민"의 생각과 행동의 내용을 지정하고 명령하며, 또 그들의 생각과 행동을 "판단"하는 주체로서 재현된다.[21]

5. 균열하는 텍스트 / 충돌하는 대한민국들

우리는 지금까지 여순반란의 재현작업에서 민족 삶의 옹호자·운명의 주재자·관념과 실천의 조직자로서 대한민국이, 민족적 타他에 대비되는 민족적 아我가 생산되는 현장을 목도했다. 그러나 여순반란을 재현하는 과정에서 생산된 대한민국의 이미지는 텍스트 안에서 결코 안정적인 상태에 있지 않았다. 즉 하나의 텍스트에서 그 이미지가 생산되는 바로 그 순간에 그것을 부인하는 자료가 생산되고 있었다. 지금부터는 텍스트 자체에 내재한 충돌의 장면과 그것의 의미를 추적하도록 하자.

우리가 텍스트를 읽어가는 과정에서 쉽게 만날 수 있는 충돌은 먼저 '휴머니즘적 대한민국'과 '비인간적 대한민국'의 모습이다. 우리는 '민족 삶의 옹호자'에서 대한민국이 휴머니즘적 가치의 옹호자로서 재현되는 과정과 그 상像을 살펴보았다. 그러나 우리는 이어지는 '운명의 주재자'에서는 대한민국의 '비인간적인,' '전근대적인' 모습을 만났다. 즉, '운명의 주재자'에서, 근대국가의 법치주의와 '인간적인' 행형법으로는 상상도 할 수 없는, 재판도 없이 법정 바깥에서 비법적非法的 내지는 자의적이고 "응보應報적"인 "극형"이, 그것도 미성년자일 수 있는 중학생을 처형하고 또 처형된 신체마저 길거리에 유기하는 대한민국의 '비인간적'이고 '전근대적인' 모습이 노정露로되고 있었다.

이런 상충 앞에서 각종 재현물은 반란참여자를 비非생물계로 구축해 그 상충을 해소하고자 시도하고 있었다. 즉 반란참여자들을 "야성野性"의 존재, 즉 "인면수심人面獸心"의 '비인간적 존재'로 재현하고, 나아가 불인지심不忍之心을 불러일으킬 수 있는 마소 같은 동물적 존재에서 다시 한 번 "식인귀"로 재현하여 반란참여자를 비생물계로 추방했다. 이런 이중의 유폐幽閉 과정에서 '두 대한민국'의 상충이 해소될 수 있는 개연성이 마련되었다. 왜냐하면 형식논리로 볼 때 대한민국은 인간살상을 방지하고자 "강력強力"을 동원하여 '비인간'을 징치하는 것이었기 때문이다. 그러나 형식논리가 '변증법적 현실'과 만나는 순간 형식성이 노출되어 그 기능이 중지되듯이, 반란 참여자의 비인간화를 위한 노력은 "인면수심"일지라도 "인면人面"인 반란참여자의 모습 앞에서 그 유효성을 상실하고 만다.*22)

비인간화 전략의 유효성 상실 내지는 '두 대한민국의 충돌' 앞에서 재현 작업자들은 충돌 자체를 해소하려는 대신, 다양한 방법으로 그것의 부인과 은폐, 충돌 강도의 약화를 시도한다. 이것의 한 방법은 '비인간적인 대한민국'이 "공산계열"의 "허무맹랑한 악선전"의 결과라고 강변하는 것이다. 이것은 '비인간적인 대한민국'의 존재를 부인하여 충돌 자체를 부인하고, 그것을 은폐하고자 한 노력이다. 그러나 이것이 불가능한 만큼 다른 전략을 강구해야 했고, 그리하여 나타난 것이 상황론이다. 즉 "시가전투가 반군진압작전으로부터 완전한 봉기시민 소탕"으로 변하면서 "양민과 반민叛民의 구별이 곤란"한 사정이나, "진압할〔할〕대상과 보호할 대상이 불분명한 이 현지의 정황"을 예시하거나, 아니면 위험에 처한 인간의 "당연함 감정"이라는 상황론과 인지상정론을 동원하고 있었다. 나아가 "여수함락

* '응보적 극형'은 "대전 육군중앙고등재판장"이 "중앙고등군법회의의〔여순반란 사건 재판〕경과를 기자단"에게 발표하면서 천명한 '정형'正刑의 원칙이었다. 그런데 대한민국의 '비인간적인' 모습은 본문에서 언급한 '행형'의 과정에서 뿐만 아니라, 비非행형, 즉 군경의 "복수"의 살상행위에서도 노출된다. 그것의 심각성은 미국무성의 대변인도 반선전反宣傳에 가담해야 했을 뿐만 아니라 심지어 『동아일보』와 『조선일보』조차도 자신의 「사설」에서 우려를 표명하고 "이성의 힘"에 호소해야 할 정도였다.

은 이 싸움의 종식이 아니라 이제 시작"한, 그리하여 "준準전쟁상태"라며 전시상황을 들먹였다. 최후의 경우 '대중'을 끌어들여 '비인간적인 대한민국'의 정당화를 시도하여 "등교하는 학도들"의, "아무 죄 없는 사람들을 그처럼 잔학하게 죽인 자들이 총살당하는 것은 당연한 일인데 거기에 무슨 감상이 따로 있겠냐는 대답들"을 소개한다. 이것은 '대중'의 입으로, 더 정확하게는 대중의 가차假借를 통해 '비인간적인 대한민국'을 정당화하려는 노력이었다.*23)

상충하는 '두 대한민국들'의 해소·은폐·완화를 위한 일련의 시도는 기본적으로 상충 없는 '하나의 대한민국'을 재현하고자 하는 노력이지만, 현실적으로는 그 충돌이 지니는 위험성을 방지하고자 하는 것이었다. 먼저 앞의 시도는 '인간'에 대한 '비인간적' "응보"가 가져올 수 있는 대중의 공분公憤과 항의, 나아가 저항을 사전에 차단하는 실질적인 문제였다. 마찬가지로 대한민국의 억압기구에 대한, 대한민국에 대한 "민중"의 "신뢰감" 상실을 방지하여 대한민국의 '국가사업'에 대한 대중의 "이해와 협력"을 구하고자 하는 것이었다. 그리고 대한민국의 국가성이라는 현재 우리의 논의 주제와 연결시켜 이야기하면, 그 상충이 내포한 인식론적 위험성으로부터 '대한민국이 근대국가이다'라는 주장의 근거를 보호하고자 한 노력이었다. 다시 말하면 '인간의 옹호자와 그 삶의 보장자로서 국가'라는 근대국가성의 주요한 지표에 비추어보면, '비인간적인 대한민국'은 결코 자신을 근대국가라 주장할 수 없다. 또 법정 바깥에서의 '자의恣意적' "응보"

---

* 본문에서 소개한 상황론이나 대중의 가차 이외에도 심지어 잔혹행위 당사자의 '자기변호'를 통해서도 '정당화'하고자 했다. 예컨대 문인조사반의 정비석은 "순천 탈환전에 작전참모였던 일장교"의 "소감"을 전재하면서, "시가 대로상에 동지들의 시체가 즐비하게 널려 있는 것"에 대한 결과로 "(반군에 대한) 증오감"과 '비인간적인 대한민국'을 정당화하고 있다. 하지만, '정당화' 노력들은 곧바로 '미제美製 지식'에 의해 위협 당하는 처지에 놓이고 만다. 즉 설국환과 동행 취재했던 『타임』지 기자는 "여수에 들어갈 때, 정부군의 활동은 좀 더 단정했다"고 하면서, "순천을 탈환한 국군은 처음 몇 시간 동안 공산당이 한 만큼 ○○했다"라고 "군"의 "○○"한 행동을 보여주고 있다.

는 법적 합리성과 법의 지배를 핵심으로 하는 근대국가의 요건에도 위반되는 것이었다. 이렇듯 '비인간적인 대한민국'은 대한민국의 근대국가성 자체를 부인하는 것이었다.*

그러나 '비인간적인 대한민국'이 지닌 위험성은 앞의 것에만 국한된 것은 아니었다. 즉 그것은 '민족 삶의 옹호자'로서의 대한민국이라는 이미지와 대한민국의 민족국가성 주장의 근거를 위협하는 것이기도 했다. 비인간화된 반란참여자는 "인면人面"적 존재일 뿐 아니라 같은 "단군의 자손"이었다. 더군다나 그들은 "(제주에서) 조선동포를 학살하는 것을 거부하고 조선인민의 복지를 위하여 총궐기했"던 "조선 사람의 아들"이었다. 민족의 옹호자가 자신의 경쟁자를 배제하고자 "조선 사람"을 비인간화하는, 즉 민족구성원을 살상하고 살아남은 자를 공포의 도가니로 밀어 넣는 이런 역리逆理를 해결하지 않고서 대한민국은 자신을 민족국가라고 주장할 수 없다.

이런 인식론적 위험 앞에서 각종 재현 작업물들은 대한민국을 민족 삶의 옹호자로 재현하는 한편, 반란자들을 "내 민족이 아니올시다. 벌써 다른 나라 민족"으로 "이 나라에서 살지 못할" 존재라 하면서 민족의 경계 바깥으로 추방하여 역리를 해결하고자 했다. 그러나 이런 한국근대사의 유례없는 대실험, 즉 피血가 아닌 "매국적색" 사상과 행위를 이유로 한 '같은 민족에 대한 도편추방陶片追放(ostracization)', '같은 민족의 이異민족화'

---

* 비인간적인 옹보가 초래할 수 있는 위험은 이미 푸코의 『감시와 처벌』에서 생생히 묘사되고 있다(미셸 푸코, 오생근 역, 나남출판사, 1994, 100, 102, 106, 110~111, 121쪽). 이런 위험성 때문에, 당시 군사재판부는 재판을 비공개로, 그것도 수시로 장소를 옮기면서 할 수밖에 없었다. 그리고 '인간과 그 삶의 옹호자로서 근대국가'는 푸코의 'governmentality'에서 확인될 수 있다. 또한 '법적 합리성과 법의 지배'는 베버(Max Weber)와 베버리안(Weberian)의 근대 지표이다. 김완룡(법무총감), 「담화」, 『동광신문』, 1948년 11월 5일, 『자료집』, 314쪽; 육군본부 법무감실, 『법무약사』, 육군본부, 1975, 40쪽; 설국환, 「반란국토를 보고 와서, 반란지구 답사기」, 앞의 책, 415쪽; Michel Foucault, "Governmentality", in Craham Burchell, Collin Gordon, and Peter Miller eds., *The Foucault Effect*, Chicago: The University of Chicago Press, 1991, pp. 87~104; Gianfranco Poggy, *The Development of the Modern State*, Stanford: Stanford University, 1978, p. 132.

는 곧바로 자신의 민족국가 주장의 기반인 '피의 공동체로서의 민족' 즉 종족적인 민족정의를 부인하는 것이었다. 이런 상황에서 배제전략의 절대 추구를 위해 민족의 시대인 근대시기에 민족정의의 가장 핵심적인 교의教 義인 종족적 민족 정의를 폐기할 수도, 또 반대로 종족적 정의를 고수하여 대한민국의 안전에 절대적 전제인 배제전략을 약화시킬 수도 없었다.*24)

이런 인식상의 정돈停頓상태에서 재현 작업물 역시 임시변통적 조치만 을 실행할 수밖에 없었다. 이것은 대한민국의 '포용성'을 과시하면서 추방 자 규모의 축소를 시도하는 양적 접근에서 잘 나타나고 있다. 즉 윤치영 내무부장관은 전국의 라디오시청자에게 "이번 반란사건에 뇌동한 자는 물 론 과거에 있어 불순한 생각으로 조국을 반역한 자라도 우리 단군성조의 배달민족으로서 이 땅에서 우로雨露의 혜택을 함께 받는 동포이니 진실로 잘못을 깨닫고 개과천선하여 민족의 양심으로 돌아온다면 우리는 그들과 손을 잡고 눈물을 흘리면서 기뻐할 것"이라고 하여, 일반청취자에게 '관대 한 대한민국'을 과시하는 한편, '반란군의 이탈'을 기대하고 있었다.25) 그 런데 우리의 현재 논의와 관련하여 더 중요한 것은 "동포" 운운에서 보이 듯 한편으로 종족주의적 민족정의를 유지하면서도 "불순한 생각"의 포기 를 '포용'의 절대적 전제로 하고 있다는 사실이다. 뿐만 아니라 앞에서 우 리는 '반란군의 이탈', 즉 '민족경계의 바깥으로 추방된 반란군'의 규모를

---

* 근대에 들어와서 민족은 종족적으로(racially) 정의된 '피의 공동체'와 역사·문화적으로(ethnically) 정의된 '역사·문화의 공동체'의 결합체로 상상되었다. 물론 미국 민족(American nation)과 같이 전적으로 역사·문 화적으로 정의된 민족도 있지만, 이것은 오랫동안 '예외적인 민족' 내지 '민족 없는 민족(Nation without a Nation)'으로 간주되어왔다. 따라서 강조점에 있어서 역사적 변천은 있었지만, 대개의 민족은 '피의, 역 사·문화적 공동체'로 상상되었고, 이 점에서는 한민족의 경우도 마찬가지였다. 이런 상황에서 민족국가로 서 자신을 주장하고자 했던 당시의 대한민국도 앞의 정의를 거부할 수는 없었다. 덧붙이자면, 「여순잡감 (1)」에서 제주도출동거부병사위원회의 '성명서'를 소개한 것은 "'동족상전 결사반대'를 성명聲明한 그들 이 아무 죄 없는 동포를 그처럼 악착스럽게 살해한 것은 도대체 무슨 까닭인가"를 묻기 위해, 즉 "그들" 의 배리背理를 규탄하고자 서설序說로서 도입된 것뿐이었다. 따라서 '진실의 규명'과는 아무런 상관이 없다.

축소하려는 기도를 볼 수 있다. 여기서 우리는 민족국가로 자신을 재현하기 위해 민족에 관한 기존의 종족적 정의를 고수하면서도 결정적인 순간에는 '피' 대신 "생각"과 "양심"을 "동포"의 조건으로 설정하여 배제전략상의 요구를 충족시키려는 일종의 대중요법對症療法을 확인할 수 있다. 이런 대중요법 속에서 대한민국은 민족(구성원)에 대한 분명한 정의를 회피했고, 또한 그 정치체(polity)는 자신의 민족국가성이 끊임없이 의심될 운명에 처하게 되었다(바로 이것이 임시변통적 조치의 역사적 의미라고 이야기할 수 있다).*

위에서 우리는 '충돌하는 대한민국'이 '대한민국은 근대 민족국가이다'라는 자가발전적 주장에 끼칠 영향을 살펴보았다. 그러나 대한민국의 근대성 주장을 위기에 빠뜨리는 것은 앞에서 검토한 것에 한정되지 않는다. 즉 '정형시위하는 대한민국' 역시 그러했다. 왜냐하면 정형시위가 '물리적 힘'과 '시위'에 기반하는 한, 그것은 전근대적인 '화려한 처벌(spectacular scaffold)'과 궤를 같이하면서 근대성의 또 다른 주요 준거인 푸코적 근대성, 즉 '미시권력에 의한 거대권력의 대체와 규율적 지배'와 상치되는 것이었기 때문이다. 마찬가지로 '대한민국: 운명의 주관자' 역시 '대한민국의 근대성'을 의심케 하기에 충분했다. 즉 거기에서 대중은 대한민국의

---

* 윤치영의 대중요법 시도가 단속적인 것이었다면, 우리는 국민보도연맹에서 국가적이고 조직적인, 또 항상적인 대중요법의 시술施術을 목격할 수 있다.(이렇게 보도연맹에 접근할 경우, 그것에 대한 기존의 이해는 보다 심화될 수 있다고 생각한다. 즉 국민보도연맹의 역사는 단순히 대한민국의 '피의 역사,' 억압·배제의 역사를 보여주는 자료일 뿐만 아니라 배제와 포섭전략의 동시적 추구와 인종적 민족정의의 고수라는, 충돌하는 여러 요구들과 이에 대한 대한민국의 대응을 여실히 보여주는 역사적 현장으로 이해·접근할 수 있다.) 이런 대중요법 외에도 근본적으로 민족을 뜯어고쳐 '피의 공동체'를 넘어 사상의 공동체'로 분명히 정의하고자 한, 예컨대 일민주의 시도도 있었다. 하지만 분단과 조선민주주의인민공화국과 대한민국의 민족국가성 경쟁으로 말미암아, 앞의 시도도 '피의 공동성'을 명시적으로 부인하지 못하고, '피와 사상' 사이에서 '방황'하고 말았다. 대한민국 지배엘리트의 민족과 국민 (재)정의 '시도'와 '방황'에 대해서는 임종명, 「일민주의와 대한민국의 근대민족국가화」, 2005, 272~282, 303~306쪽; 「제1공화국 초기 대한민국의 가족국가화와 내파」, 2005, 322~325쪽 참조.

'객체客體'로, 복종하는 '주체主體'로 형상화되면서 자기완결적인 '근대적 주체', 즉 '자기운명의 주인'으로서 스스로 판단하고 '자율'·'자결'하는 하나의 실체와는 무관한 모습을 보이고 있었다. 이런 점에서 볼 때 '운명의 주관자'는 재현 작업자의 의도와 상관없이, 혹은 의도와는 반대로 '전근대적인 대한민국' 또는 '대한민국의 전근대성'을 애써 재현했던 것처럼 보일 수도 있다. 뿐만 아니라 이런 상황은 자신의 권력을 규율권력으로, 지배를 규율적 지배로 전환시키고, 이 속에서 자신의 근대성을 확립·시위해야 하는 대한민국의 국가적 요구와 배치되는 것으로 보일 수도 있다.

그러나 규율적 지배로의 전환이 대한민국 안정화와 근대성 확보를 위한 절대절명의 요구라고 했을 때, 재현작업 역시 대한민국의 권력을 규율권력으로, 대한민국의 지배를 규율적 지배로 전환시키는 작업에 소홀할 수 없었다. 이런 노력의 모습을 우리는 '대한민국: 관념과 실천의 조직자'에서 엿볼 수 있는데, 이런 모습을 통해 대한민국은 대중의 관념과 행위를 조직하려고 했다. 뿐만 아니라 그 속에서 대한민국은 분할된 공간에 대한 시선의 담지자擔持者로서 재현되고 있었다. 즉 앞에서 보았듯이 전남북도와 지리산 주변 지역은 교통·통행차단과 통신계엄으로 인해 주위周圍와 격리된 공간으로 전환되었을 뿐만 아니라, 그 공간 내부조차 이동이 금지된 개별 공간으로 분할되었다. 이렇게 격리·분할된 공간의 경계선과 그 내부에서 대한민국은 그 공간성을 유지하고, 그 공간의 수용자 이동을 감시하는 존재로 현현되었다. 〈반도에 가담한 혐의자들(순천)〉이란 사진에서 볼 수 있듯이[26] 대한민국은 수용자의 움직임을 감시하는 시선의 담지자로서 재현되고 있었다(그렇다고 대한민국이 망루에만 머물러 있었던 것은 아니었다. 즉 직접 사동舍棟으로 내려와 "가가호호家家戶戶" 검방檢房하고, 때로는 끌어내 징벌을 주기도 했다).* 비록 푸코의 파놉티콘(Panopticon)**에서는 간수看守가 보이지 않는 반면, 여순반란 재현물에서는 군·경軍警이라는 교도관이 상시적으로 노출되고 있다는 점에서 비가시성非可視性과 가시성의 상위가 존재하지만 ―
이런 상위가 19세기 전환기 프랑스의 근대성과 1948년 대한민국의 근대성
의 차이를 구성한다 ― 이것에 상관없이 파놉티콘과 마찬가지로 여순반란
의 현장에서 그리고 그 재현물에서 분할된 공간과 감시의 시선이 확인된
다. 이것은 요컨대 대한민국의 권력을 규율권력으로, 대한민국의 지배를
규율적 지배로 전환시키는 한편, 남한사람들을 자기규율적 정치주체인 대
한민국 국민으로 전환·생산하려는 하나의 노력이었다. 그렇다면 상시적으
로 노출된 군·경과 대한민국 그리고 이것의 물리적 폭력을 우리는 어떻게
이해해야 하는가?

　　물리적 폭력과 거대권력은 미시권력, 즉 규율적 권력과 그에 의한 규
율적 지배의 작동을 억압하는 대립물이 아니다. 즉 푸코가 『감시와 처벌』
에서 18세기 프랑스 경찰을 논의하면서 밝혔듯이, 규율체제의 확립과 가
동은 거대권력에 의해 뒷받침되고 조력助力된다(물론 당연히 그 역의 관계도 성
립한다. 따라서 거대권력과 미시권력은 상보적 관계이다). 이 점에서 볼 때 규율체
제의 확립과 가동을 위해서도 거대권력의 안정화와 확립은 필수적이라고
할 수 있다. 그렇다면 여순반란의 재현물에서 상시적으로 노출되고 있는
대한민국의 폭력성 역시 대한민국의 근대성을 스스로 부인하는 전근대성
의 증좌證左는 아니다. 오히려 그것은 폭력이라는 '전근대'의 얼굴을 한 '근
대적 도구'를 동원하여 거대권력의 직접적·물리적 안정화를 도모하고, 이
를 통해 근대적 규율적 지배체제를 (재)가동시키고자 한 노력의 일환으로

---

* 검방하는 모습에 대해서는 김백일(제5여단장, 전투지휘사령부 사령관), 「전투경과발표」, 『동광신문』,
　1948년 10월 27일, 『자료집』, 227쪽; 『국제신문』 1948년 11월 3일, 『자료집』, 257쪽 참조.
** 1791년 영국의 철학자 벤담이 죄수를 효과적으로 교화할 목적으로 고안한 원형 감옥을 말한다. 그러나
　벤담이 설계한 뒤 주목을 받지 못하다가 1975년 프랑스의 철학자 푸코(Michel Foucault)가 『감시와 처벌
　(Discipline and Punish)』에서 파놉티콘의 감시체계 원리가 사회 전반으로 파고들어 규범사회의 기본 원리
　인 파놉티시즘(panopticism)으로 바뀌었음을 지적하면서부터 새로운 주목을 받기 시작했다.

이해될 수 있다.* 따라서 일견 텍스트의 균열성을 웅변하는 것으로 보이는 대한민국의 폭력성은 출범 초기 대한민국의 외견상 상충된 두 가지 요구 - 규율화와 이를 위한 물리력 동원의 요구 -의 동시적 충족과정을 표현하는 것이었다. 바로 이것이 상호 충돌하는 대한민국을 낳은 텍스트 균열의 의미이다. 다시 말하면 텍스트의 균열과 대한민국의 상충은 오히려 하나의 텍스트인 신문기사들이 여순반란으로 인해 위협받고 있던 대한민국의 안정화에 이러저러한 방식으로 복무했던 것의 표현이라고 할 수 있고, 이런 맥락에서 우리는 균열과 상충의 의미를 이해할 수 있다.

---

* 마찬가지로 초기 대한민국의 '폭력성'을 근거로 대한민국의 '전前근대성,' '반半봉건성'을 설명하는 것 역시 재고할 필요가 있다. 왜냐하면, 초기 대한민국의 근대성 논의는 '폭력의 행사' 여부보다는 식민지와 탈식민지 사회의 역사적 과정을 시야에 넣고 논의를 진행할 필요가 있기 때문이다. 즉 대표적 규율공간인 공장과 학교의 상황에서 보이듯, 해방 직후 식민권력의 붕괴와 함께 식민지 규율체계는 가동이 중지되었다. 이런 상황에서 작동 중지된 규율체제의 재가동을 위해서는 국가권력 내지 거대권력의 확립과 가동이 요구되었다.(이것이 대한민국의 확립 내지 안정화가 갖는 역사적 의미의 하나이다.) 바로 이런 역사적 맥락에서 '폭력'이 행사되었기 때문에 대한민국 초기의 '폭력성'은 결코 비근대성의 증거가 될 수 없다. 오히려 그 폭력은 구舊식민지 사회의 탈脫식민화과정에서 근대 규율적 지배체제의 (재)가동을 위해 동원된 '전근대'의 얼굴을 한 '근대적 도구'라고 할 수 있다. 일제하 식민지 규율체제의 가동에 대해서는 김진균·정근식 엮음, 『근대주체와 식민지 규율권력』, 문화과학, 1997 참조.

:: 김영미

서울대학교 국사학과를 졸업하고, 동대학교 대학원에서 석사 및 박사학위를 받았다. 현재 국민대학교 일본학연구소 전임연구원으로 재직 중이다.

처음에는 해방 직후 정치운동의 사회적 토대에 관심을 갖고 정치세력의 주민동원에 대해 연구하기 시작했으며, 그 결과 식민지 시기의 동원체제가 해방 직후 정치동원의 중요한 기반으로 활용되었음을 발견했다. 지금은 식민지, 태평양전쟁, 해방, 한국전쟁 등 한국근현대사의 중요한 격변들을 겪으며 일상생활에서 주민들의 공간이 어떻게 변화되어갔는지에 관심을 갖고 있다. 지역주민들의 집단행동, 지역주민과 정치엘리트의 관계, 국가의 기층 지배구조 등의 문제를 규명하는 연구를 진행 중이다.

주요 논문으로는 서울대학교 박사학위논문으로 「일제시기~한국전쟁기 주민동원·통제연구」(2005)가 있다.

해방 직후 정회町會를 통해 본 도시 기층사회의 변화

김영미

1. 머리말

해방 3년은 '정치의 시대', '대중운동의 시대'라고 할 만큼 대중들의 정치참여가 활발하게 이루어진 시기이다. 해방공간을 다룬 연구들이 정치사와 운동사 영역에 집중되어 있는 것도 이런 역사적 실상을 반영한다. 그러나 그동안 정치사·운동사 연구는 대체로 미군정의 정책이나 좌우 지도부의 노선에 초점을 맞추고 있으며, 대중운동 자체의 동력이나 지향들은 면밀하게 검토되지 않았다. 정치 지도부의 정책이나 사회경제적 토대가 곧바로 대중운동의 파고를 규정했다고 볼 수 없으며, 해방 직후 대중운동의 고양이나 급속한 침체는 복합적이고 중층적인 동인들이 작동한 결과라고 생각한다.

'혁명적 정국'을 창출한 이 시기 대중운동을 보다 실상에 가깝게 이해하기 위해서, 혹은 그것으로부터 보다 의미 있는 결론을 얻기 위해서는, 정치세력의 지향과 노선을 대중운동 속에서 검증하는 방식이 아니라 운동에 참가하는 대중들의 경험과 지향으로부터 대중운동이 지니는 복합적 성격을 밝히는 작업이 필요하다. 해방과 분단이라는 거대한 역사적 국면이 기층 생활공간의 변화와 어떻게 맞물리고 있었는가? 사람들의 일상적 삶은 해방 3년의 정치적 격변과 어떻게 상호작용하고 있었는가? 일반 생활자들의 일상 공간으로부터 해방 3년의 역사상을 조명하는 작업은 해방공간에 대한 이해를 보다 풍부하게 할 것이며, 나아가서 해방공간의 전체상을 재정립하는 계기가 될 것이다.

이 글에서는 도시민들의 일상생활을 편제했던 단위 혹은 조직으로서 정회에 주목하고, 일상에 보다 근접한 지점에서 국가권력의 지배 방식, 대중들의 대응 양상, 그리고 정치운동을 설명하고자 한다. 일제시기 정회는 도시지역에서 전시 물자와 인력 동원에 중요한 역할을 담당했으며, 정회제는 식민지 시기 초기부터 도시의 기층 지배체제로 기능하고 있었다. 정동총대제町洞總代制를 포함하면 정회 체제는 30년 이상 지속되었으며 해방공간에서도 여전히 기능하고 있었다. 따라서 정회를 중심으로 도시민의 움직임을 살펴보는 것은 기층 일상 공간의 동향을 파악하는 데 의미 있는 시사점을 줄 것이다.

그러나 정회에 대한 연구 성과는 거의 없는 실정이며, 특히 해방 이후 정회가 어떻게 기능했는지는 전혀 주목되지 않았다. 다만, 식민지 시기에 한정하여 관련된 연구 성과들을 소개하면 다음과 같다. 먼저, 서울시 행정사를 다룬 글에서 정동 총대제나 정동회제의 법적 근거가 정리되어 있지만, 자료정리 수준이어서 연구 성과라고 보기는 힘들다. 다음으로 정동 총대의 성격과 활동에 대해 분석한 글로서 임대식의 연구가 있다.[1] 그는 도시형 유지집단으로 1930년대 중반 정총대의 성격을 분석하고, 일인이든 조선인이든 상당한 실력자들이 총대직을 맡고 있다고 밝혔다. 그리고 김제정은 1930년대 경성전기 부영화府營化 운동을 다루면서 지역주민을 대표하는 정총대들이 가장 주도적으로 이 운동을 벌여나갔다고 밝혔다.[2] 이 연구는 지배권력과 민중의 접점에서 '주민의 권익' 혹은 '공공성'을 중심에 놓고 벌어진 갈등관계에 주목함으로써 친일과 반일이라는 이분법적 틀에서 벗어나 식민지 시기 저항운동의 다양한 양상을 드러내고 있다. 나미키 마사히토並木眞人는 식민지 후반기 주민통합의 단면을 고찰하면서 정동회의 성격을 분석했다.[3] 식민지 후반기 주민통합의 움직임이 상당히 진전되고 있었으며, 그 주요 내용은 공간적으로 정동 단위의 조선인-일인 혼주混住 현상, 사회제도로서 정동회의 설치와 운영, 이데올로기적 기제로서 신사참배 등이라고 한다.

이런 연구 성과를 바탕으로 이 글에서는 식민지 시기 정동회 제도가 주민들의 일상적 삶을 어떻게 변화시켰는지, 그리고 주민들의 일상적 삶 속에서 정동회는 어떻게 기능하는지에 대해 분석하고자 한다. 도시지역의 말단 지배체제의 성격뿐만 아니라 지배체제에 포섭되면서도 스스로의 활동 공간을 확보해갔던 대중들의 능동성에 주목함으로써 일상 공간의 이중성을 설명할 것이다. 그리고 해방 직후 일상 공간의 이중성이 한편으로 도시지역에서 대중운동의 동력으로 작용하고, 다른 한편으로 해방 직후 정치동원의 토대로 역할을 한다는 점을 밝히고자 한다. 마지막으로 미군정의 지배체제가 아래로부터 구축되어 가는 과정을 검토하고자 한다. 그 과정은 폭력을 동반하면서도, 식량 배급제의 정비라는 생활의 문제를 중심으로 주민들을 포섭하는 작용이었다.

2. 일제시기 정회제와 주민생활

일제는 '주민자치제'의 도입을 표방하면서 1916년 정동총대제를 실시했다. 그리고 1933년 '자치강화'를 내세워 총대제를 정동회제로 개편했다. 정동회제는 전시체제기를 거치면서 내용적으로 상당히 변화되었지만 해방이 될 때까지 그 틀은 유지되었다. 다음 〈표 7-서울지역 정동회제의 시기별 내용〉[552쪽]은 총대제와 정회제의 내용을 시기별 변화를 고려하여 정리한 것이다.

일제 시기 정동 단위 지배정책의 특징을 보면, 대체로 총대제와 초기 정동회제는 '자치제'의 요소를 일정하게 포함하고 있다고 볼 수 있었다. 총대가 민선된다는 점, 총대의 관할 구역이 총대(총회)에 의해 임의로 설정된다는 점, 그리고 총대는 행정보조 사무와 동리 고유의 사무를 담당한다는 점 등이 주요한 자치제적 요소이다. 그러나 전시체제기를 거치면서 이전의 자치적 요소가 약화되고, 정회는 전시총동원 조직으로 기능한다. 총대 선출과 구역 선정에 대한 자치권이 없어지며, 정회 내에 구區와 반班이라는 세포 조직이 구축되어 아래로부터 효율적으로 물자와 인력을 동원할 수 있는 총동원조직으로 변모되었다.

이와 같이 제도적으로 볼 때, 정총대제·초기 정동회제는 자치적 요소를 내포하고 있으며, 후기 정회에서는 동원조직의 성격이 강화된다는 것은 분명하다. 그러나 총대제와 초기 정동회제, 그리고 전시정회제에서 처음부터 '자치'와 '동원'은 밀접하게 결합되어 있었다고 볼 수 있다.

1916년 실시된 총대제는 '주민자치'를 표방하면서 지역 주민에 의해 선임된 총대를 두고, 이들로 하여금 말단 행정을 보조하도록 한 것이다. 총대제는 기존 거류민단과 조선인 동리의 자치 관행을 경성부의 하위 체계로 포섭하여 제도화시켰다.* 일제는 총대제를 통해 광범한 지역유지들

---

* 거류민단은 러일전쟁 후 거류민의 증가에 따라 거류민단법에 의해 설립된 일본인 자치체였다. 11~12개소의 각 거류민단은 일본의 자치체와 같이 교육·토목·위생·구조·기타 공공사업을 시행했으며, 거류민 대표 1인을 '총대'로 선출하여 거류민 사회의 조직과 연락 등 간단한 공공사무를 처리하도록 했다. 강점 당시

을 무보수로 말단 행정에 동원했으며, 이를 통해 효율적인 지배체제를 구축할 수 있었다. 총대제가 실시되면서 경성에서 적어도 130명 이상의 '총대'와 1,000명 이상의 '평의원'들이 생겨났고, 이들은 지역유지로서 주민들에게 강력한 영향력을 행사함과 동시에 경성부의 말단 협력자가 되었다.

한편, 1933년부터 실시된 정회제의 특징은 기존 총대의 관할 지역에 거주하는 주민들을 지역 공동체의 구성원으로 강력하게 결속시킨 것이다. 총대 관할 지역에 거주하는 '세대주'와 그 지역 내에 '점포·공장·사무소를 가진 자의 대표'들은 의무적으로 정동회의 회원이 된다. 회원은 정회비를 낼 의무가 있으며, 역원 선거권·피선거권과 동리 사업에 대한 결의권을 가진다. 정회제에서 동리 사업은 동민들이 뽑은 대표에 의해 수행될 뿐만 아니라, 동민들이 분담한 정회비에 따라 계획되고 지출되며, 그 과정은 모든 주민들이 참여한 총회에서 결정된다.

경성부는 정동회제 실시 이유에 대해서, 각종 사무가 증가하여 '자치 정신'의 발양을 통해 효율적으로 부정을 운영하기 위함이라고 밝혔다.[4] 결국, 정회제는 도시 주민들을 지역 단위로 결속시키고 '자치' 정신을 강조함으로써 인력이나 물자를 효율적으로 동원하는 체제라고 볼 수 있다. 정회제에서 정민들은 모든 정회 사업에 자발적으로 인력을 제공해야 하며, 주민들이 낸 정회비는 정내 주민들의 공공복리뿐만 아니라 행정비, 사상교화비, 사회기부 등 광범한 용도로 지출되었다.

그러나 총대제나 정회제에서 표방하는 '자치'와 '공동체'는 과연 '허구적'이기만 했을까?

일제는 일본 거류민단을 그대로 존속시키고, 조선인 지역만 5부 8면제(1911년)로 개편했다. 5부 8면제에 따라, 조선인 지역에는 부와 면 단위에 부장과 면장이 임명되어 행정업무를 처리했다. 그 아래 동리는 행정력이 미치지 않았으며 전통적 자치관행에 맡겨졌다. 1914년 일제는 이원화되어 있던 말단 행정구역을 정·동으로 일원화시키고, 1916년 133개 구역으로 하는 정동 '총대제'를 실시했다.

〈표 8-1936년 정회의 운영 상황〉[553쪽]은 1936년 경성휘보에 소개된 정회 운영 상황을 정리한 것으로, 여기에 소개된 정회는 비교적 활발하게 운영되는 정회를 대상으로 했다고 추측된다. 정회의 사업은 대체로 행정 보조업무, 친목융화사업·사상교화사업, 생활개선사업 등으로 나누어 볼 수 있다.* 이 가운데 행정보조 업무나 사상교화사업, 그리고 생활개선사업의 바탕이 되는 것은 '친목융화사업', 즉 공동체 정신을 함양하기 위한 프로그램이라고 볼 수 있다. 대부분의 정회에서는 회원이나 가족이 사망하면 정회에서 향 등의 상례에 쓸 물품을 부조하고 회원 다수가 회장會葬하도록 규정하고 있으며, 평상시에는 야유회나 친목회, 운동회 등을 통해서 공동체 정신을 함양할 것을 강조하고 있다. 이런 자치 정신과 공동체 정신을 함양하기 위한 사업들은 효율적인 동원이나 사상 사업을 뒷받침하고 있었다. 따라서 무엇보다도 '허구'가 아니라 '자발성'을 극대화시킬 수 있도록 강조되었다고 볼 수 있다.

그리고 주목할 것은 정회의 친목융화 프로그램은 내선일체를 아래로부터 실현시키기 위한 것이라는 점이다. '애향심'은 주민으로서 가져야 할 중요한 덕목이었으며, 속으로야 어떻든 조선인과 일인의 분열은 동민 단합을 해치는, 즉 동리의 발전을 좀먹는 부끄러운 행위였다.** 이것은 정회에서 강조되는 '친목융화'가 보다 높은 차원의 '일본정신'과 연결되고 있다는 점에서 확연해진다. 정회에 처리해야 할 사항의 첫 번째가 신사 제전에 관한 사항이며, 정회비의 첫 번째 용도 역시 신사 제전비이다.

결국 정회제에서 '자치정신', '공동체 정신'에 대한 강조는 효율적인

---

* 일제시기 정회의 구체적 활동 내용은 필자의 「일제시기 서울지역 정회제의 전개와 성격」(미발표논문, 『서울학연구』)에서 상세하게 다루고 있으므로 이 글에서는 간략하게 처리한다.
** 『경성휘보』에 모범 정회로 소개되는 많은 정회들이 조선인과 일인간의 융화가 잘 되는 화목한 동리임을 내세우고 있다.

동원을 보장하며, 조선인과 일인을 아래로부터 통합시켜내는 이념으로 기능하고 있다고 볼 수 있다. 이 때문에 전시체제기 정회의 자율적 공간들이 축소되지만, 효율적인 동원과 통제를 위해 집단적 가치와 자발성은 오히려 한층 더 강조되었다.

정회제의 이런 지배체제적 성격을 염두에 두면서, 도시민들의 일상생활과 관련하여 정회가 어떻게 기능하고 있었는지를 살펴보고자 한다.

먼저 1920년 여름 유행한 호열자(콜레라)에 대한 각 동리의 대응 방식은 총대제나 정동회제가 초기에 주민생활과 관련하여 어떻게 기능하는지에 대해 중요한 시사점을 제공한다.* 위생 문제와 관련된 조선인 동리의 활동은 결과적으로 위생조합의 설립이라는 당국의 위생정책에 포섭되어갔다고 볼 수 있지만, 실제 동리 단위에서 위생 활동이 강화되는 과정은 당국의 폭력적 대책으로부터 주민들 스스로를 보호하기 위해서 이루어지고 있었다. 이것은 총대제나 정회제에 의도된 지배의 논리와 제도를 받아들였던 대중의 논리가 상이한 것이었음을 드러내준다.

정총대제나 정회제가 실시되고 있던 1920~30년대는 경성부의 인구가 급속히 팽창하면서 도시민의 일상생활을 위협하는 심각한 도시 문제가 대두되고 있었다. 가장 대표적인 문제가 위생 문제, 상하수도 문제, 오예물汚穢物 처리 문제 등이었다. 총대를 중심으로 하는 정동 내의 역원들이 수행하는 가장 중요한 사업은 경성부의 행정보조 업무와 이런 도시민의 생활 문제를 공동으로 해결하는 것이었다.

1930년대 『경성휘보』에 게재되는 「정동회 시보時報」에 나타난 정회들의 활동 내용과 1938년도 『조선일보』에 기획 연재되는 신생 50개 「정회순청기町會巡聽記」에 나타난 각 정회의 활동내용이나 사업 목표를 분석해보

---

* 위생조합 역시 위의 미발표 논문에서 상세히 다루고 있으므로 구체적인 내용은 생략한다.

면, 대부분 위생·교통·교육 문제를 중요한 사업내용으로 설정하고 있다.*
각 정회 단위에서 지역 주민들이 정회를 통해서 해결하고자 했던 것은 바로 그들의 일상생활을 개선하기 위해서 공동으로 노력하는 것이었다고 볼 수 있다.

정회가 이런 생활상의 문제를 처리하는 방식을 살펴보면, 우선 정내에서 해결할 수 있는 문제는 자체적으로 처리했다. 모든 정회에서는 매월 1~3회 자체 청소를 실시하고 방역이나 도로 살수도 했다. 모범정회장은 늘 '빗자루를 들고 다니는 자'로 묘사되었다.⁵⁾ 가등의 설치와 유지는 거의 모든 정회에서 주요 사업내용으로 설정하고 있다. 일부 정회에서는 도로 부지나 학교 부지를 공동으로 매입하거나, 공동 빨래터와 공설시장을 설치하는 등 보다 적극적인 활동을 벌이기도 했다.

보다 주목되는 점은 정내에서 해결할 수 없는 경우에 대응하는 양상이다. 정내 시설개선 문제는 정총대가 경성부에 요구하는 것이 가장 일반적 해결방법이었다. 그러나 이것이 받아들여지지 않았을 때는 더 적극적인 형태로 정(동)민회의를 열고 주민들이 집단 탄원서를 제출하는 방식을 취하고 있다.** 정(동)민대회는 법률에 규정된 정회 총회의 기능과는 거리가 있으며, 주민들의 대표기구로서 정회라는 틀이 능동적으로 활용되고 있는 것이라고 볼 수 있다.

생활개선 요구는 개별 동리 차원을 뛰어넘는 집단행동으로 발전하기도 했다. 위생이나 교육 문제가 조선인 동리에서 더 열악했기 때문에 주로

---

* 「정동회 시보」는 『경성휘보』 1935년 5월호부터 매달 연재된다. 그리고 「町會巡聽記」는 1938년 10월 4일부터 한 정회씩 차례로 50여 개 정회의 상황을 조사하여 게재하고 있다.
** 수도설치를 요구하거나, 전차노선 연장 등 교통이나 도로, 전기, 학교설립 문제 등이 주된 요구사항이고, 이 밖에 좋지 않은 시설물들의 이전을 건의하는 경우도 빈번하다. 「노량진 주민이 음료 문제, 수도시설을 경성부에 요구」, 『조선일보』, 1925. 11. 28; 「전차노선 연장요구, 청량리 사는 주민 변영회에 집의」, 『조선일보』, 1926. 1. 14; 「이천동민의 분기」, 『조선일보』, 1926. 3. 13 등 많은 기사들에서 확인할 수 있다.

조선인 정총대들이 결집하여 위생 문제의 해결이나 학교설립 요구를 경성부에 요구하거나 신문에 고발하는 방식으로 이루어졌다.*

이런 행동들은 민족적 차별을 철폐하라는 형태로 나타나기도 하지만, 일상생활상의 이해를 같이 하는 지역주민들이 서로 연대해 공동의 요구를 실현시키려는 투쟁의 성격을 띠었다. 주민운동은 민족적 경계에 한정되지 않고 조선인과 일인들을 같은 주민으로 연대하게 만들었다. 대표적인 예가 1930년 경성전기 부영화府營化운동이었다. 부영화를 찬성하는 조선인 정총대와 일본인 정총대들은 서로 연대해 부영화운동을 주도했으며 부영화가 좌절되자 전기요금 거부투쟁을 결의하기도 했다.**

전시체제기 주민에 대한 국가의 지배력은 정회 내부의 애국반 단위까지 직접 침투되고 있었지만, 지배와 동원이 일상화되는 과정에서 정회는 여전히 일상생활의 문제를 공동으로 해결해가는 장으로 기능하고 있었다. 특히 1940년 정회-애국반 단위의 지역배급제가 실시되면서 도시민의 생활은 정회와 애국반에 더욱 긴박되며, 정회와 애국반은 일종의 경제공동체적 성격까지 띤다고 볼 수 있다. 그리고 1940년대 이후로는 이전처럼 정총대의 집단적 저항은 일어나지 않지만, 주민통제 기구였던 정회의 상회나 애국반 상회를 통한 주민들의 진정운동이 여전히 이어지고 있었다.***

일제의 지배체제에 포섭되면서 또한 나름대로 활동영역을 확보해갔던 이런 주민들의 대응 양상은 해방 직후 도시지역의 행정력 공백 속에서도

---

* 일례로 1922년 12월 조선인 정총대연합회에서 동회대표자들은 경성부청에 ① 진개·분뇨·하수 등을 처리해줄 것 ② 천계·도로 또는 수도의 파손처를 속히 수리할 것 ③ 수도를 증설해 줄 것 ④ 가등이 없는 이면 도로에 부청에서 가등을 증설할 것 ⑤ 기설 공동변소의 파손처를 개량 수리하고 또는 그 수를 늘려서 부민의 분뇨처리에 곤란을 면케 할 것 ⑥ 도살장은 인가가 없는 곳에 이전할 것 등의 요구사항을 제출했다. 『조선일보』, 1922. 12. 11 참조. 경성부에 대한 정총대들의 집단적인 건의 행위들은 1920~30년대 신문지상에 자주 나타난다.

** 경성전기 부영화 운동과 관련해서는 김제정, 앞의 논문 참조.

*** 이는 상회가 정치적으로 기능하지 못하도록 하는 일제의 지침들을 통해서 확인된다. 「下情上達의 新標本」, 『매일신보』, 1942. 3. 29.

자치 질서가 유지되고 지역 단위로 정치참여가 활발하게 일어나는 중요한 토대로 작용한다.

3. 해방 직후 주민운동과 정회의 변화

주민자치와 정회 개조

해방 직후 일본인들이 대거 빠져나가고 전재민과 지방민이 서울로 몰려들면서 정회의 주민 구성은 급격히 변화되었다. 특히, 일본인 총대의 관할지역은 정회의 활동이 거의 정지 상태에 빠졌다. 그러나 대부분의 지역에서 기존 정회가 계속해서 유지되거나 자위대·청년단 조직이 결성되어 식량 배급과 치안 업무를 담당했다.

기존 정회가 계속해서 운영되고 있는 사례로는 이태원 중부 정회를 들 수 있다. 일제하 이태원 중부 정회는 가난한 일본인들이 거주하던 곳이었지만 총대는 성준덕이란 조선인 청년이 맡고 있었다. 이 정회는 해방 직후 이태원 일대의 치안업무를 담당했으며 미군환영 및 동민단합을 위한 운동경기를 계획하는 등 활발하게 활동하고 있었다.[6]

정내 자위대가 결성되는 대표적 사례로 북아현정 북부 정회를 들 수 있다. 이 정회 주민들은 8월 17일 저녁 7시 정회 광장에 모여 청장년 약 2백여 명으로 자위단을 조직했다.[7] 이 정회는 종로 빈민들이 밀집해서 사는 곳으로 일제시기부터 정내 청년단 활동이 활발했던 곳이다.[8] 해방 직후 곧바로 결성되는 정내 자위단은 일제시기 청년단 조직을 토대로 신속하게 조직된 것으로 보인다. 성북제일청년단, 용산청년회, 안암청년단, 돈암청년단, 영등포청년단도 1945년 8월에 결성된 지역 단위의 조직들이며, 자위대로서 지역 내 치안유지와 식량배급에 주력했다. 자위대와 청년단

조직은 점차 좌우 정치세력의 청년조직으로 흡수되어갔다.[9]

한편, 해방 직후 정회나 정내 자위단 조직이 중앙행정의 공백 속에서도 활발한 움직임을 보였던 것은 건준의 시정市政 방침과도 관련이 있었다. 당시 건준의 시정 방침은 범죄와 혼란·무질서로부터 신속한 자치, 안전한 시민생활의 보장이었으며 이를 위해 기왕의 정리町里조직도 활용할 수 있다고 밝혔다.[10] 건준은 도시에서 혼란을 막기 위해서 치안유지와 식량의 안정적 배급이 가장 중요하다고 보았으며, 자경自警과 배급 업무를 전담해온 각 정회의 자발적 협력을 요구했다.

이런 건준의 노선에 대체로 협력하면서 서울지역 조선인 정총대들은 8월 19일 부민의 자치 강화와 자위 담당을 표방하는 전경성정총대연합회(위원장 소완규)를 결성했다.*[11] 즉, 조선인 정총대들은 건준의 치안방침에 협력하면서 정회 단위의 질서를 유지시키고 있었다고 볼 수 있다.

1945년 8~9월 과도적으로 운영되던 정회 조직은 9월 중순부터 본격적으로 개편되기 시작했다. 이 시기 정회 개편의 주요한 배경은 미군정의 실시와 서울시 인민위원회의 결성이었다. 미군정은 진주 직후 현존한 모든 기구는 존속한다고 발표했다. 이런 발표에 힘입어 기존 총대들의 모임인 전경성정총대연합회는 정회가 종전과 변함없이 유지되며 일인총대와 일부 총대만 개선한다는 입장을 밝혔다.[12] 그러나 9월초 결성된 서울시 인민위원회(위원장 최원택)는 경성부윤이 임명한 각 총대와 사무원을 원칙적으로 부정하고 새로 정 인민위원회를 구성한다는 입장이었다.** 다음 〈표 9-서

---

* 부산에서도 9월 27일에 건준의 협력기관으로 부산부 정회연합회(위원장: 吳昌雄)가 결성되었다. 『민주중보』, 1945. 9. 30.

** 1945년 9월 19일 제1회 서울시 인민위원회를 소집하고 식민지 잔재의 청산과 완전한 人民市政의 확립을 목표로 내걸었다. 시정은 일본제국주의 치하에 있는 구경성부회 의원을 즉시 파면시키고 인민위원회에 넘기며, 町政은 경성부윤이 임명한 각 정총대와 사무원을 원칙적으로 부정하고 새로 정인민위원회를 구성한다는 방침이었다. 『매일신보』, 1945. 9. 25.

울지역 정회 및 주민조직 (재)결성 사례(1945. 9~11월)〉[554쪽]는 신문에서 확인되는 정회 개편의 주요 사례들이다.

'영구남 정회'와 '앵정정'의 사례는 일인 다수 거주 지역에서 새로운 조직이 결성된 경우이다. 영구남 정회의 경우는 남아 있던 정내의 상당한 조선인 유력자들의 주도로 '자치회'라는 이름의 정회가 재조직된 경우이다. 반면 앵정정의 경우는 기존 정회와 차별성을 강조하는 인민자치회가 건설된 경우이다. 일인 퇴거 지역인 앵정정은 해방 직후 전재동포들을 새로운 주민으로 맞아들였으며 이들이 '적산가옥 접수' 등 보다 '인민적' 조직을 지향하며 정내 질서를 적극적으로 재조직했던 것으로 보인다.*

'삼청정 동부정회'와 '계동정회', '현저 동부정회'는 조선인 거주지역으로 기존 정회가 존재했지만, 이를 부정 혹은 해체하고 재조직한 사례이다. 삼청정 '정민위원회'는 명칭에서 알 수 있듯이 서울시 인민위원회와 연결되는 조직이다. 한편, '신설동 동신회'와 '성북동 자성회'는 행정조직인 정회와 위상을 달리하며 주민단합을 추구하고 문화계몽운동을 벌여나가기 위한 주민들의 독자적인 조직이다. 해방 이전에도 결집력이 강했던 이 지역주민들은 지역주민인 김두헌을 중심으로 조직을 결성하고 해방을 맞아 보다 적극적인 문화계몽 사업을 도모한 것으로 볼 수 있다.**

이상의 사례에서 해방 직후 정회 개조는 대체로 역원과 조직 개편을 통해서 친일 잔재를 청산하고자 한다. 그러나 '유지'들이 주도하여 정회를 '주민자치회'로 개편하거나 혹은 문화·계몽기구로 활용한 경우와 '인민위

---

* 앵정정에는 중국 각지에서 돌아온 전재 청년들이 9월에 조선인민동지회를 결성하고 치안을 담당했다. 이들은 10월 말 재외동포구제단을 조직하고 일본인 가옥매매를 감시하고 일본인 가옥을 전재동포에게 대여하는 활동을 벌였다. 『자유신문』, 1945. 11. 16.
** 성북동의 경우는 유서깊은 동리로 일제시기부터 교사·문사·예술가 등 조선인 지식인들이 집결해서 살고 있었으며, 주민들의 단합이 잘 되어 동리에 술집이나 요정도 들어오지 못했던 곳이다. 「성북정회」, 『조선일보』, 1938. 10. 14.

원회'라는 보다 차원 높은 위상을 가졌던 조직의 결성 사례는 구별된다. 후자는 서울시 인민위원회의 정회 개편방침에 입각하여 정회를 개조한 사례라고 볼 수 있다.

10월 초 정 인민위원회가 결성된 곳은 삼청·도량·효제·혹석·돈암 등으로 확인된다.[13] 서울시 인민위원회의 하부조직에 해당하는 정 인민위원회가 '정회'를 개조하여 만들어진다는 것은 흥미로운 사실이다. 당시 모범적으로 정내 사업을 벌려나갔다고 소개된 돈암청년단의 사업 내용을 통해 서울시 정 인민위원회의 활동 내용을 살펴볼 수 있다.* 당시 돈암정에서는 정 인민위원회가 결성되어 있었으며, 이 시기 돈암청년단의 활동은 돈암정 인민위원회와 밀접한 연계를 맺고 진행되었다고 볼 수 있기 때문이다.(〈표 10-돈암청년단의 사업〉〔555쪽〕 참조.)

돈암정 청년단은 일제시기 정회가 추진하거나 담당했던 일상사업들을 상당히 유사하게 진행시키고 있다. 이 가운데 정민들의 집단 '조기체조'가 계획되고 있다는 점은 주목할 만하다. 일제하 조기체조는 정회를 단위로 주민들에게 집단주의 심성을 내면화시키고 조기체조와 궁성요배를 함께 실시하여 천황의 신민으로 주민들을 통합시켜내도록 기능하고 있었다. 정 인민위원회 사업이 일제의 주민통합 이데올로기나 그 시책들을 상당히 흡수하고 있다고 볼 수 있다.

이런 사실은 앞서 도표에 제시되어 있는 앵정정 인민자치회의 경우에도 확인된다. 앵정정 인민자치회의 실천사항을 보면, 일제시기 정회가 내세운 중요한 이데올로기인 '애향심', '인보상조의 미풍', '자치 정신'이 그대로 여과 없이 인민자치회의 실천이념으로 제시되고 있다. 그러나 실천사항의 세 번째에서 '반일反日'을 강조함으로써 이것이 '천황'을 위한 것이

---

* 돈암정에 거주하는 지식인들이 중심이 되어 8월 16일 단원 170여 명으로 결성되었다. 단장은 朴根性(22), 治安部長은 朱東俊이었다. 『중앙신문』, 1945. 12. 14; 『자유신문』, 1945. 12. 15.

아니라 '민족'을 위한 것임을 표방하고 있다. 돈암청년단의 문화계몽 프로그램에서도 기존의 '일본사'와 '일본어'가 '한글'과 '국사'로 대체되어 있다. 결국, 정회에 내재된 일제 잔재의 극복을 표방하면서 결성된 정 인민위원회가 역원 개선이나 조직 개편에서 일제 잔재를 청산했다고 볼 수 있지만, '집단주의'를 강조함으로써 동원과 통합의 효과를 거두었던 일제하 '정회제'의 속성을 활용하고 있었다고 볼 수 있다.

정연합회의 변화와 정회의 정치세력화

해방 직후 서울에는 무수한 시민대회가 열렸으며 사람들은 일상적으로 각종 집회에 동원되었다. 그러나 1947년 8월 31일 현재 서울시청에서 조사한 바에 따르며, 당시 서울인구 중에서 출퇴근 정직자의 비율은 불과 3%를 넘지 않았다.[14] 결국, 일부 공단지역을 제외하고 계급·계층별 조직은 미약했기 때문에 총동원체제의 말단 조직으로서 정회-애국반은 해방 직후에도 여전히 자금과 인원을 동원하는 데 가장 효율적인 조직으로 인식되었다. 해방 직후 정회-애국반에 대한 일반적인 평가는 상당히 관대한 것이었다. 다음의 신문자료는 이런 인식을 잘 보여준다.

일본이 정회기구를 교묘히 이용하여 많은 성과를 거두었다는 것을 보더라도 우리는 당연코 동회를 개혁하여 신사회건설의 기초가 되게 해야 할 것이다.[15]

애국반 조직이 누구의 손으로 되었던지 또 그 운영의 정치적 의미가 어디 있었던지 간에 인보상조하는 고래古來의 미풍은 오가작통五家作統의 제도로부터 우리들의 익어온 바이며 이미 보급된 이 조직을 우리 본연의 목적으로 이끌어들여 무슨 이름으로서나 이것을 유효하게 활용하는 것은 퍽 의미 있는 일일 것이다.[16]

즉, 정회와 애국반 조직이 일제에 의해 운영된 것은 문제가 있지만 기본적으로 '효율적인 체제'이며 우리 것으로 활용되어야 한다는 것이다. 정회-애국반 조직의 '효율성'에 주목하고 활용에 보다 적극적이었던 것은 좌익이었다. 1945년 11월 전국인민대표자 대회의 지침에서는 일제시기 정회 상회와 애국반 상회를 적극적으로 활용하여, 매월 말 정 인민위원회 회의, 매월 25일 인민반 회의를 정례화하고 이를 통해 인민의 의사를 결집하여 민정의 지침으로 삼고, 중앙 또는 상급 인민위원회의 지시 실천사항을 철저히 전달할 것을 강조했다.[17]

그러나 1945년 8월~10월까지 정회조직을 통해 공식적으로 자금과 인원을 동원할 수 있었던 것은 일제시기 정총대 집단인 전경성 정총대연합회였다. 정총대연합회는 반장-정회장을 통해 전재민 구휼금을 공식적으로 모집했으며, 각 정회당 30명씩 조직적으로 동원하여 1945년 10월 20일에 해방 직후 최초의 시민대회인 연합군 환영대회를 성황리에 개최했다. 한편, 서울시 인민위원회 역시 10월 18일에 각 정회당 100명 이상의 인원을 조직적으로 동원하여 연합군 환영대회를 계획했지만, 미군에 의해서 봉쇄되었다.*

9월~10월 정회조직의 개편이 본격적으로 이루어지고, 10월 초 통제경제가 해제되면서, 전경성정총대연합회의 영향력은 급격히 약화되었다. 반면, 11월부터 미가의 폭등으로 시민생활 문제가 심각해지자, 서울시 인민위원회는 각 정회의 경제적 자위기구로 협동조합의 설립을 제기하면서 정

---

* 시민대회 지침은 ① 매 정 약 30명씩 규율 있게 동원시킬 것이며 미리 인원동원에 용의주도할 것 ② 각 호마다 태극기를 준비하고 정회에는 국기 외에 미소영중의 4개국 기를 준비할 것 ③ 자위대는 환영회 당일 정대장 지휘하에 정복으로 출동하여 참가에 만반의 준비를 하고 있을 것 등이다. 약 3만이 동원된 것으로 발표되었다(『자유신문』, 1945. 10. 21). 반면에 서울시 인민위원회의 인원동원 계획을 보면 ① 각 정회-매 정회 100인 이상 ② 시내 중학, 전문, 대학생 전부 ③ 공장 및 회사 전원 ④ 각 노동조합 전원 ⑤ 후원단체 및 소속단체 전원이다. 당일 서울운동장에 3천 명이 참가했으나 미군헌병대가 민중들을 해산했다(『신조선보』, 1945. 10. 17).

총대연합회 조직을 급속히 장악하기 시작했다. 서울에서 협동조합(소비조합)은 정회-애국반 단위의 공동 배급제가 해체된 상황에서 이를 대신할 수 있는 조직으로 제기되었다.* 서울시 인민위원회는 협동조합이 완성될 때까지 물자를 직접 구입하여 원가로 각 정 협동조합(소비조합)에 우선 배급할 것이라고 발표함으로써 각 정회의 협동조합 결성을 촉구했다. 그리고 실제로 1945년 12월 멸치·간장·된장 등이 자유시장의 절반가격으로 각 정 협동조합을 통해서 배급되었다.[18]

협동조합운동이 추진되면서 정연합회 조직의 개편이 동시에 이루어졌다. 정연합회 조직의 개편을 주도한 것은 인민위원회 결성을 주도한 종로구와 동대문구, 그리고 협동조합운동을 선구적으로 벌여간 성동구였다.** 좌익은 하부 단위의 몇몇 정 인민위원회 결성을 토대로, 동대문구·종로구·성동구를 중심으로 각 구의 정회 연합회 조직을 주도하고, 다음으로 중앙 정연합회 조직을 개조하는 방식으로 정총대연합회 조직을 장악해갔다.

성동구·동대문구·종로구 정회 개조를 주도한 좌익 정회장들은 정연합

---

* 협동조합운동이 구체화되는 과정을 보면, 서울시 인민위원회는 각 정회대표 2인씩과 실업계 및 학술계 권위자를 초청해 시민생활대책간담회를 개최(11. 16)했으며, 상설기관으로 시민생활대책위원회(11. 24)를 조직했다. 그리고 제1회 시민생활대책위원회(12. 3)에서는 시민생활의 긴급 문제를 토의하고 그 근본적 대책으로 각 정회를 단위로 해서 협동조합을 조직하기로 결정했다.
** 12월 10일에 종로구 정회장 60명은 ① 서울시장은 완전한 선거제로 하되 그 과도적 형태로서 각 정회장, 각 정치·대중단체 대표로 선거할 것 ② 정회 명칭은 인민의 주권을 표징하고 정회 기능을 표현할 수 있는 진보적 명칭으로 할 것을 군정당국에 건의하기로 했다. 결의문 기초위원으로 김기도金基道, 변귀현邊貴賢, 권태휘權泰彙, 박승성朴勝成, 태석창太錫昌, 전일휴수一休, 손준홍孫浚洪 등 7인을 선출했다(『자유신문』, 1945. 12. 17; 『중앙신문』, 1945. 12. 17; 『서울신문』, 1945. 12. 17). 또한 동대문구 각 정회에서는 10월 18일 창신소학교에서 각 정 대표자회의를 개최하고, 장차 정회가 담당해야 할 모든 문제를 서로 긴밀히 연락하여 통일적으로 원만하게 하기 위하여 상설기관으로 동대문구 정대표협의회를 설치했다. 이 협의회는 위원장 김철호, 부위원장 및 총무부장 정노식, 부위원장 겸 위생부장 이태수, 총무위원 김철, 황욱, 후생위원 이광 윤형식, 윤경철 등으로 좌익계열 인물들이 포진했다(『중앙신문』, 1945. 12. 5; 『서울신문』, 1945. 12. 7). 또한 성동구에서는 해방 직후 진보적 인사들의 조직인 '동린회'가 결성되어 있었으며, 이 조직을 강화하여 1945년 10월에 이미 협동조합 서울시연맹 성동기성회를 조직했다. 성동구 기성회는 서울의 다른 지역보다 두 달 먼저 결성된 것이며, 성동구는 민전이나 인민당의 결성에서도 다른 지역보다 앞서간다(『서울신문』, 1945. 12. 21; 『중앙신문』, 1945. 12. 21).

회의 개선을 위한 임시총회를 제기했으며, 합법적 절차를 통해 전경성 정 총대연합회를 해체하고, 서울시 정연합회를 결성했다(1945. 12. 22). 서울시 정연합회의 임시의장에는 삼청동 정 인민위원회 회장이며, 종로구의 정회 개편을 주도한 인물이자, 서울시 협동조합 준비위원의 한 사람인 권태휘 가 선출되었다.* 서울시 정련의 신임위원 명단은 다음과 같다.(〈표 11–서 울시 정연합회의 구성〉[555쪽] 참조.)

이상의 명단에서 볼 때, 종로구, 동대문구, 성동구를 중심으로 인민위 원회 인물이 다수를 차지하고 있으며, 일인 거주지였던 서대문구와 중구 를 제외하고 나머지 지역에도 좌익계열이 우세하다. 좌익은 서울시 정연 합회를 장악함으로써, 270명의 정회장들을 통해 정회–애국반이라는 동원 조직을 공식적으로 움직일 수 있었다. 이 시점에 좌익의 대중동원 능력은 최고조에 달했다. 1946년 1월 3일 서울운동장 집회와 3월 1일 3·1절 기념 행사에서 좌익은 정회를 단위로 완전한 조직적 동원을 할 수 있었으며, 이 집회들은 270명의 정회장이 동원되어 정회집회를 먼저 열고, 다음에 조직 적으로 본집회에 참가하는 방식을 택하고 있었다.**

이런 사실은 해방 직후 좌익의 대중적 기반을 이해하는 데 중요한 시 사점을 준다. 서울지역에서 좌익의 집회는 '시민대회'라는 방식으로 이루

---

* 임시회의에서는 정연합회 해소 문제에 대한 토의가 있으나 결국 정련은 시민의 의사를 대표한 기관임으 로 존속·강화키로 결의되었다. 기존 임원은 전부 사임되고, 각 구에서 1명씩 전형위원을 선출하여 새로운 위원을 선거했으며, 시정·시민생활대책·동회운영 등 중요문제는 신임위원회에 일임되었다. 『신조선보』, 1945. 12. 26 참조.

** 이 대회의 참가규정에 따르면, 각 정회는 오전 10시까지 정사무소 앞에 집합하여 정회장 인솔하에 6열 종대로 대회장에 참집할 것, 남녀 중학생은 오전 10시까지 모교에 집합하여 책임자 인솔로 대회장에 집합 할 것을 규정하고 있다(『중앙신문』, 1945. 10. 1; 『자유신문』, 1945. 10. 1). 1946년 3월 1일 서울시민 3·1 절 기념행사 역시 오전 9시 각 정회가 단독 또는 연합으로 각기 기념식을 거행하고, 오전 11시까지 시민 대회식장인 남산공원 기념식장에 조직적으로 참가했다(『중앙신문』, 1946. 3. 1). 1월 3일의 시민대회는 서울시정연합회와 서울시인민위원회의 공동주최했으며, 모임의 동원부장으로 시내 각 정회장이 포진되 었다.

어지고 있었으며, 적어도 1946년 초반까지 좌익의 대중동원은 정회-애국반을 통한 지역동원과 학생동원이 가장 큰 비중을 차지하고 있었다. 보다 구체적인 주민동원 방식은 각 정회를 단위로 인원을 할당하고, 각 정회는 다시 애국반을 단위로 인원을 할당하는 방식이다. '자발성'과 '강제성'의 정도를 구체적으로 따져봐야 하겠지만, 이런 지역할당 방식은 일제의 인력동원 방식과 거의 동일하다고 볼 수 있다. 지역할당 방식은 좌우익 집회를 막론하고 해방 직후 대중동원의 일반적 방법이었다. 이런 사실은 해방 직후 대중운동이 계급·계층적 토대 면에서 상당히 취약했음을 말해준다.

정회 조직에 대한 좌익의 영향력은 1월 3일 집회에서 절정에 달했지만, 이 집회를 계기로 곧바로 기울기 시작했다. 반탁대회가 모스크바 삼상지지대회로 전환되면서, 정련의 분열이 시작되었다. 서대문구 대표 강창희를 중심으로 일부 우익 정회장들은 탁치반대정회장연합회를 조직했으며, 이 조직은 서울시의 지원 하에 한성시정연합회로 발전했다(1946. 1. 12).[19] 한편, 미군정은 경제 위기에 대한 대응책으로 지역과 직장 단위의 소비조합 결성을 지지함으로써 좌익의 협동조합 운동에 대응했다.* 이에 따라 정연합회 조직은 좌익이 주도하는 서울시정연합회와 반탁진영이 주도하는 한성시정연합회로 양분되었다. 그리고 자위적 경제기구 역시 좌익 주도의 협동조합과 우익주도의 소비조합으로 양립되었다.

'쌀 요구투쟁'

급작스런 배급의 정지와 미가 폭등으로 초래된 도시의 식량 위기에 도

---

* 『중앙신문』, 1946. 2. 2. 소비조합은 생산자와 소비자의 직거래를 통해 중간 모리배의 개입을 없앤다는 점에서 사실상 좌익의 협동조합(소비조합)과 유사하다고 볼 수 있다. 즉, 미군정은 협동조합운동의 취지를 인정하면서도 소비조합을 새롭게 제기함으로써 경제 문제에 대응하고 좌익의 협동조합운동을 무력화시키고자 했다.

시민들은 정회를 단위로 공동 대응했다. 좌우 정치세력은 정회 단위의 협동조합이나 소비조합의 결성을 주도했지만 물자 확보에 한계가 있었으며, 특히 미군정이 전면 통제하는 쌀에 대해서는 어떠한 해결책도 제시할 수 없었다. 따라서 쌀 문제의 대응은 배급권을 장악하고 있는 미군정에 대한 집단적인 '배급 요구'라는 방식으로 진행될 수밖에 없었다.

미군정은 미가의 등귀를 막기 위해 1946년 1월 1일부터 최고가격제를 실시했지만, 오히려 역효과를 낳아 자유시장에서 쌀은 완전히 자취를 감추었다. 탁치반대 철시와 함께 서울의 식량 문제는 극도로 악화되었으며, 1월부터 배급이 실시될 것으로 발표했지만, 수집미가 없는 상황에서 예정된 배급을 시행할 수가 없었다. 1월 8일 시청 앞에는 1천여 명의 쌀 시위가 있었다. 미군정은 쌀 폭동의 위기 속에서 배급물량을 확보하지 못한 채 사실상 각 정회의 자치적 활동에 의존할 수밖에 없었다.*

1946년 1~2월 쌀 문제에 대한 해결은 사실상 각 정회의 독자적 활동에 의존하고 있었다. 1월 초 각 정회는 정내의 창고와 여관, 음식점, 자가용미 소지자를 찾아다니며 재고미 헌출을 강요했고, 모리상이나 개인이 소유한 쌀을 확보한 경우 자체 배급을 실시했다.[20] 그러나 이와 같은 방법으로 확보할 수 있는 미곡의 양은 지극히 제한적이었다.

식량 위기에 대응하는 과정에서 각 정회는 정치세력과 보다 적극적으로 결합하기 시작했다. 정회의 쌀 대책은 초기에는 건의서 제출과 같은 온건한 형태로 이루어졌지만, 좌익의 지도와 결합되면서 보다 적극적인 '쌀 요구투쟁'으로 발전했다. '쌀 요구투쟁'은 부분적으로 미소공위 지지투쟁으로 이어지기도 했다. 서울에서 '쌀 요구투쟁'이 가장 격렬하게 일어난

---

* 서울시가 주도한 1946년 1월 14일 50여 명의 정회장들이 모인 미곡대책회의에서 월슨 서울시 군정관은 각 정회에서 자발적으로 최저 85석을 거두어 균배해준다면 2주일 후에는 배급 문제를 해결하겠고 밝혔다. 정회장들은 기한부 85석 자진공출은 벌써 실행하여 현물이 없다고 밝혔다. 『서울신문』, 1946. 1. 15.

시점은 1946년 3월 말이었으며, 이것은 3월 20일부터 제1차 미소공동위원회가 개최되고 있었다는 사실과 무관하지 않았다.*

좌익은 식량 위기를, 당시 압도적 다수를 차지하고 있던 실업자 대중을 투쟁에 동원할 수 있는 중요한 계기로 파악했으며, 실업자 대중의 조직 방식으로 동회 단위의 '쌀 요구회'의 조직이 가장 적합하다고 보았다. 동회가 진보적이면 동회를 소집하고, 그렇지 않으면 애국반을 동원하여 동민대회를 개최하고, '○○동 쌀 배급요구회'를 조직한다. 그리고 요구회가 중심이 되어 행정관청 등을 대상으로 시위운동을 벌인다는 방침이었다.[21]

3월 29일 신문에는 몇몇 정회의 기아 진상이 보도되었고, 29일과 30일 시청에는 각 정회 주부식량대책위원, 삼청정·병목정·명륜정·혜화정·돈암정·신교정·효자정·창정정을 비롯한 10여 정회가 시청으로 몰려갔다.[22] 영등포에서도 기존에 조직되어 있던 식량대책위원회가 해체되고, 보다 적극적인 영등포쌀요구위원회가 조직되었다.** 4월 3일 마포에서도 정회장 최윤정의 주도하에 마포 정민 1천여 명의 쌀 요구시위가 진행되었다.[23]

한편, 일부 지역에서 '쌀 요구투쟁'은 정권에 대한 요구나 미소공위 지지투쟁으로 연결되었다. 식량 위기 국면에서 일반인들에게 미소공위의 성공은 '쌀을 주는 정부를 수립하는 현실적인 길'로 인식되었으며, 이 때문에 1월 초 반탁운동에 동원된 대중들은 미소공위 지지투쟁으로 입장을 바꾸어갔다. 4월 1일 본정 2정목 정민들은 쌀 요구 건의서를 발표하고, "우리

* 서울시 인민위원회는 3월 28일 안국정 사무소에서 시내 각 정총대 대중단체 50명을 모아 식량대책 긴급 협의회를 열고 쌀 요구방침을 각 정회에서 각각 서울시청과 군정당국에 기아진상을 강력히 보고하고 급속한 문제 해결을 촉구하기로 결정했다. 그리고 실행위원으로 위원장 김기도, 부위원장 나동욱 이하 30명을 선정하고 적극적으로 활동을 개시하기로 했다. 『중앙신문』, 1946. 3. 29; 『한성일보』, 1946. 3. 30.
** 쌀 요구투쟁이 가장 선구적으로 일어난 곳은 노동자들이 결집되어 있는 영등포 지역이었다. 영등포에서 쌀 요구투쟁은 노동자조직과 27개 정회조직이 결합해 전개되었다. 영등포 지역 쌀 투쟁을 주도한 것은 영민회라는 영등포 지역의 자치조직이었으며, 영등포 구민대회에서 '영등포식량대책위원회'(위원장: 영민회장 김장성)가 결성되었다. 식량대책위는 서울시 당국과 교섭하여 각 공장 합숙소에 백미 1백 석의 특배를 약속받는 성과를 냈다. 『자유신문』, 1946. 2. 12, 2. 19, 4. 1; 『중앙신문』, 1946. 3. 31.

는 일찍이 반탁이란 마술에 걸렸던 것을 회오하고 이번에 삼상회의 결정에 따르는 조선임시민주주의 정부를 수립하게 되는 데 대해 미소공동위원회를 전폭적으로 지지하며 감사의 뜻"을 표한다고 발표했다.[24] 또한 4월 25일 '미소공동위원회 대책 전국국민총연맹'에서 시내 각 정회장 통장 반장 등 1천여 명을 소집하여 미소공동위원회 파괴공작을 선언하자, 참가자들은 주최측의 결정에 반대하고 오히려 공동위원회에 대한 감사문을 결의하여 시민의 이름으로 공동위원회에 전달했다.[25]

부산의 정회는 말단 행정기구로 미군정이 통제하고 있었지만,* 쌀 문제가 심각해지자 정회장에 대한 부산시의 통제력이 와해되고 정민들의 저항이 급속히 확산되었다. 1946년 초 부산시 정연합위원회는 수차 식량대책을 관계 당국에 건의했지만 성과가 없자 4월 초 대표 6명을 중앙청에 파견하여 식량대책을 건의했다. 7월에 호열자로 인한 교통차단으로 식량문제가 더욱 악화되고 배급을 둘러싼 부정행위들이 속출하자, 정회장들은 집단사퇴라는 방식으로 식량정책에 저항했다.[26] 정회장이 사직한 정회에서는 독자적으로 정민대회가 열리고 새로운 정회장과 역원들이 선출되었다.[27] 결국 부산시에서는 배급에 대한 정회와 정민들의 권한을 보다 강화시켜 줌으로써 사태를 해결하고자 했다. 배급을 정회장에게 일임하고 배급시에는 정민을 입회시킨다는 방침을 밝혔다.[28]

해방 직후 정회는 도시민들이 가장 쉽게 결집할 수 있는 단위였으며, 일제가 집단 훈련을 위해 마련해놓은 정회 광장은 주민들이 대규모 집회를 열기에 적합한 공간이었다. 그리고 정회대표나 주민들이 행정당국에 탄원서를 제출하거나 동(정)민대회를 열고 집단적인 결의와 행동을 표출

---

* 부산에서 미군정은 1천 세대 단위로 정회의 구역을 재조정하고, 1946년 2월 15일에는 일제히 정회장·반장 선거를 실시했으며, 정정의 강화를 위해 6월 10일부터 순간 「정회부산」을 발간하여 의무적으로 구독하고 회람케 했다. 『민주중보』, 1945. 1. 20, 2. 12, 6. 4.

하는 것은 일제시기 도시민들에게는 익숙한 저항의 방식이었다. '쌀 요구
투쟁'은 급속한 통제경제의 해체에 따라 일상생활의 위기가 초래되자, 지
역민들이 정회 단위로 결속하여 '최저 배급량의 확보'를 요구하며 미군정
의 식량정책에 저항한 것으로 볼 수 있다.

'쌀 요구투쟁'은 미군정의 통치체제 자체를 부정하지는 않았지만, 미군
정의 점령정책에 대한 대중적 실패를 확인시키고 그 책임을 묻고 있었다.
이는 '쌀 요구투쟁'이 좌익의 지도와 결합하면서 급속히 '미소공위 지지투
쟁'으로 전화되어 갔던 데서 알 수 있다. 그리고 미군정의 물리력과 남한
의 정치세력이 총 집중되어 있는 수도 서울에서 일어났다는 점, 계층을 막
론하고 모든 주민들이 생존권 확보를 위해 연대하고 있었다는 점에서 미
군정의 통치체제를 위협하고 있었다. 따라서 미군정은 1946년 중반부터
전면적인 통제경제로 이행하고 적극적인 식량정책을 마련하게 된다.

4. 배급제의 정비와 기층 지배체제의 강화

배급제의 정비와 정회 주도세력의 변화

1946년 3~4월 폭동 직전까지 갔던 서울의 식량 위기는 소량미 반입이
허가되고 간헐적이었지만 배급이 실시되자 일단 진정국면으로 들어갔다.
그러나 식량 문제는 여전히 심각했다. 1946년 7월 콜레라의 발생으로 교통
이 차단되면서 식량 사정이 더욱 악화되자, 경성부윤에게 정민연합의 이
름으로 식량난을 호소하는 진정서는 매일같이 쇄도했다.[29] 이런 식량 대
책 호소문과 진정서들은 1948년까지 계속되었다. 정내의 식량사정을 호소
하거나 소량미 반입을 허가해 달라는 것, 쌀 배급을 늘려달라는 것, 배급
일자를 지연시키지 말라는 것 등이 주요한 내용들이었다.

그러나 이전 시기와 다른 뚜렷한 차이는 1946년 중반부터 이런 행동들이 정회 주민들의 이름으로 개별적으로 이루어졌으며, 1946년 초중반 시기 전면에 나섰던 정회장들이 이제는 거의 움직이지 않았다는 점이다. 이런 현상이 나타난 이유는 1946년 중반부터 배급제가 본격적으로 정비됨에 따라 지속적이지는 않았지만 소량의 배급이 이루어지고 있었고, 또 좌익 탄압이 본격화되었기 때문이다. 그리고 미군정은 도시의 쌀 문제가 위기 국면으로 치달으면 소량미 반입을 일시적으로 허가함으로써 위기를 모면했다. 소량미 반입이 허가되면 쌀 문제는 개인이 담당해야 할 문제로 전환되었으며, 실제 반입되는 쌀의 양은 적었지만 격렬한 집단 소요는 수그러들었다. 그리고 배급제의 실시와 더불어 말단 행정조직이 복구되기 시작했으며 그 과정에서 정회장에 대한 행정적 통제력이 한층 강화되었다.

미소공위 결렬 직후 미군정은 곧바로 전면적 통제경제로 이행했으며, 공출 기구를 강화하고 배급체제를 정비했다. 생필품 배급 대행기관을 상업조합에서 금융조합으로 이관하고, 배급통제 계통을 도-부-구청-정회-반-소비자로 정비했다. 그리고 '서울시 정연합회'와 '한성시 정연합회'를 통합하여 법적으로 268개 정회를 대표하는 '경성부 정회연합회'(대표: 이중화)를 결성했다.[30]

'경성부 정회연합회'의 결성은 정회에 대한 행정적 지배력이 강화되고, 좌익이 정회 조직을 공식적으로 움직일 수 없게 됨을 의미했다. 특히 공위 결렬 이후 좌익에 대한 탄압과 테러가 본격화되고,* 정회 내부에서 우익 청년 조직에 의한 좌익 소탕작전이 진행되면서 좌익은 행정조직에서 급속

---

* 공위 결렬 직후 정회 내부의 상황은 안암정 사례를 통해 확인할 수 있다. 안암 서부 정회 간부는 5월 12일에 청년 50여 명을 동원하여 협동조합 간부를 체포하고 협동조합의 자금출처를 문초하며 2시간 동안 구타했고, 또 다시 독립전취국민대회에 반원을 강제동원하지 않은 혐의로 정회 내 반장을 구타했다. 『중앙신문』, 1946. 5. 16.

히 배제되었다. 그러나 좌익이 행정조직에서 배제됨으로써 곧바로 대중적 영향력을 상실한 것은 아니었다.

주목할 만한 사실은 쌀 요구투쟁이 격렬하게 전개되는 1946년 중반 시점부터 좌익의 기층 지역조직들이 본격적으로 건설된다는 점이다. 4월 초부터 구 단위 민전과 각 정회 단위의 민전 분회들이 결성되며, 이 시기부터 정민 대상의 문화계몽 활동이나 정내 청소 등은 민전 분회가 주도했다.* 그리고, 성동구 정회 대표 최백근이 성동구 민전조직을 주도하는 등 서울시 정련의 지역 조직을 주도한 좌익계 인물들은 이제 동일한 지역 좌익 대중조직을 주도하기 시작했다.** 민청 조직 역시 4월 중순부터 정 분회를 단위로 결성되기 시작하며,*** 민청 정 분회는 정내 청소와 구호사업, 그리고 교양사업 등 이전의 정내 청년단과 자위단의 활동을 담당했다.31) 이런 현상은 행정 라인에 대한 미군정과 우익의 통제력이 강화되면서 좌익은 정회를 대신하여 지역 단위의 대중조직에 역량을 집중하게 되었음을 의미한다.

한편, 동회 내의 좌익세력을 소탕하는 과정에서 우익세력은 급속히 조직력을 강화시켜갔다. 1946년 중반부터 독촉국민회의 지역조직이 정회를 단위로 결성되기 시작했다. 특히 독촉국민회청년단 조직은 좌익에 흡수되지 않은 정내 청년단을 편입시키는 방식으로 결성되었다.32) 정회 내 우익 청년단의 대공투쟁은 9월 총파업을 계기로 영등포 지역까지 확대되었으

---

* 4월 28일 혜화동과 명륜동을 합하여 혜명민전이 결성되었으며, 결성 당일 혜명민전은 협동조합과 합동으로 정민들을 대상으로 뉴-스영화를 상영하는 동시에 신불출을 초청하여 만담의 밤을 열었다. 『중앙신문』, 1946. 5. 14.

** 1946년 3월 22일 성동지구 내 25개 정회 유지와 사회단체 청년단체 대표 다수가 모여 성동지구 민전준비위원회를 결성했다. 준비위원장 徐丙寅, 부위원장 咸明權·黃在日, 총무부 崔百根, 재정부 朴基采, 선전부 崔章敏. 『자유신문』 1946. 3. 25.

*** 1946년 4월 15일 흑석정 민청이, 4월 20일 동구 성내 민청이, 7월 23일 민청 봉래정 분회가 결성된다(『중앙신문』, 1946. 7. 23). 민청 성동구위원회는 청소와 교양사업에 부단한 활동을 했으며, 이를 토대로 8월 말 앵구 옥수 왕십리 영단 우진 동회 등 각 정회의 분회를 결성했다. 『중앙신문』, 1946. 8. 3.

며, 이 시기부터 동회조직은 거의 우익세력이 장악한다고 볼 수 있다. 우익의 동회 장악력은 1946년 10~12월 입법의원 선거 과정에서 여실히 드러났다. 입법의원 선거는 사실상 동회장들이 수행한 선거였으며, 우익의 압승이었을 뿐 아니라, 동회장들의 보이콧으로 재선거에서 8할이 기권하는 등 우익 동회장의 동원력은 서울시의 행정력을 훨씬 능가하는 것임이 입증되었다.*

배급제의 정비와 좌익의 퇴조 속에서 정회-애국반 조직은 배급권을 매개로 강제성이 강화된 동원조직으로 변화되기 시작했다. 1946년 8월 15일 기념행사는 좌우익 동원역량의 반전을 보여주었다. 서울시는 이 행사를 위해 시내 각 정회라인을 통해 자금과 인원을 동원했으며, 민전은 반동진영이 허세를 위장하기 위해 시내 각 정회를 통해 강제 동원을 한다고 비난했다.[33]

1946년 중반부터 동회는 확실히 우익 정치세력의 자금과 인력 동원의 중요 거점으로 활용되었다. 이승만의 도미渡美자금을 동민들에게 할당하거나, 통반장을 통해 독촉 가입신청서를 돌리고 도장을 찍는 등 동회-애국반을 통한 강제 동원행위가 급증했다.[34] 일반의 이념 속에 잔류하고 있는 통제와 동원의 전통적 지배방식이 의식적으로 이용되고 있었다.

이와 같이 동회를 통한 강제 동원이 가능했던 이유는 당시 동회장이 배급대상이나 배급량까지 결정할 수 있는 물자배급에 관한 막강한 권한을 행사하고 있었기 때문이다. 정동회제에서 도시 내 거주자들은 각 동회별로 마련되어 있는 동적부洞籍簿를 통해 관리되고 있었으며, 동적부는 정동회의 회원 명부이자 정동회비 징수대장이었다. 1940년부터 물자배급이 동회 단위로 이루어진 것도 거주자 관리가 동회 단위로 이루어지고 있었기

---

* 입법의원 선거에서 동회장들은 선거방법 제정부터 모든 과정에 결정적인 역할을 했다. 졸고, 「1946년 입법의원 선거」, 『국사관논총』 75, 1997 참조.

때문이다. 일인의 퇴거와 귀환민의 유입에 따라 해방 직후 서울의 인구는
약 두 배 가까이 증가했으며, 거주자 증명은 각 동회의 동적부를 통해서
확인될 뿐이었다. 이 때문에 해방 직후 각 동회는 물자배급에서 막대한 영
향력을 행사할 수 있었으며, 일제시기 배급통장이 없는 전입세대(전재민 포
함)의 경우 정회장의 증명서가 곧바로 배급통장을 대신했다.* 동회는 배
급 대상을 결정할 수 있을 뿐 아니라 유령인구의 조작이나 용인 등 적극적
인 방법을 통해 배급물자를 착복할 수 있었다. 서울시 인구의 약 20%에
해당하는 20만 명이라는 유령인구는 이와 같은 체제에 기생하고 있었다.**

동회 개편과 기층 지배체제의 강화

동회에서 좌익의 영향력이 거세된 순간부터 동회를 둘러싼 대립의 축
은 동회와 서울시 간의 문제로 전환되었다. 서울시의 동회개편안은 1946
년 8월 소小정회 통합안으로 표현되었지만, 동회세력과 서울시의 대립이
보다 노골화되면서, 동회개편안은 1947년 3월 동회폐지안으로 강화되었
다.*** 동회폐지안은 현재 동회를 폐지하고 시청의 지부조직으로 변화시키

---

* 배급제에서 정회의 역할을 살펴보면, 1946년 1월 초 생필영단의 임시 미곡배급 방법은 ① 종래의 미곡구
입통장을 가지고 있는 세대주는 인구이동을 수정하여 배급소에 제출할 것 ② 종래의 구입통장이 없었던
가정은 세대주가 반장과 조장을 경유하여 정회장의 증명서를 받아 배급소에 제출 할 것 ③ 가족 5인 이하
는 5승이며 6인 이상은 한 말 정도 배급 등이다(『자유신문』, 1946. 1. 8). 자가용미 반입 규정을 보면,
반입증명서는 정회에서 증명한 가족수 증명서를 첨부하여 반입신청서를 시청경제과로 제출하도록 되어
있었다(『서울신문』, 1946. 1. 12; 『자유신문』, 1946. 1. 12). 전재민이나 다른 지방 전입세대는 소속 정회
장의 증명으로 통장을 대용하도록 되어 있었다. 또 정회장은 배급 감시와 배급소 장부를 수시로 검사를
할 수 있으며, 정민의 배급통장에 대한 감시권한도 있었다(『한성신문』, 1946. 3. 13, 4. 10).
** 유령인구조작은 군정청 관리의 묵인하에 조작되었으며 우익 정치세력의 주요한 자금원이었다. 서북청년
단의 주요한 자금원 역시 유령 배급표였다. "특정인원보다 3배 혹은 5배씩 숫자를 불려 가지고 배급표를
끊어달라고 억지떼를 쓰면 난처해 하면서도 청을 들어주시더군요. 그 배급표를 상인들에게 곧바로 전매
하면 큰 돈이 생기거든요."(이경남, 앞의 책, 78, 79쪽) 한편 서울시는 1947년 4월 17일 유령인구 퇴치의
성과를 거두어 서울시 인구가 10만이 줄었다고 밝혔으며 남아 있는 유령인구가 10만 정도라고 추정했다.
『한성신문』, 1947. 5. 1.
*** 경성부는 90여 소정회에 대해 평균 500세대를 기준으로 한 정회통합을 실행할 것이라고 발표했다. 『조

겠다는 것이다. 동회폐지안의 명분은 사회 문제가 되고 있던 동회의 기부금 모집이었다. 그러나 동회를 통한 기부금 모집은 시청에서도 이용하는 공공연한 자금동원 방식이었다. 성인교육비, 서윤복 마라톤 우승기념 사업비 등 막대한 기부금이 동회를 통해 모집되고 있었으며, 민정장관 안재홍은 이런 기부금이 '사회적인 필요성'에 의해 생겨나는 것이라고 발표했다.[35] 즉 동회를 통한 기부금이 국가의 관리로 진행된다면 문제가 없다는 것이다. 따라서 동회폐지안의 핵심은 시청의 행정력이 말단까지 완전히 침투될 수 있는 일률적인 행정체계의 확립에 있었다.

서울시의 동회폐지안은 '자치를 말살하는 파쇼정책'이라는 동연합회의 강력한 저항에 부딪히면서,* 동회는 존속시키되 행정기구로 성격을 변화시킨다는 수정안으로 후퇴했고,** 수정안 역시 반발에 직면하여, 결국 미군정의 조정안으로 타협되었다. 조정안의 핵심은 동회장은 민선으로 하지만, 동회에 시市 서기를 파견함으로써 동회를 사실상 시청의 지배하에 둔다는 것이었다.*** 즉, 동회의 틀을 유지하면서 시청이 일상적으로 동회를

선일보」, 1946. 8. 13;『중앙신문』, 1946. 8. 22. 서울시는 동회철폐의 이유로 ① 현 동회장은 비합법적으로 선출되었다 ② 동회장이 2명이상 있는 곳이 있다, ③ 기부 강요를 한다 ④ 시청에서 거부한 동회장이 또다시 재선된다 ⑤ 시행정이 말단까지 침투되지 않는다, ⑥ 동민의 부담이 크다 등을 제시했다.『경향신문』, 1947. 5. 4.

* 동회폐지안에 대한 동연합회의 입장은 다음과 같다. ① 洞會는 민주주의 정치하에 가장 민의를 대표하여 행정말단에 있어 충실한 협조기관을 순료화 시키려는 시당국의 의도는 현실을 파악치 못하며 민의를 무시하는 '파쇼' 정책임으로 시대의 역행이라 인정하야 此를 반대한다. ② 인민총의로 개선강화되야 민주노선에 올은 것을 몰각하고 불협조를 이유로 동회폐지를 제창함은 언어도단임을 통감한다. 그럼으로 우리는 시민일반의 복리증진을 위하야 시장자신이 自處引退하기를 요청한다.『한성신문』, 1947. 3. 27.

** 수정안의 내용은 다음과 같다. ① 洞會制는 존속하나 행정말단집행기관인 동시에 동 고유사무도 처리할 기관으로 한다. ② 종래의 283동회를 150동회로 감축한다. ③ 洞會長 선거제를 폐지하고 구청장이 추천하여 시장이 임명한다. ④ 각 동회내에 자문기관으로 고문 약간명을 두기로 하고 고문은 각 동회장이 추천하여 구청장이 임명한다. ⑤ 동회의 사무장 이하 직원을 시직원으로 하되 시청의 비용으로 사무장 이하 유급직원을 배치하고 사무장은 동회사무를 관리할 책임과 권리를 가진다. ⑥ 종래 동회비 대신으로 특별시세인 同政稅를 신설하여 동회경비재원에 충당케 한다.『서울신문』, 1947. 4. 6.

*** 군정청의 조정안은 다음과 같다. ① 동회장은 민선으로 할 것 ② 동회서기 1명은 시에서 배치할 것 ③ 동연회는 필요하지 않다고 생각한다는 것 ④ 동회의 감독규정을 세밀히 제정할 것 ⑤ 동회폐합은 중

통제할 수 있는 제도를 마련한 것으로 볼 수 있다. 동회 논쟁 직후 1947년 9월 말 동회의 통폐합이 단행되었으며, 10월 1일 전면적인 동회장 재선거가 실시되었다.*

동회폐지안을 둘러싼 논쟁은 1947년 3월부터 8월까지 약 6개월에 걸쳐 이루어지며, 서울시와 동연합회의 대립으로 전개되었다. 그러나 동회 폐지안 혹은 출장소안에 대한 동연합회의 반발은 동회를 자치기구로 발전시켜야 한다는 여론에 기대고 있었다. 즉, 동회폐지안이 서울시안이 아니라 미군정의 조정안으로 귀착된 것은 동회의 여러 가지 폐해에도 불구하고, 여전히 동회가 주민의 일상생활을 보호하는 단위이며 자치의 단위로 보장되어야 한다는 인식이 지배적이었음을 반영한다. 이와 관련하여 주목할 점은, 서울시와 동련의 대립상을 보도하는 각 신문들이 싸움의 초기 국면에서 이미 서울시의 동회폐지안이나 출장소 안이 현실적으로 관철되기 힘들다는 사실을 정확히 예측하고 있다는 점이다.

그러나 동회에 대한 국가의 지배력은 동회의 틀을 유지한 채 내용적으로는 '유령인구 퇴치'를 통해 공명정대한 배급제를 확립한다는 방식으로 강화되고 있었다. 이것은 동회폐지안처럼 사회적 반발을 일으키지 않으면서, 가장 확실하게 동회를 행정망 속에 강력하게 편입시킬 수 있는 방식이었다.

유령인구 퇴치 작업의 일환으로 진행되는 '개인별 통장제'의 실시와 '거주민 등록제'의 실시는 국가가 동회나 세대주 등을 거치지 않고 개인을

지할 것. 『한성일보』, 1947. 5. 18.

* 동회장 선거는 법적으로는 민선이었다. 선거권은 남녀 20세 이상이며, 피선거권은 6개월 이상 거주한 25세 이상의 남녀로 되어 있었지만, 사실상 사전 추천제가 적용되고 있었다. 서울시는 동회에서 회장으로 추천하고 싶은 곳은 사전에 추천하라고 했다(『서울신문』, 1947. 9. 24). 인천에서도 10월 10일에 동회장 선거가 있었으며, 3명의 후보를 동민들이 추천하고 그 중에서 1인을 부에서 지명하는 방식이었다(『대중일보』, 1947. 9. 26; 『독립신보』, 1947. 10. 12).

직접 파악할 수 있는 제도를 마련하려는 시도라고 볼 수 있다. 서울시는 유령세대와 유령인구 일소를 기하기 위해 쌀 통장을 개인별로 작성하여 개인 단위로 각종 물자의 종합적 배급을 실시한다고 발표했으며, 1947년 4월 1일부터 개인별로 '생활필수품물자구입통장'이 발급되었다.[36] 한편, 서울시에서는 인구동태의 정확성을 기하고, 투표 등 여러 가지 의미에서 38이북 국민증과 같은 공민증을 발급할 것이며, 서울과 경기도에서 시험 발행한다고 발표했다.[37] 한 달 후 그 명칭은 '공민증'이 아니라 '등록표'라고 정정했으며, 기재 내용은 성명·성별·주소·생년월일·출생지·연령뿐만 아니라 신체특징·혼인관계·재산관계·가족관계 등 개인에 대한 모든 것이 기록된다고 발표했다.[38] 그리고 등록이 끝나는 대로 배급책을 배부하며 남조선 어느 곳이라도 이 등록표와 배급책만 가지면 배급을 받을 수 있다고 했다.[39] 등록표는 1947년 4월 7일부터 실시되었다.

이런 시도와 함께 1947년 5월부터 1948년 4월까지 약 1년에 걸쳐 막대한 예산과 인원이 투입되어 유령인구 퇴치와 동적부 재정리 사업이 이루어졌다. 이 사업 역시 철저하게 '공정한 배급'을 명분으로 식량 문제와 결부시켜 제기되었으며, 이 사업을 위해 조직된 식량사찰대는 각 동회와 세대를 호별 방문하여 유령인구를 사찰했다. 1947년 5월 실시된 유령인구 퇴치를 위한 식량사찰대의 활동은 다음과 같았다.

> 식량사찰대는 수도청경관과 동회관계자를 대동하고 매일 오전 5시부터 동 9시 20분에 걸쳐 각 가정별로 동적부와 현재 가족을 대조하야 부재가족의 식량배급통장을 원칙적으로 몰수하고 있다. 모동회를 사찰한 결과 부재가족 9백48명을 적발하야 동 배급통장 5백70장을 몰수했는 바 계속하야 각 동회별로 사찰을 계속하는 한편 유령인구가 발견되는 반은 전반원이 연대책임을 지게 한다.[40]

서울시는 1948년 1월 말일까지 각 반장을 통하여 실재 인구를 재조사하여 동적부를 재정리했다.[41] 그리고 다시 확인 작업으로 1948년 3월18일부터 12일간 대대적인 유령인구 조사가 실시되었다. 이 조사는 2인 1조로 하는 1000개조의 조사대가 밤 11시~새벽 7시까지 가가호호 방문을 통해 쌀 통장·거주자·동적부의 대조작업을 벌이는 등 치밀하게 이루어졌다.[42]

이 과정은 개인에 대한 파악을 내용으로 하지만, 또 한편 동회와 그 하부의 인조조직을 말단 행정보조기구로 자리매김하는, 즉 말단 행정망을 복구하는 과정이었다. 유령인구 퇴치 등의 작업과정에서 반장, 통장, 동장이 시직원과 대동했으며, 연대책임제가 적용되었다. 그리고 반-통(조)-동회의 연대책임제는 법령(남조선과도정부 법령 제168조)으로 규정되었으며, 정회 내의 인보조직은 감시체제로 작동되었다.*

1946년 1월 서울시장이 애국반-정총대를 통한 이웃의 잉여미 신고를 명령했을 때, 이 포고는 이웃이 서로 의심하고 반목하는 결과를 가져오는 무책임한 포고라고 사회적 비난을 받은 바 있다.[43] 그러나 유령인구 퇴치 과정에서 보다 강력한 연대책임제와 상호 감시체제가 부활되었을 때, 이에 대한 비난은 일어나지 않았다. 유령인구 퇴치와 투명한 배급망의 확립이 그 만큼 거부할 수 없는 사회적 명분을 가지고 있었다고 볼 수 있다.

말단 행정체제의 확립과정은 투명한 배급제를 목표로 전개되었지만, 이 과정은 세대주가 아닌 개인이 주체가 되는 보통선거의 토대가 마련되는 과정이었다. 이는 유령인구 퇴치작업이 5·10선거를 앞두고 보다 강화

---

* 법령 제168호는 '부정배급을 받은 자와 준 자, 이사를 하고 10일 이내에 이사한 수속을 안 한 자, 1개월 이상 여행 혹은 기타 사유로 거주치 않고 배급을 탄 자, 배급표 신청시 인구수에 부정기재를 하고 이를 인정한 반장 통장 동장 등 그 외에 직량 급 물자를 위반 행위로 받았을 때에 세대주도 같이 처벌됨'이라고 규정하고 있다. 『경향신문』, 1948. 3. 6.

되는 것에서 알 수 있다. 그리고 정회나 애국반의 애향심 혹은 인보상조 이데올로기는 유용한 주민통제와 동원 이데올로기로 활용되었다. 5·10선 거 사수를 위해 결성되는 향보단 조직은 동회를 단위로 만들어지며 동민 들의 자발적 '자위 조직'임을 표방하고 있었다.

5. 맺음말

이상의 내용에서 몇 가지 주목할 만한 점들을 중심으로 정리하면 다음 과 같다.

첫째, 일제시기 정회제는 '자치제'를 표방하고 있었지만, 동원과 통합 을 효율적으로 이루어내는 지배체제로서 기능하고 있었다. 이런 성격은 일제 초기부터 해방 직전까지 지배체제로서 정회제가 갖고 있던 기본 속 성이었다고 볼 수 있다. 그러나 대중들이 정회제를 받아들이고 그 속에 포 섭되는 과정은 또 다른 논리에 따라 전개되었다. 정회는 도시민들에게 도 시 생활에서 대두하는 공동의 문제를 지역 단위에서 해결하는 공간으로 활용되고 있었다. 이 때문에 일제하 정회는 기층 지배조직으로 기능하면 서도 또한 주민들이 결집하여 행정권력에 대항하는 저항의 공간으로 활용 되기도 했다. 이런 저항의 움직임은 대체로 '주민운동'이라는 형태를 띠면 서 나타났다.

해방 직후 도시지역에서 가장 먼저 그리고 가장 광범하게 나타난 움직 임이 정회를 단위로 하는 주민자치운동이었다. 초기의 자치운동은 일제 잔재 청산을 위한 정회 개조운동으로 나아갔으며, 많은 지역에서 정회가 재조직되거나 새로운 주민기구가 만들어졌다. 그리고 1945년 말 식량위기 가 초래되자 도시민들은 정회를 단위로 결집하여 식량위기에 공동으로 대응했다. 식량 문제를 둘러싼 주민들의 저항운동은 좌익의 지도와 결합되면서 '쌀 요구투쟁'으로 격화되었으며 '미소공위 지지투쟁'으로 나아가기도 했다. 이런 정회 단위의 주민운동은 해방 직후 정치운동의 중요한 기반이자 동력이 되었으며, 역으로 이런 사실은 해방 직후 대중운동이 계급·계층적 면에서 기반이 취약했음을 반영한다고 해석할 수 있다.

둘째, 정회라는 기층 단위에서 지배와 저항은 끊임없이 역동성을 띠고 상호작용하고 있었으며, 이것은 정회제가 30년간 지속될 수 있었던 이유이기도 했다. 즉, 정회제에서 나타나는 역동성은 대중의 역동성을 보여주는 것임과 동시에 지배체제의 생존력을 보여주는 것이기도 하다. 식민지 지배체제의 이런 복합다단한 측면들은 식민지 체제를 청산하는 문제가 단순히 인적인 청산만을 의미하지 않는, 결코 간단히 처리될 수 없는 것임을 의미한다. 해방 직후 친일 잔재의 청산을 가장 소리 높여 외쳤던 좌익 정치세력조차 일제 잔재 청산에 한계를 드러내고 있었다. 해방 직후 반일의식은 극단적으로 고양되었지만 어떤 세력도 일제가 만들어놓은 동원체제 자체를 부정하는 데까지 나아가지 못했고, 그것은 오히려 국가건설에 유용한 것으로 파악되었다. 이에 따라 정회-애국반은 1946년 중반까지 좌익의 계몽조직이자 동원조직으로 활용되었으며, 좌익의 퇴조와 함께 우익의 동원기구로 이용되었다. 그리고 1947년 후반부터는 중앙행정을 보조하는 말단 지배조직으로 재편되었다.

셋째, 해방 직후 남한 민중들에게 식량 문제는 무엇보다도 절박한 문제였다. 식량 문제의 해결책으로 1946년 중반부터 미군정의 식량통제 정책이 강화되기 시작했으며, 식량통제체제를 중심으로 남한사회에는 기층 단위에서 새로운 지배체제가 정비되고 있었다. 도시지역에서는 공정한 배급제를 목표로 개인을 정확하게 파악하고 관리할 수 있는 '거주민등록제'와 '개인별 통장제'가 실시되었다. 그리고 식량사찰대에 의한 대대적인 호별사찰 활동이 이루어졌다. 이에 따라 중앙행정망에서 벗어나 있던 동회-애국반 조직은 말단 행정조직으로 재편되어 갔으며, 집단적인 상호감시체제가 재가동되기 시작했다. 이런 지배체제의 재편과정은 식량 문제를 매개로 거부할 수 없는 명분을 가지고 추진되었다. 이 과정에서 5·10선거를 실시할 수 있는 지배 기반이 아래 단위까지 구축되고 있었다.

:: 강인철

서울대학교 사회학과를 졸업하고, 서울대학교 대학원에서 석사 및 박사학위를 받았다. 현재 한신대학교 종
교문화학과 교수로 재직 중이다.

그 동안 종교에 대한 역사사회학과 사회·문화에 대한 종교사회학을 지향하면서, 주로 한국 근현대의 종교-
정치 관계, 종교사회운동, 북한의 종교, 지구화와 종교 등에 대한 탐구를 시도해왔다. 현재는 개신교 보수주
의의 힘과 지속성, 종교권력의 공고화 및 그에 대한 도전세력의 형성, 해방 직후 및 민주화 이후의 종교-정
치 관계, 종교와 폭력·전쟁의 관계, 양심적 병역거부 등에 대해 연구하고 있다.

대표 저서로는 『한국기독교회와 국가·시민사회: 1945~1960』(1996), 『전쟁과 종교』(2003), 『한국 천주교의
역사사회학: 1930~1940년대의 한국 천주교회』(2006) 등이 있으며, 주요 논문으로는 「한국 무종교인에 관
한 연구」(1997), 「해방 후 불교와 국가, 1945~1960」(2000), 「종교와 자본주의」(2002), 「종교권력과 한국
천주교회」(2003), 「수렴 혹은 헤게모니?」(2004), 「한국사회와 양심적 병역거부」(2005) 등이 있다.

한국전쟁과 사회의식 및 문화의 변화

강인철

1. 머리말

그다지 많은 편이 못 되지만, 1950년대의 한국사회에 관한 기존의 연구들을 통해 대략 다음의 세 가지 관련된 쟁점들이 부각되었다고 판단된다. 첫째, 탈계급화되고 탈전통화된 개인들을 전사회적으로 통합하는 문제이다. 전쟁이 끝난 후 사회의 조직화를 위한 계급적·전통적 방식이 모두 효과적이지 못하다는 사실이 분명해졌다는 데는 연구자들의 견해가 거의 일치하는 것으로 보인다. 그렇다면 계급조직과 전통적 공동체로부터 해방되어 개별화된 성원들을 묶어줄 대안적인 사회 조직화 혹은 사회적 통합의 방식은 과연 나타났는가, 만약 나타났다면 그것은 어떤 것이었는가? 이는 탈식민지화 과정에서 핵심적 과제로 부각되는 '근대적 국가형성(state-building)'의 문제와도 직결되어 있다. 둘째, 1960년대 이후 급진전된 산업화와 근대화 과정에서 1950년대가 점하는 위치와 역할에 관한 것이다. 기존의 논의는 산업화라는 관점에서 볼 때 1950년대는 근대의 전사前史에 불과한가, 아니면 근대의 기점起點으로 자리매김 되어야 할 것인가 하는 질문에 집중되었다. 그러나 이에 못지않게 중요한, 그러면서도 아직 충분히 토론되지 못한 문제는 1950년대 중반 이후의 '여촌야도형與村野都型' 투표행태와 4·19가 보여주는 도시혁명적都市革命的 성격의 사회문화적 기원과 의미는 무엇인가 하는 질문에 답하는 것이다. 이런 문제제기는 도시와 농촌을 구분하여 1950년대의 근대화 과정을 고찰해야 할 필요성을 부각시킨다. 셋째, 4·19혁명의 사회적 기원과 역사적 의미, 그리고 그것의 한계 등을 어떻게 이해할 것인가 하는 문제이다. 핵심적인 쟁점은 다음 두 가지라고 판단된다. 명백히 후진국인 한국사회에서 어떻게 정권을 붕괴시킬 수 있을 정도로 거대한 규모의, 또한 상대적으로 동질적인 정치·사회적 집단의식을 지닌 고등교육인구가 '과잉' 발달할 수 있었는가? 4·19는 왜 '학생혁명' 혹은 '지식인혁명'의 양상을 띠게 되었는가, 다시 말해 그들은 왜 도시서민 및 농민 대중과 괴리되어 있었는가?

이 글에서 관심의 초점은 '사회통합'과 '근대화'의 문제로, 대략 위의 첫 번째와 두 번째 쟁점에 각각 해당된다. 여기서 사회통합이라고 할 때 그것은 물론 '근대적인 사회통합'을 가리키는데, 결국 그 핵심은 '국민 형성과 국민통합'이라고 할 수 있다. 또한 필자는 글의 마지막 부분에서 세 번째의 쟁점에 대한 나름의 주장을 펴려고 한다. 전사회적 통합의 문제 그리고 근대화 과정에서 1950년대의 위치 문제를 다루고자 할 때, 가장 큰 수준에서 이 글은 사회문화적 측면에서 두 가지의 연속성 및 단절성의 문제를 다루게 된다.

우선, 전쟁 이전과 전후戰後의 연속성과 단절성 문제이다. 전전과 전후의 차이를 강조하면서 한국전쟁의 독자적 효과를 강조하려는 논자들의 상당수는 그렇게 하는 가운데 양 시기의 연속성을 보여주는 경우가 많다. 예컨대 전쟁 이후에야 분단체제가 비로소 '완성'되었음을 강조하는 이들은 전쟁을 전후한 두 시기가 민족의 분단으로 인해 강한 영향을 받는 사회라는 공통의 입지를 갖고 있음을 보여준다. 전쟁을 거치면서 비로소 반공이데올로기가 대중에게 '내면화'되었음을 강조하는 이들도 마찬가지이다. 분단국가나 반공이데올로기뿐 아니라, 친미주의, 교육열기, 근대화 열망 등도 모두 전쟁 이전부터 뚜렷하게 발견된다. 그러나 이 같은 연속성에도 불구하고, 전쟁 이전의 한국사회와 전쟁 이후의 한국사회 사이에는 중요한 단절 또한 존재한다. 이 글에서는 특히 '근대적 사회통합'이라는 관점에서 볼 때, 한국전쟁 이전과 이후 시기 사이에는 질적인 차이가 존재한다는 점을 강조하게 될 것이다. 전쟁 이전과 전쟁의 과정에서 계급적 구분선에 따른 사회적 조직화가 강제적으로 해체되고 전통적 공동체들의 구속력도 약화되고 보통선거제가 도입된 결과 사회 성원들은 '파편화된 개인들'로 남게 되었으며('개별화' 테제), 이 같은 상황은 전후의 한국인, 특히 정치적 지배층에게 '사회통합'의 문제를 최우선적인 과제로 제기하게 되었다. 전후의 사회통합은 노골적인 폭력이든 이데올로기적 협박이든 '공포에 의한 통합'이었는가, 혹은 사회 성원들의 '자발적인 동의에 의한 통합'이었는가, 아니면 양자의 독특한 결합에 기초한 '헤게모니적 통합'이었는가 하는 문제들이 제기된다. 이 글에서는 이 같은 근대적 사회통합을 위한 '사회적' 기초로서 국민개병제, 의무교육제, 문맹퇴치운동, 지방자치제의 도입 등을 강조하려고 한다. 또한 근대적 사회통합을 위한 '문화적' 기초로서, 냉전적 반공주의를 축으로 한 '독특한 이데올로기, 실천, 장소들의 체계'로 이해될 수 있는 일종의 '시민종교'가 등장하게 된다는 사실을 강조하고자 한다.

두 번째로, 1950년대와 1960년대의 연속성과 단절성 문제이다. '산업화와 도시화의 병진並進'을 기준 삼아 편리하게 1960년대로부터 논의를 시작하는 이들은 암암리에 그 이전의 시기를 '전통의 시대'로 전제하는 경향이 있다. 또한 근대화론의 영향을 받은 1950년대와 1960년대의 농촌사회 및 가족 연구나, 마르크스주의적 역사관에 영향을 받은 보다 최근의 연구들은 1950년대를 근대의 전사 내지 과도기로 취급하는 경향이 강했다.[1] 해방 후의 문화변동에 대해 말하면서도 '대중문화'의 본격적 전개를 근거로 1950년대를 논외로 치는 경우도 있다.* 그러나 무엇보다도 전통—근대의 이항대립적 도식이 지닌 문제점을 지적해야만 한다. 박영신은 전통과 근대의 이분법을 극복하는 발상을 분명하게 제시하고 있는데, 약간 길지만 그의 주장은 인용할 가치가 있다.[2]

> 근본적으로는 우리 사회가 겪어 온 근대화나 산업화 과정이 기존의 가치지향성의 청산과 그 부정 위에서 추진된 것이 아니라, 기존의 가치 지향성의 준거틀과 이어진 일정한 범위 안에서 진행된 것이었다. 관습과 풍습의 외형적 변화를 곧 현대적 가치에 의한 전통적 가치의 침식으로 이해할 수는 없는 것이며, 그것이 전통과 근대의 근본적인 대결이라고 볼 수는 없는 것이다……우리가 받아들인 근대화와 산업화의 가치지향성은 합리성이니 금욕주의니 하는, 가치의 내면화라는 역사적 발전 위에서 추진된, 서구의 근대적 발전과 맥을 같이하는 것이 아니다. 우리의 산업화는 우리 전래의 가치지향성이 짜 놓고 있는 그런 크기와 꼴의 틀 속에 들어올 수 있는 것만을 수용하는 데서 매우 효과적으로 수용된 과정이었다. 다시 말해서, 산업화다 근대화다 하는 사회발전은 인간 관계의 합리적 재구성이라든가 전통적 의식의 붕괴와 같은 근원적인 가치 재구성을 전제로 한 것이 아니라, 경제적 생산성을 높여 생활의 여유를 줄 능률과 효율성에 초점을 맞추고 있는, 이른바 수단의 합리화에서 상당한 성과를 본 것이다.(강조는 원저자)

---

* 예컨대 박명규·김영범, 「해방 후 한국의 문화변동과 집합의식」, 한국사회학회·한국사회사학회 편, 『광복 50주년 기념논문집 4: 사회』, 한국학술진흥재단, 1995.

또한 이 같은 인식은 1950년대를 '한국적 근대'의 형성기로 보는 김동춘의 논의,[3] 그리고 투표형태에서 '징후적으로 표출된' 1950년대 농촌의 재再전통화에 주목하면서도 그것의 근대적인 함의에 주목하는 최장집의 논의와 궤를 같이한다. 특히 최장집은 "전통사회구조를 해체하는 근대적 변화들은 언제나 전통적 요소의 형식을 통해, 그리고 그 외피를 빌려 전통과 근대가 접합되어 나타난다"라고 주장하면서, "그런 재전통화의 현상이 근대적 변화를 억제하거나 근대화의 경로를 바꿀 수 있는 것은 아니었다. 전통적 요소가 근대적 변화의 과정에서 강하게 표출되고 이를 강하게 규정하면 할수록 그 내용은 보수적 근대화의 성격을 띠게 되지 않을 수 없었다"라고 말한다.[4] 이와 유사하게 박명림도 한국전쟁으로 인해 사회조직과 제도 면에서 근대성이 깊이 확산되었으나 "정신구조, 사람들의 생활, 사회제도의 실제 운용의 세 수준 모두에서 전통성은 근대성과 함께 높은 수준의 지속성을 갖고 병존"했고, 이 같은 "전통과 근대의 복합적 교직交織"은 전후의 남북한 사회 모두에서 확인될 수 있다고 했다.[5]

이런 문제의식과도 연결된 것으로서, 근대화를 협소하게, 특히 경제적인 측면에 국한하여 이해하는 태도를 극복해야 할 필요가 있다. 이 같은 맥락에서 이 글에서는 '경제적 근대화를 위한 비非경제적 조건'의 형성에 주목해야 할 필요성을 강조하고자 한다. 산업화를 위한 '문화적·윤리적' 조건의 필요성, 새로운 경제'윤리'의 태동의 중요성은 일찍이 막스 베버에 의해 강조된 바이기도 하다.[6] 자본주의적 산업화와 문화의 역사적 결합방식, 다시 말해 자본주의적 산업화와 성공적으로 결합되어 그것을 촉진하는 문화적 형태 혹은 유형은 역사적으로 매우 다양할 수 있다. 산업화에 일차적인 관심을 갖는 '강력한 국가'의 존재 역시 후발적 산업화에 나선 사회들에게 중요하다.* 1950년대는 바로 이 같은 산업화의 비경제적 조건들의 형성에 결정적으로 중요한 시기였다고 생각된다. 이와 관련하여, 근대적인 사회통합을 위한 사회적·문화적 기초의 형성과 함께, 1950년대의 한국사회(특히 도시들)에서 산업화를 촉진할 가능성이 높은 방향으로 직업 관과 노동관의 변화를 포함하는 '전통의 근대적 재해석 내지 변용'이 이루 어졌음을 강조하고자 한다.

아울러, 근대화가 모든 지역과 사회계층에 동일한 강도와 정도로 전개 되는 것이 아닐 뿐 아니라, 근대화의 과정은 반反근대화 내지 재전통화까 지 포함하는 복합적이고 역동적인 과정이라는 점을 강조할 필요가 있다. '주체'의 요소를 생략하고 사회구조적 과정을 완전히 설명하려는 것은 매 우 위험한 시도이며, 근대화 과정에 대한 개인이나 사회집단들의 반응은 매우 다양할 수밖에 없다. 필자는 근대화 과정의 지리적·사회적 불균등성, 그리고 사회구조적 과정에 대한 개인 및 집단들의 주체적 반응이라는 관 점에서 1950년대의 '여촌야도' 현상이나 4·19의 도시혁명적 특성의 상당 부분을 설명할 수 있으리라 생각하고 있다.

2. 국민 형성 및 통합의 '사회적' 기초들

한국전쟁은 농민과 노동자들의 탈계급화, 즉 "정치 행위자 내지 주체 로서의 계급(class as a political actor)의 소멸 내지 저발전",[7] 그리고 농민의 정치적 탈동원화, 즉 "국가의 정책결정과정에 접근할 수 있는 통로를 차단 하고, 조직화를 방해하여 정치의 영역으로부터 배제"라는 결과를 낳은 것

---

* 로버트 벨라는 문화·종교적 조건들과 함께 정치적 요인들의 작용 또한 강조하고 있다. 로버트 N. 벨라(박 영신 옮김), 『도쿠가와 종교: 일본 근대화와 종교윤리』, 현상과 인식, 1994 참조. 다양한 형태의 '유교자 본주의론들' 역시 유사한 문제의식을 보여주고 있다. 예컨대 타이 훙차오 외(구범모 옮김), 『공자의 경제 학』, 한세, 1996 참조.

으로 평가된다.[8] 한국전쟁은 해방공간에서 사회성원 중 상당수에게 강고하게 자리잡았던 계급적 정체성을 '강압적으로' 해체시키는 과정이었던 것이다. 또한 한국전쟁 시기는 '전통의 위기'를 초래하는 측면이 강했고, 특히 농촌에 더욱 큰 충격을 주었다. 농지개혁에 의한 지주층의 해체와 몰락뿐 아니라, 역시 농지개혁에 의해 동유洞有재산이 처분됨으로써 촌락의 공동체적 질서를 지탱해오던 물적 기초가 해체되었다.[9] 정부수립 직후부터 추진된 한글전용화 정책에 더불어, 의무교육제도가 도입되었고, 그 때문에 농촌의 서당은 완전히 소멸되었다.* 극심한 인구이동 속에서 사람들과 문화와 언어·습속들이 뒤섞였고, 양반출신과 지주층을 대신하여 재벌과 군대를 중심으로 한 사회의 재편성은 문치주의文治主義와 숭문사상崇文思想을 약화시켰고, 가족의 해체 내지 규제기능 약화 현상이 일어났고, 20대에서 40대인 장군·고급관료·국회의원들이 속출하면서 연장자에 대한 공경의식이 약화되었고, 성윤리·부정부패·암거래와 좀도둑 등 도덕적 타락상이 대중 앞에 자주 노출되었으며, 집합적·정신적 가치 대신에 개인주의와 물질주의 가치관이 널리 퍼졌다.[10]

따라서 전쟁기간 및 전후의 사회통합은 전쟁 이전의 계급적 대립선을 따라 조직된 해방공간의 시민사회가 전쟁을 거치면서 완전히 해체되고, 강제적이고 폭력적인 탈계급화 및 전통적 규제력의 약화라는 과정을 통해 '개별화된' 시민사회의 성원들을 '국민'으로 호명하고, 시민 대중이 이 같은 호명을 내면적으로 수용함으로써 사회적 재통합을 이루는 과정을 가리킨다. 한국전쟁은 '국민을 창출하는' 가장 중요한 역사적 기간이었다. 그리고 전쟁 이후 정치사회와 시민사회가 분리되어 정치사회의 시민사회 대표

---

* 해방 직전인 1943년에는 전국에 2,679개의 서당이 있었고, 한 서당마다 약 50명의 학생이 있었다(교육50년사편찬위원회 편, 『교육 50년사』, 교육부, 1998, 770쪽). 또 한국전쟁 직전인 1950년 4월에도 전국적으로 497개의 서당에 5,650명의 학습생이 있었다(『동아연감』, 동아일보사, 1975, 68쪽).

기능이 심각하게 약화되었음에도 불구하고,[11] 국가는 시민사회와 직접 연결되는 강력한 가교를 놓는 데 성공했다.

전쟁기간과 그 이후에 이 같은 국민적 통합을 가능하게 한 가장 중요한 사회적 기제들로서, 필자는 '국민개병제도國民皆兵制度'와 '의무교육제도'의 중요성을 강조하고자 한다. 국민개병제와 의무교육제 모두 정책 결정이 이루어진 것은 전쟁 직전이지만, 실제로 실행된 것은 전쟁 중 혹은 전쟁 직후였다. 우선, 정부는 1949년 8월 6일 국민의 병역의무를 규정한 병역법을 공포하여 종전의 '지원병제'에서 '징병제'로의 전환을 선언했다. 이 법의 시행령은 1950년 2월에야 제정되었지만, 정부는 1949년 9월부터 이의 시행을 위한 실질적인 준비 작업에 들어갔다. 즉 육군본부에 병무국을 신설하고 각 시도에 병사구사령부兵事區司令部를 설치하여 11월 20일부터 30일까지 징병 적령자의 신고를 받았고, 1950년 1월 6일부터 10일간 최초의 징병검사를 실시했다. 그리고 이때의 징병검사 합격자 중 지원자에 한해 현지 입대시키기로 하여 전국에서 약 2천 명이 입대했다. 그러나 1950년 3월에 이르러 '병력 10만 명 제한' 방침으로 인해 육군본부 병무국과 시도 병사구사령부가 해체됨으로써 병무행정의 부재상태에서 전쟁을 맞게 되었다. 따라서 본격적인 징집체계의 형성과 징집은 전쟁 발발 이후로 미뤄질 수밖에 없었다. 전쟁이 발발한 후 제2국민병(만 17~35세)을 1950년에 221,812명, 1951년에 165,657명을 소집한 것을 비롯하여, 향토자위대(만 17~50세), 국민방위군(만 17~40세, 지원제), 예비군단(혹은 제5군단, 국민방위군의 후신), 노무사단(혹은 기술근무부대, 만 35~45세) 등 다양한 방식의 병력충원이 진행되었다.[12] 제2국민병에 해당하는 고등학교 재학 이상의 학생들은 징집연기 혜택을 받았으나, 그 대신 군사훈련을 받아야만 했다. 학도호국단이 결성된 것은 전쟁 이전인 1949년 3월이었으나, 학생군사훈련이 개시된 것은 1951년 12월부터였다. 학생들은 1954년 7월까지는 학교에 파견된 현역 혹은 제대 장교에 의해, 1954년 7월부터 1955년 2월까지는 군부대에 입소하여 군사훈련을 받았다.[13] 또한 전쟁이 끝나는 시점에서 제대 장병들은 예비군으로 재편성되었다. 이 제도로 인해 모든 남자들은 병역의무를 마친 후 5년간 예비군으로서의 또 다른 소집의무를 지게 되었다. 예비군제도는 1953년 7월부터 1955년 5월까지는 '민병대'라는 이름으로, 그 이후로는 '예비군'이라는 이름으로 유지되었다.[14]

한편 의무교육 실시계획은 미군정기인 1946년 2월 발표된 바 있으나 예산의 절대 부족으로 제대로 이행되지 못하다가, 정부가 수립되고 1949년 12월 31일자로 공포된 신교육법에 따라 1950년 6월 1일부로 전면적으로 시행하기로 예정되어 있었다. 그러나 이 계획 역시 전쟁으로 무산되었다. 그러나 전쟁이 끝나자마자 정부는 1959년까지 취학률을 96%까지 끌어올리는 것을 목표로 '의무교육완성 6개년계획'(1954~1959년)을 입안하여 의무교육제도의 본격적인 시행에 들어갔다.* 그 결과 1954년에는 초등학교 취학률이 82.5% 정도였지만, 1959년에는 96.4%에 이르러 의무교육제도가 완전히 정착되는 단계로 접어들었다.** 그래서 1945년에는 1,366,024명이던 초등학생 숫자가 1954년에는 2,678,374명으로, 1960년에는 3,621,269명으로 급격히 증가했다.[15]

아동과 청소년에게 모두 9년간에 걸친 학교와 군대의 경험은 일종의 새로운 통과의례로 작용하면서 이들에게 '국민'으로서의 정체성을 확립시키는 핵심적인 기제로 역할했다. 그들은 다름 아닌 '국민'학생과 '국민'병이라고 불렸다. 국가는 학교와 군대를 통해 냉전적 반공주의와 같은 국가

---

* 교육50년사편찬위원회, 앞의 책, 149~151쪽. 미군정기의 의무교육을 위한 노력이 별다른 성과를 거두지 못했던 것은, 1946년에 교육재정의 68%를 초등교육에 할애했음에도 불구하고, 1947년 6월 현재 국민학교 재정의 38.6%를 학부모의 찬조금으로 메워야 했던 사정(같은 책, 45쪽)을 통해서도 짐작할 수 있다.
** 위의 책, 121쪽.

이념을 안정적·체계적으로 교육할 수 있었으며, 학교와 군대를 경험한 이들은 나머지 인구에 대해 '국민적 가치관'의 전도사로 역할할 수 있었다. 학교는 다음 세대에게 국가이념을 체계적으로 주입시키기 위한 가장 좋은 장이었다. 이미 미군정 시기에 '홍익인간弘益人間'이 교육이념으로 정립되었으며, 새 정부는 1949년에 제정된 신교육법에서 '일민주의一民主義'를 추가하여 국가주의와 반공주의를 강조했다. 1949년 7월 문교부는 '우리의 맹세', '학생의 맹세', '청년의 맹세' 등을 제정했는데, 이 가운데 '우리의 맹세'는 다음과 같은 것이었다. "첫째, 우리는 대한민국의 아들 딸, 주검(죽음)으로써 나라를 지키자. 둘째, 우리는 강철같이 단결하여 공산침략자를 쳐부수자. 셋째, 우리는 백두산 영봉에 태극기 날리고 남북통일을 완수하자." 이 맹세는 교과서는 물론 모든 서적 뒤에 빠짐없이 인쇄되었고, 각급의 학교와 학생들은 모두 이를 암기해야만 했다.[16] '피교육자의 목숨까지 요구하는' 국가주의와 반공주의의 훈련장이었던 것은 군대 역시 마찬가지였다. 또 1950년부터 10년 동안 산하의 각종 기술학교 출신자가 828,936명에 이를 만큼,[17] 군은 '근대'의 훈련장이기도 했다.

국가는 국민개병제와 의무교육제도의 성공을 위해 사활적인 노력을 기울였다. 전쟁 이전인 1949년에 학교 교사와 군 장교들을 대상으로 대대적인 숙청작업이 벌어졌으며, 이를 통해 얻어진 교사와 장교들의 이념적 동질성은 국민개병제와 의무교육제의 성공적 정착을 위한 기초가 되었다. 또 교육과 국방은 1950년대에 정부의 엄청난 투자가 집중된 영역이었다. 1950년대 후반에 국방예산은 세출 전체의 3분의 1 가량을 점하고 있었다. 또한 〈표 12-문교예산 및 의무교육비 비율의 추이(1948~1959)〉[555쪽]에서 보듯이, '의무교육완성 6개년계획'이 개시된 이듬해인 1955년부터 정부예산 중 문교예산의 비율, 문교예산 중 의무교육비의 비율 모두가 크게 증가했다. 6개년계획의 마지막 해인 1959년의 경우 정부예산 중 문교예산의 비율은 14.9%, 또한 문교예산 중 의무교육비의 비율은 무려 80.4%에 이르 렀다. 또 정부는 근대적인 교육매체인 방송을 학교와 군대에 일찌감치 도 입했다. 전쟁기간 중인 1951년부터 교육방송이 시작되었고, 군 방송은 전 쟁이 끝난 직후인 1953년 9월부터 개시되었다.[18] 또 국가는 국민개병제의 성공적 정착을 위해 병역자원의 빈틈없는 관리, 그리고 병역기피자의 색 출과 처벌에 대단히 열심이었다. 병역대상 인원에 대한 상시적인 병적 조 사와 관리, 예비군 해당자에 대한 수시적인 등록과 점호·소집, 병역 기피 자에 대한 상시적인 단속과 수사 등을 통해 젊은 남자들은 국가에 의한 일상적인 통제 상태로 들어갔으며, 이 과정을 통해 비로소 국민들의 사적 인 정보의 중앙집중적 집적이 이루어졌다.

이 두 제도의 '국민 형성적' 효과는 성인들에게 계급적 사회조직 방식 의 해체와 병행된 '보통선거제도'의 확립이 가져다준 그것을 능가했다. 전 쟁 이전 두 번에 걸쳐 시행된 총선거는 물론이고 1950년대 내내 각급 선거 는 강압과 부정으로 얼룩진 것이었던 만큼, 그것은 국민적 정체감을 확인 하고 국가와 민족의 미래에 대해 토론하고 국가적 발전을 경축하는 국민 적 '축제'로서 충분히 자리 잡지 못했다. 그러므로 보통선거제가 갖는 국 민 형성 및 국민통합의 효과에 대해 그리 과장할 것은 못 된다. 그러나 보 통선거제의 '국민 형성 효과' 역시 전쟁 중의 지방자치제도 도입을 통해 더욱 커졌음은 분명하며, 다음 절에서 보듯이 1956년의 제3대 정·부통령 선거를 고비로 선거의 국민 축제적 성격이 점차 강화된다.

국가가 주도한 '문맹퇴치운동'도 국민개병제나 의무교육제, 보통선거 제와 유사한 국민 형성 기능을 수행했다고 말할 수 있을 것이다. 이 운동 은 미군정 때부터 시작되었지만, 전쟁이 끝나면서 이승만 정권 말기인 1958년까지 다섯 차례에 걸쳐 국가적 역점사업 중 하나로 추진되었다. 정 부는 남아 있는 전국의 문맹자가 200만 명 정도라고 보고, 1954년 3월 제1

차 문맹자퇴치운동에 착수했다. 같은 해 4월에 성인학교 20개교를 설치했고, 이후 매년 목표를 정해 문맹퇴치교육을 실시했다.[19] 아마도 낮은 사회경제적 지위밖에 갖지 못했을 피교육자들은 국가가 베푸는 '근대적 시혜'에 감사의 감정을 품었을 가능성이 높았을 것이고, 과거에는 경험해보지 못한 '국가와의 직접적인 대면'을 통해 '국민'이라는 정체성 또한 실감하게 되었을 것이다. 또한 정부는 1954년부터 1958년 사이의 문맹퇴치교육에서 대상자들에게 '공민적' 지식도 함께 가르침으로써,[20] 이 사업의 '국민 형성적' 의도를 분명히 했다. 또 문맹퇴치교육은 1950년대 성인들이 주도한 교육열의 조성과 확산에도 큰 몫을 했을 것으로 판단된다.

사회통합을 위한 또 다른 사회적 기제로서, 우리는 전쟁에 대한 공포심을 일정한 수준에서 유지하는 데 기여하는 사회적 장치들, 또한 전쟁이라는 상황정의를 일상생활 한가운데로 침투시키는 다양한 장치들을 생각할 수 있다.* 3년 동안이나 사회성원들에 의해 공유된 전쟁의 강렬한 체험은 전쟁 이후 때로는 과장된 수백만 가지의 체험담을 낳았다. 전후의 한국사회에서 대중적 차원에서 자발적으로 재생산되고 유포되는 이런 전쟁 체험담들을 통해 사회적 통합을 위한 견고한 이데올로기적 기반이 마련되었다. 이런 바탕 위에서 1950년대에 국가는 이분법적이고 전투적인 세계관을 지속시키고 확산시키는 각종 사회적 장치들을 창출하고 활용함으로써 냉전·반공적 세계관의 설득력과 세계감각을 유지시키려고 애썼다. 국가에 의한 '전쟁의 일상화' 및 '일상의 전장화戰場化' 시도가 성공적일 경우, '국민적인' 통합의 과제는 더욱 용이하게 달성될 것이다. 이와 관련하여 우리는 권력에 의한 시간의 통제와 관련된 장치들,** 무장'공비'에 대한

---

* 이 가운데 특히 억압과 통제의 성격이 강한 사회적 장치들에 대해서는 이태섭, 「6·25와 이승만의 민중통제체제의 실상」, 『역사비평』(1986년 여름) 참조.
** 국가권력에 의한 전국적인 규모에서의 시간 통제는 주로 '통행금지'와 '일광시간 절약제(섬머타임제)'

소탕전 그리고 국가와 민간부문에서 계속된 간첩과 부역자를 대상으로 한 마녀사냥,* 각종 궐기대회로의 일상적인 동원, 신원조사와 연좌제, 그리고 그와 연관된 것으로서 핵심계층인 반공투사 가족과 적대계층인 월북·부역자 가족을 양극으로 하는 '새로운 신분제'의 형성, 국가보안법, 예비군 제도와 지속적인 소집점검 및 군사훈련 등을 우선 떠올리게 된다. 이 밖에도 전쟁기간과 그 이후의 대통령 등 주요 인사에 대한 저격사건들, 휴전선 및 동·서해상에서 간헐적으로 계속된 남북 간 무력 충돌 등이 모두 전시라는 상황정의의 영속화, 전시체제의 제도화에 기여한 요인들이었다.

전후의 사회통합과 관련하여 마지막으로 지적해야 할 문제는 국가의 근대화 노력이다. 전쟁으로 인한 산업기반의 파괴와 민중의 궁핍화는 전후 자연스럽게 재건과 부흥의 과제를 제기하게 되었다. 이런 사회적 요구에 성공적으로 부응할 경우 집권엘리트층은 자신만의 또 다른 전통, 또 다른 정통성의 원천을 확보하게 될 것이고, 그런 만큼 헤게모니적 사회통합의 가능성도 커질 것이었다. 그들은 전쟁이 끝난 후 철도·도로·교량의 복구와 신설, 발전소의 건설과 전력의 증산, 비료·시멘트·판유리 등의 대규모 공장 건설, 원자력법 및 원자력원原子力院의 설치 그리고 실험용 원자로

로 나타났는데(한국역사연구회, 『우리는 지난 100년 동안 어떻게 살았을까?』 제2권, 26~27쪽), 통행금지가 밤에 대한 통제라면 섬머타임제는 낮에 대한 통제라 할 만했다. 통행금지제도가 전국적인 수준에서 전시감각의 유지에 크게 기여했다면, 섬머타임제는 특히 직장인들과 학생들에게 중요하며 노동리듬의 규제에 주요한 역할을 수행했다. 야간통행금지제도는 해방 직후부터 실시되었으며, 한국전쟁 중에는 통행금지 시간이 해방 직후 수준인 7시간으로 유지되다가 전쟁이 끝난 1954년에는 6시간으로 단축되었고, 1957년 초에는 다시 5시간으로 줄어들었다(동아일보사, 앞의 책, 60, 70, 76, 82쪽 참조). 그러나 중요한 점은 전쟁 직후인 1954년 4월에 야간통행제한을 '법제화'했다는 점이다(김운태, 앞의 책, 379쪽). 이로써 야간통행금지는 '임시적인' 것으로부터 '제도적인' 것으로 변했고, 그것은 전후 도입된 예비군제도 등 사회를 병영식兵營式으로 재편하는 제도들과 함께 전쟁의 영속화를 법률적으로 확인하는 것이기도 했다.

* 정부의 발표에 따르면, 1950년 11월 현재 전국에서 부역혐의로 55,909명이 검거되었다. 또 여순반란 이후 1955년 5월 말까지 계속된 공비소탕전으로 85,167명이 사살되었고, 27,776명이 생포되었으며, 45,989명이 귀순했다. 휴전 이후 1956년 9월 말까지 적발된 간첩사건은 모두 249건에 달했다. 동아일보사, 앞의 책, 68, 78, 80쪽.

도입 등의 원자력 연구 등 사회간접자본의 건설에 주력하고, 또 이런 성과를 국민들 앞에 대대적으로 홍보했다. 정부는 '부흥부復興部'를 신설하고 몇 차례에 걸쳐 야심찬 경제개발계획을 발표하여 국민들에게 근대화에 대한 희망을 품게 하기도 했다. 1950년대 중반 이후에는 '국산품' 전시회와 박람회를 자주 열고, '국산' 로켓을 비롯하여 국산 자전거·라디오·택시·버스, 심지어 국산 맥주와 한글타자기, 국산 필터담배 등의 생산능력을 국민들에게 가시적으로 보여줌으로써 작으나마 민족적 자부심마저 느낄 수 있도록 해주었다. 국가형성의 시기에 이른바 '국산國産'이라는 형용사가 주는 국민 형성적 마력은 대단한 것이었다. 또 비록 외국산제품이거나 원조의 산물일지언정 메디컬센터(국립중앙의료원)의 건립, 제트기·디젤기관차·트랙터의 도입 등도 국민적인 축제분위기 속에서 기념되었다. 집권 엘리트들은 또한 학교교육을 통해 새 세대에게 근대적인 가치관과 기술을 갖추도록 요구했다. 정부는 인문계학교의 설립을 억제하고 실업계학교의 확충을 장려했으며, 인문 대 실업의 학생 비율을 3:7로 하겠다는 방침을 갖고 있었다. 이런 맥락에서 '1인 1기一人一技 교육'과 '생산교육'을 지속적으로 강조했다.[21] 이런 노력들은 적어도 젊은 세대에게서 상공업을 천시하는 풍조를 약화시키는 데 어느 정도 기여했을 것이다. 또 정부는 순회계몽반과 학생 향토계몽을 통해 농촌계몽사업을 전개하고 농촌개발에 착수함으로써, 인구의 대다수를 구성하는 농민들에게도 근대화에 대한 열망을 고취하려고 노력했다.[22] 정부에 의한 '보건소保健所'의 확충 및 활동내용 역시 농촌에서 문맹퇴치활동이나 계몽운동과 유사하게 근대적 가치를 전파하는 효과를 발휘했을 것이다. 서양의학의 혜택을 도시가 거의 독점하고 있는 상태에서, 1950년대 후반 각 지방의 보건소들은 농민들이 근대적 서양의술을 직접 체험하는 중요한 통로가 되었다. 1950년대 초에 보건소의 활동영역은 건강상담, 진료, 가정방문, 예방접종 등의 통상적인 활동 이

외에 학교방문, 강연·영화회, 좌담회 등으로 구성되는 '보건교육'을 포함하고 있었는데, 종전 직후인 1954년부터 보건교육이 본격화되었다. 또 1959~1960년 사이에는 보건소의 확충이 두드러졌다.*

뿐만 아니라 전후의 '반공드라이브' 자체가 상당한 근대화 잠재력을 내장한 것이기도 했다. 3년간의 격렬했던 무력대결은 그것이 종결된 후에도 쌍방 간의 군비경쟁으로 이어져 강한 군사력의 건설을 요청했으며, 군사력의 강화는 근대적인 무기체계의 도입과 운용에 의한 것이든 군수산업의 발전에 의한 것이든 간에 필경 산업화를 위한 자극을 제공하게 된다. 나아가 1950년대 후반으로 접어들면서 남북한 간의 체제경쟁은 군사력을 포함한 경제력의 경쟁이라는 차원으로 발전되어 나갔으며, 이 같은 상황은 보다 직접적으로 경제건설을 촉진했다고 볼 수 있다. 그리고 생존을 건 체제경쟁이라는 객관적인 압력을 국민들 앞에 가시화하고 그들로 하여금 그것을 수긍하게끔 하는 능력에 비례하여, 그리하여 국민들이 체제경쟁 심리를 내면화하는 정도에 비례하여, 집권 엘리트들은 별다른 정치적 저항을 받지 않고 주어진 제한된 자원을 보다 효율적으로 동원할 수 있게 되었다. 이와 유사하게 반공주의는 전후에도 지속적으로 계급적 조직화와 대립을 억제하는 힘으로 작용함으로써, 새로이 형성되는 노동자의 의식을 탈정치화하고 효과적으로 동원하는 것을 가능하게 했다. 무엇보다도 전후 한국사회의 강한 반공주의는 파격적이라 할 정도로 '자비로운' 미국의 원

---

* 보건소의 숫자는 1952~1954년 사이에 17개소로 변함이 없었다. 1954년 현재 보건소의 분포는 중앙보건소를 포함하여 서울에 6곳, 경기도 2곳이었고, 나머지는 각 도마다 1개소씩 위치하고 있었다. 1957년과 1958년에도 보건소의 숫자는 각각 22개소와 26개소에 머물러 있었지만, 1959년에 68개소로, 1960년에는 80개소로 크게 늘어났다. 따라서 1950년대 초만 해도 보건소의 농촌에 대한 영향력은 그리 크지 못했지만, 1950년대 말에는 사정이 크게 달라졌다고 할 수 있다. 한편 1954년부터 보건교육이 부쩍 활성화되었는데, 1952년에 144회에 머물던 학교방문은 1954년에 13,646회로 증가했고, 강연회나 영화상영 역시 1952년의 15회에서 1954년에는 108회로 급증했다. 『보건사회통계연감(1954)』, 보건사회부, 1955, 156~161쪽; 『합동연감』, 합동통신사, 1964, 1001쪽.

조를 가능케 한 조건이었다. 미국의 원조가 농촌의 피폐화와 소비재 중심의 기형적인 관료독점자본의 형성이라는 결과를 낳기는 했어도, 1960년대 이후의 급속한 산업화를 위한 자본의 원시적 축적과 한국적인 기업 체제를 형성하는 데 결정적인 역할을 했음은 분명하다. 그리고 '반공의 근대화 효과'는 1960년대 이후 보다 두드러지게 나타났다고 평가할 수 있다. 전체적으로 볼 때, 1950년대 후반에 국가는 근대화, 부와 풍요에 대한 대중적 열망을 자극하는 데 성공했던 것으로 보인다. 전쟁으로 인한 사회경제적 지위의 하향평준화 덕분에, 전쟁 이후 전소사회적인 수준에서 근대화에 대한 기대를 모아내는 일은 상대적으로 쉬운 일이 되었다. 그리고 이런 사회적 기풍의 조성은 1960년대의 산업화 과정을 추동할 문화적 기초가 비교적 튼실하게 마련되었음을 의미했다. 그러나 농촌의 재소작화, 절반에 이르는 절량농가, 도시 판자촌의 비참한 생활, 생활고로 인한 도시 화이트칼라의 연이은 자살,* 높은 실업률 등에서 보듯이, 1950년대에 국가의 근대화 노력은 국민의 삶의 질은커녕 삶의 양 문제를 해결하는 데도 명백히 실패했다. 따라서 근대화라는 가치는 사회적으로 합의되었고 근대화에 대한 열망은 사회적으로 공유되었지만, 그 열망은 기대수준과 실제 현실 사이의 엄청난 괴리 때문에 장기적으로는 오히려 사회통합을 저해하는 요소로 작용했다고 말할 수 있다.

마지막으로, 전쟁과정을 통해 기존의 노동, 농민, 청년단체들 외에도 방대한 새로운 국가숭배적 집단들 내지 정부 지지 세력이 창출되었다는 사실을 강조해 둘 필요가 있다. 이들은 전후의 두드러진 현상이었던 정치사회와 시민사회 간의 괴리에도 불구하고 국가와 국민들을 직접 통합시키는 중요한 사회적 기반이었다는 점에서, 이들을 단순히 '어용집단들'로 치

---

* 생활난으로 인한 경찰관과 아나운서의 자살사건 보도, 그리고 서기와 교사의 비참한 생활을 다룬 이범선의 소설 『오발탄』과 『사망보류』 등을 통해 당시 화이트칼라층의 빈곤상을 잘 알 수 있다.

부해서는 안 된다. 이들 가운데는 우선 참전자와 그 가족들이 있다. 1958년 7월 31일 현재로 제대 장병은 모두 1,037,278명이나 되었고,[23] 이들 가운데 상당수가 1952년 2월에 '대한민국재향군인회'로 결집되었다. 또한 전쟁 중 약 27,700명의 고등학교 이상 학생들이 참전했으며, 이 가운데 사망한 1,394명을 제외한 2만 5천 명 이상의 학생들이 종전 후 학교로 돌아갔다.[24] 두 번째로, 전쟁으로 인한 사망자·부상자와 그 가족들, 전쟁미망인과 자녀들, 전쟁고아들을 들 수 있는데, 이들은 국가의 보호와 지원이 없이는 생존 자체가 어려운 이들이었다. 이 가운데 전사상자와 그 가족에 대한 국가의 보호조치는 〈표 13-전사상자戰死傷者에 대한 사회적 보호 장치들의 창출 과정〉[556쪽]에 요약되어 있다. 1951년 5월에는 '대한상이용사회'가 창설되었는데, 1953년 8월 현재로 전국에 10개 지부와 164개의 시·군 분회와 1225개의 읍·면 연락소를 설치하고 있으며, 명예 제대자 총수의 97%인 64,322명을 포괄하고 있다. 1951년 11월에는 '대한군인유족회'가 결성되었다. 1954년 말 현재 군사원호대상자는 880,656세대 4,572,093명, 경찰원호대상자는 28,819세대 148,359명으로, 이들을 합치면 약 470만 명이나 된다. 전재戰災 미망인은 101,845명과 자연사自然死 미망인192,007명의 부양자녀를 합칠 경우, 이들 미망인의 부양자녀수는 516,668명에 이른다. 또한 같은 시기에 영아시설·육아시설·모자母子보호시설 등의 후생시설에 수용된 인원이 49,169명으로 나타난다.* 또 이른바 전쟁고아가 59,000명이 발생했는데,[25] 이들은 거리로 내몰려 국가의 관심과 보호만 기다리는 처지가 되었다. 후생시설에 수용된 영·유아와 아동들, 전쟁고아를 비롯하여 할머니와 함께 사는 '할머니고아', 부모의 재혼으로 버림받은 '재혼고

---

* 보건사회부, 앞의 책, 250~257쪽. 1961년까지도 국가에 생계를 의존하는 상이군경 23,468명과 유족 121,759명 등 모두 145,227명이 원호대상자로 분류되어 있었다. 대한상이군경회 편, 『대한상이군경회 40년사』, 대한상이군경회, 1991, 260, 393쪽.

아' 등 여러 유형의 고아들은 가족이 아닌 국가가 사회화의 주체가 될 수밖에 없었다.

세 번째로, 전쟁 중 군과 경찰 등 억압적 기구를 중심으로 국가기구가 급격하게 팽창되는 과정에서 방대한 국가공무원들과 그 가족들이 새로 만들어졌다. 특히 군은 전쟁을 거치면서 인적 규모 면에서 11만 3천 명에서 60만 명 수준으로 5배 이상 성장했다.[26] 군인과 경찰이야말로 전쟁을 거치면서 가장 극적인 이미지의 변화를 이룩한 집단이었다고 할 수 있다. 이들은 전쟁 이전의 '친일파'라는 이미지를 불식하고 전후에는 '애국자', 심지어 '순교자', '영웅'의 이미지를 얻게 되는데, 이 같은 변화는 국가와 관료집단에 대한 종래의 부정적인 사회적 인식을 크게 완화시켰다고 볼 수 있다. 또 전쟁 직후인 1953년 말 현재 군과 경찰, 소방공무원을 제외하더라도, 무려 231,245명의 방대한 국가 관료들이 존재하고 있었다.[27] 네 번째로, 1·4후퇴 시기에 집중되었던 방대한 규모의 월남자들과 이산가족들을 들 수 있을 것이다. 전쟁기간 중의 월남자는 모두 65만 명 정도로 추산되는데,[28] 이들은 전전戰前 월남자들에 비해 다소 약하기는 하지만 공산주의와 북한에 대한 매우 강한 적대감이라는 의식상의 특성을 보여주며, 동향단체에 적극적으로 참여했다.[29] 조형과 박명선의 지적 그대로, "고향사람들끼리의 연대의식은 그들이 실향민이기 때문에 더욱 강해졌고, 남한사회에서의 소외로 더 강해졌다."[30] 이북 출신자들의 재남在南 도민회道民會와 시·군민회가 전쟁 이전에 대부분 조직되었고, 전쟁 발발 후에는 새로 월남한 수많은 회원들을 맞아들여 급속히 성장하는 양상을 보일 정도로 이들은 대단한 조직능력을 보여주었다.[31] 또 월남자와 유사한 집단으로서 2만 7천여 명에 달하는 '반공포로들'도 감안해야 할 것이다.

3. 국민 형성 및 통합의 '문화적' 기초 - 시민종교의 등장

전전에 이미 확립된 보통선거제도, 전쟁 중에 실현된 국민개병제와 의무교육제도 등이 '국민을 형성하는' 주요 기제들이었다면, 반공주의와 친미주의, 자유민주주의는 이데올로기적으로 '국민을 통합하는' 주요 기제였다. 반공주의, 친미주의, 자유민주주의는 전쟁을 거치면서 냉전적 세계질서관과 확고하게 결합된 독특한 형태를 취하게 되었으며, 이것이 전쟁 중의 탈정치화·탈계급화·탈전통화 압력에 의해 '개별화된' 국민들에게 '응집과 단결'의 계기를 제공했던 것이다. 반공주의, 친미주의, 자유민주주의는 국민들에게 동질적인 세계 인식의 틀을 제공함으로써, 폭넓은 도덕적 합의를 위한 사회적 기반 또한 제공했다. 거기에는 '세계의 구원자 내지 방어자'라는 민족적 자부심 그리고 근대화에의 기대와 열망 또한 함께 용해되어 있었으며, 이 점이 '냉전적인 반공-친미-자유민주주의라는 이데올로기 복합체'의 독특한 설득력과 동원력을 보장해 주었다. 참전자와 그 가족들, 월남자와 이산가족들 등 전쟁 과정을 통해 창출된 방대한 새로운 지지세력 내지 국가숭배적 집단들 역시 이 이데올로기 복합체의 설득력과 동원력을 보강해 주었다고 할 수 있다. 전후 한국사회에서 방대한 규모로 전국 각지에 포진한 이들은 새로운 세계관을 사회 저변에서 유지하고 확산시키는 일종의 '설득력 구조(plausibility structure)'*를 제공했다고 볼 수 있다.

무엇보다 강조해야 할 점은 이 시기의 '냉전적 반공·친미·자유민주주의'에는 이른바 '시민종교(civil religion)'의 특성이 풍부하게 나타나고 있다

---

* 버거에 의하면, 설득력 구조는 "사회적으로 구성된 각각의 세계가 현실의 인간에게 실제적인 세계로서 계속 존재하기 위해 필요한 사회적 기초"를 가리킨다. Peter L. Berger, *The Sacred Canopy*, Garden City, N.Y.: Doubleday & Company, 1969, p. 45.

는 점이다.* 20세기에 나타난 가장 주요한 형태의 유사종교(quasi-religion)
는 '근대 민족국가'로부터 성장해 왔는데, 이것이 종종 사회구성원들에게
정체성의 초점을 제공하고 문화적 에토스의 기초를 제공하는 역할이라는
측면에서 전통적 종교제도들을 대신하게 되었다.** 시민종교는 유사종교
적 형태로 민족과 국가를 성화聖化하며, 개별화된 시민들을 종교와 계급,
출신신분을 뛰어넘어 민족 혹은 국가라는 거대한 집단과 도덕적으로 결속
시킨다. 또한 시민종교는 고유한 신념체계와 의례儀禮들, 성인聖人들, 성소
聖所들, 성스러운 대상들을 갖고 있다. 시민종교는 주로 문화적인 차원에서
작용하면서 국민적·국가적 통합을 표현하며 강화한다. 이런 점에서 시민
종교는 근대 민족국가의 지배층이 구사하는 '상징정치'와도 관련이 깊다
고 할 수 있다. 지배층의 이런 시도는 물론 '민족주의적' 가치들을 강조하
고, 그에 따라 전통을 선택적으로 복원 내지 창조(invent)하고,*** 관련된 각

---

* 일부 연구자들은 전쟁을 거치면서 반공이데올로기가 다분히 종교적인 성격을 띠게 되었다고 지적했다.
  예컨대 김동춘은 전후의 반공주의가 "터부 혹은 종교 일반과 유사한 성격"을 지니게 되었다고 주장했다
  (김동춘, "한국전쟁과 지배이데올로기의 변화", 173쪽). 나는 이런 관찰이 매우 정확한 것이라고 본다.
  그리고 이런 인식을 더욱 밀고 나가 이 시기의 반공주의를 냉전적 세계질서관, 자유민주주의, 친미주의,
  근대화 열망 등과 결합된 독특한 이데올로기 복합체로 볼 필요가 있으며, 이 이데올로기 복합체가 다시
  국가적 의례체계와 나름의 성스러운 시간과 공간, 인물 등을 창출하고 그와 긴밀하게 결합하는, 하나의
  총체적인 제도와 과정으로 이해되어야 한다고 생각한다.
** Lester Kurtz, *Gods in the Global Village*, Thousand Oaks, Cali.: Pine Forge Press, 1995, p. 187. 시민종교라는
  개념은 루소(Jean Jacques Rousseau)에 의해 처음 사용되었지만, 로버트 벨라(Robert Bellah)에 의해 새롭게
  정의되고 미국사회의 맥락에 적용되었다. 그리고 벨라 이후 이 개념은 미국적 맥락을 넘어 다양한 사회
  들에 적용되었다. Robert N. Bellah, "Civil Religion in America", *Daedalus*, 96/1(1967); *Beyond Belief*, N.Y.:
  Harper & Row, 1970; *The Broken Covenant*, N.Y.: Crossroad, 1975; Robert N. Bellah and P. E. Hammond, eds.,
  Varieties of Civil Religion, N.Y.: Harper & Row, 1980; John A. Coleman, "Civil Religion", *Sociological Analysis*, No.
  31, 1970; Gail Gehrig, "The American Civil Religion Debate", *Journal for the Scientific Study of Religion*, 20/1, 1981
  참조. 또한 김종서, 「미국의 공민종교론」, 『미국학』 제9집, 1986; 김문조, 「시민종교론」, 그리스도교철학
  연구소 편, 『현대사회와 종교』, 서광사, 1987 등도 시민종교론에 대한 유용한 개관을 제공해준다.
*** 이는 홉스봄·랑거 편(최석영 옮김), 『전통의 날조와 창조』, 서경문화사, 1995에 의거한 개념이다. 아울
  러 근대 일본에서 이루어진 동일한 과정을 분석한 Takashi Fujitani, "Inventing, Forgetting, Remembering:
  Toward a Historical Ethnography of the Nation-State", Harumi Befu, ed., *Cultural Nationalism in East Asia*,
  Berkeley, Cali.: Institute of East Asian Studies, University of California, 1993도 참조. 물론 이승만정권에 의한

종의 상징들과 국가적 축제들을 창출함으로써 신생국가와 지배층의 정통성을 강화하려는 것이다. 또 더 넓게 보면, 이는 정권 수립 초기에 최우선적인 과제로 부각되는 국민과 민족국가의 형성이라는 문제와도 연결되어 있다. 그러나 시민종교가 항상 국가나 정치적 지배층의 의도대로만 작동하는 것은 아니다. 많은 경우 시민종교는 지배적인 종교뿐 아니라 지배적인 정치세력으로부터도 일정하게 분리되어 있으며, 따라서 시민종교는 기존 지배질서에 대한 정당화 기능만이 아니라, 지배질서에 대한 탈정당화의 기능 또한 수행할 수 있는 것이다. 4·19혁명은 바로 이 같은 시민종교의 '예언자적' 측면과 관계된다고 할 수 있다.

시민종교의 전사前史

국가를 신성화함으로써 국민의 도덕적 통합의 구심으로 만들려는 시도는 이미 1948년 8월 정부수립 직후부터 시작되었다. '일민주의一民主義'를 국가이념(국시)으로 제정하고,* '홍익인간弘益人間'을 교육이념으로 제정하고, 단기檀紀 연호를 도입하고,** 개천절開天節을 국경일로 제정하는 등의 일련의 작업이 이 같은 시도의 일부를 구성한다고 볼 수 있다. 반민족행위처벌법을 제정하고 반민특위反民特委를 설치하여 친일파를 처단하고자 했던 일도 이런 시도에 포함시킬 수 있을 것이다. 새 정부가 일어식日語式 언어 관행을 적극적으로 추방하면서 한글전용화 정책을 강력히 추진했던 데에도 역시 '민족주의적' 가치와 감정을 고양시키려는 의도가 상당히 포함

전통의 창조 과정은 일제에 의해 날조된 전통을 뒤집는 작업 역시 포함하고 있었다고 볼 수 있다.
* 이에 대해서는 서중석, 「이승만 정권 초기의 일민주의와 파시즘」, 역사문제연구소 편, 『1950년대 남북한의 선택과 굴절』, 역사비평사, 1998 참조.
** 단기 연호의 사용은 1948년 9월 8일 제정된 법률 제4호에 근거를 두고 시작되었고, 1961년 12월 2일 군사정부가 단기 연호를 폐지하고 서기西紀 연호를 사용하도록 한 법률 제755호를 공포함으로써 중단되었다. 우원상, 「대종교」, 『서울육백년사』 제6권, 서울특별시, 1996, 1922쪽.

되어 있었다고 볼 수 있다.

해방 이듬해부터 민간 차원에서 3·1절이 거족적으로 기념되었지만, 정부수립 이후에는 이를 국가적 행사로 승화시켜 개천절과 함께 국가공휴일로 제정하고, 1950년에는 기념식을 비롯한 다채로운 기념행사들을 주관하는 한편, 3·1절 노래 제정, 축하 꽃전차 운행, 순국선열 유가족에 위문품 전달, 한국의 독립과 자유에 공헌한 미국인 및 영국인 12명을 대상으로 한 최고훈장 수여, 경축 24시간 송전 등 대대적인 축제를 벌였다.[32] 1949년에는 중앙청 광장에서 헌법발포 1주년 기념식(7월 17일)과 정부수립 1주년 기념식(8월 15일) 등이 성대하게 거행되었다. 특히 정부수립 1주년 기념일에는 정부 차원에서부터 읍면 단위까지의 기념식과 국기 게양을 비롯하여, 독립 축하연, 정·부통령에 대한 훈장 수여식, 육해공군 사열식, 보신각종을 비롯하여 전국에서 일제히 독립종 타종, 서울시민 가두행진, 과학전람회, 독립기념 운동경기대회, 기념배급, 대한민국 발전상에 관한 화보·통계 전시, 취주악 행진대회, 소년범에 대한 특사特赦 등 3·1절을 능가하는 규모의 기념행사들이 거행되었다.[33] 이 중에서도 독립종 타종이나 시민 가두행진은 국민들이 공통으로 갖고 있던 해방 당시의 감격스런 기억을 되살리려는 정교한 기획의 산물임이 분명하다. 정부수립 이후 한글 회복을 비롯하여, 태극기에 대한 강조 및 공경의례 제정,* 무궁화를 국화國花로 지정하는 것 등 다양한 민족적·국가적 상징물들이 제정되고 성화되었다. 또 1949년도 개천절 행사를 보면, 정부의 경축행사가 단군의 제천지祭天地로 알려진 강화도 마니산 참성단塹星壇에서 거행되고, 기념식에 맞추어 전등사傳燈寺에서 채화된 성화聖火가 중학생들에 의해 릴레이로 참성단까지 옮겨지는, 기본적인 패턴이 자리 잡고 있음을 확인할 수 있다.[34] 아울러 정부

---

* 한국전쟁 직전인 1950년 4월 25일에 정부는 허리를 굽혀 절을 하던 일제시대 식의 국기에 대한 경례 방식을 오른 손바닥을 왼편 가슴에 대는 방식으로 변경했다. 동아일보사, 앞의 책, 69쪽.

수립 이후 모든 국가적 의식에 '개식→(주악)→국기에 대한 경례→애국가 봉창→선열에 대한 묵념→본행사→만세삼창→(주악)→폐회'의 순서로 이어지는 이른바 '국민의례'가 정착하게 된다. 또한 전쟁 직전인 1950년 4월에 문교부는 '개천절의 노래', '광복절의 노래', '제헌절의 노래'를 제정했다.[35]

정부수립 이전부터 새로운 민족적 성소聖所 또한 만들어졌다. 건국 이전인 1946년 6월, 이른바 '3의사三義士'로 호칭되었던 윤봉길, 이봉창, 백정기의 유해가 국내로 옮겨져 같은 해 9월에 효창공원에 안장됨으로써 효창공원은 기존의 탑동(탑골)공원과 함께 새로운 민족적 성소로 떠오른 바 있다. 1948년 6월 임시정부 지도자였던 이동녕의 유해가 환국하여 정부수립 직후인 같은 해 9월 역시 효창공원에 안장되었다.[36]

민족적 영웅들을 만들어내는 시도 또한 행해졌는데, 전쟁 이전에는 주로 민족지사들과 건국 공로자들이 중심이었다. 안중근이나 유관순 등 민족독립운동의 영웅들과 함께, 이순신이나 7의사와 같은 임진왜란의 영웅들 역시 적극적으로 재발견되었고 새로이 조명을 받았다. 나아가 1949년 7월 7일 안호상 문교부장관은 애국지사 유족에게 학비를 일체 면제해주기로 했다는 결정을 발표했다. 같은 달 20일에는 '독립전사 특별전형'을 규정한 국가공무원법 일부가 국회를 통과했다.[37] 주목되는 사실은 반공투사들의 영웅화 작업도 전쟁 직전부터 시작되었다는 점이다. 정부는 건국 1주년이 되는 1949년 8월 15일을 기하여 건국공로자를 표창하기로 하고,* 총

---

* 그 내용은 다음과 같다. 1) 통칙: ① 공적이 있으되 변절치 않은 자. ② 공적의 차등은 그 실적과 기간의 장단으로 할 것. 2) 대상자: ① 해방 전 전국적으로 알려진 독립운동사건에 지도적 역할을 한 자. ② 대한민국 임시정부에 관계한 자 중 그 공적이 현저한 자. ③ 5·10선거 관계자 중 그 공적이 현저한 자. ④ 국회의원 중 그 공적이 현저한 자. ⑤ 헌법기초위원 및 헌법기초위원회 전문위원 중 그 공적이 현저한 자. ⑥ 대한민국 정부 공무원 중 그 공적이 현저한 자. ⑦ UN 관계자 중 그 공적이 현저한 자. ⑧ 해방 후 대한민국의 창건과 민족복리를 위한 공적이 특히 탁절한 자. 『자유신문』, 1949년 8월 3일.

무처 상훈국賞勳局을 중심으로 상훈심의회의를 열고 수여 대상자의 심사원칙을 결정했는데, 일제 치하의 독립운동가들보다 오히려 해방 이후 다양한 방식으로 건국에 기여한 이들이 더욱 중요하게 취급되고 있는 것이 특징이었다. 이 규정이 주로 민간인을 상대로 한 것이었다면, 군인들을 대상으로 한 움직임도 전쟁 이전에 가시화되었다. 1949년 5월 4일에는 "38선에서 호국영령으로 산화한 순국 10용사의 공렬을 후세에 전함으로써 애국애족의 거룩한 정신을 북돋고저 10용사의 동상을 건립하는 한편 10용사의 유영遺影을 널리 3천리 방방곡곡에 각 직장에 현시함"을 목적으로 하는 '순국 10용사 기념사업회'가 결성되었다.[38] 그러나 이는 여전히 민간 차원의 움직임에 머물러 있었다. 이보다 일보 진전된 사건은 1949년 7월 15일 정부수립 후 최초로 '제1회 임시 공훈기장功勳記章 수여식'이 국방부에서 거행된 일이었다. 여기서 국군창설 이래 38선과 제주도, 지리산 일원에서 전공을 세운 28,172명에게 종군장從軍章, 전공장戰功章, 상이군인장傷痍軍人章 등이 수여되었다. 그러나 이 공훈기장들은 모두 정식으로 훈장제도가 제정되지 못한 상태에서 주어진 '임시적인' 것이었다.[39] 또 1948년 12월 1일에는 제1차 전몰장병 합동위령제가, 1949년 6월 6일에는 순국장병 합동위령제가 각각 거행되었고, 동년 7월 20일에는 인천 도화동 공설운동장에서 제11연대 제2차 합동위령제가 거행되었다.[40] 그러나 이 모두가 시민적 참여가 배제된 채 '군대 내부의' 행사로만 치러졌다.

국민 형성 및 통합과 관련하여, 전쟁 이전에 있었던 가장 광범하고도 성공적인 효과를 끼친 사건은 바로 김구의 장례식이었다고 할 수 있다.*

---

* 때때로 어떤 인물의 대중적 인기는 그의 현실적인 정치·사회적 영향력보다 그의 죽음에 대한 대중적인 반응을 통해 더 잘 가늠될 수 있는데, 김구는 자신의 죽음을 통해 이를 입증해 보였다. 김구는 이승만과 함께 대중에게 전설적인 두 인물이었음에도 불구하고 죽음 직전에 그의 정치적 영향력은 결정적으로 약화되어 있었다. 그러나 죽음을 계기로 그의 대중적 이미지는 '전설'에서 '신화'로 격상되었다.

한 사람의 죽음과 장례식이 이처럼 민족을 통합하고 감정적으로 결속시켰던 것은 정확히 30년 전에 있었던 고종의 장례식 이래 처음이었다고 할 수 있다. 김구와 마찬가지로 테러에 희생된 일련의 저명한 정치인들의 장례식들*과는 비교할 수도 없는 전국적인 감정적 일체감이 김구의 죽음과 그 이후 장례식이 치러지기까지의 10일간을 지배했다. 장례 당일에 대중의 감정적 분출은 절정에 달했다. 그의 죽음이 알려지자 정부와 민간 합동으로 '고 백범 김구선생 국민장위원회'가 구성되어 10일장을 치르기로 결정했다. 그리하여 김구의 장례식은 건국 이후 최초로 국가가 주도하는 '국민적인' 장례가 되었다. 이 열흘 동안 라디오방송에서 음악이 사라지고, 요정들은 자진휴업에 들어가고, 무려 124만 명의 조문객이 시신이 안치된 경교장을 찾았다. 장례 당일은 임시공휴일로 선포되고, 집집마다 조기가 내걸렸으며, 국민들은 자진철시撤市했고, 중학교 입시일이 하루 연기되었다. 1949년 7월 5일 경교장에서 장례식장인 서울운동장으로, 다시 서울운동장에서 장지인 효창공원으로 이어진 기나긴 운구행렬 주변은 전국에서 모여든 인파로 애통의 바다를 이루었다. 한 신문기사처럼, "3천만 인민이 선생을 보내는 장열葬列은 그대로 민주건국에로의 장엄한 행진과도 같았다."[41] 이처럼 김구의 죽음을 계기로 대중은 일상적인 일들을 중단하고, 일상으로부터의 탈출하여 민족과 국가라는 '초월적인' 공동체로 빨려 들어갔다. 이 기간 동안 김구는 민족의 영원한 영도자로, 위대한 성인으로 추앙되었

* 우리는 우선 1945년 12월 30일 피살된 한국민주당 수석총무 송진우, 1947년 12월 2일 피살된 한국민주당 정치부장 장덕수, 같은 해 7월 19일 피살된 근로인민당 당수 여운형을 떠올릴 수 있다. 이 중 장덕수의 장례는 '민족진영' 정당 및 사회단체들에 의한 '연합장聯合葬'으로, 여운형의 장례는 한국민주당과 한국독립당 등 주요 우익 정당들이 배제된 채 70여개 '민주' 정당 및 사회단체의 '인민장人民葬'으로 치러졌다. 이처럼 장덕수와 여운형의 장례는 '집합적' 의례의 형식을 갖추었지만, 결코 전 민족을 통합시키는 '민족적' 의례가 되지는 못했다. 오히려 그들의 장례식 자체가 좌익과 우익으로의 민족적 분열을 상징하고 양자 간의 대립을 심화시키는 기능을 했다고 평가할 수 있다. 이경남, 『설산 장덕수』, 동아일보사, 1981, 404쪽; 김천영, 『연표 한국현대사』, 한울림, 1985, 742~755쪽 참조.

고 격상되어 갔던 반면, 그의 죽음에 대한 비통과 애의 감정은 민족에 대한 충성, 나아가 남북통일에 대한 헌신의 결의로 발전되어 갔다.*

그러나 집권세력의 다양한 노력에도 불구하고, 국민적 통합은 여전히 취약한 상태로 남아 있었다. 대종교大倧敎 교세의 급성장,** '해방영화' 내지 '해방연극' 등의 대중적 인기*** 등에서 보듯이 새 정부의 민족주의적 구호와 활동이 어느 정도의 대중적 호응을 받을 여지가 있었음에도 불구하고, 김구의 장례식을 제외하면 집권세력의 대부분의 노력은 국민들의 능동적 동의를 이끌어 내거나 헤게모니적 지도력을 발휘하지 못했으며, 뒤르켐의 용어를 빌자면 국민들의 '집합적 열광(collective effervescence)'****을 이끌어내지 못하고 있었다. 그 가장 큰 이유는 이들이 지배이데올로기로 부상시키고자 했던 민족주의가 그들 자신의 행동에 의해 부정되고 있었던 데에서 찾을 수 있다. 말하자면 그들 스스로가 자신들의 주장을 배반했던 것이다. 무엇보다 반민특위를 통한 친일파 처단을 집권세력 스스로 저지했던 한편, 과거의 친일파들이 정부 고위관료와 여당 및 야당 지도자

* 극단적으로는 김구의 뒤를 따르겠노라고 할복을 기도한 청년이 있는가 하면, 유지遺志를 받들겠다는 취지의 혈서가 20여 통이나 장의위원회로 보내져 왔다. 『조선중앙일보』, 1949년 7월 2, 3일.
** 대종교는 해방 이듬해에 본부가 중국으로부터 환국한 후 임정계통 정치인들의 후광 아래 빠른 속도로 교세를 늘려 나갔다. 더욱이 이시영 부통령을 비롯하여 이범석, 안호상, 정인보, 명제세 등 대종교 신자들이 초대 내각에 입각하고, 제헌의원으로 10여 명의 대종교 신자가 당선되고, 안호상 문교부장관의 노력으로 개천절이 국경일로 제정되자, 교세는 더욱 비약적으로 성장했다. 대종교총본사, 『대종교중광 60년사』, 대종교총본사, 1971, 714, 735쪽; 강수원, 『우리 배달겨레와 대종교 역사』, 한민족문화사, 1993, 282쪽 이하 참조.
*** 해방 후 상당한 대중적 인기를 끌어 모았던 영화와 다양한 형식의 연극들은 그 주제 면에서 민족의식을 고취하는 경향이 강했다. 우선, 국내에서 제작된 극영화의 경우 해방 후 한국전쟁 전까지는 '해방영화'라 불리는 항일·반일적 작품들이 주조를 이루었다(정용탁·주진숙·이충직, 「해방 후 한국영화의 발달과정」, 『광복50주년 기념논문집 7: 문학·예술』, 한국학술진흥재단, 1995, 331쪽). 또 연극의 주제를 살펴보면, 광복의 환희와 일제 잔재 청산, 3·1운동 등에 관한 것이 주종을 이루었다(이미원·김방옥, 「광복 50년의 한국 연극사」, 같은 책, 265~272쪽).
**** 에밀 뒤르켐(노치준·민혜숙 옮김), 『종교생활의 원초적 형태』, 민영사, 1992. 그리고 이에 대한 해석으로는 김종엽, 「에밀 뒤르켐의 현대성 비판에 대한 연구」, 서울대학교 사회학과 박사학위논문, 1996, 198~248쪽 참조.

로 권력과 부를 여전히 누리고 있었던 것이다. 김구가 피살되기 직전인 1949년 6월 6일 반민특위는 경찰의 습격을 받아 최악의 위기를 맞았고, 김구의 장례가 치러진 바로 다음날(7월 6일) 국회는 반민법의 공소시효를 단축시키는 개정안을 통과시켰다.[42]

가장 극단적인 민족주의 이데올로그였던 안호상 문교부장관 역시 전쟁 직전인 1950년 5월 친미파로 알려진 백낙준 목사로 교체되었다. 1949년 10월의 개천절 행사는 강화도의 산꼭대기로 밀려나 치러졌으며, 이승만 대통령은 개천절에 즈음한 담화를 통해 오히려 단군의 신격화 시도에 제동을 걸었을 뿐 아니라 단군 연호 사용을 중단하고 이를 기미독립운동 연호로 바꾸자는 제안을 하고 있다.[43] 그리고 대종교의 교세도 이미 전쟁 이전부터 크게 감소하고 있었다.* 민족주의 이데올로기는 전쟁 이전에 혹은 전쟁과 함께 효력을 크게 상실했거나, 자가당착적인 것임이 판명되었던 것이다. 따라서 '반공'을 제외하고 첫 집권세력은 자신들의 정통성을 내세울 만한 자랑스러운 전통을 만드는 데 실패하고 있었다. 더욱이 반공 역시 사회성원들의 능동적이고도 광범위한 동의를 얻어내는 데에는 이르지 못하고 있었다. 따라서 그럴수록 통치는 더욱더 노골적인 폭력에 의존할 수밖에 없었다.

한국전쟁의 중요성은 바로 이 점에 있다. 즉 전쟁을 통해 지배자들은 자신들만이 주기적으로 기억하고 축하할 만한 가치가 있는 과거, 자신들만의 빛나는 전통을 만들어내는 데 성공했던 것이다. 어디에서나 그렇듯이 전쟁은 오로지 민족 혹은 국가를 위해 초인간적인 용기를 발휘한 수많은 전쟁영웅들과 함께 그들의 피와 죽음으로 성화된 전투현장들을 탄생시

---

* 정부수립 후 "대종교가 임정계로 지목되어 늘 당국의 감시를 받게 되고, 이대통령이 단군숭봉운동은 물론 대종교 발전을 은근히 가로막고 나서자" 대종교의 교세는 급격히 감소하기 시작했다고 한다. 신철호, 「단군사상과 대종교」, 황선명 외, 『한국근대민중종교사상』, 학민사, 1983, 164쪽.

킨다. 바로 이 같은 맥락에서 지배자들은 전쟁을 거치면서 비로소 자신들만의 성스러운 사건들과 성스러운 장소들, 성스러운 인물들을 갖게 되었다. 그리고 그것들은 모두 성스러운 시민적 의례들과 상징들로 치장되었다. 그와 함께 건국부터 전쟁까지의 기간 동안 창출된 많은 시민종교적 요소들의 상당수가 이전에는 갖지 못했던 대중적 호소력과 생명력을 부여받게 되었다. 집권층이 전쟁을 자신들의 영예로운 역사로 변형시키고 전유하는 속도는 놀라울 정도였다.* 한국전쟁은 집권세력에게 상당한 정도의 헤게모니적 지도력을 제공했을 뿐 아니라, 간헐적 혹은 주기적으로 국민들의 집합적 열광을 동원해 내는 데 성공할 수 있는 사회·문화적 기초를 제공했다고 할 수 있다. 전쟁은 일시적으로 계급적 대립감정을 대중 사이에 되살리고 증폭시킴으로써 국민적 통합을 위협하기도 했지만, 동시에 상당한 신앙적 열정마저 불러일으킨 국민적 통합의 시멘트로 작용하기도 했다고 평가할 수 있다.

시민종교의 신념체계

'냉전적 반공·친미·자유민주주의'라는 시민종교의 구성요소 가운데 우선 신념체계에 대해 살펴보자. 국가를 신성화함으로써 국민의 도덕적 통합의 구심으로 만들려는 시도는 전쟁기간 동안 또한 전쟁 이후 보다 체계화되었을 뿐 아니라 강조의 중점이 변화되었다. 변화의 초점은 '민족주의'로부터 '반공주의'로의 전환이었다고 할 수 있다. 앞에서 살펴본 것처럼 전쟁 이전의 국가이데올로기가 '민족주의'를 중심으로 하고 부차적으로 반공주의를 결합시킨 것이었다면, 전쟁 이후에는 '반공주의'가 그 중심을 차지하고 여기에 부차적으로 민족주의, 자유민주주의, 친미주의가 결합

---

* 군을 중심으로 1951년 10월에 『전란 1년지』가, 1952년에는 『6·25사변사』가, 1955년 6월에는 『한국전란 4년지』가 간행되었다. 동아일보사, 앞의 책, 71쪽; 김운태, 앞의 책, 486쪽 참조.

된 구조를 갖게 되었다.

한국전쟁은 사회 성원들에게 '냉전적 세계관'을 내면화시킨 결정적인 계기였다. 냉전주의적 국제질서관의 핵심은 '양 진영관(two-camp image)'이며, 그것은 먼저 "적敵과 우友를 명확하게 구분하는 이원론적인 세계관"에서 출발한다.[44] 냉전적 세계관에 나타난 이원론은 다시 양 진영 간의 전쟁을 선善과 악惡의 대립으로 묘사하는 '윤리적 이원론'으로 발전한다. 적敵과 우友가 분명히 구분되고 적에게 사악한 속성이 일방적으로 귀속될 때 이들 간의 대립은 다분히 '종교전쟁(religious war)'의 성격을 띠게 되고, 따라서 적과의 공존이나 타협, 심지어 접촉조차도 '금기시'된다. 그리고 이 같은 금기(taboo)는 공산주의 및 공산주의자와의 물리적 접촉만이 아니라 그에 대해 중립적 혹은 호의적으로 말하는 것, 그리고 반공투쟁을 훼손하는 언행을 하는 것 등으로까지 확대된다. 나아가 월북한 이들이 만든 문학 작품을 읽거나 가요를 부르는 것조차 금지된다.* 한국전쟁 말기의 격렬한 휴전반대운동의 논리는 전형적으로 이런 것이었다고 생각된다. 그러므로 윤리적 이원론은 한편으로 당면한 공산세력과의 투쟁을 일종의 '십자군전쟁' 내지 '성전聖戰'으로 받아들이게 하고, 다른 한편으로는 "이원론에 의해서 적의 타자성他者性이 철저히 강조되며 적의 희생이 허용되고 합법화된다. 이원론은 적을 비인간화시킬 뿐만 아니라 아군의 병사에게는 살인 행위에 대한 죄의식, 공포, 동정 같은 인간적 경향들을 제거해준다."[45]

나아가 전쟁에 대한 윤리적 정당화는 대중에게 "전쟁의 참상에 상처받고 지친 사람들에게 그것은 원인과 책임을 설명해 주는 일종의 이론이기

---

* 1952년 10월 공보처는 월북작가가 작곡한 가요의 가창을 일제히 금지하고, 그때까지 출판된 유행가집에 게재된 것이라 할지라도 일체 판매를 엄금한다고 공표했다. 이 조치로 100여 곡의 대중가요가 판매나 가창이 금지되었는데, 여기에는 조명암의 '무정천리', '세월은 간다', '눈물젖은 두만강'을 비롯하여, 박영호의 '무명초', '번지 없는 주막', '불효자는 웁니다' 등이 포함되어 있다. 계훈모 편, 『한국언론연표 Ⅲ』, 관훈클럽 신영연구기금, 1993, 922~923쪽.

도 했다."[46] 따라서 냉전적 반공주의는 한국인들 개개인에게 전쟁의 사회심리적 상처를 치유하고, 후유증을 최소화시키는 데에도 크게 기여했다는 점을 간과할 수 없다. 그리고 그것이 전쟁의 상처를 치유하는 데 효과적인만큼 냉전적 반공주의는 한국인들의 의식세계에 깊이 내면화되었다고 볼수 있다. 전쟁은 불안과 긴장, 공포심, 혼란, 이상향 추구, 적대감과 불신등과 같은 심리적 상처와 함께, 이른바 '재난증후군'이라고 불리는 광범한후유증을 낳았다고 볼 수 있다. 김홍수는 전쟁 이후 한국인들 사이에 재난증후군 가운데 죄의식이 상대적으로 약하게 나타나는 현상을 냉전적 반공주의에 영향을 받은 강한 이데올로기적 대립의식 탓으로 해석하고 있다.그리고 여전히 남는 죄의식을 극복하기 위해 한국인들은 자신들을 '예외적이고 특별한 일을 위해 남겨진 자들'로 보기 시작했다는 것이다.[47] 이는잠시 후에 언급하게 될, 한국을 세계의 중심국으로 간주하는 발상으로 연결된다.

또 한국전쟁은 한편으로 한국인들의 세계인식을 최대한 확장했고, 다른 한편으로 미국과 한국을 주축으로 하는 자유진영을 운명공동체로 긴밀히 결부시켜 인식하도록 만들었다. 한국전쟁은 '내전'으로 시작되었으나,개전 직후 '국제전'으로 비화되었다. 특히 3년간이나 한국의 청년 군인들이 연합군사령관의 단일한 지휘권 아래서 다양한 국적과 인종으로 구성된군인들과 함께 전투를 수행한 경험은 그들에게 '한국전쟁의 세계사적 의의'를 깊이 각인시켰을 것이다. 전쟁 발발 당시 주미대사였던 장면은 미국의 가톨릭신자들에게 연설하는 가운데 이를 다음과 같이 표현했다. 그에의하면, "한국에 있어서 우리를 대적하는 원수는 지방적 원수가 아닙니다……미국 주변 수천 리를 떨어져서 벌어져 있는 이 전쟁은 실제적으로귀하들의 고향마을에서 벌어지고 있는 것입니다."[48] 한국인들의 의식 내에서 진행된 '세계'의 확대와 세계 구성의 입체화는 전쟁 이후 대대적으로 진행된 미국으로의 유학 혹은 해외연수, 자유진영 국가들과의 확장된 무역과 교류관계 등을 통해 가속화되었다. 국제전화, 국제우편, 국제전보 등도 한국인의 세계인식 확장에 기여한 바가 크다고 할 수 있다.* 그리고 이런 과정은 국제정세에 대한 민감한 관심, 문화적·이념적 거리를 중심으로 한 국가별 친소親疎 감정의 형성이라는 당시 지식인들의 의식상의 특징을 통해 좀 더 명료한 형태로 확인된다.**

그렇다면 냉전적 반공주의가 강화됨에 따라 전쟁 이전의 민족주의는 완전히 사라졌는가? 외양 면에서는 그런 것으로 보이지만, 실제로는 그렇지 않았다. 전쟁 후 시민종교의 신념체계의 '전면으로' 냉전적 반공주의가 부각된 대신, 민족주의는 냉전적 반공주의의 '내부로' 침투해 들어갔다. 다시 말해 그것은 반공주의의 내부로 들어가 부단히 작용함으로써 반공주의에 강한 민족주의적인 색채를 덧씌우게 되며, 그것은 일종의 '반공적 선민의식選民意識'으로 발전된다.*** 전쟁을 계기로 한국은 전 세계적인 규모의

---

* 1950년대에 외국유학과 단기연수 등이 얼마나 대규모로 미국의 체계적인 계획 아래 이루어졌는가에 대한 상세한 논의는 임대식, 「1950년대 미국의 교육원조와 친미엘리트의 형성」, 역사문제연구소 편, 『1950년대 남북한의 선택과 굴절』, 역사비평사, 1998 참조. 전쟁 이전에는 무역관계가 홍콩과 마카오, 일본과 미국 등에 치우쳐 있었고, 베트남, 호주, 인도, 태국 등이 새로운 무역상대로 떠올랐지만 대체로 아시아-태평양권을 벗어나지 못했다. 그러나 전쟁 중에 무역관계는 대폭 다변화되었다. 예컨대 1951년의 경우 수출은 아시아(3개국), 유럽(영국), 미주(미국), 대양주(호주) 등 6개국으로, 수입은 아시아(6개국), 유럽(4개국), 미주(2개국), 대양주(호주) 등 13개국으로부터 이루어지고 있었다. 다음해의 경우 수출은 아시아(5개국), 유럽(3개국), 미주(미국) 등 9개국으로 늘어났고, 수입은 아시아(10개국), 유럽(14개국), 미주(2개국), 대양주(2개국), 아프리카(남아공화국) 등 29개국으로 늘어났다. 공보처 통계국, 『1952년 대한민국통계연감』, 공보처, 1953, 149~152쪽 참조.

  예컨대 국제전화의 빈도는 1951년의 14,882회에서 1960년에는 59,987회로 4배 이상 증가했는데, 일본, 미국, 홍콩, 대만, 필리핀, 하와이, 서독, 캐나다 등이 주 대상국이었다. 공보처 통계국, 위의 책, 132쪽; 합동통신사, 앞의 책, 1015쪽 참조.

** 남궁곤, 앞의 글 참조. 1959년 티베트인들이 중국 공산당국에 저항운동을 전개했을 때 한국 불교계를 중심으로 지지시위가 벌어졌던 것도 전후 한국인들의 '냉전적으로 세계화된' 의식을 잘 보여주는 예이다.

*** 미국인들의 그것을 능가하는 이런 반공적 선민의식은 이미 수세기 전부터 나타났던 조선 성리학의 '정통주의적' 혹은 '근본주의적' 성향에 의해 예비되어 왔는지도 모른다. 조혜인, 「종교와 사회사상의 흐름」, 신용하·박명규·김필동 편, 『한국 사회사의 이해』, 문학과지성사, 1995 참조.

냉전적 대결구도에서 반공진영의 중심 역할을 맡는 것처럼 여겨졌다. 전쟁을 거치면서 지배자들은 대한민국이 '자유진영의 보루'라는, 세계사적인 의의를 지닌 '성스러운 사명'을 부여받았다고 내세울 수 있었다. 전쟁이 끝난 직후 공보처장인 갈홍기는 한국전쟁을 계기로 한국이 세계의 중심으로 부상했다고 주장한다. 그에 의하면 한국은 전쟁으로 인해 "(멸공투쟁 혹은 멸공위업의) 선봉선구국先鋒先驅國"이 되었다.[49]

일즉이 서양의 사가들은 말하기를 세계의 모든 길은 로마로 통해 있었다고 한다. 로마는 힘이 강대함으로써 세계의 중심이 되어 있었던 것이다. 그러나 20세기 현하 세계의 모든 길은 우리나라 한국으로 통해 있다. 이는 위치의 중대함으로서다. 이 위치라는 것은 지역적인 것과 아울러 역사적인 것이니 오늘날 우리 한국은 공산진共産陳 타멸打滅의 선봉국先鋒國으로서 가장 중대한 위치에 처해 있는 것이다. 6·25동란을 계기로 하여 우리 국내에서 전개되어 온 민주진民主陳 대 공산진共産陳의 투쟁은 비단 우리 한국 혼자의 운명만을 좌우하는 것일 뿐만 아니라 실로 양 진陳의 전체적 존망의 숙명적인 관건인 것이다. 그러므로 우리 한국은 자국의 운명과 아울러 민주진 전체의 '삶'을 양견兩肩에 걸머지고 멸공투쟁의 선봉으로서 혈투에 혈투를 거듭해 온 것이다. 이 선봉이란 것은 곧 멸공위업滅共偉業의 선구자라는 뜻이다……일찌기 미 아이젠하우어 대통령 및 닉슨 미부통령이 내한한 것이라든지 또는 1953년 로버어트슨 미대통령 특사가 내한하여 '한미방위협정' 체결의 보증과 정치회담에서 공동보조를 취함에 완전 합의를 보게 된 것이라든지 1953년 8월 떨레스 씨의 내한으로 체결된 '한미공동방위조약!' 등 일련의 역사적 사실은 모두 우리 한국이 세계의 중심인 바를 입증하는 것이라 할 것이며 기타 공산진을 타도하기 위한 세계의 모든 길은 언제나 우리 한국으로 통해 있는 것이다.*

한편 반공주의는 '자유민주주의'를 필수적인 요소로 포함하고 있었다.

자유민주주의는 한국인들에게 주권재민主權在民, 삼권분립三權分立, 대의제代議制, 평등, 자유, 인권 등의 가치들로 이루어져 있었다고 볼 수 있으며, 반공을 말할 때마다 이 같은 가치들의 고귀함과 우월성이 줄곧 재강조되곤 했다. 해방 이후 새로 건설되어야 할 국가의 형태가 '공화제'라는 점에 대해서 명백한 국민적 합의가 이미 존재했다. 이런 국민적 합의는 건국을 위한 제헌의회 선거에서 '보통선거제'가 도입되고 그 이후에도 이 제도가 유지되었던 사실, 삼권분립과 대의제를 골간으로 한 국가제도의 형성, 언론과 신앙의 자유 등을 통해 구체화되고 또한 실감되었다. 그러나 전후 한국에서 자유민주주의는 상당한 모호성 내지 애매함 또한 드러냈다. 한국에서 '자유민주주의의 모호성'은 그것이 매우 정당하고 심지어 유토피아적인 것이었음에도 불구하고, '항상적인 전투와 감시'에 의해서만 보호될 수 있다는 인식과 병존하고 있었다는 점에서 기인했다. 전쟁 이후 한국에서 자유민주주의가 '항상적인 전투와 감시'에 의해서만 보호될 수 있다는 인식은 곧 국가보안법과 통행금지제, 연좌제 등 각종 억압 장치들과 결합되어 '경찰국가'의 형성과 발전을 조장하고 정당화했다. 한국식 자유민주주의에 내재된 유토피아성과 억압성의 공존, 그리고 이들 간의 갈등은 1950년대 정치투쟁의 초점으로 부각되었으며, 결국 4·19혁명의 직접적인 원인으로 작용했다고 볼 수 있다. 그리고 이 점은 자유민주주의를 주요 구성요소 중 하나로 하는 시민종교가 국가나 정치적 지배층으로부터도 일정하게 분리되어 있었음을 의미하며, 따라서 시민종교는 때때로 지배질서에 대한 탈정당화의 기능 또한 수행한다는 것을 보여준다.

---

* 위의 책, 83~85쪽. 또 장면은 앞서 인용한 연설에서 한국전쟁에서 한국이 맡게 된 세계적인 중심적 역할에 대해 종교적 언어를 동원하여 설명하고 있다. "이 전쟁은 민주주의를 시련하는 새로운 전쟁이며, 한국은 무한히 자비하신 천주께로부터 전 세계가 민주주의세력에 대한 신뢰를 새롭게 하는 데 도구로서 선택"받았다. 통일교나 전도관 등 한국전쟁 이후 탄생한 신종교들 역시 대부분 '한반도 중심의 세계구원'이라는 종교적 민족주의 관념을 강하게 표출했다.

자유민주주의가 시민종교의 신념체계의 한 구성요소로 자리 잡게 된 데에는 물론 해방 후 건국과 발전을 위한 모델의 역할을 한 미국의 영향을 고려해야 한다. 다시 말해 전후 한국에서 자유민주주의는 '친미주의'와 밀접한 관계를 맺고 있었다. 한국에서 친미주의의 확산은 일차적으로 냉전적 세계질서의 형성, 한국전쟁 과정에서 구축된 한·미간의 공고한 유대와 미국의 대한對韓원조, 그에 따른 대미종속이라는 상황전개를 배경으로 한다. 냉전적 세계질서 속에서 '자유민주' 진영의 맹주인 미국과 한국이 공고한 동맹관계를 형성하게 되었다는 사실이 자유민주주의와 친미주의를 결합시킨 원동력이었다. 나아가 미국은 한국을 사악한 세력의 위협으로부터 보호해 주었으며, 한국인 대다수가 겪어야 했던 전쟁과 전후의 폐허와 궁핍으로부터 구출해 주었다.

　　그러나 한국인들 사이에 친미주의를 확산시킨 보다 중요한 이유는 전쟁기간 중 최대한 증폭된 근대화·풍요에의 열망과 관련되어 있다. 전후의 한국인들에게 미국은 '자비로운 구원자'였을 뿐만 아니라 '지상낙원' 그 자체이기도 했다. 미국은 자유민주주의를 위해 한국전 참전과 대한원조를 행하고 있노라고 무수히 강조했으며, 한국인들은 미국의 부와 풍요, 강력함에 대한 직·간접적인 경험을 통해 획득되고 구축된 자유민주주의의 정당성을 '의심할 나위 없는' 것으로 받아들였다. 모델로서의 미국 혹은 친미주의를 매개로 하여 시민종교 신념체계의 구성 요소들인 '반공주의—자유민주주의—근대화' 사이에 공고한 담론적 접합이 이루어졌다. 앞에서 살펴보았듯이 이승만정권이 때로는 국산품전시회나 산업박람회 등 과시적인 행사들을 통해, 때로는 근대적인 대규모 공장과 사회간접시설의 건설을 통해, 때로는 의욕적인 경제개발계획을 발표함으로써 자신의 정통성 구축을 위한 중점 중 하나를 '근대화'에 둘 수밖에 없었던 것도 이 같은 사정을 반영한 것으로 해석할 수 있다.

한국인들은 일제하에서부터 독립에 대한 열망과 함께 '근대화'에의 열망을 지녔으나, 근대화의 목표는 이제 '일본식' 근대화에서 '미국식' 근대화로 변화되었다. 해방 후에도 한국은 여전히 종속국가로서, 일본을 대신한 미국이라는 새로운 '모델사회(model society)'를 갖게 되었던 것이다. 그러나 모델사회가 일본에서 미국으로 변화되었다는 것의 의미가 '타민족중심주의적他民族中心主義的' 사고방식의 단순한 연장인 것만은 아니었다. 일본과 한국의 문화적 유사성으로 인해, 그리고 일본이 주창했던 '대동아공영권大東亞共榮圈' 구상의 저변에 깔린 문화적(혹은 문명적) 우월주의로 인해, 종전의 일본을 모델사회로 한 타민족중심주의에는 '오리엔탈리즘'*의 성격이 약했거나 거의 없었다. 여기에는 '서양에 비해 우월한 동양'이라는, '광의廣義의 자민족중심주의自民族中心主義'가 '일본에 비해 열등한 조선'이라는, '협의狹義의 타민족중심주의'와 결합되어 있었다고 볼 수 있다. 반면에 미국을 모델로 한 타민족중심주의는 서구문화의 관점에 서서 그와 이질적인 자문화自文化를 바라본다는 점에서 순수한 '오리엔탈리즘'의 내면화에 좀 더 가깝다. 따라서 한국인들에게 발전의 모델사회가 일본에서 미국으로 변화된다는 것은 '세계질서를 바라보는 시각의 극적인 변화'를 수반하는 일이었던 셈이다. 그것은 ① 지리적 근접성과 심리적·문화적 근접성이 수렴했던 과거의 '동양 대 서양'이라는 대립구조로부터, 지리적 근접성에 비례하여 심리적·문화적 근접성이 오히려 감소하는 현재의 '공산진

---

* 여기서 사용하는 '오리엔탈리즘'이라는 용어는 에드워드 W. 사이드(박홍규 옮김), 『오리엔탈리즘』, 교보문고, 1991에서 사용된 바와 같은 의미이다. 다시 말해 오리엔탈리즘은 "동양을 지배하고 재구성하며 위압하기 위한 서양의 스타일"(같은 책, 16쪽)로서, 그 결과 한편으로는 서양인들의 긍정적이고 우월한 자아정체성을, 다른 한편으로는 동양인들의 자학적이고 부정적인 자아정체성을 강화하는 것이라고 할 수 있다. 또 첸 샤오메이는 중국을 연구대상으로 삼아 옥시덴탈리즘이 오리엔탈리즘에 대한 담론 수준의 저항을 내포하기는 해도, 근본적으로는 오리엔탈리즘의 출현과 지배 이후에, 그것의 영향을 받고 그것을 모방하는 방식으로 출현한다고 주장한다(Chen Xiaomei, *Occidentalism*, London: Oxford University Press, 1995). 이렇게 보면, 여기서의 '대동아공영권' 역시 오리엔탈리즘의 영향 아래, 그에 대한 반작용으로 '사후적으로' 출현한 담론적 실천으로 해석할 수도 있을 것이다.

영 대 민주진영'의 대립구조로의 변화와 더불어, ② 자문화와 자아에 대한 부정적 인식이 극대화되는 변화를 모두 함축하고 있다. 특히 후자의 변화는 극단적인 '반反전통주의'와 '숭미주의崇美主義'의 태도로 나타날 수도 있는 것이다.

그러나 이 같은 세계관 내지 세계질서관의 극적인 변화에도 불구하고, 그것을 실제로 수용하는 방식에서 미묘한 차이가 발견된다. 다시 말해 해방 이후 국가주권의 회복에 의해 과거의 식민지시대에 비해 모델국가와의 관계가 좀 더 수평적인 것으로 바뀐 상태에서, 우리는 미국과 한국의 관계를 어떻게 설정할 것인가에 따라, 또한 자문화에 대한 부정적 정서의 강도에 따라 적어도 '두 가지의 친미주의'를 말할 수 있다. 다시 말해 미국을 세계의 중심에 두고 한국을 그 하위 파트너로 간주하면서 자문화에 대해 극도로 자학적인 태도를 취하는 경우, 그리고 한국을 세계의 중심에 근접시키면서 자문화에 대해 어느 정도 긍정적인 태도를 취하는 경우를 들 수 있을 것이다. 이 점은 친미주의의 일반화에 따른 오리엔탈리즘적 인식의 확산, 냉전적 반공주의 내부로부터 민족주의적 음조의 확산이라는, 전쟁 이후의 '확고부동한' 사실들이 대중 수준에서 결합하는 양상이 결코 단순하지 않았음을 잘 보여준다. 바로 이 점을 확인하는 것은 1950년대 한국사회를 인식하는 데 매우 중요하다. 우선 이는 1950년대의 '국내' 정치를 이해하는 데 중요하다. 미국을 세계의 중심에 두고 한국을 그 하위 파트너로 간주하면서 자문화에 대해 극도로 자학적인 태도를 취했던 전후세대 지식인층은 '미국적 가치들'(특히 자유민주주의)을 적극적으로 차용하여 반정부 투쟁에 나섰던 반면, 한국을 세계의 중심에 근접시키면서 자문화에 대해 어느 정도 긍정적인 태도를 취했던 지배층과 전전戰前세대 지식인층은 '민족주의적 반공주의'를 앞세워 독재를 정당화했던 것이다. 이에 대해서는 나중에 다시 언급하게 될 것이다.

다음으로, 동일한 확인은 1950년대의 '국제' 정치를 이해하는 데에서도 중요하다. 말하자면 냉전적 반공주의가 종교적 열정으로 수용되면 될수록, 그리고 냉전적 반공주의 안에서 민족주의적 색채가 짙어지면 질수록, 한국과 미국 간의 정치적 마찰이 증가되는 함수관계가 성립되었던 것이다. 우리는 1949년 봄 미국이 한반도의 전략적 가치를 평가절하하고 주한미군을 철수시키고자 했을 때, 미국의 견제와 반대에도 불구하고 한국이 중국, 필리핀과 함께 태평양방위동맹의 주축을 형성해야 한다는 한반도 중심적 사고가 강화되었던 사실을 기억하고 있다.* 또 미국이 북한 및 중국과의 협상을 통해 휴전을 시도하면서 시민종교인 냉전적 반공주의의 '금기' 중 하나인 공산주의·공산당과의 '접촉'을 시도하기 시작하자, 정부가 주도 혹은 후원하는 전국적인 휴전반대운동과 함께 전격적인 반공포로석방이 감행되었던 것이다. 한편 1954년 2월 이승만이 한국군을 인도차이나의 반공전쟁에 파견할 것을 제의했던 것은 한국을 아시아 반공전선의 지도국으로 부각시키려는 의도를 깔고 있었던 것으로 볼 수 있을 것이다. 이런 맥락에서 정부는 전쟁 이전의 태평양방위동맹의 재판이라 할 아시아반공연맹의 결성을 서둘러, 1954년 6월에는 한국에서 '제1회 아세아민족반공대회'를 개최하고 '아세아민족반공연맹'을 결성하게 된다. 1955년 8월 역시 정부의 주도 혹은 후원으로 전국적인 '적성감위敵性監委 축출운동'이 벌어지고 급기야 같은 해 9월 폴란드와 체코 소속 휴전감시위원을 추방해 버렸던 일, 그리고 미국이 1956년 이후 소련과의 평화공존을 추구했을 때 이승만이 이 움직임을 비난하면서 동북아 반공블록의 맹주를 자처했던 것, 또 1958년 10월 일본이 일소日蘇 공동성명을 발표하고 1959년부터 북한과의 협상

---

* 1949년 봄, 한韓·중中·비比 중심의 반공태평양동맹에 관한 논의가 본격화되자, 미국의 애치슨 외무장관은 이것이 시기상조며 다만 정치·경제적 동맹은 가능할 것이라고 하면서 반대의사를 표명했다(『자유신문』, 1949년 7월 15일).

을 통해 북송을 본격적으로 시도했을 때 한·일간의 관계가 급속히 얼어붙었던 것도 공산세력과의 접촉이나 대화를 금기시하는 태도의 연장선상에서 이해될 수 있다. 미국과 일본의 이 같은 '용공容共적인' 정책은 한국인들의 신념체계를 혼란에 빠뜨리는 것으로 도저히 용납할 수 없는 처사였을 뿐 아니라, 한국과의 '냉전적 맹약盟約'을 위배하는 행위이기도 했던 것이다.* 1959년 2월부터 전국적인 '교포북송규탄 국민대회'가 열리는 가운데, 6월에는 서울에서 '제5차 아시아반공대회'가 열렸다.

시민종교의 성인, 성소, 의례

전쟁 이후 시민적 성인聖人들이 광범하게 창출되었다. 전쟁을 계기로 일제시대의 독립투사들과 임진왜란의 이순신이나 7의사와 같은 애국충군적 영웅들에서, 전쟁과 냉전시대의 순교자와 영웅들로의 전환이 이루어졌다. 무엇보다도 3년간의 전쟁은 수많은 민족적 영웅들을 양산해 냈는데, 살아 있는 그들은 각종 훈·포장을 통해, 죽은 그들은 동상이나 기념비, 기념탑 등을 통해 만들어지고 기억되었다. 1958년 1월 12일 현재 건국 후 훈장과 포장을 수여한 이들만 해도 19만 1,716명이나 된다.[50] 전쟁에 희생적으로 참여함으로써 일단 성화聖化된 이들은 다른 세속적인 이해관심이나 오염요인들로부터 격리되고 보호되어야 했다. 따라서 전쟁 도중과 전쟁이 끝난 후 이들을 보호하는 사회적 안전장치들, 그리고 이들의 명예로운 신분을 유지시켜 줄 여러 장치들 역시 동시에 발전되었다. 그 과정은 앞에서 제시한 바 있는 〈표 13〉[556쪽]에 개략적으로 제시되어 있다.

---

* 1957년 4월 조정환 외무장관이 국회에서 영국의 타협적인 대중국정책을 겨냥하여 "대영對英 일전불사한다"라는 발언으로 말썽을 빚은 것(동아일보사, 앞의 책, 82쪽 참조), 그리고 한국의 외교정책이 국제무대에서는 'UN감시하의 남북한총선거' 노선을 견지하면서도 대내적으로는 항상 '무력·북진통일'을 외쳤던 것도 같은 맥락에 위치하고 있다고 볼 수 있을 것이다.

전쟁 전에 거족적이고 국민적인 장례식을 통해 성화된 김구 역시 전쟁 이후 지속적으로 통일의 제단에 바쳐진 순교자요 희생 제물로 재평가되고 기념되었다. 김구의 죽음에는 미치지 못하지만, 1950년대에 사망한 몇몇 독립운동가와 야당 지도자들도 국민적인 관심 속으로 민족적 영웅으로 되살아나는 의례를 치렀다. 예컨대 1953년 4월 독립운동가이자 전前부통령인 이시영의 장례식, 1955년 2월 전부통령 김성수의 장례식, 1956년 5월 대통령유세 도중에 급서한 민주당 대통령후보 신익희의 장례식은 모두 '국민장'으로 행해졌다. 또한 1953년 4월 독립운동가 오세창의 장례식, 1956년 11월 독립운동가 이명룡의 장례식, 1957년 1월 독립운동가 지청천의 장례식은 모두 '사회장'으로 치러졌다.* 1950년대에 있었던 세 차례의 국가적인 장례식 가운데 신익희의 국민장이 가장 의미 있는 것이었다고 할 수 있다. 그는 저명한 독립운동가였을 뿐 아니라 대중의 관심을 집중시켰던 대통령선거 유세 도중에 숨진 정황 자체가 대단히 극적이었다. 더구나 '못살겠다 갈아보자'는 구호를 내걸고 한강 인도교 아래 백사장에서 수십만의 청중을 끌어들인 전대미문의 유세를 치렀던 날이 바로 호남선 열차에서 사망하기 이틀 전이었다. 그의 돌연한 죽음에 흥분한 군중이 경무대로 몰려가 700여 명이 체포되었고, 투표 당일에는 무려 185만 명이 죽은 그에게 '추모표'를 던졌고, 그의 죽음을 기리는 '비 내리는 호남선'이 대중 사이에 유행했다. 그의 장례식이 국민적 추모와 단합의 제전이 되었던 것은 당연한 일이었다. 신익희는 대중으로 하여금 권력에 대한 오랜 공포심에서 벗어나게 하여 선거과정을 국민적인 축제로 승화시켰고, '작은 권력교체'를 이루어냄으로써 정치사회가 시민사회와 다시 결합될 수 있는 계기를 마련했다.

---

* 위의 책, 74, 78, 80, 82쪽. 1960년의 대통령선거 유세 도중 사망한 조병옥의 죽음도 국민장으로 기려졌다. 또 1959년에 사망한 농학자 우장춘 박사도 사회장의 예우를 받았다.

충무공이나 안중근과 같은, 이전 시대에 이미 신성화된 반일 영웅들의 일부가 이 시기에도 지속적으로 강조되기도 했고,* 심지어 일부 외국인도 성인화의 대상이 되었다.** 국제무대에서 탁월한 성적을 올린 운동선수 역시 민족적 영웅의 반열에 올라섰다. 정부수립 후 올림픽대회와 아시안게임, 월드컵 등에 공식대표가 파견되기 시작하면서 스포츠무대에서의 선전이 국력의 과시로 간주되었고, 실제로 스포츠는 민족적 자부심을 드높이고 국민적 단합을 촉진하는 데 중요한 기여를 했다. 전쟁 후에 영웅화되고 성화된 대표적인 인물은 바로 초대 대통령으로 선출된 이승만이었다. 전쟁 이전에도 이승만 영웅화의 노력은 이미 시작되었지만,*** 전쟁 이후 그같은 노력은 보다 고도화된 상징정치의 경지를 보여준다. 예컨대 1955년 6월 남한산성에 이승만 대통령의 만수무강을 기원하는 '송수탑頌壽塔'이 건립되고, 1956년 3월에는 당시까지 민족의 성지 가운데 하나였던 탑동공원(탑골공원)에, 그리고 같은 해 8월에는 남산에 각각 이승만의 동상이 세워졌다.[51] 이승만의 기념조형물이 이민족 침입에 대한 항전의 성지에 세워진 것은 그에 대한 신비화의 의도를 더욱 분명히 해준다. 이승만의 동상이 세워진 남산에 그후 안중근의 동상이 추가로 세워진 것도 동일한 의도를 반영하는 것이라고 볼 수 있다. 또 1959년 2월에는 그의 청년기 활동상을

---

* 이 가운데 1951년 10월 1일 진해에 충무공 동상이 제막된 일, 그리고 1959년 5월 23일 남산에 안중근 동상이 제막된 일을 강조할 수 있을 것이다(동아일보사, 위의 책, 71, 87쪽 참조). 그러나 여기서 안중근 동상의 경우는 그 이전에 세워진 이승만의 동상에 후광을 제공하거나, 그와 결합하여 남산을 새로운 민족적 성소로 만들려는 의도의 산물이라고 해야 할 것이다.

** 그 대표적인 인물은 바로 맥아더였다. 인천상륙작전 기념일인 1957년 9월 15일에 맞춰 인천에 맥아더의 동상이 세워진 것이다. 또 그 이전인 1951년 2월에는 장로교 선교사이자 미군정시 하지의 고문으로 활동했던 원한경(H. H. Underwood)의 죽음이 사회장으로 기려졌다. 이 밖에도 1958년 1월까지 5,219명의 외국인들이 훈장 혹은 포장을 받았다. 동아일보사, 위의 책, 70, 83, 84쪽 참조.

*** 예컨대 1949년의 정부수립 1주년 기념일을 기해 그에게 무궁화대훈장과 건국일등공로훈장이 수여된 일, 또 같은 해에 서정주에 의해 그의 일생을 미화하는 전기가 출간된 일을 들 수 있다. 서정주, 『이승만 박사전』, 삼팔사, 1949 참조.

다룬 영화 〈독립협회와 청년 이승만〉이 만들어져 상영에 들어갔고, 같은 해 11월에는 남산에 이승만의 아호를 딴 '우남정雩南亭'이라는 정자가 새로 세워졌다.[52] 또 전쟁 이후 이승만의 80회 생일이 포함된 1955년을 맞아 이승만의 새로운 전기傳記가 출간되었는데, 특히 서정주가 쓴 1949년의 전기에서는 민족지도자 내지 독립운동가의 면모가 강조되었다면, 공보처장 갈홍기가 집필한 1955년의 전기에서는 그가 '성자聖者'로 추앙됨과 동시에,[53] 한국전쟁 이후 '세계의 중심 국가'로 발돋움한 한국의 정신적 중심이라는 점이 강조되고 있다.

> (세계적 차원의 멸공투쟁의─인용자) 선봉선구국先鋒先驅國인 우리 한국의 최선진最先陣에는 우리들의 선봉선구자先鋒先驅者로서 언제나 국부國父 이대통령 각하의 장엄한 모습을 울어러(우러러) 볼 수 있는 것이다……세계의 중심은 한국이오 한국의 중심은 이대통령이시다. 그러면 오늘날 세계의 모든 길이 우리 한국으로 뻐쳐(뻗쳐) 있는 것과 같이, 한족韓族 삼천만의 '삶'을 위한 모든 길은 똑바로 대통령 각하에게로 집중되어 있는 것이다. 우리들의 영도자 아니 민주진民主陣 전체의 선구자이신 각하는 어제도 오늘도 그리고 내일도 또한 조국의 통일독립, 세계인류의 자유평화를 바라보시면서 형극의 길을 걸어가신다. 각하께서는 조국이 곧 그의 가정이오 한족 그것이 각하의 혈육일 뿐이다.[54]

한편, 민족적 성소聖所의 경우 전쟁 이전에는 해방 후 유해가 이장된 윤봉길, 이봉창, 백정기, 이동녕 등과 건국 후의 김구 등이 모셔져 있는 효창공원이 최고의 성지였지만, 전쟁 발발 이후에는 부산의 '국군유골안치소'와 'UN군 묘지', 그리고 종전 이후에는 서울의 '국군 묘지'가 그 자리를 차지하게 된다. 서울 동작동에 위치한 국군묘지는 1954년 3·1절을 기해 시설공사에 착수했고, 같은 해 10월 말에 '무명용사탑無名勇士塔'과 '무명용사문無名勇士門'이 건립되었다. 무명용사탑의 뒷면에는 "조국의 안전과 인류의 평화와 민주자유를 수호하기 위하여 멸공전선에서 혁혁한 공훈을 세우고 귀중한 생명을 바친 국군장병 및 종군자의 전체를 대표하여 상중함"이라고 기록되어 있다. 1955년 7월에는 '봉안관奉安館', 1958년 6월에는 '분수대'가 건립되었다. 국군묘지의 영현 안장은 1956년 1월 16일 대표 무명용사 1위를 무명용사탑에 안장함으로써 시작되었다. 또한 1957년 4월 2일에는 최초의 유명有名 용사로서 육군장병 191위를 안장했다.[55] 일제시대에 신궁神宮이 위치해 있던 남산 역시 국가에 의해 새로운 민족적 성지로 가꾸어졌다. 이미 언급했듯이 1956년과 1959년에 각각 이승만과 안중근의 동상이 세워졌으며, 그후 이승만의 업적을 기린 '우남정'이 추가로 들어섰기 때문이다. 1957년에 맥아더의 동상이 세워진 인천의 '자유'공원 역시 여기에 포함시킬 수 있을 것이다. 제1공화국이 창출해낸 마지막 민족적 성소는 비무장지대에 위치한 '자유의 집'으로서, 1960년 1월 13일에 준공되었다.[56] 이 밖에도 전쟁 후 세워진 수많은 기념관, 기념탑, 기념비, 기념동상 등이 새로운 국가적 성소로 만들어졌다. 그리고 주요 전적지마다 전적비가 세워졌다. 이것들은 사회성원들이 공유하고 있는 역사적 기억의 영구적인 저장소이자, 과거의 사건이 상징적으로 변형되어 자랑스러운 역사로 화하는 성스러운 장소가 된다.* 한국전쟁의 영웅들과 관련된 기념조형물을 건립하는 과정은 5·16 이후에도 계속되어 1950년대 이후 1960년대 말까지 전국에 세워진 동상만 해도 150개가 넘는다고 한다.[57]

한편, 전쟁을 거치면서 시민종교의 각종 의례들이 만들어지고 기념일

---

* 1957년 6월 포항에 세워진 '전몰 학도 충혼탑'도 그 중 하나인데, 제막식이 있은 날 다음과 같은 박종화의 헌시獻詩가 바쳐졌다. "아아, 그대들 아내도 없고, / 아들도 없네, / 그대들 정기正氣는 / 우리 겨레 모두가, / 이어 받들리, / 삼천만 온 겨레가 / 가슴속에 고이 이어 받들리 / 그대들, 평안히 눈을 감으라, / 그대들의 의기義氣는 / 우리 겨레의 이름과 함께 / 천추만대千秋萬代에 / 태양같이 빛나리라." 중앙일보사 편, 『민족의 증언』 제2권, 중앙일보사, 1983, 316~318쪽.

들이 새로이 제정되었다. 특히 민족적 영웅을 기념하고 숭배하는 시민종교의 주요한 의례들이 형성되는 과정은 〈표 14-전쟁 영웅과 관련된 시민종교 의례의 형성과정〉[557쪽]에 개략적으로 제시되어 있다. 표에서 나타나는 대로, 1956년부터 6월 6일이 '현충일顯忠日'로 제정되어 그 이전에는 주로 군대 내부의 행사로 치러졌던 3군합동 위령제가 전 국민적 행사로 격상되었다. 이 밖에도 같은 해부터 매년 10월 1일이 '국군의 날'로 제정되었고, 역시 1956년부터는 신의주학생의거사건 기념일인 11월 23일을 '반공학생의 날'로 정했다. 또 그 이전인 1952년 무렵부터는 벌써 6월 25일에 '6·25기념식'이 행해지고 있음을 확인할 수 있다.58) 전쟁 당시 적군에 함락된 수도 서울을 탈환한 날을 기념하는 '9·28 수복일'이 또 하나의 전쟁 기념일로 추가되었고, 1959년에는 9·28수복기념 '제1회 국제마라톤대회'가 개최되기도 했다.59) 이로써 3·1절(3.1)→현충일(6.6)→전쟁발발 기념일(6.25)→제헌절(7.17)→광복절(8.15)→서울수복기념일(9.28)→국군의 날(10.1)→개천절(10.3)→반공학생의 날(11.3)로 이어지는, 1년을 단위로 주기적으로 반복되는 '국가력國家曆'과 안정된 국가적 의례체계가 완성되기에 이른다. 이 국가력은 자연의 순환주기나 산업적 리듬보다, 전쟁의 주요 계기들을 주기적으로 재연하고 기념하는 특성을 강하게 보여준다. 이는 물론 집단적·역사적 기억의 주기적인 재생과 경축을 통해 민족공동체 의식을 증진시키고, 나아가 국가 자체의 성화聖化를 안정적으로 도모할 수 있는 사회문화적 토대가 된다. 또한 1년 단위로 순환되는 국가적 축제의 주기는 더 큰 주기의 일부를 이루면서 반복된다. 예컨대 1950년대의 경우에는 해방 10주년(1955년), 건국 10주년(1958년), 3·1운동 40주년(1959년) 등을 맞아 국가 자체의 성화를 위한 국민적 축제가 국가주도하에 대대적으로 치러졌던 것이다.

4. 한국적 근대의 형성

도시에서 전통의 근대적 변용

근자에 몇몇 연구자들은 우리 사회에서 전쟁으로 인한 전통의 위기, 그리고 나중의 산업화의 영향에도 불구하고 가족주의가 성공적으로 살아남았을 뿐만 아니라, 오히려 그것이 급격한 근대적 사회변동의 와중에서 생존과 적응을 위한 효과적인 수단으로 기능했다는 점을 강조했다. 예컨대 서두에서 인용한 바 있듯이, 박영신은 가족중심적 집단이기주의를 낳는 '가족주의적 가치지향'을, 김동춘은 전통적인 유교적 가족주의와 대비되고 공공윤리가 결여된 '신가족주의' 혹은 '현대판 가족주의'가 1950년대에 일반화되어 '한국적 근대'가 본격적으로 시작되었음을 강조한 바 있다. 1950년대의 한국사회에서 '전통적인 근대성(traditional modernity)'이 형성되고 정착하는 과정과 관련하여, 나는 전쟁기와 전후의 도시에서 두드러진 '확대된 가족주의'와 '축소된 가족주의'의 병행적 발전, 그리고 양자의 공통점과 차이에 주목해야 한다고 생각한다.

먼저 '축소된 가족주의'는 전통적인 직계가족이 해체된 '핵가족 형태'에서 주로 발견된다. 정확한 추이를 파악하기는 곤란하지만 전쟁은 기존의 소가족화 추세를 가속시킨 것으로 보인다.* 이런 핵가족 형태는 도시에서 보다 전형적으로 발견되었다. 1955년 센서스 결과에 따르면 〈표 15-가족형태의 지역별, 직업별 분포(1955)〉[557쪽]에서 보듯이, 1~2세대로만 구성된 소가족 형태는 도시와 농촌 모두에서 일반적인 현상이지만, 도시에서 소가족이 차지하는 비율은 평균 81.9%(서울 84.7%, 부산 85.7%, 대구 82.8%)에 이르는 반면 농촌의 경우에는 69.4%에 머물러 큰 차이를 보인다.

---

* 1930년부터 1955년 사이에 11인 이상 대가족은 전체의 32.7%에서 1.1%로 감소한 반면, 10인 이하의 소가족은 67.3%에서 98.9%로 증가했다. 최재석, 『한국가족연구』, 민중서관, 1966, 210쪽.

가족형태를 직업별로 살펴볼 경우 이런 차이는 더욱 뚜렷하게 나타나는데, 1~2대의 소가족이 차지하는 비율은 도시적 직업인 공무公務서비스업 및 상공교통업商工交通業 종사자의 경우 각각 80.2%와 86.0%로 나타나지만, 농림수산업 종사자의 경우 66.2%에 그치고 있다. 가족 규모로 보더라도 가족 수가 5인 이하인 가족의 비율은 농촌이 전체의 57.8%를 차지하는 데 비해, 도시(전체)는 64.4%, 서울은 67.3%로 나타나고 있다.*

도시에서 '축소된 가족주의'가 일반화된 것은 좌우익투쟁과 전쟁의 과정에서 친족들 사이에서도 불신이 퍼지고, 만연한 빈곤으로 인해 장남의 가족도 다른 가족원들을 경제적으로 돌보기 어려워진 처지에서 발생했다고 볼 수 있다. 작가 박경리가 1957년에 소설 제목으로 재치 있게 요약했듯이, 전후의 세태는 바로 '불신시대' 그 자체였다.** 당시 서민들에게 현실의 이 같은 외로움과 무력감은 곧바로 미래에 대한 불안 심리로 이어졌다. 전쟁으로 인한 불안과 혼란, 공포 외에도 가뭄과 홍수(1954, 1956, 1957년), 태풍(1952, 1957, 1959년) 등 전쟁 후 거의 매년 계속된 대규모 자연재해, 그리고 전염성의 만연 등은 불안 심리를 사회 전체로 확산시켰다. 〈표 16-1955~1960년 사이의 '미신업자'의 분포〉(보건사회부 발표)[557쪽]에서 보듯이, 국가의 다양한 통제 시도에도 불구하고 전쟁 이후에 점술업占術業이 갈수록 성행하고, 천년왕국적인 유토피아를 꿈꾸는 종말론 운동이 번창했던*** 사정은 바로 이런 현실을 반영한 것이었다. 축소된 가족은 한마

---

* 위의 책, 209쪽.

** 자식을 죽음으로 몰고 가는 의사의 무관심, 종교를 파는 승려들, 치료약의 함량을 속이는 병원, 도처에 득실거리는 사기꾼들 등 세계의 폭력성과 기만성에 의해 정신과 육체가 망가진 당대인들의 외로움과 무력감이 이 소설을 통해 설득력 있는 표현을 얻고 있다. 정호웅, 「50년대 소설론」, 문학사와비평연구회 편, 『1950년대 문학연구』, 예하, 1991, 57쪽.

*** 한국전쟁 기간과 그 직후에 개신교 계통의 다양한 신종교운동들이 대두했다. 1945년부터 개시된 다음 한국전쟁 후부터 본격적으로 형성된 나운몽의 용문산기도원(애향숙)을 비롯하여, 신동수의 신권도학神權道學연구소(1951년), 이경수의 계룡산 정심원精心院(1953년), 현광수의 천마산기도원(1953년), 문선명의 통일교(1954년), 노광공의 동방교東邦敎(1954년), 박태선의 전도관(1955년), 김월성의 예수님 개혁 그

디로 무한 생존경쟁에 내몰린 소규모의 가족으로서, 주요 기능은 강렬한 정서적 위로와 지지, 긴장의 이완이었으며, 가부장권을 중심으로 단단히 뭉쳐 있는 양상을 보였다.

1950년대에 축소된 가족주의가 드러낸 가장 중요한 특징은 과도한 교육열이었다. 고등교육을 통한 출세와 사회적 희소가치들에 접근하려는 열망이야말로 축소된 가족주의를 전후의 한국사회에 뿌리내리게 한 원동력이었다. 의무교육제도의 본격화에 따라 초등학교 졸업생이 급증하고 중고등학교와 대학교의 서열화가 뚜렷해지고 사회 전반의 교육 열기를 시설과 교원이 따라가지 못하면서, 입시경쟁이 과열되는 것은 자연스러운 현상이었다. 당시 경쟁의 초점은 병목현상이 빚어진 중학교의 입시였는데, 명문 중학교로 진학하기 위해 모든 초등학교 학생들은 '입시지옥'에 시달려야 했다. 일류로 분류되는 서울시내 중심부의 초등학교에 들어가기 위한 '위장전입'과 함께, 초등 및 중고등 학생들의 '과외'가 심각한 사회 문제로 떠오를 지경이 되었다.* 과열된 입시경쟁은 부모들의 자녀교육 열기와 자연스럽게 결합하여, 도시 중산층 주부에게는 드센 '치맛바람'을, 농민에게는 '우골탑牛骨塔'을, 도시 서민에게는 '북청 물장수의 신화'를 낳기 시작했다. 특히 전쟁 중에 대학생에게 입영연기 등 각종 혜택이 주어졌기 때문에 자

리스도의 교회(1955년), 박연용의 그리스도 구원선救援船 신생원新生院(1956년) 등이 한국전쟁 도중 혹은 그 직후에 발생했다. 특히 전쟁 직후에 생겨나거나 활동을 본격화한 이스라엘수도원, 통일교, 전도관은 강한 종말론적 신비주의를 대중에게 제시했으며, 나운몽과 박태선은 전국적으로 활동하면서 큰 대중적 호소력을 발휘했다. 탁명환, 『한국의 신흥종교: 기독교편』, 전4권, 국제종교문제연구소, 1990~1992; 노길명, 『한국의 신흥종교』, 가톨릭신문사, 1988; 노치준, 「한국전쟁이 한국종교에 미친 영향: 한국의 개신교회를 중심으로」, 한국사회학회 편, 『한국전쟁과 한국사회변동』, 풀빛, 1992, 247~255쪽; 김홍수, 앞의 글, 98~104쪽 참조.

* 오유석, 「서울의 과잉도시화과정: 성격과 특징」, 역사문제연구소 편, 『1950년대 남북한의 선택과 굴절』, 역사비평사, 1998, 298~299쪽; 교육50년사 편찬위원회, 앞의 책, 233~238, 257~260쪽 참조. 중학교 입시를 어렵게 통과한 학생일수록 상급학교로 진학하려는 경향이 강했다. 예컨대 서울시내 6개 중학교(경기, 경복, 휘문, 서울, 중동, 중앙)의 1949년도 졸업생 927명 가운데 상급학교 지원자가 890명으로 전체의 97%에 달했다. 『자유신문』, 1949년 6월 21일.

식의 생명을 보존하기 위해서라도 부모들은 필사적으로 우골탑을 쌓아올렸고, 어머니의 행상으로 명문대학을 나오고 자수성가한 아들이 새로운 영웅으로 등장했다. 사실상 '맨몸으로' 월남하여 '삼팔따라지'라는 차별과 설움에도 불구하고 오로지 자식의 성공을 위해 미천한 일도 마다하지 않았던 북한출신 가정을 필두로 하여, 이 시대의 가난한 부모들은 무서울 정도로 근면과 절약의 삶을 살았다. 그리고 근면과 절약의 경제적 성과는 고스란히 자식의 더 나은 교육과 상급학교 진학을 위해 '투자'되었다. 부모들의 헌신적인 희생의 바탕에 '우리' 가족의 성공을 위한 강한 경쟁심리가 작용하고 있었음은 물론이다. 도시 소가족 부모들의 삶을 지배했던 근면과 절약, 육체의 능력을 넘어설 정도의 과도한 노동 강도, 막노동과 행상을 가리지 않을 정도로 출신신분을 고려하지 않는 직업선택, 자식을 위한 경제적 이득의 재투자, 다른 가족과의 무한경쟁 심리 등은 당시 도시의 삶을 '자본주의적인 정신'이 지배하고 있었음을 잘 보여주며, 결국 그것은 도시의 '축소된 가족주의'로부터 거대한 에너지를 공급받고 있었다고 할 수 있다.

도시의 소가족들이 주도했던 교육열과 관련하여, 1954년부터 '삼성물산'에서 채택하기 시작하여 급속하게 일반화된 대기업의 '공개채용(공채)제도'가 갖는 중요성을 강조해야 한다. 삼성의 공채 이후 화학공업의 선두주자 중 하나였던 '락희樂喜화학'이 1957년 4월 처음으로 대졸사원 7명을 공채했고, 같은 계열로 1958년 10월 설립된 금성사가 같은 해 12월 고졸 및 대졸 신입사원을 공채한 것을 비롯하여, 경성방직도 1950년대 후반부터 공채를 실시하는 등 공채제도는 1950년대 후반부터 당시 대기업들 사이에 빠른 속도로 일반화되어갔다.[60] 당시 민간부문에서는 은행과 극히 일부의 대기업만이 공채를 실시했기 때문에 취업문은 엄청나게 좁았고, 이 때문에 당시 대학 4학년생들은 취업공부에만 총력을 기울이던 실정이었다. 삼성은 1954년에 삼성물산에서 처음으로 대졸사원 4명을 공채한 것을 비롯하여 1956년에는 제일제당과 제일모직에서 대졸사원과 기능공을 공채했고, 1957년에는 국내 최초로 그룹 차원에서 대졸사원 공채를 실시했다. 삼성그룹의 시험은 1차 필기시험과 2차 면접으로 진행되었는데, 무려 2천 명이나 응시한 1차 필기시험은 영어, 논문, 상식 세 과목으로 구성되었으며, 최종합격자 27명의 출신학교별 구성은 서울대 24명, 연세대 2명, 고려대 1명이었다.[61] 대기업의 공채제도 도입은 이미 1950년 1월부터 시행되기 시작한 고등고시제도*와 결합하여 '초등학교(―중학교―고등학교―대학교)―군대―취업'으로 이루어지는, 개인적인 성공과 출세 그리고 가족의 명예를 목표로 하는 근대적인 욕망의 체계를 비로소 완성시켰다고 할 수 있다. 대기업의 공채제도는 영어의 중요도 제고, 대학의 서열화 촉진이라는 부수적인 효과 또한 낳았다고 할 수 있는데, 이 역시 일차적으로 입시 과열을 부추기고 이것이 다시 가족주의의 위력을 증가시키는 맥락 속에 위치해 있었다고 볼 수 있다. 또 대기업체 입사를 위한 대학생들의 치열한 경쟁, 그리고 명문대학과 명문기업의 단단한 연계가 형성되는 상황을 보면서, 우리는 당시의 젊은이들과 그 가족들 사이에서 직업관의 큰 변화가 진행되고 있었음을 새삼 확인할 수 있다.**

이처럼 강한 정서적 결속, 가부장권, 고등교육과 출세에 대한 열망을 특징으로 하는 '축소된 가족주의'와 마찬가지로, 도시를 중심으로 형성되고 확산된 '근대적으로 변형된 전통적 조직들'의 중요성을 강조할 필요가

---

* 1950년 1월 16일 제1회 고등고시가 실시되었는데, 행정고시에 531명, 사법고시에 634명이 응시했다. 동아일보사, 앞의 책, 68쪽.
** 한 예로 서울대학교 사회학과가 1953년에 실시한 조사에 따르면, 젊은이들이 선호하는 직업은 대학교수, 의사, 법조인, 정치가, 엔지니어, 고급장교, 고급관리, 고급사원, 목사·신부, 자작농의 순서로 10위권을 형성하고 있다. 여기서 의사, 엔지니어와 고급장교, 고급사원 등 전통적인 신분질서에서는 중간 이하의 서열에 위치해 있던 직업들의 부상이 주목되는데, 특히 서울에서는 엔지니어가 3위, 공원工員이 9위를 차지하고 있다. 김운태, 앞의 책, 416쪽.

있다. 이는 '확대된 가족주의' 혹은 '연고주의'라고 부를 수 있을 것인데, 종친회와 향우회, 동창회로 대표된다. 이 조직들의 경우 '축소된 가족'에 비해 정서적 위로와 지지의 기능은 크게 약화된 대신, 탈정치화·탈계급화의 상황에서 권력, 화폐, 취직, 승진, 직위 등의 희소자원에 접근하고 도달하기 위한 이익단체의 기능을 주로 수행한 것이 특징이었다. 이 조직들은 급격한 사회문화적 변동의 과정에 처한 사회성원들의 심리적 적응을 어느 정도 도와주면서도, 그보다 더욱 중요하게 정당과 노조 등이 제 기능을 하지 못하는 상황, 시민사회 이익집단들의 이익대표 기능이 미작동하는 상황에서 시민사회의 요구들을 수렴하고 관철시키는 통로의 역할을 했다고 할 수 있다. 이 조직들은 말하자면 '게마인샤프트의 외양을 지닌 게젤샤프트'였다고 볼 수 있고, "빽, 사바사바, 국물, 와이로"가 유행어이던 시절에 이른바 '빽'의 기능을 수행했던 것이다. 최재석은 문중門中 혹은 종중宗中 그리고 종친회宗親會를 다음과 같이 구별하고 있는데, 이것은 현재의 논의 맥락에 매우 적절하다.(〈표 17-문중과 종친회의 특성 비교〉〔558쪽〕 참조.) 1950년대의 농촌이 여전히 전통적인 문중(종중)의 조직원리에서 벗어나지 못했다면, 당시의 도시에서는 근대적인 희소자원에 대한 접근과 획득을 목적으로 하는 종친회가 지배적인 조직원리로 굳건하게 자리 잡아 가고 있었던 것으로 보이기 때문이다.

또한 최재석은 "일국의 수도인 서울의 도처에 무수히 게재되어 있는 ○씨 종중회宗中會, 문중회門中會, 종친회라는 간판이라든가 신문광고에 개재되는 화수회花樹會, 친목회, 돈목회敦睦會, 간친회懇親會 등의 개최라든가 또는 동이나 친족 결합으로 운영되는 회사와 학교 등의 존재"에 주목하면서 흥미로운 통계치를 제시하고 있다.[62] 〈표 18-『동아일보』에 실린 각종 단체들의 개최광고 회수〉〔558쪽〕는 전쟁 직후인 1953~1955년경부터 혈연, 지연, 학연으로 구성된 조직들이 급속히 활성화되고 있음을 잘 보여주고 있다. 종친회와 향우회, 동창회가 우리 역사에 등장한 것이 이때가 처음은 아니지만, '근대적인 이익집단'의 성격을 보다 명확히 부여받으면서 급속하게 일반화된 역사적 계기로서 1950년대는 매우 중요한 시기였던 것으로 보인다. 그리고 이 '시민적인' 조직들은 21세기로 넘어가는 오늘날에도 네온 간판이나 전광판처럼 화려한 모습은 아니지만, 세로쓰기로 된 나무간판을 달고 도시 곳곳에 포진해 있다.

가족주의적 가치관의 지배는 근대성의 동력 중 하나인 자본주의적 기업들에서도 결코 예외가 아니었다. 1950년대는 1960년대 이후의 급속한 산업화를 주도한 '재벌형 대기업들'이 형성되는 시기였다. 그러나 이 시기에 집중적으로 진행된 근대적 대기업의 형성 자체가 기술적 혁신보다는 귀속업체 불하나 원조물자·차관의 배분 과정에서 연고주의에 의해 매개되었고, 기업의 성장 또한 연고주의 없이는 설명할 수 없는 대목이 많았다.[63] 또 1960년대에 이루어진 사회의식에 관한 몇 가지 조사연구들을 보더라도 기업가의 가치의식은 대학생이나 교수, 언론인 등 지식층에 비해 훨씬 더 연고주의적·가족주의적 가치관으로 기울어져 있음을 보여주고 있다. 기업인은 의식면에서 여전히 대가족제도에 매어 있으며, 사람을 고용할 때도 능력보다는 고향사람을 우선 채용하고, 능력이 있는 사람보다는 겸손하고 직장을 지킬 사람을 쓰고자 한다.[64]

실제적인 채용관행 역시 이와 다르지 않는데, 1957년 초 삼성이 그룹 차원에서 최초의 공개채용 심사를 할 때까지도 업계에서는 대부분 학연, 지연, 혈연에 따른 연고채용 관행이 지배적이었다. 이 당시 공채제도를 도입한 곳은 은행이 유일했지만, 그나마 연고가 없으면 시험을 칠 엄두도 내지 못했다고 한다.* 당시 대부분의 기업들은 인화人和, 협동, 조화 등의

---

* 삼성비서실, 앞의 책, 149~150쪽: 삼성회장비서실 편, 『삼성 60년사』, 삼성문화인쇄주식회사, 1998, 60~ 61쪽: 삼성회장비서실 편, 『삼성 60년사 사진편』, 삼성문화인쇄주식회사, 1998, 29쪽. 삼성의 첫 번째 공

유교적 가치들을 강조하는 이른바 '사훈社訓'을 제정하여 종업원들로 하여금 기업조직을 마치 '확대된 가족공동체'처럼 여기도록 유도했고, 지방 출신자들을 위한 기숙사는 바로 그 같은 기업문화를 체득하는 가장 중요한 장이었다고 할 수 있다. 대표적인 가족기업인 럭키는 말할 것도 없고 대부분의 기업들이 '가족경영'의 관행을 수용했고, 기업의 보호와 성장을 위해 정계와 관계의 유력인사 집안과 복잡다단한 '혼맥婚脈'을 형성해 나갔다.[65] 이 시기의 기업가에게 있어 근대적인 기업정신은 때로 전통적인 종교신앙과도 무리 없이 결합되었다. 동양그룹의 창업주인 이양구는 1956년에 당시 가장 근대적인 산업부문에 속했던 대단위의 시멘트 생산공장을 세우고 나서, 1959년 4월에는 사업의 번영을 기원하는 뜻에서 공장 부근에 '육경단六慶壇'을 건립하고 거기에 '개기철권문開基鐵拳文'이라는 제문祭文을 새겨 놓았다. 원문의 내용을 풀면 다음과 같다.

> 대한민국 단기 4292년 기해己亥 2월 초 2일에……제주祭主 이양구는 이제 정부의 허가를 받아 삼가 양회제조공장을 설치하게 되었습니다……점을 쳐보며 신神에게 물어 보아도 다 좋다 합니다. 삼가 무양선사武洋僊師에게 의뢰하여 금, 은 등 재물과 돈 99,999환과 각색의 예물을 놓고 정성을 다하여 개황후토원군開皇后土元君에게 공경을 올리며 본산을 매입하여 동으로 청룡靑龍, 서로 백호白虎, 남으로 주작朱雀, 북으로 현무玄武, 위로는 하늘, 아래로는 땅 밑에까지 이르렀습니다. 사방에는 포진包陳의 신이 사방의 경계선을 분장할 것입니다. 여기에 사업공장을 차리고 경계를 잡아 인수하오니, 도로를 관장하는 장군을 엄숙히 보호하며 역부 수천 명이 부상을 당하는 일이 없게 하시고 산에서 사는 요귀나 들판의 도깨비들을 모두 쫓아 버리시고 천재지변, 수화도적水火盜賊은 사방 멀

채 때 면접에 참여한 이병철 회장은 주로 성장배경과 가족관계를 물었는가 하면, 공채 1기생 27명은 1개월간의 연수기간 동안 군복과도 비슷한 제복을 입고 집단주의적 기업문화를 익히도록 훈련받았다.

리로 쫓아 버리시고 재운이 대통하게 하여 주옵소서. 만일 도둑이 나타나거든 장군이 풍백風伯에게 명령하여 쫓아 버리시고 수재가 나거든 장군이 하백河伯에게 명하여 제거해 주십시오. 유사有司 금산수山이 이제 짐승을 잡고 술을 차려놓고 함께 명제冥祭를 올리어 땅 속에까지 알립니다……산과 물로 힘을 모아주시고 천지의 신도 도와주시어 영구히 행운을 주시옵소서. 만일 이 맹약을 어긴다면 땅 속을 주관하는 관리가 앙화殃禍를 받을 것이며, 잘되지 않을 때에는 나는 태상황제太上皇帝에게 고할 것이다.[66]

아울러 가족주의는 국가에 의해 조장된 측면이 있다는 점도 강조되어야 할 것이다. 국가는 전통적 가치의 핵인 가족주의를 해체시키기는커녕 그것을 조장하고 합법화했으며, 나아가 가족주의적 가치들은 국가에 의해 적극적으로 활용되고 동원되었다고 할 수 있다. 한국전쟁 이후 북한에서 김일성이 '어버이'로 불렸던 것처럼 이승만은 자주 '국부國父'로 불렸으며, 실제로 이승만은 정당이나 의회, 언론, 심지어 내각마저 무시하고 '왕처럼 군림하는' 통치스타일을 고수했다.[67] 이승만은 또 1954년 10월에는 삼강오륜三綱五倫을 지켜 유교를 발전시켜야 한다는 담화를 발표했으며,[68] 1957년 3월에는 대통령 자신이 양자養子를 입적함으로써 가계家系의 계승에 집착하는 한국인들의 가부장적 의식에 상징적인 정당성을 부여해 주었다. 이승만의 강한 유교적 성향은 1950년대 말에 그가 유도회儒道會 총재로 추대되는 상황으로까지 이어졌다.[69]

가족주의를 승인하고 조장한 것은 대통령만이 아니었음을 우리는 당시의 법률체계와 교과서 등을 통해 확인할 수 있다. 새 국가가 헌법을 제외한 자신만의 형법 및 민법체계를 갖춘 것은 전쟁 이후였다. 신新형법은 1953년 9월에 이르러 공포되었고, 신新민법은 1954년 10월 정부에 의해 제안되어 1958년 2월에야 비로소 공포되었다. 신형법은 공포 직후부터 시행되었지만, 신민법은 진통 끝에 1960년 1월부터 시행에 들어갈 수 있었다.[70] 따라서 새로운 법이 시행되기 전에는 가부장적인 가족제도가 구법舊法에 의해 고스란히 보호되고 있었던 것이다. 국가는 신형법을 통해 가부장권을 다소 약화시키고 근대적인 정신을 침투시켰지만,* 신민법을 통해 가족주의적 가치들에 대해 법률적인 합법화의 길을 열어 놓았다. 신민법의 '친족親族편'과 '상속相續편'에서 다루어진 가족제도의 기본 원리는 가부장제와 전통적인 친족제도에 바탕하고 있었다. 호주권戸主權과 가부장의 친권親權, 부권夫權, 가家의 유지 및 계승을 위한 친족親族 혹은 동족同族의 개입 권한을 대부분 인정하여, '개인'에 대한 '집家'의 우위와 함께 여성 및 자녀의 종속성을 법률적으로 승인했던 것이다. 국가는 '호주제도'와 함께 동성동본同姓同本인 남계男系 혈통자에 의한 '호주상속제도'를 유지함으로써 가부장권을 합법화했다. 아울러 '제사상속제도'는 법률제도에서 따로 다루지 않는 방식으로 기존 관행을 승인했다. 또한 친족을 폭넓게 남계 중심으로 규정했는데, 부계친父系親은 8촌까지, 모계친母系親은 4촌까지, 부계夫系는 남편의 8촌까지의 부계친父系親과 4촌까지의 모계친母系親으로, 처계妻系는 처의 부모까지를 친족의 범위 안에 포함시켰다. 또 친족회親族會에 가계家系의 유지와 관련된 방대한 권한을 부여했다. 또 신민법은 혼인시 부모의 동의를 생략하고 여성의 이혼청구권을 인정하여 일견 결혼관계에서 남녀의 동등권을 보장한 듯 보이나, 가부장제의 유제인 동성동본同姓同本간 혼인불허 조항을 견지했다.[71]

국가는 교과서를 통해서도 가부장제를 지지했다. 1950년대의 교과서들은 민주주의와 근대화의 관점에서 남녀평등사상의 불충분함, 처자식의 남

---

* 1948년 제정된 헌법에서는 결혼과 이혼, 재혼에서 남녀의 동등권을 보장하고, 자녀들의 권리도 보장했다. 신형법에서는 남녀동등권과 일부일처제의 정신에 바탕하여 첩제妾制를 폐지하고 간통쌍벌죄姦通雙罰罪를 도입하여 여성에게만 요구되던 정절을 남성에게도 요구했다.

편 및 부친에의 예속, 친족에의 의뢰심, 혼상제婚喪祭의 번잡함 등 전통적인 가족제도의 문제점들을 지적하면서도, 이와 동시에 조상 숭배, 가장 우대, 효도, 어른 봉양奉養과 존경, 남편에 대한 부도婦道, 형제 우애, 친족의 상부相扶와 화목, 전통적인 가족제도의 핵심적 요소들을 미풍美風 내지 미덕美德으로 간주하는 절충적인 혹은 모순된 태도를 취했다. 나아가 당시 교과서들은 민주적이고 근대적인 가족 원리가 전통적인 가족 원리의 장점들과 원만하게 조화될 수 있다는 태도를 취했다.*

또한 앞에서 지적한 바 있는 국가의 기념일·공휴일 체계도 자세히 살펴보면 상이한 성격을 갖는 크게 두 가지의 요소로 구성되어 있음을 알 수 있다. 그 하나는 국가 자체가 존경과 숭배의 대상이 되는 기념일들이고, 다른 하나는 가족주의적 가치를 강화하는 휴일들이다. 후자에 속하는 대표적인 국가적 휴일들이 바로 '구정舊正'과 '추석秋夕'이었다. 1950년대 후반으로 갈수록 이촌향도離村向都의 움직임이 가속화됨에 따라 구정과 추석 휴일을 맞아 민족적인 대이동이 시작되기에 이르는데, 국가는 이 같은 가족적 유대의 주기적인 확인을 법적으로 뒷받침해 준 것이다. 마지막으로, 국가가 봉건적인 관료집단처럼 피통치자들의 '윤리적 교사'로 처신하려는 행동들을 통해 가족주의적 원리를 바탕으로 국가 전체를 통합하려는 시도를 읽을 수 있다. 우리는 건국 직후부터 전개된 '신생활운동', 전쟁 중의 '전시생활개선법', 전후의 '경범죄처벌법' 등에서 그 같은 국가의 행동방식을 발견하게 된다.** 정교분리를 명시한 헌법에도 불구하고 윤리문제를 다

---

* 위의 책, 261~313쪽. 여기서 최재석은 주로 1954년부터 1960년까지의 도의, 도덕, 사회생활, 공민, 공동생활, 문화의 창조, 문화의 향상 등과 관련된 25종의 교과서를 분석대상으로 했다.
** 1951년 10월 국회에서 통과된 전시생활개선법안은 특수요정을 폐쇄하고, 오후 5시 이전에는 술 판매를 금지하는 내용을 담고 있다. 또 1954년 5월에는 서울에서 보신탕 판매 금지조치가 내려지는가 하면, 1958년 8월에는 문교부에 의해 승용차 통학을 금지하는 조치가 취해지기도 한다. 김운태, 앞의 책, 379쪽; 동아일보사, 앞의 책, 71, 76, 84쪽 참조.

루는 대표적인 시민적 조직들인 종교의 영역에 빈번하고도 강력하게 개입해 들어갔던 것이야말로 윤리적 교사로 자처하는 국가의 면모를 가장 잘 보여준다. 이승만은 불교계가 '왜색승倭色僧'(대처승을 가리킴)에 의해 지배되고 있다는 명분 아래 1954년부터 여러 차례 이른바 '정화유시淨化諭示'를 발표하여 극소수인 비구승들을 중심으로 종단의 권력구조를 일거에 뒤바꾸는가 하면, 1956년부터는 자유당을 내세워 유도회의 권력구조 변화를 꾀하고, 1949년 이후 무속 등의 민간신앙을 '미신'으로 간주하여 조사와 단속, 금지조치들을 여러 차례 내렸다.[72]

도시의 근대화와 대중문화의 발전

앞서 말했듯이 한국전쟁의 과정에서 '전통의 위기'라고 부를 만한 현상이 초래되었다. 그러나 여기서 강조해야 할 사실은 이런 '전통의 위기'에 직면하여, 도시와 농촌의 선택이 크게 달랐다는 점이다. 아울러 강조해야 할 점은 도시에서 축소된 가족주의와 가부장적 소가족제도가 정착되는 과정이 근대적 자원의 도시집중 및 집적, '독특하게 근대적인' 도시문화의 형성과정과 동시적으로 또한 별다른 마찰 없이 진행되었다는 사실이다. 이 같은 맥락에서 우리는 도시들의 조숙한 성장, 그리고 철저하게 박탈된 농촌과의 단절 상태에서, 농촌과는 매우 이질적인 도시문화의 형성 과정이 갖는 중요성에 주목할 필요가 있다. 1950년대의 도시들에서 가부장적인 가족문화와 여성의 서구화 내지 자유화 바람은 대체로 무난하게 동거하고 있었고, 양자 사이에는 때때로 불편한 충돌이 빚어지기도 했지만, 그런 충돌로 인한 소란스러움 역시 도시문화의 한 특징으로 자리 잡고 있었다.

1950년대의 도시, 특히 서울에는 근대화에 기여할 인적 자원과 부, 권력의 기형적인 집중이 두드러졌다. 정치권력과 경제적 자원의 집중은 말할 것도 없고, 다른 사회문화적 자원들의 도시 집중이 두드러졌다. 가장 중요한 점은 지식인들의 도시 집결과 농촌의 지식인 공동화空洞化 현상이었다. 1952년 말 현재 전국에는 판사, 검사, 변호사, 군법무관 등 법률 전문인력이 모두 858명이 있었지만, 이 가운데 서울에만 440명(51.3%)이 몰려 있는 등 이들 모두가 6대 도시에서 활동하고 있었다.[73] 전쟁은 의료 수요를 급증시킬 수밖에 없는데, 의사와 약사, 병원의 도시 집중도 현저했다. 1954년 말 현재 읍·면 인구는 전체의 79.3%나 되지만, 읍·면 전체의 52.6%에는 의사가 전혀 없었다.[74] 반면에 〈표 19-의료전문인의 지역적 분포〉[558쪽]에서 보듯이, 의료 전문인력은 도시에 집중되어 있었다. 이보다 2년 앞선 1952년 말 현재에도 양상은 거의 비슷한데, 의사의 43.9%, 치과의사의 29.4%, 약사의 65.9%, 간호원의 20.5%가 서울에 몰려 있었다.[75]

중등 및 고등교육 기관들을 비롯하여 교육의 기회도 도시에 집중되어 있었다. 예컨대 1955년 당시 전국 85개의 초급대학 이상 대학교육기관 중 29개가 서울에 소재해 있었고, 전국적으로 9만 명 수준의 대학생 중 50%에 해당하는 42,666명이 서울에 집중해 있었다. 반면 서울의 문맹자 비율은 1958년 1월 현재 전체 시민의 0.73%에 불과했다. 또한 1960년 현재 도시주민의 평균 수학연한은 5.2년인 데 비해, 농촌주민은 1.9년에 그치고 있다.[76] 이런 차이는 교육의 혜택을 받은 이들의 도시 이주만이 아니라, 도시에 교육기회가 집중되어 있음을 반영하는 것이기도 하다. 전기와 수도의 혜택도 대체로 도시인들의 특권이었다. 상당수의 농촌마을에 아직 전기가 들어가지 못한 상태였는데도 1950년대 말부터 서울 등의 도시에 철야송전이 시작되었다. 신문과 방송도 대부분 도시민에 의해 향유되었는데, 특히 1950년대 후반에 등장한 TV는 전적으로 도시만의 현상이었다. 1950년대에는 도시를 중심으로 교육의 대중화와 함께 라디오방송과 신문의 대중적 영향력이 크게 증가함으로써, 이런 사회적 기제들을 통해 반공주의와 근대화 열망이 더욱 빠르고 광범위하게 전파될 수 있었다.

신문보급률은 1950년대에 연평균 18.1%의 매우 높은 성장 속도를 유지했지만, 도시와 농촌간의 지역별 편차 또한 매우 컸다.* 보급률의 성장과 함께 1955년경부터 신문이 오늘날의 크기로 1일 4면씩 발행되고, 1956년부터는 『조선일보』 등 일부 중앙일간지들이 조석간제朝夕刊制를 실시하는 등 신문이 제공하는 정보의 양과 속도가 급증함으로써 신문의 영향력 역시 크게 증가했다. 당시의 신문은 정치세력과의 연계가 강했기 때문에 신문에 따라 정치적 성향이 뚜렷하게 구분되었던 것이 특징인데, 1955년의 경우를 예로 들면, 당시에 '야당지'로 분류되는 『경향신문』 10만 부와 『동아일보』 17만 부를 비롯해서, '중립 비판지'로 구분되는 『조선일보』와 『한국일보』 등이 '여당지'나 '친여지'로 분류되던 신문들을 제치고 최고의 발행부수를 기록하고 있었다.[77] 말하자면 당시 신문의 성장과 대중적 소비를 도시의 비판적 지식인과 젊은 층이 주도하고 있었던 것이고, 바꾸어 말하면 도시에서 고등교육 인구의 빠른 성장 덕분에 신문의 빠른 성장이 가능했다고 할 수 있다. 이와 비슷하게 1952년 9월에 창간된 월간지 『사상계』는 전쟁이 끝난 후 갈수록 비판적 성격을 강화하여, 1955년 6월 이후 발행부수 8천 부를 돌파한 이래 1959년에는 5만 부를 넘어서고, 4·19 때는 일간지와 맞먹는 9만 7천 부의 발행부수를 기록했다.[78] 이 밖에도 전후에 대규모 인구집단으로 성장한 도시의 학생과 젊은 층을 겨냥하여 『새벽』, 『청춘』, 『신태양』, 『여원』 등 다양한 종합교양 월간지가 발행되었으며, 1950년대 중반부터는 『현대문학』, 『문학예술』, 『자유문학』 등 문학종합지도 3종이나 동시에 발간되는 등 해방 이후 가장 활발한 양상을 보였다.[79]

---

* 예컨대 1961년 현재 1천 명당 평균 보급률은 전국이 29.6부, 서울이 255.5부, 지방은 7.3부로 나타났다. 오유석, 위의 글, 299~300쪽.

한편 라디오방송은 해방 이전에 이미 전국 주요 도시에서 방송 네트워크를 확립하고 있었으나 미군정 시기까지도 보급대수와 기술적 한계로 인해 여전히 대중매체가 아닌 고급매체로 남아 있었다. 그러나 1950년대 후반에 적어도 도시에서는 대중적 매체로 서서히 자리 잡기 시작했다. 우선 라디오 보급대수가 빠르게 증가했고, 매체의 다변화도 상당히 진전되었으며, 정부의 적극적인 개입으로 기술적인 측면에서도 빠른 발전이 이루어졌다. 인구 1천 명당 라디오 보급대수가 1948년 5대, 1953년 9대에서 1960년에는 40대로 급속히 증가했으며, 특히 1958년부터 국산 조립품 라디오가 생산되기 시작하면서 1959~1960년 사이에 라디오 대수가 폭증세를 보였다. 라디오방송의 도시 중심성은 현저했는데, 1961년 현재 전국의 라디오 대수는 642,758대로, 이 중 서울에만 188,755대(29.4%)가 몰려 있었고, 1960년 현재 라디오 보급률은 도시가 평균 31%였던 데 비해 농촌은 8%에 머물렀다.* TV의 경우 라디오에 비해 대중매체로서의 한계는 더욱 뚜렷했고, 그나마도 지나치게 서울 중심적이었으며 미국문화의 직접적인 영향 아래 있었다.**

---

* 매체의 다변화와 관련하여, 1954년에 최초의 민간방송인 기독교방송이 개시된 것을 비롯하여, 1950년 10월 AFKN 라디오방송, 1957년 12월 한국복음주의방송(HLKX), 1959년 문화방송(MBC)이 각각 개시되었다. 1956년에는 최초의 TV방송인 RCA-TV(1957년부터는 DBC-TV로 바뀜)가 시작되었고, 1957년부터는 AFKN의 TV방송도 시작되었다. 전쟁 중에 선무·심리전 도구로서 방송매체의 중요성을 인식한 정부도 전후에 공보실을 중심으로 라디오 보급의 확대에 적극적으로 노력했다. 정부는 방송국의 신설이나 송전소의 건설, 각종 방송설비의 보급 등을 통해 라디오방송의 활성화에 결정적으로 기여했다. 라디오방송의 보급에 정부의 역할이 컸던 만큼 방송 표현과 편성의 중요한 골격은 국가의 통제에서 벗어나기 어려웠던 것도 사실이지만, 어쨌든 전후에 라디오방송의 기술적 난점이 상당히 타개되고 가청권(可聽圈)도 크게 확대되었다. 특히 수원 송신소와 연희 송신소의 동시 가동에 따라 1956년 10월부터 KBS가 대중용인 제1방송과 특수방송 및 지식인용인 제2방송으로 분리됨에 따라 이때부터 라디오방송의 대중적인 수용이 비로소 가능하게 되었다. 박기성, 「한국방송사」, 방송문화진흥회 편, 『한국방송총람』, 나남, 1991, 281~336쪽; 송재극·최순룡, 「한국방송기술사」, 같은 책, 1047~1141쪽; 김원용·김광옥·노영서, 앞의 글, 541~1034쪽; 오유석, 「서울의 과잉도시화과정」, 299~300쪽; 계훈모, 앞의 책, 913, 925, 977쪽 참조.

** 예컨대 1963년 1월 현재 TV수상기는 전국적으로 31,727대였으나, 98.4%인 28,360대가 서울에 집중되었고, 부산이 1,424대로 4.5%, 경기지역이 1,854대로 5.8%, 기타 지역을 모두 합쳐도 89대로 전체의 0.3%에

신문과 라디오 등 도시를 중심으로 확산된 대중매체의 발전에 힘입어, 1950년대의 도시에는 독특한 '대중적 문화'가 형성되었다. 신문의 경우에는 연재소설과 함께 연재만화나 기타 고정란 등이 대중적 인기를 모았다. 특히 1954년 1월부터 8월까지 『서울신문』에 연재된 정비석의 소설 「자유부인」과, 1956년 6월부터 이듬해 4월까지 『경향신문』에 연재된 김내성의 「실락원의 별」 등이 커다란 사회적 반향을 불러일으켰다.* 또한 TV가 아직 도입되지 않았거나 초보상태였고, 요금이 비싼 영화를 제외하면 별다른 여가나 오락수단이 없었던 시대에 라디오방송의 위력은 대단했다. 전쟁이 끝난 후 가청지역의 증가, 라디오의 보급 확대, 매체의 다변화, 철야송전이 가능할 정도로 전기사정이 호전된 것 등의 요인과 병행하여 방송측의 정보 제공과 오락기능이 확대되었고, 방송은 이 기능을 통해 전후의

불과했다(합동통신사, 앞의 책, 1004쪽). KORCAD(한국RCA배급주식회사)가 1956년 방송을 시작할 당시 가시청可視聽지역도 서울반경 16~24㎞에 머물렀고, TV수상기의 가격이 워낙 비싸 보급대수도 300대 미만이었다. 따라서 RCA(HLKZ)-TV측은 24인치 50대, 21인치 200대를 들여와서 종로 네거리의 KORCAD 사옥 등 서울시내 곳곳에 수상기를 설치하여 오가던 시민들의 관심을 끌고자 했다. 주한미군텔레비전방송(AFKN-TV)이 1957년 9월 개국하자 정확한 보도와 다양한 프로그램을 선호하는 시청자층이 확대되고 영어를 공부하는 사람들의 어학 훈련용으로도 단단히 한몫을 하게 되어 TV수상기의 대수가 두드러지게 증가했다. 특히 불법이지만 미군 PX에서 흘러나온 TV수상기가 정상 수입가격의 절반 정도에 불과하여 TV수상기 대수는 1957년의 3천 대에서 1958년 10월에는 약 7천 대로 증가했다(김원용·김광옥·노영서, 위의 글, 327, 339쪽; 송재극·최순룡, 위의 글, 1139, 1140쪽). 또한 RCA(HLKZ)-TV 자체가 미국계 회사였고, 주한미군텔레비전방송(AFKN-TV)은 말할 것도 없었다. 1957년에 한국일보사가 KORCAD 텔레비전방송국을 인수하여 설립한 DBC(대한방송주식회사)의 TV방송도 프로그램의 내용 면에서 미국의 영향을 벗어나지 못했다.

* 미국식 자유화 바람으로 전통적 가치가 무너지는 사회풍조를 배경으로, 교수 부인의 춤바람과 성적 문란을 다룬 정비석의 「자유부인」의 경우, 연재 초기부터 교수, 변호사, 문학평론가, 작가가 가세한 논전까지 벌어지고, 더 나아가 치안국에서 조사에 나서는 등 예술과 성윤리, 상업성 논쟁이 이어졌다. 이 작품이 단행본으로 출간되자 순식간에 14만 부가 팔려나가 출판사상 처음으로 판매량 10만 부를 돌파했고(한국역사연구회, 『우리는 지난 100년 동안 어떻게 살았을까?』 제1권, 141쪽), 1956년 6월에는 영화로 만들어져 큰 인기를 모았다(『세계일보』, 1998년 8월 17일). 김내성의 「실락원의 별」은 연재 도중 작가가 사망했으나 독자들의 빗발치는 전화에 못 이겨 작가의 딸이 나머지 30회를 대신 집필·연재했고, 특히 결말 부분은 독자들의 극성스런 요구에 따라 어쩔 수 없이 해피엔딩으로 마무리해야 했을 정도였다고 한다. 경향신문사, 『경향신문사 40년사』, 경향신문사, 1986, 128~129쪽.

재건과정에서 대중과 밀착되고 일상생활 속에 자리하는 매체가 될 수 있었다.[80] 방송프로그램이 점차 고정화되고, 신문에서도 방송프로를 고정적으로 소개하게 된 것도 라디오방송의 인기를 증가시켰다. 그 중에서도 특히 연속극, 쇼나 코미디와 같은 오락 프로그램, 음악 프로그램 등이 인기였다. 1956년 말 하나의 줄거리가 있는 드라마가 매회 계속해서 이어져 나가는 '연속방송극'이 신설된 이래 첫 작품인 조남사 작, 이경재 연출의 일요연속극 〈청실홍실〉은 주제가까지 히트하면서 대단한 인기를 누렸고, 다음해에 등장한 매일연속극 〈산 넘어 바다 건너〉는 '연속극 전성시대'를 맞이하게 했다. 이 밖에도 KBS의 〈꿈은 사라지고〉(1958년), 〈동심초〉(1958년)를 비롯해, 기독교방송(CBS)의 〈잊으리, 그 이름을 잊으리〉(1957년), 〈수정탑〉(1957년), 〈이 생명 다하도록〉(1957년), 〈이것이 인생이다〉(1959년) 등이 1950년대의 대표적인 연속극들이었다. 또한 1947년 12월에 시작했지만 전쟁 후까지 계속된 퀴즈 프로그램 〈스무고개〉와 1954년 7월에 시작된 〈노래자랑〉, 쇼프로인 〈시민위안의 밤〉 프로그램 등도 큰 인기를 얻었다. 1950년대 코미디영화의 인기를 업고 '재담, 만담의 시대'라 할 정도로 코미디 프로그램도 인기였는데, 주된 소재는 말의 유희, 신변잡기 류의 일상사, 개인의 바보화 등이었다.[81]

이와 동시에 1950년대의 영화 붐을 매개로 하여 도시에는 1950년대에 본격적으로 형성되기 시작한 '미국의 대중문화'가 범람했다. 당시 한국영화는 제작편수(외국영화의 경우 도입편수) 면에서 외국영화의 15%에도 미치지 못할 뿐 아니라,* 이른바 '입체영화'까지 내세운 미국영화에 밀린 한국영화 수십 편이 상영관을 찾지 못해 2~3년간을 창고에서 기다려야 하는 실정이었고, 이 때문에 한국영화 관계자들은 외국영화의 수입편수를 제한

---

* 1950년대의 경우 대체로 1년에 한국영화 12~20편에 외국영화 100~150편의 수준이었고, 외국영화의 대부분이 미국영화였다.

하고 극장 상영일수를 줄이기 위해 시위와 궐기대회를 벌여야 할 지경이 었다.[82] 지방순회공연이 주를 이룬 창극과 가극, 악극 등이 대도시와 중소도시의 서민들을 파고들었지만, 1950년대 말에는 영화에 밀려났다. 정원을 초과한 입장이 만연하여 대통령이 담화를 발표해야 할 정도로 사회문제화하고, 1954년만 해도 『영화세계』, 『영화연극』, 『극장문화』, 『신영화』 등 다양한 영화관련 잡지들이 창간되고, 1954년을 전후하여 일간신문에 영화관련 기사가 빈번히 등장하기 시작하는 것 등을 통해서도 당시 영화 붐을 짐작할 수 있다.[83] 당시 신문광고의 가장 큰 광고주가 영화업계였던 것도 같은 맥락에서 이해할 수 있다.* 1950년대 후반기부터 10년간은 한국영화의 전성기이기도 했다. 1955년에 겨우 15편에 머물렀던 국산영화 제작편수는 1959년에 무려 108편으로 증가했는데, 특히 1955년작 〈자유부인〉의 흥행성공은 1954년의 국산영화 면세조치와 함께 영화산업을 크게 고무했다.[84] 또한 1954년 개봉된 〈춘향전〉 이후 관객 10만 명을 돌파하는 영화들이 속출하게 되었다.

1950년대에 수입된 미국영화의 대부분은 남녀 간의 애정을 다룬 것으로, 당시 신문들은 이에 대해 '애욕영화', '저속한 작품', '에로 범람' 등의 용어를 동원하여 비판을 가하곤 했다.[85] 그럼에도 불구하고 당시 외국영화들의 경우 비극적인 애정영화와 서부활극으로 관객이 몰렸고,** 한국영화의 경우에도 애정물이나 코미디물이 인기였다. 사람들이 슬픈 애정영화, 서부활극, 코미디영화에 빠져들었던 것은 그것이 전쟁과 가난에 지친 이

---

* 예컨대 1958년의 경우 전체 광고의 34.7%, 1959년에는 37.0%를 영화광고가 차지했다. 신인섭, 앞의 글, 250쪽; 「광복 이후」, 한국광고100년편찬위원회 편, 『한국광고 100년』, 한국광고연구원, 1996, 27쪽 참조.
** 1955년 8월 『중앙일보』는 슬픈 영화에 관객이 몰리는 것을 이용하기 위해 영화 수입업자들이 원제原題를 무시하고 작명하는 관행을 두고 "이제 그 개명술改名術도 완전히 매너리즘에 빠져 '정서물'은 덮어놓고 '수愁'자가 들어가기 마련이고(실례—'鄕愁', '哀愁', '旅愁', '離愁' 등등)"라고 비난하고 있다. 계훈모, 위의 책, 1013쪽에서 재인용.

들에게 망각과 위로, 그리고 무엇보다도 카타르시스의 기능을 수행했기 때문이었을 것이다. 애정소설과 애정관계를 다룬 연속방송극의 인기, "말의 유희, 신변잡기 류의 일상사, 개인의 바보화"를 소재로 한 라디오 코미디의 인기에서도 우리는 마찬가지의 현실을 확인할 수 있다. 바로 이것이 1950년대 후반 도시서민들의 숨김없는 문화적 풍경이었던 것이다. 그러나 일시적인 심리적 이완을 허용하는 여가의 기회도 대체로 도시에 집중되어 있었다. 예컨대 보건사회부 자료에 의하면, 1960년 현재 전국의 여가시설은 공설운동장 32개소, 탁구장 87개소, 농구장 1,558개소, 골프장 48개소, 공원 49개소, 영화관 139개소, 극장 201개소가 있었는데, 영화관의 경우에는 1961년 현재 전체(173개소)의 32.9%에 해당하는 57개소가 서울에 집중된 반면, 제주도에는 전무, 전라도 전체에 5곳, 충청도 14곳에 불과한 것 등 여가시설 대부분이 도시인들에게만 접근 가능했다.[86]

　　근대적인 교통 및 통신수단들도 도시에 집중되어 있었다. 예컨대 전화 가입자는 1955년 32,423명에서 1960년에는 86,604명으로 3.0배 증가했으나, 같은 기간 동안 서울의 가입자 수는 7,313명에서 34,844명으로 4.8배 증가하여 전체 가입자 중 서울의 비율도 22.6%에서 40.2%로 증가했다.* 교통의 발달은 도시 내부와 도시 사이 모두에서 확인되는데, 도시 내부의 교통체계는 주로 전차와 버스, 택시 등에, 도시간의 육상교통은 주로 철도와 버스에 의존하고 있었다. 서울에서는 1950년대 중반부터 시내버스를 비롯한 대중화된 자동차 교통의 등장으로 도시 시설의 원심적 이동이 촉진되고 주거지의 분화가 서서히 진행되었다.[87] 1950년대 후반의 서울에서는

---

* 위의 책, 1016쪽. 해방 당시 남한의 전화 가입자수는 4만 4천 명이었고, 1946년에는 3만 6천 명으로 오히려 감소했으며, 1947년에도 3만7천 명 수준이었다(통계청, 『통계로 본 광복 전후의 경제·사회상』, 통계청, 1993, 151쪽). 그리고 전쟁 후인 1955년에는 1947년 수준에도 크게 미치지 못하는 3만 2천 명 선에 그쳤음을 감안할 때, 전화보급의 확대는 1950년대 중반 이후 가속화되었다고 볼 수 있다.

도시교통의 발달로 인해 교통정리 평가대회, 교통안전 시범, 교통안전여왕 선발대회 등 각종 교통안전 캠페인이 잇따라 열리게 되는 등 교통안전 문제가 수도 서울의 새로운 사회 문제로 떠오르게 되었다.* 1959년에는 처음으로 '운전사의 날'이 제정되어 무사고운전자에 대한 표창이 있었고, 서울시내에 처음으로 교통신호등이 등장했다.[88] 이런 변화는 1962년 현재 전체 차량 30,814대 가운데 11,449대(37.2%)의 소재지가 서울일 정도로 근대적 교통수단의 서울 집중이 현저한 탓이었다.[89] 이와 동시에 내륙을 가로지르는 철도와 도로망을 통한 '도시체계'의 발달이 비교적 빠르게 진행되었다. 1930년대와 마찬가지로, 한국전쟁은 군수물자와 인원의 원활한 수송을 위한 병참兵站체계의 발달을 가속화했으며, 그 때문에 기존의 철도와 함께 도로, 해상, 항공 운송망의 정비 및 확대 정도는 산업화의 수준에 비해 '과잉발달'되었다. 더욱이 전쟁이 끝난 후에는 철도 교통망의 확대와 이동시간의 현저한 단축이 진행되었다.** 또한 전쟁 이후 자동차 대수와

* 1951년에는 전국에서 2,404건의 교통사고가 발생하여 2,281명이 사망하고 3,439명이 부상당했는데, 이 가운데 자동차에 의한 사고는 1,730건으로 전체의 72.0%를 차지했다. 1952년의 경우 전국에서 3,869건의 교통사고가 발생하여 2,580명이 사망하고 5,037명이 부상당했는데, 이 가운데 자동차에 의한 사고는 2,792건으로 72.2%였다. 1952년도 전체 자동차사고의 18.4%가 서울에서 발생했다(공보처 통계국, 앞의 책, 317~318쪽). 1959년에는 모두 6,319건의 교통사고가 발생하여 2,215명이 사망하고 7,066명이 부상당했는데, 사고건수 가운데 85.3%가 자동차에 의한 사고였다. 1960년에는 사고건수는 7,371건으로 전년에 비해 16.6%나 증가했고, 이 가운데 86.0%가 자동차 사고였다(합동통신사, 앞의 책, 996쪽 참조). 1950년대 초에 비해 1950년대 말에 이르면 교통사고 중 자동차사고의 비율이 크게 증가한 것을 알 수 있다.
** 1948년 현재 선로 총연장은 2,684.3km였는데, 1951년에 2,635.6km로 전쟁 전의 수준을 거의 회복했고, 1952년에는 38개 노선 2,713.7km로 전전 수준을 능가하기 시작했다(공보처 통계국, 앞의 책, 113~114쪽). 전쟁이 끝난 후 1950년대 말까지 사천선, 문경선, 영암선, 충북선 등이 신설되었고, 함백선과 능의선의 공사가 새로 시작되었다. 교통부 자료에 따르면, 1958년 말 현재 궤도 총연장은 4,568.6km에 이르렀다. 이에 따라 철도의 1일 평균 수송인원은 1951년의 65,949명에서 1960년에는 207,352명으로 증가하여 대중적 교통수단으로서의 면모를 되찾았으며, 1일 평균 화물수송량도 1951년의 35.7톤에서 1960년에는 39.5톤으로 증가했다(합동통신사, 위의 책, 1020쪽). 또한 서울-부산 간 특급열차의 운행시간은 1946년 5월 현재 9시간 40분이었고, 1954년 8월까지도 9시간 30분에 머물러 있었으나, 1960년 2월에는 6시간 40분으로 단축되어, 전쟁 이후 무려 3시간 가까운 시간적 압축이 이루어졌다(동아일보사, 앞의 책, 60, 76, 80, 82, 88쪽 참조). 이 같은 열차시간의 단축은 언론에 의해 대대적으로 보도되어 세인의 이목을 집중시켰는데, 그 만큼 시간감각의 통일성 증진과 일상생활 양식의 변화는 전국적인 수준에서 진전되고 있었다고 할

운수능력의 발전도 대단히 빠르게 진행되었다.* 그리고 철도와 도로를 중심으로 한 도시체계의 발달은 '도시들에 의한 농촌의 점진적인 포위'를 의미하는 것일 수도 있었다.

1950년대 후반으로 접어들면서 도시에서는 편리와 유흥을 추구하는 소비문화의 발달이 상당히 진행되었다. 서울 노동자의 생계비를 예로 들면, 총지출에서 '교제·교육·오락비'가 차지하는 비율은 1952년에는 4.0%에 지나지 않았지만, 1954년에는 9.0%로 배 이상 증가했고, 1956년과 1958년에도 각각 8.0%, 9.0%로 비슷한 수준을 기록하고 있었다.[90] 소비수준의 상승은 또한 전후의 도시에서 3차산업이 '과잉발전'되는 현상과도 관련이 깊다.[91] 서울에서는 동화백화점(1955년)과 미우만백화점(1959년) 등 소비의 전당들이 속속 문을 열었다. 1950년대 중반부터 신문 증면과 조석간 발행, 발행부수 증가 등으로 인해 광고지면이 늘어나고 광고기술이 향상되면서, 또 전력공급 사정의 호전으로 도시 빌딩 곳곳에 광고 전광판이 등장하면서 광고의 위력 또한 증가되었다.

앞에서 살펴본 대로, 영화, 소설, 라디오, 신문·잡지 등을 중심으로 한 '문화적 소비'도 크게 증가했다. 또한 도시에서는 전후 새로이 등장한 값싼 국산 합성수지(플라스틱) 제품들이 대중적 소비의 대상으로 바뀌면서 점차 재래식 및 미제美製 생활용품과 주방기구들을 대체해갔다.** 한편 대중

수 있다. 아울러 매우 흥미로운 점은, 경부선 특급열차의 이름이 미군정기에는 '해방자호'였다가 종전 이듬해인 1954년 광복절을 기해 '통일호'로 바뀌며, 1960년 2월에는 다시 '무궁화호'로 바뀐다는 사실이다. 1954년부터 호남선에 운행되기 시작한 특급열차는 '태극호'로 명명되었다. 이는 지배자들이 자신들의 근대화 성과(한국인들에게 철도는 그 등장 이래 '근대'의 상징이었다)를 어떻게 국가이념을 강화하는 방향으로 이용하고자 했는가를 잘 보여준다.

* 1953년부터 1960년까지 버스의 대수는 1,909대에서 3,865대로 202.5% 증가했고(수송인원은 437.2% 증가), 택시는 1,105대에서 5,725대로 518.1% 증가(수송인원 2054.2% 증가), 트럭은 1,962대에서 10,179대로 518.8% 증가(수송량은 641.7% 증가)를 기록했다. 합동통신사, 위의 책, 1017쪽 참조.

** 국산 플라스틱제품은 빗과 비누갑에서 시작되어 솔, 칫솔, 컵, 설탕단지, 화채기, 과자기, 쟁반, 공기, 탕기, 수저통, 재분, 나빌 등 생활용품과 주방기구 전반으로 확대되었다. 락희화학이 개발한 치약과 비닐

음식점과 대중목욕탕의 증가는 종전까지 가족이 수행해 왔던 기능들의 사회적 분산을 초래했다.* 극소수 부유층과 권력층만이 출입하던 '요정' 혹은 '요릿집'에 비해, '대중'음식점이 크게 증가했으며, 특히 중국음식점의 증가가 두드러졌다.[92] 대중음식점의 발달은 외식의 증가로 식문화의 변화를 가져왔을 뿐 아니라, 다방의 증가와 결합하여 집안에서 손님을 치르던 접대문화에도 큰 변화를 가져왔다.

　1950년대의 도시에서는 일제시대 말부터 본격화된 혼례婚禮와 상례喪禮의 변화 또한 가속화되었다.** 전후의 성 개방 풍조와 자유연애 사조의 일정한 영향도 받으면서, 부모의 일방적인 결정에 의한 혼인이 감소하고 당사자들의 자발적인 선택이 강조되는 연애결혼 혹은 중매와 연애가 결합된 결혼이 증가했으며, 결혼 전문예식장이나 교회에서 이루어지는 '신식결혼'이 크게 증가했다. 그리고 아마도 적령기의 남한출신 여성과 월남한 혹은 농촌출신 청년 사이의 연애와 혼인이 혼례에서의 변화를 주도했을 것이다.*** 도시의 치열하고 고단한 삶의 정황에서 복잡하고도 많은 비용이 소

장판도 1950년대 후반에는 상당히 일반화되어 갔다. 럭키 40년사 편찬위원회, 앞의 책, 115~148, 176쪽 참조.

* 1952년 전국에 298개소였던 대중목욕탕의 수는 1960년에는 758개소로 약 2.5배 늘어났고, 같은 기간 동안 서울의 대중목욕탕 수는 40개소에서 146개소로 3.7배나 늘어났다. 공보처 통계국, 앞의 책, 290쪽; 나종우, 「숙박·목욕·이미용」, 『서울육백년사』 제6권, 서울특별시, 1996, 2082쪽; 합동통신사, 앞의 책, 998쪽.

** 1940년대에는 유교식 상례보다는 절차가 대폭 간편해진 기독교식 상례가 성행했고, 사회단체들이 주관하는 연합장聯合葬이나 사회장社會葬이 출현한 것도, 신문의 부고訃告와 장의사가 나타난 것도 이 무렵부터였다고 한다. 또한 1930년대에는 '사회결혼'이라고 불린 신식결혼에 대한 수요가 증가하면서 교회나 불당佛堂만으로는 수용할 수 없게 되자, 결혼 전문예식장, 혼례복을 빌려주는 가게, 신부화장을 전문으로 하는 미장원 등이 생겨났다고 한다. 한국역사연구회, 『우리는 지난 100년 동안 어떻게 살았을까?』 제1권, 275~276쪽.

*** 전쟁 후 특히 결혼적령기인 20~29세 연령층에서의 극심한 성비불균형 현상으로 인해 1955년을 전후해 적령기 여성들이 신랑감을 구하는 데 어려움을 겪어야 했다(이흥탁, 「한국전쟁과 출산력 수준의 변화」, 한국사회학회 편, 『한국전쟁과 한국사회변동』, 풀빛, 1992, 41~42쪽). 반면에 월남 이동자의 경우 젊은 층의 상대적 비율이 아주 높았고, 주로 도시지역에 정착했으며, 성비도 여자 100명당 남자 120명으로 매우 불균형한 구조를 갖고 있었다(전광희, 「한국전쟁과 남북한 인구의 변화」, 같은 책, 67쪽). 따라서 도시에서는 신랑감을 구하는 데 적극적일 수밖에 없었던 여성들과 결혼적령기의 월남한 남성들 사이에 연애와

요되는 전통적인 3년상 관행은 퇴조할 수밖에 없었고, 도시 이촌민離村民 밀집지역의 경우 전통적인 농촌문화의 가장 강한 영향 아래 있었음에도 불구하고 가난으로 인해 전체의 약 3분의 1이 제사조차도 치르기 어려운 형편이었다.[93] 또 아직 일반화되지는 못했지만, 전후에 장례를 전담하는 장의사葬儀社가 크게 증가했다.*

소설과 영화 〈자유부인〉의 인기에서 보듯이 도시에서는 춤바람이 세 차게 불었는데, 이런 현상은 물론 1950년대의 도시에 카바레, 댄스홀 등 유흥시설이 크게 증가했기 때문에 가능했다.** 전후의 도시에서는 양복과 양장이 빠르게 확산되었고, 특히 1950년대 초반의 구호물자는 한복을 양 장으로 빠르게 변화시키는 계기가 되어 1950년대 후반에는 한복과 양장의 착용 비율이 거의 비슷해질 정도였다. 이는 양면기와 양말기 등의 국산화, 값싸고 편리한 합성섬유의 대량보급으로 '대중복식시대'가 열리게 되었기 때문에 나타난 현상이었다.[94] 서구식 퍼머넌트가 도시 부인들 사이에 유 행하게 되는 등 머리 모양에서도 큰 변화가 일어났고, 그에 따라 여성들의 얼굴 생김새도 상당히 달라져 보이게 되었다. 서구식 머리 모양의 확산은 이용업의 급속한 팽창을 통해서도 어느 정도 짐작할 수 있다.*** 이는 도시

결혼이 잦을 수밖에 없었고, 결혼한 이들은 대부분 핵가족 형태의 가정을 형성하게 되었을 것이며, 이 가정 내에서 이질적인 지역문화간의 문화접변이 활발하게 진행되었을 것이다. 1950년대의 이촌향도를 주도한 청년층과 도시여성 사이의 결혼에서도 사정은 비슷했을 것으로 판단된다.

* 1952년 현재 장의사는 전국에 10곳으로, 경남북지역에 6곳, 전남북지역에 4곳이 있었다(공보처 통계국, 앞의 책, 290쪽). 2년 후인 1954년 말 현재 장의사 수는 28곳으로 3배 가까이 증가했고, 서울과 경기지역 14곳, 경남북지역 10곳으로 전체의 92.3%를 차지했던 반면, 농어촌지역인 충북, 전남, 강원, 제주지역에는 전무했다(보건사회부, 앞의 책, 168~169쪽). 1952년 당시 서울에는 장의사가 하나도 없었지만, 1954년에 는 9곳이나 생겨났다.

** 예컨대 1961년 현재로 전국의 카바레 67개소 중 17개소(25.4%), 바 328개소 중 144개소(43.9%), 다방 3,083개소 중 1,086개소(35.2%)가 서울에 위치하고 있었다(합동통신사, 앞의 책, 998쪽).

*** 1952년에는 전국의 이·미용사 숫자가 5,394명이었지만, 불과 2년 후에는 7,731명으로 43.3%나 늘어났 다. 이용업소 숫자는 1952년 4,684곳에서 1960년에는 20,405곳(미장원 6,721개, 이발소 13,684개)으로 4배 이상 늘어났다. 특히 서울의 경우 1952년 현재 이용업소가 406곳이던 것이 1960년에는 무려 2,536개소(미 장원 1,402개, 이발소 1,134개)로 6배 이상 증가했다. 1960년 현재 서울에 위치한 이발소는 전체의 8.3%에

에서 유행 혹은 '바람'의 시대, 비록 한정된 계층 사이에서 소비되고 공유됐지만 초보적인 대중문화의 시대가 도래했음을 뜻한다. 물론 이는 영화, 라디오방송, 신문, 잡지, 소설 등 어느 정도 대중화된 매체들의 등장을 배경으로, 또한 도시에 집중된 중등 이상 학생층과 청년층, 경제적 여유가 있는 전업주부층 등의 문화 수용층을 중심으로 한 것이었다. 그런 만큼 이 문화는 가난에 찌든 1950년대의 농촌, 그리고 1961년에도 84,440동에 이르렀던 도시 판잣집 동네 주민들의 문화와는 매우 이질적인 것이었다.[95] 도시의 유행은 1955년의 '햅번 스타일' 등 머리 모양뿐 아니라, 맘모바지, 발키코트, 색드레스와 페티코트 등의 의복, 맘보, 부기우기, 차차차 등의 춤, 그리고 LP레코드의 보급에도 힘입은 다양한 유행가요 등을 망라하고 있었고,[96] 이들 사이에도 상승적인 상호영향을 주고받는 관계가 형성되었다. 의류회사들이 주도하는 패션쇼가 등장하고 곧이어 패션북도 등장했다. 영화와 라디오방송은 대중적인 스타들을 만들어냈으며, 스타들은 다시 유행을 선도해 갔다.

이처럼 전후의 도시에서는 서구식 내지 미국식으로의 문화변동이 엄청난 속도로 진행되었다. 도시인들, 특히 청년들 사이에는 학교교육을 통해, 라디오 방송교재를 통해, 혹은 AFKN방송을 통해, 혹은 YMCA의 영어강좌를 통해 영어공부 열기가 대단했다. 여기서 중학교에서 제1외국어로 영어를 선정하고, 대기업에서 공채시험의 과목으로 영어를 선정한 것은 미군정기에는 공문서에만 등장하던 영어가 대중화되는 계기로서 매우 중요한 의미를 지닌다. 유진이 지은 『영어구문론』이 1950년대를 대표하는 베스트셀러가 될 만큼 대중적인 영어공부 열풍이 불어닥친 것도 1950년대가 처음이었다.[97] 라디오방송국에서는 경쟁적으로 영어회화 프로그램을

지나지 않지만, 서울에 있는 미장원의 비율은 전체의 20.9%나 되는 점이 주목된다. 공보처 통계국, 앞의 책, 290쪽; 보건사회부, 앞의 책, 164~165쪽; 나종우, 앞의 글, 2085쪽; 합동통신사, 앞의 책, 43쪽 참조.

도입했고, AFKN방송은 식자층에게 영어를 익히기 위한 유용한 수단으로 각광받았다. 또 "YMCA란 영어, 수학강습회를 하는 곳이다"라는 말을 들을 만큼 전국 각 도시의 YMCA 대부분이 영어 혹은 영어·수학 강습회를 경영했다. 1956년까지 약 10만 명이 YMCA의 영수학관을 거쳐 갔고, 1950년대 말까지는 약 20만 명이 이 과정을 수료했을 것으로 추산되고 있다.[98] 도시의 공식부문에 종사하는 이들 사이에는 '미스'와 '미스터' 호칭이 뿌리를 내렸다.* 영어 한 마디 모르는, 구두통을 어깨에 멘 빈민촌의 아이들이 굳이 '슈사인 보이'라고 불리는 세대이기도 했다. 영화 제목, 라디오 프로그램 제목, 간판, 상품명, 유행가의 제목과 가사, 문학작품 제목 등에 영어가 넘쳐나기 시작했다. 특히 영어식 상품명은 화장품, 설탕, 양복지, 치약 등 어느 분야에서든 '미제美製'를 선호하는 풍조를 반영한 것이기도 했다. 이처럼 도시인들의 언어생활 속으로 영어가 깊숙이 침투되었다.

외국인과의 빈번한 접촉도 대체로 도시인들의 몫이었다. 1955년 9월 현재 국내에 거주하는 외국인은 모두 23,988명으로, 이 가운데 전국 25개 도시에 거주하는 이가 16,230명으로 전체의 67.7%, 읍 소재지에 거주하는 외국인까지 합치면 전체의 79.4%에 이른다.** 유학, 해외연수, 외국여행, 국제전화, 국제항공, 국제전보, 국제우편물, 무역 등도 주된 행위자들은 도시사람들이었을 것이 분명하다. '양공주'가 늘어나고 미국인과의 국제결혼이 증가함에 따라 혼혈아도 급속히 증가했다. 1954년 382명에 그치던 혼혈아가 5년 후인 1959년에는 1천 명을 넘어섰다.[99]

---

* 최재석에 의하면, '미스 ○'라는 호칭은 대략 다음의 여섯 가지 조건을 갖춘 사람에 한하여 적용된다. ① 지식계층에 속하는 여자, ② 호칭자보다 사회적 지위가 낮거나 동등한 여자, ③ 중류계층에 속하는 여자, ④ 대체로 직장 여성, ⑤ 연령상으로 호칭자보다 연하인 여자, ⑥ 어느 정도 상호 면식이 있는 사이인 여자. 최재석, 『한국인의 사회적 성격』, 84~85쪽.
** 내무부 통계국, 『대한민국 제1회 간이총인구조사 속보』, 내무부, 1955에서 집계. 아마도 면 단위에 거주하는 외국인의 대부분은 군인 혹은 선교사들이었을 것이다.

농촌의 재전통화

그러나 이것은 어디까지나 1950년대 도시의 풍경일 뿐이었다. 도시에는 양복과 양장 등 서구적 복식이 넘쳤지만, 도시 근교로만 나가도 전통적인 복식과 마주쳐야 했다. 또 1950년대의 농촌에서는 의연히 전통적 규제들이 강력하게 잔존하고 있었다. 최근 김동춘은 근대국가에서의 국민적 통합성은 전국적 시장권의 확립과 전통적인 신분질서의 파괴에 의해 달성된다는 입장에서, 이 가운데 전통적인 신분질서의 파괴를 반상班常간 신분적 차별해체의 정도, 동족부락을 이룬 부계 친족집단의 해체 정도라는 두 가지를 통해 검토한 바 있다. 그는 1950년대 농촌에서 반상班常간 신분적 차별해체의 정도를 '상여 메는 문제'와 '반상 간 통혼 여부'를 통해 고찰하고, 동족부락을 이룬 부계 친족집단의 해체 정도를 통혼권, 인구이동의 범위, 여론 형성의 범위 등을 통해 나타나는 '지역적인 이동·교제의 범위,' 그리고 계·품앗이·두레·제사(동제와 조상제사) 등을 통해 확인될 수 있는 '기존의 친족적·혈연적 유대가 지역적·사회적 유대로 전환된 정도'를 통해 가늠해 보고 있다. 이런 작업을 통해 그가 내린 결론은 1950년대의 농촌은 전통적인 신분질서가 사회적으로는 아직 결정적으로 와해되지 않은 '과도기'에 놓여 있었으며, 따라서 친족적·씨족적 질서는 온존 내지 부분적으로 재편되는 단계에 있었다는 것이다. 그리고 농촌으로 침투해 들어간 대표적인 근대적 조직인 교회와 학교는 농촌공동체의 전통적 규제와 관행들에 대한 파괴적 영향력 면에서 보잘것 없었다고 한다.[100] 김동춘의 이런 관찰은 1950년대의 농촌에 대한 현지조사에 근거한 연구들의 결론과 대체로 일치하는 것이고, 그 자신이 그런 연구들에 폭넓게 기초하고 있기도 하다. 현재로서는 다른 경험적 자료가 발굴되지 않는 한 이 같은 결론을 수용할 수밖에 없다. 그러나 김동춘의 논문에서 '과도기'와 같은 용어는 그 자신이 비판하는 '근대화론의 시각'을 연상시킬 뿐 아니라, 논문의 결론이기도 한 바 '한국적 근대'의 기점으로 1950년대를 주장하는 태도와도 어울리지 않는다.*

1950년대의 농촌을 전통적 규제의 소극적인 '잔존'으로만 설명하는 것은 불충분하다. 거기에는 미국식 근대화에 대한 저항을 포함하는 '적극적인 선택'의 측면들이 포함되어 있다. 일부 학자들이 지적하듯이, 같은 시기에 농촌에서는 이른바 '재전통화'가 진행되고 있었다. '재전통화'라는 말에는 해방공간과 전쟁기간 중에 고조되었던 계급주의적 의식과 그것이 지녔던 근대적 함축과 효과, 다시 말해 신분 및 동족을 중심으로 한 전통적인 농촌질서를 해체시키던 효과가 약화되는 반면, '일시적으로나마' 전통적인 농촌질서가 부활된다는 인식이 담겨 있다. 보다 구체적으로, 농촌의 '재전통화'는 1950년대 탈계급화·탈정치화된 농민들의 연고주의적 투표행태, 다시 말해 학연, 지연, 혈연 등 1차적 사회 연줄 망 혹은 공동체집단에 기초하여 정치적 지지를 선택하는 전통적 정치문화의 재등장,[101] 그리고 지자제선거에서 지주출신, 지주출신의 말단행정기관 간부출신, 동족부락의 정치적 영향력이 증대되는 현상** 등을 통해 관찰되었다. 그렇다면 진정한 문제는 왜 이런 현상이 벌어졌는가, 그리고 이런 현상의 의미를 어떻게 해석해야 하는가에 있다. 그러나 1950년대 농촌의 재전통화에 주목한 학자

---

* 필자가 보기에 김동춘의 논문은 1950년대의 '농촌'을 다룬 것임에도 불구하고, 같은 시기의 '도시'에 관한 논의와 구별되지 않은 채 혼재되어 있다. 이런 혼란이 초래된 근본적인 원인은 1950년대에 두드러지는 농촌과 도시의 차이, 나아가 농촌과 도시의 대립적인 관계를 고려하지 않고, 도시를 포함한 1950년대의 한국사회 전체를 '한국적 근대성'의 형성기라고 성급하게 일반화하려는 의도에서 비롯되었다고 판단된다.

** 최봉대, 「농지개혁 이후 농촌사회의 정치적 지배집단의 형성」, 역사문제연구소 편, 『1950년대 남북한의 선택과 굴절』, 역사비평사, 1998. 최봉대는 그러나 동일한 자료를 통해 정반대의 결론, 즉 지주층과 동족부락의 영향력이 약화되고 있다는 결론을 이끌어내고 있다. 그러나 그의 이런 결론은 1930년대와 1950년대(1952년과 1956년)를 '평면적으로' 비교한 데서 비롯된 것으로 보이며, 이는 '1945~1951년간의 지주 및 동족부락의 정치적 영향력의 약화 내지 위기'라는 역사적 사실을 무시하는 태도이다. 말하자면, 1952년과 1956년의 지자제 선거결과는 농지개혁으로 인한 물질 토대의 와해에도 불구하고 지주 및 동족부락이 1945년 이전의 정치적 영향력을 상당히 회복하고 있는 것으로 보아야 한다.

들은 그것을 설명하는 데 지나치게 '정치적' 맥락에 치우침으로써, 사태의 사회적·문화적 함의를 상당 부분 놓치고 있다. 그러나 1950년대 농촌의 '재전통화'에는 구지배 세력의 세력회복, 마르크스주의적 지식층으로부터 유교적 지식층으로의 지적 권위의 재역전, 농촌인구의 문화적 동질성 강화 등과 함께, 도시문화에 대한 반발적 선택이라는 측면이 덧붙여 작용하고 있었던 것으로 보아야 한다. 당시 농민들은 근대적 과학기술이나 교육에 대한 열망은 대체로 수용하면서도, 그것의 사회·문화적 측면, 특히 도시 젊은 세대의 주도하에 급속하게 확산된 서구적·미국적 표현들에 대해서는 강하게 반발했다. 그리고 이 같은 선택은 미국취향 문화의 과도한 침투로 인한 아노미적 상황에 대처하려는 농민들의 문화적 전략이었으며, 대중매체의 보급이나 교통의 발달수준 등에서 여실히 나타났던 도시의 문화적 포섭능력의 부족으로 인해 이 전략이 어느 정도 성공적으로 실행되었다고 평가할 수 있다. 당시 농민들은 해방공간에서처럼 농촌의 지배계급이나 국가에 대항하여 싸우기보다는 도시와 그 문화에 대항하여 오히려 단결했던 것이고, 1950년대 농촌의 절대적 빈곤에도 불구하고 정치적으로 폭발하지 않았던 이유의 일단이 바로 여기서 찾아질 수 있다고 생각된다. 구체적으로, 1950년대 농촌의 재전통화는 대략 다음과 같은 요인들이 상호작용한 결과였다.

첫째, 전전戰前에 농민정치를 주도했던 좌파성향의 '근대적인 지식인'의 소멸에 따라 남은 유일한 지식엘리트인 '전통적 지식인층'이 다시 득세한다. 이와 관련하여 전쟁을 거치면서 전전의 '농민정치시대'를 이끌었던 좌파적 지식인 대부분이 월북 혹은 다른 이유로 농촌에서 사라졌다는 사실이 중요하다. 또 전후의 농촌에서 근대적인 지식층에 해당한다고 볼 수 있던 교사와 공무원들의 활동무대는 상대적으로 도시적인 성격을 강하게 띤 읍·면 소재지였다.* 반면에 산업화, 대중매체 확산, 교통발달 등 어느 측면에서도 농촌에 대한 도시의 문화적 포섭능력은 낮은 수준에 머물러 있었고, 1950년대 농촌의 극심한 빈곤으로 인해 농촌 자체의 수용능력도 매우 낮은 수준이었다. 〈표 20—농민들의 주된 정보획득원(1959. 12. 31)〉 [559쪽]은 신문, 라디오, 잡지 그 어느 것도 농촌에서 아직 대중화되어 있지 못하다는 점, 그런 가운데서도 농민들에게 주된 외부정보 획득의 수단이 되는 것은 타인과 신문이라는 점, 신문으로부터 정보를 얻는 비율 면에서 중농·대농(평균 28.4%)과 세농細農 및 소농(평균 10.6%) 사이에 커다란 격차가 존재한다는 점, 타인에게 정보를 의존하는 정도 면에서도 중농·대농(평균 55.6%)과 세농·소농(평균 71.4%) 사이에 커다란 격차가 존재한다는 점을 보여주고 있다.* 또 표에서 확인할 수는 없지만, 타인에게 정보를 의존하는 절반 이상의 중농과 대농의 경우에도 그 '타인'이란 세농이나 소농일 가능성보다는 다른 중농이나 대농일 가능성이 높다고 할 것이다. 이런 상태에서 주로 신문을 일상적으로 접할 능력이 있는 농촌마을의 '유지들'은 농민들의 세계인식을 결정적으로 좌우할 수 있는 지적인 권위를 자연스럽게 부여받게 된다.

둘째, '거세하는 힘'으로서의 정치 및 권력의 공격으로부터 자신들을 보호하기 위해 활용할 수 있는 유일한 조직적 자원으로 전통적인 공동체

---

* 특히 읍의 경우 1962년 현재 주민의 직업분포는 농가 대 비농가가 41 : 59로 비농가가 훨씬 우세하다. 한국농촌사회연구회, 앞의 책, 140쪽.

* 이런 상황은 신문과 잡지의 경우 1960년대 초반까지도 거의 변화가 없었으나, 라디오의 수신 정도가 크게 증가하여 신문의 비중을 넘어서고, 주로 라디오방송의 뉴스 및 해설을 통해 세상 돌아가는 정보를 얻게 되는 차이를 보인다. 1960년대를 거치면서 문맹자와 저학력자도 접근 가능한 라디오방송이야말로 농민들이 농촌의 전통적인 지식인의 지적인 지배에서 해방되는 주된 무기로 떠오르고 있었다고 말할 수 있다. 예컨대 1964년 5~7월에 이루어진 양회수의 조사에 따르면, 라디오(혹은 엠프)를 듣는 경우 농민들이 선호하는 프로그램은 뉴스 및 해설(38.0%), 일기예보(14.2%), 방송극(14.0%)의 순서로 나타나고 있다(양회수, 『한국농촌의 촌락구조』, 고려대출판부, 1967, 590~591쪽). 또 노창섭 등이 1964년 9~10월에 조사한 바에 따르면, 라디오를 보유한 가구는 전체의 21.9%, 신문을 구독하는 가구는 12.9%로, 라디오 청취자의 비율은 1959년 조사 당시에 비해 네 배 이상 증가한 반면 신문 구독자의 비율은 거의 비슷한 수준에 머물러 있다. 노창섭·김종서·한상준, 앞의 책, 166~167쪽.

적 네트워크가 재등장한다. 이미 지적했듯이, 농촌의 재전통화가 사회 전반에 가시화되는 직접적인 계기는 '지방자치제'였다. 그러나 '지방자치제'가 국회에서의 열세를 일거에 만회하려는 이승만 세력의 정치적 책략에 의해 갑자기 또한 농민 측의 아무런 정치적 투쟁도 없이 '거저' 주어진 것이었으므로, 농민들은 그에 대한 아무런 조직적·정치적 준비도 되어 있지 못했다. 그러나 반면에 지방자치조직은 활용하기에 따라서는 해방 후 8년간 이어진 정치적 소용돌이로부터 자신과 가족, 친족을 보호할 수도 있는 정치적 기회의 측면 또한 갖고 있었다. 이런 조건에서 농촌의 전통적 지식인층이 단기간 내에 농민들을 정치적으로 동원할 수 있는 가장 효과적이고 안전한 수단이 바로 '복합가족의 확대 내지 변형'인 동족조직이었다고 할 수 있다.*

셋째, 탈전통화로 치닫고 있는 이질적인 도시문화에 대한 반발이다. 수영복 차림 혹은 노출이 심한 서구적 의상을 입은 여성들이 뭇 남성 앞에서 활보하는 미스코리아선발대회나 패션쇼, 여름이면 서울의 뚝섬유원지를 가득 메우곤 했던 수영복 차림의 여성들 등은 신체노출을 극도로 꺼리는 전통적 윤리에 젖어 있는 농촌주민들, 특히 노인들의 분노를 자아내기에 충분했을 것이다. 심지어 교통안전 캠페인의 일환이었던 1959년의 교통안전여왕 선발대회조차도 수영복 심사를 포함하고 있었다. 대부분 남녀가 얼싸안고 마주보는 키스 직전의 광고들, 혹은 여체가 상당히 노출된 광고

---

* 김두헌, 『한국가족제도연구』, 서울대출판부, 1980〔1948〕, 642쪽. 김두헌에 의하면, 동족부락은 '가장적家長的 가족제도의 지역적인 구현체'로서, 누세동거累世同居를 이상형으로 삼는 하나의 변형이기도 하다. 조선시대 이래 지배층은 이를 이상화하여 우리나라 농촌사회의 한 특징을 이루게 했다(같은 책, 645쪽). 김택규는 1964년 2월에 이루어진 안동 하회1동에 대한 조사를 토대로, 농지개혁과 균분상속均分相續의 누적으로 인한 농지의 영세화가 동외분가자洞外分家者, 출가자出稼者, 전출자의 증가를 낳아 재래의 대(=동족)가족제도를 와해시키고 있음에도 불구하고, 여전히 동족부락은 한국 농촌공동체의 가장 기본적인 특징으로 남아 있으며, 동족 성원간의 인간관계와 촌락구조를 전적으로 좌우하고 있다는 결론을 내놓고 있기도 하다. 김택규, 『씨족부락의 구조연구』, 일조각, 1979〔1964〕, 275~276쪽.

그림이나 사진들이 함께 실려 있는 신문의 자극적인 외국영화 광고 역시 마찬가지였을 것이다. 박인수 사건을 비롯한 반인륜적 범죄들, 그리고 〈자유부인〉에서 잘 드러난 자유연애나 춤바람, 성적인 방종 풍조, 수만 명의 윤락녀들,* 누드모델이 돈 잘 버는 새 직업으로 신문에 소개되고 도색일서桃色日書를 파는 도시의 노점상들이 붐을 이룬다는 소식 등은 농민들로 하여금 도시를 '범죄와 타락의 장소'로 여기게 만들었다고 할 수 있다. 마찬가지로 카바레나 바 등이 밀집된 서울과 부산 등 대도시는 농촌주민들에 의해 퇴폐와 환락의 도시로 간주되었을 법하다. 농민의식의 강한 전통주의, 가부장적·신분적 권위주의, 가족주의 등을 잘 포착한 1950년대의 조사연구들은 말할 것도 없고,[102] 1960년대 초까지도 도시인들에 비해 현저히 전통적인 윤리나 가치들을 고집하는 농민들의 의식구조**로 미루어 보더라도 이 같은 추론은 설득력을 갖는다.

넷째, 소작제의 재생과 머슴의 광범한 잔존 등 봉건적 인신구속人身拘束의 재강화 내지 잔존으로 인한 영향이다. 농지개혁 이후 지주층과 자·소작층간 경지규모의 차이가 축소되고, 구舊소작농의 근면과 내핍으로 인한 경제적 지위향상으로 인해 생활수준의 격차가 계속 축소되고 있었음에도 불구하고,[103] 농지개혁 이후에도 구지주층은 여전히 경제적으로 상층부를 이루고 있었다. 또 농지개혁으로 자작농이 된 이들 가운데 다시 소작농으로 떨어진 이들은 대부분 구소작인들이었을 것이다. 따라서 과거만큼은

* 1954년 말 현재 정부의 발표에 의하면, 댄서, 위안부, 접대부, 밀창密娼 등 윤락여성으로 파악된 이들이 전국적으로 38,763명이나 되며, 이 가운데 75.9%인 29,414명이 서울과 경기지역에서 영업을 하고 있었다. 그리고 이 가운데 60.5%가 취학 경력자이며 약 3.6%는 중학교 졸업 이상의 학력을 갖고 있었다. 보건사회부, 앞의 책, 70~71, 257쪽 참조.
** 특히 1962년 2월에 도시주민과 농민들의 의식을 비교한 최재석의 조사(최재석, 『한국가족연구』, 337~463쪽)와 1963년 말부터 1964년 초까지 역시 도시민과 농민을 비교한 고영복의 조사(한국농촌사회연구회, 앞의 책, 243~247쪽), 그리고 1964년 중반 농민을 대상으로 한 양회수의 조사(양회수, 앞의 책, 561~596쪽) 참조.

아니더라도 소작제의 재생은 봉건적인 인격적 종속의 요소를 의연히 포함하고 있었다고 보아야 할 것이다. 이와 함께 '망각지대의 버림받은 계층'으로 '노비제奴婢制의 잔해'이기도 한 머슴은 1950년대까지 농촌에 광범하게 잔존하고 있었다. 1960년 현재도 연고年雇 머슴이 240,447명, 계절고季節雇인 달머슴이 54,110명으로, 전체적으로 약 30만 명의 머슴이 존재하고 있었다. 이들은 농업생산뿐만 아니라 가사노동 전반에 종사하고, 낮뿐 아니라 밤에도 일하며, 특정한 노동시간에 따라 일하는 것이 아니라 수시로 필요에 따라 일하며, 고용주의 가족의 일원을 이루어 대부분 주인의 가옥 내에 기거하면서 식사·의복·술·담배 등을 제공받으면서 고용주에게 신분적·인습적으로 강인하게 예속된 주종관계를 형성하고 있었다.[104]

다섯째, 전통적 질서에 반발하는 이질적인 사회부문 중심의, '계층적으로 선택적인' 이촌離村 이동으로 인한 농촌의 문화적 동질화 내지 전통적 질서의 상대적 강화 효과이다. 1960년대 초까지도 농촌의 과잉인구 규모는 전체의 37.5%에 달했고,* 이런 압력에 직면하여 1950년대 후반에 도시로 이동한 농촌인구가 이 시기의 급속한 도시화를 선도했다는 것은 주지의 사실이다. 그러나 과연 누가 왜 이농했는가 하는 것이 문제이다. 김동춘의 지적대로, 이들은 "상속을 받지 못한 차남 이하의 사람들, 전통사회에서 차별을 받거나 전쟁 중 이념대립 과정에서 동네사람들이나 친족들과 서먹서먹한 관계를 맺게 된 사람들"이었을 것이다.[105] 이념대립 과정에서 좌익 지지 혹은 중도적 입장을 취했던 사람들은 물론이고, 가족 내에서는 '귀찮은 존재'로 간주되고 부단히 '다른 데로 갔으면' 하는 은근한 압력에 시달리며, 촌락 내에서도 장남에 비해 차별적인 대우를 받으면서 부락 행사나 역할배분에서 소외당함으로써 열등감과 자포자기에 시달리면서 농촌

---

* 이는 1961년을 기준으로 한 수치이다. 위의 책, 275쪽.

의 사회문제로 떠오른 차남이나 삼남의 경우도 농촌의 신분적이고 가부장적인 질서에 대해 강한 반발심을 가졌을 가능성이 높다.[106] 1950년대에 농촌을 떠난 이들은 이처럼 상대적으로 근대적인 의식에 물들었거나 전통적인 질서에 가장 저항적이었을 사람들인 것이다. 그리고 마을 내부로부터 전통을 위협하는 이들이 빠져나감으로써 세계관적 동질성은 강화되고 전통적 구조의 정당성은 훼손되지 않았다고 할 수 있다.

5. 독자적인 청년문화의 형성과 4·19

나는 앞에서 1950년대의 아동과 청소년들에게 학교와 군대의 경험은 일종의 새로운 '통과의례'로 작용했다고 말했다. 학교와 군대에서의 경험이 갖는 중요성은 그것이 아동에서 청소년으로, 다시 청소년에서 성인으로 넘어가는 인생의 핵심적인 과도기에 위치하고 있었다는 사실에서 비롯된다. 우리 역사상 처음으로 1950년대 들어 모든 국민들은 일정한 연령이 되면 '매우 평등하게' 국가가 주도하는 통과의례의 과정으로 진입하며, 여기서의 밀도 있는 재사회화 과정을 통해 '전통적인' 사회적 지위 및 정체성으로부터 단절하고 '근대적인' 사회적 지위 및 정체성을 획득하게 되었다. 무릇 통과의례(rites of passage)는 부족이나 마을공동체와 같은 전통적인 집단 성원들의 유기적인 협력 아래 주관되고, 의례의 제반 과정은 청소년들에게 '전통적인' 가치들과 기술들을 전수하고 그들을 '전통사회'의 당당한 일원으로 확고하게 '재통합'하는 기능을 수행했다. 그러나 학교와 군대를 매개로 이루어진 새로운 통과의례는 씨족이나 마을공동체가 아니라 국가가 주도하는 것이었고, 그 사회적 기능 역시 전통적인 가치·기술의 전수 및 전통사회로의 재통합이 아니라 본질적으로 '전통적 지위, 가치관, 정체성으로부터의 이탈' 및 '근대사회로의 통합'이었다고 볼 수 있다. 아동과 청소년들은 전통적 지위 및 정체성들로부터 '분리(separation)'되어, 혼란스러운 '전이(transition)'의 시기를 거친 후, 전통적 공동체가 아니라 근대적인 국가공동체로 '재통합(reincorporation)'된다.* 따라서 이 통과의례는 국민 개개인이 '전통으로부터 근대로, 가족·부락 공동체로부터 국가·민족공동체로의 역사적 이행'을 개인 수준에서 미시적으로 반복하는 주요 기제로 역할을 했다고 볼 수 있다. 이처럼 어린이와 청소년들은 '국민'학교에서 '국민적' 교양과 지식을 익히며, 반공주의와 함께 인권, 자유민주주의 등을 체득하게 되었다. 그들은 당시의 학생들이 외워야만 했던 '우리의 맹세'의 한 구절대로, '아무개의 아들 딸'일 뿐만 아니라 '대한민국의 아들 딸'로도 거듭나게 되었다. 또한 국민개병제 실시와 함께 사람들에게 회자되기 시작한, "군대에 갔다 와야 사람이 된다"라는 말에서 '사람'이란 대략 집단주의적 문화, 민족의 사명에 대한 투철한 인식, 근대적인 기술을 습득한 인간을 가리키는 것이었다. 그러나 이 같은 통과의례가 전통으로부터의 완전한 해방을 목표로 한 것은 아니었다는 점에도 유의해야 한다. 앞에서 살펴보았듯이 국가는 학교와 군대에서 가족주의적 가치들을 몰아내려고 하지도 않았으며, 도시의 근대성 역시 '전통의 근대적 변형' 위에 기초한 것이었다. 또 당시의 지식인들은 근대화의 가치와 필요성을 전면적으로 긍정하면서도, 전통적인 가족주의에 대해 전면적인 부정의 태도를 취하지는 않았다. 당시 지식인들은 전통에 대한 전면적 부정보다는 전통의

---

* 이 '전이의 시기' 혹은 '주변적, 경계적 상태(marginal, liminal state)'에서 통과의례의 참여자들은 세속적·일상적·자연적 시간과 질서가 단절되는 가운데, 성스럽고 비일상적이며 초자연적인, 한마디로 '실재의 새로운 질서(a different order of reality)'를 체험하게 된다. 이 시기 혹은 상태는 과거 자아의 상징적인 죽음을 포함한 전통적인 지위 및 정체성과의 단절, 낡은 가치들과 새 가치들의 충돌로 특징지어진다. 이런 '접경(liminality)'의 체험은 미래지향적이고 새로운 공동체적인 비전의 획득으로 종결된다. Arnold Van Gennep, *The Rites of Passage*, Chicago: The University of Chicago Press, 1960; Victor W. Turner, *The Ritual Process*, London: Routledge & Kegan Paul, 1969.

근대적 변형이 필요하다는 쪽에 보다 가까웠다고 할 수 있다. 1960년대까지도 이런 사정은 달라지지 않았다.*

또한 이들은 학교와 군대에서의 실제적인 체험을 통해 앞에서 말한 시민종교의 신봉자들이 되었다. 그러나 이들은 냉전적 반공주의만이 아니라, 그리고 그에 못지않게 자유민주주의, 친미주의, 근대화의 중요성을 강조하는 훈련을 거쳤다. 이들이 시민종교의 신봉자였던 만큼 그들은 지배엘리트층의 비민주성과 부정부패 등 '도덕적 해이' 현상을 묵과할 수 없었다. 또한 당시 화이트칼라층의 경제적 어려움과 함께, 경제불황으로 인한 대학졸업자들의 취업난**은 이들의 풍요와 근대화에 대한 열망을 정면으로 배반하는 것이었다. 이 점이 바로 냉전적 반공주의가 압도하는 지배엘리트층의 문화와는 구분되는 이들의 하위문화의 중요한 특징 중 하나를 형성하게 되었다.

또한 전쟁 이후에 더욱 뚜렷해진 만혼晩婚 경향***에서 잘 나타나듯이

---

* 예컨대, 대학생을 대상으로 한 1964년의 한 조사연구는 당시 대학생들의 경우 전통적인 유교윤리에 대한 의존이 크게 약화되었음에도 불구하고, 효孝, 부부의 도道나 부덕婦德 등 가부장적 윤리, 가족주의적 가치관은 상당부분 유지하고 있었음을 보여준다. 더욱이 이런 태도는 정치에 대한 비판과 견제, 사회정의의 필요성에 대한 이들의 강조와 무리 없이 공존하고 있었다(김태길, 앞의 책). 또한 교수와 언론인을 대상으로 한 1966년의 한 조사에 따르면, 한국의 근대화를 위해 기존 사회질서의 해체가 전면적으로 요구된다는 견해("상당히 필요하다")는 35.1%에 불과하고, 부분적인 해체가 필요하다는 응답("약간 필요하다")이 43.8%, 별로 혹은 전연 필요하지 않다는 응답이 18.1%에 달했다. 이들은 전통적인 가족제도의 문제점으로 가족에 대한 의존심(45.4%), 대가족제도(13.3%), 가부장적 권위주의(12.0%), 남존여비사상(7.8%) 등을 들고 있는 반면, 전체의 과반수는 전통적인 가족제도 가운데 근대화에 도움이 되는 요소들이 포함되어 있다고 보고 있고, 특히 공존공생의 정신(26.5%)과 가정윤리(21.5%)가 그러하다고 보고 있다. 홍승직, 『지식인의 가치관 연구』, 57~65, 169~171쪽 참조.
** 1958년의 경우 대학 졸업생 15,899명 중 약 75%인 12,000여 명이 취업하지 못하고 있었다. 오유석, 「서울의 과잉도시화과정」, 298쪽 참조.
*** 그 이전과 이후에 비해 1955~1960년 사이에 초혼연령의 상승현상은 매우 뚜렷하게 나타났다. 1935년부터 1955년까지의 20년 동안 남성의 평균 초혼연령은 3.4세 증가했고(여성은 3.3세 증가), 1960년부터 1970년까지의 10년 동안 0.7세 증가했지만(여자는 0.6세 증가), 1955년부터 1960년까지의 불과 5년 동안 1.9세나 증가했다(여자는 2.2세 증가). 전후에 남성보다는 여성의 만혼화 경향이 더욱 뚜렷했던 셈이다. 이효재, 『가족과 사회』(개정판), 경문사, 1983, 178쪽의 〈표 4-3〉 참조.

사회화기간은 최대한 길어졌으며, 그것은 전혀 의도치 않은 결과 즉 독특한 '청년문화'의 형성이라는 결과를 낳았다. 1950년대의 폭발적인 교육열은 거대한 학생 인구군을 창출해냈다.* 그러나 이들이 중·고등학교와 대학, 군대에서 빈번하고도 강렬한 상호작용을 지속시킬 수 없었더라면, '청년문화'는 아예 형성될 수 없었거나 설사 가능했다 하더라도 그 사회적 영향은 보잘것 없었을 것이다. 부모들의 피해의식의 소산이자 험한 삶을 거쳐 온 지혜의 표출이기도 했던 인문계, 법정계 중심의 학생층 구성**도 학생사회 내에서 민주주의 이상에 대한 감수성을 더욱 증폭시켜 4·19를 예비한 중요한 요인으로 작용했다. 또한 전쟁기간 동안에도 국가가 고등학생과 대학생에게 군 징집에서 연기 내지 면제혜택을 부여한 것도 '청년문화의 단절 없는 발전'을 도와준 요인이었다고 할 수 있을 것이다. 이처럼 독특한 청년문화의 형성과 발전은 4·19가 왜 학생과 청년층의 주도로 전개되었는가를 이해하는 데 긴요하다.

1950년대의 청년문화를 더욱 독특하게 만든 요인은 전쟁의 심리적 충격을 해결하는 그들만의 독특한 방식이었으며, 이 방식은 오리엔탈리즘적이고 자학적인 친미주의, 실존주의와 개인주의 등의 특징을 가지고 있었다. 1950년대의 청년문화가 독특했다는 것은 다음과 같은 삼중적인 의미에서, 즉 ① 도시의 전전 세대 지식층과도 다르고, ② 도시 서민층의 문화와도 다르고, ③ 농촌의 지배적 문화와도 달랐다는 점에서이다.

---

* 총인구에 대한 학생인구의 비율은 1945년의 8.9%에서 1948년에는 14.5%로, 1954년에는 16.0%로, 1960년에는 18.1%로 증가했다. 이에 따라 중학교 재학 이상의 학생인구 비율도 1945년에는 총인구의 0.8%에 머물러 있던 것이 1948년에는 2.1%, 1954년에는 3.3%, 1960년에는 3.6%로 증가했다. 또 1945년에는 7,919명에 지나지 않던 대학생 수가 1960년에는 드디어 10만 명 선을 돌파했다.

** 1958년 현재 고등학생 전체의 62%, 대학생 전체의 54%가 인문계 소속이었다고 한다(김운태, 앞의 책, 440쪽). 최재석에 의하면, 1955년 현재 전국 대학의 20개 인문·사회과학계 학과들에 소속된 학생 34,000명 중 법학과 정치학을 전공하는 학생이 전체의 38%인 13,000명이라고 한다. 앞에서 살펴본 것처럼 이런 현실은 당시 정부의 방침과도 어긋나는 것이었다(최재석, 『한국인의 사회적 성격』, 68쪽).

우선 지식층 내 세대 간의 단절은 세계관과 현실적인 권력의 수준에서 진행되었다. 전전 지식층의 친미주의는 다음 둘 가운데 하나였다고 할 수 있다. 그것은 ① 격렬한 투쟁에서 살아남기 위한 생존 욕구에 대응하는 것으로서, 미국과 서구에 대한 단편적이고 피상적 관심과 지식으로 특징지어지는 '도구적·피상적 친미주의', 아니면 ② 미국과의 수평적 관계, 내지 냉전적 세계질서 내에서 한국의 중심적 지위와 주도적 역할을 고집하는 '민족주의적 친미주의'였다. 사실 구세대 친미적 지식인의 대표격인 이승만처럼 '민족주의적 친미주의'를 잘 보여준 사람도 드물 것이다. 이와 달리 당시 청년들의 친미주의는 미국과 서구에 대한 진지한 관심, 그리고 서구적 가치관과 세계관의 전면적인 수용, '숭미崇美'라고 표현해야 할 정도로 미국이라는 나라에 고도로 정신적 에너지를 집중시키고 미국의 기준에 비추어 한국의 기성 가치 및 규범질서를 부정적으로 평가하는 점이 특징이었다. 이는 '전면적·실제적 친미주의'이자, '오리엔탈리즘적 친미주의'라고 할 수 있을 것이다.* 이 점은 4·19가 왜 학생 및 일부 지식인, 야당, 그리고 미국의 합작품처럼 비치는가를 해명하는 데 중요하다. 말하자면 그것은 '미국의 이념과 미국에 대한 환상적 이미지에 의지한 민주화운동'이었던 것이다.

---

* 다음과 같은 주요섭의 토로는 전전세대의 공통된 문제의식을 반영한다고 볼 수 있겠다. "해방 후부터는 낡은 세대의 학자들과 문학자들은 우리나라 고전과 현대문학을 열심히 연구하고 있는 데 반하여 새 세대는 자기 나라 조상이 물려준 문화재를 이어받아 더 발전시키려는 의욕이 전혀 없고, 도리어 우리 고전과 전통을 무시 내지 멸시하는 경향이 농후하다……얼마 전에 미국 어떤 친구로부터 받은 편지에 이런 구절이 있었다. '한국인 유학생 몇 명과 오랜 시간 이야기해 본 결과 실로 뜻밖이요 놀라운 사실을 발견했소. 그들이 미국 작가 헤밍웨이, 포크너, 마크 트웨인 등에 대한 지식은 나보다 더 많고 그들의 작품도 많이 읽은 모양이던데, 한국 현대 작가의 이름이나 작품은 하나도 모르더군요. 한국은 문학을 안 가진 민족인지 그렇지 않으면 학교에서 한국문학은 도무지 가르치지 않는지, 어느 것인지 알려주시면 고맙겠습니다.' 이 소론을 읽는 독자들에게도 물어 보고 싶다. 그들 중 몇 사람이 이인직, 현진건, 윤백남, 김억, 윤동주 등 여러 분이 어떤 분이고 대표작들이 무엇 무엇인지 알고 있나 물어 보고 싶은 것이다." 주요섭, 「전후세대의 성장과 모랄의 변용」, 현대인강좌편찬회 편, 『현대인강좌: 한국의 발견』, 박우사, 1962, 242쪽.

또한 전후세대 지식층은 이전 세대에 속하는 지식인들을 부패한 기득권층 정도로 간주했던 것으로 보인다. 전후세대 지식층의 눈에는 해방공간의 격렬한 좌우익투쟁에서 맹장들이었던 전전 지식층이 전후 전리품 분배를 둘러싼 논공행상의 과정을 통해 기득권세력으로 자리 잡고, 학술원·예술원 회원 자리와 국전 심사위원 자리 등으로 구체화된 기득권을 둘러싼 격렬한 갈등에 빠져들고, 젊은 층의 실험적인 시도들을 배제 내지 격하하고, 이승만과 자유당의 독재에 야합하는 모습을 보인 것으로 판단되었다. 실제로 해방공간에서 활약했던 우익 지식인들은 전쟁 중 종군작가단, 종군극작단, 전선작가구락부, 자유연예인연합 등의 활동을 통해 기존 체제 안에 일차적으로 포섭되었고, 역시 전쟁 중인 1952년에 공포된 '문화보호법'을 기초로 한 문화인 등록과 학·예술원 선거의 과정에서 더욱 확고하게 체제로 포섭되었다고 볼 수 있다. '한글세대'라는 공통의 특징이 전후세대가 전전세대의 지적인 지배로부터 해방되는 데 기여했다는 사실과 함께, 실존주의, 앵그리 영맨, 비트 제너레이션, 누보로망, 네오리얼리즘, 누벨 바그, 뉴 크리틱 등 기성질서에 도전하는 전후 문예·철학사조들이 젊은 층에 강한 영향을 미침으로써 지식인사회에서 세대 간의 지적인 단층이 확대되었다는 사실도 강조해 둘 필요가 있을 것이다.[107]

또한 1950년대의 청년문화는 도시 서민층 및 농민들의 지배적인 문화와도 다른 것이었다. 실존주의, 세계 및 인간에 대한 불신과 회의, 환멸 등은 지식층에게 전쟁으로 인한 좌절과 불안을 해소하는 카타르시스의 기능을 수행했지만, 도시와 농촌을 뒤덮고 있는 가난의 문화 속에서 대중적인 관심사가 되기 어려웠다. 더욱이 그 같은 문화상품의 대중적 전달 가능성은 국가에 의해 체계적으로 차단되었다. 상대적으로 독자가 한정된 소설의 경우 당시 젊은이들은 허무주의나 염전사상을 담고 있는 손창섭이나 박용학의 작품들을 아무런 제약 없이 읽을 수 있었지만, 1950년대 중반 이후 대중의 인기를 독차지했던 영화의 경우에는 문교부, 내무부, 국방부 등에 의해 이중삼중의 치밀한 검열이 행해졌다. 영화 〈피아골〉의 예를 보면 당시의 영화 검열이 어떤 수준이었는가를 잘 알 수 있다. 1955년 8월 상영 예정으로 제작이 완료된 '반공영화' 〈피아골〉은 검열에 걸려 상영중지를 당하게 되는데, 나중에 문교부에서는 다음과 같은 네 부분을 수정하도록 조건을 붙여 통과시켰다.[108]

1. 얼굴을 우두커니 들고 보고 있는데, 이런 장면이 너무 지루하다.
2. 공비들이 최후까지 신념을 버리지 않고 고집한다는 것은 잘못이다.
3. 동리 이장을 찔러 죽인 양민들이 그냥 무사히 돌아가는데, 이것은 공비에게 협력하면 살 수 있고 떨어지면 죽는다는 결론이니 이것은 안 된다는 것, 즉 부역을 하든 안 하든 죽는다는 것을 표시하여야 한다는 것.
4. 최후에 여자가 혼자 귀순하는데, 이것을 더욱 뚜렷하도록 하라는 것.

더욱이 권력의 감시의 눈은 영화관 속으로 더 깊숙이 침투해 있었다. 〈표 21-서울시 주요 개봉관의 무료 입장자(1954)〉[559쪽]는 1954년 5월 현재 서울시 주요 극장의 무료 입장자들을 집계한 것이다. 이 표는 또한 이른바 '완장의 시대'에 도시인들의 일상생활을 지배하는 크고 작은 권력자들이 누구인가를 잘 보여준다.

바로 이런 사정 때문에 당시 지식층은 대중의 관심 밖에서 문화적 특권을 누릴 수 있었다. 청년들은 대부분 번역극인 이른바 '현대극現代劇'의 배타적인 관객이 되었고, 서구풍의 무대를 배경으로 소설과 시, 서양 고전음악 등을 즐겼으며, 이 모두가 아직 대중에게는 낯선 것들이었다. 이들은 또한 대중에게는 알려지지 않은 그들만의 우상을 갖고 있었는데, 주로 실존주의적 작가들과 철학자들이었다. 아마도 한국 역사상 1950년대처럼 지식엘리트의 문화와 대중의 문화 사이에 현저한 단층이 존재했던 적도 드물 것이다. 그리고 이 점은 4·19 당시 농촌 및 도시 대중의 침묵과 방관을 이해하는 데 중요하다.

6. 맺음말

한국전쟁은 정치·경제·군사적 측면뿐 아니라 사회·문화의 측면에서도 중요한 변화를 동반한 시기였다. '국민적 통합'의 달성 그리고 근대화를 위한 사회·문화적 기반의 조성이라는 점에 주목하면, 한국전쟁의 역사적 중요성은 더욱 두드러진다. 이 글에서는 한국전쟁으로 인한 사회·문화적 변동의 속도와 폭, 그리고 변화의 내용을 파악하기 위해 다음의 세 가지 쟁점을 집중적으로 탐구했다. 첫째, 탈계급화되고 탈전통화된 개인들을 전사회적으로 통합하는 문제, 둘째, 1960년대 이후 급진전된 산업화와 근대화 과정에서 1950년대가 점하는 위치와 역할, 셋째, 4·19혁명의 사회적 기원과 역사적 의미 등이 그것이다. 이 글의 주된 발견은 대략 다음 세 가지로 요약될 수 있다.

첫째, '근대적인 국민 형성과 통합'이라는 관점에서 볼 때, 한국전쟁 이전과 이후 시기 사이에는 질적인 차이가 존재하며, 전쟁을 거치면서 이를 위한 사회적 기초와 문화적 토대가 마련되었다. 근대적 사회통합을 위한 '사회적' 기초로서는 국민개병제, 의무교육제, 문맹퇴치운동, 지방자치제의 도입 등이 강조되어야 한다. 아울러 전쟁이라는 상황정의를 유지시키는 다양한 사회적 장치들, 국가의 근대화 노력과 반공드라이브의 근대화 잠재력, 그리고 참전자 및 전사상자와 그 가족, 국가공무원 및 그 가족, 월남자와 이산가족 등 전쟁과정을 통해 방대한 새로운 국가숭배적 집단들 내지 정부 지지세력이 창출되었다는 사실에 주목할 필요가 있다. 또한 전쟁 이후 근대적 통합을 위한 '문화적' 기초로서, '냉전적인 반공·친미·자유민주의라는 이데올로기 복합체'로 구성된 신념체계 및 이와 결합된 유사종교적 의례·성소·성인의 체계로서 이해될 수 있는 일종의 '시민종교'가 등장한다는 사실이 중요하다.

둘째, 1950년대는 한국사회에서 '독특한' 유형의 근대성이 원형적으로 형성된 일종의 '틀 형성'의 시기였고, 그런 면에서 1960년대 이후의 본격적인 산업화를 위한 필수적인 역사적 전제였다. 1950년대의 '한국적 근대'는 도시를 중심으로 한, '축소된 가족주의와 확대된 가족주의의 동시적 발전'을 축으로 한 '가족주의'의 근대적 재편, 근대적인 자원과 투입의 도시로의 집중과 집적, 신문·잡지·라디오방송·영화 등 대중매체의 발전에 기초한 근대적이고 미국적인 대중적 문화의 형성, 농촌 내 힘 관계의 역전에 기초하여 도시의 미국적 근대성에 반발하는 농촌의 재전통화를 모두 포함하면서 그것들을 핵심적 구성요소들로 삼는 것이었다. 따라서 1950년대의 근대화는 전통-근대의 이항대립적 도식을 극복하고, '경제적 근대화를 위한 비경제적 조건'의 형성에 주목하고, 반근대화 내지 재전통화까지 포함하는 복합적이고 역동적인 과정으로 접근할 때만 제대로 이해될 수 있다.

셋째, 도시의 전전세대 지식층, 도시서민층, 농민층의 문화와 구분되고 그와 일정하게 단절된 독특한 청년문화의 형성과 발전이 4·19의 '청년·도시·지식인·친미'혁명적 성격을 이해하는 데 중요하다. 교육열에 힘입어 도시에서 중등 이상 학생층이 방대한 인구집단으로 성장한 것을 배경으로, 이들은 학교와 군대에서 적어도 9년 동안 밀도 있는 사회적 상호작용을 거쳐 독자적인 하위문화를 형성했다. 이들의 하위문화는 강한 국민적 정체성, 냉전적 반공주의와 자유민주주의·근대화 열망의 결합, 숭미적·반전통적 태도를 수반하는 오리엔탈리즘적 친미주의, 좌절과 불안의 해소 방법으로서의 실존주의, 도시 및 농촌 대중의 문화와의 단절 등으로 특징지어졌으며, 이 특징들이 4·19혁명에 청년·도시 중심성 외에 자유민주주의적·친미주의적·엘리트주의적 성격을 각인시켰다.

:: 이임하

덕성여자대학교 사학과를 졸업하고, 성균관대학교 대학원에서 석사 및 박사학위를 받았다. 역사학연구소
연구실장을 거쳐, 현재 한성대학교 사회과학연구원 연구교수로 재직 중이다.

주로 해방과 한국전쟁을 통해 내면화된 사회구조가 여성들의 일상에 작동하는 방식과 이에 대한 여성들의
대응양상을 연구하고 있다. 특히 전쟁미망인, 성매매 여성, 노동자를 비롯해 그 동안 밖으로 드러나지 않았
던 여성들을 중심으로 여성사를 재구성하는 데 노력하고 있다.

대표 저서로는『여성, 전쟁을 넘어 일어서다』(2004),『계집은 어떻게 여성이 되어나』(2004),『일상사로 보
는 한국근현대사』(공저, 2006)가 있다. 주요 논문으로는「1950년대 여성교육에서의 성차별과 현모양처 이
데올로기」(2003),「미군의 동아시아 주둔과 섹슈얼리티」(2004),「한국전쟁과 여성성의 동원」(2004),「1970
년대 크리스챤 아카데미 사건 연구」(2005) 등이 있다.

한국전쟁과 여성
― 국민국가 형성기 전쟁미망인의 사회적 위상

이임하

1. 무엇이 문제인가

한국전쟁은 해방이 가져온 혼란이나 격정보다도 더 큰 충격으로 사람들에게 다가왔다. 전체 전쟁 기간 가운데 한반도 전역에 걸쳐 전투가 벌어진 기간은 1년도 안 되었지만 전쟁 동안 남한에서만 150만 명가량의 사상자와 실종자가 발생했고,* 특히 인명손실이 집중된 연령층은 10대 후반에서 30대에 이르는 청장년층 남성이었다. 그리고 이 연령층의 손실은 다른 한편으로 전쟁미망인의 양산과 결혼적령기 남성의 절대부족 현상으로 나타났다. 1950년대 남한사회에는 한국전쟁의 직접적 결과인 전쟁미망인을

---

* 전쟁으로 인한 직접적인 인명 피해는 조사주체에 따라 차이가 있다. 군사정전위원회는 부상자를 제외한 사망, 학살, 실종, 납치된 군인과 민간인을 1,111,237명으로, 유엔군사령부는 유엔에 제출한 보고서에서 894,470명으로, 『통일신문』은 1,032,690명으로 기록했다. 전사편찬위원회, 『한국전쟁: 요약』, 1989, 358~359쪽: 정보본부, 『군사정전위원회편람』, 전쟁기념사업회, 《한국전쟁사》 6, 1986, 15~17쪽에서 재인용. 한편 1991년 군사문제연구소는 1,231,115명으로 기록하고 있다. 군사문제연구소, 『한국전쟁일지』, 1991, 1059~1061쪽.

포함하여 50만 명 이상으로 추산되는 미망인들과 미망인에 따른 100만여 명의 부양가족이 하루하루의 생계를 잇기 위해 거리를 헤매고 있었다.

전쟁은 미망인들에게 극도의 생활고를 겪게 했지만 다른 한편으로는 여성의 경제적 참여를 확대시키고 여성의 사회적 인식을 전환시키는 계기로 작용했다. 한국전쟁 뒤 '아버지 부재'의 가정에서 어머니 또는 딸들은 가족의 생계를 담당하려고 가정 밖으로 나왔고, 생계에 도움이 된다면 어떤 일이든(심지어 성매매까지도) 해야만 하는 처지에 있었다. 또한 50만 명 이상의 '미망인', 그 가운데서도 전쟁미망인들은 가정 밖에서 생활방도를 찾아야 한다는 생계의 욕구뿐만 아니라 대부분 청장년층의 여성이었다는 점을 감안할 때 성性적인 불만족을 강하게 느꼈을 것으로 여겨지며, 전쟁미망인의 이런 욕구는 성性에 대한 인식과 이에 따른 사회현상을 한국전쟁 이전과 다른 모습으로 바꾸어 놓기에 충분했다. 한국전쟁 뒤 여성 문제를 논의할 때 전쟁미망인 문제가 종종 제기되었지만, 그들의 경제 문제나 생리적 욕구를 사회가 어떻게 해결할 것인가와 같은 문제가 아니라 '미망인의 타락한 성윤리가 여성 일반에게 어떠한 영향을 주는가, 따라서 그들을 어떻게 통제해야 하는가'라는 윤리적이고 규범적인 문제에 치우친 것은 이런 변화에 대한 불안감의 반영이었다. 즉 여성의 생존을 위한 경제적, 사회적 활동에 대해 사회는 전통적인 여성상 ─ 보호받고 순종적이며 순결한(정숙한) 아내와 딸 ─ 을 파괴할 것이라는 근거 없는 두려움을 드러냈고, 전쟁미망인은 두려움의 대상이었다. "가정을 경시하고 허영과 향락에 빠진 자유부인"이라는 전쟁미망인에 대한 사회적 규정은 미망인들의 당면한 문제에 대한 실태조차 제대로 파악하지 않은 상태에서 이루어졌고 또 당연시되었다. 한국전쟁 뒤 전쟁미망인에 대한 사회적 규정은 보호의 대상이자 사회적 규제의 대상이었다.

이런 전쟁미망인에 대한 사회적 규정은 그 뒤에도 변함없이 유지되었다. 매년 6월이 되면 '누가 먼저 총을 쏘았는지, 미국은 언제 개입했는지, 몇 차례의 전선이동이 있었는지, 휴전회담이 어떻게 성사되었는지, 가옥 또는 공공건물이 몇 동이나 파괴되었는지, 국군과 유엔군은 얼마나 장렬히 싸웠는지' 등으로 한국전쟁의 원인, 전개과정, 결과에 대한 연구가 쏟아져 나왔지만 누구도 전쟁미망인의 문제를 본격적으로 제기하지 않았다. 전쟁미망인은 우리의 관심영역 밖이었다. 한국전쟁과 여성 문제의 상관성에 대한 본격적인 연구가 전혀 이루어지고 있지 않은 현실과, 나아가 여성은 항상 역사의 타자로서, 주변인으로서 존재해왔다는 현실을 생각한다면 이런 현상은 너무도 당연한 결과이다.

이 글은 이런 문제의식을 바탕으로 한국전쟁이 여성의 생활과 지위에 미친 제반 영향을 다루기 위한 기초적 연구로서 1950년대 전쟁미망인들의 구체적 삶과 그들에 대한 사회적 규정이 어떻게 이루어지고 있는지를 다루고자 한다. 우선 '미망인'이라는 용어가 인격을 가진 독립적 존재로서의 여성을 어떻게 부정하고 있는지 살펴보겠다.

2. 미망인이라는 용어와 전쟁미망인의 범주

전쟁이나 다른 이유로 남편을 잃은 여성을 뜻하는 미망인이라는 용어가 함축하고 있는 의미와 사회적 인식은 무엇인가? 일반적으로 남편을 잃은 여성을 '과부寡婦' 또는 '미망인未亡人'이라 불렀다. 과부는 (자식의) 홀어미라는 의미를, 미망인은 '남편과 함께 죽어야 하는데 아직 죽지 아니한 아내'라는 뜻을 지니고 있다.[1] 이 두 가지 호칭은 모두 어머니와 아내로 규정되는, 즉 자신의 존재에 의해서가 아니라 타자와의 관계에 의해 규정되는 여성의 사회적 존재를 적나라하게 보여준다. 특히 미망인이라는 말은 죽은 남편을 기준으로 살아있는 아내를 규정하는 호칭으로, '남편을 뒤따라 죽어야 하는 자신의 도덕적 책무를 다하지 못한 아내'라는 윤리적 의미와, 독립된 개체로서의 여성의 존재를 규정하고 '남자에 의해 보호되고 규정되는 여성'이라는 존재적 의미를 동시에 지니고 있으며, 1950년대 전쟁미망인이라는 호칭 역시 이런 의미를 함축한 채 사용되어졌다.

그렇다면 전쟁미망인이란 누구인가? 1950년대 전쟁미망인이라 불렸던 사람들에는 일반적으로 군인과 경찰관으로 전사 또는 행방불명된 자의 부인, 제2국민병으로 모집되어 죽거나 행방불명된 자의 부인, 민간인으로 납치자 또는 행방불명된 자의 부인, 폭사자, 북한군 또는 좌익에 의해 피살된 자의 부인, 군인·경찰관 가운데 전쟁 후유증으로 죽은 자의 부인 등이 포함되어 있다. 그러나 이런 통상적 범주에 좌익과 관련된 활동 과정에서 죽은 자, 행방불명된 자, 월북자의 부인과 군인 및 경찰에 의해 학살된 자의 부인 등을 포함시켜야 한다. 한국전쟁 뒤의 반공이데올로기와 경직된 사회분위기 때문에 좌익과 직·간접적으로 연관된 미망인들이 숨죽이고 살았다는 당시의 현실은 이해할 수 있지만, 이들은 수적으로도 적지 않을 뿐 아니라 생활상의 빈곤, 사회적 냉대로 말미암아 일정 정도 국가에 의해 (그 실효성의 문제는 논외로 하더라도) 보호된 군경미망인에 비해 더욱 큰 사회적 문제가 되었고 사회에 미치는 영향 또한 더욱 컸다. 따라서 이 글에서는 좌익과 직·간접적으로 연관된 미망인을 포함해 한국전쟁의 결과로 남편을 잃은 모든 미망인을 전쟁미망인이라는 범주로 고려하고자 한다.

3. 전쟁미망인의 실태와 국가의 구호대책

한국전쟁 뒤 한국사회에는 '양공주', '혼혈아', '걸인', '영아유기', '축첩', '춤바람과 가정파탄', '신흥종교의 범람' 등의 현상이 나타났고, 이런 현상 뒤에는 전쟁의 결과로 양산된 상이군경, 전쟁미망인, 전쟁고아들과 이들에 대한 사회적 냉대 등이 자리 잡고 있었다. 그나마 상이군경에 대해서는 국방부와 내무부에서 실태를 조사하고 연금지급, 정착촌 설립 등의 정책을 펼쳤으며, 전쟁고아 역시 외국구호기관의 사회사업으로 어느 정도 보호되었다. 하지만 전쟁미망인 문제만은 군경 미망인에 대한 연금 지불과 모자원母子院과 수산장授産場 설치 이외의 별다른 대책이 수립되지 않은 채 당시의 사회에서도 방치되었다.[2]

그렇다면 전쟁미망인의 수는 얼마나 되었으며, 국가와 사회는 이들에 대해 어떠한 구호대책을 갖고 있었는가?

전쟁미망인의 수

전쟁미망인을 포함한 전체 미망인의 수를 파악하기 위하여 내무부 통계국에서 매년 연말 상주인구조사를 토대로 작성한 『대한민국통계연감』과 1955년 9월에 실시한 『제1회 간이인구조사보고』, 그리고 보건사회부에서 미망인 구호를 목적으로 각 거주지별로 조사한 자료를 기록한 『보건사회통계연보(1962년판)』의 통계를 이용했다.

〈표 22-각 자료에 나타난 미망인수 비교〉[560쪽]는 각 자료에 나타난 미망인수를 정리한 것으로,[3] 『대한민국통계연감』에 조사된 미망인수는 1952년 말 기준으로 40세 미만 131,100명, 40세 이상 162,752명 등 293,852명이고, 『보건사회통계연보』에 기록된 미망인수는 연도별로 차이는 있지만 대략 50만 명 내외이며, 1955년 인구센서스 때 조사된 미망인수는 1,087,716명으로 나타나 있어, 해당 년도별로 차이가 있고 또 조사주체별로 큰 차이를 보이고 있다.

이런 차이는 크게 세 가지 원인에 따른 것이다.

우선 연도별 차이가 발생하는 원인은 재혼, 사망 등으로 인한 미망인수의 감소와 상이군인 등의 사망으로 인한 미망인수의 증가, 그리고 실종자나 행방불명자의 부인들이 추가로 신고한 데 따른 것으로 추정된다.

다음으로 조사주체에 따른 차이, 특히 1955년에 실시된 인구센서스의 결과와 여타 자료 간에 차이가 발생한 원인은 자료의 성격을 고려하여 살펴보면 이해할 수 있다. 인구센서스는 조사원이 매 가호를 방문하는 전수조사를 통해 작성되었고, 『대한민국통계연감』과 『보건사회통계연보』에서의 조사는 거주지 신고자료를 통해 이루어졌다. 인구통계에 있어 신고자료를 이용할 경우, 사망신고의 지연으로 고연령층의 인구비율이 높게 나타나는 것이 일반적이고,[4] 또한 고연령층 여성의 경우 남편의 사망, 특히 노환이나 질병으로 사망한 경우에는 자신을 미망인으로 신고했을 가능성이 적다는 점이 고려되어야 한다. 실제로 『제1회 간이인구조사보고』에서 40세 이상의 미망인수는 910,541명(이 가운데 60세 이상의 미망인수는 451,978명)으로 같은 해 보건사회부에서 집계한 279,520명과 비교해 630,021명이나 많았다.

마지막으로 남편의 사망을 구체적으로 확인할 수 없었던 경우와 월북자를 포함한 좌익계열의 미망인 가운데 신고를 하지 않은 경우가 상당수 있었기 때문으로 예상된다. 〈표 23-제주도의 인구편차〉[560쪽]에 나타나듯이,[5] 1952년 제주도의 경우 15세 이상 여성은 같은 연령대의 남성에 비해 38,763명이 많았다. 이런 20세 이상의 인구차 37,395명은 1940년 남녀평균 초혼연령이 각각 21.8세와 17.8세임을 고려한다면,[6] 대부분 미망인으로 추정할 수 있으며, 고연령층의 미망인이 주로 신고하지 않는다는 점을 감안하여 50세 이상의 연령층을 제외해도 20~49세 연령층의 남녀차 27,633명과 실제 신고된 미망인수 4,777명과 큰 차이를 보이고 있다. 이런 차이는 4·3항쟁의 과정에서 남편을 잃은 미망인들이 극도의 피해의식과 불안

감으로 인해 자신을 미망인으로 신고하지 않았기 때문으로 추정되며 제주
도의 이런 현상은 그 뒤 지속적으로 나타난다. 즉 좌익과 직·간접적으로
연관된 상당수의 미망인들은 지속적으로 누락되고 있다는 추정이 가능하
며 이런 현상은 제주도뿐만 아니라 전국적으로 비슷했을 것으로 여겨진다.

따라서 고연령층의 자연 미망인을 제외한 자료에 나타난 전쟁미망인
을 포함한 미망인수는 40만 명에서 50만 명 정도이지만, 자료에서 누락되
었을 것으로 생각되는 좌익과 관련된 자의 부인 또는 학살된 자의 부인을
고려한다면 50만 명 이상으로 추정할 수 있다.

또한 각 자료에 나타난 연도별 미망인수를 20세 이상 여성인구수에 대
비해 살펴보면 1952년도에는 100명당 6명(293,852 / 5,285,213), 1955년도에
는 100명당 9.2명(492,591 / 5,336,566), 1959년도에는 100명당 8.4명(507,995
/ 6,043,184)에 달한다.*

비록 부정확한 자료이지만 〈표 24–전쟁미망인과 미망인에 따른 부양
아동의 수(1952)〉[560쪽]의 『1952년 대한민국통계연감』은 전체 미망인 가
운데 전쟁미망인을 구분했는데 그 수는 미망인 293,852명 가운데 101,845
명이었다.[7] 이는 전체 미망인의 34.7%에 해당하는 수치로, 미국 남북전쟁
으로 인한 전쟁미망인이 당시 전체 미망인 가운데 10%를 차지했다는 사실
과 비교한다면,[8] 한국전쟁이 남성뿐만 아니라 여성에게도 잔혹했음을 알
수 있다.**

---

* 1952년 수치는 대한민국 공보처 통계국, 앞의 책, 29~34쪽; 1955년 수치는 15세 이상 여성 인구수는 내무
부 통계국,『대한민국 제1회 간이총인구조사보고』, 1959, 18~19쪽; 미망인수는 보건사회부,『보건사회통
계연보』, 1963, 454쪽; 1959년 수치는 15세 이상 여성 인구수는 내무부 통계국,『대한민국통계연감』,
1960, 28~29쪽, 미망인수는 보건사회부,『보건사회통계연보』, 1963, 454쪽.

** 1959년『합동연감』에서도 전국 미망인 총수 586,744명 가운데 전쟁미망인은 137,865명(23.5%)이었다(합
동연감사,『합동연감』, 1959, 57쪽). 다른 통계자료에는 전체 미망인 가운데 전쟁미망인을 구분하지 않았
으며, 일반적인 인식에서도 전체 미망인이 곧 전쟁미망인을 의미하는 것으로 사용하고 있다. 이 글에서는
50만 명을 전쟁미망인이라고 단정하는 것이 무리가 있음에도 혼용하여 사용하겠다.

전쟁미망인의 생활실태

미망인의 문제가 사회적으로 심각한 문제일 수밖에 없었던 이유는 미망인들의 대다수가 극빈상태에 있었으며 또한 극빈상태를 벗어날 만한 기반이 되는 기술이나 지식, 사회경험이 없었다는 점에 있다.

〈표 25-미망인의 생활실태표〉[561쪽]에 나타난 것처럼,[9] 미망인 가운데 70% 이상은 빈곤상태에 있었으며, 약 80% 정도가 국졸 미만의 학력으로 자신의 빈곤을 벗어나기 위해 구체적인 방도를 마련하기에는 충분한 지식을 갖추지 못했다. 특히 미망인 가운데 45% 정도는 학교를 다닌 적이 없는 문맹자들이었다. 이에 따라 1957년 보건사회부의 집계에 따르면 전체 미망인 505,596명의 49.9%에 달하는 252,356명이 일정한 직업이 없거나 직업은 있으나 그 수입만으로는 자신과 부양가족의 생계를 유지할 수 없는 구호가 필요한 미망인이었다.*

생계의 문제는 미망인들뿐만 아니라 그들에 딸린 부양가족, 특히 어린 자녀들에게까지 미쳤다. 〈표 24〉에 나타난 것처럼, 전쟁 중인 1952년의 공식집계만으로도 516,668명에 달하는 아동들이 미망인들에 의해 부양되고 있었으며, 〈표 26-미망인의 부양자녀수〉[561쪽]에 따르면[10] 1955년에는 독신자 31,284명을 제외한 461,307명의 미망인들이 1,353,294명의 자녀와 37,924명의 부모를 부양하고 있었다. 특히 2인 이상의 자녀를 부양하고 있는 미망인은 전체의 72.73%로 이들은 평균 3인 이상의 자녀를 부양하고 있었다. 이런 부양가족의 문제는 생계의 어려움을 가중시켰을 뿐만 아니라 미망인들의 재가再嫁마저도 가로막는 문제였다.

---

* 여성계 편집부, 「전국 미망인의 실태」, 『여성계』 9월호, 1958, 76~77쪽. 여기에 나타난 전체 미망인의 수는 『보건사회통계연보』와 약간의 차이가 있는데, 이는 통계시점, 즉 몇 월의 통계를 사용했는가의 차이로 추정된다.

수산장과 모자원의 운영

〈표 25〉와 〈표 26〉에 나타난 것처럼[561쪽], 대다수의 미망인이 극빈상태에서 평균 3명 정도의 자녀를 부양하는 구호대상자였기 때문에 이들에 대해 정부 차원의 구호대책이 추진되었다. 정부는 1954년 응급구호를 받지 않으면 생존을 유지할 수 없는 부녀와 그 자녀에 대한 수용·보호와 직업알선을 목적으로 하는 '모자원'을 사회부 주관으로 서울과 부산에 각 1개소를 설치하여 부녀와 그 자녀를 6개월 내지 1년 동안 수용·보호하기로 했다. 한편 국립모자원이 설치되기 전에도, 정부에서는 조선구호령 제12조에 의하여 1951년부터 사설 모자원의 설치를 적극 권장했다.

모자원의 수용대상자는 첫째 배우자가 사망, 행방불명되었거나 생활능력을 상실할 정도의 불구, 불치의 질병에 걸린 경우나 배우자로부터 유기당했을 때, 둘째 배우자 이외의 부양의무자가 없거나 부양의무자로부터 생활부조를 받을 수 없게 되었을 때, 셋째 만 12세 미만의 자녀가 있을 때에 가능했으며,[11] 전쟁미망인은 모자원에 우선적으로 수용될 수 있었다.

이에 따라 설립된 국립모자원과 각종 사설 모자원의 재정은 주로 외국기관의 원조로 이루어졌고, 구호물자와 작업용 재봉기, 편물기 등을 분배했다.* 또한 아동구호연맹으로부터 기증받은 헌옷을 수선하여 판매하거나 바자회 등을 개최해 수입을 충당했다.

이와 같이 미망인을 위한 거의 유일한 사회시설이었던 모자원수는 〈표 27-부녀보호시설 수용자 실태〉[562쪽]에 나타난 것처럼[12] 1955~56년에 62개소, 1957년에 64개소, 1958~59년에 67개소였으며, 수용인원은 미망인 2천여 명을 포함하여 7~8천 명 내외로 전체 미망인 수에 비하면 아주 적은 수였다. 1957년의 경우 미망인 수용인원은 2,180명으로 같은 해의 전체

---

* 원조기관으로는 사회부 부녀국, 한국민사원조처(KCAC), 국제연합한국재건단(UNKRA), 한미재단(AKF) 등이 있었다. 보건사회부, 『부녀행정40년사』, 1987, 84쪽.

미망인 425,090명 가운데 0.5%, 요구호미망인 252,356명 대비 0.9%에 불과했다.* 특히 이들 수용 미망인들을 학력수준별로 나누어서 살펴보면, 불취학 254명(전체 182,837명 가운데 0.14%), 국문 해득 639명(전체 158,870명 가운데 0.4%), 국민학교 졸업 884명(전체 71,832명 가운데 1.23%), 중학교 졸업 337명(전체 11,040명 가운데 3.05%), 대학 졸업 66명(전체 511명 가운데 12.9%)으로 나타나,[13] 구호가 절대적으로 필요한 미망인 보다는 정보접근과 사회적 활동이 비교적 용이한 계층에게 도움이 되었다는 사실을 알 수 있다. 그리고 공식적으로 확인할 수는 없지만 모자원에 수용된 미망인이 주로 이북 출신자라는 기록도 있다.[14] 이렇게 '탁상계획은 앞서고 실천은 따르지 않는다'고 비판받았던 보건사회부의 정책은 모자원 운영과정에서도 나타났다. 당시 일간지는 "보건사회부 부녀국에는 매일 평균 3~4명, 많을 때는 10여 명씩 전쟁미망인이 찾아와 살길이 없으니 직업알선을 하여 달라 또는 모자원에 들어가게 하여 달라고 호소하고 있다. 모자원은 본래 1년을 기한으로 미망인들을 수용하여 일부는 기술교육을 시켜 자립할 수 있도록 만들어 새로운 미망인들과 교체하여야만 되는데……이를 무시하고 있다"고 모자원 운영 실태를 기록하고 있다.**

모자원에서는 양재, 미용, 이발, 수예, 편물, 원예부를 두어 미망인들에게 이 가운데 하나를 습득시켜 자립의 기반을 마련해주려 했다. 그러나 모자원에서 기술을 습득하여 취직하거나 자립한 인원은 1955년부터 1959년까지 약 100명에 불과했다.[15] 게다가 전국에 하나밖에 없는 국립모자원은 "돈(정부의 보조금—인용자)은 돈대로 밀려가고……정부에서 마련해 주었다는 집(모자원)은 찬바람이 일고 냉기가 도는 형식적 방(다다미방)에 지나지 않는" 실정이었다.[16]

---

* 『동아일보』, 1956년 6월 17일자의 기사에 따르면 공사립 모자원의 수용 미망인은 모두 1,328명이었다.
** 『동아일보』, 1956년 6월 17일; 1955년 2월 17일에 사회부와 보건부가 보건사회부로 통합되었다.

다른 한편 모자원과는 별도로, 1953년부터 정부는 국제연합한국재건단 (UNKRA) 계획에 따라 도입된 재봉기, 편물기 등을 비치하여 미망인이 옷을 만들고 이를 팔아 생계를 유지할 수 있는 생산자조합 형태의 수산장을 설치했다. 그 결과 1958년 전국의 수산장은 83개소에 달했고, 거기에 재봉기 495대, 편물기 510대가 비치되어 있었다. 각 시도별 배치상황은 〈표 28 -UNKRA 도입물자의 시도별 배치상황〉[562쪽]과 같다.[17) 또한 보건사회부 부녀국에서는 1957년 3월 국고보조로 미망인수공예협회를 발족하여 미망인의 자활대책을 수립하기도 했다.[18)

그러나 미망인을 위한 구호대책이었던 모자원이나 수산장은 유명무실한 일시적 생활유지책에 불과했으며 그것도 50만이 넘는 전체 미망인 가운데 1%에도 미치지 못하는 적은 수의 미망인만이 그 혜택을 받을 수 있었다.

군경유가족 연금정책

1950년대 원호관계 법령은 1950년 4월 제정된 군사원호법 및 동시행령을 비롯하여 경찰원호법 및 동시행령, 전몰군경유족과 상이군경연금법 및 동법시행령, 전몰군경유족과 상이군경연금지불규정 등이 존재했음에도 원호행정기구의 분산과 정책의지의 결여로 강력하고 통일된 원호시책을 수립하여 시행하지 못하고 사실상의 원호업무는 연금지급에 국한하여 이루어졌다.[19)

당시 원호행정기구는 보건사회부(원호국), 국방부(병무국 보건과, 육군 군사원호처), 내무부(치안국 원호계), 체신부(우정국 군경연금과)에서 각각 원호담당부서를 만들어 운영했다. 또한 이들 정부기구 이외에도 각종 원호단체들로는 정부보조기관이었던 대한군경원호회, 이익단체인 대한상이용사회, 대한군인유족회, 대한경찰관유족회, 대한상이경우회, 근화동지회, 상이친

우회, 퇴역장우회, 실명자동지회 등이 있었다. 이렇게 원호 및 직업보도 활동을 주도적으로 지도 감독할 주무기관이 없었던 관계로 원호활동의 일관성과 실효성을 결여하고 있었다.[20]

원호업무 가운데 중추적이었던 연금지급은 1952년 9월 26일 법률 제256호로 제정된 전몰군경유족과 상이군경연금법 및 동년 11월 28일에 공포된 동법 시행령에 의해 실시되었다. 이 법률에 의하면 연금혜택을 받을 수 있는 대상자는 첫째 전몰군경의 조부모, 부모, 배우자(사실상 배우자 포함), 자녀, 둘째 상이군경, 셋째 군속, 전시근로동원법에 의하여 동원된 자, 청년단, 향토방위대, 소방관, 의용소방대 등 기타 애국단체원으로서 군경과 행동을 같이하여 전투 또는 전투에 준할 행위로 인해 상이를 받은 자 또는 사망한 자의 유족이었으며, 전몰자의 배우자(미망인)가 다른 사람과 혼인을 하거나 자녀가 결혼을 한 경우 그 권리를 박탈했다.[21]

연금지급의 방법은 1952년 10월부터 기산起算하여 전몰군경유족과 상이군경연금지불규칙에 의하여 연금수급권자에게 체신부 산하 지정 우체국에서 현금으로 지급했으며 지급액수는 〈표 29-연금지급기준액〉[562쪽]과 같다.* 그러나 연금지급에만 국한되어 이루어진 원호사업마저도 1954년까지 정확한 대상자수와 연금을 받을 수 있는지에 대한 기초조사조차 못한 채 대상자를 전몰군인과 경찰 유가족 14,066명, 상이군인 11,595명, 애국단체원 유가족 6,710명, 상이애국단체원 425명 등 총 73,020명으로 정해놓은 상태였다.[22] 이 수는 전체 연금 대상자 가운데 일부만이 연금을 받을

---

* 대한민국 국회, 『속기록』 제15회 제33호, 1953, 2~3쪽: 대한민국 국회, 『속기록』 제20회 제70호, 1955, 9~15쪽: 한편 『원호10년사』에 따르면 1952년~1955년 6월 60,000원, 1955년 7월~1960년 6월 12,000환, 1960년 7월~1961년 4월 24,000환을 지급했다고 기록되어 있는데(원호처, 『원호10년사』, 1974, 36쪽), 이는 잘못된 기록으로 국회의 『속기록』과 보건사회부의 자료, 1950년대 신문기사 등을 검토한 결과 1952년의 연금액은 600,000원(화폐개혁 이후 가치로는 6,000환)이었고 시기별 지급기준도 표와 같았다. 쌀 소매 시세는 내무부 통계국, 『제4회 대한민국통계연감』, 1957, 246~247쪽 참조.

수 있다는 의미로 1954년도 연금대상자 가운데 군경유가족 14,066명이 모두 군경미망인이라 하더라도 이 수치는 보건사회부가 조사한 1955년도 군경미망인 총수 53,313명의 26.4%에 불과했다. 더욱이 이들의 경우 연금이 제대로 지급되지 않았다. 보건사회부에서는 1953년도 연금대상자 26,876명에 대해 연금증서를 발행하고 이에 소요되는 2억7천만 환의 자금을 배정받았다고 말하고 있으나 제대로 지급했다면 해당부서의 중요한 치적사항이었을 연금지급 실적에 대해서 전혀 공표하지 않은 점으로 미루어 지급되지 않았을 가능성이 높다.[23] 또한 1955년도에는 1954년도에 지급해야 할 연금이 1년이 지나도 지급되지 않았고, 연금을 지급받은 자는 서울지구 3천여 명(5천만 환)에 불과했다.[24] 게다가 이승만은 1955년에 재무부와 보건사회부 장관에게 매년 7억5천만 환에 달하는 연금을 정부로서는 지급하기 어려우니 이 예산을 연금으로 지급할 것이 아니라 유가족의 생활기초를 이룰 수 있는 다른 사업을 진행하라고 지시했다.[25] 이런 이승만의 지시는 그나마 3,000여 명에게 지급되던 연금마저도 중단시켰고, 결국 상이군인을 비롯한 군경미망인의 연금지급은 유명무실해졌다. 이런 상황은 그 뒤에도 변함이 없었다. 1956년 국방부 원호당국은 연금지급을 위해 15억 환을 재무부에 신청했으나 재무부에 의해 조달된 금액은 1억5천만 환에 불과했다.[26] 그리고 적은 예산으로 집행되었던 연금마저도 군인, 경찰, 관계공무원들이 횡령하여 유가족들에게 제대로 전달되지 않았다.*

결국 군경미망인, 상이군인 등에 대한 원호사업은 성금모금이나 강제징수를 통해서 이루어졌다. 경찰국에서는 전국의 각 시·군·읍·면민들로부터 원호성미거출운동을 전개하여 전몰군경유가족에게 1가구당 소두小斗

---

* 1957년에는 경찰 사망급여금 3,750만 환을 현직 경찰관이 횡령하는 사건이 발생했다. 이런 상황은 유가족들의 불만을 샀고, 대구에서 군인유가족들이 경북도청 앞에서 보조금 부정에 대해 시위를 하기도 했다. 『경향신문』, 1957년 3월 31일; 9월 10일.

1말씩을 나누어주기도 했고,[27] 보건사회부와 대한군경원호회에서는 매년 '군경원호강조주간'을 정하고 모금운동을 전개했다. 또한 문교부는 농번기에 출정군인, 상이군경, 전몰유가족을 돕기 위하여 학생들을 밭갈이, 보리수확, 모내기 등에 동원했다.[28] 그리고 민간에게 반강제적으로 징수하던 원호성금은 1960년에 이르러 대한군경원호회비라는 명목으로 호별세나 토지수득세에 통합해 최하 600환, 최고 6,000환까지 전국적으로 16억 환을 부과하여 정규 세금화했다.[29] 그러나 이렇게 거두어들인 성금과 원호비마저도 80% 이상이 군경원호회의 운영비로 쓰이거나 고리대금화하여 상이군경, 유가족들에게 전달되지 못했다.[30]

4. 전쟁미망인에 대한 사회적 규정

보호의 대상 – '무력한' 미망인의 이미지

한국전쟁 뒤 미망인이 된 여성은 남편을 잃은 사실을 슬퍼할 겨를도 없었다. 미망인들은 경제적, 사회적 울타리의 상실이라는 자신의 처지를 누구보다도 잘 이해했고, 자신과 남은 가족과 함께 생존하기 위해 생활전선에 뛰어들었다. 사실 많은 경우 전쟁은 여성의 경제적 활동을 촉진하는 결정적 계기로 작용했다.* 전쟁미망인을 포함한 여성들의 적극적인 경제활동은 남성들을 보조하는 위치에서 벗어나 상업, 경공업 같은 분야에서 성장하고 있었다. 그러나 이런 변화에도 불구하고 여성은 여전히 '힘없고 보호받는 존재'로 간주되었다. 미망인의 문제를 논의하면서도 "남성 중심

---

* 이런 경향에 대해서는 Georges Dubby and Michelle Perrot, general editors, *1994 A History of Women* V, Harverd University Press; 이창신, 「남북전쟁의 여성사적 접근 남부지역 여성들의 활동을 중심으로」, 『미국사연구』 제8집, 1998 참조.

사회에서 자녀교육과 가정관리 면만 맡아보던 그들이……남편이 들여오는 돈이 어떤 루트를 통해서 어떤 고역을 통해서 얻어지는 보수인지도 모르고 소비만 하던 습성과……보호자인 동시에 생활의 지주인 남편이 급작이 없어지므로 당황, 실망" 했다거나,[31] 또는 "미망인을 여성으로 인식하기 이전에……그대 동료부인들을 좀 더 인간적으로 친하고 이해한다면 많은 여성들이 타락의 구렁으로 휩쓸리지 않을 것이다……그들을 누이동생으로 생각하고 하나의 여성 이전에 즉 인간으로 그들을 원조해야 한다"라는 언급은,[32] 무기력하고 보호받아야만 하기에 결코 독립해서 존재할수 없는 여성에 대한 사회적 규정이었다.

근대의 이상적 여성상은 남편의 보조자이자 자녀양육자로서 현모양처였다. 현모양처이데올로기는 여성을 주체로 보는 것이 아니라 여성을 대상화하고 소비자로, 잉여가치를 창출하지 않는(생산적 인간형이라는 근대인간형의 근대 신화에서 벗어난) '무능력자'로 규정했다. 미망인에 대한 사회적 규정은 그럼 범주에서 조금도 벗어나지 못하고 적용되었다. 두 명의 미성년 자녀를 둔 어느 전쟁미망인은 "그 동안(9년간) 제일 힘들었던 것은 경제적인 문제가 아니라 자녀의 진학과 결혼문제, 관청 출입문제 등"이라고 회고했다. 그녀는 "이 사회는 당신(남편-인용자)없이 산다는 이 사실만으로 대접을 하여주지 않습니다. 건전한 한 사람의 취급을 받지 못한다는 말씀이지요. 진학문제만 하여도 입학원서를 쓸 때에 혼자 사는 여자의 자식은 경제적으로 곤란하다는 선입관념에서 행여 입학에 지장이 있지나 않을까 하여 허위로 기재했습니다. 딸아이의 결혼문제에 있어서도 아버지 없는 딸이라는 사실 하나만으로 결혼을 여러 번 거절당했습니다. 관청에 볼일 보러 갈 때, 치마를 두른 여인이기 때문에 업신여김을 받고, 대등이 할 수있는 사무처리 등에도 남자를 내세우라 할 때에는 어떤 의분조차" 느꼈다고 미망인으로서 살아가는 현실의 어려움을 토로했다.[33]

성적 규제의 대상 – 도덕적 희생양 또는 깨어진 그릇

1950년대 한국사회에서 심각하게 대두된 사회문제는 전통적 윤리규범의 붕괴였으며 그 핵심은 여성의 윤리적 타락이었다. 전후의 달라진 모습과 행동거지, 향락만 강조하는 경박한 성윤리를 신념으로 삼는 '전후파戰後派' 여성의 등장이 그것이다. 그리고 대표적 '전후파' 여성으로 지적된 것이 경제적, 사회적으로 활발하게 활동한 전쟁미망인과 여학생들이었다. 이들은 사회에 의해 성적, 도덕적 규제의 대상이 되었다. 그 가운데서도 전쟁미망인이 '전후파' 여성의 사례로 지적된 까닭은 두 가지 때문이었다.

첫째, 미망인들이 가족을 부양하기 위한 경제적 활동을 계기로 가정의 경제권을 장악한 데다 그들을 규제할 수 있는 권력, 즉 '남편의 부재'라는 조건이 현모양처라는 기존의 가치관에서 벗어나 있었다는 점이다.

> 대부분의 가정형편을 살펴면, 가정경제가 파탄지경인 가정도 없지 않은 것 같다……여자가 경제권을 가진 가정이 많아서 가정윤리가 틀려지고 여천하가 된 가정이 퍽 많아진 것은 전쟁이 빚어낸 부산물이라고 하겠다……여자가 경제권을 가지게 된 데는 여자사업가도 있겠고 직장에 나가는 사람도 있겠으나 계 때문에 말썽이 많고 그 '계' 때문에 가정생활이 좋지 못한 현상이 생겨난 것 같다……아무리 살아가기 어렵드래도 여자편에 경제력이 생길 수 없다면 문제는 달라진다. 가정파탄까지는 이르지 않고 부부가 합심해서 어려운 고비를 이겨내고…….[34]

> 전쟁 중의 경제적 활동이 많은 미망인과 함께 가정주부까지를 직업전선으로 끌어내게 되자, 그네들의 경제적 지위향상과 퇴폐적 풍조가 어울려 허영, 향락으로 빠졌다.[35]

이와 같이 여성의 경제활동의 증가는 여성의 경제적 지위를 향상시켰고, 여성의 경제적 지위향상은 여성을 향락과 허영에 빠지게 했다는 논리로 비약했다. "댄스홀 또는 댄스교습소에 드나드는 거의 10%가 중년 미망인이고, 일부 미망인들은 의형제니 조카니 해서 친척을 호칭하면서 연하의 남자와 동거하고 있는" 현실이 부각되었다.[36) 마침내 남편이라는 권력이 사라진 전쟁미망인이 모든 사회악의 근원으로 지적되었다.

> 부녀 문제가 질적인 전환을 표시한 것은 전란의 부산물인 전쟁미망인 수효가 격증했다는 것이다. 그들은 30세 전후로서 약간의 재산을 밑천으로 다방업, 양재점, 미장원, 요리점 등의 영업에 진출했으며 남편이 없다는 점에서 일반 사교계에 자유롭게 진출할 수 있었다……생활전선에의 진출, 재혼, 애정문제에 있어서 점점 사회표면에 문제를 일으키게 되었다. 이와 함께 여성의 사교계의 진출, 형식적인 양풍洋風유입은 가정을 경시하고, 허영과 향락에 빠지는 자유부인을 다량으로 유출하여……[37)

둘째, 미망인들이 어린 자녀들의 생계와 교육을 전적으로 책임지면서 그들에게 절대적인 영향을 미칠 수 있는 위치에 있었다는 점이다. "미망인 대책문제의 소홀함으로 인해 파생되는 국민생활에 대한 도의적, 윤리적 파괴의 위험과 2세 국민교육문제 등 중대한 사회죄악을 조장시킬 것을 두려워하지 않을 수 없다"[38) 또는 "풍기문란, 값싼 허영과 방종으로 탕아들에 사로잡혀 국민풍기의 해이를 야기할 가능성이 있다"라고 지적했다.[39)

이렇듯 생계유지를 위한 미망인의 경제활동은 그들을 가정파괴자로, 문란한 성행위자로 낙인찍었고 미래사회의 파괴자로 취급했다. 그런데 사회는 아무런 근거 없이 그 원인을 미망인의 경제활동과 '남편의 부재'에 두고 있었다. 이런 사회적 규정에 대해 어떤 전쟁미망인은 전쟁미망인을 소재로 한 영화 〈유혹의 강〉(정비석 원작)에 대해 "전쟁미망인의 생태 역시 각양각색이겠지만 영화에 등장하는 여덟 여성이 모두 다 다만 육체적인 고민에서 빚어내는 추태와 여성으로서 약점을 노골화한 데 대한 불쾌감이라 할까, 무모감만을 주었다. 좀 더 꿋꿋하게 사는 강한 여인상을 주제로 한 것이었으면 좋으련만 정말 비위에 거슬리는 영화였지요. 세상 사람들이 미망인을 바라보는 눈초리가 그와 같이 다르다는 것을 느꼈다"라고 불쾌감을 토로했다.[40]

사회적으로 주목받지 못했던 미망인에게 사회 문제를 전가시켜 그들을 도덕적 희생양으로 삼는 한편에서 미망인들은 남성들에 의해 '깨어진 그릇' 취급을 받거나 '불장난의 대상'이 되었다. 소설가 정비석이 『유혹의 강』에서 "미망인이란 누구나가 점유할 수 있는 무주공산적 존재"로 모든 남성들에게 "가능의 세계요, 희망의 세계요, 환락의 세계"라고 한 표현은 1950년대 사회가 가진 미망인관의 한 단면이었다.[41]

이와 관련해 여성 잡지 『여원』의 상담란에는, 청혼을 거절한 전쟁미망인에 대해 상대방 남성이 임의로 결혼신고를 하고 동거하기를 강요하거나,[42] 자식들과 함께 시부모를 의지하고 살아왔는데 시부모마저 돌아가시자 생활고와 이웃의 비웃음에 시달리고 있다는[43] 등 전쟁미망인과 관련된 내용이 자주 게재되어 있다. 또한 다방을 경영했던 어느 전쟁미망인은 자신을 농락의 대상으로 바라보는 남성을 웃음으로 승화시켰다고 하면서 "도대체 사나이들이란 동물에는 이제는 멀미나죠. 능청맞고 숭물스럽고 쭌득쭌득한 말만 할 줄 아는 조물주의 자손"이라고 표현하고 있다.* 이에 더하여 당대의 저명한 여성평론가는 미망인들에게 깨어진 그릇 취급하는

---

* 양태희, 앞의 글, 88쪽. 마산시 부림동에 있는 갱생모자료 경영자는 수용자에게 배급할 구호물자를 받아 착복하는 한편 전쟁미망인들을 강간하려다 실패하자 이들을 모자료에서 쫓아냈다. 『동아일보』, 1955년 7월 12일.

짓궂은 남성들의 행위를 여흥으로 넘길 수 있는 여유를 가질 것을 요구하기도 하는 등 전쟁미망인들은 같은 여성들에 의해서도 이단자 취급을 받아야 했다.[44]

굶어 죽는 한이 있더라도 정조를 지켜라

미망인에 대한 사회적 관심은 그들의 구호가 아니라 미망인의 행위에 있었다. 미망인들의 가정 밖에서의 경제활동과 가정 안에서의 경제권 장악이 허영과 사치로 흐르고, 성적으로 문란한 모습을 나타낼 것이라는 구도는 결국 미망인들을 통제할 '남편의 부재'에 기인하고 있었다. 즉 죽은 자의 아내라고 부르는 것만으로는 그들을 통제할 수 없었기에 사회적인 감시와 규제의 대상으로 삼은 것이다. 이런 '감시의 시선'은 1954년에 있었던 어느 전쟁미망인의 이혼청구사건에서 분명하게 드러났다.

김옥희金玉姬(27세)는 남편이 1950년 9월 26일 의용군으로 끌려가 행방불명되자, 영국군인과 동거하여 임신하게 되었다. 김옥희는 영국군인과 결혼하기 위하여 '배우자의 생사가 3년 이상 불분명하여 음신音信조차 없으면' 이혼할 수 있다는 민법 제813조 9항을 근거로 서울지방법원에 이혼소송을 제기했다. 이에 대해 법원은 1954년 8월 26일 "① 괴뢰의용군으로 납치된 사실만은 포착할 수 있으나 생사가 3년 이상 불분명하다고 인정할 수 없다, ② 사변 중의 납치에 대해서는 국토통일이 될 때까지 기다려야 된다, ③ 3년 이상 불분명한 사실이 인정된다고 하여도 민법 제813조 제5항은 대망배우자待望配偶者의 혼인관계를 지속함이 곤란한 중대한 사유가 있다는 목적주의를 취하여서, ④ 생계가 곤란하다는 명목으로 신의성실信義誠實과 정조의무를 지키지 않았다"며 소송을 기각했다.[45] 이 판결은 "첫째 의용군으로 끌려간 그 사실만으로도 생사에 대한 위험성이 실정법에 요구하는 목적에 충분하며, 당시 사회상식이 의용군의 죽음에 대한 위험성을 승인하고 있었던 점을 고려하지 않았으며, 둘째 이혼청구이유가 민법 제813조 제9항인데도 배우자에게 동거할 수 없을 정도의 학대나 중대한 모욕을 원인으로 하는 대망배우자의 혼인관계를 규율로 하는 제5항을 인용하는" 등의 실정법상의 문제만으로도 비판의 대상이 되었으며,[46] '미풍양속을 지키자', '봉건사상에 사로잡힌 산물', '인권유린' 등으로 격렬한 찬반논쟁의 대상이 되었다. 이 판결의 의미는 실정법의 존재나 인권유린의 문제가 아니라 생존상의 이유를 떠나서 (국토통일이 될 때까지) 아내에게는 굶어 죽는 한이 있더라도 무조건적으로 정조를 지킬 의무가 있다는 것을 법원이 인정했다는 점이었다. 즉 미망인들이 남편의 부재로 인해 이미 가장의 역할을 하고 있음에도 여전히 사회는 '죽은 자 혹은 행방불명자의 아내'로 규정하고 있음을 의미하며, 또한 남편이 부재한 그 자리를 사회적 통제라는 권력이 자리 잡고 있었음을 의미한다.

다른 한편 남편이 부재한 여성의 성적 규제의 한 방법으로 재혼의 문제가 제기되었다. 그러나 〈표 22〉[560쪽]에 나타난 것처럼, 1955년 이래 미망인의 수는 증가하는 경향이 있었고, 그 수치가 변동하지 않았다. 보건사회부가 집계한 미망인의 수는 60년대 들어서도 큰 변화가 없어 1960년에 549,694명, 61년에 547,694명, 62년에 504,877명, 63년에 555,468명, 64년에 548,979명이었는데,[47] 이는 미망인이 거의 재혼하지 않았음을 의미한다. 또한 현실적으로 결혼적령기의 여성이 남성 3배에 이를 정도로 미혼여성도 결혼상대자를 쉽게 구할 수 없는 전후의 실정에서 전쟁미망인은 더욱 재혼할 가능성이 적었고, 사회적으로 심각한 문제도 아니었다.* 또한 군

---

* 1961년 대학생을 대상으로 미망인 재혼에 대한 여론을 조사한 결과, 자녀가 없는 미망인에 대해 90%의 응답자가 재혼에 찬성한 반면, 자녀가 있는 미망인에 대해서는 응답자의 24%만이 재혼에 찬성하고 있다. 이는 1955년에 전체 미망인 492,591명 중에 6.4%인 31,284명만이 자녀가 없는 미망인이었다는(〈표 25〉 [561쪽] 참조) 사실을 감안할 때 미망인의 재혼 문제가 사회적으로 심각한 문제가 아니었음을 입증한다. 홍승직, 「한국대학생의 가치관」, 『아세아연구』 제6권 1호, 고려대학교 아세아문제연구소, 1963, 66~67쪽.

경유족연금법에 연금을 받을 권리가 "유족인 배우자가 혼인했을 때, 유족인 자녀가 혼인하거나 또는 그 가家에서 이적했을 때, 유족이 그 가家에서 이적했을 때"에 소멸하는 것으로 규정되어 미망인은 재혼으로 인해 연금이라는 경제적 혜택을 잃어야 했다. 그런데도 왜 미망인의 재혼 문제가 거론되었는가?

〈문〉 저에게는 여섯 살 된 사내아이가 있으며 지금으로부터 4년 전에 애닯게도 남편은 세상을 떠나고 말았습니다. 제 나이 스물여섯입니다. 그후 저는 어린 자식과 시부모님을 모시고 넉넉지 못한 생계를 이어나오던 중······하두 여러 가지로 고생하는 것을 보고 남들은 차라리 재혼하라고 권합니다. 그런 얘기를 들을 때마다 저의 마음은 자꾸 흔들립니다······한 살이라도 적은 때에 행복한 가정이라도 이루어보고 싶은 욕망은 농후해지는 것입니다.
〈답〉 어린 애기를 거느리고 시부모님을 모시면서 혼자 몸으로 넉넉지 못한 생계를 이어 나오는 독실한 태도에 머리가 숙어집니다. 아직 젊으신 터수에 홀로 지내시려면 여러 가지 번민도 없지 않을 것이요······그러나 언제나 변치 않는 것은 어머니의 사랑이요 이 사랑이 있음으로 해서 세상은 윤기가 흐르고 사는 보람이 있게 되는 것입니다.[48]

처녀로서 결혼을 하여도 아이들이 하나, 둘, 셋 생기는 동안에 달라지는 것이 남편인데 자기는 재혼한 여성을 구해주었다고 생각하기가 일수이고 아내를 맞이했다는 사실보다 그를 위하여 자기가 자선사업을 했다는 착각에 걸리기가 쉽다.[49]

'남성의 이기심 때문에 재혼이 힘들다', '미망인에게 재혼의 기회를' 등등으로 미망인의 재혼이 제기되었지만, 재혼을 고민하는 미망인의 호소에 대한 해답은 재혼에 있지 않았다. 사회는 미망인들의 재혼에 대해 "재혼은 결과가 아름답지 않다"라고 예정된 불행을 경고하고 성적 욕구에서 미망인 자신을 구제하는 유일한 길은 모성애임을 강조했다. 모성애에 등대고 사는 한국 미망인들이야말로 가시밭길을 웃으면서 걷는 존재라고 격찬하기도 하고,[50] 한국 미망인들은 먹고살기에 허덕이다 보니 고독을 잊고 사는 것이 다행이라고 언급하기도 했다.[51] 즉 재혼 문제의 거론은 정조의 유지나 가족의 유지라는 사회적 요구를 다른 형태로 반영한 것이었다.

5. 전쟁미망인의 생활

한국전쟁은 여성의 경제활동을 확대시키는 계기가 되었다. 특히 전쟁미망인의 경우 젊은 전쟁미망인이 경제적으로 독립하려고 모자원이나 유모乳母로 갈 수 없느냐는 문의에 유모생활보다 모자원에서 기술을 배울 것을 권유하는 경우처럼 적극적인 경제활동을 권유받기도 했다.[52] 〈표 30-미망인의 직업별 실태표〉[563쪽]에 나타난 바와 같이[53] 미망인의 약 70% 정도가 어떤 형태로든 경제활동에 종사했다. 그렇다면 1950년대 사회에서 미망인들은 구체적으로 어떤 형태의 경제활동을 통해 자신과 가족들의 생계를 유지했는가?

상업

대다수의 미망인들은 당장 생계를 유지하기 위해서 무엇이든 내다 팔았다. 과거에 축적한 재산(금은보석과 귀금속 등)이나 옷가지 등을 팔았다. 또한 약간이라도 자금을 융통할 수 있거나 친척이나 친지의 도움을 받을 수 있으면 다방, 양품가게, 화장품가게, 담배장사, 딸라장사, 행상, 음식판매업 등을 했다. 상업에 종사한 미망인들은 〈표 30〉[563쪽]에 나타나듯이 전체 미망인의 8% 정도로 경제활동에 종사한 미망인들 가운데 농어업종사자를 제외하고 가장 높은 수치를 보여준다. 40대의 한 전쟁미망인은 피난생활을 통한 자신의 변화를 "시장의 조그마한 자리를 얻기 위해서 매일 아침 일찍 나와서 마당을 쓸어주고 쓰레기를 쳐주는 가운데서 그 주위사람들의 동정을 얻어 손바닥만 한 자리를 간신히 얻어 잡화를 팔며 근근이 살아갔으며 십 리나 넘는 시장을 걸어서 나가고, 고픈 배를 안고 집에 돌아와서는 허기와 피로에 쓰러지는 일이 한두 번이 아니었다"라고 회고했다.[54]

그러나 사회경험과 금융지식이 없던 미망인들은 경제활동으로 얻은 소득을 쉽게 잃기도 했다. 당시 서민의 자금융통 방법으로 광범위하게 이용된 것이 계契였다. 해방 이후 중소생산공장과 중소상업에 대한 은행의 대출은 명목적인 것에 불과했고, 물가는 나날이 폭등하고 있는 경제 환경 아래에서 계는 영세 상업자금의 조달원이었다.[55] 1954년 12월부터 1955년 2월까지 계의 누계는 전국에서 약 100억 환으로 통화발행고 400억 환, 금융기관의 예금총액 170억 환, 대출총액 225억 환과 비교하면 국민경제생활에서 계가 가지는 비중이 얼마나 큰가를 알 수 있다.[56] 특히 '대다수의 미망인이 계에 참가했고 대다수가 망했다'는 지적처럼, 미망인을 포함한 여성들은 은행에서 대출받기 어려웠기 때문에 계를 적극적으로 활용했다. 따라서 계의 파탄은 많은 미망인들에게 경제와 가정의 파탄을 의미했으며 이로 인해 계의 파탄은 사회문제가 되었다. 대표적인 사례가 1954년 말에 발생한 '광주계소동'이다.*

---

* 정부가 부산에서 서울로 환도한 뒤부터 전국적으로 성행하기 시작한 민간사설금융인 계는 영세상업자금의 조달원으로 발전했다. 금융계에서도 우리의 경제 환경에서 계는 하나의 사회적 또는 경제적 필요악으로서 육성은 못할망정 묵인한다는 것이 지배적인 견해였다. 이런 상황에서 광주계소동이 발생해 사회적인 문제가 되었다. 광주계의 규모는 총액 5억 환, 가입하고 있는 부인 수는 5천여 명이었다. 경찰에 500여 건의 피해신고가 접수되어 400여 명이 호출조사를 받았고 사기혐의로 7명(여성)이 구속되었다. 광주계소

전통적으로 여성노동으로 간주되었던 노동 및 일용노동

남은 세간이나 과거에 축적한 재산이나 친지의 도움을 받을 수 없는 많은 미망인들은 전통적으로 여성노동으로 간주되었던 바느질, 재봉, 식모살이 등의 직업에 종사했다.* 전국의 직업소개소에서 이루어진 1953년 4월부터 1954년 2월까지의 직업소개 실적에 따르면 구인신청자 1,867명, 구직신청자 3,448명 가운데 여자는 식모와 하녀뿐이었다.[57] 이런 상황은 1957년에도 크게 변하지 않아 서울시 직업소개소를 찾는 하루 평균 50명 내지 60여 명의 실업자들 가운데 직업을 얻은 여성은 대부분 식모나 유모직으로 취직했다.[58] 몸 이외에 어떤 것도 없었던 미망인들은 결국 식모나 유모, 그렇지 않으면 "어렵사리 모은 돈으로 손재봉틀을 한 대 마련하여 바느질"로 "새벽부터 자정까지" 쉬지 않고 노동하여 생계를 이어갔다.[59]

그리고 이런 수단조차 얻지 못하면 지게짐을 비롯한 삯일을 하거나, 시내 각처 로타리, 관청 앞 광장 등의 잔디밭 제초, 도로보수, 지하도보수 등에 임시에 고용되기도 했다. 이렇게 고용된 여성들은 아침 8시부터 저녁 6시까지 10시간의 장시간 노동에 쌀 두 되 값이 채 안 되는 3백 환을 받았고 그나마 노무기간이 끝나도 임금을 받기 위해 10일이나 20일을 기다려야 했다.**

동은 1954년의 구매력후퇴, 물가하락, 경기후퇴에 따라 발생했다. 그러면 왜 광주에서만 계 파동이 일어났는가? 당시 광주에 수만 명의 군인이 일시에 집거하게 된 상무대의 설치와 전남방적의 복구로 식당, 주점을 비롯한 상업이 급격하게 팽창했다. 이에 따라 상업에 종사하던 여성들을 포함한 약 5,000여 명의 여성들이 1인당 수 개에서 수십 개의 계에 가입했고, 계금을 융통해 상업 활동에 뛰어들었다. 이런 상황에서 경기침체가 도래하자 많은 여성들이 고율의 이자를 감당할 수 없게 되었다. 『동아일보』, 1954년 12월 23일.

* 자식을 먹이고 교육시키기 위해서 어떤 일이라도 하겠다는 각오가 서 있지만 자본이 없고 직장에서 써주지 않으면 밤낮 허둥지둥 하지 않을 수 없다. 정충량, 「미망인의 유혹, 재가, 딸린 아이」, 『여원』 6월호, 1959, 169쪽.

** 『동아일보』 1955년 7월 25일. 1955년 말 서울에서는 쌀 20리터(1말이 18리터)에 2,011환이고 소고기 한 근에 400환이었다. 내무부 통계국, 『제4회 대한민국통계연감』, 1957, 246~247쪽.

일용노동에 종사하는 여성의 임금은 남자에 비해 현저한 차이가 있었다. 제조업의 경우도 직장에 따라 다르지만 여성의 임금은 남성에 비해서 56%에 불과했으며 심한 경우 30%밖에 안 되는 경우도 있었다.[60] 영등포 모 고무공장의 경우 원료를 운반하고 부스러기를 가리는 일을 하는 여성들이 하루에 100환 내지는 200환을 받으며 아침 7시부터 저녁 7시까지 12시간 노동을 했으며 그나마 앓아눕거나 해도 회사에서는 빠지는 일수의 일급을 빼는 일 이외에 아무런 보장도 받지 못했다.[61]

농업노동

〈표 31-1955년 미망인의 거주지별 분류〉[563쪽]에 따르면[62] 1955년 도시에 거주하는 미망인은 243,496명, 농촌에 거주하는 미망인은 844,226명으로 22 대 78의 비율로 나타나 같은 해의 도시와 농촌에 거주하는 여성인구비율 25 대 75와 비슷한 수치를 보이고 있다.* 이에 따라 〈표 30〉[563쪽]에 보이듯이, 미망인들이 주로 종사하는 직업은 농어업(주로 농업)으로 농업노동에 종사하는 미망인수는 1955년 227,912명, 1956년 236,612명, 1957년 206,929명, 1958년 212,206명, 1959년 255,479명이나 되었다.

그러나 이들 농업노동 종사자는 대부분 남편 없이 시집살이를 했다. 이들 농업에 종사하는 미망인들은 '일하기는 농노처럼, 몸가짐은 수녀처럼' 하면서 시부모를 섬기고 시누이를 돌보고 아이를 길러야 했다.[63] 결국 농촌에 거주하는 미망인들은 정신적, 육체적으로 큰 고통과 서러움을 겪었는데, 이로 인해 이들 가운데 일부는 무작정 농촌에서 도시로 이주했고, 이들은 식모살이나 일용노동에 종사하거나 심한 경우 성매매 여성이 되었

---

* 1950년대 매년 절량농가가 증가하여 이농 현상이 현저하게 나타나고 있는데, 이 시기 이농 현상은 1970년대의 이촌향도와 같은 현상이라기보다는 군 단위의 이동이나 춘궁기에 도시로 나갔다가 다시 농촌으로 돌아오는 모습이 많았다.

다. 1950년대 성매매 여성 가운데 상당수는 농촌출신의 처녀나 미망인이
었다.[64]

첩 또는 내연의 관계

'남자 한 명에 여자 한 트럭'이라고까지 표현되는 전쟁 뒤의 한국사회
에서 축첩蓄妾은 어떤 문제보다 심각한 사회 문제였다.* 1950년대 공무원
감원문제가 제기될 때마다 감원의 우선대상은 축첩공무원이었고, 1955년
치안국에서 경찰에 대해서 조사한 결과 축첩자수는 전라남도에만 371명에
달했다.[65]

당시의 축첩 상황은 〈표 32-연령대별 미망인, 유배우자 인구비〉[563
쪽]의 통계로 좀 더 분명하게 파악할 수 있다.[66] 1955년 배우자가 있는 여
성은 4,109,262명으로 배우자가 있는 남성 3,904,143명에 비해 205,119명이
더 많은 것으로 조사되었다. 여성 유배우자수는 15세~19세에서 93,382명
이, 20~29세에서 703,331명이 남성 유배우자수보다 많았으며, 반면 남성

---

* 1957년도 『경향신문』에 보도된 처와 첩 사이의 살인 또는 구타사건은 아래와 같다.
  1월 19일 본처가 첩을 독살하고 자살.
  2월 1일 첩을 둔 남편에 항의하고자 처가 자식과 자살을 기도.
  5월 18일 돈을 훔쳤다고 본처의 딸을 난타, 첩을 구타하여 치사케 함.
  6월 10일 첩을 가진 현역군인이 본처를 살해.
  6월 16일 남편이 첩을 가졌다고 언쟁 끝에 자식을 압살.
  7월 2일 본처가 첩을 살해.
  7월 9일 한 남성 밑에 첩 5명, 3명이 음독자살 기도.
  7월 16일 본처가 첩의 자식을 익사시킴.
         첩이 본처 학대에 못 이겨 딸을 죽여 매장.
  7월 17일 첩살이를 비관하여 자식과 자살 기도.
  8월 5일 남편이 첩을 두고 가정을 돌보지 않아 이혼, 그 뒤 댄서, 절도행위를 함.
  8월 12일 첩이 본처의 딸을 오줌을 자주 눈다고 구타하여 치사케 함.
  8월 15일 남편의 축첩과 시어머니의 학대에 비관하여 자식과 함께 강물에 뛰어들어 자살.
  9월 3일 남편이 첩과 동거생활 한다고 자식을 교살함.
         본처가 첩의 딸을 독살.
  9월 5일 축첩한 남편에 항거하려고 본처가 음독자살.

유배우자수는 40세 이상에서 547,843명이 여성 유배우자수보다 많았다. 전후 여초 현상이 가장 두드러진 연령층이 20세 이상 30세 미만이었음을 감안할 때 이혼 또는 유기당한 경우를 제외한 20만 명이 넘는 유배우자수 가운데 일부는 첩 또는 내연의 관계였던 것으로 보인다.

특히 전쟁미망인들의 경우는 그 대부분이 20~30대로 성적 욕구를 어떤 방식으로든 해결해야 했으며,* 경제력이 빈약한 상태에서 생계를 해결하기 위한 가장 쉬운 방편이 다른 남성에게 자신을 위탁하는 방법이었는데,** 실질적으로 재혼이 어려운 현실에서 일부 전쟁미망인들은 쉽게 첩이나 내연의 관계가 되었을 것으로 여겨진다.

> 젊은 과부나 극빈자와 실업자의 딸로 말할 것 같으면 대체로 세 갈래 길 중의 하나를 택하지 아니할 수 없게 되었다. 즉 다소의 지식기술 또는 지조가 있는 여성은 취업전선으로, 그렇지 못한 여자는 남의 첩으로, 또 이도저도 될 여력이 없는 여자는 '살아야 한다는 엄숙한 사실 앞에' 드디어 윤락의 길을 택했다.[67]

그러나 첩이 되는 것으로 모든 문제가 해결되는 것은 아니었다. 무엇보다도 첩이 된 여성들은 "남이야 어찌 되었던지 자기 혼자만이 경제적으로 유복하고 평안하게 살면 된다고 생각하는 노예근성을 가진 부류"라는 사회적 경멸에 시달렸다.[68] 또 일부는 남성에 의한 폭력 또는 사기에 의해 첩이나 내연의 관계가 된 경우도 있었는데 『여원』의 상담란에는 "전쟁미망인으로 7년간 어린 시동생을 돌보다가 재혼했다. 결혼생활 1년 정도 지

---

* "전쟁미망인이 너무 많아서, 특히 청춘기 처해 있는 여성들이 많기 때문에 첩의 수가 늘어간다." 윤형남, 「첩에 대한 몇 가지 법률문제」, 『주부생활』 8월호, 1957, 70쪽.
** 1950년대의 한 신문에 35세 된 모회사의 중역이 구혼광고를 하자 약 40여 명의 여성이 이에 응했고, 그 가운데 6할이 전쟁미망인이었다는 기록이 있다. 그 만큼 남성에의 의탁은 전쟁미망인이 택할 수 있는 가장 쉬운 생활방편이었다. 정충량, 「전쟁미망인의 미래」, 『여성계』 3월호, 1956, 85쪽.

나자 남편의 잦은 폭력에 시달렸다. 뒷조사를 해본 결과 그 남편은 무려 10여 명이나 되는 여자와 관계하고 있었다"라든가 "일찍이 남편을 여의고 혼자 살아오다가 어떤 남성을 알게 되어 정을 맺고 결혼하여 지금까지 3남매를 낳고 살아왔습니다. 처음 저와 결혼할 대에 그의 말이 본처를 잃었다고 하기에 독신인 줄 믿었던 저의 앞에 또 다른 부인이 나타났는데 그 부인 역시 미망인이며, 3남매가 있으며 남편과 헤어진 사실이 없는 사람"이라는 등의 상담이 이어지고 있다.[69] 또한 첩 생활을 비관한 자살도 이어져 한 남성의 첩 3명이 동반자살하는 사건까지 있었다.*

성매매

김은 금년 30세 된 전쟁미망인으로 전문졸업에 자녀가 셋인데 교편을 잡으려고 했으나 취직되지 못하고 간혹 개인회사에 알선하는 사람이 있었으나 나이가 많다고 거부당했다. 김은 취직하면 친정에 두고 온 아이들을 데려가 식모 없이 낮에는 어떻게 할까 그것만 생각했었는데 도리어 나이가 많다고 거부당한 후 임시 식생활을 해결하기 위하여 어떤 외인씨人 주장酒場에 근무하다가 타락했다.[70]

전쟁으로 인하여 대부분의 산업기반이 파괴된 상태에서 여성들, 특히 미망인은 대개 안정적인 직업을 구할 수 없었고, 하루 벌어 근근이 생계를 유지하고 있었다. 생계가 막연한 상태에서 미망인은 생활고를 비관하여 자살하는 경우가 자주 발생했고,** 일부는 성매매로 생계를 유지했다.

---

* 한 남자에 다섯 명의 첩이 있었는데, 3명의 첩이 불국사 토함산정에서 다량의 수면제를 먹고 자살했다. 『경향신문』, 1957년 7월 9일.
** 1957년 『경향신문』에 보도된 생활난으로 자살한 사건.

20~30대의 미망인들은 처음에는 바느질품으로 생활하다가 그것도 여의치 않으면 다방의 마담으로 취직했다. 어디에서도 일을 찾을 수 없었던 미망인들은 다방레지나 다방마담으로 시작해서 댄서로, 그러다가 요정의 접대부로 전전하면서 집안생계를 이끌어갔다.[71]

1956년 보건사회부의 발표에 의하면, 전국의 접대부는 432,818명으로 그 가운데 유엔군을 상대로 하는 여성이 282,496명(65.5%), 한국인 상대의 사창이 37,606명(8.7%)이며 나머지는 댄서나 기생 등이었다.[72] 1956년 전국의 15세 이상 39세 미만의 여성인구가 4,115,475명임을 감안할 때 성매매 행위를 하고 있는 여성의 수를 공식자료에 나타난 유엔군상대의 접대부와 사창을 합한 320,102명으로 한정하더라도 15세 이상 39세 미만의 여성 100명 가운데 약 8명이 성매매 행위를 하고 있었으며,[73] 이들 가운데 상당수는 전쟁미망인이었다.

전쟁미망인이 어느 정도로 성매매 행위에 종사했는지를 보여주는 자료는 중앙성병원에서 조사한 접대부의 환경조사통계인데, 조사대상 인원 2,371명 가운데 전쟁으로 남편을 잃은 군경전사자의 부인 48명(2%), 군경 행방불명자의 부인 22명(1%), 제2국민병의 부인 28명(1.2%), 민간인으로 납치 혹은 행방불명된 자의 부인 62명(2.6%), 또는 피살된 자의 부인 33명(1.4%) 등 전쟁미망인의 범주에 포함되는 여성은 194명으로 조사대상자의 7.2%를 차지하고 있다.* 이를 위의 공식 성매매 여성 32만여 명에 대비시

1월 22일 3남매와 음독자살한 어머니.
1월 31일 생활고와 가정불화로 서울 대구에서만 6건이 발생.
5월 24일 작두로 딸을 죽이고 자신도 식도를 입에 물고 자살하려다 실패.
5월 7일 식모살이하는 김○○ 자살.
7월 11일 농약 먹여 딸 살해, 어머니는 철도 자살.
8월 7일 양공주 3명 집단자살 기도.
* 이외에 미혼자가 1,662명(70%), 남편과 별거 또는 이혼하거나 남편이 행방불명, 병사한 여성이 479명

키면 성매매에 종사하는 전쟁미망인의 수는 약 23,000명 정도로 추정된다. 또한 같은 자료에 나타난 접대부 매인당 부양가족은 1.5명(실질적으로 두 사람)으로, 이들은 여성의 몸을 팔아 세 식구의 생계를 지탱해야 하는 비참한 실정에 있었다.* 외국군 주둔과 한국전쟁으로 인한 생활난은 여성으로 하여금 몸을 팔아서 자신과 가족의 생존을 유지하게끔 강요했다. 서울시내 특정구역 안에 있는 성매매 여성 가운데 72%가 생활고로 이 길을 택했고, 15%는 가정불화가 이유였다. 이 불화도 대부분의 경우 가난에서 왔다는 점을 감안할 때 생활고로 성매매에 종사하게 된 여성은 87%에 달하는 셈이다. 이와 같이 생활고로 몸을 팔고 있는 여성들 가운데에 59.5%가 부양가족을 가진 유부녀, 이혼녀이거나 미망인들이었다.[74]

시댁이나 친정에 의탁

위와 같은 여러 가지 형태로의 사회진출에도 불구하고 상당수의 미망인들은 전통적 인습에 따라서 시댁이나 친정에 의탁하여 자녀들과 함께 생계를 유지했을 것으로 추정된다.

그러나 시댁이나 친정에 의탁하여 살아가는 미망인들 또한 "생활비를 타러올 때마다 도살장에 끌려오는 듯한 괴로움"을 겪고 있었고,[75] 시부모로부터 "아이들은 맡을 테니······나가달라"는 노골적인 축출과[76] 시가에 의해 재산을 강탈당하거나,[77] "남편의 실종통지가 온 뒤부터 시숙의 태도가 일변하여 저를 재가하라는 둥, 친정에 귀가하라는 둥 온갖 소리를 다하

(20.6%), 유부녀가 36명(1.5%)으로 조사되었다. 이혜복, 위의 글, 77쪽.

* 전쟁미망인을 별도로 구분할 수 없지만 성매매에 종사하는 미망인들의 실태를 보여주는 또 다른 자료는 충청남도 당국에서 도내 610명의 성매매 여성(매음부)에 대한 조사결과인데, 이에 따르면 조사 대상 610명 가운데 처녀 124명, 유부녀 20명, 내연의 유부녀 8명, 군경 미망인 32명, 일반 미망인 55명, 이혼녀 30명 내연 동거 후 이혼녀 31명, 생활고 91명, 허영 49명, 유인 26명, 취직실패 43명, 실연 23명, 가정불화 23명, 기타 55명으로 미망인은 전체의 14.3% 87명이고 유부녀, 이혼녀, 미망인을 합하면 28.9%인 176명이나 되었다. 『경향신문』, 1958년 1월 30일.

고, 나중에는 남편의 소유였던 논밭에 대해서도 손도 못 대게하고, 간통했다는 누명"에 시달리는[78] 등 가정 안에서 불안정한 위치에 있었다.

6. 전쟁과 여성

세계사적으로 유례를 찾기 힘들 정도로 참혹했다는 한국전쟁의 결과는 전쟁의 과정에서 죽은 자에게나, 살아남은 자에게나 잔인했다. 전쟁의 결과로 여성들은 남편과 아버지를 잃었고, 생존을 위해서 육체를 포함한 모든 것을 팔고 자식을 거리에 버리고 쓰레기통을 뒤져야 하는 현실과 부닥쳤다. 국가마저도 "귀중한 목숨을 희생한 유엔군과 우리 국군에게 그 영광스럽고 용감한 희생을 위해서 우리는 뼈에 맺힌 감사"를 보내면서도 그 남겨진 가족의 생계를 돕기보다 "그 뒤를 이어서 아끼는 것이 없이 다 바쳐서 공산침략자를 우리 반도 내에 파괴시킬 결심을 한층 더 맹서"하라는 반공만을 외치는 현실에서,[79] 전쟁미망인들은 자신의 생계를 스스로 책임지거나 자살하는 이외의 방법이 있을 수 없었다.

따라서 대다수의 미망인들은 피곤한 육신을 부둥켜안고 생활전선으로 뛰어들어 경제활동을 했다. 그리고 여성의 경제활동은 여성으로 하여금 친척이나 친지에의 의존의 굴레와 가정이라는 울타리를 벗어난 독립된 여성이 될 것을 요구했다.* 특히 젊은 전쟁미망인의 사회 경험은 종전의 가족제도의 굴레를 일정 정도 벗어나는 계기로 작용했고, 그 영향은 그녀들의 자녀들과 많은 젊은 여성에게 미쳤다.

---

* 이런 경향에 대해 1950년대 여성평론가 정충량은 "첫째 여성에게 '규방혐오증'을 조장하고, 남성도 여성도 아닌 중성적인 성격을 갖게 했고, 둘째 친척으로부터 친지로부터 의존의 굴레를 벗고 독립하게 했다"라고 평했다. 정충량, 「전쟁미망인의 미래」, 『새벽』 3월호, 1956, 83쪽.

그러나 사회는 이런 변화를 받아들일 어떤 준비도 되어 있지 못했다. 8·15해방 뒤의 격렬한 좌우대립과 한국전쟁을 겪으면서 여성들의 적극적인 사회활동을 이해하고 평가할만한 사회세력이나 학문적 기반은 이미 남한 땅에 남아있지 않았다. 이에 따라 여성 문제에 많은 관심을 가진 평론가, 학자들이나 여성지들조차도 여성들의 사회활동보다는 가정을 중시하는 신중한 태도를 보였고 전쟁미망인 문제에 대해서는 동정과 함께 엄격한 도덕적 잣대로서 일관했다. 나아가 사회에서 전쟁미망인은 모든 사회악의 근원이었고 전통사회의 윤리에 대한 파괴자였다.

> 친구여, 내가 전해 듣기로는,
> 그녀는 저기 저 쓰러져가는 정자에 우두커니 앉아서
> 안식일의 반나절을 그냥 보내곤 했다네.
> 저기, 지금 독버섯의 게으른 머리가 보이는 곳 말이야.[80]

전쟁 뒤 한국사회는 전쟁의 결과로 양산된 상이군인, 고아, 미망인 등으로 인한 사회 문제와 경제시설 파괴에 따른 빈곤, 외국문화와의 광범위한 접촉으로 인한 의식의 변화 등에 시달리고 있었다. 이런 사회 변화에 대해서 기존의 사회질서와 사회권력의 유지를 원했던 기득권 세력(부유층, 다수의 학자, 남성, 가정을 가진 여성)들은 사회 전체의 통합을 유지할 이데올로기와 공동의 적을 필요로 하고 있었다. 이런 필요를 충족시켜준 것은 정치적 매카시즘과 윤리적 엄숙주의였다. 그리고 전쟁미망인은 윤리적 엄숙주의의 집중적인 희생양이 되었다. 전쟁미망인에 대해 사회적 냉소, 집단적인 따돌림이 해해졌고, 나아가 성적 약탈이 성매매와 축첩, 폭력적 강압에 의해 행해졌다.

그럼에도 대다수의 미망인들은 "밟혀도 밟혀도 고개 쳐드는 민들레 같이 몇 번인가 스러질 듯하면서도 굽히지 않고" 자식들과 함께 생활해 나갔다.[81] 그리고 독립된 인간으로서 자신의 삶을 개척했다.

나는 남편에 대한 애정의 깊이를 나의 전부를 바침으로써 표하려 했고, 그래야만 스스로도 안도를 가질 수 있었던 것이다. 나의 전부를 바친다는 것은 나의 세계를 버리고 그의 세계에서 그와 호흡을 같이 했다는 것이다. 나라는 하나의 독립된 존재를 부정하고 남편의 세계에 동화된 나만을 가지려고 했다……만약 내가 (남편의 죽음을) 경험을 갖지 않았다면 언제까지라도 소녀처럼 꿈과 낭만을 쫓아 살았을 것이다……남편이 눈을 감던 날 나는 그와 내가 완전한 동일체일 수 없다고 오래 미결이었던 문제의 결론을 깨우쳤다……지금 나는 나의 삶에 충실하려고 한다. 또 그래야만 하겠다. 지난날에 충실했던 것처럼…….[82]

:: 황병주

한양대학교 사학과를 졸업하고, 같은 대학 사학과 대학원 석사 및 박사과정을 마쳤다. 현재는 국사편찬위원회 편사연구사로 있다.

주로 한국사회의 직접적 전사가 되는 박정희 체제기에 관심을 갖고 공부하고 있으며, 이와 관련된 박사논문을 준비 중이다. 아울러 박정희 체제를 가능하게 했던 한국의 역사적 경험, 즉 근대(화)와 식민-탈식민의 문제에 깊은 관심을 갖고 있으며, 일차적으로 그것의 담론적 측면에 초점을 맞춰 연구할 계획이다.

주요 논문으로는 「미군정기 전재민 구호운동과 '민족담론'」(2000), 「박정희 시대 축구와 민족주의」(2002), 「역사-정치적 폭력담론 구성을 위한 시론」(2004), 「국민교육헌장과 박정희 체제의 지배담론」(2005) 등이 있다.

박정희 체제의 지배담론과 대중의 국민화

황병주

1. 근대화의 덫

현존 '대한민국'은 다양한 차원에서 박정희 체제의 직접적 결과라고 할 수 있다. 무엇보다 한국의 국민국가 형성(nation building)에 있어 박정희 체제 18년은 결정적 국면을 차지한다. 이 시기를 거치면서 한국은 급속한 자본주의적 산업화를 경험했고 매우 촘촘하고 강력한 근대 관료제를 구축했으며 본격적인 의미에서 국민적 주체 형성을 목도할 수 있었다. 이 과정을 주도한 것은 박정희를 정점으로 한 국가권력이었다. 요컨대 박정희 체제 18년은 국가 주도의 근대화 프로젝트의 시기였다.

한편으로 한국사회를 규정짓는 중요한 요소인 민주주의 또한 박정희 체제를 거치면서 지배적인 가치이자 규범으로 자리잡게 되었다고 할 수 있다. 비민주적 독재라는 반대파의 비판에도 불구하고 박정희 체제는 마지막까지 민주주의에 입각한 지배 정당성을 확보하고자 했다. 즉 절차적 민주주의를 심각하게 훼손한 유신체제의 정당화 담론은 '한국적 민주주의'

였다. 박정희는 절차적 민주주의를 형해화시키고 '한국적 민주주의'를 주장함으로써, 민주주의에 근거한 정치적 저항운동을 활성화시켰다. 또한 민주주의를 둘러싼 지배와 저항의 경쟁을 핵심적 정치구도로 만듦으로써, 역설적으로 민주주의가 한국사회의 지배적 가치와 담론으로 침투하는 데 결정적 역할을 한 셈이다.

반복컨대 박정희 체제를 거치면서 한국사회는 이른바 '조국근대화'를 경험하게 되었고 본격적인 의미의 근대 국민국가로 재구성되었다고 할 수 있지만, 사실 근대화와 국민국가를 향한 한국 사회의 열망은 이미 오래전부터 작동되고 있었다. 개항을 전후해 접하게 된 근대는 제국주의의 모습을 하고 있었고, 식민화는 민족국가의 부재를 경험하는 과정이었기에, 국가에 대한 열망은 매우 강렬할 수밖에 없었다. 아울러 국민국가 수립의 기초로서 '근대화'에 대한 압력은 거의 모든 엘리트들이 느끼는 것이었다. 식민화와 해방, 전쟁을 거치면서 한국사회의 엘리트들은 근대에 대한 강렬한 콤플렉스를 가질 수밖에 없었고, 박정희 체제는 이런 역사적 압력에 따라 구성되고 기능했다.

박정희 정권이 추진한 근대화의 핵심은 산업화였고 구체적으로 자본주의적 산업화였다. 이것은 근대 세계체제의 핵심이 자본주의 시장경제라는 맥락에서 보면, 그리고 분단과 한국전쟁을 전후해 미국 주도의 자본주의 세계체제에 편입된 조건하에서, 어쩌면 선택의 문제가 아닐 수 있었다.

그러나 한국전쟁을 통해 남한 지역의 국가적 발전 프로그램이 자본주의로 결정되었다고 해서 문제가 종결된 것일 수는 없었다. 무엇보다 국민국가의 형성은 국민의 구성을 필수불가결한 과정으로 요구하는 것이었다. 국민 형성의 1차적 목표는 순종적이고 안전한 주체의 구성이었다. 예측불가능한 '위험한 대중'과 공산주의의 결합은 최대의 위협이었기에 안전한 국민적 주체를 구성하기 위한 중요한 이데올로기적 호명은 반공이었다.

체제 경쟁이 구조화된 조건에서 반공은 '대한민국'의 국민적 정체성의 빠질 수 없는 부분이긴 했지만, 그것은 수동적이고 방어적인 가치에 그치는 것이었고 순종적인 주체의 형성에 머무를 가능성이 컸다. 그러나 근대 국민국가의 형성은 수동적 묵종이 아닌, 생산적이고 능동적인 국민적 주체를 필요로 하는 과정이었다.

박정희 체제의 또 다른 핵심 슬로건 중의 하나는 '정신혁명'이었다. 이때 정신혁명의 주요 지향이 근대(성)를 향한 것임은 분명했고, 반공이라는 부정적 이데올로기를 넘어서는 긍정적이고 적극적인 가치를 제시하는 것이 필요했다. 요컨대 비효율적이고 수동적인 채 순종적이기만 한 국민이 박정희 체제의 지향은 아니었다. 박정희 체제는 유순하면서도 효율적인 주체, 수동적 묵종 대신 능동적, 자발적 협력의 주체가 필요했고, 이것이 정신혁명의 궁극적 목표였다.

정신혁명을 통한 국민적 주체의 구성은 근대 대중정치와 짝을 이뤄야 했다. 자발적 충성의 국민적 주체를 구성하기 위해서는 신분적 예속과 정치적 무권리 상태의 신민 대신, 인민주권이라는 근대정치적 가정을 수용하는 것이 필요했다. 게다가 보통선거권으로 상징되는 근대정치의 제도적 조건이 미국식 자유민주주의의 영향하에 확립된 조건하에서, 4·19로 확인된 대중의 폭발적 진출은 박정희 체제로 하여금 대중정치를 피할 수 없는 것으로 만들었다. 물론 대중정치는 매우 위험한 선택일 수 있었고, 유신체제 이후 박정희식 대중정치는 커다란 변화를 겪게 되지만, 대중의 자발적 협력을 추동해내기 위한 박정희 체제의 노력은 지속적으로 이루어졌다.

특히 자본주의적 산업화가 가속화될수록 대중이 위험한 존재가 될 가능성도 높아갔다. 산업화에 따른 도시화와 대중사회의 형성은 지배체제에 잠재적 위기였고 광주대단지 사건처럼 현재화하기도 했다. 따라서 위험한 대중을 길들이기 위한 박정희 체제의 지배담론과 그 이데올로기적 호명과

정 또한 더욱 절실해질 수밖에 없었다. 결과적으로 박정희 체제는 점증하는 대중적 위기와 내부 분열로 붕괴했지만, 그 체제가 남겨놓은 흔적은 여전히 문제로 남아있다.

노무현 정권은 개발독재를 잇는 '개방독재'라는 규정을 받을 만큼 박정희 체제의 흔적으로부터 자유롭지 못하다. 현 정권의 주요한 인적 자원은 박정희 체제기에 형성된 국가관료와 그 체제의 반정립으로 출현했던 '민주화운동' 출신으로 보이는데, 후자는 이미 전자의 힘과 영향력, 무엇보다 그 가치지향에 압도되고 있다. 이런 양상은 이미 전임 김대중 정권의 '시장과 민주주의의 조화로운 발전'이라는 형태로 시작되었다고 할 수 있는데, 현 정권은 '국민소득 2만 달러 시대' 운운의 방식으로 박정희 체제를 충실하게 답습하고 있다. 요컨대 근대화와 산업화는 선형적 역사발전의 비가역적 통로로 이해되고, 그 좁은 오솔길을 경쟁적으로 달려가는 가쁜 숨소리만 들려온다. 그 숨소리에 민주화를 덧붙인다고 해서 사태가 달라지지는 않는다.

노무현 정권은 산업화의 공적을 인정하면서 민주주의에 근거해 박정희 체제를 비판적으로 전유하고자 한다. 그들이 박정희 체제에 비해 더 낫다고 내세울 수 있는 것은 민주화 운동의 훈장뿐이기에 이런 선택은 어쩌면 당연한 것일 수도 있다. 그러나 그들이 내세우는 민주주의에도 불구하고 현 정권의 행적은 박정희 체제에 의해 구축된 발전주의 모델로부터 거의 벗어나지 못하고 있다. 요컨대 한국사회는 끊임없이 자기 갱신하는 '근대화의 덫'에 걸려 있는 것처럼 보인다. 그때나 지금이나 지배 엘리트들이 외쳐대는 발전과 선진화 담론은 노동을 배제하고 사회적 약자들의 인내만을 요구하며 '건전하고 생산적인 국민'이 될 것을 주문한다.

이런 맥락에서 한국사회는 박정희 체제의 지속이라고 할 수 있을 것이다. 박정희 체제의 지배담론은 비판의 대상이 되기도 했지만, 많은 사람들에게 여전히 국가발전을 위한 헌신적 노력으로 기억되고 있으며, 그 지배 담론에 민주주의만 첨가되면 현재도 유용하고 의미있는 것으로 받아들여 지는 듯하다. 요컨대 박정희 없는 박정희 체제가 반박정희 세력에 의해 활성화되고 있는 것처럼 보이는 현실 속에서, 박정희 체제의 지배담론은 다시 한 번 현시대의 화두가 아닐 수 없다.

2. 박정희 정권의 지배담론 – 평등주의적 압력을 중심으로

긴급조치로 상징될 수 있는 박정희 체제는 분명 폭력의 시대였다. 노골적인 폭력의 행사를 통해 국가의 의지가 강제/반강제적으로 사회와 대중에게 관철되었던 것이다. 장발, 미니스커트 단속에서 보이듯이 심지어 개인의 신체와 유행조차도 더 이상 사적인 자기표현의 영역일 수 없었다. 한편 박정희 체제는 한국사에서 가장 효율적인 동원의 드문 사례를 보여 주었다. 동원의 주체인 국가는 스스로를 근대화했을 뿐만 아니라 사회와 대중 전체를 근대화하고자 했다. 근대화는 곧 효율적·생산적 주체의 생산 이었다. 강제와 금지의 억압적 이미지가 아니라 합리성·과학성의 이미지 로 표상된 국가(권력)는 생산적 주체의 자발적 동원을 이끌어내고자 했다.

문제는 위로부터의 발전주의적 동원에 대중의 욕망이 긴밀하게 결합 되었다는 점이다. 즉 국가는 분산적인 대중 욕망의 흐름을 자신의 코드로 단일화, 집합화 하고자 했다. 그것은 금욕의 정치이자 욕망의 정치였으며, 대중의 욕망 자체가 국가주의적으로 표현될 수 있는 메커니즘을 창출하는 것이었다. "새마을운동은 타율적인 운동이 아니고 독자적인 창의성이 따르는 운동이라야 한다. 그것은 수동적인 자기 포기가 아니고 자발적인 자기 실현을 통해서 가능한 것이다"라는 주장은 욕망의 정치로서의 박정희

정권의 성격을 잘 보여주고 있다.[1)]

이 지점에서 지배와 저항의 단순 구도로 포착할 수 없는 복잡한 상황이 전개된다. 이미 저항이 지배에 포섭된, '저항을 내장한 지배'의 딜레마가 문제가 된다. 민족과 국민의 이름으로 저항하지만 지배는 민족과 국민의 이름으로 이루어지고 있었다. 진보의 이름으로 전개된 저항은 국가주의적 발전 전략으로 수렴되었고, 노동조건과 임금인상을 둘러싼 투쟁은 단체협상의 제도화를 통해 국가적 규칙으로 승화되었다. 인권의 주장은 인권을 국가에 의해 보장되는 것으로, 즉 국가적 규정물로 만들 수도 있었다.

요컨대 박정희 체제는 한국사에서 근대 국민국가가 거의 완성된 모습으로 구성되는 과정이었고, 근대 대중정치적 메커니즘과 담론적 실천으로 대중의 의식과 행위를 전유하고자 했다. 그것은 독재와 민주주의의 대립으로 환원될 수 없는 근대 대중정치의 복합적 국면을 사유할 것을 요구한다. 즉 지배란 사회적 적대와 갈등의 무화가 아니라 그것의 조절과 통제인 것이며, 그렇기에 저항은 단순한 배제가 아니라 포섭의 대상이기도 했다.

분산적 개인을 특정의 집단 주체로 호명하는 것은 근대 대중사회의 일반적 양상이다. 신분제와 토지로부터 탈영토화된 존재를 재영토화하지 않고서 근대 사회의 유지는 불가능했다. 1960~1970년대 급속한 산업화는 사회적 유동성을 극대화했고, 전쟁을 통해서도 강력한 흔적으로 남아있던 전근대적 사회관계를 결정적으로 제거하기 시작했다. 이중의 자유는 1970년대에 비로소 가능하게 되었다고 할 수 있으며, 이렇게 자유로워진 대중을 다시 재전유하기 위한 국가의 프로젝트는 어쩌면 당연한 것이었다. 그것은 대중을 수동적 객체로 위치 짓는 대신 국가주의적 근대화 프로젝트의 능동적 행위자로 배치하여 이른바 '근대화 혁명'의 국민적 주체를 구성하고자 했다.

전태일 열사의 분신이 상징하듯이 박정희 정권기 국가의 대중복지정책은 상당히 취약했다. 취약한 물적 토대와 빈약한 사회복지정책 위에서 1960~70년대 국가는 어떻게 대중을 광범위하게 동원하고 통제할 수 있었을까? 반공이데올로기에 의한 폭압적 지배질서가 대중의 수동적 복종을 가능케 했다는 분석이 가능하기는 하지만 이런 분석은 일면적일 수밖에 없다. 박정희 정권기 대중은 수동적 객체로 한정될 수 없었다. 새마을운동, 산업화, 민족주의 등의 운동과 가치는 수많은 대중을 주체적 행위자로 이끌었다. 반공 이데올로기는 당시 지배담론의 일부, 표층의 억압적 일부였을 뿐이다. 따라서 기존의 억압적 국가모델과 저항하는 민중모델만으로는 이 시기의 요란한 대중동원과 사회적 통합의 양상을 설명하는 데 한계를 드러낼 수밖에 없다. 이런 맥락에서 '아래로부터의 평등주의적 압력'이라는 차원에서 지배담론을 분석할 필요가 있다.

박정희 정권의 근대화 프로젝트가 자율적/자발적 주체 형성을 필요조건으로 한다고 할 때 '자유롭고 평등한 개인'이라는 근대적 주체의 호명 기호는 매우 중요한 요소일 수 있었다. 그러나 자유민주주의가 대한민국의 메타 이데올로기라고 언표되기는 했지만 실제 대중의 삶 속에서 자유는 구체적으로 경험되기 곤란했다. 더욱이 자유는 평등을 대가로 국가에 의해 회수되었다. 야간통행금지, 장발과 미니스커트 단속 등 일상의 억압과 부자유는 모든 '국민'이 평등하게 당하는 것이기에 묵인될 수 있다. 너나없이 가난했다는 식의 과거에 대한 기억 또한 평등하기만 하다면 가난조차 감내할 수 있을 것이란 해석을 가능케 한다. 새마을운동은 도시와 농촌의 격차를 좁히고자 하는 평등주의적 압력의 결과라고 볼 수 있다. 요컨대 자유와 평등이라는 근대적 주체의 호명 기호가 한국에서는 평등주의를 중심으로 통합된다. 민족, 계급, 성, 학력 등등 삶의 전 부문에서 일상적 불평등의 경험을 간직한 대중에게 평등은 강력한 희구대상이었으며 지배담론도 이를 무시할 수는 없었다.*

박정희는 "인간사회의 원리라고 생각되는 만인의 평등"이라고 함으로써 평등을 사회의 기본원리로 파악하고 적극적으로 전유하고자 했다.[2] 현실적으로 존재하는 불평등을 "전근대적 봉건적 요소"라고 파악한 다음 "특히 우리 민족에겐 다른 사람을 하시下視하고 천시賤視하는 경향이 있"다고 규정함으로써 평등주의를 전유할 서사구조를 준비한다. 나아가 "직업이나 빈부의 차이 때문에 서로 무시하고 천시한다면 이것도 민족분열을 조장하는 한 원인이 될 것이다. 정신적으로나 도덕적으로나 어떠한 관계를 불문하고 이런 불평등의 현상이 드러난다는 것은 아직도 근대적 민주정신의 세례를 받지 못했다는 증거"라고 규정한다.[3]

이는 불평등한 현실의 문제를 과거의 봉건에서 구하고 그 극복을 근대화로 설정함으로써 평등주의적 압력을 근대화된 국가내로 회수하고자 한 것이다. 나아가 불평등의 원인을 '특권의식'이라고 몰아붙임으로써 공적 관계 외의 모든 사적 관계망들에 대한 부정적 태도를 드러낸다. 대학교수, 불교계 등의 내부 알력과 향우회, 동창회 등등의 사적 영역들이 일종의 특권의식에 사로잡혀 민족적 분열을 조장한다는 것이다.[4] 결국 국가를 제외한 모든 사회적 영역이 잠재적 분열조장 세력으로 취급되게 되어 강력한 국가 중심적 통합을 예고하고 있다.

국가주의적으로 전유하고자 한 평등주의의 내용은 경제적 평등에서 분명하게 드러난다. 무엇보다 경제적 평등이 중요함을 강조하지만 그 경제적 평등의 내용은 "재산의 공유나 공평한 분배를 의미하는 것이 아니라 최저의 생존권의 확보에 있어서 평등해야 한다는 의미"에 불과하다.[5] 그러나 또한 경제력 집중으로 대재벌이 국가권력을 좌지우지하게 되는 상황

---

* 임수환은 "한국의 경제적 평등주의는 19세기 말 농민운동으로부터 일제시대 독립운동으로 이어지는 정치사회적 민중운동의 산물"이라고 규정한다. 임수환, 「박정희 시대 소농체제에 대한 정치경제학적 고찰: 평등주의, 자본주의, 그리고 권위주의」, 『한국정치학회보』 31집 4호, 1997, 128쪽.

을 극구 우려하기도 했다. 요컨대 자본과 대중을 모두 통제하는 국가주의적 담론을 구성하고자 했지만, 실제 자본에 대한 통제는 '자본에 의한 통제'와 구분하기 힘들었다.

평등주의적 가치를 전유하고자 하는 시도는 정치적 차원으로 확대된다. 한민당을 "기호지방의 토착재벌과 대지주, 대기업가로 구성되어 반봉건적인 수구성을 지니고 있었으며, 일부 지도자들은 일제의 관리출신이거나 일제 식민지교육을 받은 지식인들로서, 대개가 법률가, 은행인, 상인들이요 민주혁명과 근대화를 위한 개혁에는 눈 어두운 사람만 있었다……이런 한민당의 지주 귀족적 수구적인 생리는 그후 민국당을 거쳐 민주당에게까지 계속되었다"라고 하는 규정은 스스로를 "지주, 귀족"과는 구분되는 '서민'으로 동질화하기 위한 담론적 실천이라 할 수 있다.[6] 그 서민이 새로운 집단주체의 핵심이 될 것임은 자명하다. 즉 평등주의적 압력을 통해 위와 아래를 관통할 새로운 집단적 정체성을 구성하고자 한 것이다. 사회적 관계에서 확인되는 평등/불평등은 개인과 개인 사이의 사적인 것에서 집단의 공공윤리로 확장된다. 곧 평등은 윤리와 도덕의 차원으로 상승하며 사회적 집단윤리로 개인에게 되돌아온다.

집단주의적 윤리의 최정점은 당연히 민족이 상정되었다.* 박정희는 민족으로 구성되기 위해서는 먼저 개조된 인간이 되어야 한다고 주장했으며 인간개조는 자기의식의 혁명, 자아의 확립이 선결문제라고 파악했다. 즉 "자아가 확립된 개인이 없고 복종과 예속하에 있는 봉건적 신분관계만이 있을 때, 아부와 사대에의 의존과 특수 특권의 노예가 되는 것이다…

---

* 새마을운동과 관련하여 미디어에서는 '외국인의 눈에 비친 새마을운동의 성과를 집중적으로 부각'시키고 있기도 하다(윤길상, 「새마을운동 관련 미디어 선전물을 통해 구성되는 근대 '국민'에 관한 연구」, 서울대 언론정보학과 석사학위논문, 2001). 일종의 타자화된 주체의 구성이라고 할 수 있을 이런 전략은 '권위있는 서구의 시선'으로 스스로를 구성하는 식민화된 전략일 것이다.

…그런 봉건적 관계 속에는 평등이니 인권이 개입할 여지가 없"다는 것이다. 그렇기에 "자아의 확립이 있고난 뒤에야 민족의 일원이라는 확고한 자각이 설 것"임을 강조하고 있다.[7] 민족을 구성하기 위해 먼저 근대적 주체의 형성을 강조한 것으로 이해된다.

차별과 통합으로서의 민족주의는 평등/불평등한 개인을 국민이라는 등가물로 전화시키는 이데올로기적 호명을 반복했다.* 현실의 사회적 불평등이 민족/국민적 평등/통합 속에 봉합되었다고도 할 수 있지만, 중요한 점은 바로 그 사회적 불평등이 민족/국민적 평등에의 희구를 더욱 열렬한 것으로 만들었다는 것이다. 곧 불평등한 현실은 평등한 민족/국민의 구성이라는 열망으로 수렴되었다. 불평등이 심화될수록 국민/민족적 평등이 강화되는 이 기묘한 조합 속에서 불만에 찬 개인은 국민/민족적 주체로 거듭나게 되었다. 이것은 새마을 교육에서도 확인된다.

새마을 교육은 범사회성, 범지역성, 범계층성, 범시간성을 특징으로 하는 전국민을 대상으로 하는 교육이라고 주장되었으며 또한 새마을 정신으로 무장된 인간의식혁명을 위한 교육이라고 천명되었다. 그 의식혁명이란 '민족숙원사업'인 "잘살기 운동"이고 이를 위한 필수조건으로 "못 산 시대"의 전근대적 인간이 근대적 인간으로 "새 사람"이 되어야 한다는 것이다. 요컨대 전 대중을 평등주의적으로 통합된 국민(민족)적 주체로 구성하고자 한 시도이다.

새마을 교육이 강조하는 것은 첫째, 주체성의 원리, 즉 민족중흥과 자주성 확립이었다. 새마을 교육의 인간상은 '막연하고도 보편적인 민주국민

---

* 윤길상은 농민, 노동자, 여성의 국민화는 기본적으로 경제적 가치에 준거하여 강조되었으며 '새마을운동을 통한 경제발전'의 성공 여부가 '국민화'의 열쇠였다고 평가한다. 즉 국민은 새마을운동에 적극적으로 동참하여 경제개발을 이룩한 사람과 새마을운동에 소극적으로 참여하여 경제개발에 실패한 사람으로 구분되어 전자에게만 국민의 자격이 부여되었다고 한다. 윤길상, 앞의 논문, 72쪽.

이 아니고 우리의 역사적 현실 속에서 뚜렷한 국가관을 확립한 민족자존의 군건한 주체성과 자주의식을 가진 민주국민'이라는 것이다. 현대화는 서구화도 아니고 기계문명화도 아니며 전통적인 농촌사회가 가지고 있는 미풍양속과 심미적, 예술적, 정서적인 면을 잘 보존해야 된다는 것이다.8) 우리 얼[魂]을 기본으로 하고 남의 것은 꾀[術]로 받아들이는 '내얼 남꾀 사상'이 요청되는 바, 주체성이란 다름 아닌 이런 자세라고 한다.9) 이는 일종의 동도서기의 재판처럼 보이는데,* 이때 '동도'의 실질적 내용은 과거의 전통 그 자체라기보다는 근대적 시선으로 새롭게 재구성된, 다시 말해 창조된 전통일 가능성이 크다. 둘째, 생산성의 원리인데, 새마을운동은 무엇보다 '잘살기 운동'이라고 규정되었고, 동시에 '다 함께 잘살기 위한 운동'이라는 평등주의적 언설로 설명되었다. 경제개발을 통한 근대화의 실천철학이 곧 새마을 정신과 상통한다는 얘기였다. 요컨대 새마을 교육은 민족이라는 집단윤리와 잘살기 운동이라는 발전주의로 집약되었다.

박정희정권의 또 다른 핵심적 지배담론은 '조국근대화', 즉 발전주의였다. 조국근대화론은 지식층의 광범위한 지지와 동참을 이끌어내기도 했다. 5·16 직후 『사상계』는 제3세계의 '군사혁명'을 다룬 특집을 내보냈고 일부 대학 학생회는 지지성명을 냈으며, 주한 미대사는 "깜짝 놀랄 만큼 많은 지식인들과 언론인, 정치인들이 쿠데타가 불가피한 것이었으며, 좋은 일이었다고 느꼈다"라고 할 정도였다.10) 현실비판적 지식인을 배제함과 동시에 광범위한 지식인을 체제 내로 동원하고자 한 박정희의 의도는 상당한 성공을 거두었다. 지식인들은 근대화 담론에 압도당했으며 당시 한국

---

* 1967년 이후 박정희는 민족의 전통과 근대의 관계를 새롭게 정리한다. 또한 민족의 주체성을 강조하면서 동양의 정신에 기반해 서양의 기술을 받아들이자는 동도서기론을 확립한다. 유기체적 민족주의를 통해 지도자-국가-대중의 공동운명체를 만들어내고, 기존의 반공을 발전과 결합하는 '일면 국방, 일면 건설노선'을 통해 시민사회를 생산에 동원한다. 김정훈, 「남북한 지배담론의 민족주의 비교 연구—역사적 전개와 동질이형성」, 연세대 사회학과 박사학위논문, 2000, 95쪽.

민족주의의 과제를 산업화에 두고 "클로즈업된 문제의식은 근대화요, 경제성장이요, 공업화요, 기술입국이요, 국가발전론이요, 민족번영론"이라는 주장으로 이끌렸다.[11] 대표적인 비판적 지식인 잡지였던 『사상계』조차 박정희 정권의 조국근대화와 기묘한 공명을 일으키는 상황에서 '산업전사', '근대화의 기수'라는 대중의 호명과 동원은 시대적 과제처럼 다가왔다.*

발전주의는 평등주의가 지향해야 할 방향을 분명하게 제시해주고자 했다. 평등주의가 하향평준화와 같은 퇴행으로 귀결되지 않기 위해서는 발전주의와 연결되지 않으면 안 되었다. 그러나 이 지점에서 평등주의의 균열과 위기가 발생했다. 발전의 불균등성은 불평등의 심화로 연결되기 마련이었고 곧 평등주의적 압력은 발전의 발목을 잡을 수도 있었다. 광주대단지 사건, 전태일 열사의 분신 등과 같은 사건은 평등주의적 압력이 어떻게 발전주의의 발목을 잡는가를 예시했다.

그러나 박정희 시기에 평등주의적 압력이 발전주의에 대한 전면 거부나 부정으로 나아가지는 못했다. 평등주의적 압력 자체가 기존 질서 내부로 제도화되고 수렴되면서, 곧 사회의 민족화, 대중의 국민화와 연결되면서 '민족발전의 길'을 전면 부정할 수는 없게 되었다. 이런 점에서 중등학교 평준화와 군대는 평등주의 담론과 관련해 중요한 의미를 갖는다. 담론은 무엇보다 제도적 실천으로 이해될 필요가 있다. 평등주의 담론은 평등이라는 개념으로 기능하는 것이 아니라 지식과 권력의 제도적 실천으로 나타난다. 중등학교 평준화는 그 자체로 평등주의적 압력에 대응하는 국가의 제도적 실천 담론이었다. 군대 또한 비슷한 역할을 했다. 이 과정에서 아래로부터의 평등주의적 압력은 국가에 의해 집단주의적 동질화로 전화될 수 있었으며, 위아래를 관류하는 평등주의가 국가(권력)로 환원되었다.

---

* 이에 대해서는 김보현, 「『사상계』의 경제개발론, 박정희 정권과 얼마나 달랐나?: 개발주의에 저항한 개발주의」, 『정치비평』 상반기(통권 10호), 2003 참조.

곧 평등주의는 발전주의에 대한 '압력'이었지 그것의 부정은 아니었다. 그것은 자본주의적 자유경쟁에 대한 강력한 안티테제였지만, 그 경쟁의 기회균등으로 봉합될 수 있는 것이기도 했다. 요컨대 아래로부터의 평등주의적 압력은 지배질서(담론과 정책) 속에 자신의 강력한 흔적을 남겨두었다. 그것은 불가능한 기획으로서의 평등을 극단까지 밀어부쳐 기존 질서의 위기를 초래할 수도 있지만, 그 위기는 또한 평등주의적 압력이 지배질서 내부의 제도적 실천으로 배치될 기회이기도 했다. 위로부터의 제도적 실천은 아래를 향한 대중정치를 통해 관철될 것이었다.

> 가난은 본인의 스승이자 은인이다……'소박하고, 근면하고, 정직하고, 성실한 서민사회가 바탕이 된, 자주 독립된 한국의 창건' 그것이 본인의 소망의 전부다. 동시에 이것은 본인의 생리生理인 것이다. 본인이 특권계층, 파벌적 계보를 부정하고 군림사회를 증오하는 소이도 여기에 있을 것이라 생각된다. 본인은 한마디로 말해서 서민 속에서 나고, 자라고, 일하고, 그리하여 그 서민의 인정 속에서 생이 끝나기를 염원한다……주지육림의 부패 특권사회를 보고 참을 수가 없어서 거사한 5·16혁명은 그런 본인의 소원이 성취된 것에 불과하다…… 국가와 민족과 혁명과, 많은 가난한 사람의 편에 서서 일하여온…….[12]

이 글은 박정희가 민정이양 압력에 굴복하여 정치적으로 곤란한 상황에 처해 있던 시점에 쓰인 글이기에 의식적으로 대중적 지지를 획득하기 위한 정치적 고려에서 나온 측면이 있다. 그러나 중요한 것은 의도가 아니다. 의도와 유관, 무관하게 작용하는 효과에 주목할 필요가 있다. 대한민국의 성립 이래 당시까지 최고 권력자가 위와 같은 수사학을 구사한 예는 찾아볼 수 없다. '주지육림의 부패 특권사회'와 '서민의 인정'을 날카롭게 대비시켜 스스로를 피지배자와 동일시한 다음 '국가, 민족, 혁명'을 그 동일시의 시공간에 배치한다. 해방공간 좌파의 대중정치에 대한 강렬한 기억을 간직하고 있던 대중에게 이런 수사가 일정한 효과를 거두었음은 분명하다. 박정희의 진짜 의도와 실체가 무엇인가와는 상관없이 그의 대중정치에 입각한 담론적 실천이 아래로부터 공명을 불러일으켰을 가능성은 농후하다.

땀을 흘려라!
돌아가는 기계 소리를
노래로 듣고
……
이등 객차에
불란서 시집을 읽는
소녀야,
나는, 고운
네
손이 밉더라.

우리는 일을 하여야 한다. 고운 손으로는 살 수 없다. 고운 손아, 너로 말미암아 우리는 그만큼 못살게 되었고, 빼앗기고 살아왔다. 소녀의 손이 고운 것은 미울리 없겠지만, 전체 국민의 1% 내외의 저 특권 지배층의 손을 보았는가. 고운 손은 우리의 적이다……우리는 이제 그런 정객에 대하여 증오의 탄환을 발사하여 주자.[13)

박노해의 '손무덤'이라는 노동시와 대비될 이런 서사는 다음과 같은 '모범 근로자'의 메아리로 돌아온다.

자가용 타고도 엉덩이가 배긴다고 불평하는 사람이 있는가 하면 35원짜리 버스타는 것도 아껴 걸으면서도 기껍고 즐겁게 사는 사람이 있습니다. 그게 바로 제가 인생을 바라보는 가치관이랍니다. 적은 봉급으로도 저축하여 즐겁게 살 수 있는 여유를 키우면서 저는 내일을 바라봅니다. 현실의 고뇌를 승화시키고 운명을 지그시 누를 줄 아는 영원한 여인상을 위해 인순이는 노력하렵니다.[14]

'1% 내외의 특권계급'과 '자가용 타는 사람'과는 다른 정체성을 공유하고 있음을 확인할 수 있으며, 특권 없는 평등주의적 공명이 이뤄지고 있다고 할 수 있다. 오히려 박정희의 글이 더욱 과격하고 급진적인 반면 모범 근로자의 수기는 현실을 인정하는 듯하여 묘한 대조를 이루고 있다. 즉 대중의 평등주의적 열망이 국가의 발전주의와 결합하여 근대화 프로젝트에 투입됨으로써 국민(민족)적 집단주체를 구성할 가능성을 보여주었다.

3. 대중정치와 대중동원

박정희 정권은 본격적인 대중정치를 전개하기 시작했다고 할 수 있다. 대중정치의 핵심은 무엇보다 동질화의 정치였다. 전근대 시기 차별화의 정치, 문화와 달리 자유롭고 평등한 개인을 바탕으로 동질적인 익명의 대중이 구성되고, 대중을 적극적 행위자로 구성해내고자 하는 것이다. 따라서 지배자와 피지배자(대중)는 동질적 국민, 민족으로 상상된다.

이전까지 한국에서 지배자가 피지배자와 동질적 인간임을 강조한 경우는 거의 찾기 힘들다. 이승만은 '파시스트가 아니라 그보다 2백 년이나 앞선 부르봉'이라는 평가를 받았으며 윤보선은 명문대가의 귀족자제였다. 양반과 지주계급은 사라진 것이 아니라 변신에 성공한 것이었으며, 과거의 지배층은 옷만 갈아입은 것처럼 보였다. 여전히 '높으신 양반'들은 '아랫것'들과 어울릴 수 없었고 국가는 있었으나 '국민'은 제한적이었다. 그러나 박정희는 스스로 '빈농의 아들'임을 강조했고 '서민으로 태어나 서민으로 살다 죽겠다'고 공언했다. 박정희는 "국민 대부분은 강력한 타율에 지배당하는 습성을 제2의 천성으로 한다"라고 하여 파시스트다운 인식을 갖고 있었지만,[15] 또한 그 '타율적 국민'을 효율적으로 동원하기 위한 근대적 대중정치의 동의의 기술을 구사하기 시작했다. 그것은 일종의 '원한의 정치'로 보이기도 했다. 소외되고 억울하고 무언가 박탈당했다는 느낌으로 사회의 하층으로 퇴적되는 삶을 살던 이들에게 박정희는 '가진 자'에 대한 복수를 대신해주는 것처럼 보였을 수도 있다. 나아가 박정희는 그 자신이 화려한 성공신화의 주인공으로 부정적 복수와 함께 긍정적 삶의 전망일 수도 있었다. 그는 의미 없는 하층민들의 삶 속에 '조국근대화의 기수'라는 의미를 주입하고자 했다. 먼저 농민층을 살펴보자.

새마을운동과 농민

박정희 정권기 농업의 희생을 통한 산업화라는 '근대화 프로젝트'에서 농민의 위치는 불안할 수밖에 없었다. 그 불안함을 메우고자 했던 새마을운동은 1973년부터 본격적으로 전개되어 현재까지 지속되고 있는 한국사 최대, 최장의 국가 주도 대중운동이라고 할 수 있다. 그 규모는 1972년부터 1982년까지 최소 사업건수 32,000건(1972)부터 최대 2,667,000건(1978)에 이르렀으며, 모든 마을에서 전개되었고, 정부 지원도 막대해 1973년 213억 원이던 것이 1979년에는 4,252억 원에 이르렀다.[16] 또한 박정희 정권은 "농업발전에 자본과 기술의 공급자로서 적극적으로 개입했고" 농협의 농업자금 대출규모는 1961년 167억 원에서 1970년 1054억 원, 1979년에는 8764억 원으로 확대되었다.[17]

박정희 정권은 새마을운동을 농민의 자발적 동원으로 전개하려 했으며, 정부는 촉발자일 뿐 지속적 전개 요인은 농민의 '잘 살아보자는 의지'라고 주장했다. 즉 박정희 정권은 강압적 방식이 아니라 지원과 포상 등 경제적·규범적 유인을 제공했으며, 실적 차이에 의한 차등지원을 원칙으로 하여 농민의 자발성을 최대한 끌어내려 했다. 당시 한 마을 이장은 "내 일은 못해도 마을일은 했다"라고 자부심과 긍지를 갖고 있었다.* 1971년부터 1979년까지 새마을사업 중 주민부담율은 최소 43.92%(1979)에서 최대 89.46%(1972)에 달했다. 물론 농민의 자발성은 국가권력의 대대적인 동원과 짝을 이루는 것이었다. "새마을운동은 전쟁"이라는 당시 내무부장관의 언명에 따라 군수, 부군수, 읍면장은 전 지역을 순회해야 했고 일반 직원들도 담당 마을이 있어 월 10~30회 가량 순회하는 것이 보통이었다.

새마을운동에 대해 농민들이 보인 반응은 그리 단순하게 설명될 수는 없었다. 그러나 "강제적으로 시킨 점도 있지만 결과적으로 잘되었다"라는 평가는 주목할 만했다. 한 농민은 "일단 바꾸고 나니 참 좋다는 걸 사람들이 알게 되었다. 길 넓히고, 지붕개량 하고, 화장실 고치고……초창기에는 피동적으로 하다가, 진행이 되면서 '우리가 해야겠다'는 생각을 하게 되면서 자율성을 띠어갔다"라고 하며 "결국 정부는 불을 당긴 것"이라고 평가했다. 물론 그 과정이 순탄치만은 않았다. 농민들은 단지 수동적으로 따라가거나 일방적으로 부정한 것이 아니라 갈등과 투쟁을 경험하면서 국가와의 관계를 재정립했던 것이다. 즉 "시행착오와 농민들의 반발"이 있었지만 시간이 흘러가면서 인식이 바뀌게 되었으며 "지금 박정희를 생각하면, 농

---

* 경기도 이천지역 현장조사. 이 조사는 필자를 비롯한 총 8명의 조사원에 의해 『이천시지』마을지 서술을 위해 수행되었다. 조사는 1999년 12월부터 2000년 4월까지 집중적으로 이루어졌으며 대상마을은 2개 마을이었다. 조사방법은 녹취를 원칙으로 하되 불가피할 경우 메모를 병행했다. 이 절에서 별도의 각주가 없는 직접 인용문이나 현장조사라는 설명은 모두 이 조사결과에 의한 것이다. 개인 프라이버시 등의 문제로 대상마을과 농민들의 이름은 모두 익명으로 처리했으며 필요한 경우 가명을 사용한다.

민정책은 전무후무한 것이었다"라고 평가한다. 최초의 동원은 내면화과정을 거쳐 자율적인 것으로 되었던 것이다.

'수동혁명'적 성격이 강한 박정희의 '근대화 프로젝트'는 사실 농업의 희생을 통한 산업화라는 고전적 경로를 밟는 것이었고 농민들의 운명은 이미 '과거의 계급'임이 분명했다. 박정희 정권의 "소농지원책은 생산과정에서의 영세성 때문에 농가의 경제적 자립을 이룰 수 없었고, 결국 농가의 소득향상은 국가의 재정 부담에 의한 것"에 불과했다.* 새마을운동은 상당히 성공적인 동원이 가능했고 또 절대적 빈곤으로부터 어느 정도 벗어나게 하긴 했지만 농민들의 경제수준을 획기적으로 높이지는 못했다. 그럼에도 불구하고 농민들이 박정희와 그 체제에 대해 갖고 있었던 인상은 매우 호의적인 것이었다. 그것은 단순히 허위의식으로만 설명될 수는 없었다. 그 역설 속에 먼저 국가가 있다.

한국 근현대사에서 농촌마을은 신분과 토지소유 등으로 매우 복잡하게 짜여있는 엄격한 위계를 유지하고 있었다. 이 체제는 나름의 재생산 구조를 갖고 있었고 그것을 극복하기 위한 농민의 시도는 번번이 좌절되었던 경험이 있었다. 마을 내외부의 지배-피지배관계에 규정되어 있던 하층 농민의 입장에서 그 질서의 내부적 전복과 파열이 불가능하다고 보일 때 외부의 반봉건적 근대국가는 상당히 매력적인 충성의 대상으로 보일 수도 있었다. 국가의 동원정책에 대해 반촌보다는 민촌의 반응이 좋았다는 조사결과는 주목할 만한 것이었다.[18] 게다가 1960년대 산업화의 전개는 농민들의 경제적 상승욕구에 상당한 영향을 미쳤다고 보인다. 발전과 진보라는 근대적 가치가 순환이라는 오랜 관습적 인식을 대체하기 시작했고

---

* 임수환은 이런 소농의 국가에 대한 경제적 의존성은 농민들이 국가기관의 압력에 저항할 수 있는 정치적 독립성의 결여로 이어졌고, 농민의 정치적 허약성은 권위주의 정부가 정치적으로 이용하기에 좋은 조건을 제공했다고 본다. 임수환, 앞의 논문, 116쪽.

1950년대 공교육의 대대적 확충은 근대적 사고방식과 생활양식에 대한 이해와 선호도를 높여주는 기능을 했다. 그 집중된 기대는 국가로 집중되었으며, 마을 내 갈등과정에 국가의 개입을 원하는 경우가 생길 정도였다.

물론 '관의 사업에 무조건적인 복종과 집행을 강제하는 군대식 멘탈리티'가 작용했을 것이며, 실제로 군대 갔다 온 사람들이 제일 열심히 일했다는 평가도 있었다. 더욱이 새마을운동을 제대로 안하면 "우리가 반란이 되는 건데", "회의에 안 나오면 빨갱이보다 더한 사람으로 취급했다"라는 증언도 존재한다.[19] 한국전쟁의 경험은 오랫동안 농민들에게 '공포의 국가'로 남아있었다. '인민'이냐 '국민'이냐에 따라 생사가 갈렸던 실존적 체험은 국가에 대한 공포와 적대감이 뒤섞인 태도를 형성시켰다. 그렇기에 국가의 일에 노골적으로 반대한다는 것은 매우 어려운 일이었다. 초기에 새마을운동이 상당한 강제성을 수반했다는 점은 이와 관련이 있다.*

그러나 이미 국가는 너무 깊숙이 마을 내부로 들어와 있었다. 이승만 시대에 비해 박정희시대는 비교할 수 없을 정도로 촘촘한 국가관료망을 확보했고 농촌마을에서 국가는 생산과정에 대한 개입은 물론 '나무조사', '밀주단속' 등을 통해 일상 깊숙이 개입하고 있었다. 새마을운동 또한 이런 국가관료제가 전제되지 않았다면 불가능했을 것이다. 군림하되 세부까지 지배하지 못했기에 능동적 동원보다는 수동적 복종을 추구했던 전근대 국가와 달리, 근대국가는 이미 마을 깊숙이 들어와 버린 상황이었고 농민들을 끊임없이 능동적 주체로 호명하고자 했다.

새마을운동기 국가는 농민들에게 탈정치화된 존재로 다가왔다. 현장조사에서 만났던 농민들 중 상당수는 여야를 막론하고 정치가에 대해 매우 부정적 인식을 갖고 있었는데 박정희를 정치가로 보지 않는 비율이 의외

---

* 불참자를 노골적으로 소외시키는 농촌공동체의 전통적인 제재방식으로 벌금부과, 씨족 간 경쟁 등이 새마을운동에 작용했다는 연구도 있다. 유병용 외, 앞의 책, 81~88쪽.

로 높았다. 한 농민은 "마을길 낼 때, 자기 땅 거저 내놓았어요. 새마을운동……순수했어"라고 했는데, 박정희 또한 새마을운동의 정치화를 반대하고 순수한 국민운동적 성격을 강조했기에 이는 농민과 박정희의 교감을 상징적으로 보여준다. 한 농민은 "정치하는 사람들이 탄압을 받았지 그 당시 농민들은 (정치권력에 의해) 얽매인 것이 없었고, 박대통령이 국민을 위해 일 한 것은 틀림없"다는 확신을 보이기도 했다. 그 확신은 또 다른 농민의 기억에서도 확인된다.

> 나도 불쌍하게 컸고 그 사람 혁명이라는, 그 자신 있는 뜻을 나도 안다는 거야. 사실, 우리나라 뭐라고 해도, 하나가 고집쟁이가 있어야……그 양반 아니면 고속도로 못 닦았어. 민주주의 아무리 해야 소용이 없다는 거야. 국가는 국가 실정대로 맞게 해야 해. 그 사람 돈이 있어? 박정희 돈 없어. 그 사람 국가에 충성을 다했다고 봐야지. 나 그거 한 가지 칭찬하고. 학자들은 어떻게 생각하나? '그 사람 안 되겠어. 쿠데타야.' 나 지금도 자신 있어, 모가지가 달아나도. 왜? 즈그네들 박정희 만치 일으킨 일도 없고, 박정희 나쁘다고 할 때 지들 뒷재산이 얼마야? 정치가라는 건 거짓말, 이념뿐이야.

박정희에게 '불쌍하다'는 언어로 표현되는 강한 동질감을 느끼고, 박정희를 비판하는 주요 근거인 민주주의를 경멸하고 있으며, 박정희의 청렴성에 대한 존경은 자신의 경제적 곤궁과의 동일시되고 있다. 학자, 정치가 등에 대한 강한 부정과 경멸의식은 서구의 근대정치 제도와 양식에 대한 박정희의 혐오감과 연결되어 국가를 탈정치적 존재로 파악하게 만드는 중요한 근거였던 것으로 보인다.*

---

* 이런 모습은 나치 시대 총통 신화와 유사하다. 총통 신화는 일상에서의 불평불만을 토로하면서 동시에 체제 전체에 대해서는 동의할 수 있도록 만든 메커니즘이라고 한다. 데틀레프 포이케르트(김학이 옮김),

현장조사에서 만났던 한 농민은 이렇게 말했다. "농촌태생이고, 박대통령 막걸리가 어떤 것인가. 그때가 농민이 살기 제일 좋았어." 정작 중요한 것은 박정희가 농촌태생이라는 점이 아니라 그가 농촌을 떠나 대단한 성공을 했음에도 불구하고 농촌과 농민을 잊지 않고 있으며 그 가치를 소중히 여기고 있다는, 그래서 지금도 그가 '농민'임을 믿어 의심치 않을 수 있다는 확신이다. 이런 확신은 그가 이질적인 '정치가'가 아니라 동질적 농민으로서의 대통령이고 국가 그 자체라는 인식으로 연결될 수 있었다. 이 지점에서 국가는 더 이상 외재적인 것이 아니라 농민의 삶에 밀착된 믿고 따를 수 있는 대상이 된다.

또 다른 측면에서 강한 경제적 상승욕구와 함께 의미 있는 사회적 존재가 되고 싶다는 하층농민의 열망이 새마을운동과 박정희 정권의 농촌정책에 대한 지지로 나타난다는 점도 주목할 만하다. 많은 농민들의 경험에서는 오히려 경제적 상승보다 의미 있고 중요한 존재로 대우받은 사실이 강렬한 기억으로 남아있음을 볼 수 있다. 그것은 바로 일종의 사회혁명을 경험하는 것이기도 했다. 농촌사회에 강하게 남아있던 신분제적 유제, 씨족 간 갈등 등은 새마을운동을 거치면서 상당히 완화되었다. 현장조사를 했던 한 마을에서는 3대 성씨가 상당한 갈등을 보였었는데 새마을운동을 하면서 사라졌고, 또 한 마을에서는 양대 성씨가 한국전쟁 당시 좌우로 갈려 상당한 피해를 본 경험을 간직하고 있었는데 역시 새마을운동을 통해 감정이 많이 누그러졌다고 한다.

새마을운동기 이장과 새마을지도자의 상당수는 20~30대의 청년층이었다. 이들은 대부분 군대경험을 갖고 있었고 상당수는 중등교육의 세례를 받은 사람들이었다. 아울러 학생들을 중심으로 4H회가 모든 마을마다

『나찌 시대의 일상사』, 개마고원, 2003, 104쪽.

구성되는 등 마을의 중심 지도력이 노인층에서 청년층으로 급속하게 이동하고 있었다. 새롭게 마을의 지도력을 형성하게 된 청년층은 어떤 연령층보다 근대적 질서와 가치에 민감했고 그 가치의 실현과정으로서 새마을운동의 주요한 동력이었다. 젊은 지도력은 때로 씨족관계의 어려움을 관의 도움으로 해결하거나 마을 내 각종 미신풍습 타파에 앞장섰고 마을을 단위로 '근대적 사회관계'를 경험하게 되었다.

> 민주주의는 농민에서부터 훈련을 쌓아야만 점차로 정착될 수 있다. 부락이라는 작은 단위에서는 참여의 도가 높을 수 있고, 작은 규모 안에서의 의견교환은 비교적 용이하기 때문에 민주주의에서 가장 중요한 원칙의 하나인 진지한 토론을 통한 의사결정이 가능하다.····부락이라는 소규모의 단위는 사람들에게 밀접하고 친근한 인간관계를 공동체화하며, 단체의식을 심어줌으로써 책임 있는 시민을 만들어낸다.[20]

이런 언설이 수사로만 그치지 않았음은 현장조사에서도 확인되었다. 새마을운동기의 유신체제는 고도의 폭압성을 띠었지만 역설적으로 농촌에서는 새로운 '민주주의'가 경험되고 있었다. 이장선출에 경선제가 도입되고 수시로 마을회의가 개최되어 모든 새마을사업을 마을민의 참여와 토론을 통한 집단적 결정으로 밀어붙였다. 결정에는 곧 각자의 책임부여가 포함되었으며 모든 사람에게 각각 책임을 맡기는 방식으로 사업이 추진되었다. 이 과정은 관의 개입 없이 비교적 자율적으로 진행되었으며 농민은 관과의 거래, 협상과 함께 내부적으로는 다양한 차이와 갈등을 조정해가는 정치적 경험을 하기도 했다. 마을길 확장에 토지희사가 집단적 압력으로 추동된다든지 부역에 개인적 책임감을 느끼게 된 것은 바로 이런 경험을 통해서였다. 이제 새마을운동은 농민 스스로의 일로 보이게 되었고 그 성과는 국가가 아니라 마을과 '우리'의 업적이라고 생각되었다. 물론 마을 내부에는 주도층과 소극적 태도를 견지한 흐름 사이에 긴장과 갈등이 존재했지만 아무도 '운동' 자체를 거부할 수는 없었다. 이런 과정을 거쳐 농민은 본격적으로 '책임 있는 시민' 곧 국민으로 호명되기 시작했다.

언론, 방송에서는 새마을운동에 관한 고정 프로그램을 편성해 방송하기 시작했고 1973년도에만 중앙 8대 일간지에 10개의 고정 캠페인란을 마련해 사설 24회, 특집기사 240회를 게재했다. TV에서는 새마을프로가 6개, 라디오방송에서도 6개의 프로그램이 신설 방송되었다. 그 외에도 뉴스영화, 문화영화 등이 제작되어 전국적으로 배포되었다. 1973년에서 1979년까지 새마을영화는 총 65편이나 제작되었으며 총 9,850곳에 배포되었다.[21]

1974년 5월부터 발간되기 시작한 『새마을』 잡지는 농민이 국민으로 구성되는 양상을 상징적으로 보여주었다.* 그전까지 언론과 방송 등 매스미디어에 농민의 모습이 나타나는 경우는 이례적이고 드문 일이었다. 이 잡지에서 농민은 주변화되거나 배제되지 않았으며 이른바 사회지도층과 어깨를 나란히 하는 동등한 주체로 설정되었다. 『새마을』에서는 매호마다 '이달의 새마을지도자'라는 코너를 통해 10여 명의 새마을 지도자를 소개하기도 했는데, 사진, 이름, 주소, 나이, 경력, '주요업적', 활동사진 등으로 구성되어 있었다. 이름 없는 이장이나 새마을지도자 등 농민대중을 '업적'으로 수식하는 어법은 매우 생경하고 놀라운 것이었다.

소외된 계층과 집단을 주체화시켜 국민으로 동원하고자 한 점은 농촌

---

* 문화공보부에서 제작하여 전국의 모든 농촌마을과 도시에 2부씩 배포되었던 이 잡지는 상당히 공들여 만든 혼적이 역력했다. 목차구성이 매우 치밀하게 짜여 있으며 논설, 수필, 에세이 등의 글부터 새마을운동 성공사례, 지역탐방, 새마을운동 관련 인물소개 등을 통해 최대한 농민적 분위기를 살리고자 한 혼적이 뚜렷했다. 또한 당시의 대표적인 지식인들도 대거 동원되었다. 조병화는 창간호에 「밝아진 세월」이라는 시를 올렸고 박목월, 이숭녕, 가나안 농군학교장 김용기 등 지식인들뿐만 아니라 김진규, 하춘화, 박노식, 최은희 등 대표적 연예인들도 등장한다.

여성을 통해서도 확인된다. 많은 수의 농촌 여성들은 부녀회 활동을 통해 스스로에 대한 자의식을 형성할 수 있는 계기를 부여받았던 경험을 간직하고 있다. 한 전직 부녀회장의 이야기는 이점을 잘 보여준다. 그는 새마을운동과 함께 새롭게 조직된 부녀회의 회장을 맡게 되었으며 그전까지 낯설고 어려운 존재로만 보였던 관료들로부터 아주 중요한 일을 하는 의미 있는 존재라는 평가와 대접을 받았다고 한다. 그는 그 기억을 "잊을 수가 없다"라고 했으며 "칭찬 많이 받았다. ○○리 부녀회장 김순미 씨(가명)라고 많이 알아주었다"라고 기억하고 있었다. 그래서 그는 "위에서 지시 내리면 그것을 그대로 실천에 옮기려고 애를 썼"으며 이를 아주 자랑스럽게 기억하고 있었다. 그는 한 마디로 "부녀회 사업을 재미있고, 수월하게, 열정적으로 했다"라고 말한다.

또한 수원에서 합숙교육을 받기도 했는데 합숙 프로그램 중의 하나였던 촌극공연은 최초로 경험한 문화 활동이기도 했다. 이 촌극 공연은 많은 사람들의 호응을 받았고 부녀회장은 난생 처음 수백 명의 청중들로부터 박수세례를 받는 경험을 한다. 이런 기억 속에서 지루한 일상을 벗어난 농촌여성의 활력이 넘치고 있었고 부녀회장에게 그 시절은 자신의 인생에서 가장 '재미난 시절'로 기억되고 있었다.*

새마을운동에서 중요한 역할을 수행하고 또한 농민들에게 국민 구성원의 평등성을 구체적으로 경험하게 해준 것 중의 하나가 새마을 교육이었다. 새마을지도자연수원은 청와대 비서실이 직접 관장했고 1972~79년 사이 새마을관련 각종 합숙교육을 받은 사람만 무려 677,900명에 달했으

---

* 이는 전시총동원체제기 일본의 경험과도 유사하다. "여성의 공적 영역에의 참가는 무엇인지 알 수 없는 흥분과 새로운 정체성을 부여했다. 그리고 지금도 서민 여성들은 그런 경험들을 들뜬 기분으로 기억하고 있다. 일찍이 자기 시간을 가져본 적이 없는 농촌 부인 대중이 반나절이나 집에서 해방되어 강연을 들을 수 있다는 것만으로도 이것은 부인해방이다." 우에노 치즈코, 『내셔널리즘과 젠더』, 박종철출판사, 1999, 56~57쪽.

며 비합숙 교육인원은 6,953만 3천 명이라는 엄청난 숫자였다.

분임토의를 통해 농민들은 다양한 의견을 내놓기도 했는데 대표적인 것이 새마을 교육의 확대였다. 원래 새마을교육은 남성에 국한되었는데 교육농민들이 여성교육의 필요성을 제기하여 부녀지도자반이 새로 설치되었고 농민들의 요구로 군수, 부군수, 시장, 면장, 부면장, 경찰까지 교육이 확대되었다. 일선 공무원들은 다시 정부 고위 공무원들의 교육필요성을 제기했고 고위 공무원들은 다시 장차관들의 교육을 요구하여 결국 박정희의 지시로 1974년 여름에는 장차관 전원이 연차적으로 교육을 받았다. 언제나 호명의 대상이었던 농민이 호명의 주체가 된다는 것은 매우 특이한 경험이었을 것이다. 그러나 농민의 호명은 자기 완결적이지 않았으며 박정희라는 절대자를 통해 증폭될 때만 권위 있는 호명이 될 수 있었다. 즉 호명체계의 꼭짓점에 있는 박정희와 맨 밑바닥을 형성하고 있던 농민은 호명과정의 시작과 끝이었다. 여기에서 권력과 민중의 관계는 지배와 억압이라기보다는 '마이크와 스피커'의 관계처럼 보였고 그 역의 과정도 가능할 것이었다.

연수원에서 농민과 사회지도층은 동격의 존재로 인정되었다. 그들은 사회적 위계질서상 평생 마주칠 일이 없는 사람들이었지만 적어도 연수과정만큼은 동등한 교육생으로 인정되었고 연수원장, 대한상의 부회장, 외무부 경제차관보 등과 함께 3인의 새마을지도자가 참석한 좌담회가 개최되기도 했다.[22] 연수생으로서의 동등성은 곧 평등한 국민임을 상징하는 것이기도 했다.

이런 과정을 통해 농민들은 "가치 있는 생활을 하기 위해서 정상적인 생활을 택했다. 북한공산당과 힘껏 싸우다 장렬하게 죽으렵니다"라고 호응하거나 "탁주보다 양주를 새마을담배보다 양담배를 입버릇처럼 뇌까리는 타락주의자들"이라는 증오를 통해 권력의 호명에 '국민됨'으로 응답했다.[23] 즉 농민들은 새마을운동의 경험을 통해 국가가 주도하는 다양한 프로젝트에 능동적으로 참여함으로써 권력의 요구에 부합하는 '국민'으로 구성되어 가는 경향이 강했다.

그렇게 구성된 국민은 새마을운동을 "70년대 초에는 정부에서 하자면 한 거다……70년대 말에는 틀렸다. 사람들이 먹고 살만해지니까 해이해졌다. 그때 꼭 잡아주어야 했는데 그렇지 못해서 (새마을운동이) 안 됐다"라고 기억하거나 "새마을운동의 힘은 어디에 있느냐 하면 추종하고 따라간 것이다. 정신적으로 새마을운동이 땅을 내놓도록 했다……그 당시에는 수긍하고 따라왔지만 세상이 평준화되면서 지금은 안 그렇다……배고픔을 극복하고 나니까 집안일에 눈 돌리고, 자기가 각자 자기 몫에만 관심을 돌리게 됐다"라고 기억하고 있었다.[24] 강한 향수와 애착을 갖고 있으며 '평준화된 세상'에 대한 부정적 인식이 나타나고 있다. 여기서 평준화란 국가와 국민의 관계를 의미하는 것으로 보인다. 국가주의적으로 기억하는 새마을운동일 것이며 자발적으로 국가의 강제력을 기대하고 있는 모습처럼 보인다. 노인들의 과거에 대한 향수일 수도 있지만 새마을운동을 통해 구성된 국민의 현 모습일 수도 있을 것이다.

'노동자계급'과 '산업전사·국민' 사이에서

박정희 정권 18년은 한국 자본주의가 본격적으로 형성된 시기였다. 자본-임노동 관계의 확장은 곧 임노동자층의 급격한 확대를 의미했다. 경제적 규정성은 새롭게 형성된 임노동자층을 직접적으로 규정할 수 없었다. 즉 생산관계는 직접적으로 노동자계급을 구성하지 않으며 사회·정치·문화·담론적 심급을 거치면서 중층적으로 구성된다.

영국의 노동자계급이 세계대전을 거치면서 국민으로 호명되고 국가에 일치·종속되는 과정에서도 잘 볼 수 있듯이, 혁명적 반역이나 전쟁에의 동

원, 선거권 획득투쟁, 또는 노동운동, 종교적 개종, 계급적 타협, 불황기의
빈곤의 경험 등 특정한 역사적 계기들을 통해 노동자계급은 국가 성원의
외부에서 시민적 권리 주체로, 혹은 민족의 외부에서 내부로, 혹은 가부장
제적 질서 내부로 호명되고 종속되는 과정 속에서, 사회제도 및 관행들의
타협적 수용을 통해 그들의 무의식적 욕망과 환상을 충족시키고자 했다.[25]

한국의 임노동자층은 부르주아의 무덤을 파는 프롤레타리아 계급, 또
는 민중으로 구성될 계기와 '산업전사'로 조근근대화에 동참하여 '국민'으
로 구성될 계기를 동시적으로 내포하고 있었고 또 그렇게 현실화되었다.*
현재 민주노총 산하 노동자들 중 극히 일부(즉, 노조간부나 활동가 집단)만을
제외하고 대부분의 노동자들은 '국민' 정체성을 제일의 정체성으로 선택
했고, 여성 노동자의 경우 성 정체성을 제일의 정체성으로 선택했으며, 가
족 혹은 가문의 정체성을 상대적으로 우선 선택하는 모습을 보였다.[26]

요컨대 계급적 정체성과 국민적 정체성은 상호대립적일 수도 있었지
만 상호 연계되어 중층적으로 집단정체성을 구성할 수도 있었다. 노동자
계급은 곧 '한국의' 노동자계급이 되었고 조국을 획득한 노동자계급은 노
동자이기 이전에 '국민'임을 자각하고 있었다. 국민국가 단위의 생활양식
이 확립된 조건하에서 그 생활양식을 통해, 무의식적 일상을 통해 '매일매
일의 국민투표'를 수행하는 집단으로 구성된 것이었다. 이런 과정이 박정
희 정권기에 본격화되었다는 점은 의심의 여지가 없다.

1972년부터 1981년까지 한국의 피고용자 1,000명당 노동쟁의로 인한
노동손실일수는 연평균 약 4,000일에 지나지 않아 필리핀의 56,000일은 물

---

* 그 이유에 대해 "절대적인 빈곤상태로부터 탈출하고 사회적으로 상승 이동할 수 있는 기회가 많아졌다는
사실 자체가 불만을 흡수하는 기능을 수행했으며 결국 산업화 과정에서 사회적 격차가 확대되었지만 결
과적으로 계급적 대립의 출현은 지연되었다"라고 보는 견해도 있다. 노동부(성공회대학교 사회문화연구
소), 『1970년 산업화 초기 한국노동사 연구―노동운동사를 중심으로』, 2002, 3쪽.

론이고 싱가포르의 8,000일에 비해서도 압도적으로 낮았다.[27] 1960년부터 1980년까지 20년간 한국에서는 "정치 안정을 위태롭게 하거나 산업화 과정을 저해할만한 중요하고도 대규모적인 어떠한 노사분규도 일어나지 않았다. 한국의 1세대 산업노동자들은 초기 산업화과정에서 투쟁적이고 저항적이기보다 정치적으로 온건하면서 일에 대한 높은 수준의 헌신과 열의를 보여주었"다.[28]

즉 박정희 정권기에 임노동자층은 "민족주의, 가족주의, 화합, 국가안보 등 국가에 의해서" "한국의 노동자들 자신들의 산업경험을 인식하는 데 영향을 끼친 지배적인 언어가 제공되었"으며, '조국 근대화'라는 국가적 목표의 관점에서 "노동자들의 부지런한 노동과 희생을 애국적인 행위로 칭송했"던 국가의 이데올로기와 담론을 수용하는 경향이 강했다고 할 수 있다.[29] 여성 노동자들 또한 "시민적 권리의 주체, 산업전사로 호명된 생산적 민족구성원으로 혹은 가부장제 질서 내부로 호명, 종속되는 가운데 생산현장, 국가, 가족, 남성적 노조 사회제도, 관행을 '타협적'으로 수용"함으로써 "자신의 무의식적 욕망, 환타지 등을 충족"시키면서 "국민-민족-가부장적인 수준에서 종속과 통합을 경험"하게 되었다.*

그것은 이 시기 한국 임노동자층이 주로 농촌에서 충원된 조건과 관련되기도 한다. 1962년부터 1975년까지 무려 750만 명의 농민이 도시로 이주했다는 사실에서 알 수 있듯이 박정희 정권기 한국의 임노동자는 주로 농민출신이었다. 즉 초기 유럽과 비교할 때 한국 노동자들은 "공동체 문화도, 장인적 자긍심도, 공동체문화, 자율성과 독자성을 중시하는 문화도" 없었고, "가족이나 친족이외의 집단적 정체감을 결여한 채 산업노동에 입문

---

* 그러나 동시에 여공들은 지배적 질서-담론으로 통합되면서도, 이렇게 여공을 규율화시키려는 권력-담론의 계열에 대해 익명적 지식의 유통과 망을 통해 우발적인 전투와 반항을 전개한다. 김원, 「여공담론의 남성주의 비판」, 서강대 정외과 박사학위논문, 2003, 38쪽.

했다"라고 할 수 있다.[30] 이들은 촌락공동체적 논리와 온정주의에 의해 자본에 포섭되는 경향이 강하기도 했다.*

그러나 이시기 한국 임노동자층의 집단정체성 형성과정이 단지 농민, 농촌적 특성으로 환원될 수는 없을 것이다. "하층사회 여성들은 유순한 농촌의 딸이 아닌, 교육, 신분상승, 자립, 독자적 욕망을 지닌 주체"였으며 많은 민주노조 여성노동자들의 경험을 통해 볼 때, "하층사회 소녀들이 여공이 되는 것은 농촌탈출이란 소녀들의 적극적 선택과 가족적 요구간의 복합적 산물"이었다고 할 수 있다.[31] 요컨대 농촌, 농민출신 노동자라는 조건이 곧바로 국가와 자본의 논리에 포섭되는 필요충분조건은 아닌 것이다. 나아가 실제 공장생활과 노동과정, 일상생활 등을 통해 겪게 된 경험들이 집단적, 개별적 정체성 형성과정에 중요한 역할을 했을 것이다. 그렇기에 "조직화되지 못했고, 공장과 사회 체제에 순응하여 자신의 청춘을 공장에 바친 수많은 이름 없는 노동자들의 경험과 의식의 세계"에 대해 이해할 필요가 있으며 국가와 자본이 노동자들을 동원·통제하기 위해 동원한 다양한 물질적, 이데올로기적 통제 장치들을 이해해야 할 것이다.[32]

대표적으로 공장 새마을운동을 볼 수 있다. 대한조선공사의 경우를 보자. 조선공사에서는 1975년부터 공장 새마을운동이 시작되어 1976년에는 자체 새마을 연수원을 설립하고 1978년까지 48기 약 3천여 명을 대상으로 숙박교육을 실시하는 한편, 조기청소, 도로변 화단설치, 해바라기재배, 원가절감 우수종업원 표창, 새마을 합동결혼식, 사원가족 초청 사내견학, 조기체조경연대회, 빠른걸음 걷기운동 등을 시행했다.[33] 그 이데올로기는 '정신 개혁운동'으로서 노사협조주의, 기업공동체주의를 강화하고자 했으며 나아가 애국주의로 연결되었다. 그 결과는 이렇게 나타났다.

---

* YH노조 파업은 박정희 정권의 몰락과 상당한 관련을 가진다고 할 수 있는데 노동자들의 대부분은 YH무역 사장의 출신지인 충북 옥천 출신이었다고 한다.

새벽 5시 기상에……애국가를 4절까지 합창하고 국민체조를 한다. 이어서 새
벽구호 '뭉치자! 미치자! 실천하자!'를 외침과 동시에 요즘 무척 유행하고 있는
조깅에 나선다……뛰는 도중엔……중간 중간 갖가지 훈련을 섞었다. 토끼뜀
에다 오리걸음에다 어제 배운 건전가요를 자꾸 섞었다. 게다가 '앉아!' '일어
섯!'을 '복지!' '실천!'이란 구호로 받아내는 이색 기합(?)까지 곁들여……'미스
리'가 '이 동지'로 변했으니 어쩌다 내가 독립군 나오는 영화주인공이 아닌가
하는 착각 속에서 저녁을 맞이한다……교관동지(?)가 신념구호를 지적해주기
도 전에 우리는 이미 '보튼' 누른 녹음기가 된다. '나의 조국은 공동운명체임을
확신한다.' '나와 이웃은 공동심정체임을 확신한다.' '나와 동지는 공동생명체
임을 확신한다.'……6일째 나는 나도 몰래 개조인간이라도 된 듯한 느낌이었
다. 수료식에서 많은 교육 선배들의 맹세가 적힌 '혈서전'이란 게시판(?) 앞에
서니 새삼 비장한 각오를 갖지 않을 수 없었다.[34]

군대식 합숙을 통해 '자동 응답기'가 된 국민적 주체들은 서로를 '동
지'라 부르며 피로 맹세한 선배들을 경외의 시선으로 바라보고 있다. 공동
운명체, 공동심정체를 넘어 급기야 '공동생명체'까지 나아간 집단주의는
민족이라는 단일한 신체로 통합된 노동자의 모습을 보여준다. 영화처럼
비현실적이었던 합숙교육이 끝날 무렵에는 독립군처럼 '비장한 각오'를
다질 정도가 되었다. 그것은 곧 '미쳐야' 하는 국민(민족)되기 과정이었다.
물론 위 인용문을 액면 그대로 이해할 수는 없을 것이며 모든 참가자
가 모두 이런 식으로 생각했다고도 할 수 없을 것이다. 그러나 일상을 떠
난 합숙의 경험은 적극적으로 그것을 거부할 의사와 노력이 없다면 무의
식적으로 수용되었을 가능성이 크다. YH무역 노동자들의 신민당사 점거
농성시 마지막 종결집회에서 부른 노래는 노총가와 함께 '애국가'였으며
전태일 열사에 대한 묵념과 함께 조국과 민족을 위한 묵념도 행해졌다. 광

주항쟁 당시 시민군들의 애국가 합창과도 연결되는 모습이다. 저항적 의례는 국가적 의례와 분리되지 않고 겹쳐지고 있다. 요컨대 일상 속에서 체험된 '국민적 정체성'은 그 국가에 대한 저항과정에서도 불쑥불쑥 튀어나오는 것이다. 이런 양상을 보건대 위 인용문의 경험담은 액면 그대로가 아니라 무의식과 신체에 습관으로 아로새겨진 국가주의적 담론을 구성하는 것이라고 생각된다.*

이런 애국주의의 공동체주의적 논리는 성과 분배에 대한 노동자들의 참여를 정당화하는 논리로 작용할 수도 있었다. 1978년 조선공사의 구호는 생산제일주의와 소득제일주의 그리고 알찬 마무리, 높은 소득이었다. 이는 나아가 생산성 향상과 노동규율 강화 캠페인으로 연결되었다.

> 지금 한창 전개되고 있는 공장 새마을운동에 편승시켜 우리들 나름대로 해나가는 여러 가지 운동이 있습니다. '작업 중 잡담 안하기', '보행 중 담배 안 피우기', '꽁초 안 버리기', '안전모 안전화 착용하기', '표준 삭발하기', '인사 먼저 하기'……그 중에서도 1분 일찍 출근하기 운동은 상당한 효과를 보아 7시 40분이면 전 과원의 80%가 출근합니다.[35]

이 지점에서 새마을운동은 더 이상 관제 캠페인으로만 머물지 않을지도 모른다. 생산성 향상을 통한 소득증대라는 담론은 노동자의 욕망이 자본의 요구와 어떻게 조우하는지를 보여준다. IMF 이후 '국가경쟁력' 이데올로기에 그 어떠한 비판도 존재할 수 없었던 것은 사실 이미 박정희 정권

---

* 김준은 "새마을 교육을 통해 더 넓은 세계와 접촉하고, 이제까지 미처 듣지 못한, 보다 넓고 새로운 ― 혹은 새롭지는 않지만 자신의 이제까지의 경험을 국가, 민족, 국민경제 등의 거창한 단어들과 연결시켜 의미를 부여할 수 있는 ― 세계관과 접촉했다는 것은 분명 개인적으로 상당한 충격적 경험이었을 수 있으며, 그만큼 이를 쉽게, 전폭적으로 흡수했을 가능성이 있다"라고 분석한다. 김준, 앞의 논문, 80쪽.

기에 형성된 '생명공동체'로서의 국가주의 담론이 있었기 때문일지도 모른다. 나아가 문제는 국가경쟁력이 허구적 상상의 공간이 아니라 개별자의 내면화된 경쟁을 통해 강화되고 있다는 점이다.

> 우리 양성공들도 어느새 조장의 눈을 피하여 짬짬이 잡담도 나누고 장난을 칠 만큼 여유도 생기게 되었다. 그러나 일을 잘해서 반장이나 조장 담임의 눈에 잘 보여야 된다는 보이지 않는 경쟁의 끈까지도 느슨해졌던 것은 아니었다. 그런 욕심과 경쟁의식은 우리가 이 회사를 퇴사하고 시집가는 그날까지 한시도 떨쳐 버릴 수 없는 이미 제도화된 분위기였는지도 모른다.[36]

더 나은 삶을 위한 노동자의 욕망은 자본의 무한증식의 욕망과 겹쳐지면서 경쟁은 노동자와 자본을 관통하고 있는 것처럼 보인다. 더욱이 일상적 삶 속에서 대부분 노동자의 욕망은 이런 것이었다.

> 임금 높지, 8시간 일하지, 기숙사 있지, 목욕탕 있지, 나는 참말로 너무너무 좋더라구. 그런데 뭐 더 해달라고 노동조합에서 데모하고 이해가 잘 안 되더라구. 판자촌 자취생활 하다가 동일방직 하얀 현대식 건물에 얼마나 좋습니까. 스팀 척척 들어오는 따뜻한 방에 얼마나 좋은지 나는 꿈인가 생시인가 했다니까요.[37]

1970년대 핵심적 민주노조였던 동일방직의 한 노조 활동가의 이런 고백은 아직 '의식화되지 않은' 상태의 모습을 보여주면서 결국 대다수 노동자들의 심리를 드러내고 있다. 1970년대 경공업 분야의 여성 노동자들은 대략 "기숙사와 야학에서 공부와 독서를 하는 층, 종교생활에 전념하는 층, 대중문화와 결혼에 몰두하는 층, 야학 교회 등에서 소모임 활동 등을 통해 의식화되는 층" 등으로 분류할 수 있는데 제일 많았던 것은 둘째, 셋째 층이었다고 할 수 있다.[38] 기존 연구에서는 주로 '노동운동사'적 차원에서만 접근하여 가장 다수였던 층에 대한 연구는 거의 없다고 할 수 있다.* 모범근로자 수기의 주인공들은 "불행의 원인을 자신들이 선택하지 않은 원수 같은 가난에서 찾으며, 현재의 노동자로서의 삶은 돈을 벌음으로써 벗어나야 할 과도적 시기인 것"으로 인식했다. 또한 국가나 회사 그리고 스스로 긍정적인 자아상을 갖기 위해 '산업역군', '수출역군', '새마을 아가씨' 등으로 자신들을 불렀다고 한다.[39] 요컨대 계급이 아닌 '국민'의 길을 택한 것이다. 그 구체적 양상은 다음과 같았다.

> 그 누가 이제 버스 차장이라고 욕해도 나는 웃어넘길 수 있습니다. 큰 상도 받았고 또 누구 못지않게 돈을 벌며 회사나 주위 사람에게 인정을 받고 있으니 말입니다. 상을 받기 전만 해도 솔직히 말해 어떤 때는 내 자신이 우울해질 때도 있었으나 이젠 무슨 일이 닥쳐도 헤어날 수 있고 참아낼 수 있습니다.(이매순, 「아직도 먼 종착역」, 『산업과 노동』 6월호, 1976)

> 학교에서는 반장, 기숙사에서는 총장, 엄마한테는 착한 딸, 동생들한테는 좋은 언니, 회사에서는 모범사원으로 지내고 있는 저는……(윤명분, 「먹구름 뒤에 찬란한 햇살이」, 『노동』 9월호, 1978)**

표창과 감투 등 사회적 인정이라는 포섭기제는 가족 내에서부터 딸이

---

* 기존 여공을 둘러싼 담론과 지식체계 내부에 존재한 '희생양 담론'이 여공의 욕망 그리고 공장에 대한 적극적인 동경을 은폐-억제하려는 담론이었다는 평가는 주목할 만하다. 김원, 앞의 논문, 56쪽.
** 위 인용문은 모두 김준, 「1970년대 여성 노동자의 일상생활과 의식」, 2002에서 재인용. 김준은 모범 근로자 수기의 필자들이 보인 일반적 양상에 대해 "가족의 몰락, 가부장적 아버지의 폭력과 헌신적인 어머니, 경제력을 상실한 가부장을 대신해야만 하는 역할을 맡았으며, 90% 이상이 4명 이상의 자녀를 둔 가족의 구성원이었고, 군입 하나를 더는 차원에서의 식모살이를 경험하고 15세를 전후해 공장에 취업하는 것"이라고 정리했다.

라는 이유로 받았던 다양한 차별과 좌절감을 보상해줄 수 있는 것처럼 보였고 이런 심리적 보상은 더욱더 회사와 발전 국가가 요구하는 '모범적인 근로자'상에 충실한 노동자가 되도록 동기를 부여했을 것이다.[40] 마지막 인용문에서 화자는 학교, 회사, 가족을 넘나드는 다중적 정체성을 보여주고 있다. 그 다중적 정체성이 국민적 정체성으로 통합될 것임은 어렵지 않게 예상된다.

이런 포섭과정에서 주목되는 것은 포섭대상의 발화이다. 국가와 자본의 논리가 거의 그대로 관철된다고 볼 수 있는 이런 발화과정은 내용보다 그 발화행위 자체가 중요할 수 있었다. 지배자는 피지배자를 침묵시키기만 하는 것이 아니다. 오히려 수동적 침묵보다는 적극적, 능동적 말 걸기를 시도한다. 지배담론은 피지배자의 발화로 비로소 그 효과가 실현된다. 피지배자의 발화로 구성되는 지배담론은 지배자를 떠나 피지배자의 신체를 울리고 있는 것이다. 이런 호명과 응답과정은 피지배자를 주체로 구성해내는 효과를 낼 것이며 어느 시점에선가는 호명을 필요로 하는 응답이 아니라 피지배자의 주체적 발화로 전화된다. 그것은 외적 자극이 없는 내적 울림처럼 보이고 스스로의 신체를 통과함으로써 주체의 발화가 된다. 스스로의 의지처럼 된다. 이제 행위는 발화된 것에 의해 규정될 것이다.

모범 근로자 수기가 수기 작성자의 손을 떠나 편집자의 편집과 교열·교정·윤문을 거친다 해도, 그리고 수기 작성과정이 국가와 자본을 의식해 그 코드에 부합하는 의식적 글쓰기였다 해도 이런 발화과정의 효과는 지속된다. 이미 발화는 지배 내 발화였고 그 발화된 내용은 의식적으로 발화자에게 귀속되어야 할 것이기 때문이다. 요컨대 글쓰기의 시작과 끝은 서로 다른 의미를 갖는 주체로 연결된다. "노동운동을 하면서도 왠지 근로자가 노동자보다 높아 보인다는 생각에 사로잡혔다"라고 기억하는 노동운동가의 모습은 지배가 어떻게 저항 속을 관류하는가를 암시하고 있다.[41]

물론 발화과정이 언제나 지배 내 발화로 끝나지는 않을 것이다. 예기치 않은 우연성이 개입해 발화과정을 교란시키고 균열을 낼 가능성은 상존한다. 선정과정이라는 제도적 장치가 일차적으로 그 위험에 대처하는 지배의 메커니즘이겠지만, 더욱 중요한 것은 그 위험을 수반하는 지배 메커니즘이다. 지배는 완벽한 지배가 아니며 언제나 저항과 균열, 위기를 내포하는 지배이지 않을 수 없다. 문제는 저항과 균열의 무화가 아니라 저항과 균열을 포함하면서 그 긴장을 일정한 강도를 유지하면서 지속할 수 있는 권력의 지속력이다. 지배는 지배 속에 있는 것이 아니라 저항 속에서 기능하고 효과를 내야 하는 것이다.

한편 "공장 새마을운동이나 회사의 교육이 생산성 향상과 노동통제를 위한 노동자의 '집단화'에 주력한 반면에, 저항운동 계열의 소모임 활동이 '근대적 주체화'의 효과를 지녔다"라는 평가도 있다. 즉 '군대문화'와는 달리, 개인의 자유와 평등이라는 근대적 가치가 노조를 통해서 어떻게 실현되느냐는 문제이다. 1987년도 노동자대투쟁 당시까지도 가장 중요한 요구조건은 이른바 '인간적인 대우'였다. 1970년대 내내 노동운동의 가장 핵심적 요구도 동일한 것이었다. 도덕적 정의, 사회적 정의에 호소하는 노동운동의 이런 입장은 무엇을 말해주는가?

노동자들이 가장 모욕적으로 생각한 말은 '무식한 것들, 교육도 못 받은 것들'이었으며 이는 곧 학력 이데올로기라는 기존의 사회적 가치를 깊이 내면화하고 있음을 보여준다. 1970년대 대표적 민주노조였던 콘트롤데이타 노조는 대부분 고졸 출신으로 비교적 학력이 높은 편이었고, 스스로 다른 '공돌이, 공순이'들과는 다르다는 의식이 강했다고 한다. 자본이 학력 이데올로기를 교묘히 활용해 노동자의식을 저지한 것이기도 했지만 노동자들 스스로가 이미 그런 지배담론을 내면화하고 있었다. 문제는 그런 지배담론을 수용하면서 '인간적 대우'와 '평등'을 사유하고 있었다는 점이다.

즉 위계질서에 대한 존중과 평등주의가 뒤섞여 있었다.[42]

자유롭고 평등한 근대적 주체로서의 자각은 학력, 성별 위계질서와 충돌하면서도 기묘하게 얽혀 있는 모습을 보여준다. 신분제를 대체한 새로운 '(무)능력'담론에 따른 계서제가 바로 자유와 평등이라는 인간학적 가치를 전유하고 있는 것이다. 근대사회의 고유한 딜레마일 수 있는 이념형적 평등과 현실적 불평등 사이의 간극 속에서 지배와 저항은 일종의 공생관계를 구성하고 있는 것처럼 보인다. 학력, 성별 위계질서라는 지배담론은 저항의 외부에서 기능하는 것이 아니라 내부에서 효과를 내고 있으며, 저항담론은 지배담론을 통해 스스로를 구성하고 있다. 지배는 저항과 뒤섞여 일정한 강도로 지속되고 있다. 요컨대 지배가 끝나는 지점에서 시작되는 저항이 아니라 지배와 함께 작동하기 시작하는 저항의 문제를 사유할 필요가 있을 것이다.

4. 대중의 국민화와 그 역설

박정희 정권기는 한국에서 근대 국민국가가 본격적으로 형성된 시기였다. 국민국가는 무엇보다 자본주의적 확대재생산 과정과 결합되는 것이었다. 요컨대 국가의 근대화 프로젝트는 자본주의의 확대재생산과 국민(민족)적 주체의 형성으로 요약될 수 있었다. 농민, 노동자, 학생 등 주요 사회세력들은 각기 다른 조건과 상황에 처해 있기는 했지만 국가의 근대화 프로젝트에 적극적으로 동원되었다는 점에서는 동일했다. 국가의 발전주의는 대중의 '잘 살고 싶다'는 욕망과 결합되었으며 수동적으로 따라가기만한 것이 아니라 적극적, 능동적으로 참여하기도 했다. 그 과정은 대중의 평등주의적 열망이 국가의 발전주의와 결합하는 양상을 띠기도 했다.

박정희 정권은 적극적으로 대중정치적 기술을 구사하고자 했다. 발전주의, 민족주의 등을 주요 내용으로 하는 정권의 지배담론은 아래로부터의 평등주의적 압력을 흡수하고 국가주의적으로 전유하고자 하는 것이었다. 요컨대 대중의 욕망을 무조건 억압하는 것이 아니라 특정한 방향으로 분출시키고자 했다. 그렇기에 정권의 지배담론은 대중의 금욕을 요구할 때조차도, 더 큰 욕망의 구성을 대가로 한 것이었다.

결국 박정희 정권기 국가(권력)은 금지와 억압의 코드이자 다른 한편으로 발전, 진보, 생산, 통합의 상징이기도 했다. 박정희 체제기에 확립된 국민국가적, 자본주의적 삶의 일반화는 일상과 무의식을 통해 구성원 개개인에게 관철되었고 저항조차 그것을 비껴가는 것은 아니었다. 요컨대 정권은 몰락해도 국민국가와 대중정치, 발전주의, 민족주의는 지속될 것이었고 그것은 무엇보다 대중의 일상과 무의식 속에 흐르게 될 것이었다.

그렇지만 박정희 지배체제는 끊임없는 위기의 연속, 중첩이기도 했다. 사회적 갈등과 적대의 문제설정을 발전과 장밋빛 미래로 회수하고자 했지만, 그것은 위기를 봉합해 또 다른 위기로 전화시키는 것이기도 했다. 박정희 체제가 추구한 대중정치는 대중욕망의 국가주의적 코드화를 통해 대중 속에 지배를 구조화시키는 담론과 실천이었지만, 그것은 판도라의 상자와 같은 극히 위험한 것이었다.

국민화의 결과는 강렬한 평등주의적 열망이 실제 현실 속에서 경험될 것을 강요했고, 발전과 장밋빛 미래를 위해 현실을 인내하라는 요구는 역으로 발전의 구체적 성과에 대한 욕망을 강화시키는 것이었다. 지배담론은 사회의 하층으로 퇴적되는 대중을 능동적 국민으로, 의미있는 존재로 호명했지만, 그 부름에 응한 자들의 욕망을 지속시키는 것은 전혀 다른 문제일 수 있었다. 근대화가 진행될수록 근대적 주체의 의식과 행위는 지배체제의 부담이 될 수 있었다. 박정희 체제기 저항운동은 대부분 체제를 근본적으로 부정하지 않는 자유주의와 민주주의에 근거한 것이었지만, 이런 온건한 저항조차도 체제에게는 커다란 부담이 되었던 것이다.

박정희 체제는 근대화를 추구했지만, 근대화를 감당할 준비가 되었는지는 의문이었다. 대중정치를 추구하는 듯했지만, 사회적 적대와 갈등을 지속적으로 감당할 정치의 유지는 커다란 부담이었다. 요컨대 박정희 체제는 근대화가 초래할 엄청난 사회적 격변과 대중의 진출이 무엇을 의미할 것인가에 대해서, 일정한 예상을 하기는 했겠지만, 언제나 그렇듯 현실은 그것을 앞질러 버렸다. 특히 산업화의 결과 본격적으로 대중사회가 형성되었고, 대중의 의미는 새롭게 강조될 수밖에 없었다.

대중은 언제나 결정 불가능한 것으로 역사 속에 출몰과 사라짐을 반복해왔다. 대중은 봉기한 군중이자 지배를 내장한 얌전한 축군畜群이었다. 양극단 사이의 무수한 스펙트럼이었다. 모든 지배는 최고의 성공을 구가하는 순간일지라도 어떤 불안을 떨쳐버릴 수 없다. 모든 악의 근원인 인간의 욕망을 길들이고자 했던 유수의 종교 교리들이 오직 교화의 실패를 통해서만 번성할 수 있었듯이, 지배담론은 지배의 불가능성을 통해서만 자신의 의미를 확인할 수 있었다. 이것은 곧 지배가 끝나는 지점에서 시작되는 저항의 문제설정이 아니라 지배와 함께 작동하기 시작하는 저항의 문제설정이 필요함을 의미한다.

모든 지배는 저항을 내장한 채, 오직 저항과 짝을 이루어야만 작동될 수 있기에 저항은 지배에게 내부의 외부 같은 것이다. 그러나 지배 내 저항의 문제설정이 악무한적 원환으로 귀결되는 것이 아니라면, 그것은 오직 지배를 초과하는 저항의 역사적 출몰을 통해서만 가능하다. 즉 모든 지배는 일종의 초과된 저항에 직면하게 된다. 지배는 저항을 내장하지만 양자의 관계는 비대칭적이다. 완벽한 소통 관계에 있는 두 주체는 독립된 개별 주체로 구분 불가능하기에, 소통은 언제나 불완전할 수밖에 없다. 지배 또는 지배담론의 말 걸기는 이미 소통 불가능성을 지반으로 해서만 작동한다. 요컨대 소통이 불완전하다면, 지배는 저항과 불완전한 소통, 호명-응답 관계에 놓일 뿐이다.

지배와 저항의 비대칭성이 어떤 특이점에 도달하게 되면, 이른바 혁명의 순간, 광기의 순간이 도래한다. 기존의 모든 법적, 제도적 질서-권력이 무화되는 이 혁명적 순간은 지배 불가능성의 확인이자 새로운 지배 가능성의 창출이다.

박정희 체제의 지배담론은 끊임없이 대중에게 말 걸기를 시도했고 또 일정한 응답을 얻기도 했지만, 저항과의 비대칭적 관계에서만 그러했다. 박정희 체제도 그 비대칭적 관계의 압력을 잘 알고 있었기에, 유신체제와 긴급조치는 또 다른 선택일 수 있었다. 체제가 비대칭적 관계의 압력을 완전히 소멸시킨다는 것은 불가능한 일이었고, 다만 그것을 일정한 강도를 유지한 채 지속시키는 것만이 가능했다. 그러나 그것은 다른 비용을 투입해야만 하는 것이었다. 급속한 산업화에 모든 것을 걸고 있던 박정희 체제로서는, 그 비용을 감당할 의사도 능력도 없었다고 보인다.

무엇보다 박정희는 자신이 구축해놓은 체제와 그 산물로서의 '국민'을 믿고 싶었을 것이다. 또 믿을만한 근거도 있는 것처럼 보였을 것이다. 그러나 자신의 체제와 그 힘을 믿을 수는 있었겠지만, 대중은 믿을 수 없는 불가해한 존재였다. 설령 국민화된 존재로서의 대중일지라도, 말 그대로 모호하고 결정 불가능한 덩어리로서의 대중은, 여러 힘들이 교차하는 유동적인 장이기 때문이다.

:: 김보현

성균관대학교 행정학과를 졸업하고, 같은 학교 대학원에서 정치학 석사학위 및 박사학위를 받았다. 현재 성공회대학교 사회문화연구원 연구교수로 재직 중이다.

주로 한국근대사에서 차지하는 특수한 위상에 유의하여, '박정희 시대'를 근대와 민족주의, 자본주의 비판 이라는 문제의식 아래 연구하고 있다. 또한 1980년대 이후 이른바 진보운동/학문 진영의 이론(정치경제학) 이 보여준 개발주의적 속성 및 그 결과에 대한 성찰 작업에 관심을 두고 있다.

주요 논문으로 「'사상계'의 경제개발론, 박정희 정권과 얼마나 달랐나?」(2003), 「박정희 정권기 경제개발: 민족주의와 발전, 그리고 모순」(2005) 등이 있다.

박정희 정권기 저항엘리트들의 이중성과 역설

김보현

1. 머리말

이 글은 박정희 정권기 저항엘리트들의 발상 및 활동, 그리고 그들이 권력블록의 경제개발 프로젝트와 맺고 있던 모순적 관계에 대해 논술한 것이다.* 당시 권력블록은 자신들이 주도한 경제개발과 관련하여 오로지 '생산'의 중요성을 설파했다. 반면 저항엘리트들은 '민주주의'와 '인권', '분배' 등의 개선 및 실현을 요구하면서 권력블록을 비판했다. 이 점에서 두 진영들은 분명히 상이한 세력들이었으며 또 대립과 갈등을 피할 수 없었다. 저항엘리트들의 활동은 실제로 권력블록의 정당성 기반을 훼손하는 중요한 동인이었다. 그들이 통상 국가기관들에 의해 공권력 행사와 이데올로기적 선동의 대상으로 낙인찍혀 있었다는 것, 또한 유신헌법 및 긴급

---

* 이 논문은 서강대학교 사회과학연구소, 『사회과학연구』, 제13집 제1호, 2005에 실린 필자의 동명 원고를 일부 수정·보완한 것이다. 본래 구상대로라면 저항엘리트들의 '진정한 반공산주의'가 포함되어야 했지만 주어진 원고분량의 제약으로 그렇게 하지 못했다. 그 내용에 관심이 있는 독자들은 김보현, 「박정희 정권기 경제개발: 민족주의와 발전」, 갈무리, 2006, 323~330쪽을 참조하기 바란다.

조치 선포와 함께 그 같은 공세가 강화되어 갔다는 사실은 전술한 저항엘리트들의 위상을 어느 정도 짐작케 한다.

그러나 양측의 대립 및 갈등은 그들의 인정 여부와 별개로 서로 공유하는 특정 패러다임들 내부로 한정되었으며, 이에 따라 일반 민중들의 사고 범위를 일정한 지평 속에 가두는 효과를 낳았다. 더욱이 저항엘리트들에게도 대단히 중요한 가치였던 '경제발전'이 진척되어가자, 그들 중 일부가 대립 상대와의 공통성을 자각하는 가운데 점차 저항진영에서 이탈해나갔다. 또 당시 저항엘리트들은 민중들을 적극적 의미에서 정치의 주체로 호명하지 않았고, 민중들의 이해관계들을 '민주회복'이란 의제로 회수하는 편향과 종교적 상징에 의존하는 도덕주의적 편향을 드러냈다. 그리하여 그들은 권력블록의 정당성 기반을 약화시키면서도, 1970년대에 접어들어 '평범한 사람들의 일상' 속에서 현재화되기 시작한 경제개발의 지지기반 균열을 일방적으로 재촉하기보다 속도와 내용 면에서 조절하는 역설적 효과를 함께 낳았다.

기존 연구들은 대부분 저항엘리트들과 권력블록 간의 대립지점들에만 유의하거나, 설혹 양자의 공통성을 확인한다 해도 그것을 '시대적 한계'로 다루었다.[1] 그러나 역사에 대한 연구가 되돌릴 수 없는 과거를 단지 사실관계 차원에서 확인하고 마는 회고적인 것이 아니라, 현재의 선택을 구체화하는 적극적 실천의 일환이라고 생각한다면, 우리가 두 진영들의 차이만을 논하는 입장이나 '시대적 한계론'에서 얻을 수 있는 것은 많지 않다. 박정희 정권기 저항엘리트들의 문제점들은 오늘날 극복되어 자취를 감춰버린 것들이 아니다. 더욱이 그들은 현재 권력블록의 한 분파를 구성하고 있다. 필자가 지난날 저항엘리트들이 권력블록과 공유했던 점들에 주목하면서 그들의 발상 및 활동들을 근본적으로 재고하는 이유는 무엇보다 그들의 문제점을 바로 '시대적인 것'으로서 종언을 고하자는 데에 있다.

박동철과 양우진은 예외적으로 '시대적 한계론'을 넘어서서 당시 저항 엘리트들이 권력블록과 공유한 문제설정에 대해 날카로운 비판의 시선을 보여주었다.[2] 이들은 필자가 '박정희 시대'를 고찰하고 이해하는 문제의식 을 확정하기까지 중요한 사고의 매개를 제공했다. 그러나 그들이 포착한 양측의 공유지대는 '민족주의 정치경제학'으로 제한되었고 이것도 논고의 분량에 비하여 내용 면에서 구체적으로 고찰되지 않았다. 두 연구에서 '운 동'은 본격적인 논구 대상이 아니었던 것이다.

최장집도 일찍이 필자의 문제의식과 관련된 언급을 한 바 있다.[3] 그에 의하면 산업선교 엘리트들의 활동은 "경제적 노동조합주의"로서, "노동운 동의 태동기"에 "주도적 역할"을 한 반면 "노동자들의 의식"을 "매우 좁은 범위에만 한정"시키는 역할을 했다. 그리고 이 사실의 "함의"는 "산업평화 와 생산성을 연계시키려 했던 바로 국가 엘리트들"의 그것과 "똑같은 목 표"였다. 그러나 이 같은 평가는 충분히 부연·상술되지 않았으며 책 전반 의 분석과 논지에 비추어 볼 때 부차적인 것에 불과했다.

이 글은 논의 대상들을 이른바 '재야'로 불린 저항 지식인들, 종교인들, 정치인들과 학생운동그룹 등에 한정한다. 물론 '지하혁명당사건들'을 통해 세상에 알려진 민족혁명가그룹과 신민당 및 민주통일당 등 제도권 야당그 룹이 또 다른 저항엘리트들로 분류될 수 있다.[4] 그러나 대중들과의 관계, 전체 정치지형에 미친 직간접적 영향 등을 고려할 때, 그리고 필자가 유념 하는 '박정희 시대'의 특수한 위상(자본/임노동관계의 일반화 국면)을 고려할 때, 주목할 만한 급진주의 조류들은 1980년대에야 가시화되기 시작했다는 것이 필자의 판단이다. 또한 1970년대 야당 정치인들에 대한 기존 연구들 의 '평가절하'를 정정하고 당대의 정세 속에서 점했던 그들의 정치적 의미 를 최대치로 해석한다 해도, 그 해석이 저항엘리트들의 성향과 관련하여 후술할 내용 이상의 무엇을 말해주지는 못한다는 것이 필자의 생각이다.

2. 또 하나의 민족주의

　박정희 정권기 권력블록은 지속적으로 민족주의의 고유한 담론들을 생산·유포했다. 그들은 그렇게 함으로써 사회구성원들로 하여금 '민족'이란 프리즘을 통해 세상을 해석하고, '민족'이란 관념 안에서 자신들의 이해관계들과 욕구들을 정의·추구하도록 유도했다. 이 점은 성공 여부 및 수준을 떠나 민족주의 프로젝트들의 일반적 특징이다.[5] 현실의 경제개발이 낳는 모순들은 그들로 하여금 더욱 더 민족주의 담론들에 의존하게 만들었다.

　민족주의적 사유의 핵심은 '개인'과 '민족' 간의 무매개적/직접적 연관을 가정한다는 데에 있다. 민족주의는 개인과 민족 외의 가족·지역·계급 등 여타의 유대들과 관계들의 의미를 무효화하는 경향을 띤다. '나' 자신을 곧 '민족'으로 또 '민족'을 바로 '나' 자신으로 상상해 나간다. 그리고 '공공적인 것'과 '사적인 것'의 구별을 소멸시킨다. 그리하여 민족주의는 전체주의 경향을 내장한다.[6] 민족 외의 집합적 유대들 및 관계들을 도외시하는 가운데, 개인주의가 아닌 형태로 개인과 민족을 동일화하는 요건은 단 하나, 현실 세계에서 개인을 사상하는 것 말고는 없기 때문이다. 민족주의는 자신의 본령을 심화·확대할수록 개인을 '전체'의 '부분'으로 규범화하는 전체주의와 기능주의로 경도된다. 민족주의에 대해 '민족적인 것'을 최고의 가치로 여기는 운동·정책·담론·윤리 등이라 정의할 수 있다면, 그 근거는 이상과 같은 민족주의적 사유의 핵심에 있다.* 박정희 정권기 권력블록이 생산한 담론들은 민족주의적 발상의 그런 특징을 아주 선명하게 실증했다.

---

* 물론 그것이 '경향'이기 때문에 현실의 민족주의들은 컨텍스트에 따라 다양한 정도의 전체주의-기능주의를 보여준다.

조국의 미래상은 모든 국민이 협동하여 중단 없이 창조해 가는 것이다……나는 조국 안에 있고 조국은 내 안에 있어야 한다. 조국을 떠나서 내가 없고 나를 떠난 조국도 있을 수 없어야 한다. (유달영)*7)

오래 전부터……온 국민이 성별, 신앙, 지역 또는 계층이나 당파를 초월해서……어떠한 위기나 국난도 극복할 수 있는 힘이 축적되었던 것이다. / 정당이나 다른 사회집단의 매개를 통하지 않고도, 나라가 바로 사랑의 대상이 되고 내가 나라의 주인이라는 믿음을 우리 겨레는 일찍부터 행동으로 실천해왔던 것이다. (박정희)8)

민족주의는 기본적으로 억압성을 내장한다. 민족주의라면 예외 없이 민족구성원들에게 사고와 행동 면에서 '민족적인 것'을 최우선 순위에 놓도록 규범화한다. 반면에 '민족적인 것'이 구체화되는 지형은 자본주의와 가부장주의, 그리고 다양한 차이들(differences)로 짜인 모순적 사회관계들의 장이다. 따라서 현실의 '민족적인 것'은 항상 당파성을 내포한 헤게모니적 구성물로 존재한다. '민족적인 것'의 추구와 실현은 중립적일 수 없으며 특정한 사회구성원들의 희생들과 고통들을 동반한다. 민족주의는 민족구성원들 밖에서만이 아니라 그 안에서 외부인-타자들을 만들어낸다. 그리하여 그것은 특정한 긴장과 모순을 배태하면서 언제고 문제시될 수 있는 불안한 기획과 이념의 형태들로 존립한다. 아래에 인용한 박정희 정권기 한 여성노동자의 극히 초보적인 일상의 욕구와 관련된 간절한 표현은 그 같은 민족주의의 속성을 인상적으로 예시한다.

---

* 류달영은 농학자이자 수필가로서 박정희 정권기에 서울대 교수, 재건국민운동본부장, 국민윤리학회장, 대한적십자사 중앙위원 등을 역임했다.

내가 숨을 쉬고 있으니까 살아 있는 것이겠지?······너무너무 고단하다······피곤하다. 아무것도 생각하기 싫다.(재봉사 박정화)[9]

이런 상황에서 당대 저항엘리트들은 '또 하나의 민족주의'로 권력블록과 맞섰다. 저항엘리트들이 권력블록을 비판하고 대중들을 계몽한 논술들도 민족주의적인 것들이었다. 그들에게 민족주의자로서 "가야 할 길"은 정언명령이었다. 그 길은 "자기의 개인적인 인간적인 삶, 고달픔과 보람을 민족의 그것과 함께 하는 것"이었다. 그들은 "민족의 생명, 민족의 존재가 이미 없어져 버릴 때는 민족의 한 사람인 그의 개인적인 인간적인 생명과 존재조차 없어져 버리는 것"이라고 믿었다.*[10]

그들은 민족의 한 사람으로서 '민족적인 것'의 실현에 기여한다면 개인적 삶 자체를 포기하고 죽음을 결의하거나 선택할 수마저 있었다. 학원자유화와 유신헌법 철폐를 주장하는 집회에서 할복·자살한 대학생 김상진이 그 같은 경우이다.

민족과 역사를 위한 길이고······조국의 민주주의를 쟁취하는 길이며······사회정의를 구현하는 길이라면 이 보잘것없는 생명 바치기에 아까움이 없노라.(서울대생 김상진의 '양심선언')**[11]

---

* 장준하는 1975년 의문의 죽음을 당하기 전까지 대표적 저항엘리트로 활동했는데, 당시 상황을 "일제시대의 연속선상에서" 파악하며 "망국적이라는 위기의식" 아래 "구국을 위한 자기희생 즉 순국이 불가피하다"고 생각했다. 지명관, 「구국과 혁명의 언론」, 장준하선생 20주기 추모사업회, 『장준하 선생 20주기 기념 학술토론회』, 1995, 554~555쪽.

** '민족'과 '개인'을 동일시하는 민족주의 발상의 전형적 표현은 파시스트 박정희에게서 다른 형태로 확인된다. 박정희는 쿠데타를 음모하던 어느 시점부터 사망하기까지 줄곧 자기 개인의 의지와 명령이 곧 민족과 조국의 그것들이라는 도그마 속에서 살았다. 한국기독교교회협의회 인권위원회, 『1970년대 민주화운동』, 제2권, 동광출판사, 1987, 652쪽.

저항엘리트들은 자신들의 열정과 활동에 대해 일상적으로 '구국'의 의미를 부여했다. 그리고 죽음의 결단까지는 아닐지라도, '민족적인 것'을 위한 헌신이나 희생이 숭고한 도덕적 가치임을 대중들과 자신들 스스로에게 되뇌었다. 이런 대화의 공간과 매체는 특정하게 제한되지 않았다. 1976년 '3·1민주구국선언'을 주도하여 수형생활을 하게 된 문익환 목사는 면회를 오는 가족들에게 매번 이렇게 말했다.

> 나를 위해 기도하지 말라고 해줘. 나라를 위해 기도해야지. / 민주통일을 내다보고, 우선 민주주의를 회복하고, 그에 대한 신념과 역량을 키우는 것이 필요하다는 것을 알아야 해······그러지 않으면 공산통일이 돼! 내 생각을 말고 나라 생각을 하라고 해줘. / 내가 원하는 것은 모두들 민족을 위해 열심히 살아 주십사(하)는 것(이야).[12]

그래서 그들이 강조한 민주주의는 흔히 '민족과 국가를 위한' 것으로 규정됐다. 다시 말해 민주주의는 사회구성원들의 구체적 삶 속에서 가지는 의미 못지않게 민족과 국가란 '추상적 전체의 명분' 아래 강조되었다. 저항엘리트들의 담론에서 "독재정권의 쇠사슬"은 "이 민족에게 거듭되는 시련"이었고 "민주주의"는 "우리의 비원"이자 "지상과업"인 "민족통일"의 선결요건이었다. "이 민족", "이 나라"의 대서사를 전제한 거기에서, "우리"가 해야 할 일들은 "무엇이 나라와 겨레를 위해서 좋으냐는 판단"에 따라 결정되어야 했다.*

저항엘리트들의 민족주의가 민주주의를 역설하는 한 권력블록의 그것과 동일할 수 없었다. 그러나 그들은 민족주의적 사유 안에서 벗어나지 않

---

* 「민주구국선언서」 전문과 사건공판에서 문익환이 한 발언을 참조. 한국기독교교회협의회 인권위원회 앞의 책, 685~687, 727~729쪽.

았고, 때때로 권력블록 이상으로 민족주의적 담론을 내세움에 따라 대립의 이면에서 중대한 효과 하나를 산출했다. 그것은 대중들이 각자의 개인적·집합적 삶과 이해관계를 추상적 전체인 '민족' 또는 '조국'과의 기능주의적 연관 내에서 생각하는 문화의 재생산이었다. 역설적이게 저항엘리트들은 권력블록과 갈등하는 다른 한편으로, 그런 문화기반의 재생산에 일조했던 것이다.

> 우리는 하나다 하는 자각이 모든 가치 활동의 근원이 된다. 전체의식 없는 것은 도덕인간 정신인간이 아니다……그 의식이 없을 때……이기주의에 떨어질 수밖에 없고……싸움이 일어나고야 만다. 우리 민족은 본래 단일민족이므로 이 전체의식을 가지는 데서는 쉽게 되어 있다……'우리'라는 생각이 지배적으로 되어 있다.(함석헌)[13]

권력블록이 수출역량의 배가야말로 민족통일의 긴급한 준비사안이라고 설파하는 데에 맞서, 저항엘리트들은 민주화가 조만간 맞이해야 할 민족통일의 준비라고 주장했다. 대중들이 민족통일을 의문시해서는 안 되는 지상과제로 받아들인다면, 그것을 향한 도정에서 두 준비과제들을 꼭 배타적으로 여길 이유는 없었다.

> 국가 경제발전에 피와 땀을 흘려 일해 왔음을 자부하고 있는……노동자들은……반공체제의 강화와 경제건설만이 조국통일의 첩경임을 확신하며, 자유롭고 자주적인 민주노조운동이……이룩될 때……민주시민의 긍지를 가질 것이다.[14]

민주화와 수출역량 증대요구는 현실에서 분명히 대립하는 측면을 지녔지만, 민족주의적 관념 속에선 충분히 상호보완적인 것들로 이해될 수 있었다. 즉 그 둘은 공히 '민족과 조국을 위한' 전략들이라고 생각되는 한, 대중들에게 양립 불가한 것으로만 받아들여지지 않았다. 이후 논술에서 한층 명료해지겠지만 바로 대중들을 계몽한 저항엘리트들 자신들이 그랬다.

3. 민주주의 회복론

박정희 정권기 경제개발은 경제민족주의의 한 형태였다. 그것은 '조국의 경제적 자립과 번영'을 공식적 목표로 삼은 정책체계이자 운동이었다. 당시의 경제개발은 민족주의의 일반적 속성들을 지닌 기획이었으며, 경제민족주의만이 가지는 고유한 특징, 즉 '생산력주의'를 요체로 삼은 프로젝트였다. 경제민족주의 기획의 주체들은 민족(국민) 단위의 총합적 생산력 증강과 생산성 향상을 '민족적인 것'의 실현 그 자체로 보거나 '민족적인 것'의 실현을 위한 결정적 기초라고 생각한다. 그리고 심지어 모든 사안들과 사물들을 일차적으로 생산적인가 아닌가 또는 얼마나 생산적인가 하는 기준들에 의거하여 평가하는 경향을 띤다.*

경제민족주의의 생산력주의적 측면은 '개발주의'(developmentalism)로 명명할 수 있다. '발전' 개념의 다양한 용법들에도 불구하고 보통 '개발주의'라 할 때 그 개념은 '더 많은 생산량과 더 높은 생산성'을 뜻하는 고전파 정치경제학의 '진보' 개념과 일치한다.** 그러므로 박정희 정권기 경제개발은 '개발주의'가 핵심적 특징인 경제민족주의의 한 형태였다고 말할

---

* 그 고전적 사례를 List, *National System of Political Economy*, Vol. Ⅱ, Roseville : Dry Bones Press, 1999〔1885〕에서 확인할 수 있다.
** '발전' 개념의 사적 전개와 다양한 정의에 대해서는 西川潤, 『人間のための經濟學』, 岩波書店, 2000 참조.

수 있다. 권력블록의 구성원들 스스로가 언명한 바, "모든 문제의 판단기준을 생산력 증가로 귀일"시키는 것이 그들의 기획이었다.[15] 그들에게 한국사회는 "건설" 중인 하나의 "건물" 혹은 "공장"이었고, "숫자"로만 인지되는 "생산성"과 "효율화"의 관점에서 포착한 "엔지니어링 어프로치"의 대상이었다.*[16]

이 같은 박정희 정권기 경제개발은 심대한 사회적 고통들과 희생들을 낳았다. 경제개발은 국민경제의 자립화 추세, 자본의 고축적과 사회지배력 확대, 신중간층의 형성 등을 귀결시키는 동시에, 민중들의 고통들과 희생들을 재생산했고 또 새로운 형태로 확장시켰다. 민중들은 빈곤에서 쉽사리 벗어나지 못했을 뿐 아니라, 과거에 경험하지 못한 '새로운 모순'(일반화되어간 자본/임노동관계) 속에 깊숙이 빨려들어 가고 있었다.

저항엘리트들은 민중들의 반인간적 생활상을 직간접적으로 목격하면서, 권력블록의 '경제제일주의'와 '물질주의'를 비판했다. 그들은 분배를 확대하고 사문화된 실정법상의 기본권들을 정상화하라고 요구했다. 그런데 그 직간접적 경험들이 곧바로 '민중들의 발견'으로 이어진 것은 아니다. 1960년대까지 저항엘리트들은 다만 박정희 정권의 정치적 독재(제도권 중앙정치의 경쟁성 제한)를 문제 삼고 권력블록의 그것과 많이 다르지 않은 개발주의 범주 내에서 현실 경제개발의 기술적·절차적 불합리성을 공박할 따름이었다. 이 점은 당시 자유와 민권, 민족이란 이름들 아래 박정희 정권

---

* 개발주의는 흔히 그렇듯이 민족주의와 결합될 때, 민족국가(국민국가) 단위를 전제한 생산력주의로 요약할 수 있다. 그 특징들을 부연하면 아래와 같다. ① '발전'에 최고의 우선적 가치를 부여하고, 여타의 가치들은 '발전'과의 기능연관('발전'에 기여하는가 또는 얼마나 기여하는가 하는 관점) 속에서 평가한다. ② '발전'을 '더 많은 생산량과 더 높은 생산성'의 지속적 성취로 정의한다. ③ '발전'이 점진적으로 개인적·집합적 삶의 개선을 낳는다고 주장한다; '발전'을 '민족(국민) 일반의 이익', 즉 '중립적 가치'로 간주한다. ④ '발전'이 빚어내는 개인적·집합적 삶의 불균등과 파괴적 양상을 부인하거나, 불가피하다고 보면서 점진적으로 해소되어갈 것이라고 낙관한다. ⑤ 개인적·집합적 삶의 상태를 수량화된 총계 지표들로 단순화한다. ⑥ '발전'을 위한 개인적·집합적 노력들을 '조국애'의 중요한 척도로 생각한다.

을 비판했던 지식인들의 대표적 공론장 『사상계』를 통해 알 수 있다.[17]

저항엘리트들의 '새로운 시각'은 노동자 전태일의 분신, 광주대단지사건 등이 준 외적 충격들을 매개로 1970년대 초경부터 확산되기 시작했다. 하지만 이 확산 또한 저항엘리트들의 발상과 활동 면에서 대전환은 아니었다. 장준하, 김재준, 함석헌, 천관우, 김승균 등 『사상계』의 편집위원을 역임했거나 직간접적으로 『사상계』와 관계를 맺었던 이들이 1970년대에 접어들어서도 저항진영의 중요한 지위를 점했다.[18] 1970년대 전반기까지 이른바 재야 지식인들, 종교인들, 정치인들, 그리고 대학생들은 교련교육 반대, 선거인단 참여 및 부정선거 규탄, 일본에 의한 재식민화 저지, 민주헌정 수호 및 회복 등의 논제들 이상으로 활동을 하지 않았다. '새로운 시각'의 구현은 공정한 분배와 적정임금, 균형발전 등에 대한 권고들을 정치적 민주화의 사안에 덧붙여서 성명서나 선언문에 올려놓는 식이 대부분이었다.* 그리고 인권운동은 주로 저항엘리트들에 대한 연행·수사·재판·행형 방식들의 문제성을 비판하고 개선하려는 노력들이었다.

당시 저항엘리트들의 사회비판은 자본주의는 물론이고 개발주의라는 특수한 체제 또는 발상을 겨냥하지 않았다. 그들의 비판·극복대상은 권력블록의 구성원들이 노정한 '반도덕성'으로 집약됐다.

박정희에 대해 나는 좋지 않은 감정을 평소에 가지고 있었(다)……그는…… 독립군을 잡으러 다니고 죽이는 것을 일삼았던 일본군 장교였다……그는……

---

* 한국기독교교회협의회 인권위원회, 『1970년대 민주화운동』, 제1~4권, 동광출판사, 1987의 각종 성명서들 및 선언문들을 참고. 부의 재분배와 노동기본권 등은 전체 사안들 중 3~5번째 순위로 기입되는 경우가 많았고 7~8번째 마지막 항목에 오른 때도 있었다. '동일방직사건'과 'YH무역사건'처럼 상당히 큰 과장을 일으킨 때를 빼면, 산업선교 활동가들이 아니면서 그 사안들을 중심논제로 잡아 성명서나 결의문 형태로 발표한 저항엘리트들은 거의 없다. 일종의 '시대적 한계론'을 펴는 경우에 해당하지만, 김대영이 1970년대 중반기 "반유신 재야운동"의 활동양상을 "성명전"으로 요약한 것 자체만은 적절해 보인다. 김대영, 「반유신 재야운동」, 안병욱 외, 『유신과 반유신』, 민주화운동기념사업회, 2005, 422쪽.

쿠데타로 정권을 강탈(했고)……탄압하는 수단으로 위수령, 비상사태 선포……휴교령, 조기방학(을 동원했으며)……영구집권을 위한 3선개헌을……날치기 통과시키고……진보적인 인사들을 투옥……죽이기까지 했다. 한 마디로……민족의 반역자……사기꾼, 협잡꾼, 폭력배의 두목 격이었다.(김남주)[19]

오로지 정의를 향한 순수한 열정만이 그 때 학회의 활동을 생동감 있게 만든 게 아니었나 싶습니다. 71년 2학기에 들어와서부터는 오로지 실제적인 데모 준비와 데모한 것 이외에는 기억이 나지 않습니다.(김문수)[20]

'전국민주청년학생총연맹(민청학련) 사건'은 흔히 1970년대 학생운동사와 전체 민주화운동사 속에서 중요한 의의를 가졌던 것으로 평가된다.* 그 주역들은 "민중의 생존권 보장"을 "진정한 민주화"의 필요조건으로 생각하면서 자신들의 선언문에 "민중" 개념을 포함시켰다고 말한다. 또 그랬기 때문에 민청학련 사건은 "학생운동이 새로운 각도에서 조명 받게 된 하나의 큰 사건"이었다고 주장한다.[21] 그러나 이들도 반도덕성 비판의 테두리를 넘어서지 않았다. 민청학련을 주도한 사람들은 민중들의 고통에 대해 종전보다 더 많은 관심을 기울였으나, 그것들의 양산 원인을 독재정권과 소수 기업인들, 관료들의 반도덕성에서 찾았다.

민족자본의 압살과 매판화를 종용하여 수십억 불의 부채를 국민에게 전가시키며 혈세를 가렴하여 절대권력과 폭압정치의 밑천으로 삼고 기간산업을 포함한 주요 경제부문의 족벌 사유화를 획책해온 저들 매판족벌이야말로 오늘의 돌이킬 수 없는 참상을 초래케 한 장본인이다. 극소수 특권 족벌들은……자기 책임

---

* 사건의 개황은 민청학련운동계승사업회, 『실록 민청학련, 1974년 4월』, 제1~2권, 학민사, 2004 참조.

을 전가하고 진실을 은폐하기에 급급할 뿐이다……국민경제의 전면적 파탄은……매판 특권체와 부정부패의 여파가 확대 재생산되는 창부경제의 산물이라는 것은 명백한 사실이다.[22]

사회-정치적으로 극복해야 할 상대세력들을 "깡패집단", "도둑무리", "매국노"로만 생각하는 이들에게 개발주의 비판을 기대한다는 것은 사실상 무리한 일이다. 더욱이 반도덕성을 국민경제의 비생산성과, 이것을 다시 민중들의 고통과 인과적으로 직접 연계시키는 사고가 배어 있다는 점에서, 도리어 그들은 개발주의의 핵심 명제('발전하면 잘 살게 된다')를 수용하고 있었던 것이다. 다만 국민경제의 발전 추세 속에 나타난 긴장과 모순을 "국민경제의 전면적 파탄"으로 오독하는 상황이었기 때문에 그것이 아직 현재화되지 않은 것이다.

반도덕성 비판의 실질적 지향은 '민주수호' 혹은 '민주회복'이었다. 유신체제기에 저항엘리트들은 매번 자신들의 활동을 '민주회복운동'이라 불렀다. 이는 그들이 '회복'되어야 할 무엇인가를 상정했고, 그것 이상의 민주화는 유보하거나 억제 또는 반대했다는 사실을 뜻한다. 그들의 입장을 조금 더 호의적으로 해석한다면, '그것 이상의 민주화'는 유신체제기 이전의 민주주의를 '회복'했을 때 자연스럽게 실현되어 갈 것이라고 생각한 낙관론이었다. 어쨌든 운동의 핵심지향이 제3공화국 헌법으로의 복귀, 그 중에서도 특히 제도권 중앙정치의 경쟁성 회복이었던 것은 분명하다. 그런 상황에서 민중들의 고통들은 한 사회의 엘리트들로서 응당 지녀야 할 윤리적·온정주의적 책임감의 대상에 머물렀고, 민중들의 고통들과 개발주의 체제, 개발주의 발상들 사이의 연관에 대해선 적극적으로 고민되지 않았다. 민중들의 삶은 언제나 소수 불한당들이 저지르는 부정부패에서 비롯한다고 여겨졌다.

당시 투쟁의 본질적 성격은 유신철폐 민주운동이었다.*23)

현 정부는……부정부패가 많기 때문에……삼권이 1인 손에 장악되어 있는 체제이기 때문에……1인의 장기집권(이기 때문에)……가끔 인간의 기본권이 침해를 당하기 때문에 반대(한다)……이 외에는……나의 진정한 뜻에서 나온 말이 아니라 타의에 의한 강박에서 나온 것임을 알아주기 바란다.(지학순 주교)24)

빚을 얻어다가 생산적인 산업에 쓰지 않고 정치선전과 부정 사업가들의 가로챔에 내맡겨두었기 때문에 외양으로는 건설된듯하나 속으로는 비게 됐다……사회가 튼튼할 리가 없다.(함석헌)25)

1970년대 학생운동사 속에서 가장 큰 의미를 부여받는 것이 앞의 '민청학련사건'이라면, 당시 재야 지식인들과 종교인들, 정치인들이 전개한 민주화실천들 중에서는 1976년에 있었던 '3·1민주구국선언사건'이 유사한 경우에 해당한다. 그것이 당시 가장 주목할 만한 일들 중 하나였다면, 또한 1970년대 재야 사회운동들의 내용을 대체적으로 가늠할 수 있는 충분한 준거가 될 것이다.** 사건에 대한 이해는 선언 주체들의 자체 평가로부터 쉽게 끌어낼 수 있다.

---

* 정윤광뿐만 아니라 '민청학련사건' 전후의 학생운동을 주도한 다른 인물들의 회고적 자기 평가에서도 당시 이들이 가진 문제의식의 대체적 내용을 파악할 수 있다. 그들은 "70년대의 지식인·학생운동"이 내용 면에서 "민주화 내지 인권운동의 차원"에 그쳤고 형태면에서 "문제제기 수준의 저항"에 머물렀다거나, "대체로 반(군사)독재투쟁의 제한된 형태로 그것도 단속적으로 전개되었다"라는 사후 평가를 했다. 이해찬, 「70년대 지식인·학생의 민주화운동」, 박현채·한상진 외, 『해방40년의 재인식』 제2권, 돌베개, 1986, 228; 서중석, 「3선개헌반대, 민청학련투쟁, 반유신투쟁」, 『역사비평』, 계간 제1호, 1988, 68쪽.
** 사건의 개황은 3·1민주구국선언 관련자, 『새롭게 타오르는 3·1민주구국선언』, 사계절, 1998 참조.

우리는 성명서를 한 장 낸 것밖에 없습니다……대통령 3선……그것은 헌법절차에 의해서 선거를 했기 때문에 많은 부정이 있었(지만)……승복을 했습니다. 우리가 승복하지 않은 것은 법적 절차에 의하지 않은 유신체제를 했기 때문에 승복하지 않은 것입니다.(김대중)[26]

의논 끝에 학생들이 많이 형무소에 들어가 있는데……그들의 주장을 대변해주고 그들의 석방을 요구하는 성명서를 내는 것이……도리라고 생각했다……긴급조치는 물론 유신헌법을 철폐하고 민주헌법으로 돌아갈 것, 구속된 학생들·양심수들을 석방할 것을 주장하기로(했다).[27]

1970년대 후반기에 들어서서 한 가지 변화가 나타났다. 그것은 민주노조운동에 대한 권력블록의 극단적 탄압들이 행해지면서, 재야 지식인들, 종교인들, 문인들이 노동자들을 위한 지원활동들을 폈다는 점이다.[28] 비록 이들이 공개적 테러에 대한 사후적 대응이란 소극적인 것들이었지만, 종전처럼 주로 도심의 기도회나 집회 등에서 공정한 분배와 노동기본권의 정상화 요구를 첨부한 성명서를 발표했던 예들에 비하면, 한층 더 민중들에게 다가선 실천들이었다. 이 활동들은 일차적으로 개별 쟁의나 탄압과 관련하여 '대책위원회'를 구성하고, 노동자들을 위로·격려·설득하여 자본-국가 측과의 중재를 주선한다든지, 야당에게 협조를 구하는 데에 주안점을 두었다. 그러나 그들의 기대는 항상 좌절됐다. 자본가들과 국가는 협상을 거부하거나 합의사항들을 파기하면서 탄압공세를 강화했다. 저항엘리트들의 해법은 당시 더욱 격화되고 있던 탄압들의 정세적 함의, 그리고 현실의 개발주의 체제가 지녔던 공고한 계급편향성에 비해 너무도 '순진한 것'이었다.*

4. 성사적聖事的 사고와 실천

1970년대 저항엘리트들이 민중들과 원거리를 유지한 채, 혹은 그들의 외곽에서만 활동했던 것은 아니다. 비록 전체 운동들 가운데 부차적 지위를 면치 못했지만, 민중들의 생활현장에서 그들과 고락을 함께 하는 지점까지 나아간 기독교 엘리트들의 실천이 있었다. 개신교와 가톨릭의 진보 그룹들이 공단과 판자촌 등지에서 전개한 사회선교활동들이 그것들이다.

그러면 이들의 생각은 권력블록의 개발주의와 얼마나 달랐을까? 그들은 개발주의 기획의 최대 희생자들인 '민중들과 함께 하며' 당면한 문제들을 풀어가려 했다는 점에서, 1960년대 저항엘리트들의 주류나 반독재투쟁에 몰두한 1970년대의 다른 저항엘리트들과는 대비되는 일면이 있었다. 그러나 이 차이가 현실의 비판 및 대안이란 측면에서까지 전향적임을 의미하지는 않았다.

도시빈민 선교활동의 경우 "고통 받고 비참하게 살고 있는" 사람들과 "끝까지 함께" 한다는 것, "그저 그들 속에서 한 이웃으로" 사는 것, 그리하여 "가난에 동참하는 것"이 그 위상의 요점이었다. "빈민운동의 대부" 제정구는 자신의 실천에 대해 다음과 같이 간명하게 말했다.

> 공동체의 취지는⋯⋯"함께 살아보자"는 것이 전부였다.[29]

그와 함께 공동체 생활을 했던 정일우 신부는 제정구의 "정서적 · 철학

---

* 저항엘리트들의 이른바 재야그룹과 학생운동의 주요 문제설정은 1970년대 후반기에도 큰 변화가 없었다. 한완상은 그런 판단의 한 근거를 제공한다(한완상, 『민중과 지식인』, 정우사, 1978). 거기에서 비판대상은 여전히 "부정부패", 즉 "독재정권"과 "독점기업"이 노정한 "절차윤리"의 부재에 국한됐다. 또 현실의 대안으로 제시한 "민중이 주인이 되는 역사"를 "의회민주주의"와 "산업민주주의"가 결합된 상태로 보았는데, 후자는 전자의 보장과 성숙에 뒤따라서 거의 자연스럽게 실현될 수 있는 것처럼 간주했다.

적 배경으로 세 가지를 꼽았다· 첫째는 시골 공동체에 대한 향수, 둘째는 자연에 대한 사랑, 셋째는 빈자의 자유"였다.[30]

그렇다고 빈민운동이 적극적 의미의 로맨티시즘, 즉 반산업주의의 성향을 지녔던 것은 아니다· 빈민운동의 사업들은 야학, 소비조합, 의료협동조합, 사랑방 운영, 철거대책 및 집단이주, 건의 및 청원활동 등이었다· 그것들은 산업도시와의 연계를 유지하면서, '외부'가 제공하는 자선보다는 적극적인 방식으로, 빈민들과 일상을 같이 보내며 실행하는 사실상의 '구빈' 프로그램이었다.[31] 빈민운동가들은 "민중의 신음소리"가 사회-정치적 요인들에 따른 것이라고 말하면서도, "사회의 제도와 구조를 개혁"한다는 목적은 선교전략들 전체에서 주변에 위치시켰다.* 그들은 종종 정권의 눈엣가시 같은 존재였으나, 엄밀히 말하면 전반적으로 개발주의 기획의 모순을 국부적 수준에서 조절해주는 역할을 하고 있었다.**

빈민운동의 정치화는 오로지 정권의 과잉탄압과 이것을 선교자유의 박탈(교권 침해)로 받아들인 선교자들의 인식에 의해 이루어졌다.

가난한 사람들이 스스로 힘을 모아 자기들의 권리로써 주장할 것을 주장하도록 계몽 하는 것이 참다운 선교라는 생각이었지요· 가령 부잣집동네 쓰레기는 치워주면서 판자촌 쓰레기는 안 치워주는데, 이걸 치워 달라고 주장하도록 하자……동에 찾아가 요구하고 안 해주면 항의하고……그런데……유신체제가

---

* 빈민선교연합체 '수도권 특수지역 선교위원회'는 "지역주민조직 중심 선교의 전략"에서 "사회의 제도와 구조"개혁을 전체 9개 항목들 가운데 9번째로 올려놓았다. 한국기독교교회협의회 인권위원회, 『폭력을 이기는 자유의 행진』, 민중사, 1987, 77쪽.

** 제정구가 1977년 봄, 기존 거주지의 철거 고지에 따라 경기도 시흥군에 주민들과 함께 집단 이주하여 새로운 '복음자리'를 마련했는데, 그 때 중앙정부부의 한 간부가 큰 도움을 주었다. 이것은 단순히 해당자의 '인정'과 '선의'로 볼 수 없으며, 빈민선교가 그만큼 박정희 정권기 개발주의 체제에 순기능적이었음을 시사한다. 제정구를 생각하는 모임, 『가짐 없는 큰 자유: 빈민의 벗, 제정구의 삶』, 학고재, 2000, 136~141쪽.

되니까……빨갱이로 모는 거예요……꼼짝할 수가 없었어요. 그때 느낀 것은……자유가 있어야 기독교적인 사랑도 할 수 있지, 자유가 없으면 사랑도 불가능하다는 것입니다. 그리고 자유를 획득하는 것은 정치적 행동입니다.(박형규 목사)[32]

    민중들과 고락을 함께 한 엘리트들 중, 현실의 경제개발에 대해 좀 더 비판적인 위상을 지녔던 사람들은 산업선교 활동가들이었다. 그들은 발전의 '역기능'이 초래한다고 생각한 공장지대의 야만적 실상들에 주목했으며, '인간성'과 배치되는 발전은 의미가 없는 것이라고 주장했다. 그들은 일차적으로 노동조합의 조직과 운영을 적극적으로 지원했고, 노동자들이 처해 있는 사회-정치적 조건들과 관련된 교육·토론 프로그램들을 진행시켰다. 그리고 국가기관들과 언론들을 비롯한 각계에 건의·진정·청구 등을 하면서, 민중들의 인간적 삶을 보장하기 위한 조치로서 공정한 분배를 시행할 것과 헌법 및 여타 법률상의 사문화된 기본권사항들을 정상화하라고 요구했다. 이런 활동들은 '발전의 가치를 상대화'하는 효과를 낳았음에 틀림없고, 그 점에서 권력블록의 기획에 대한 하나의 비판으로서 자리했음이 또한 확실하다.

    그런데 유의할 점은 산업선교의 입장이 결코 발전의 가치를 상대화하는 효과만 낳지 않았다는 사실이다. 그들은 기본적으로 개발주의의 주요 명제들을 수용하고 있었다. 산업선교 및 민주노조운동의 엘리트들이 비판과 개혁 대상으로 겨냥한 것은 정확히 말해 권력블록의 개발주의적 기조가 아니었다.

경제발전……고도성장……100억 불 수출 모두가 바람직한 일이다. 그러나……노동자들이 일한 만큼의 임금을 받고 있는가?[33]

우리⋯⋯는 노동의 신성(함)을 믿어왔고 국가시책에 적극 협조하여 경제발전의 최첨단에서 생산성 향상의 책임을 다하여 왔습니다. 그러기에 우리의 권익을 위한 주장을 우리는 양심의 부끄러움 없이 외칠 수 있는 것입니다. 그러나 오늘날 몸 바쳐 일해 온 우리에게 주어진 결과가 무엇입니까?[34]

"국가시책"에 대한 "적극 협조", "경제발전"을 위한 "생산성 향상의 책임", "몸 바쳐" 하는 노동력 투여 등은 논외로 두고, 사후적으로 "주어진 결과"가 과소하다는 지적을 하는 데에 그쳤던 것이다. 노동에 "신성(성)"을 부여하여 노동력 동원을 극대화하려는 국가이데올로기에도 회의를 표명하지 않았다.* 바꾸어 말해서 국민적 생산력의 급속한 증대를 위해 사회기층의 성원들을 동원화한다는 개발주의 프로젝트의 요체, 그리고 사회기층의 성원들은 그 같은 목표 달성을 위해 헌신해야 한다는 개발주의 프로젝트의 규범이 불문에 부쳐졌다. 그것들의 정당성 여부와 무관하게 분배 및 노동조건의 개선만을 요구한 것이다. 산업선교의 이 같은 입장은 하나의 도덕주의였다고 달리 말할 수 있다.

말하자면 남의 품값⋯⋯퇴직금⋯⋯잔업수당을⋯⋯주지 않는 것이 도둑질 아니냐?(인명진 목사)[35]

형제들을 부당하고 억울하게 하는 기업주들⋯⋯의 횡포를 묵인 내지 비호하는 불법을 고발하는 일은⋯⋯하나님의 공의를 천명하고 사회정의를 부르짖는 일이다.[36]

---

* '에큐메니칼 현대선교협의체'는 1973년 12월에 발표한 "인권선언"을 통해서, 노동자들이 "안정된 생활과 직장을 보장"받아야 하는 이유는 그들이 "국가자원의 확대를 위해 일하는 봉사자"이기 때문이라고 주장했다. 조승혁, 『도시산업선교의 인식』, 민중사, 1981, 135쪽.

산업선교 엘리트들은 누차 노동자들의 비참한 현실이 "구조악"으로부터 비롯된 것이라고 주장했다. 또 그렇게 일반 노동자들에게 교육했다. 그런데 그들이 정작 "구조악"이라 생각한 것은 일부 "악덕"기업주들의 "행패"와 정부의 "무관심"이었다. 그러므로 노동자들의 반인간적 실태는 "비양심적인 처사"가 낳은 "불법적"이며 "부당"하고 "억울"한 일이었다.[37] 문제의 핵심은 도둑질과 사기행각이나 다름없는 부정부패요, 생산적 노력 없이 이득을 챙기는 렌트 추구(rent-seeking)였다. 그것을 그들은 "수탈"이라 불렀다. 부정부패가 논리적으로 개발주의와 결합하지 못할 이유 없고, 역사적으로도 여타 나라들의 근대사를 통해 그래 왔다. 그러나 양자가 동일 차원의 사안들은 아니다. 그들이 권력블록의 기획에 대립시키며 제시한 발상은 개발주의 비판이라기보다 '부정부패 없는' 개발주의였다.

다음과 같은 측면에서 볼 때에도 분배 및 노동조건의 개선 요구가 곧 개발주의의 지양을 함축한 것은 아니었다. 권력블록의 그것과 동일한 정치경제학의 범주들 속에서 사고하는 한, 분배 및 노동조건의 개선은 생산과 필연적으로 연동되어야 하는 생산 이후의 과정이며, 거기에 상응하는 만큼 '더 많은 생산량', '더 높은 생산성'이란 규범들이 따라붙게 된다. '분배 및 노동조건의 개선'은 그 자체로서 독립적인 가치이기보다, '생산=자본축적'과 맺는 기능관련('생산=자본축적'에 대한 기여 여부 및 정도)에 따라 제한되어야 하는 종속적 가치로 사고된다.*

> 선교적 노력은……희망적인 면을 보여주기 시작했다. 그 한 가지는 노동운동
> 의 자율성……다른 한 가지는……산업평화를 위한 자제와 헌신적 자기 노력—
> 졸지 않고 일하기 위해 손가락을 깨물기도 했으며, 사보타지나 파업을 하지 않

---

* 당시 산업선교 엘리트들은 자신들이 "권리 주장과 함께 책임의식을 갖게 하는 직업윤리", 그리고 "산업평화", "국가발전"을 위해 노력했음을 강조했다.

고 평화적으로 투쟁하기 위해 고심했다—을 보여주었다는 점이다……선교사업이……부분적으로나마……뿌리를 내리게 되었다는 증거로 받아들여진다.[38]

산업선교 활동가들에게 "공장"은 또 다른 "전도의 장소", 즉 "하나님의 진리가 펼쳐지도록 해야" 하는 공간이고, 거기선 "분배"뿐 아니라 "생산성"과 "발전"도 "하나님의 진리"였다.[39] 생산성은 "하나님의 진리"였으므로 당연히 '민족적인 것'이었다. 산업선교의 입장에서 생산성은 불편부당한 중립적 가치로 간주됐고, 이것은 개발주의의 중요한 내용들 중 하나였다.* 도덕주의적 비판과 이것에 의해 일견 은폐되어 있던 개발주의적 가정들은 앞서 언급한 민청학련 구성원들을 포함해 당대 저항엘리트들 대부분이 공유했다. 박정희 정권기에 정치적 민주화운동의 구심적 인물이자 독실한 가톨릭신자였던 김대중이 후일에 한 발언도 유사한 맥락에서 독해된다.

> 우리나라 기업들은 경제적 원리로 돈 벌려는 것이 아니라, 관권과 결탁해서 자꾸 긁어모으고 있습니다……이것은 관치 하에서 반민중적·부패적·수탈적인 경제로서 자유경제가 아닙니다. / 그러나 내가 박정희 씨에 대해서 단 하나 인정한 것은 그 분의 치적을 통해서 우리가 '하면 된다'는 자신감을 국민에게 심어주는 데 공헌한 것입니다. 그 시절 이래 우리 국민들은 자신감을 갖게 되었습니다.[40]

산업선교 엘리트들의 도덕주의는 이른바 '천부인권'의 관점에서 재차 확인된다.

---

* '생산성'은 결코 가치중립적일 수 없다. 특정한 사회관계를 초월한 '생산성'이란 순수이념으로서만 존재 가능하다. 자본가에게 '생산성'은 추상적 의미의 노동시간 절약도 노동력투여 일반의 경제화도 아니다. 그것은 '잉여가치 증식'의 방편이다. Marx, K., *Capital*, Vol. 1: Part IV, New York: International Publishers, 1983[1887]; *Capital*, Vol. 3, London: Lawrence & Wishart, 1984[1894], pp. 262, 264.

인권은 하나님이 모든 개인에게 부여한 절대적 권리다. 그러므로 이를 유린하는 자는 반드시 하나님의 심판을 받을 것이다.[41]

인권은 다만 '주어진' 절대적 덕목으로 단순화되었으며 그만큼 인권의 사회화를 저지하는/가능하게 할 조건들이 깊이 있게 사고되지 않았다. 그때 노동자들이 '상실한' 인권을 되찾는 길은 크게 보아, 권력블록의 구성원들 중 일부를 '양심적이고 건전한' 인물들로 교체하는 것, 또 그들 중 일부가 외적 자극을 매개로 하여 회개하고 성찰하는 것이 된다.*

이 도덕주의는 그들이 독실한 기독교인들이라는 사실과 관련된 입장이었다. 그들은 일상적으로 성경구절들 속에서 자신들의 행동을 '인도'받았다.

> 망할 것들! / 권력이나 쥐었다고 / 자리에 들면 못된 일만 꾸몄다가 / 아침 밝기가 무섭게 해치우고 마는 이 악당들아 / 탐나는 밭이 있으면 빼앗고 / 탐나는 집을 만나면 제 것으로 만들어 / 그 집과 함께 임자도 종으로 삼고 / 밭과 함께 밭주인도 부려먹는구나. (미가서 2: 1~2)**

여기에 '악'을 양산한 '구조'가 신중하게 분석되고 이 '구조'를 해체할

---

* 이 인식지평이야말로 산업선교 엘리트들이 당대 중요한 제반 사안들을 '헌법개정→공정선거→정권교체'라는 시나리오로 환원시켰던 여타 저항엘리트들의 '정치적 민주주의론'에 대해 별다른 이견을 제기하지 않은 핵심적 이유이다.
** 김찬국, 「약자를 해방시키는 하느님」, 김찬국 외, 『다시 하는 강의』, 새밭, 1980, 34쪽에서 재인용. 김찬국은 1978년부터 3년 동안 감리교 본부 선교국의 산업선교를 위한 자문위원으로 근무하면서 산업선교 실무자들과 긴밀하게 교류했다(한국여신학자협의회 여신학자연구반, 『고난의 현장에서 사랑의 불꽃으로: 조화순 목사의 삶과 신학』, 대한기독교서회, 1992, 269쪽). 인용된 '미가서'의 문장들은 영등포산업선교회의 핵심 인물이었던 인명진 목사가 1978년 4월 한 기도회에서 설교도중 언급했다가 그것을 빌미로 검찰에 의해 구속당하는 계기가 됐던 것들이기도 하다(영등포산업선교회 40년사 기획위원회, 『영등포산업선교회 40년사』, 대한예수교 장로회 영등포산업선교회, 1998, 195쪽).

방도에 대한 진지한 토론이 개재될 여지는 별로 없다. "다만 구약의 예언자들, 신약의 사도들, 그리스도교 역사상의 증인들과 순교자들, 그리고 무엇보다 예수 그리스도의 선교활동에서" 자신들의 "삶과 행동의 표본을 보기 때문이다."[42] 당연히 개발주의 체제와 발상들에 대한 의문이 확산될 단서 역시 희박하다. 그 회의의 기반은 오로지 노동자들의 고통스러운 삶 자체로만 존재한다. '인천도시산업선교회'의 중심인물이었던 조화순 목사는 당시 자신이 한 활동들을 이렇게 설명한다.

> 오로지 성경밖에 아는 것이 없고 그 성경하고 삶을 생짜배기로 연결시키려고 애쓴 것뿐이다.*

민중들과 고락을 함께 한 기독교 엘리트들은 그들의 빈번한 공언과 달리, 사실상 "성사적聖事的"(sacramental) 사고와 실천 범주들에 갇혀 있었다. 그들은 현실의 참상을 인지한 연후 그것에 대한 윤리적이고 종교적인 항변과 분노를 표했다. 그들은 집단적 양심의 형태를 띠면서 민중들에게 직접 다가섰고, 민중들의 전쟁 같은 일상들에 참여하면서 함께 공동체를 이루고자 했다. 그러나 개발주의 체제와 발상의 극복을 위한 최소한의 조건인 "구조"에 대한 "사회분석적" 차원으로까지는 나아가지 않았다.**

---

* 산업선교 엘리트들은 1980년에 정권의 강화된 탄압과 새로이 등장한 급진주의 경향으로부터 자극 받아 정체성의 위기감 속에서 자기 성찰적 토론들을 한 바 있는데, 그 와중에 위에서 말한 지점들을 반영하는 문제제기들이 있었다(조성혜, 「대담/ 해방의 영성으로 가득 찬 조화순 목사」, 『기억과 전망』 제5호, 2003, 158쪽). "단지 임금을 올리고 체불임금을 받아내고 노동시간을 줄이고 어용노조를 민주화하는 것이 투쟁의 최종목적인가", "사회과학적 분석이나 대처보다는 종교적 온정주의로 흘렀다", "신학을 공부한 성직자와 뜨거운 복음적 열망만을 가지고는" 앞으로 활동을 지속하고 확대하기 어렵다 등의 제기가 있었다(영등포산업선교회 40년사 기획위원회, 앞의 책, 229~230쪽).
** 이런 평가와 관련하여, 기독교 엘리트들의 사회비판적 실천들이 동일한 '참상'을 '체험'하는 상이한 형태들('감지'인가 '분석'인가)에 따라, '성사'의 차원에 그칠 수도 '해방'의 차원으로까지 나아갈 수도 있음을 논의한 레오나르도 보프·끌로도비스 보프(『해방신학의 이론과 실천』, 논장, 1988, 17~31쪽)를 참조했

그렇다고 그들이 어떤 종교 외적 이론이나 이념과 무관한 '순수한' 운동을 한 것은 결코 아니다. 그들은 반대로 특정한 이론과 이념을 규범들로서 기저에 깔아둔 활동들을 전개했다. 한 논자는 산업선교 엘리트들의 활동 기조와 관련하여, "이념적 색채를 전연 띠지 않은 채 근로기준법과 같은 법적 권리를 내세우고 이것을 매개로 노동자들의 권리의식이나 조직 확산 그리고 투쟁을 북돋았다"고 평가한다.[43] 그러나 그들의 대중활동에서 '근로기준법'이 최고 텍스트였다는 사실이야말로, 그 운동의 특정한 이론적 기초 및 이념적 지향을 잘 웅변한다. 더욱이 그들은 자신들의 운동 전망을 잠정적 규범이 아니라, 그 정당성 및 타당성에 대해 대중적 토론과 논쟁의 가능성이 일체 상정될 수 없는 절대적 가치로 간주했다. 이 같은 입장은 '이론'과 '현실', '이론'과 '실천', '이론'과 '품성'을 배타적으로 대치시키면서 후자에 도덕적 가치를 부여하는 한편, 전자의 무용론을 펴는 태도에서 알 수 있다.[44]

> 우리는 '세미나'라는 것을 가장 우습게 생각하는 사람들입니다……'세미나'
> (는)……다 배부른 사람들이 하는 겁니다……사회과학이란 얘기를 자꾸 하게
> 되는데, 그 당시에 노동자의 상황이 사회과학이고 나발이고 없었어요. 18시간
> 일하는 놈한테 무슨 사회과학이론이 있어요?(영등포산업선교회 인명진 목사)[45]

그것은 이론 일반을 경시하는 입장이 아니었다. 그것은 이미 실천과 결합된 자신들의 이론을 특권화하고, 자신들의 이론에 대한 잠재적·현재적 비판들을 예방·봉쇄하는 태도였다.

다. 박정희 정권기 산업선교 엘리트들에게 공장노동자들과 함께 하는 생활은 세 가지 의미들이 중첩적으로 부여된 시공간이었다. ① 전도 혹은 선교의 장 ② 노동조건 개선활동의 장 ③ 엘리트 자신의 영적 수련을 위한 장.

5. 개발주의에 저항한 개발주의

박정희 정권기 저항엘리트들은 민중들의 고통과 희생을 대체로 도덕론의 견지에서 이해하고 비판했다. 그러나 그렇다고 그들의 활동들이 소위 과학적·체계적 분석 및 대안 구상을 완전히 결여했던 것은 아니다. 경제학자 박현채의 '민족경제론'과 정치인 김대중의 '대중경제론' 등이 그 사실을 대표한다. 두 입론들은 분명히 사회혁명 혹은 사회개혁의 문제설정을 포괄하고 있었다.* 이들이 저항엘리트들 일반에게서 점한 위상을 정확히 판정하기란 용이하지 않지만, 저항엘리트들 중에서도 '선진적' 성원들이 공유했던 바와 크게 다르지 않은 입장들이었다고 여겨진다. 그리고 그 영향은 학생운동을 비롯한 지식인 운동에서뿐만 아니라 민중부문들의 운동에서도 확인된다.

당시 농민운동의 주요 구성원들은 '현장' 외부에서 추진한 교육프로그램을 통해 배출됐다. 그것은 대표적으로 '크리스챤 아카데미' 같은 "기구 내로 불러들여 교육을 시킨 후 의식화된 사람들을 농촌에 돌려보내고 그 다음에 관계를 맺어서 조직운동을 하거나 싸움을 하게 하는 식"이었다.[46] 당시 교육 실무를 맡았던 이에 따르면 프로그램은 "농업 문제"가 "자본주의 경제의 구조적인 문제"이고 "농민을 수탈하는 저농산물가격 정책"으로 "악화됨을 인식"하도록 운용됐다. 그리고 외부 강사들로 한완상, 리영희, 정영일, 박현채, 김병태 등이 참여했으며, 교재들로 『후진국경제론』(조용

---

* 이하에서 '민족경제론'은 박현채가 1967년 이후 발표한 논술들과 조용범(『후진국경제론』, 박영사, 1973)을, '대중경제론'은 김대중이 1971년 대통령 선거 출마를 기해 발표한 「대중경제론 100문 100답」과 그의 기타 관련 논술들 및 발언들을 말한다. 주로 1970년대의 것들을 논의 대상으로 삼았으나 일부 1960년대와 1980년대의 것들도 인용했다. '대중경제론'의 주요 부분들이 '민족경제론'에서 전재된 것들이기 때문에, 둘의 분석들과 주장은 많은 정도 일치했다. 다만 상대적으로 전자는 국가주의 성향을, 후자가 자유주의 성향을 더 지니고 있었다. 「대중경제론 100문 100답」이 작성된 과정에 대해서는 임동규, 「4월혁명에서 남민전, 민주노동당까지 민중해방의 한 길」, 『이론과 실천』, 창간준비 1호, 2001 참조.

범), 『농업경제학』(박근창), 『농협론신강』(최종식) 등을 사용했다.[47] 또 다른 교육 실무자 이우재의 말처럼 "사회과학 공부를 꽤 체계적으로 했던 것"처럼 여겨진다.[48]

그러나 그들의 '구조'에 대한 이해는 실상 개발주의적 발상들에 의해 지배되었다. 교육자들의 시야는 생산력 사안들 그리고 이들과 밀접히 연계된 논제들로 채워져 있었다. 그 외엔 개발주의 체제 및 발상들과는 다른 수준의 것, 즉 '생산 외적' 과정이자 결과로서의 '부정부패'에 대한 비판이 한 자리를 점했다.

> 한국농업을 경제적 측면에서⋯⋯여러 가지로 이야기할 수 있다. 농업생산력의
> 저위, 영세농경영제, 가족노작적 미맥편중농업, 농업기술수준의 저위, 농가인구
> 의 상대적 과잉, 농가부채의 누적현상, 자본장비율의 저위, 기생지주제의 재생
> 현상, 농민분해현상 등.[49]

> 농업이 국내 공업과의 긴밀한 분업관련의 결여로 농업 내적으로는⋯⋯소경영
> 양식을 청산(하지 못하고)⋯⋯농업혁명을 수행할 수 없었으며 농업 외적으로
> 는⋯⋯적정한 농산물 가격에 의해 농업혁명 및 기술변혁에의 유인을 갖지 못
> 했다.[50]

그들은 농민들의 '빈곤'이 농업의 '낮은 생산력'에서 초래되고 또 농민들의 '빈곤'이 농업의 '생산력 정체'를 지속시키는 순환적 재생산 동학을 문제의 요체라고 여겼다.[51] 그리고 이 악순환의 고리에 대해 실제 가치 이하의 농산물가격을 강요한 독점자본의 부정축재와 이를 용인한 부패관료 사이의 결탁에 의해 심화되는 것으로 파악했다. 저농산물 가격은 부정축재의 한 수단으로서 농민들의 빈곤을 지속케 하는 직접적 요인이었을 뿐

더러, 농민들의 생산의욕과 생산성을 저하시켜 그들의 빈곤을 누증하는 심화요인이라고 간주됐다. 요컨대 농업의 생산력 정체가 독점자본과 국가에 의해 의도적으로 조성된 실정이었으며 이로부터 농민들의 빈곤이 귀결됐다는 것이다.[52] 현실 진단이 이러할 때 그들의 비판과 대안은 주로 생산력 증강의 방법 또는 시스템을 둘러싼 것들이 되지 않을 수 없다. 빈곤과 생산력 정체의 악순환이란 분석은 "가난한 나라"의 경우 "가난하기 때문에 가난하다"는 전후 초기 개발경제학자 넉시(R. Nurkse)가 한 기술주의적 상황 판단과 흡사한 것으로서, 당면 문제의 해결과 관련하여 '투자의 결정성'을 이면에 전제해둔 인식이었다.* 그리고 이로부터 현상된 비판 및 대안의 형태가 '농업경시론'/'농공병진론'이었는데, 농업에 더 많은 정책적·재정적 관심을 기울이는 동시에 국민경제 수준에서 농업과 공업의 분업연관을 확대·심화하는 것이 그 요점이었다.

그런데 여기에서 저항엘리트들의 균형발전론 또한 국민경제론의 외양 아래 전개된 공업화 중심의 개발전략들 중 하나였다는 사실과,** 박정희 정권기에 농업의 생산력이 결코 정체상태에서 헤어나지 못한 것이 아니라는 점을 유의해야 한다.

국민경제의 발전에 있어서 농업의 역할은 농업발전이 공업화에서 하는 역할을 뜻한다.***[53]

---

* 넉시가 제기한 '동시적 투자론'의 요점에 대해서는 Nurkse, R., *Problems of Capital Formation in Underdeveloped Countries*, Oxford: Basil Blackwell, 1953, pp. 4~31 참조.
** '농공병진론'은 '내포적(내향적) 공업화론'의 하위영역들 중 하나였다. 박현채, 「경제발전과 농업발전의 제문제」, 『민족경제론』, 한길사, 1978[1977]; 「농공병진이란 무엇인가」, 『한국농업의 구상』, 한길사 1981[1970]; 「농산물가격과 경제발전」, 같은 책; 「농민의 입장에서 본 경제정책」, 같은 책 참조. 국내 연구자들 다수가 오해하는 것과 달리 '동시적 투자론'이 정확한 의미의 균형발전론은 아니다. 그리고 공업화의 필요조건으로서 농업개발을 중요시하는 관점은 로스토우(W. W. Rostow)를 비롯한 불균형발전론자들에 의해서도 제시되어 왔다.
*** 한 연구자는 1965년 이후 국가의 농업정책에 대해 "시장으로서의 농촌, 공업화를 위한 농업이라는 논

농업부문의 변화는 국민경제라는 '전체'의 기능적 요구들, 정확히 말하자면 공업부문의 원활한 자본축적에 필요한 역할들(저렴하고 충분한 노동력과 원자재의 재생산 및 공급, 공업제품들의 수요기반 제공, 잠재적 투자재원으로서의 국내 저축 형성 및 증대, 농산물 수입대체를 통한 외화절약 등)이란 테두리 안에서 사고됐다.[54] 따라서 이들이 농민들의 생존권과 자율성을 강조하는 만큼은 권력블록과 달랐지만, 중립적 가치로 상정한 국민적 생산력의 차원으로 그것들을 귀속시키는 경향을 띠는 한에서는 농업의 생산력 및 기능성 여하에 연동되어, 오히려 권력블록과 유화적인 입장으로 변모해갈 잠재성의 보유자들이었다. 그들이 규범화한 농업의 기능성은 당초 그들이 머릿속에서 그리던 경로와 다르게도 이루어질 수 있는 것이었고 실제로 1970년대를 통해 일정 정도 진전되었다.*

한편 농민운동의 실상은 아주 소박했다. 그것은 "대부분이 지역에서 일선 행정부나 일선 관료와의 싸움이었다."**[55] 1970년대 농민운동과 관

리가 짙게 깔려 있었다"라고 비판한다(오유석, 「농촌 근대화전략과 새마을운동」, 유철규 편, 『한국자본주의 발전모델의 역사와 위기』, 제1권, 함께읽는책, 2003, 397쪽). 이 비판이 적절하다면 그것은 '박현채-민족경제론'에 대해서도 유효하다.

* 당시 저항엘리트들은 농민들의 영세한 경영규모가 생산성을 제약하고 이것이 그들의 빈곤으로 이어진다는 논리 아래서 '협업을 통한 대경영화' 방안을 주장했다(김병태, 「한국농업의 소생산자적 경영방식의 발생과 소멸」, 『한국농업 경제론』, 비봉출판사, 1982[1970]; 「농지제도와 농업생산」, 『한국농업경제론』, 비봉출판사, 1982[1974]; 박현채, 「농지제도개혁론에 대하여」, 『한국농업의 구상』, 한길사, 1981[1975]). 그런데 현실은 생산성이 경영 규모 이외의 조건들에 의해서도 크게 좌우된다는 것을 보여주었다. 농업부문은 박정희 정권기 동안 점증한 내수기반의 한 축이었고 노동비용 및 물가 억제의 기능을 상당 정도 감수해냄으로써 '원활하고 신속한 공업화'에 기여했다. 이 같은 기능적 연관은 농업부문에서 소경영양식을 탈피하지 못했음에도 불구하고 영농기술 및 장비와 경지현황, 치수설비, 운송·통신·전기와 같은 기반설비 등의 개선, 농민들의 개별적·집합적 생산성 증대, 주곡생산의 자립, 이중곡가제 실시, 이상의 조건들을 토대로 한 상업농의 진전 등이 이루어진 데에 힘입은 것이다(이영기, 「한국농업의 구조변화에 관한 연구」, 서울대학교 농경제학과 박사학위논문, 1992, 43~58쪽; 조영탁, 「1960년대 이후 양곡관리정책의 변화와 그 성격에 관한 연구」, 서울대학교 경제학과 박사학위논문, 1993, 66~126쪽; 박진도·한도현, 「새마을운동과 유신체제」, 『역사비평』 제47호, 1999, 55~57쪽).

** 그랬기 때문에 '새마을운동'에 대한 본격적 비판은 행해지지 않았다. 농민운동이 문제 삼은 대상은 '새마을운동'의 기본 이념과 체제보다 주로 그것의 실제 운용상 나타나는 비합리성이었다.

런하여 가장 큰 사건으로 언급되곤 하는 '함평고구마사건' 역시 마찬가지였다. 이 사건은 1976년산 고구마를 농업협동조합이 전량 수매하겠다는 공약을 해놓고 지키지 않은 데서 비롯된 일이었다.[56]

규모가 아니라 지향에 주목한다면 그런 상황의 조건들을 농민운동 주체들의 낮은 의식수준에 귀속시킬 수만도 없다. 왜냐하면 농민운동의 주요 활동가들을 교육한, 농민들의 생활상을 이른바 '구조'의 문제로 파악했다는 엘리트들의 사회비판에 이미 그 같은 운동의 추세를 규정한 중요한 요소가 있었기 때문이다. 그것은 '생산력 정체론'과 함께 비판의 중심축을 이루었던 '부정부패론'이었다.

> 관료가 부패했을 때는 국가의 장래나 민족의 이해에 관계없이 매국적 부정부패를 저지르며 농업을 수탈하는 것이다……관료조직은 그 산하에 각종 농업단체들을 가지고 있어 이들 농업단체를 통하여 자기 정책을 실현하고 있는 것이다……오늘의 농협은 "독점자본의 농민수탈을 위한 파이프 역할을 한다"라고 비난받는 것도 이런 데 있는 것이다.[57]

부정부패론은 생산력의 변화에 유의하지 않은/못한 저항엘리트들이 권력블록과 대립선을 유지하는 중요한 형태였지만, 엄밀한 의미에서 개발주의 비판은 아니었다. 오히려 그것은 '진정한' 생산력 증강의 방도, 즉 또 다른 개발주의 기획을 전제해둔 담론이었다. 논리적으로 거기에서 부당한 형식 및 절차를 통한 (비생산적) '수탈'이 배제되지만, 적법하고 합리화된 (생산적) 노동력 착취와 훈육 체제 등은 문제시되지 않는다.*

---

* 국가는 농산물 수입개방의 정책기조를 1970년대 말에 확정하고 1980년대부터 본격화했는데, 이것이 이후 저항엘리트들의 발상에 '생명력'을 불어넣는 매개로 작용한다. 그러나 '공업자본의 원활한 축적'을 중심에 둔 기능주의적 문제설정을 벗어나지 않는 한 농산물 수입개방은 불가피한 것으로 간주될 수 있었다.

이렇게 농민운동의 현황에서 어느 정도 확인되듯이, 민족경제론과 대중경제론은 '생산력혁명'이란 발상이 여타의 문제설정들을 지배한 개발주의 기획의 또 다른 판본들이었다. 따라서 두 입론들의 현실 비판들 또한 개발주의 체제 및 발상들을 겨냥하기보다 '도덕주의적 수탈론'에 의존하고 있었다. 이 같은 특징들은 그것들이 민족과 더불어 민족의 핵심 구성원들로서 중요시한 '민중'/'대중'에 대한 이해에서부터 드러난다.

민족경제론에서 민중은 인류역사의 핵심 주체이다. 거기에서 인류역사는 "사회적 생산력의 진보"과정이며 그 과정의 가장 능동적이고 변혁적인 요소인 노동을 담당한 이가 민중이기 때문이다. 바꾸어 말하면 민중은 "사회적 생산력의 진보"를 성취하는 근간이다.[58] 반면 대중경제론이 말하는 대중은 직접적 생산자로서의 민중보다 더 넓은, 다분히 부정적인(negative) 개념이다. 소수 특권층을 제외한 모든 이들을 대중으로 보는 것이다. 그런데 그 중에서도 "근로대중"은 "사회의 실질적 생산력"이란 측면에서 주목되고 있다.[59] 민족경제론과 대중경제론이 "민중에의 보다 많은 경제잉여의 귀속"이나 "계층 간의 배분의 조정", "사회보장제도의 확충" 등을 강조할 때, 그 이면에 바로 저와 같은 관점을 깔아두고 있었다. 그러므로 "생존권"과 "복지"는 우선 의당 받아야 하나 소수 특권층이 갈취해간 노동력 투여의 대가를 사후적으로 보전한다는 뜻이었다. 또한 그것들은 그 자체로서의 고유한 의의 못지않게 '국민적 생산력의 토대'라는 차원에서, '국민적 생산력 증대에 미치는 효과'라는 차원에서 중시되었다. 그런 만큼 '더 많은 생산량'과 '더 높은 생산성'이란 반대급부의 윤리들을 함축하는 것들이었다.

> 대중경제 체제하에서는……생산력 발전에의 공헌에 상응하는 배분을 받을 수 있도록 조치되어야 한다. (김대중)[60]

여러분! 독일 사람이……근면하고……열심히 일하고……그것 옛날 얘기
야……어떻게 게을러졌는지……일을 안 한다 말이에요. 작년에 독일 경제성
장률이 2%밖에 안 돼요.(김대중)[61]

민족경제론과 대중경제론은 한 마디로 '저발전의 정치경제학'이었다.
두 입론들은 박정희 정권기 민중들이 겪고 있던 고통들과 희생들을 '가난'
으로 요약·단순화하면서, 이 상태를 초래한 결정적 동인이 국민경제의 후
진성이라고 보았다. 물론 그 후진성은 사회적 생산력의 정체 내지 저위를
의미했다. 국민경제에 대한 '외세'의 규정성, 국민경제의 종속 심화란 논제
역시 동일한 맥락에서 논의되었다.

경제개발계획은……국민경제의 재생산과정에서 시장 및 소재를 해외에 의존
하게(했고)……그것은……기초산업의 정체, 기업 간 및 산업 간의 분업 관련
결여, 생산재 생산 공업의 결여를 가져오고 경제잉여의 일상적인 '누출 메커니
즘'을 정착화(했다)……한국경제의 종속적 구조는……자본의 축적과정에서
경제외적인 소득 이전을 일반화시킴으로써 '자본의 관료독점적 성향'을 강화하
고……중소기업의 빈사상태 속에서 독점기업은 사회적 생산력의 발전이 없는
저급한 독점자본을 확대강화하면서 소득 이전에의 기생성, 외국 자본에의 종속
성을 심화시켜 왔을 뿐이다. 그리고 이와 같은 독점 현상은 국민경제의 재생산
에 있어서 외부적 조건을 주요 결정요인으로 만들었고 외국자본에 의한 국민
경제의 관제管制산업 장악을 결과했다. 따라서 굳건한 국민경제구조가 실현되
지 못했고, 국민경제의 구조에 있어서 성장의 결과가 '국민적 확산'으로 곧바로
연계되는 메커니즘의 결여로 말미암아 사회적 불균형이 확대되었던 것이다.[62]

사실상 "종속적 구조"와 이것의 핵심적 표지인 "분업관련의 결여"는 사회적 생산력의 저위 내지 정체와 동의어들이었다. 그것들은 사회적 생산력의 저위와 정체를 초래한 직접적 원인들이라는 점에서 문제시됐기 때문이다. 그리고 민중들의 빈곤은 양자 간의 인과관계(종속→생산력의 저위 및 정체)와 그 부수 효과들에서 연역·사고됐다. "독점자본"은 국민경제의 종속성이 심화시킨 "경제외적" 축적양식, 즉 생산적 활동과 무관한 렌트 추구의 문제로 이해됐다. 그리하여 그것은 자본가들의 비생산적 소비(생산적 자본 투자의 과소)와 직결되는 한편, "사회의 실질적 생산력"인 민중들의 빈곤(노동의욕 저하에 따른 생산적 노동력 투여의 과소)을 매개로, 국민경제의 생산력 저위 및 정체를 초래한다는 점에서 비판됐다. 국내에서 생산된 경제잉여의 "누출"(부등가 교환, 원리금 상환, 로열티 지급 등)이 지적된 이유 역시 사회적 생산력의 차원이었는데, 그것은 누출 정도에 비례하는 만큼 국내 자본들이 생산적 (재)투자의 여력을 상실한다는 판단이었다. 민중들에 대한 이른바 "초과 착취"는 이처럼 취약한 국내 자본들의 생산력 기반이 직접적으로 낳는 산물이라고 이해됐다.*

결국 "자립경제"라 일컬어진 대안의 요체는 국민적 생산력의 내실화였다. 민족경제론과 대중경제론이 주장한 "재생산의 내포화", 즉 "분업관련"의 확보는 국민적 생산력 증강과 내실화를 위한 필수적 요구 사항 외에 다른 것이 아니었다. 민중들의 빈곤 탈피 가능성도 자연스럽게 그로부터 도출됐다.[63] 민족경제론과 대중경제론의 주요 논점들은, 첫째 권력블록의 주장과 달리 현실의 경제개발이 국민적 생산력의 저위와 정체를 지속시키는 프로젝트라는 점이며, 둘째 자신들의 구상들이야말로 '진정한' 국민적 생산력 증강의 길이란 것이었다. 그리고 이 주장들은 '국민적 생산력의 실

---

* 이 같은 생산력주의적 발상은 1980년대 중반 이후 전개된 사회구성체논쟁을 통해, '종속의 심화'가 '개량의 물적 토대를 취약하게' 만들고 '정치체제의 테러 독재화'까지 귀결시킨다는 논리로 다듬어진다.

태'와 '민중들의 생활상태' 사이의 직접적 연관을 전제하고 있었다.[*]

그러나 국민경제 수준의 생산성 향상과 생산력 내실화에도 불구하고, 특정한 사회구성원들의 혹독한 생활고와 비자율성은 자본의 자립화나 중간층의 형성이 이루어지는 다른 한편에서 지속될 수 있다. 그것은 기본적으로 사회관계의 함수이지 국민적 생산력의 상태 여하에 따라 직접적으로 결정되는 일이 아니다. 실제로 박정희 정권기의 상황이 바로 그런 유형이었다.('저발전의 양상'이 아니라 '발전의 모순'!) 저항엘리트들은 그 입장들을 재고하지 않는 한, 그리고 그들의 당초 진단과 달리 국민경제의 자립화·발전 추세가 이어지는 한, 점차 권력블록과 서로 수렴해 나아갈 위치에 있었던 것이다. 이 점과 관련하여 현실의 경제개발에 대한 민족경제론의 아래와 같은 평가를 주의 깊게 볼 필요가 있다. 민족경제론의 '창안자' 박현채는 1970년대 중반 이후 경제개발의 실상을 계속 비판했으나 결코 부정적으로만 생각하지 않았다. 그의 평가는 일견 이율배반적이리만큼 긍정적일 때도 있었다.[**]

> 먼저 그것은 밖으로 경제적 민족주의를 기초지우고 안으로 경제적 자유를 확대할 수 있는……기반을 조성했다……국부는 증대했으며……국민생산 또한 증대한 것이다……더욱이 외자도입과 수출을 주축으로 한 경제성장(이)…… 귀결할 것으로 전망했던 국제수지 격차(가)……1976년에는 4억7천4백만 달라

---

[*] 민족경제론과 대중경제론에 의하면 민중들의 '가난'을 초래한 원인들은 ① 국민경제 수준의 생산력 낙후와 ② 민중들의 '생산성'만큼 정당한 대가를 지급하지 않는 특권층의 '도둑질' 행위였다. 이때 '도둑질'은 국민경제의 생산력 낙후를 표시하는 지배적 자본분파('매판·독점자본')의 상업적 축적방식과 여기에 기생하는 관료들 간의 결탁('정경유착' 또는 '부정부패')의 한 양상이자, 국민경제의 생산력 낙후를 더욱 심화하는 요인이었다.

[**] 박현채/민족경제론의 생산력주의적 측면에 대한 인식은 그에게 큰 영향을 준 오쓰카 히사오大塚久雄의 사유내용을 확인함으로써 보완될 수 있다. 최근 번역·출간된 나카노 도시오가 유용하다(나카노 도시오, 『오쓰카 히사오와 마루야마 마사오: 일본의 총력전 체제와 전후 민주주의 사상』, 삼인, 2005, 51~82쪽). 나카노는 오쓰카의 전시·전후 사상에서 "생산력"과 "국가"가 일관된 핵심들이었음을 보여준다.

수준의 경상수지 적자를 실현할 뿐 1980년대에 균형……전망을 갖게 한 것은 긍정적이다……둘째로……민족의……잠재력을 크게 과시(했다)……6·25동란의 폐허 속에서 국민경제의 기반을 조성했을 뿐만 아니라……국민경제의 총체적 구조를……자기 나름으로 조성했다. 그리고……새로운 기술……경영능력의 습득으로 근대적 경제활동의 기반을 구축……경제발전을 위한 제 조건의 토착화를 어느 정도 달성한 것(이다)……더욱이……세계적 불황을 중요한 파국 없이 경과할 수 있었다……셋째로……제도적 기구로서의 경제계획이 유용한 것이었음을 제시해주었다……계획적 유도는……경제의 성장을 큰 것으로 했으며……경제의 자립을 위한 방향에서 민족적 이해에 기초한 현상의 추구를 보장하는 것이었다.*64)

대중경제론은 민족경제론처럼 대안으로 "내포적(내향적) 공업화"를 제기하면서도 그것과 달리, "민주주의의 기간부대"나 "한국적 특수성"으로 인해 아직 양적·질적으로 성숙하지 못한 "중산계층의 육성 확대가 근간이 되는 경제"의 실현을 공약했다.65) 박정희 정권기 동안 개발의 수혜자들로서 신중간층이 등장하고 비농 구중간층이 증가했다는 사실을 고려하면,66) 대중경제론의 '중간층 육성론'이 또한 저항엘리트들과 권력블록의 점진적 수렴 경향을 예상케 하는 지점이었다.

민족경제론과 대중경제론의 생산력주의적 편향은 그것들이 덧붙인 민

---

* 1970년대 초에 "소망스런 근대화의 유형"을 "민족혁명형"이라 칭하고 그 방향을 "내포적(내향적) 공업화"로 제시한 변형윤도 이후 로스토우의 인식·방법론에 기대어, "한국경제"가 "도약단계"에 진입했으며 "산업구조 면에서도 순수한 저개발국형이 갖는 특징들과 같이 그렇게 비참한 것은 아니다"라는 긍정적 평가를 내린 바 있다(변형윤, 「민족혁명형 개발정책에로의 전환」, 『한국경제의 진단과 반성』, 지식산업사, 1980〔1971〕; 「한국경제의 성장단계」, 김윤환·변형윤 편, 『한국경제론』, 유풍출판사, 1977). 저항엘리트들의 '국민경제 파탄론'은 1979~80년의 공황국면과 뒤이은 외채위기를 통해 다시 강화된다. 그러나 1980년대 중반 '3저 호황'을 경과하면서 한국경제가 국제수지 흑자국면으로 진입하자, 그들의 태도는 선회하기 시작한다. 인용한 박현채와 변형윤의 평가들은 박정희 정권기를 지나서도 민족경제론류의 입장을 계속 견지했던 저항엘리트들이 취한 행보 변화의 전조로도 파악되는 부분이다.

주주의관에서도 읽혀진다. 민주주의는 그 구체적 제도 형태를 떠나 국민경제의 생산성 향상을 위한 '도구', 국민경제의 생산력 증강을 위해 사회 기층 성원들을 동원하는 하나의 '방편'으로까지 사고됐다.

경제자립화에의 노력은 민주주의의 실현을 전제로……(한다) "……'관료국가자본주의'……그것은 결코 경제발전의 길을 신속하게 그리고 성과 있는 것으로 앞당겨……(주지 않는다.) 그것은 대중을 동원할 수 없기 때문(이다)"*67)

산업민주주의의 실현(은)……생산성의 향상을 위한 협력에도 큰 의의를 둔다……대기업……에 있어서 노동조합의 경영참여, 종업원 지주제도를 법제화할 것이다.(김대중)**68)

이런 생각은 '유신체제'를 '생산적 정치'라고 주장한 권력블록과 일면 대립하는 입장이었지만, 권력블록과 마찬가지로 '국민적(민족적) 가치'로서 전제한 생산성과 생산력을 상위에 둔 기능주의적 사고였다는 점에서, 그것들의 실제 동향 여하에 따라 스스로 민주주의를 제한·유보할 수 있는 가능성을 내포한 것이었다. 또한 그런 입장은 민주주의를 '민족의 미래와

---

* 박현채는 베틀램(C. Bettelheim)이 1961년 파리에서 한 강연을 인용했다. 베틀램은 박현채가 인용한 부분 조금 앞에서 다음과 같이 말했다. "일국 주민들의 노력을 최대한 추진推進할 수 있는 것은 관료주의가 아니다……주민들은 중요한 생산력이다……문제는 주민들의 이니셔티브를 촉진·배가시키고 발전의 의미를 그들에게 납득시키는 일이다." シャルル·ベトウレイム(Bettelheim, C.), 『經濟開發と計劃』, 雄渾社, 1969, 85쪽.

** 산업민주주의의 적용 대상을 대기업에 한정한 데에서도 생산력주의적 편향의 일면을 발견할 수 있다. 1980년대 중반 한 월간지에 기고한 김대중의 글이 동일한 논지를 보여준다. "기업인이 외부적 간섭이나 압력 없이……국제무대에서의 경쟁에 승리할 성과의 창출에만 헌신하도록 해야 한다. 또한 공정한 대화와 근로조건의 개선을 통해서 생산성 향상의 의욕에 찬 근로자(가)……우수제품을 보다 많이 만들어내도록 여건을 향상시켜야 한다……이런 의미에서도 민주회복은……급선무라 할 것이다." 김대중, 「나의 조국, 나의 포부」, 김대중 전집 편찬위원회, 『김대중 전집』, 제3권, 동광출판사, 1989[1985], 345쪽.

번영'이라는 명분 아래 사회기층 성원들에게 지속적인 내핍과 희생의 감내, 추가적 노동력 투여 등을 '적법하게' 요구하는 기제로 전락시키고, 그 제도적 외피들 이면에서 민주주의의 실질성을 내파內波할 수 있는 논리였다.*

6. 맺음말

　박정희 정권기 저항엘리트들은 대체로 '민족주의'와 '개발주의' 등 권력블록과 공유한 패러다임들 안에서 대립하고 갈등했다. 그들의 사회비판과 대중계몽은 동일 패러다임들 안에서 주로 '절차윤리의 부재'와 '저발전의 실상'을 문제시하는 식으로 행해졌다. 그랬기 때문에 그들은 비판 대상의 사회-정치적 존립기반을 약화·균열시키면서도, 그 속도를 지연시키고 또 그 균열의 폭을 제한하는 모순적인 역할을 수행했다. 우선 고통스러운 삶의 현실에서 출발한 민중들의 문제의식을 앞의 세 가지 한계선들 안에 가두는 효과를 발휘했다는 점에서 그렇다. 저항엘리트들이 '의문시할 수 없는 것들'로 간주한 앞의 패러다임들은 권력블록이 주도한 경제개발기획의 중대한 존속 지반들이었다.

　따라서 그들 중 일부는 대립 상대와의 공통성을 자각하는 가운데 점차 권력블록 측으로 편입해 들어갔다. 이런 편입 경향은 저항엘리트들의 애초 진단과 달리, 박정희 정권기 경제개발이 부정부패의 지속과 심각한 공황국면의 경과에도 불구하고, '저발전=종속의 심화'가 아니라 '발전=자립

---

* 민족경제론과 대중경제론은 자본계급의 한 분파('민족자본')를 중심 주체로 상정한, 그리고 자본관계 안에서 그들을 부양·육성하는 경제개발 구상들이었다는 점을 잊어서는 안 된다(조용범, 『후진국경제론』, 박영사, 1973, 289~300쪽; 김대중, 「대중경제론 100문 100답」, 김대중 전집 편찬위원회, 『김대중 전집』, 제2권, 동광출판사, 1989〔1971〕, 191~192쪽). 그런 맥락을 염두에 둘 때에만 저항엘리트들이 '민족적인 것'으로 당연시한 생산력과 생산성, 민주주의 등의 위상과 의미가 구체적으로 파악된다.

의 진전'으로 귀결하고 있었다는 사실과 연계된 현상이었다.* 개발주의의 문제설정 위에서 '발전이 낳는 모순들'을 '저발전의 양상들'로 이해하다가, 동일한 인식지평 속에서 발전의 추세를 깨달았을 때 그들의 '전향'은 크게 부자연스러운 일일 수 없었다.**

기존 발상을 근본적으로 재고하지 않는 한, 저항엘리트들이 비판의 대오를 지탱할 수 있는 자원들은 두 가지였다. 그 하나는 이상과 현실의 격차였다. 즉 현실의 경제개발이 국민경제의 발전과 자립 추세를 낳고 있었다 하더라도, 그 추세가 저항엘리트들의 이념형과 정확히 일치할 수는 없었다. 따라서 저항엘리트들은 그 괴리를 기초로 삼아 아직 권력블록과 대립·갈등할 수 있었다. 또 하나는 이른바 정경유착을 포함한 부정부패와 민중부문의 고통이 공존하는 상황이었다. 이 상황은 후자를 전자의 산물로 규정하며 해왔던 저항엘리트들의 기존 활동들에 타성을 제공해주었다.***

---

* 오늘날 '선진자본주의'라 지칭되는 국민경제들의 발전사가 공황 국면들에 대한 경험을 포함하고 있다는 사실은 새삼 강조할 필요조차 없다. 그리고 그 구체적 조건들이 여전히 쟁점으로 남아 있으나, '서구'와 '비서구'의 경험들을 통틀어 볼 때 '부정부패'는 자본축적의 관점에서 정의된 생산성 향상과 최소한 양립할 수 있다. 김해동, 「근대화와 관료부패의 관계에 관한 연구」, 『한국행정학회보』, 제31권, 제2호, 1993; Khan, M., "The Efficiency Implications of Corruptions", Corbridge, S., ed., *Development : Critical Concepts in the Social Sciences*, London: Routledge, 2000.

** 이른바 '4·19세대'와 '6·3세대'로 지칭되는 부류들의 경우, 권력블록과의 수렴이 박정희 정권기에 이미 가시화됐다. 또 '민청학련세대'와 '긴급조치9호 세대'라 일컬어지는 이들의 경우, 그것은 사실상 '박정희 시대'가 지속되었다고 해야 할 1980년대부터 현재화된다. 1980년대 이후까지 권력블록과 대립의 각을 계속 유지한 이들 중에서도 상당수는 '정치적 자유화'나 '관치경제의 해소' 등에만 관심을 쏟았다.

*** 박정희 정권기처럼 자본주의적 발전이 급속히 이루어지는 국면의 사회-정치적 문제 상황들을 '대중적 빈곤'과 '부정부패'로 단순화·환원하는 도덕주의 경향은, 서구나 남미 등 다른 지역들의 사례들과 비교할 때 '민중주의(populism)'와 흡사하다. 프루동(P. J. Proudhon) 이래 민중주의자들은 대중적 빈곤과 부의 소수독점을 '도둑질'의 결과로 파악했고("Property is Theft"), 따라서 '분배'를 핵심적이면서도 윤리적인 사안으로 제기했다. 그들의 이상향은 '적정한 소유와 경쟁'이 지배하는 사회였다. 흥미로운 사실은 민중주의자들의 도덕주의가 점차 '생산성' 담론에 통합되어갔다는 것이다. 박정희 정권기 저항엘리트들의 민중주의 성향은 역시 그들의 이념들이었던 기독교 윤리, 자유주의, 민족주의 등과 접합됨으로써 더욱 강하게 표출될 수 있었다. 필자가 주목하는 민중주의의 특징에 대해서는 다음 책을 참조할 수 있다. Kitching, G., *Development and Underdevelopment in Historical Perspective : Populism, Nationalism and Industrialization*, London: Methuen, 1982, p. 19; 안윤모, 「민중주의」, 김영한 편, 『서양의 지적 운동』, 제2권, 지식산업사, 1998.

물론 그 같은 비판과 대항이 개발주의 체제 및 발상의 극복을 의도한 노력들은 아니었다. 그리하여 박정희 정권기 저항엘리트들이 안고 있던 문제성은 계속되는 사회 기층구성원들의 고통스러운 삶과 함께 이후 '새로운 운동들'의 출현을 자극하는 중요한 동인이 된다.*

---

* 기존 운동에 대한 '반정립'은 특히 계급론의 등장 및 확산에서 확인된다. 그러나 그것이 운동의 민족주의-개발주의적 측면을 극복한다는 '보증서'는 아니었다. '새로운 운동들'에 대한 본격적 논술은 이 글의 과제범위를 넘어선다.

논문이 처음 실린 곳·표·미주·찾아보기

논문이 처음 실린 곳

1부

윤해동, 「식민지 인식의 회색지대」, 『식민지의 회색지대』, 역사비평사, 2003.

장석만, 「한국 의례담론의 형성:유교 허례의식의 비판과 근대성」, 『종교문화비평』 1호, 2002.

오성철, 「조회의 내력 : 학교규율과 내셔널리즘」(신고).

이타가키 류타, 「지식인의 우울」, 『국사의 신화를 넘어서』, 휴머니스트, 2004.

2부

윤대석, 「식민지 국민문학론」, 『식민지 국민문학론』, 역락, 2006.

권명아, 「여자 스파이단의 신화와 좋은 일본인 되기」, 『동방학지』 130권, 2005.

이승엽, 「조선인 내선일체론자의 전향과 동화의 논리-녹기연맹의 조선인 이데올로그 현영섭을
중심으로」, 『二十世紀研究』 2, 京都大學, 2001.

홍종욱, 「植民地期·解放後における主体形成の企て」, 『アジア太平洋研究』 31, 成蹊大學アジア太平洋セ
ンター, 2006.

3부

임종명, 「여순반란 재현을 통한 대한민국의 형상화」, 『역사비평』 64, 2003.

김영미, 「해방직후 정회를 통해 본 도시 기층사회의 변화」, 『역사와 현실』 35, 2000.

강인철, 「한국전쟁과 사회의식 및 문화의 변화」, 『한국전쟁과 사회구조의 변화』, 백산서당,
1999.

이임하, 「한국전쟁이 여성 생활에 미친 영향」, 『역사연구』 8, 2000.

황병주, 「박정희체제의 지배담론과 대중」, 『대중독재』, 책세상, 2004.

김보현, 「박정희 정권기 저항 엘리트의 이중성과 역설」, 『사회과학연구』, 서강대 사회과학연구
소, 2005.

표 자료 모음

<표 1> 식민지기 초등교육 대상별 적용 법령 및 목적 조항 비교　　　　　　[▶본문 117쪽]

	조선인 초등교육	조선 내 일본인 초등교육	일본인 초등교육
1차 조선교육령 (1911~22)	「조선교육령」(1911.8) 「보통학교규칙」(1911.10) 조선교육령 제5조 보통교육은 보통의 지식 기능을 교수하고, 특히 국민된 성격을 함양하여, 국어를 보급함을 목적으로 한다.	「소학교령」(1900.8) 소학교령 제1조 소학교는 아동 신체의 발달에 유의하여 도덕교육 및 국민교육의 기초 및 그 생활에 필수적인 보통의 지식 기능을 가르치는 것을 본지로 한다.	「소학교령」(1900.8) 소학교령 제1조 소학교는 아동 신체의 발달에 유의하여 도덕교육 및 국민교육의 기초 및 그 생활에 필수적인 보통의 지식 기능을 가르치는 것을 본지로 한다.
2차 조선교육령 (1922~38)	「조선교육령」(1922.2) 「보통학교규정」(1922.2) 조선교육령 제4조 보통학교는 아동의 신체 발달에 유의하여 덕육을 실시하고 생활에 필수적인 보통의 지식 기능을 가르치고 국민된 성격을 함양하며 국어를 습득시키는 것을 목적으로 한다.	「조선교육령」(1922.2) 「소학교령」(1900.8) 「소학교규정」(1922.2) 소학교규정 제1조 소학교는 아동 신체의 발달에 유의하여 도덕교육 및 국민교육의 기초 및 그 생활에 필수적인 보통의 지식기능을 가르치는 것을 본지로 한다.	「소학교령」(1900.8) 소학교령 제1조 소학교는 아동 신체의 발달에 유의하여 도덕교육 및 국민교육의 기초 및 그 생활에 필수적인 보통의 지식 기능을 가르치는 것을 본지로 한다.
3차 조선교육령 (1938~41)	「조선교육령」(1938.3) 「소학교규정」(1938.3) 소학교규정 제1조 소학교는 아동 신체의 건전한 발달에 유의하여 국민도덕을 함양하고 국민생활에 필수적인 보통의 지능을 가르쳐 충량한 황국신민을 육성하는데 힘쓰도록 한다.	「조선교육령」(1938.3) 「소학교령」(1900.8) 「소학교규정」(1938.3) 소학교규정 제1조 소학교는 아동 신체의 건전한 발달에 유의하여 국민도덕을 함양하고 국민생활에 필수적인 보통의 지능을 가르쳐 충량한 황국신민을 육성하는데 힘쓰도록 한다.	「소학교령」(1900.8) 소학교령 제1조 소학교는 아동 신체의 발달에 유의하여 보통교육 및 국민교육의 기초 및 그 생활에 필수적인 보통의 지식 기능을 가르치는 것을 본지로 한다.
초등학교령 / 규정 (1941~45)	「조선교육령」(1943.4) 「국민학교규정」(1941.3) 국민학교규정 제1조 황국의 도에 따라 초등보통교육을 실시하고 충량한 황국신민의 연성에 힘쓰는 것을 목적으로 한다.	「조선교육령」(1943.4) 「국민학교령」(1941.3) 「국민학교규정」(1941.3) 국민학교규정 제1조 황국의 도에 따라 초등보통교육을 실시하고 충량한 황국신민의 연성에 힘쓰는 것을 목적으로 한다.	「국민학교령」(1941.3) 국민학교령 제1조 황국의 도에 따라 초등보통교육을 실시하고 충량한 황국신민의 연성에 힘쓰는 것을 목적으로 한다.

▶ 출처 : 阿部洋(編)『日本植民地教育政策史料集成(朝鮮篇)』, 2~8권, 龍溪書舍.

<표 2> 복자의 사용 (1931년~1935년)　　　　　　　　　　　　〔▶본문 130쪽〕

1931년			1932년			1933년			1935년		
월	본문	금전	월	본문	금전	월	본문	금전	월	본문	금전
1월	0	0	1월	14	0	1월	41	4	1월	3	0
2월	0	0	2월	26	0	2월	11	2	2월	1	0
3월	0	0	3월	11	0	3월	8	1	3월	0	0
4월	0	0	4월	6	0	4월	10	2	4월	0	0
5월	3	0	5월	5	2	5월	9	0	5월	0	0
6월	0	0	6월	7	0	6월	2	0	6월	0	1
7월	11	0	7월	8	1	7월	3	2	7월	0	0
8월	54	1	8월	7	2	8월	8	2	8월	0	0
9월	57	2	9월	3	0	9월	2	0	9월	0	0
10월	28	0	10월	23	2	10월	5	1	10월	0	0
11월	54	0	11월	24	4	11월	31	5	11월	0	0
12월	67	1	12월	11	1	12월	3	0	12월	0	0

비고 : 같은 날 복수로 나온 경우에도 각각 하나로 헤아렸다. 1936년 이후에는 본문에 복자가 없다.

<표 3> S씨의 잡지별 독서 빈도 (1932년~1933년)　　　　　　　〔▶본문 132쪽〕

월별	잡지	신문	소설	기타	비고
		1932년			(연간 구독잡지는 『삼천리』)
1월	9	10	2	9	잡지는 『학생』,『별건곤』. 기타는 교과서.
2월	7	11	1	7	잡지는 『삼천리』
3월	4	8	0	8	잡지는 『삼천리』,『별건곤』
4월	9	14	4	2	잡지는 『삼천리』,『별건곤』
5월	10	17	2	0	잡지는 『삼천리』
6월	7	17	0	0	잡지는 『삼천리』
7월	8	12	0	0	잡지는 『삼천리』,『별건곤』,『비판』
8월	9	15	0	0	잡지는 『삼천리』,『별건곤』
9월	3	10	0	0	잡지는 『삼천리』
10월	7	2	2	0	잡지는 『삼천리』,『동아일보』 배달 정지
11월	0	1	2	0	소설은 『괴청년怪靑年』,『옥단춘전玉丹春伝』
12월	13	2	2	0	잡지는 『삼천리』
		1933년			(연간 구독잡지는 『신동아』)
1월	12	3	1	0	잡지는 『문예공론文藝公論』,『신소설新小說』,『청년靑年』
2월	9	0	0	0	잡지는 『신동아』,『삼천리』,『동광』
3월	8	0	3	0	잡지는 『신동아』,『동광』
4월	6	3	2	0	잡지는 『신동아』, 소설은 『심청전』,『아리랑』
5월	9	0	5	2	잡지는 『신동아』, 소설은 『낙원의 봄樂園の春』
6월	13	1	0	0	잡지는 『신동아』,『삼천리』
7월	10	0	0	0	잡지는 『신동아』
8월	9	0	0	2	잡지는 『신동아』,『삼천리』,『時兆』
9월	9	0	0	0	잡지는 『신동아』,『삼천리』
10월	6	14	0	0	잡지는 『신동아』,『조선일보』 배달 개시
11월	7	10	0	0	잡지는 『신동아』,『조선일보』 배달 정지
12월	15	0	0	0	잡지는 『신동아』,『삼천리』,『시조』

비고 : 수자는 해당 월의 일기 본문에 있는 '~을 읽었다' 등으로 등장하는 회수를 표시한 것이다.

〈표 4〉 일기에 나타난 '우울' 빈도 [▶본문 136쪽]

	1932년	1933년	1935년	1937년
1~2월	1	11	10	22
3~4월	1	12	15	7
5~6월	2	6	16	2
7~8월	1	8	11	9
9~10월	1	15	28	10
11~12월	5	15	21	9

비고 : 같은 날 두 번 관련 단어가 나오는 경우에 두 번으로 헤아렸다.

〈표 5〉 행정 관련 시설 출입 상황 (1935년 상반기) [▶본문 141쪽]

	동사		소재지			상주읍내
	놀러가기	농업 외	면사무소		우편국	
			놀러가기	농업		
1월	11	3	5		1	
2월	7	1	1	1		세무서1
3월	14	2	5	3		세무서1
4월	7	6	4	9	1	군농회1
5월	6	2	6	13		
6월	12		12			

〈표 6〉 조선인의 대일협력 유형 [▶본문 233쪽]

	平行提携論 ·	同化一體論
별칭	協和的 內鮮一體論, 內鮮聯合論	完全一體論, 徹底一體論
비율	다수	소수
주장	조선자치론의 적극적 입장으로부터 조선 문화 보존의 소극적 입장까지 존재. 어느 쪽이나 '조선적'인 것을 고수. (사고의 출발점이 '민족')	조선민족의 완전 해체, 전면적인 일본에의 동화를 통해 '신일본민족'을 형성. 한편, 철저한 평등을 요구. (사고의 출발점이 '개인')
대표적 조직	朝鮮東亞聯盟	綠旗聯盟
대표적 인물	姜永錫, 印貞植	玄永燮, 李泳根
협력의 정도	위장전향자, 또는 역전향자도 등장함	철저히 황민화운동에 복무

자료실 551

〈표 7〉 서울지역 정동회제의 시기별 내용 [▶본문 318쪽]

	총대제 (1916~1933)		초기 정동회제 (1933~1938)		전시 정회제 (1938~1945)	
개편시기	1916	1933	1936	1938	1940	1943
개편 동기	'주민자치'	'자치 강화'	부역 확장	효율성	효율성	효율성
개편 특징	총대제	정동회 설치	정회 증설 동회→정회	광역 정회제	정회+정연맹 (애국반)	소 정회주의
구역 수	133	152	237 (82개 편입)	145 (통합미완)	110 (통합완료)	270
역원役員 구성	총대, 평의원	총대, 부총대, 회계역, 평의원		+ 구장	+ 반장	(앞과 같음)
주민 회의	없음	총회 (통상, 임시) 교화상회常會 (월1)		총회 (통상, 임시) 교화상회 (월1)	정회상회 구상회 반상회 (각 월1)	정회상회 구상회 반상회 (각 월1)
총대 선출	정동에서 선임	총회에서 결정		부윤이 임명	부윤이 임명	부윤이 임명
구역 결정	총대가 결정	총회에서 결정		부윤이 결정	부윤이 결정	부윤이 결정
주요 업무	행정보조 (법령 전달, 학사, 위생, 납세, 호적 ·거주 등의 제계출, 관공서와 주민 간의 연락)	+ 사상교화 (신사제전, 교화) + 생활개선 + 친목융화		+ 전시 동원	+ 방호 사무 + 물자 배급	(앞과 같음)
자금 조달		정회비		정회비 + 부 보조금	정회비 + 부 보조금	정회비 + 부 보조금
정회비 지출 용도				신사비, 가등비, 위생비, 야경비, 조위금, 교화비, 사무비·회의비, 공공기부금, 기타		
하부조직	없음	없음		정회-구-호	정연맹-구- 애국반	정연맹-구- 애국반
연합조직	정총대타합회	정총대타합회		정총대타합회 /관구별 정회연합회	–	–

출처 : 『경성휘보』 1933~43년 참조.

〈표 8〉 1936년 정회의 운영 상황 〔▶본문 320쪽〕

		본정 3정목 정회	삼판통 정회	종로 6정목	화남동 동회
행정보조	정회비	호별 차등 징수 (9할 8분)	독특한 표준 (9할)	호별 차등 징수 (8할)	호별 차등 징수 (9할3분)
	관공서 연락	34년 227건	34년 377건	271건 (34.8~35.10)	472건 (34.6~35.10)
	납세	납세조합 (회원 75명)		납세조합 (회원 71명)	납세조합 (회원 48명)
친목융화 / 사상교화	친목	위안회 (연1), 신연회, 야유회	내선인 융화 강연회 (3회), 경조사 부조	총회·간친회 (년1), 경조사 부조 극빈자 구호 (44건)	신년회, 영화회 (3회)
	미풍양속	신사참배 (월1), 경로잔치	생활개선, 자녀교양 강연	조선신궁 요배, 조기장려	신사참배
	교화	교화상회 (월1), 시사강연회	정내학교 장학사업, 조선부인 요리강습회	교화상회 (월1), 생활개선 강연, 위생영화회, 부인강습회	교화 상회, 위생영화, 조기 라디오 체조
생활개선	위생	하수·변소 소독 (월1), 역원·인부 동원 대청소	청소부 상비, 조선인 부락에 진상·변곤 무료 배부	변소·하수구 소독 (여름 월3), 정내 위생의 날 (월3)	청소부 상비, 하수·변소 개조 소독, 진상 설치
	조명	대가등·영란등 설치	정내 가등 10개 신설	이면 도로 4개 점등	정내 가등 5개 설치
	기타		정내 도로 확장, 경성부에 도로부지 기부, 정의 재산 조성에 힘씀		'가로수 애호' 표찰 설치

출처: 『경성휘보』 1936년 2월

〈표 9〉서울지역 정회 및 주민조직 (재)결성 사례 (1945년 9~11월)　　　〔▶본문 326쪽〕

	정회명	개편 시기	개편 이유	개편 내용	주도자	역원 구성	활동 계획
정 회 재 조 직	성동구 영구남 정회 (일인)	1945. 9.15	'해방 직후 정회가 운영되지 않아 정민들이 불편이 심하다'	'자치회' 결성	유지	위원장-김동진 부위원장-석의정, 장훈, 윤영익 감사-송정순, 오택유 회계-한순용 고문-장?식, 강광연	정회를 대신하는 파도적 자치회
	앵정정 (일인)	1945. 11초	'정町·반班의 말단 기구를 행복하고 평화로운 생활을 돕게 하기 위해'	'인민자치회' 결성	정민 町民		〈실천사항〉 1) 애향심을 배양키 위해 도로의 청소미화에 노력하자 2) 인보상조의 미풍을 조장하고 지역자치에 이바지하자 3) 일본인과 친일파 구축, 그들의 물건 사지말자
	삼청정 동부 정회	1945. 9중	'자치로써 해방조선의 새 역사에 발을 맞추고저'	'정민위원회' 결성	정민	위원장-權泰彙 부위원장-柳驥秀 총무부장-최진순 문화부장-윤회순 자위부장-徐南龍	한글·국사·애국가 야간 강습(강사 전부 정내에서 선발)
	계동 정회	1945. 10.2	'정민의 원성이 높아'	정회기구, 역원개선	정민 대표		
	현저 동부 정회	1945. 10중	'일본제국주의하 역원을 개선하기 위해'	'역원개선'	정민 총의	회장-신?균 (판독 어려움)	
새 주 민 조 직	성북동	1945. 9중	'치안 원활과 성북지역의 불상사를 방지하고자'	'自成會' 조직	유지	회장-金斗憲	동민단합씨름대회(추석), 한글강습회
	신설정	1945. 9중	'우리가 사는 곳에서 나라를 세울 기초를 세우자'	'東新會' 조직	유지	회장-李晶雨 부회장-金基鉉, 尹昌錫 이사-9명 평의원-9명 간사-17명	신설정민 대상으로 국어 보급, 새 국민다운 생활 개선, 문화기관 신설하여 경제발전 대책 연구

출처 : 『매일신보』 1945. 9. 19, 21, 26 / 10. 7, 24

〈표 10〉 돈암청년단의 사업 〔▶본문 327쪽〕

계몽활동	1) 한글강습: 9.25~10.4 (강사-김영기金永基) 2) 국사강좌: 10.1~계속 (강사-박시형朴時亨)
치안유지· 보건후생사업	3) 교통정리 4) 매 5일, 10일, 15일 정내 청소. 5) 밤 8시~아침 5시 단원 20명이 두 반으로 야경 6) 정町 중앙공지에 가설시장假設市場을 설치 7) 정민 및 단원들이 매일 아침 집단체조 실시
식량배급	8) 식량 기타 생필품 운반 및 배급
적산관리	9) 적산관리(일본인 동·부동산) 철저히 조사하여 대장에 등록, 공가空家는 전재민을 최우선으로 대여
문화활동	10) 조선문화건설중앙협의회에서는 저반 '뉴스' 영화촬영 11) 광복기념 및 일반주민을 위한 고려교향악단 초빙 대연구회

출처 : 「우리동리는 우리손으로」『신조선보』 1945. 10. 15

〈표 11〉 서울시 정연합회의 구성 〔▶본문 331쪽〕

종로구	權泰彙(인위), 朴勝龜, 金基道(인위), 朴勝城, 金進休, 邊貴賢(인위)
중구	朴定根, 鄭然昌(인위 생활대책위원), 朴鍾柱, 李相禹, 盧保城
마포구	張光勳(인위), 崔潤延(민전), 白元三
동대문구	李泰秀(인위), 金哲錦, 鄭魯湜(인위), 李院(인위)
성동구	崔百根(민전), 陳永?, 金宅源(민전)
영등포구	鄭仁置, 林容夏, 金福永
용산구	姜長福, 洪淳甲(민전), 李漢台(인민당), 李丙奭
서대문구	文仲賢, 崔潤燁, 姜昌熙

출처:『중앙신문』 1945. 12. 26

〈표 12〉 문교예산 및 의무교육비 비율의 추이 (1948~1959) 〔▶본문 358쪽〕

연도	정부예산 대비 문교예산 비율(%)	문교예산 대비 의무교육비 비율(%)
1948	8.9	69.4
1949	11.4	71.6
1950	5.7	74.0
1951	2.6	68.0
1952	2.0	63.1
1953	2.6	62.8
1954	4.2	64.1
1955	9.3	74.4
1956	9.3	74.4
1957	9.4	79.7
1958	10.8	80.0
1959	14.9	80.4

출처 : 교육50년사편찬위원회, 앞의 책, 720쪽.

<표 13> 전사상자戰死傷者에 대한 사회적 보호장치들의 창출 과정　　　〔▶본문 365쪽〕

1950	4.13	군사원호법 공포(법률 제127호)
	6.1	군사원호법 시행령(대통령령 제369호) 공포
	6.1	군사원호법 시행기에 관한 건(대통령령 제368호) 공포
	10.24	상이·종군기장령 공포
1951	1.12	제1차 상이병(상이병) 제대식 거행
	1.25	상이군인 중앙정양원 개원(동래)
	2.28	군사원호법 시행령 개정(대통령령 제457호) 공포
	2.28	군인 사망급여금 규정(대통령령 제455호) 공포
	2.28	군인 전상급여금 규정(대통령령 제456호) 공포
	5.15	대한 상이용사회 창설
	9.1	사단법인 대한 군경원호회 창설
	11.8	재무부장관 통첩. 전매품 소매인 지정시 유족 및 상이군인에게 우선권 부여
	11.11	대한 군인 유족회 창설
	11.20	상이군인 원호 강화안 국회 통과
1952	1.15	상이군인에게 처음으로 국산 의족 공급
	3.19	국무총리 통첩. 상이군인의 취직을 위하여 상용常備 30인 이상의 기업체는 그 3분의 1이 응소應召할 것을 예상하고 점차 상이군인으로 교체할 것
	4.2	상이군인 연금제 국회 통과
	4.5	보건진료소 설치 준칙. 극빈 유족 및 출정군인 가족에게 우선적 무료진료
	4.30	제2차 상이군인 제대식 거행
	5.25	교통부 고시(제174호) 상이군경에게 철도요금 전액 혹은 5할 할인
	9.13	문교부장관 통첩. 유족 및 상이군인 자녀에게 학비의 면제 감액
	9.16	전몰 군경 유족과 상이군경 연금법(법률 제256호) 공포
	11.23	사회·내무부장관 연명 통첩. 유가족 및 상이군인에 대해 지방부역 면제
1953	3.20	상이군경 결혼상담 실시요강. 결혼 알선
	3.22	문교부장관 통첩. 진학 알선 및 학비보조
	4.17	농림부장관 통첩. 유상미有償米 배급
	5.20	신성모 국방장관 담화. 만 20세 이상 25세 미만 장정 전원소집에 대처하여 각 직장에서는 전적으로 상이군인으로 대체 복무케 할 것
	5.21	국방부장관 통첩. 의수족의 보철 및 수리를 무상으로 실시
	6.29	보사부 훈령(제17호) 재발환자를 제대 상병傷兵 구호병원에서 입원 치료
	10.8	사단법인 대한민국 제대장병 직업보도회輔導會 발족
	10.20	전사상금戰死傷賜金 인상
	10.23	사회부장관 통첩. 구호양곡 및 구호물자를 우선 배분
	12.8	국방부장관 통첩. 위문 광목廣木 지급
1954	4.26	국방·내무·사회부장관 연명 통첩. 유족 및 출정군인 가족에게 노력봉사
	5.8	재단법인 상이군경 장학회 창설
1955	12.24	군사원호법 개정법률(법률 제401호) 공포
1956	1.18	이승만 대통령 유시. 상이용사와 유가족에게 생활안정을 위해 정부의 모든 사업을 우선 계약하도록 지시

출처 : 병무청, 앞의 책, 817~845쪽: 대한상이군경회, 앞의 책, 270~273, 1033~1037쪽:
동아일보사, 앞의 책, 68, 70, 72, 74쪽.

〈표 14〉전쟁 영웅과 관련된 시민종교 의례의 형성과정　　　　　　　　　　〔▶본문 391쪽〕

1948	12.1	제1차 전몰장병 합동위령제
1949	6.6	순국장병 합동위령제
1951	2.16	매달 25일을 '국난극복의 날'로 결정
	5.30	유엔군 전몰장병 합동위령제
	7.1~7	상이군인 원호주간
	9.28	제1차 육·해·공군 합동위령제
1953	4.20	제3차 전몰장병 합동위령제
1954	4.20	제4차 전몰장병 합동추도식
1955	12.24	군사원호법 개정법률(법률 제401호) 공포
	6.	군경원호의 달
1956	6.6	제1회 현충일 행사

출처: 병무청, 앞의 책, 817~838쪽; 동아일보사, 앞의 책, 70쪽.

〈표 15〉가족형태의 지역별, 직업별 분포(1955) (단위: %)　　　　　　　　〔▶본문 392쪽〕

구분	1대 가족	2대 가족	3대 가족	4대 가족	5대 가족	계
전국	9.10	63.41	26.07	1.37	0.05	100.00
전국시부	12.58	69.30	17.27	0.85	0.00	100.00
서울시	16.01	68.69	13.88	1.42	0.00	100.00
부산시	12.17	73.54	13.76	0.53	0.00	100.00
대구시	22.35	60.00	17.65	0.00	0.00	100.00
전국군부	7.96	61.47	28.96	1.54	0.07	100.00
공무서비스업	19.71	60.45	18.51	1.33	0.00	100.00
상공교통업	11.21	74.75	13.90	0.14	0.00	100.00
농림수산업	5.06	61.16	31.97	1.72	0.09	100.00

출처 : 최재석, 『한국가족연구』, 134~135쪽.

〈표 16〉1955~1960년 사이의 미신업자 분포 (보건사회부 발표)　　　　　〔▶본문 393쪽〕

연도	총수	무녀 巫女	점장이	관상 觀相	수상 手相	골상 骨相	풍수 風水	사주 四柱	독경 讀經
1955	11,074	2,832	4,556	369	227	48	1,063	777	1,023
1956	13,287	3,326	5,017	651	323	111	1,310	898	1,651
1957	15,335	3,882	5,755	638	392	242	1,534	1,191	1,701
1958	16,612	4,490	6,665	604	369	133	1,501	1,069	1,781
1959	19,162	5,202	7,669	560	356	124	1,959	1,076	2,216
1960	21,932	5,849	8,691	652	445	128	2,180	1,176	2,811

출처 : 합동통신사, 앞의 책, 1002쪽.

〈표 17〉 문중과 종친회의 특성 비교   [▶본문 397쪽]

문중(종중)	종친회
집단성원은 좁은 지역사회에 거주한다	전국(주로 도시)에 산재한다
비교적 근친자近親者로 구성된다	원친자遠親者로 구성된다
어느 정도 자연적으로 조직된다	인위적으로 조직된다
종손宗孫이 결합의 중심이다	사회적·경제적 실력자가 결합의 중심이다
주요 기능은 제사이다	친목, 제사, 족보 편찬, 정치가 주요 기능이다
규약은 보통 불문율이다	대개 공식적인 규약, 정관이 있다
가입, 탈퇴가 운명적이다	가입, 탈퇴가 자유롭다
전 성원이 참여한다	관심 있는 일부 성원이 참여한다
집단의 중요 성원은 좁은 지역사회에 거주한다	집단의 중요 성원은 대도시, 특히 서울에 거주한다
한 촌락에 집중적으로 거주하는 동족이면 대개 문중조직을 가진다	종친회를 조직한 동족은 얼마 되지 않는다

출처 : 최재석, 『한국 농촌사회 연구』, 198쪽.

〈표 18〉 『동아일보』에 실린 각종 단체들의 개최광고 회수(1946.1.1~1958.9.15) [▶본문 397쪽]

	1946	1947*	1948	1949	1950*	1951	1952	1953	1954	1955	1956	1957	1958*
종친회 친목회 화수회	0	0	5	7	1	1	1	5	12	62	60	68	49
군· 시민회	0	2	10	19	7	1	7	29	64	109	90	122	75
동창회	6	9	36	42	25	12	26	66	126	137	140	172	110

출처 : 최재석, 『한국인의 사회적 성격』, 133~137쪽.
* 1947년 7~12월 누락, 1950년 7~9월 누락. 1958년은 9월 15일까지만 집계된 것임.

〈표 19〉 의료전문인의 지역적 분포 (1954년 말 현재)   [▶본문 404쪽]

구분	전국 (A)	서울 (B)	B/A
의사	5,899 (2.7)	2,577 (16.6)	43.7%
치과의사	938 (0.4)	277 (1.8)	29.5%
간호원	2,259 (1.1)	489 (3.2)	21.6%
약사	1,499 (0.7)	659 (4.3)	44.0%
병의원	2,274	586	25.8%

출처 : 보건사회부, 앞의 책, 2~13, 182~183쪽.
괄호 안은 인구 1만 명당 해당 의료 인력의 숫자임.

〈표 20〉 농민들의 주된 정보획득원 (1959.12.31) 단위: 명(%)　　　　　〔▶본문 420쪽〕

구분	신문	라디오	잡지	타인	듣지 못함	합계
전국	97 (15.4)	29 (4.6)	51 (8.1)	23 (67.1)	30 (4.8)	630 (100.0)
세농	24 (8.9)	10 (3.7)	26 (9.7)	193 (71.7)	16 (5.9)	269 (100.0)
소농	25 (13.0)	8 (4.2)	13 (6.8)	136 (70.8)	10 (5.2)	192 (100.0)
중농	37 (28.5)	9 (6.9)	10 (7.7)	71 (54.6)	3 (2.3)	130 (100.0)
대농	11 (28.2)	2 (5.1)	2 (5.1)	23 (59.0)	1 (2.6)	39 (100.0)

출처 : 농업은행, 『농업연감』, 1960; 한국농촌사회연구회, 앞의 책, 232쪽에서 재인용.

〈표 21〉 서울시 주요 개봉관의 무료 입장자 (1954)　　　　　〔▶본문 430쪽〕

구분	수도극장	중앙극장	단성사	시공관	계(%)
임검증	82	80	94	80	336 (16.8)
출입증	87	47	10		144 (7.2)
취재증	20	12	18	15	65 (3.2)
단속증	30		49		79 (3.9)
통감증				55	55 (2.7)
특무대	2	10	28		40 (2.0)
상이군인	101	108			209 (10.4)
일반 경찰관	45	28	104	40	217 (10.8)
국방부 정훈국	11	29			40 (2.0)
헌병	61	51	67		179 (8.9)
국방부			25		25 (1.2)
육군, 해군병원		16	18		34 (1.7)
일반 군인	2			60	62 (3.1)
경전京電	10	2	26		38 (1.9)
세무서	5	20	33		58 (2.9)
반공포로	5			13	18 (0.9)
포스타	133	143			276 (13.8)
기타	28	57	41		126 (6.3)
계	622	603	513	263	2001 (100.0)

출처 : 『중앙일보』, 1954년 5월 23일; 계훈모, 앞의 책, 957~958쪽에서 재인용.

〈표 22〉각 자료에 나타난 미망인수 비교 (단위 : 명)　　　　　　　　　　　　〔▶본문 439쪽〕

구　　분	해당년도	40세 미만	40세 이상	합　　계
대한민국 통계연감	1952년	131,100	162,752	293,852
간이 인구 조사	1955년	177,175	910,541	1,087,716
보건사회통계연보	1955년	213,071	279,520	492,591
	1956년	212,079	297,630	509,709
	1957년	170,073	255,017	425,090
	1958년	167,389	262,420	429,809
	1959년	178,779	329,216	507,995
	1960년	179,555	370,139	549,694

비고 : 1953년부터 『대한민국통계연감』의 미망인수 통계는 보건사회부의 자료와 같음.

〈표 23〉제주도의 인구편차 (단위 : 명)　　　　　　　　　　　　〔▶본문 440쪽〕

구　　분	남　　성	여　　성	차　　이
15세 ~ 19세	14,930	16,298	1,386
20세 ~ 49세	28,446	56,079	27,633
50세 이상	19,343	29,105	9,762
합　　계	62,719	101,482	38,763

〈표 24〉전쟁미망인과 미망인에 따른 부양 아동의 수 (1952) (단위 : 명)　〔▶본문 441쪽〕

구　분	전국의 미망인수			미망인의 부양아동수	미망인 1인당 부양아동수
	전쟁미망인	자연 미망인	합　　계		
40세 미만	59,345	71,755	131,100	271,465	2.07
40세 이상	42,505	120,262	162,752	245,203	1.50
합　　계	101,845	192,007	293,852	516,668	1.75

〈표 25〉 미망인의 생활실태표 (단위 : 명, %)　　　　　　　　　　　　　　〔▶본문 442쪽〕

구　　분		1955년	1956년	1957년	1958년	1959년	1960년
원인별	군경미망인	53,313	59,914	51,158	54,481	58,719	62,059
	일반미망인	439,278	449,795	373,932	375,328	449,276	487,638
	계	492,591	509,709	425,090	429,809	507,995	549,694
학력별	불　학	234,144	230,860	182,837	173,366	210,823	235,092
	국문해득	174,736	187,058	158,870	168,376	198,679	206,920
	초등졸	74,683	80,730	71,832	76,461	83,604	92,804
	중　졸	8,689	10,396	11,040	11,138	13,884	12,993
	대　졸	339	665	511	468	1,005	1,885
	계	492,591	509,709	425,090	429,809	507,995	549,694
생활정도별	상 수	21,992	19,004	18,187	18,925	20,259	20,826
	상 %	4.5	3.7	4.3	4.4	4.0	3.8
	중 수	99,938	100,477	93,075	91,439	114,861	117,641
	중 %	20.3	19.7	21.9	21.3	22.6	21.4
	하 수	370,661	390,228	313,828	319,445	372,875	411,227
	하 %	75.2	76.6	73.8	74.3	73.4	74.8
	계	492,591	509,709	425,090	429,809	507,995	549,694
무직자수	무직자수	152,139	165,407	130,355	134,131	156,052	183,873
	%	30.9	32.5	30.7	31.2	30.7	33.5

〈표 26〉 미망인의 부양자녀수 (단위 : 명)　　　　　　　　　　　　　　〔▶본문 442쪽〕

년도	부양자녀수별 미망인수							노부모 부양자
	1인	2인	3인	4인	5인	6인 이상	무자녀	
1955년	65,024	90,240	97,966	75,735	55,772	38,682	31,284	37,924
1956년	58,721	89,836	97,861	80,940	59,784	44,874	34,971	42,722
1957년	48,935	73,576	80,867	66,278	50,859	38,220	26,327	40,028
1958년	48,148	71,876	91,904	71,537	52,833	39,118	26,530	37,863
1959년	56,993	86,558	96,160	83,391	61,456	52,164	30,093	41,180
1960년	62,706	94,869	106,360	91,049	68,969	54,289	30,673	40,779

<표 27> 부녀보호시설 수용자 실태 (단위 : 명)　　　　　　　　　　　　〔▶본문 443쪽〕

년도	부녀보호시설의 수	수 용 자 총 수				당해년도 신규수용자수(母)		
		계	모	자 녀	노부모	계	미망인	기타
1955년	62	6,831	2,006	4,612	213	226	174	52
1956년	62	7,252	2,094	4,952	206	1,413	1,160	253
1957년	64	7,598	2,180	5,213	205	1,588	1,454	134
1958년	67	8,271	2,382	5,655	234	1,673	1,368	305
1959년	67	7,780	2,134	5,452	194	1,148	775	373
1960년	63	7,556	2,064	5,354	138	1,128	935	193

<표 28> UNKRA 도입물자의 시도별 배치상황　　　　　　　　　　　　〔▶본문 445쪽〕

도 별	서울	경기	충북	충남	전북	전남	경북	경남	강원	제주	계
재봉기	67	58	86	31	43	47	66	78	49	30	495
편물기	143	44	16	16	40	35	64	85	34	33	510
수산장	23	8	3	3	6	6	9	11	7	7	83

<표 29> 연금지급기준액　　　　　　　　　　　　〔▶본문 446쪽〕

년도	지급액	비고(해당년도 말 서울시내 쌀 도매가)
1952.10 ~ 1953. 6	6,000환	8,685환/가마(1953년)
1953. 7 ~ 1955. 6	12,000환	18,099환/가마(1955년)
1955. 7 ~ 1961. 4	24,000환	28,224환/가마(1956년)

〈표 30〉 미망인의 직업별 실태표 (단위 : 명)　　　　　　　　　　　　[▶본문 456쪽]

연 도	농어업	광 업	제조업	상업, 금융 및 부동산	운수, 보관 및 증신업	서비스업	기 타	무 직
1955년	227,912	480	4,031	35,676	1,190	7,776	63,387	152,139
1956년	236,612	1,424	2,577	41,717	915	8,128	52,923	165,407
1957년	206,929	957	2,287	34,260	713	5,075	44,514	130,355
1958년	212,206	1,207	2,571	33,616	848	6,761	38,464	134,131
1959년	255,479	1,177	3,103	39,666	639	5,373	46,506	156,052
1960년	264,381	587	2,806	44,196	821	5,660	47,370	183,873

〈표 31〉 1955년 미망인의 거주지별 분류 (단위 : 명, %)　　　　　　　[▶본문 459쪽]

구 분		합 계	15세 미만	15~19세	20~29세	30~39세	40~49세	50세 이상
전국 (A)	여성인구	6,474,573		1,138,007	1,730,141	1,293,468	975,380	1,337,577
	미망인수	1,087,716	8	2,634	58,419	116,114	200,111	710,430
도시 (B)	여성인구	1,593,783		303,562	485,841	337,389	213,685	253,306
	미망인수	243,490		605	16,469	30,355	48,485	147,576
농촌 (C)	여성인구	4,880,790		834,445	1,244,300	956,079	761,695	1,084,271
	미망인수	844,226	8	2,029	41,950	85,759	151,626	562,854
B/A	여성인구	24.61		26.67	28.08	26.08	21.90	18.93
	미망인수	22.38		22.96	28.19	26.14	24.22	20.77
C/A	여성인구	75.39		73.33	71.92	73.92	78.10	81.07
	미망인수	77.62		77.04	71.81	73.86	75.78	79.23

〈표 32〉 연령대별 미망인, 유배유자 인구비 (단위 : 명)　　　　　　　[▶본문 460쪽]

		합 계	15세미만	15~19세	20~29세	30~39세	40~49세	50세이상
유배우자 有配偶者	남	3,904,143	127	68,877	724,087	1,192,641	973,037	945,074
	녀	4,109,262	389	162,259	1,431,418	1,144,628	758,723	611,845
	차	205,119	262	93,382	707,331	▲48,000	▲214,614	▲333,229
미망인 (홀아비)	남	242,212	1	711	5,442	13,003	32,179	190,876
	녀	1,087,716	8	2,634	58,419	116,114	200,111	710,430
	차	845,504	7	1,923	52,977	110,364	167,932	519,554
이별자	남	59,888	2	1,037	10,317	20,385	15,918	12,229
	녀	96,669	2	3,395	39,800	26,166	14,363	12,943
	차	36,781		2,385	29,483	5,781	▲1,555	714

비고 : ▲는 남성의 수가 여성의 수보다 많은 경우이고, 이별자는 이혼 또는 행방불명된 자이다.

미주

윤해동

1) 배성준, 「식민지근대화 논쟁의 한계지점에 서서」, 비판과 연대를 위한 역사포럼 3차세미나(2000년) 발표문 참조. 이와 관련한 최근의 논의로 권태억, 「近代化, 同化, 植民地遺産」, 『한국사연구』 108호, 2000: 竝木眞人, 「植民地期朝鮮政治.社會史硏究に關する試論」, 『朝鮮文化硏究』, 東京大學校, 1999 참조.

2) 善生永助, 『조선의 범죄와 환경』 조선총독부 조사자료 23집, 1928, 1~21쪽.

3) 「조선에서의 경제통제 및 그 위반 현상에 대하여」, 조선총독부 법무국, 『경제정보』 제9집, 1943년, 241~250쪽.

4) 『경제정보』 제9집, 1~17쪽.

5) 『경제정보』 제9집, 241~250쪽.

6) 服部伊勢松, 「경제경찰의 강화와 국민의 협력」, 『총동원』 1940년 7월, 47~49쪽.

7) 『경제정보』 제7집, 241~250쪽.

8) 변은진, 『일제 전시파시즘기(1937~1945) 조선민중의 현실인식과 저항』, 고려대학교 박사학위논문, 1998 참조.

9) 임종국, 『친일문학론』, 평화출판사, 1963, 15~18쪽.

10) 조선총독부 내무국, 『개정 지방제도 실시 개요』, 1931, 132~317쪽.

11) 김제정, 「1930년대 초반 경성지역 전기사업 부영화운동」, 『한국사론』 43, 서울대학교 국사학과, 2000, 135~192쪽.

12) 손정목, 「1930년대의 지방제도 개정과 지방자치의 실제」, 『한국 지방제도 자치사 연구(상)』, 일지사, 1992, 293~297쪽.

13) 한상구, 「일제시기 '시민대회'의 전개 양상과 성격」, 제43회 전국역사학대회 발표문.

14) 「齋藤총독, 최근 조선의 정세」, 1919년 9월 10일, 강동진, 앞의 책, 21쪽 재인용.

15) 인정식, 「동아의 재편성과 조선인」, 『삼천리』 131호, 1939년 4월.

16) 이복만, 「조선의 민주화와 일제 잔재의 숙청 문제」, 『새한민보』 1~5, 1947 8월.

17) 임광호, 「친일과 민족반역자론」, 『백민』 1947년 9월.

18) 박지향, 앞의 책, 291쪽.

19) 장 피에르 바르니에 지음, 주형일 옮김, 『문화의 세계화』, 한울, 2000, 109~128쪽 참조.

20) 서상철, 「일제하 한국경제의 성장과 이중구조」, 『3·1운동 50주년기념논집』, 동아일보사, 1969, 873~884쪽.

21) 안재홍, 「소위 '정신적 병합' 문제」, 『조선일보』 1929년 10월 16일.(『민세안재홍전집』 1, 1978, 지식산업사, 318~320쪽)

22) 안재홍, 「조선 금후의 정치적 추세」.

23) 나카라이 기요시半井淸 전 총독부 학무국 종교과장의 회고, 『동아일보』 2000년 8월 8일, 전 조선총독부 간부 육성기록 주요내용 중 인용.

24) 나카라이 기요시半井淸 전 총독부 학무국 종교과장의 회고, 『동아일보』 2000년 8월 8일, 전 조선총독부 간부 육성기록 주요내용 중 인용.

25) 나카라이 기요시半井淸 전 총독부 학무국 종교과장의 회고, 『동아일보』 2000년 8월 8일, 전 조선총독부 간부 육성기록 주요내용 중 인용.

26) 오성철, 앞의 책, 325~368쪽.

27) 조선총독부 情報課, 『志願兵より徵兵 へ』, 朝鮮事情資料 제3호, 1944년. 지원병에 대한 연구로는 宮田節子, 『조선민중과 황민화정책』, 일조각, 1994; 최유리, 『일제 말기 식민지 지배정책연구』, 국학자료원, 1997; 변은진, 앞의 책 등 참조.

28) 신기욱, 「식민조선 연구의 동향」, 『한국사시민강좌』 20집, 일조각, 1997, 50~51쪽.

29) 조선총독부, 『조선인의 사상과 성격』 조사자료 제20집, 1927, 45~116쪽 참조.

30) 강정인, 「서구중심주의에 대한 시론적 고찰」, 『한국과 국제정치』 2000년 봄호, 경남대학교 극동문제연구소.

장석만

1) 「二十世紀 新國民」(1910), 『단재 신채호 전집, 別集』, 형설출판사, 1987, 228쪽.

2) 「유교계에 대한 一論」(1909), 같은 책, 108쪽.

3) 「신생활론」(1918), 『이광수전집』 제10권, 우신사, 1979, 344쪽.

4) 「교육가들에게」(1916), 같은 책, 50쪽.

5) 『개벽』, 제7권, 1921년 1월호.

6) 주요한, 「비사회적 영향」, 『조선농민』, 제6권 3호, 1930년 4월호, 12~13쪽.

7) 「양명학연론」(1930), 『담원 정인보전집2』, 연세대출판부, 1983, 114쪽.

8) 최남선, 『조선상식문답』(1946), 삼성문화재단, 1972, 186쪽.

9) 「신생활론」(1918), 329쪽.

10) 같은 글, 326쪽.

11) 「농촌계발」(1916), 같은 책, 94쪽.

12) 「유교확장에 대한 논」(1908), 『단재 신채호전집 下』, 형설출판사, 1987, 119쪽.

13) 「조선가정의 개혁」(1916), 『이광수전집』 제10권, 우신사, 1979, 539쪽.

14) 같은 글, 540쪽.

15) 같은 글.

16) 주요한, 「비사회적 영향」, 『조선농민』, 제6권 3호, 1930년 4월호, 12~13쪽.

17) 이돈화, 「조선 사람에게 준 유교의 공죄와 특례」, 같은 책, 14~15쪽.

18) 제임스 게일, 『코리안 스케치』(1898), 현암사, 1970, 216쪽.

19) 「자녀중심론」(1918), 앞의 책, 36쪽; 「신생활론」(1918), 앞의 책, 326쪽.

20) 「사람의 定義」, 『청춘』 제1호, 1914년 10월호, 114~115쪽.

21) 금장태·고광직 공저, 『유학근백년』, 박영사, 1984, 129~132쪽.

22) 조선총독부, 「의례해설」, 『의례준칙』, 1934, 9쪽.

23) 같은 글, 28쪽과 38쪽.

24) 같은 글, 48쪽.

25) 「음식절약」, 『황성신문』, 제3권 245호, 1900년 10월 24일.

26) 이돈화, 앞의 글, 14~15쪽.

27) 강인택, 「나의 본 조선습속의 이삼二三」, 『개벽』 제5호, 1920년 11월, 34쪽.

28) 와타나베 학무국장, 「의례준칙의 발포에 즈음하여」, 『의례준칙』, 조선총독부, 1934년, 4쪽.

29) 유광렬, 「유교에 대한 비판」, 『조선농민』, 9쪽.

30) 「논설 천제론」, 『조선그리스도인회보』, 1897년 2월 10일.

31) 「개신교가 조선에 준 은혜」, 『청춘』, 제9호, 1917년 7월호, 18쪽.

32) 이광수(孤舟), 「금일 조선야소교회의 결점」, 『청춘』, 제11호, 1917년 11월호, 81쪽.

33) 김창제, 「기독교와 제사」, 『기독신보』, 1920년 10월 20일.

34) 강매姜邁, 「종교는 무엇인가」, 『기독신보』, 1917년 8월 15일.

35) 조상옥, 「제사의 존폐문제」, 『신학세계』, 제5권 6호, 1920.

36) 김창제, 「형식보다 실질을」, 『기독신보』, 1925년 12월 30일.

37) 유영준, 「허례를 폐하라」, 『별건곤』, 1930년 5월호, 2쪽.

38) 「사설: 종교와 예의」, 『기독신보』, 1917년 6월 27일.

39) 이광수, 「신생활론」(1918), 앞의 책, 333쪽.

40) 같은 글.

41) 조선총독부, 『儀禮準則』, 昭和 9년(1934), 2쪽.

42) 같은 책, 5쪽.

43) 같은 책.

44) 「의례해설」, 같은 책, 2쪽.

45) 같은 글, 2~6쪽.

46) 같은 글, 2~3쪽.

47) 같은 글, 7쪽.

48) 「가정의례에 관한 법률」 제1조, 전문개정 1993년 12월 27일, 법률 제4637호.

49) 제1조, 법률 제5837호.

50) 현상윤, 『조선유학사』(1948), 현음사, 1982, 165쪽.

오성철

1) 神原昇, 「皇國臣民育成の現状」, 『朝鮮』, 昭和14年 4月, 1939, 39~48쪽.

2) 金榮奉 외, 『韓國의 教育과 經濟發展 1945~75』, 韓國開發研究院. 1980, 95쪽.

3) 오성철, 「1930年代 韓國 初等教育 研究」, 서울大學校 大學院 教育學科 博士學位 論文, 1996; 오성철, 『식민지 초등교육의 형성』, 한국교육사고 연구총서 3, 교육과학사, 2000.

4) 김진균·정근식(편), 『근대주체와 식민지 규율권력』, 문화과학사, 1997.

5) 권경희, 「식민지기 보통학교의 훈육 연구」, 한국정신문화연구원 한국학대학원 박사학위논문, 2003.

6) 山本信良·今野敏彦, 『近代教育の天皇制イデオロギー明治期學校行事の考察』, 東京:新泉社, 1973; 山本信良·今野敏彦, 『大正·昭和教育の天皇制イデオロギー〔I〕─學校行事の宗教的性格』, 東京:新泉社, 1976; 山本信良·今野敏彦(1977)『大正·昭和教育の天皇制イデオロギー〔II〕─學校行事の軍事的擬似自治的性格』, 東京:新泉社.

7) 寺崎昌男·戰時下教育研究會(編), 『總力戰體制と教育─皇國民「鍊成」の理念と實踐』, 東京大學出版會, 1987.

8) 佐藤秀夫(編), 『續·現代史資料(8) 教育 御眞影と教育勅語 I』, みすず書房, 1994.

9) 위의 책, 9쪽.

10) 山本信良·今野敏彦, 『近代教育の天皇制イデオロギ一明治期學校行事の考察』, 新泉社, 1973, 406쪽.

11) 佐藤秀夫(編), 『續·現代史資料(8) 教育 御眞影と教育勅語 I』, みすず書房, 1994, 23쪽.

12) 中內敏夫, 「'國民'教育の方式」, 海老原治善 外(編), 『岩波講座 現代教育學 5 日本近代教育史』, 岩波書店, 1962, 94~117쪽.

13) 위의 책, 111쪽.

14) 山本信良·今野敏彦, 『近代教育の天皇制イデオロギ一明治期學校行事の考察』, 新泉社, 1973, 81~82쪽.

15) 佐藤秀夫(編), 『續·現代史資料(8) 教育 御眞影と教育勅語 I』, みすず書房, 1994, 34쪽.

16) 村田泰彦, 「明治教育體制の動搖と再編」, 海老原治善 外(編), 『岩波講座 現代教育學 5 日本近代教育史』, 岩波書店, 1962, 147쪽.

17) 山本信良·今野敏彦, 『近代教育の天皇制イデオロギ一明治期學校行事の考察』, 新泉社, 1973, 47쪽.

18) 위의 책, 54쪽.

19) 山本信良·今野敏彦, 『大正·昭和教育の天皇制イデオロギ一〔I〕: 學校行事の宗教的性格』, 新泉社, 1976, 18쪽.

20) 위의 책, 464~465쪽.

21) 寺崎昌男·戰時下教育研究會(編), 『總力戰體制と教育-皇國民「鍊成」の理念と實踐』, 東京大學出版會, 1987, 5쪽.

22) 위의 책, 105쪽.

23) 위의 책, 106~107쪽.

24) 위의 책, 107~108쪽.

25) 이승원, 『학교의 탄생』, 휴머니스트, 2005, 189쪽에서 재인용.

26) 김태웅, 『우리 학생들이 나아가누나』, 서해문집, 2006, 83쪽.

27) 學部, 「韓國教育ノ現狀」, 『日本植民地教育政策史料集成(朝鮮篇)』(渡部學·阿部洋 編, 1990), 第63卷, 龍溪書舍, 1910, 3~4쪽.

28) 幣原坦, 「朝鮮教育論」, 『日本植民地教育政策史料集成(朝鮮篇)』(渡部學·阿部洋 編, 1990), 第25卷, 龍溪書舍, 1919, 42쪽.

29) 學部, 「韓國教育ノ現狀」, 『日本植民地教育政策史料集成(朝鮮篇)』(渡部學·阿部洋 編, 1990), 第63卷, 龍溪書舍, 1910, 2~3쪽.

30) 佐藤秀夫, 「近代教育の發足」, 海老原治善 外(編), 『岩波講座 現代教育學 5 日本近代教育史』, 岩波書店, 1962, 3~4쪽.

31) 駒込武, 『植民地帝國日本の文化統合』, 岩波書店, 1996.

32) 오성철, 『식민지 초등교육의 형성』, 한국교육사고 연구총서 3, 교육과학사, 2000.

33) 京師附普訓育部, 「訓練の實際」, 『朝鮮の教育研究』, 昭和4年 12月, 1929, 75~76쪽.

34) 神原昇, 「皇國臣民育成の現狀」, 『朝鮮』, 昭和14年 4月, 1939, 41쪽.

35) 위의 책, 44쪽.

36) 위의 책, 43쪽.

37) 駒込武, 앞의 책, 362~363쪽.

38) Altbach, Philip G. & Gail P. Kelly(edts.) *Education and colonialism*, New York and London: Longman, 1978, p. 15.

39) ベネディクト アンダーソン白石さや, 白石隆(譯), 『增補 想像の共同体一ナショナリズムの起源と流行』, NTT出版, 1997, 21~22쪽.

이타가키 류타

1) 金翼漢, 「植民地期朝鮮における地方支配體制の構築科程と農村社會變動」, 東京大學 人文社會系研究科博士學位論文, 1995年.
2) 앞의 拙稿, 「農村振興運動におけル官僚制と村落」.
3) 尹海東, 「植民地認識の'グレーゾーン一日帝下の公共性と規律權力」(藤井たけし 譯), 『現代思想』, 2002年 5月號.

윤대석

1) 임종국, 『친일문학론』, 평화출판사, 1966, 468~470쪽.
2) 김철 외, 『문학속의 파시즘』, 삼인, 2001.
3) 김철, 『문학속의 파시즘』, 삼인, 2005; 이경훈, 『오빠의 탄생』, 문학과지성사, 2003; 김예림, 『1930년대 후반 근대인식의 틀과 미의식』, 소명, 2004.
4) 「조선문화의 장래와 현재」, 『경성일보』, 38. 11. 29~12. 7
5) 좌담회, 「춘향전비판좌담회」, 『テアトル』, 1938. 12, 70쪽.
6) 윤대석, 『식민지 국민문학론』, 역락, 2006의 제2부 제2장 「언어와 식민지」 참조.
7) 장혁주, 「조선지식인에게 호소한다」, 『文藝』, 1939. 2, 237쪽.
8) 유진오, 「장혁주씨에게」, 『帝國大學新聞』, 1939. 1. 30.
9) 위의 글.
10) 김사량, 『김사량전집』, 河出書房新社, 1973, 53쪽.
11) 위의 책, 27쪽.
12) 윤대석, 앞의 책, 제2부 제1장 「식민지인의 두 가지 모방양식」 참조.
13) 김사량, 「풀속깊이」, 『文藝』, 1940. 7, 37~38쪽.
14) 위의 글, 38쪽.
15) 위의 글, 39쪽.
16) 위의 글, 63쪽.
17) 좌담회, 「국민문학의 일 년을 말한다」, 『國民文學』, 1943. 11.
18) '제국'과 '제국주의'의 구별에 관해서는 네그리 외, 『제국』, 윤수종 역, 이학사, 2001 참조.
19) 김종한, 「일지一枝의 윤리」, 『國民文學』, 1942. 3, 36쪽.
20) 위의 글, 37쪽.
21) 최재서, 『전환기의 조선문학』, 人文社, 1943, 90쪽.
22) 위의 책, 190쪽.
23) 좌담회, 「조선문단의재출발을 말한다」, 『國民文學』, 1941. 11, 77~79쪽.
24) 이석훈, 『고요한 폭풍』, 每日新報社, 1943, 49~50쪽.
25) 위의 책, 98쪽.
26) 위의 책, 97쪽.
27) 미야자키 세이타로宮崎淸太郎, 「그의 형」, 『國民文學』, 1944. 4, 58쪽.

28) 위의 글, 같은 쪽.

29) 위의 글, 59쪽.

30) 위의 글, 62쪽.

31) 구보타 유키오久保田進南, 「농촌에서」, 『國民文學』, 1943. 2, 134쪽.

32) 강상중, 『내셔널리즘』, 岩波書店, 2001, 86쪽.

33) 김윤식, 『한국작가의 일본어 글쓰기론』, 서울대출판부, 2003 참조.

34) 최재서, 「받드는 문학」, 『國民文學』, 1944.4, 5~6쪽.

35) 위의 글, 5쪽.

36) 이석훈, 「만주 이야기」, 『신시대』, 1944. 5.

37) 고모리 요이치, 『포스트콜로니얼』, 岩波書店, 2001, 15쪽.

38) 이석훈, 「고백」, 『백민』, 1947. 1, 45쪽.

39) 좌담회, 「문학자의 자기비판」, 『인민예술』, 1946. 10, 46쪽.

권명아

1) Leo Ching, *Becoming "Japanese": Colonial Taiwan and the politics of Identity formation*, Berkely : University of California Press, 2001.

2) 「학량의 여 스파이 열차에서 체포」, 『매일신보』, 1932년 10월 12일(기사 전문).

3) 「스파이 혐의있는 중국인을 검거」, 『조선중앙일보』, 1935년 1월 13일; 「소연방 여자 스파이 북중국에서 활약」, 『조선중앙일보』, 1934년 11월 2일.

4) 「昭和 十九年に於ける 半島思想 情勢」, 『朝鮮檢察要報』, 13호, 高等法院檢事局, 1945년 3월.

5) 「국민방첩이야기」, 내무성 방첩협회, 『조광』, 1942년 8월.

6) 편집부, 「소위 '신의주 국제 스파이 문제'의 진상」, 『가톨릭 청년』, 가톨릭청년사, 4권 1호.

7) 「스파이에 주의하자」, 『매일신보』, 1942년 7월 7일(1942년 7월 13일부터 국민방첩 기간이 실시된다는 기사), 「가공할 스파이의 귀」, 『매일신보』, 1943년 7월 11일(방첩주간실시에 관한 기사).

8) 「국민방첩 이야기」, 앞의 책.

9) 「소년 형안에 스파이 영상」, 『매일신보』, 1940년 12월 5일.

이승엽

1) 松田利彦, 「植民地朝鮮におけるある轉向者の運動—姜永錫과 日本國體學·東亞聯盟運動」, 『人文學報』 79, 京都大學 人文科學研究所, 1997년 3월, 135쪽.

2) 津田剛, 「綠旗聯盟」, 『國柱會百年史』, 國柱會, 1984, 128쪽.

3) 玄永燮, 『朝鮮人の進むべき道』, 綠旗聯盟, 1938, 74~76쪽.

4) 玄永燮, 위의 책, 19~20쪽.

5) 玄永燮, 「事變下一年の半島インテリの動き」, 『新生朝鮮の出發』, 大阪號屋書店, 1939, 365쪽.

6) 玄永燮, 「朝鮮人の思想動向」, 『新生朝鮮の出發』, 187쪽.

7) 玄永燮, 『朝鮮人の進むべき道』, 74쪽.

8) 玄永燮, 위의 책, 86쪽.

9) 이영근, 『이 멍에를 메오리까』, 교회교육원, 1985, 112쪽.

10) 李泳根, 「私は米國で何を得たか」, 『綠旗』 4-3(1939. 3), 58~59쪽.

11) 玄永燮, 「朝鮮人の思想動向」, 『新生朝鮮の出發』, 187~188쪽.

12) 玄永燮, 『朝鮮人の進むべき道』, 82~83쪽.

13) 玄永燮, 「朝鮮人の思想動向」, 188쪽.

14) 玄永燮, 『朝鮮人の進むべき道』, 84~85쪽.

15) 玄永燮, 위의 책, 108쪽.

16) 玄永燮, 위의 책, 87~89쪽.

17) 玄永燮, 위의 책, 112~114쪽.

18) 玄永燮, 「事變下一年の半島インテリの動き」, 365쪽.

19) 「支那事變に對する主義者の動靜に關する調査」, 『思想彙報』 13(1937년 12월), 朝鮮總督府 高等法院檢事局 思想部, 13~14쪽.

20) 「二千六百年記念論文 審査員と當選者は語る」, 『綠旗』 5-12(1940년 12월), 35쪽.

21) 玄永燮, 「北支事變と朝鮮」, 『新生朝鮮の出發』, 31쪽.

22) 玄永燮, 「內鮮一體の世界史的意義」, 『內鮮一體』 1-1(1940년 1월), 50쪽.

23) 玄永燮, 「全人類를 爲해서 살려 하노라」, 金東煥 編, 『愛國大演說集』, 三千里社, 1940, 211~214쪽.

24) 권희영, 「한국사에서의 근대성의 출현」, 『정신문화연구』 71호(1998년 6월), 한국정신문화연구원, 15쪽.

25) 宮田節子, 「일본의 조선지배정책의 본질」, 『朝鮮民衆과 〈皇民化〉政策』, 一潮閣, 1997, 170~171쪽.

26) 玄永燮, 『朝鮮人の進むべき道』, 21쪽.

27) 玄永燮, 위의 책, 4~5쪽.

28) 玄永燮, 위의 책, 5~15쪽.

29) 玄永燮, 위의 책, 46쪽.

30) 玄永燮, 위의 책, 117~118쪽.

31) 玄永燮, 「日本文化の研究を!」, 『新生朝鮮の出發』, 344쪽.

32) 玄永燮, 「日本民族の優秀性」, 『新生朝鮮の出發』, 108쪽.

33) 이영근, 『이 멍에를 메오리까』, 149쪽.

34) 玄永燮, 「新生朝鮮の出發」, 1쪽.

35) 玄永燮, 『朝鮮人の進むべき道』, 80~81쪽.

36) 天野道夫, 「外國의 土人部隊와는 絶對로 다르다: 우리나라의 志願兵制度」, 『三千里』 1940년 7월호, 70쪽.

37) 玄永燮, 『新生朝鮮の出發』, 13쪽.

38) 天野道夫, 「內鮮聯合か內鮮一體か」, 『內鮮一體』 2-1(1941년 1월), 41쪽.

39) 玄永燮, 「私の夢」, 『綠旗』 3-8(1938년 8월), 49쪽.

40) 玄永燮, 『朝鮮人の進むべき道』, 157쪽.

41) 玄永燮, 「〈內鮮一體〉와 朝鮮人의 個性問題」, 『三千里』 1940년 3월호, 40쪽.

42) 玄永燮, 위의 글, 35쪽: 天野道夫, 「事實としての內鮮一體」, 『內鮮一體』 1-5(1940년 12월), 41쪽.

43) 「時局有志圓卓會議」, 41쪽.

44) 「國民精神總動員朝鮮聯盟役員總會席上總督挨拶」(1939년 5월 30일), 『朝鮮に於ける國民精神總動員』, 朝鮮總督府, 1940, 101쪽.

45) 松田利彦, 「植民地末期朝鮮におけるある轉向者の運動: 姜永錫と日本國體學・東亞連盟運動」, 142~143쪽;

卞恩眞,「日帝下 戰時파쇼체제하 學生民族運動의 전개와 民族主義的 性格」,『國史館論叢』 67, 1996, 232~233쪽; 卞恩眞,『日帝 戰時파시즘期(1937~45) 朝鮮民衆의 現實認識과 抵抗』, 고려대학교 사학과 박사논문, 1998, 296~298쪽.

46) 天野道夫,「東亞聯盟論의 擡頭와 內鮮一體運動과의 關聯」,『朝光』 6-7(1940년 7월), 213쪽.

47) 天野道夫, 위의 글, 215쪽; 天野道夫,「事實としての內鮮一體」,『內鮮一體』 1-5(1940년 12월), 41쪽.

48) 天野道夫,「內鮮聯合か內鮮一體か」, 40쪽.

49) 上田龍男,『朝鮮の問題と其の解決』, 正學硏究所, 1942, 31쪽.

50) 天野道夫,「內鮮聯合か內鮮一體か」, 40~41쪽.

51) 이항녕 박사 인터뷰(1999년 4월 10일, 정릉 자택).『내가 겪은 민주와 독재 2』, 선인, 2001에 수록됨.

52) 天野道夫,「事實としての內鮮一體」, 40~41쪽.

53) 上田龍男,『朝鮮の問題と其の解決』, 46쪽.

54) 徐椿,「朝鮮に於ける愛國運動」,『綠旗』 4-3, 38쪽.

55) 宮田節子,「일본의 조선지배의 본질」, 185쪽.

56) 梁泰昊,「〈創氏改名〉の思想的背景」,『創氏改名』, 明石書房, 1992, 160쪽.

57) 天野道夫,「事實としての內鮮一體」, 41쪽.

58) 玄永燮,「內鮮結婚論」, 104쪽.

59) 小熊英二,『〈日本人〉の境界』, 442~443쪽.

60) 玄永燮,「內鮮結婚論」, 104쪽.

61) 天野道夫,「事實としての內鮮一體」, 42쪽.

62) 李昇一,『朝鮮總督府의 法制政策에 대한 硏究』, 283~287쪽.

홍종욱

1) 韓相龜,「1926~1928년 사회주의 세력의 운동론과 新幹會」,『韓國史論』 32(1994년 12월) 참조.

2) 신주백,「1929~36년 공청재건운동의 전개 및 성격」,『한국근현대청년운동사』, 풀빛, 1995, 436쪽 참조.

3) 이준식,「세계대공황기 민족해방운동 연구의 의의와 과제」,『역사와 현실』 11(1994년 3월), 14~17쪽 참조.

4)「朝鮮內に於ける思想轉向の狀況」,『高等警察報』 3, 1934, 2~7쪽 참조.

5) 홍종욱,「중일전쟁기(1937~1941) 조선 사회주의자의 轉向과 그 논리」,『韓國史』 32(2000년 12월), 159~169쪽 참조.

6) 林和,「朝鮮文學의 新情勢와 現代的諸相」,『朝鮮中央日報』, 1936년 2월 4일.

7) 김경일,『이재유 연구—1930년대 서울의 혁명적 노동운동』, 창작과비평사, 1993, 113쪽.

8) 崔容達,「感想錄」,『思想彙報』 24, 1940.

9) 梶村秀樹,「『民族資本』と『隷屬資本』—植民地体制下の朝鮮ブルジョアジーの政治経済的性格解明のためのカテゴリーの再檢討」,『梶村秀樹著作集 第3卷 近代朝鮮社會經濟論』, 明石書店, 1993, 328~353쪽 참조.

10) 印貞植,「序文」,『朝鮮の農業機構分析白』, 白揚社, 1937 참조.

11) Gi-Wook Shin, "Colonial Corporatism: The Rural Revitalization Campaign in Korea 1924~1945", Gi-Wook Shin & Michael Robinson ed, *COLONIAL MODERNITY IN KOREA*, Havard University press, 1999 참조.

12) 朴文秉,「農業朝鮮의 檢討—現段階의 朝鮮農業의 經濟的 諸關系의 解剖(1)~(39)」,『朝鮮中央日報』, 1936

년 6월 9일~8월 20일(오미일 編, 『식민지시대 사회성격과 농업문제』, 풀빛, 1991, 320쪽).

13) 홍종욱, 「중일전쟁기(1937~1941) 조선 사회주의자의 轉向과 그 논리」, 앞의 책, 169~171쪽 참조.

14) 印貞植, 「マルクス主義の亞細亞に於ける不適應性」, 『治刑』(1938년 12월) 참조.

15) 宮田節子, 『朝鮮民衆と「皇民化」政策』, 未來社, 1982, 149쪽.

16) 林和, 「敎養과 朝鮮文壇」, 『人文評論』 2(1939년 11월).

17) 林和, 「朝鮮 民族文學 建設의 基本課題」, 『民主朝鮮』, 1947년 12월호.

18) 임경석, 「국내 공산주의운동의 전개과정과 그 전술(1937~1945년)」, 『일제하 사회주의운동사』, 한길사, 1991년: 이애숙, 「반파시즘 인민전선론—일제 말기 경성콤그룹을 중심으로」, 방기중 편, 『일제하 지식인의 파시즘체제 인식과 대응』 참조.

19) 久野收·鶴見俊輔, 「對談·新しい人民戰線を求めて」, 『思想の科學』 106(1970년 9월).

20) 朴克采, 『民族과 人民』, 朝鮮科學同盟서울시지부, 1947, 37~38쪽 참조.

21) 김성보, 『남북한 경제구조의 기원과 전개—북한 농업체제의 형성을 중심으로』, 역사비평사, 2000, 144~150쪽 참조.

22) 서동만, 『북조선사회주의체제성립사 1945~1961』, 선인, 2005 참조.

23) 김태우, 「1948~49년 북한 농촌의 선전선동사업(강원도 인제군의 사례)」, 『역사와 현실』 60(2006년 6월) 참조.

24) 성낙선·이상호, 「한국 최초의 이론경제학자 윤행중」, 『경제학의 역사와 사상』 2(1999년 3월), 141쪽 참조.

25) 戶邊秀明, 「轉向論の戰時と戰後」, テッサ·モーリス, スズキ 他, 『アジア·太平洋戰爭3 : 動員·抵抗·翼贊』, 岩波書店, 2006, 332쪽 참조.

임종명

1) Louis Althusser, "Ideology and Ideological State Apparatuses," in *Lenin and Philosophy and Other Essays*, New York : Monthly Review Press, 1971, pp. 127~186.

2) Edward Said, op. cit., pp. 21, 47, 71.

3) David Spurr, *The Rhetoric of Empire*, Durham : Duke University Press, 1993, p. 44.

4) 미주 13)과 관련 본문 참조.

5) 「국방부 발표 4호」, 『세계일보』, 1948년 10월 27일, 『자료집』, 252쪽: 김창선(제5여단 정보부 참모), 「경고문」, 『동광신문』, 1948년 11월 28일, 『자료집』, 403쪽: 김병완(제8관구 경찰청장), 「경고문」, 『동광신문』, 1948년 11월 28일, 『자료집』, 403쪽: 「여수전황상보」, 『부산신문』, 1948년 10월 31일, 『자료집』, 286쪽: 『동광신문』, 1948년 11월 2일, 『자료집』, 299쪽: 『동광신문』, 1948년 11월 17일, 『자료집』, 370~371쪽: 맥더모트(미국 국무성 대변인), 「남한반란사건에 대해 발표」, 『조선일보』, 1948년 10월 28일, 『자료집』, 238~239쪽: 「사설: 반란사건의 수습대책과 진상규명」, 『조선일보』, 1948년 10월 30일, 『자료집』, 283쪽.

6) 『호남신문』, 1948년 10월 30일자, 『자료집』, 250쪽: 이승만, 「포고」, 앞의 책, 217쪽: 『동아일보』, 1948년 10월 28일자, 『자료집』, 238쪽: 『서울신문』, 1948년 10월 31일자, 『자료집』, 270쪽: 「여순사건 르포」, 『자유신문』, 1948년 11월 2일자, 『자료집』, 308~309쪽.

7) 〈구호받는 이재민들〉, 『반란과 민족의 각오』, 28쪽의 사진.

8) 『서울신문』, 1948년 10월 29일자, 『자료집』, 229쪽; 『동광신문』, 1948년 11월 2일자, 『자료집』, 289, 301 쪽; 『경향신문』, 1948년 11월 2일자, 『자료집』, 305~306쪽; 『경향신문』, 1948년 11월 7일자, 『자료집』, 297쪽; 『동광신문』, 1948년 11월 12일자, 『자료집』, 357쪽; 『호남신문』, 1948년 11월 12일자, 『자료집』, 358쪽; 「구호 받는 나재민들」, 『반란과 민족의 각오』, 28쪽; 김학[*백]일(제5여단장 겸 전투사령관), 「공식발표」, 『서울신문』, 1948년 11월 2일자, 『자료집』, 226쪽; 전남도 보건후생국, 「통계」, 『호남신문』, 1948년 11월 5일자, 『자료집』, 291~292쪽; 전남시국대책위원회, 「반란지구 피해상황 집계」, 『대동신문』, 1948년 11월 8일자, 『자료집』, 347~350쪽; 윤치영(내무장관), 「시국에 대처하는 국민의 각오(특별방송 문)」, 『서울신문』, 1948년 11월 28일자, 『자료집』, 401쪽; 『국제신문』, 1948년 11월 12일자, 『자료집』, 359쪽.

9) 『서울신문』, 1948년 10월 31일자, 『자료집』, 281쪽; 『호남신문』, 1948년 11월 6일자, 『자료집』, 325쪽; 『동광신문』, 1948년 11월 3일자, 『자료집』, 311쪽; 『독립신보』, 1948년 11월 25일자, 『자료집』, 397~398쪽.

10) 콜터(주한미군사령관), 「발표」, 『한성일보』, 1948년 11월 6일자, 『자료집』, 294~295쪽; 『동광신문』, 1948년 11월 27일자, 『자료집』, 396쪽; 『호남신문』, 1948년 10월 30일자, 『자료집』, 251쪽; 『동광신문』, 1948년 11월 6일자, 『자료집』, 334쪽; 『동광신문』, 1948년 11월 2일자, 『자료집』, 298쪽; 『국제신문』, 1948년 11월 12일자, 『자료집』, 359쪽; 『자유신문』, 1948년 10월 28일자, 『자료집』, 237쪽.

11) 이승만, 「포고」, 앞의 책, 217쪽; 「문교부파견 현지조사반 보고(2)」, 『경향신문』, 1948년 11월 14일자, 『자료집』, 369쪽; 설국환, 「반란 국토를 보고 와서, 반란지구 답사기」, 『신천지』 1948년 11월호, 『자료 집』, 414~416쪽; 「미국 타임지 기자가 본 반란사건」, 『민주일보』, 1948년 11월 14일자, 『자료집』, 343 쪽; 『독립신문』, 1948년 11월 9일자, 『자료집』, 351쪽; 윤고종, 「여수현지르포」, 『조선일보』, 1948년 11월 2일자, 『자료집』, 302쪽; 호남작전사령부, 「여수전황 발표」, 『서울신문』, 1948년 10월 31일자, 『자 료집』, 270쪽; 『부산신문』 1948년 10월 31일자, 『자료집』, 287쪽; 『동광신문』, 1948년 11월 5일자, 『자 료집』, 313~314쪽; 『동광신문』, 1948년 11월 27일자, 『자료집』, 396쪽; 『호남신문』, 1948년 11월 13일 자, 『자료집』, 360쪽; 『서울신문』, 1948년 11월 17일자, 『자료집』, 374쪽; 『독립신문』, 1948년 11월 9일자, 『자료집』, 351쪽.

12) 『부산신문』, 1948년 10월 30일자, 『자료집』, 253~254쪽; 『동광신문』, 1948년 11월 2일자, 『자료집』, 301쪽; 「국무총리, 여순사건 진압 군부대를 위문」, 『국제신문』, 1948년 11월 9일자, 『자료집』, 344쪽; 「국방부 발표 제7호, 거창·함양의 반도섬멸」, 『세계일보』, 1948년 10월 31일자, 『자료집』, 284쪽; 『동 광신문』, 1948년 11월 30일자, 『자료집』, 409쪽.

13) 정부대변인, 「국군을 신뢰하라(담화)」, 『서울신문』, 1948년 11월 28일자, 『자료집』, 408~409쪽; 「외지 에 실린 여순사건」, 『경향신문』, 1948년 11월 3일자, 『자료집』, 318쪽; 설국환, 「반란국토를 보고 와서, 반란지구 답사기」, 같은 책, 419~420쪽.

14) 〈군대에 끌려가는 사람들〉, 『반란과 민족의 각오』, 27쪽의 그림.

15) 「미국 타임지 기자가 본 반란사건」, 위의 책, 343~344쪽; 『서울신문』, 1948년 11월 30일자, 『자료집』, 409~410쪽; 이승만 「반군도당의 단호 처형을 포고」, 『국민신문』, 1948년 10월 24일자, 『자료집』, 217~218쪽.

16) 『서울신문』 1948년 11월 6일자, 『자료집』, 334쪽; 『동광신문』, 1948년 11월 19일자, 『자료집』, 379쪽; 호남지구전투사령부 작전군사령관, 「통신제한계엄령」, 『서울신문』, 1948년 11월 14일자, 국사편찬위원 회, 『자료 대한민국사』 9권, 국사편찬위원회, 63쪽; 박종화, 「남행록(1)」, 『동아일보』, 1948년 11월 14 일자, 『자료집』, 368쪽; 『독립신문』, 1948년 11월 9일자, 『자료집』, 351쪽.

17) 근대적 권력의 성격에 대해서는 Michel Foucault, Alan Sheridan trans., *Discipline & Punish : The Birth of the Prison*, New York : Random House, 1995 ; Partha Chatterjee, *The Nation and Its Fragments*, Princeton : Princeton

University Press, 1993, p. 17 참조.

18) 『자유신문』, 1948년 10월 22일자, 『자료집』, 203~204쪽; 『서울신문』, 1948년 10월 22일자, 『자료집』, 294쪽.

19) 『경향신문』, 1948년 11월 13일자, 『자료집』, 364쪽; 박종화, 「남행록」, 『동아일보』, 1948년11월 14, 17, 18, 20, 21일; 『대동신문』, 1948년 11월 14일자, 『자료집』, 366~367쪽.

20) 『경향신문』, 1948년 10월 22일자, 『자료집』, 205쪽; 국방부, 「발표」, 『세계일보』, 1948년 11월 21일자, 『자료집』, 382쪽; 이승만, 「내외신 기자회견」, 『국제신문』, 1948년 11월 6일자, 『자료집』, 327쪽; 허암 (12연대 연대장), 「포고문」, 『호남신문』, 1948년 11월 10일자, 『자료집』, 337쪽.

21) 이승만, 「반도도당의 단호처형을 포고」, 앞의 책, 216~217쪽; 「여수부흥기성회 결성」, 『동광신문』, 1948년 11월 7일자, 『자료집』, 286쪽; 김광섭(대통령비서실 공보관), 「기자 간담」, 『대한일보』, 1948년 11월 14일자, 『자료집』, 366쪽; 오덕준(제5여단 참모장), 「담화」, 같은 책, 372쪽; 김병완(제8관구 경찰청장), 「경고문」, 같은 책, 403쪽; 국방부 보도부, 「전국동포에게 고함(벽보)」, 같은 책, 312쪽; 원용덕(호남방면 사령관), 「계엄지구 포고문」, 『동광신문』, 1948년 11월 5일자, 『자료집』, 290쪽; 이승만, 「담화」, 『수산경제신문』, 1948년 11월 5일자, 『자료집』, 321쪽; 윤치영(내무장관), 「시국에 대처하는 국민의 각오(특별방송)」, 『서울신문』, 1948년 11월 28일자, 『자료집』, 399쪽; 국방부, 「전국동포에게 고함(삐라)」, 『서울신문』, 1948년 11월 6일자, 『자료집』, 328쪽.

22) 박종화, 「남행록(완)」, 『동아일보』, 1948년 11월 21일자, 『자료집』, 388쪽; 「육군중앙고등재판장, 여수순천 반란사건 군법회의 경과 발표」, 『서울신문』, 1948년 11월 27일자, 『자료집』, 398쪽; 『자유신문』, 1948년 11월 2일자, 『자료집』, 283쪽; 설국환, 「반란국토를 보고 와서, 반란지구 답사기」, 앞의 책, 415~416쪽; 이승만, 「정부를 옹호하자(담화)」, 『동아일보』, 1948년 11월 10일자, 『자료집』, 353쪽; 『동광신문』, 1948년 11월 2일자, 『자료집』, 300쪽; 이승만, 「담화」, 앞의 책, 321쪽; 박종화, 「남행록(2)」, 『동아일보』, 1948년 11월 17일자, 『자료집』, 379쪽; 서북청년단 경남도본부 위원장, 「성명서」, 『부산신문』, 1948년 11월 3일자, 『자료집』, 255쪽.

23) 오덕준(제5여단 참모장), 「담화」, 앞의 책, 372쪽; 『부산신문』, 1948년 11월 3일, 『자료집』, 287쪽; 설국환, 「반란 국토를 보고 와서, 반란지구 답사기」, 앞의 책, 415쪽; 「미국 타임지 기자가 본 반란사건」, 앞의 책, 343쪽; 박종화, 「남행록(1)」, 앞의 책, 368쪽; 고영환, 「여순잡감(1)」, 『동광신문』, 1948년 11월 30일, 『자료집』, 410쪽; 정비석, 「여·순낙수落穗(2)」, 『조선일보』, 1948년 11월 21일, 『자료집』, 390~ 391쪽.

24) 제주토벌출동거부병사위원회, 「성명서」, 고영환, 「여순잡감(1)」, 앞의 책, 411쪽 재인용; 『경향신문』, 1948년 11월 2일자, 『자료집』, 308쪽; 「문교부파견 현지조사반 보고(2)」, 같은 책, 369쪽; 박종화, 「남행록(5)」, 『동아일보』, 1948년 11월 20일자, 『자료집』, 384쪽; 이승만, 「전남지방 국군 반란사건에 관한 발표」, 『경향신문』, 1948년 10월 23일자, 『자료집』, 206쪽.

25) 윤치영(내무장관), 「시국에 대처하는 국민의 각오(특별방송)」, 앞의 책, 399쪽.

26) 〈반도에 가담한 혐의자들(순천)〉, 『반란과 민족의 각오』, 93쪽의 사진.

김영미

1) 임대식, 「일제하 경성부 '유지'집단의 존재 형태」, 『서울학연구』 8, 1997.

2) 김제정, 「일제 식민지기 京城지역 電氣사업과 府營化 운동」, 서울대학교 국사학과 석사논문, 1999.

3) 並木眞人, 「植民地後半期朝鮮における民衆統合の一斷面—ソウルの 事例を中心に」, 『朝鮮社會の 史的 展開 と 東アジア』, 1997.

4) 「정회설치에 대하여(井上府尹 演述)」, 『경성휘보』, 1933년 9월.

5) 「중앙 町會(町會巡聽記)」, 『조선일보』, 1938. 10. 12.

6) 『자유신문』, 1945. 10. 6; 「이태원 중부 정회」, 『조선일보』, 1938. 10. 27.

7) 『매일신보』, 1945. 8. 18.

8) 「아현 제3구 정회」, 『조선일보』, 1938. 10. 30.

9) 『자유신문』, 1945. 10. 9, 12. 15; 『매일신보』, 1945. 9. 17; 『중앙신문』, 1945. 12. 14.

10) 『매일신보』, 1945. 8. 18.

11) 『매일신보』, 1945. 8. 24.

12) 『매일신보』, 1945. 9. 19.

13) 『매일신보』, 1945. 10. 7.

14) 『한성신문』, 1947. 11. 13; 『조선일보』, 1947. 11. 13.

15) 『대중일보』, 1946. 2. 16.

16) 『서울신문』, 1945. 11. 28.

17) 「전국인민위원회 대표자대회 의사록(1945.11.20~22)」; 김남식 편, 『남로당연구』 III, 돌베개 71, 1988, 72쪽.

18) 『신조선보』, 1945. 12. 10; 『중앙신문』, 1945. 12. 11.

19) 『자유신문』, 1946. 1. 4, 1. 12; 『신조선보』, 1945. 1. 9; 『서울신문』, 1946. 1. 16; 『중앙신문』, 1946. 1. 25.

20) 『서울신문』, 1946. 1. 5; 『자유신문』, 1946. 1. 4, 1. 5.

21) 김양재, 1947 『노동조합 교정』, 돌베개, 1987, 53쪽.

22) 『서울신문』, 1946. 3. 29; 『서울신문』, 1946. 3. 31.

23) 『한성신문』, 1946. 4. 4.

24) 『자유신문』, 1946. 4. 7.

25) 『중앙신문』, 1946. 4. 29.

26) 『민주중보』, 1946. 7. 7, 7. 9, 7. 12.

27) 『민주중보』, 1946. 7. 12.

28) 『민주중보』, 1946. 7. 9, 7. 21.

29) 『독립신보』, 1946. 7. 24; 『중앙신문』, 1946. 7. 26; 『서울신문』, 1947. 11. 19; 『조선일보』, 1948. 4. 8.

30) 『서울신문』, 1946. 6. 7; 『동아일보』, 1946. 6. 7.

31) 『중앙신문』, 1946. 7. 16, 7. 24; 『독립신문』, 1946. 12. 17.

32) 이경남, 「대한독립촉성국민회청년단」, 『분단시대의 청년운동』 상, 삼성문화개발, 1989, 176~180쪽.

33) 『중앙신문』, 1946. 8. 9.

34) 『독립신보』, 1946. 12. 14, 12. 15; 『서울신문』, 1946. 12. 18.

35) 『서울신문』, 1947. 1. 23, 5. 30; 『독립신보』, 1947. 1. 23, 12, 14; 『조선일보』, 1947. 1. 16, 1948. 3. 10, 3. 16; 『경향신문』, 1947. 6. 5.

36) 『서울신문』, 1947. 3. 27.

37) 『동아일보』, 1947. 1.12.

38) 『동아일보』, 1947. 2. 14; 『서울신문』, 1947. 2. 13.

39) 『서울신문』, 1947. 2. 14.

40) 『한성신문』, 1947. 5. 15.

41) 『동아일보』, 1948. 1. 17.

42) 『조선일보』, 1948. 3. 9; 『동아일보』, 1948. 3. 10.

43) 『신조선보』, 1946. 1. 14; 『중앙신문』, 1946. 1. 14.

강인철

1) 김동춘, 「50년대 한국농촌에서의 가족과 국가」, 역사문제연구소 편, 『1950년대 남북한의 선택과 굴절』, 역사비평사, 1998, 227쪽.

2) 박영신, 「한국사회발전론 서설」, 한국사회학회 편, 『한국사회 어디로 가고 있나』, 현대사회연구소, 1983, 266쪽.

3) 김동춘, 앞의 글.

4) 최장집, 「국민국가 형성과 근대화의 문제」, 『한국사』 제17권, 한길사, 1994, 107쪽.

5) 박명림, 「한국전쟁」, 『한국사』 제17권, 한길사, 1994, 394쪽.

6) Max Weber, *The Protestant Ethic and the Spirit of Capitalism*, London: George Allen & Unwin, 1976; 막스 베버(홍윤기 옮김), 『힌두교와 불교』, 한국신학연구소, 1987; 막스 베버(이상률 옮김), 『유교와 도교』, 문예출판사, 1990 참조. 아울러 梅津順一·諸田實 編著, 『近代日本の宗敎ど經濟: 歷史的硏究』, 同文館, 1996도 참조할 만하다.

7) 손호철, 『한국정치학의 새 구상』, 풀빛, 1991, 162쪽.

8) 김태일, 「농촌사회의 구조변화와 농민정치」, 한배호 편, 『한국현대정치론 Ⅰ』, 나남, 1990, 468쪽.

9) 정근식, 「한국전쟁과 지방사회의 갈등」, 한국사회학회 편, 『한국전쟁과 한국사회변동』, 풀빛, 1992, 311쪽.

10) 김홍수, 「한국전쟁의 충격과 기독교회의 기복신앙 확산에 관한 연구」, 서울대학교 종교학과 박사학위 논문, 1998, 24~28쪽.

11) 오유석, 「한국 사회균열과 정치사회구조 형성 연구」, 이화여자대학교 사회학과 박사학위논문, 1997.

12) 병무청, 『병무행정사』 상권, 병무청, 1985, 261~285쪽.

13) 위의 책, 493~498, 835~837쪽.

14) 위의 책, 468~472, 489~492쪽.

15) 윤종주, 「해방 후 우리나라 인구변동의 사회사적 의의」, 『인구문제논집』 제27호, 1986, 23쪽.

16) 한국역사연구회, 『우리는 지난 100년 동안 어떻게 살았을까?』 제1권, 역사비평사, 1998, 52쪽; 동아일보사, 앞의 책, 66쪽.

17) 김운태, 『한국정치사(제2권): 제1공화국』, 성문각, 1976, 472쪽.

18) 김원용·김광옥·노영서, 「한국방송편성론」, 방송문화진흥회 편, 『한국방송총람』, 나남, 1991, 645~646, 819~825쪽.

19) 김운태, 앞의 책, 383, 435~438쪽.

20) 교육50년사 편찬위원회, 앞의 책, 603쪽.

21) 교육50년사 편찬위원회, 앞의 책, 544~546쪽.

22) 노창섭·김종서·한상준, 『개발과정에 있는 농촌사회연구』, 이화여대 출판부, 1965; 한국농촌사회연구회

편, 『농촌사회학』, 민조사, 1965, 281~319쪽: 최재석, 『한국농촌사회연구』, 일지사, 1975, 335~345쪽: 김운태, 앞의 책, 438쪽.

23) 병무청, 앞의 책, 466쪽.

24) 위의 책, 278, 826쪽.

25) 김동춘, 「한국전쟁과 지배이데올로기의 변화」, 한국사회학회 편, 『한국전쟁과 한국사회변동』, 풀빛, 1992, 156쪽.

26) 손호철, 앞의 책, 171쪽.

27) 합동통신사, 앞의 책, 1033쪽.

28) 권태환·김두섭, 『인구의 이해』, 서울대출판부, 1990, 229쪽.

29) 강정구, 「해방 후 월남인의 월남동기와 계급성에 관한 연구」, 한국사회학회 편, 『한국전쟁과 한국사회변동』, 풀빛, 1992: 이동원·조성남, 『미군정기의 사회이동』, 이화여대출판부, 1997.

30) 조형·박명선, 「북한출신 월남인의 정착과정을 통해서 본 남북한 사회구조의 비교」, 변형윤 외, 『분단시대와 한국사회』, 까치, 1985, 164쪽.

31) 이북5도위원회 편, 『이북5도 30년사』, 이북5도위원회, 1981, 제3편.

32) 『자유신문』, 1950년 2월 26일, 3월 1일.

33) 『조선중앙일보』, 1949년 7월 15일, 8월 16, 17일: 『자유신문』, 1949년 8월 14~17일.

34) 『자유신문』, 1949년 10월 5일.

35) 동아일보사, 앞의 책, 69쪽.

36) 위의 책, 60, 64쪽.

37) 『자유신문』, 1949년 7월 8, 21일.

38) 『자유신문』, 1949년 7월 16일.

39) 『자유신문』, 1949년 7월 16일: 『조선중앙일보』, 1949년 7월 15, 16일.

40) 병무청, 앞의 책, 817~818쪽: 『조선중앙일보』, 1949년 7월 15일.

41) 『조선중앙일보』, 1949년 7월 6일.

42) 오익환, 「반민특위의 활동과 와해」, 송건호 외, 『해방전후사의 인식』, 한길사, 1979, 127~135쪽.

43) 『자유신문』, 1949년 10월 5일.

44) 남궁곤, 「1950년대 지식인들의 냉전의식」, 『1950년대 한국사회와 4·19혁명』, 태암, 1991, 129쪽.

45) 김흥수, 앞의 글, 51쪽.

46) 위의 글, 53쪽.

47) 위의 글, 39~42쪽.

48) 『천주교회보』, 1950년 11월 10일.

49) 갈홍기, 『대통령 이승만 박사 약전』, 공보실, 1955, 84쪽.

50) 동아일보사, 위의 책, 84쪽.

51) 동아일보사, 앞의 책, 78~80쪽.

52) 위의 책, 86, 89쪽.

53) 갈홍기, 앞의 책의 「서문」 참조.

54) 위의 책, 84~85쪽.

55) 이재곤, 「명승지와 위락생활」, 『서울육백년사』 제6권, 서울특별시, 1996, 2112~2114쪽.

56) 동아일보사, 앞의 책, 88쪽.

57) 김영나·홍선표, 「해방 이후 한국현대미술사 전개」, 『광복50주년 기념논문집 7: 문학·예술』, 한국학술진흥재단, 1995, 179쪽.

58) 편집실, 「사료: 1950년대의 정치적 중요사건」, 진덕규 외, 『1950년대의 인식』, 한길사, 1981, 427쪽.

59) 동아일보사, 앞의 책, 87쪽.

60) 럭키 40년사 편찬위원회 편, 『럭키40년사』, 주식회사 럭키, 1987, 151, 180쪽; 주식회사 경방 편, 『경방 70년』, 삼화인쇄주식회사, 1989, 289쪽.

61) 삼성비서실 편, 『삼성50년사』, 삼성출판인쇄주식회사, 1988, 149~151쪽.

62) 최재석, 『한국인의 사회적 성격』, 개문사, 1983〔1965〕, 133쪽.

63) 공제욱, 「1950년대 한국 자본가의 형성과정」, 서울대 사회학과 박사학위논문, 1992; 김대환, 「1950년대 한국경제의 연구」, 진덕규 외, 『1950년대의 인식』, 한길사, 1981.

64) 홍승직, 『한국인의 가치관 연구』, 고려대출판부, 1969; 홍승직, 「한국 대학생의 가치관」, 『아세아연구』 제6권 1호, 1963; 홍승직, 『지식인의 가치관 연구』, 삼영사, 1972; 김태길, 『한국 대학생의 가치관』, 일조각, 1967 참조.

65) 서울경제신문 편저, 『재벌과 가벌』, 지식산업사, 1991.

66) 동양시멘트주식회사 편, 『동양그룹30년사』, 동아인쇄공업주식회사, 1987, 111~112쪽.

67) 김운태, 앞의 책, 406~410, 457~462쪽.

68) 『조선일보』, 1954년 10월 3일.

69) 금장태, 「한국 유교의 변동에 관한 조사연구」, 금장태 외, 『사회변동과 한국의 종교』, 한국정신문화연구원, 1987, 21쪽.

70) 김운태, 앞의 책, 422쪽; 동아일보사, 앞의 책, 74, 82, 86쪽.

71) 최재석, 『한국가족연구』, 313~332쪽.

72) 강인철, 『한국기독교회와 국가·시민사회』, 한국기독교역사연구소, 1996, 246~247쪽.

73) 공보처 통계국, 앞의 책, 235~236쪽.

74) 보건사회부, 앞의 책, 14쪽.

75) 공보처 통계국, 앞의 책, 275쪽.

76) 오유석, 「서울의 과잉도시화과정」, 296~297, 302쪽.

77) 신인섭, 「광복 이후 광고산업 발전에 관한 연구」, 『광복50주년 기념논문집 5: 문화·언론』, 한국학술진흥재단, 1995, 245~246, 248쪽; 유선영·김창남, 「한국 신문산업의 구조와 조직변화」, 같은 책, 14쪽.

78) 오유석, 「한국 사회균열과 정치사회구조 형성 연구」, 114쪽; 임대식, 앞의 글, 179쪽.

79) 조연현, 『남기고 싶은 이야기들』, 부름, 1981, 143~145쪽.

80) 박기성, 앞의 글, 298, 304쪽.

81) 김원용·김광옥·노영서, 앞의 글, 545, 627~628, 662~663, 710, 744~745, 772, 775, 958~959쪽; 계훈모, 앞의 책, 1012, 1019쪽.

82) 계훈모, 앞의 책, 984~993쪽.

83) 위의 책, 966, 968, 986, 1027쪽.

84) 한국역사연구회, 『우리는 지난 100년 동안 어떻게 살았을까?』 제1권, 88~89쪽.

85) 계훈모, 앞의 책, 951, 958, 977쪽.

86) 합동통신사, 앞의 책, 1003쪽.

87) 오유석, 「서울의 과잉도시화과정」, 276~282쪽.

88) 동아일보사, 앞의 책, 88쪽.

89) 합동통신사, 앞의 책, 22쪽.

90) 한국노동조합총연맹, 『한국노동조합운동사』, 한국노동조합총연맹, 1979, 432쪽.

91) 오유석, 앞의 글, 283~286쪽.

92) 한국역사연구회, 『우리는 지난 100년 동안 어떻게 살았을까?』 제1권, 170~179쪽.

93) 오유석, 앞의 글, 275쪽.

94) 한국역사연구회, 『우리는 지난 100년 동안 어떻게 살았을까?』 제1권, 165쪽.

95) 주남철, 「주거」, 『서울육백년사』 제6권, 서울특별시, 1996, 2008쪽.

96) 임영태, 『대한민국 50년사 Ⅰ』, 들녘, 1998, 228~240쪽; 동아일보사, 앞의 책, 38~42쪽; 연합통신사, 『연합연감』, 연합통신사, 1985, 95~102쪽; 연합통신사, 『연합연감』, 연합통신사, 1995, 234~248쪽.

97) 한국역사연구회, 『우리는 지난 100년 동안 어떻게 살았을까?』 제1권, 141쪽.

98) 송건호·김천배, 『한국 YMCA운동사: 1895~1985』, 노출사, 1986, 210~211쪽.

99) 보건사회부, 앞의 책, 254~255쪽; 합동통신사, 앞의 책, 1002쪽.

100) 김동춘, 「1950년대 한국 농촌에서의 가족과 국가」, 역사문제연구소 편, 『1950년대 남북한의 선택과 굴절』, 역사비평사, 1998.

101) 김태일, 앞의 글, 471쪽; 앞의 글, 107쪽.

102) 한국농촌사회연구회, 앞의 책, 259~264쪽.

103) 김택규, 앞의 책, 276~277쪽.

104) 한국농촌사회연구회, 앞의 책, 369~382쪽.

105) 김동춘, 앞의 글, 201쪽.

106) 한국농촌사회연구회, 앞의 책, 366~369쪽.

107) 이어령 편, 『전후문학의 새 물결』, 신구문화사, 1962.

108) 계훈모, 앞의 책, 1016쪽.

이임하

1) 정병욱, 「미망인, 그들에게 환희를」, 『여상』 1월호, 1965, 175쪽.

2) 정충량, 『정충량평론집』, 서울고시학회, 1959, 49~50쪽.

3) 대한민국 공보처 통계국, 『1952년 대한민국통계연감』, 1953, 291~292쪽; 내무부 통계국, 『대한민국 제1회 간이총인구조사보고』, 1959, 70~85쪽; 보건사회부, 『보건사회통계연보』, 1963, 454~455쪽.

4) 권태석·김두섭, 『인구의 이해』, 서울대학교 출판부, 1990, 221쪽.

5) 대한민국 공보처 통계국, 앞의 책, 29~30쪽.

6) 권태석·김두섭, 위의 책, 271쪽.

7) 대한민국 공보처 통계국, 앞의 책, 291~292쪽.

8) Maris A. Vinovskis, "Have Social Historians Lost the Civil War? Some Preliminary Demographic Speculations", *Toward A Social History of the America Civil War*, Cambridge University Press, 1990, p. 176.

9) 보건사회부, 『보건사회통계연보』, 1963, 454~459쪽.

10) 보건사회부, 위의 책, 458~459쪽.

11) 『동아일보』, 1954년 1월 16일.

12) 보건사회부, 『보건사회통계연보』, 1963, 446~447쪽.

13) 보건사회부, 『보건사회통계연보』, 1963, 450~451쪽.

14) 진상 편집부, 「전쟁미망인 숙소에 가다」, 『진상』 7월호, 1958, 69쪽.

15) 여원 편집부, 「통계 중심 미망인들의 형편과 동향」, 『여원』 6월호, 1959, 162쪽.

16) 『동아일보』, 1954년 12월 17일.

17) 보건사회부, 위의 책, 85쪽: 보건사회부, 『보건사회행정개관』, 1958, 300쪽.

18) 보건사회부, 『부녀행정40년사』, 1987, 89쪽.

19) 원호처, 『한국원호제도발전과정』, 1969, 5쪽.

20) 김인영, 「우리나라 원호사업의 실태에 관한 고찰」, 고려대경영대 석사학위논문, 1970, 14쪽.

21) 원호처, 앞의 책, 8쪽.

22) 『동아일보』, 1954년 6월 3일: 대한민국국회, 『속기록』 제15회 제33호, 1953, 3쪽.

23) 『동아일보』, 1954년 6월 3일.

24) 『동아일보』, 1955년 1월 18일.

25) 『동아일보』, 1955년 5월 20일.

26) 『동아일보』, 1957년 3월 28일.

27) 『동아일보』, 1955년 3월 2일.

28) 『동아일보』, 1952년 5월 21일.

29) 『동아일보』, 1960년 1월 2일.

30) 『경향신문』, 1957년 11월 16일: 11월 17일.

31) 정충량, 「전쟁미망인의 미래」, 『새벽』 3월호, 1956, 82쪽.

32) 정충량, 『정충량평론집』. 서울고시학회, 1959, 54쪽.

33) 이주현, 「미망인의 수기―꿈속에라도 돌아오소서」, 『여원』 6월호, 1959, 181쪽.

34) 이건혁, 「돈과 가정생활과 사랑」, 『여성계』 4월호, 1956, 60~62쪽.

35) 합동연감사, 앞의 책, 57쪽.

36) 정충량, 「전쟁미망인의 미래」, 『새벽』 3월호, 1956, 84쪽.

37) 합동연감사, 앞의 책, 57쪽.

38) 이례행(사회부 부녀국장), 「전쟁미망인의 가는 길」, 『신천지』 11월호, 1953, 130쪽.

39) 양태희, 「전쟁미망인의 생활전선을 가다」, 『군사다이제스트』 제1권 4호, 1954, 82쪽.

40) 이주현, 앞의 글, 182쪽.

41) 정비석, 『유혹의 강(상)』, 신흥출판사, 1958, 233쪽: 정충량, 「미망인의 유혹, 재가, 딸린 아이」, 『여원』 6월호, 1959, 171쪽.

42) 여원 편집부, 「법률상담」, 『여원』 6월호, 1961, 363쪽.

43) 여원 편집부, 「나의 호소」, 『여원』 1월호, 1963, 377쪽.

44) 정충량, 「미망인의 유혹, 재가, 딸린 아이」, 『여원』 6월호, 1959, 171쪽.

45) 김기수, 「전쟁실종과 혼인」, 『연세법학』 제1집, 1957, 125쪽.

46) 김기수, 위의 글, 125~126쪽.

47) 정요섭, 「한국여성과 사회문제」, 『아세아여성연구』 제5집, 아세아여성문제연구소, 1966, 5쪽.

48) 여원 편집부, 「나의 호소」, 『여원』 8월호, 1957, 310쪽.

49) 박순천, 「재혼론」, 『주부생활』 5월호, 1957, 57쪽.

50) 정충량, 「미망인의 유혹, 재가, 딸린 아이」, 『여원』 6월호, 1959, 172쪽.

51) 정충량, 위의 글, 173쪽.

52) 『경향신문』, 1957년 10월 7일.

53) 보건사회부, 『보건사회통계연보』, 1963, 456~457쪽.

54) 이주현, 앞의 글, 179쪽.

55) 『동아일보』, 1954년 12월 21일; 박노성, 「계는 앞으로 어떻게 될 것인가」, 『여성계』 9월호, 1955, 94쪽.

56) 박노성, 위의 글, 93쪽.

57) 『동아일보』, 1954년 4월 10일.

58) 『경향신문』, 1957년 4월 25일.

59) 김원일, 『마당깊은 집』, 문학과지성사, 1988, 14쪽.

60) 여성계 편집부, 「전국미망인들의 실태」, 『여성계』 9월호, 1958, 77쪽.

61) 여성계 편집부, 위의 글, 77쪽.

62) 내무부 통계국, 『대한민국 제1회 간이총인구조사보고』, 1959, 72~75쪽.

63) 여원 편집부, 「통계 중심 미망인들의 형편과 동향」, 『여원』 6월호, 1959, 161쪽.

64) 여원 편집부, 위의 글, 161쪽.

65) 합동연감사, 앞의 책, 57쪽.

66) 내무부 통계국, 『대한민국 제1회 간이총인구조사보고』, 1955, 70~85쪽.

67) 『동아일보』, 1955년 12월 12일.

68) 권순영, 「축첩은 없어지지 않는가」, 『주부생활』 8월호, 1957, 82쪽.

69) 새가정 편집부, 「가정법률」, 『새가정』 5월호, 1958, 61쪽; 여원 편집부, 「법률상의」, 『여원』 7월호,
    196,1 360쪽.

70) 정충량, 『정충량평론집』, 서울고시학회, 1959, 51쪽.

71) 서재관, 「전쟁에 상처받은 여인들을 보라」, 『여원』 6월호, 1964, 105쪽.

72) 이혜복, 「한국매춘문제 오늘의 실태」, 『여성계』 3월호, 1958, 75쪽.

73) 이혜복, 위의 글, 76쪽.

74) 정요섭, 앞의 글, 16쪽.

75) 정비석, 앞의 책, 130쪽.

76) 여원 편집부, 「딱한 사정」, 『여원』 1월호, 1956, 106쪽.

77) 여원 편집부, 「나의 호소」, 『여원』 7월호, 1959, 343~344쪽.

78) 여원 편집부, 「법률상의」, 『여원』 1월호, 1957, 196쪽.

79) 공보처, 『대통령이승만박사담화집』, 1953, 90쪽.

80) 박찬길, 「폐가한 전쟁미망인의 사회사」, 『한국문화연구원 논총』 제66집, 이화여대출판부, 1995, 65쪽.

81) 이주현, 앞의 글, 183쪽.

82) 전미연, 「〈독자 수기〉 젊은 미망인의 고뇌, 나의 길을 찾고저」, 『여원』 7월호, 1957. 109~111쪽.

황병주

1) 한국교육학회, 『한국 새마을 교육에 관한 연구』, 1974, 29쪽.

2) 박정희, 『우리 민족의 나갈 길』, 동아출판사, 1962, 255쪽.

3) 앞의 책, 29~30쪽.

4) 앞의 책, 18~20쪽.

5) 앞의 책, 31쪽.

6) 앞의 책, 199~200쪽.

7) 박정희, 『우리 민족의 나갈 길』, 동아출판사, 1962, 24~25쪽.

8) 한국교육학회, 앞의 책, 16~31쪽.

9) 내무부, 『새마을운동 10년사』, 1980, 281~283쪽.

10) 홍석률, 「1960년대 지성계의 동향」, 『1960년대 사회변화 연구: 1963~1970』, 백산서당, 1998, 198쪽.

11) 안병욱, 「창조와 혼돈의 장」, 『사상계』(1968년 8월), 139쪽(홍석률, 앞의 논문, 243쪽에서 재인용).

12) 박정희, 『국가와 혁명과 나』, 지구촌(1997), 1963, 295~296쪽.

13) 앞의 책, 275~276쪽.

14) 이인순, 「작은 꿈이 꽃 필 때」, 『노동』 12월호, 1977(김준, 「1970년대 여성 노동자의 일상생활과 의식」, 『역사연구』 제10호, 2002, 97쪽에서 재인용).

15) 월간조선 엮음, 『비록 한국의 대통령』, 1993, 484쪽.

16) 전재호, 『반동적 근대주의자 박정희』, 책세상, 2000, 82쪽.

17) 임수환, 앞의 논문, 114쪽.

18) 이만갑, 『한국 농촌사회의 구조와 변화』, 서울대학교출판부, 1973 참조.

19) 유병용 외, 『근대화 전략과 새마을운동』, 백산서당, 2001, 47쪽.

20) 현대정치연구회, 『유신정치의 지도이념』, 광명출판사, 1976, 130~133쪽.

21) 『새마을운동 10년사』, 77쪽.

22) 『새마을』 1974년 6월호.

23) 경북 청도군 각남면 옥산1동 새마을어머니회 회장 곽영화, 『새마을』 1974년 8월호; 강원도 원성군 문막면 문막리 김기락, 같은 책.

24) 유병용 외, 앞의 책, 105쪽.

25) 신병현, 「70년대 산업화 과정에서 노동세계의 의미형성에 미친 주요한 역사적 담론들: 근대화와 가부장적 가족주의 담론을 중심으로」, 『1960~70년대 산업화와 노동자의 정체성, 그리고 노동현실』, 성공회대학교 사회문화연구원, '한국산업노동자의 형성과 생활세계' 1차년도 연구발표문, 2003.

26) 민주노총, 「노동자문화실태조사 보고서」, 2003. 3, 82~83쪽.

27) 김준, 「아시아 권위주의국가의 노동정치와 노동운동: 한국과 대만의 비교연구」, 서울대 사회학과 박사논문, 2쪽.

28) 최장집, 『한국의 노동운동과 국가』, 열음사, 1988, 11쪽.

29) 구해근, 『한국 노동계급의 형성』, 창작과 비평사, 2002, 35쪽.

30) 구해근, 앞의 책, 34쪽.

31) 김원, 앞의 논문 144쪽.

32) 김준, 「1970년대 여성 노동자의 일상생활과 의식」, 『역사연구』 10호, 2002, 62쪽.

33) 성공회대 사회문화연구원, 앞의 책, 90~91쪽.

34) 『조공』, 1979년 10월호, 30쪽(앞의 글, 91쪽에서 재인용).

35) 『조공』, 1976년 6월호, 16~17쪽(앞의 글, 92쪽에서 재인용).

36) 석정남, 『공장의 불빛』, 일월서각, 1984, 17쪽(김원, 앞의 논문 176쪽에서 재인용).

37) 성공회대 사회문화연구원, 앞의 책, 161쪽(추송례씨 인터뷰).

38) 성공회대 사회문화연구원, 앞의 책, 40~41쪽.

39) 김준, 앞의 논문.

40) 김준, 앞의 논문, 79쪽.

41) 추송례, 「어김없이 봄은 오는가」, 『실업일기』, 작은책, 2001, 34쪽(김원, 앞의 논문, 248쪽에서 재인용).

42) 성공회대 사회문화연구원, 앞의 책, 193~210쪽.

김보현

1) 김동춘, 「1960, 70년대 민주화운동세력의 대항이데올로기」, 역사문제연구소, 『한국정치의 지배이데올로기와 대항이데올로기』, 역사비평사, 1994; 이광일, 「'반체제운동'의 전개과정과 성격」, 한국정치연구회, 『박정희를 넘어』, 푸른숲, 1998; 조희연, 「정치사회적 담론의 구조 변화와 민주주의의 동학」, 조희연 편, 『한국의 정치사회적 지배담론과 민주주의의 동학』, 함께읽는책, 2003; 김대영, 「반유신 재야운동」, 안병욱 외, 『유신과 반유신』, 민주화운동기념사업회, 2005; 이기훈(2005), 「1970년대 학생 반유신운동」, 안병욱 외, 『유신과 반유신』, 민주화운동기념사업회.
2) 박동철, 「한국에서 '국가주도적' 자본주의 발전방식의 형성과정」, 서울대학교 경제학과 박사학위논문, 1993; 양우진, 「현대 한국자본주의 발전과정 연구」, 서울대학교 경제학과 박사학위논문, 1994.
3) 최장집, 『한국의 노동운동과 국가』, 열음사, 1988.
4) 조희연, 「50·60·70년대 민족민주운동의 전개과정에 관한 연구」, 조희연 편, 『한국사회운동사』, 죽산, 1990; 조희연, 『한국 사회운동과 조직』, 한울, 1993; 정상호, 「반유신 야당운동의 성과와 한계」, 안병욱 외, 『유신과 반유신』, 민주화운동기념사업회, 2005.
5) Calhoun, C., *Nationalism*, Minneapolis: University of Minnesota Press, 1997, pp. 21~22; Özkirimli, U., *Theories of Nationalism*, New York: Palgrave, 2000, pp. 229~230; Benner, E., "Is There a Core National Doctrine?", *Nations and Nationalism*, Vol. 7, No. 2, 2001.
6) Calhoun, op. cit., 42~48; 고자카이도시아키, 『민족은 없다』, 뿌리와이파리[小坂井敏晶, 『民族という虛構』, 東京大出版會, 2002], 2003, 169~182쪽.
7) 류달영, 「조국의 미래상」, 박종홍·류달영 편, 『국민윤리』, 삼화출판사, 1973, 155~156쪽.
8) 박정희, 『민족중흥의 길』, 광명출판사, 1978, 14, 75쪽.
9) 한윤수 편, 『비바람 속에 피어난 꽃: 노동자의 일기와 생활고백』, 마음향기, 2005[1980], 206쪽.
10) 장준하, 「민족주의자의 길」, 『장준하 문집』, 제1권, 사상계, 1985[1972], 50쪽.
11) 서울대생 김상진, 「양심선언」, 1975. 4. 11.
12) 김형수, 『문익환 평전』, 실천문학사, 2004, 515, 521, 535쪽.
13) 함석헌, 「평화운동을 일으키자」, 『함석헌 전집』, 제14권, 한길사, 1985[1972], 42~43쪽.
14) 한국노동운동 자율화 추진인 발기인, 「민주노동운동을 위한 자율화 선언문」(1975. 3. 10.), 조승혁, 『도시산업선교의 인식』, 민중사, 1981, 163~164쪽.
15) 심융택 편, 『자립에의 의지: 박정희 대통령 어록』, 한림출판사, 1972, 232쪽.
16) 오원철, 『한국형 경제건설: 엔지니어링 어프로치』, 제3권, 기아경제연구소, 1996, 260~278쪽.
17) 김보현, 「'사상계'의 경제개발론, 박정희 정권과 얼마나 달랐나?」, 『정치비평』, 제3호, 2003.
18) 안철홍, 「70, 80년대 재야운동 야사 ①: 민수협에서 개헌청원 서명운동까지」, 『월간 말』, 4월호, 1996.
19) 김남주, 『불씨 하나가 광야를 태우리라』, 시와사회사, 1994, 41~42쪽.
20) 편집부, 「어느 실천적 지식인의 자기반성: 노동현장 속의 지식인 – 김문수」, 『현장』, 제6집, 1986, 132쪽.
21) 이철, 『길은 사람이 만든다』, 열린세상, 1995, 169쪽.
22) 한국기독교교회협의회 인권위원회, 『1970년대 민주화운동』, 제1권, 동광출판사, 356쪽.
23) 정윤광, 「반유신투쟁의 전개과정」, 민청학련운동계승사업회, 『실록 민청학련, 1974년 4월』, 제2권, 학민사, 2004, 59~60쪽.
24) 한국기독교교회협의회 인권위원회, 앞의 책, 360쪽.

25) 함석헌, 「비상사태에 대하는 우리의 각오」, 『함석헌 전집』, 제14권, 한길사, 1985〔1971〕, 75쪽.

26) 한국기독교교회협의회 인권위원회, 『1970년대 민주화운동』, 제2권, 동광출판사, 723쪽.

27) 이우정, 「3·1민주구국선언 사건의 부스러기 이야기들」, 3·1민주구국선언 관련자, 『새롭게 타오르는 3·1민주구국선언』, 사계절, 1998, 251쪽.

28) 조화순, 「민중의 딸들과 함께」, 이태호 편, 『최근 노동운동 기록』, 청사, 1986, 85쪽; 전 YH노동조합 외, 『YH노동조합사』, 형성사, 1988, 188쪽; 김성수, 『함석헌 평전』, 삼인. 2001, 147~148쪽.

29) 제정구를 생각하는 모임, 『가짐 없는 큰 자유: 빈민의 벗, 제정구의 삶』, 학고재, 2000, 174쪽.

30) 김기선, 「가짐 없는 큰 자유, 제정구2」, 『희망세상』, 4월호, 2004, 5쪽.

31) 제정구를 생각하는 모임, 앞의 책, 3~4장; 조배원, 「바람에 눕는 풀: 도시빈민운동의 대모 김혜경」, 『기억과 전망』 제5호, 2003.

32) 김동선, 「인터뷰/ 박형규 목사 - 종교는 정치를 외면할 수 없다」, 『월간 조선』, 4월호, 1987, 391~392쪽.

33) 조지송, 「산업선교와 노동자의 현실」, 『씨알의 소리』, 11월호, 1978, 63쪽

34) 한국교회산업선교 25주년 기념대회 자료편찬위원회, 1984, 407쪽.

35) 한국교회산업선교 25주년 기념대회 자료편찬위원회, 1984, 456쪽.

36) 영등포산업선교회 40년사 기획위원회, 1998, 219쪽.

37) 한국기독교교회협의회 도시산업선교문제대책위원회, 『도시산업선교문제조사보고서』, 1979, 34쪽.

38) 한국기독교교회협의회 도시산업선교문제대책위원회, 위의 책, 10, 12, 189쪽.

39) 조승혁, 『도시산업선교의 인식』, 민중사, 1981, 267~268쪽.

40) 여영무, 「대담/ 김대중 - 지금은 정권쟁취의 단계 아니다」, 『신동아』, 4월호. 1985, 190, 193쪽.

41) 조승혁, 앞의 책, 135쪽.

42) 한국기독교교회협의회 인권위원회, 『1970년대 민주화운동』 제1권, 동광출판사, 1987, 407쪽.

43) 권진관, 「1970년대 산업선교 지도자들의 입장과 활동의 특징들에 대한 연구」, 이종구 외, 『1960~70년대 노동자의 생활세계와 정체성』, 한울아카데미, 2004, 202쪽.

44) 한국여신학자협의회 여신학자연구회, 『고난의 현장에서 사랑의 불꽃으로: 조화순 목사의 삶과 신학』, 대한기독교서회, 1992, 82~83, 185쪽; 권진관, 앞의 책, 210쪽.

45) 권진관, 앞의 책, 210쪽.

46) 서경원 외, 「좌담: 한국 농민운동의 반성과 과제」, 한국기독교사회문제연구원, 『농촌현실과 농민운동』, 민중사, 1984, 47~48쪽; 이우재, 『한국농민운동사 연구』, 한울, 1991, 187~226쪽; 조영욱, 「1970년대 함평 농민운동의 연결망과 의미구성 과정에 대한 연구」, 서울대학교 언론정보학과 석사학위논문, 1998, 60~75쪽; 장상환, 「1970년대 사회운동과 크리스챤 아카데미 교육」, 『이론과 실천』, 11월호, 2001.

47) 장상환, 위의 글, 83~88쪽.

48) 서경원 외, 위의 글, 49쪽.

49) 이우재, 「한국 농업문제의 본질」, 변형윤 외, 『한국 농업경제와 농민현실』, 관악서당, 1979, 42쪽.

50) 박현채, 「농공병진이란 무엇인가」, 『한국농업의 구상』, 한길사, 1981〔1970〕, 89쪽.

51) 이우재, 앞의 글, 43, 45, 63쪽.

52) 이우재, 앞의 글, 49, 50, 55, 60쪽.

53) 박현채, 「경제발전과 농업발전의 제문제」, 『민족경제론』, 한길사, 1978〔1977〕, 122~125쪽.

54) 박현채, 위의 글, 122~125쪽; 김병태, 「농업개발과 농가경제」, 『한국농업경제론』, 비봉출판사, 1982〔1978〕, 13~14쪽.

55) 천주교정의구현전국사제단, 『한국 천주교회의 위상』, 분도출판사, 1985, 260쪽; 이우재, 『한국농민운동사 연구』, 한울, 1991, 245~246쪽; 김태일, 「한국 농민운동과 국가」, 고려대학교 정치외교학과 박사학

위논문, 1991, 115~118쪽.

56) 서경원 외, 앞의 글, 39~42쪽: 노금노, 『땅의 아들』, 제1권, 돌베개, 1986, 247쪽.

57) 이우재, 「한국 농업문제의 본질」, 변형윤 외, 『한국 농업경제와 농민현실』, 관악서당, 1979, 60쪽.

58) 박현채, 「민중과 경제」, 『민족경제론』, 한길사, 1978〔1974〕.

59) 김대중, 「대중경제론 100문 100답」, 김대중 전집 편찬위원회, 『김대중 전집』, 제2권, 동광출판사, 1989 〔1971〕, 192, 196쪽.

60) 김대중, 「70년대의 비젼」, 위의 책, 제1권, 동광출판사, 1989〔1970〕, 41쪽.

61) 김대중, 「희망을 갖고 살자」, 위의 책, 제4권, 동광출판사, 1989〔1972〕, 119쪽.

62) 박현채, 『한국농업의 구상』, 한길사, 1981, 292~293쪽.

63) 박현채, 위의 책, 300쪽.

64) 박현채, 「경제개발 15년의 득과 실」, 『민족경제론』, 한길사, 1978〔1977〕, 200~202쪽.

65) 김대중, 「70년대의 비젼」, 김대중 전집 편찬위원회, 『김대중 전집』, 제1권, 동광출판사, 1989〔1970〕, 42 쪽: 「대중경제론 100문 100답」, 같은 책, 제2권, 171~192쪽.

66) 서관모, 「한국사회 계급구성의 사회통계적 연구」, 『산업사회연구』, 제1집, 1986, 92, 95쪽: 조돈문, 「한 국사회 계급구조의 변화: 1960~1990」, 『한국사회학』, 제28집, 1994, 28쪽.

67) 박현채, 『한국농업의 구상』, 한길사, 1981, 303쪽.

68) 김대중, 「70년대의 비젼」, 김대중 전집 편찬위원회, 『김대중 전집』, 제1권, 동광출판사, 1989〔1970〕, 44 쪽.

찾아보기